U0898312

中外历史文化比较

钩沉

第一卷　下册

杨光　编著

中国旅游出版社

责任编辑：胡一鸣　杨沛武
责任印制：冯冬青
封面设计：光合时代

图书在版编目（CIP）数据

中外历史文化比较钩沉. 第一卷. 2 / 杨光编著. -- 北京 : 中国旅游出版社, 2022.10
ISBN 978-7-5032-7029-1

Ⅰ. ①中… Ⅱ. ①杨… Ⅲ. ①文化史－对比研究－中国、国外 Ⅳ. ①K203②K103

中国版本图书馆CIP数据核字(2022)第176137号

书　　名：中外历史文化比较钩沉（第一卷　下册）

作　　者：杨光　编著
出版发行：中国旅游出版社
（北京静安东里 6 号　邮编：100028）
http://www.cttp.net.cn　E-mail:cttp@mct.gov.cn
营销中心电话：010-57377108，010-57377109
读者服务部电话：010-57377151
排　　版：北京旅教文化传播有限公司
经　　销：全国各地新华书店
印　　刷：北京盛华达印刷科技有限公司
版　　次：2022 年 10 月第 1 版　2022 年 10 月第 1 次印刷
开　　本：787 毫米 ×1092 毫米　1/16
印　　张：20.75
字　　数：257 千
定　　价：198.00 元（全二册）
I S B N　978-7-5032-7029-1

目 录

第五章　晨咏

公元 7 世纪—9 世纪

一、盛与衰

中国——

◆中国的隋朝也是一个历史非常短暂的王朝，仅存37年。但是，隋朝在中国的历史文化地位却是不容忽视的，它所开创的一些政治制度、工程建树深刻影响着后续的历朝历代。

因为盛唐的许多制度源自于隋朝，同时，唐朝的开国皇帝李渊和隋炀帝杨广还有着亲近的血缘关系（两人的母亲是同父异母的姐妹）。所以，从某种程度上说唐是隋的延伸，正因如此，史学家常把它和唐朝合称隋唐。

公元577年，北周灭北齐，统一北方。公元580年春，22岁的北周皇帝宇文赟（yūn）病死，其8岁的长子继承皇位，是为周静帝。与此同时，周宣帝宇文赟的岳父，随国公杨坚以大丞相的身份“辅政”。次年春，杨坚受周静帝“禅让”即皇帝位，改国号为“隋”，是为隋文帝。

杨坚由继承父亲杨忠的随国公起家，又进封随王，故把自己新王朝的国号定名为“随”。但他感到“随”字里的“辶”旁，与“走”同义，不吉利，后改为了“隋”。新王朝定都长安，设洛阳为陪都，朝政稳固后不久，便迈开了统一中国的步伐。

公元587年，隋灭后梁；公元589年，隋军兵分8路南下灭陈，统一了中国。隋文帝结束了中国近300年的南北战乱时代和分裂格局，也是五胡十六国后汉族重新建立起来的大一统王朝。

隋文帝杨坚基本统一天下后，鉴于从东汉末年开始的州郡县三级制已经混乱不堪，便废除郡置，改为州县二级制。隋炀帝继位后，又将所有的州改为郡，实行郡县二级制，全国置190个郡，1255个县。

杨坚即位后首先做的一件大事就是废除北周所建立的旧官制，代之以新的职官制度，确立了影响后世深远的三省六部制，以巩固中央集权制度。隋朝在中央机构中恢复汉、魏旧制，设置三师、三公及尚书、门下、内史、秘书、内侍五省。三师与三公是给予大臣的荣誉职位。五省当中，秘书省是管理朝廷藏书典籍的机构，内侍省全是宦官，尚书、门下、内史三省是朝廷的中枢权力机构。三省互相牵制，决策机关是内史省，长官称内史令；审议机关是门下省，长官称纳言；处理日常政务的机构是尚书省，尚书省置尚书令、左右仆射（pú yè）各1人，下设吏、礼、兵、度支（后改称民部）、都官（后改称刑部）、工部等六部。

尚书省形成于东汉（时称尚书台）；中书省（内史省）和门下省形成于三国时期的曹魏，目的在于分割和限制尚书省的权力。在其发展过程中，组织形式和权力各有演变。隋时才统管六部，主要掌管中央政令的制定、审核与贯彻执行。

尚书省——最高行政机构，管理全国政务，总领六部。

门下省——审议机构，负责审核政令，掌管对皇帝诏令的传达，拥有对诏奏的封还与驳问之权。

内史省（后称中书省）——决策机构，负责草拟和颁布皇帝的诏令。

在汉初，为了适应皇家统治的需要，曾建立了一套选拔官吏的制度，名为“察举制”。察举是自下而上推选人才的制度。汉高祖刘邦首下求贤诏，要求各地官府推荐具有治国才能的贤士才良，开“察举制”先河。汉代察举制度，严格地说是从汉文帝开始，他下诏要求“举贤良方正能直言极谏者”，并且定下了“对策”（考试）和等第（等级）。汉武帝时“察举制”达到完备，各种规定相继推出。其后，各种科目不断充实，特别是有了统一的选材标准和考试办法。

考试是汉代察举制度的重要环节。被举者经考试后，由政府量才录用，这样既保证了选才标准能贯彻实行，选出真正的人才，还能保证竞争的相对公平，令下层人士有进入朝廷上层的可能。

“举明经”，是“察举制”最重要的考试科目。被推举者须通晓经学，故以“明经”为名。所谓“经”，原指先秦经典，自从汉武帝尊崇儒学，“经”就专指儒家经典了，汉代许多名臣都是明经科出身，如韦贤、韦玄成父子皆以明经科入仕，先后位居宰相。

到了魏晋、南北朝时期，皇家为了选拔有用人才“举明经”等制度虽在延续，但是“九品中正制”的选官制度仍然继续实施。

九品中正制也叫九品官人法，是盛行于魏晋南北朝时期主要的选官制度。

东汉末年，察举制已被门阀世族所操纵和利用。他们左右舆论，使察举滋生了种种腐败和不公的现象，与要求参与政治的中小地主及其知识分子产生了尖锐的矛盾，在如何选官的问题上斗争激烈。曹操死后，曹丕采纳大臣的建议，于是九品中正制成了当时魏国主要的选官制度，但察举制尚未完全废除。

九品中正制从内容上说主要有两条：

1. 设置中正官，这是九品中正制的关键环节。中正官，就是掌管对某一地区被举荐者进行评判的负责人。中正官又有大小之分，州设大中正官，掌管对本州各郡被举荐的主要人士的评判；各郡则另设小中正官，掌管郡内被举荐人物的评判权。在一般情况下，州郡的大小中正官是由司徒推举的现任中央官员兼任，有时，司徒或吏部尚书还直接兼任州的大中正官，这是为了保证朝廷对选举的直接控制。

2. 品第人物，这是中正官的主要职责，中正官负责品评所举荐的人士。品评主要有三个内容：（1）家世，即家庭出身和背景，指父祖辈的仕宦情况和爵位高低等。这些材料被称为簿世或簿阀，是中正官必须详细掌握的。（2）行状，即个人品行才能的总评，也就是品德评价。（3）定品，即确定品级。定品原则上依据的是行状，家世只作参考。但晋以后完全以家世来定品级，出身寒门者行状评语再高也只能定在下品，出身豪门者行状不佳也能位列上品。于是就形成了当时“上品无寒门，下品无士族”的局面。

所谓“品”，就是综合所举人士德才、门第所给予评定的等级，分为上上、上中、上下，中上、中中、中下，下上、下中、下下共九品。但类别却只有上品、中品和下品三类（一品为虚设，无人能及；二品至三品为上品；四品至五品为中品；六至九品为下品）。在德才与门第中，定品时一般依据后者，叫“计资定品”。所谓“状”，乃是中正官对所举士人德才的评语，一般只有一两句话，如“天才英博，亮拔不群”“德优能少”等，这是对东汉后期名士品评人物的制度化。

九品中正制初立时期，评议举荐人才的标准是家世、道德、才能三者并重。但由于魏晋时充当中正官的几乎全为门阀世族，故门阀世族就完全把持了官吏选拔之权。于是在中正品第过程中，才德标准逐渐被忽略，家世则越来越重要，甚至成为最重要的标准，成为构成魏晋时期门阀制度的工具和组成部分。

公元 587 年，隋文帝正式设立分科考试制度，取代九品中正制，自此选官不问门第。隋朝科举考试属初创阶段，为地方举荐与朝廷考试相结合。规定各州每年向朝廷选送三人，参加秀才与明经科的考试。公元 606 年，隋炀帝增设进士科，科举制度正式形成。当时秀才考方略、进士考时务策、明经考经文，形成一套完整的国家分科选才制度。这种分科取士的方法，把读书、应考和做官三者密切结合起来，为中国古代知识分子改变命运，发挥才干铺建了桥梁。

由于科举考试公开进行，有规定的知识结构作为公认的评判标准，在一定程度上是平等的公平竞争。尽管当时此制度尚不完善，但已显示其选拔人才的一定优越性。科举制度的产生，把选用官吏的权力从官宦大族手中收归朝廷，有利于巩固皇权的基础，适应了封建社会政治、文化的需要，被后来历朝历代所沿用。

隋初，突厥开始发展强大，时常侵扰隋境。公元 582 年，突厥 40 万大军杀入长城。

突厥是在世界历史上留下印记的民族之一。现在全球约有 2 亿使用突厥语言的人，他们大多自称是突厥人或者突厥人的后裔。这些人分布在土耳其、阿塞拜疆、塞浦路斯、哈萨克斯坦、乌兹别克斯坦、土库曼斯坦、吉尔吉斯斯坦等，遍布十多个国家和地区。

关于突厥族的起源，有多个历史传说，其中有两则传说都与狼有关。一说，突厥本是匈奴的一支，后被邻国所灭，当时有一个 10 岁的小男孩，士兵见他年少，没忍心杀死他，便将他砍去双脚扔到荒草中。后来，小男孩被一只母狼救去，长大以后与狼结合。邻国国王听说这个小男孩已经长大，怕有后患，便派人将他杀死。杀他的人，见他身旁有一条狼，也想一起杀掉，狼逃跑了，躲进一个山洞里。在山洞里，狼生下 10 个小男孩，他们逐渐长大成人，各自成家，繁衍后代。其中一支，生活在阿尔泰山一带，阿尔泰山形似作战时的头盔，当地人称其为突厥，所以他们就以突厥为族号了。

另一说，突厥原在匈奴以北，其部落首领有兄弟 17 人，其中一个叫伊质泥师都，为狼所生。泥师都的大儿子叫纳都六后被推为部落首领，定国号突厥。纳都六有 10 个妻子，其死后 10 位妻子带着各自的儿子来到一棵大树下，约定所有的孩子向高处跳跃，谁跳得最高，谁继为首领。纳都六最小的妻子所生的阿史那身手敏捷跳得最高，被大家公认为首领。由此可见，突厥应该是以狼为图腾的民族。

公元5世纪中叶，突厥人被柔然所奴役，被迫迁居于金山（今阿尔泰山）南麓，为柔然奴隶主锻铁，被称为“锻奴”。与其并存的还有铁勒（又称赤勒、高车、狄历、敕勒、丁零）。柔然兴起时，正是中国处于五胡十六国、南北朝纷争的时期。

柔然据认为主要是由鲜卑和匈奴融合而成，柔然贵族是从后魏中分离出来的一支。公元402年，柔然为了适应军事征战的需要，仿效北魏，立军法，置战阵，整顿军队，建立可汗王庭，使柔然迅速由部落联盟进入早期奴隶制阶段，后人也称之为：柔然汗国。

从5世纪后叶起，被柔然奴役的各部落不断进行反抗，铁勒各部最为激烈，突厥人也逐步摆脱了被奴役的地位。

公元546年，南北朝后期，突厥首领阿史那土门率领部众，打败并合并了铁勒各部5万余人，开始发展壮大起来。他们一方面与柔然断绝关系，另一方面，向西魏求婚。公元551年，西魏把长乐公主嫁给土门。公元552年，土门发兵大败柔然。土门遂以漠北为中心，建立起突厥政权：突厥汗国。公元553年，突厥灭柔然，势力日渐强盛。

突厥汗国全盛时，其疆域东至大兴安岭，西抵咸海，北越贝加尔湖，南接阿姆河南，并创造了自己的文字——突厥文（又称鄂尔浑—叶尼塞文、突厥卢尼克文）。

公元562年，突厥人先与波斯萨珊王朝结盟，灭掉了突厥西部的劲敌嚈哒帝国并瓜分其地。但突厥人立即否定与波斯的协约，占据了嚈哒全部土地，与拜占庭帝国在西亚的边境直接建立了连接，控制了丝绸之路。但面对强大的萨珊帝国，突厥于公元568年，派出一个使团来到君士坦丁堡，与拜占庭皇帝查士丁尼二世结成同盟，于是爆发了双方联合进攻萨珊的长达20年的战争。

突厥初兴时，正逢中国南北朝的分裂、动乱时期。强盛而骄横的突厥人时时闯入内地劫掠财富和人口。但当隋朝建立后不久，突厥却因内讧而分裂为东西两部。这就使中原与突厥的战略态势发生了根本改变。西突厥在阿尔泰山以西，东突厥则控制着东起兴安岭西到阿尔泰山的广大地区。东突厥趁隋朝立国未稳，从甘肃一带向隋朝大举进犯，隋文帝不得不举兵抵御。

公元583年，隋军分8路北伐突厥，用离间计，使东突厥与西突厥互相攻伐。公元599年，东突厥突利可汗战败降隋。公元611年，西突厥处罗可汗也降隋朝。公元605年，隋军联合突厥兵大败契丹，基本解决了北方边患。

除了北方外，位于陇西青海一带的吐谷浑（tū yù hún）汗国，也时常入侵隋朝。公元596年，隋文帝嫁光化公主与吐谷浑和亲以示安抚。公元608年，隋炀帝派军占领吐谷浑，隔年隋炀帝西巡张掖，置河源（今青海省兴海东南）、西海（今青海省湖西）、鄯善（今新疆维吾尔自治区若羌）与且末（今新疆维吾尔自治区南部）4郡。

隋朝在隋文帝杨坚统治的最初20多年里，政治清明，人口增加，府库充实，国力强盛，国家呈现了一片繁荣，历史上称为“开皇之治”，是隋朝的极盛时期。

杨坚在位 23 年，于公元 604 年病逝，终年 64 岁。隋文帝去世后，其次子杨广即位，是为隋炀帝。

为了沟通江南经济地区、关中政治地区与燕、赵、辽东等军事地区的运输与经济发展，隋炀帝登基不久即开动隋唐大运河的建造。

隋唐大运河是将已有的天然河流连接春秋时期吴王夫差开凿的古运河加上新开凿的运河组成了一条自江南到洛阳的路上水道。公元 605 年，隋炀帝命开大运河首期工程——通济渠（又名汴渠），以连接黄河与淮河。公元 608 年，隋炀帝再开永济渠，引黄河支流沁水入今卫河至天津，继永定河通今北京。公元610年，隋炀帝又令疏浚和拓宽江南运河（又称江南河、浙西运河）古道，由今扬州、镇江接长江水经无锡、苏州、嘉兴至杭州通钱塘江。至此，建成以洛阳为中心，由永济渠、通济渠、山阳渎（dú）和江南运河连接而成，全长 2700 余千米的大运河。其南起杭州，北达北京，经过浙江、江苏、安徽、河南、山东、河北、北京 7 个省市，连通黄河、淮河、长江、钱塘江、海河 5 大水系，是中国古代南北交通的大动脉，在中国历史上产生过巨大的作用，是中华民族创造的一项伟大的水利工程，也是世界上开凿规模最大的古运河。后经元朝取直疏浚，全长 1794 千米，成为现今的京杭大运河。京杭大运河利用了隋朝大运河不少河段，距离缩短了 900 多千米。

从经济角度看，大运河带来了许多好处：它将中国重要水系连接起来，形成交通运输网络；带动了沿岸地区的经济发展，兴起许多商业城市，其中江都（今扬州）更成为隋朝的经济中心。有学者认为，大运河促使中华文明联结为整体文明。然而，由于隋炀帝急促兴建大运河，给地方民众和朝廷府库带来了沉重的负担。掘河的民夫在繁重的劳作下，加上疾病侵袭，死亡人数占了全部劳工一半以上。

隋炀帝即位后多次发动战争，其劳民伤财的统治最终引起统治危机。公元 609 年，隋炀帝平定吐谷浑后，又发兵进攻高句丽。公元 612 年，隋军被高句丽败于辽东城（今辽宁省辽阳）及平壤城下。次年再发兵围攻辽东城，这时，在黎阳仓（位于今河南省浚县）督运军粮的杨玄感看到“百姓苦役，天下思乱”，便乘机起兵反隋，隋炀帝被迫从辽东撤军。平定杨玄感后，公元 614 年，隋炀帝第 4 次发兵讨伐高句丽。但此时农民起义的烽火已燎遍全国，王朝岌岌可危，隋炀帝最后只好议和收兵。

公元 616 年，河南地区的瓦岗起义军，攻破要塞金堤关（河南省荥阳东北），打下荥阳诸县。次年，又攻破距东都洛阳的粮食存库兴洛仓。由于谋士李密擅长作战，首领翟让让位给他，拥为魏公，以洛口为根据地。随后李密率军攻占回洛仓，直逼洛阳城下。然而由于猜忌，使得李密杀翟让等人，最后瓦岗军兵败邙山（位于河南省洛阳北），李密西逃长安，投奔李渊。

河北地区有窦建德的起义军，公元 616 年，窦建德率军转战河北各地，占据冀州大部分地区，两年后自封夏王。

江淮地区以杜伏威、辅公祏（shí）的起义军较强。公元 613 年，两人在齐郡（今山东省）举兵起事，随后南下到江淮地区发展。公元617年占领高邮，切断了江都与北方的联系。

公元 617 岁春，太原留守、唐国公李渊在晋阳起兵，同年秋占领长安，拥立隋炀帝第 3 个孙子代王杨侑（yòu）为帝，即隋恭帝。李渊自任大丞相，进封唐王。此时，隋朝政权已经土崩瓦解，隋炀帝率众前往江都。在江都，他不弃奢靡，下令筑丹阳宫，准备迁都丹阳（今江苏省南京）。跟随他的大臣卫士大多是关中人，不愿长居江南，加上江都粮尽，人人北逃关中。公元 618 年 4 月，亲信宇文化及等人发动兵变，缢杀隋炀帝，拥立隋炀帝的侄子杨浩为帝。不久宇文化及又毒杀杨浩自封为帝，建国“许”，次年被唐军和夏军联合攻灭。

公元 618 年 6 月，李渊逼迫隋恭帝禅位，李渊正式称帝，建立唐朝，为唐高祖。

得知隋炀帝死讯后，东都洛阳群臣拥立隋炀帝次孙越王为帝，即隋哀帝。公元619年春，郑国公王世充废隋哀帝（又称皇泰主），两个月后弑杀，时年 16 岁，隋朝亡。

公元 620 年，东突厥的处罗可汗派人迎接萧皇后及隋炀帝的孙子杨政道到东突厥，立杨政道为隋王，把留在东突厥境内的中原人交给杨政道管治，建立“大隋”，史称“后隋”。“有众万人，置百官，皆依隋制，居于定襄”。公元 630 年，唐朝出兵灭亡东突厥，另外分兵攻破定襄（位于山西省忻州），后隋灭亡。

◆唐朝是中国历史上一个极富有影响力的朝代。“唐”是晋的古名，泛指今山西省的中心地域。唐高祖李渊的祖父李虎，曾被北周皇帝封为“唐国公”，其后，爵位传至李渊。李渊和隋炀帝杨广还是表兄弟。

不过学者对唐朝李氏皇族是属于汉族还是鲜卑族有不小的争议，其祖籍属于那里概有 3 个说法：一为陇西李氏；二为河北赵郡（今赵县）李氏（但属败落户）；三为高车乞伏（与高车族融合后的鲜卑部落）李部。

● 陇西李氏

陇西李氏属于历史上著名的关陇集团之一，“关陇集团”（亦称“关陇军事贵族集团”）是学界提出的一个说法，将北魏时期主要籍贯位于陕西关中和甘肃陇山（或称为六盘山）周围的门阀军事势力称之为“关陇集团”。关陇集团是一个在中国历史上富有影响力的统治集团，最早源自于西魏宇文泰通过府兵制（兵农合一，府兵平时生产，农闲训练，战时从军打仗，武器和马匹自备，由当地的折冲府管辖）建立起来的 8 柱国，12 大将军为主体的统治系统。12 个大将军，又各督领两个开府，每个开府各领 1 军，共 24 军。该集团的最大特征是“融治胡汉民族之有武力才智者”，并“入则为相，出则为将，自无文武分途之事”。

为了加强关陇集团之间的亲密性，集团内部之间多有姻亲关系，其中最具代表性的便是鲜卑人独孤信家族。独孤信为 8 柱国之一，他的长女嫁给宇文泰的长子，即北周明帝宇文毓；四女嫁与同为 8 柱国的李虎的三子李昺（bǐng 又作李昞），即唐高祖李渊的父亲；七女则嫁给了 12 大将军之一的杨忠的儿子，即隋文帝杨坚。其“三代皆为外戚，自古以来，未之有也。”

陇西李氏自称为西汉名将李广的后裔，但根据现代学者考证，此说为伪的可能性很大。五胡十六国时期，陇西李氏在乱世中兴起，西凉王李暠（hào）成为陇西李氏第一位国君。

南北朝时期，陇西李氏世代显贵。

唐朝建立后，李姓成为皇姓，李唐皇族自称出自陇西李氏，有关陇西李氏（李暠族）与李唐宗室的关系，有中国近代史学者考证，李唐先祖并非出自陇西李氏，当为河北大族赵郡李氏中的“破落户”或广阿县（今河北省邢台市隆尧县东）的某寒门李氏。

● 赵郡李氏

赵郡李氏，也是从魏晋至隋唐时期的著名大族。据说其族源自战国时期的赵国名将李牧，是李牧之孙李左车的后代。李左车是秦汉之际著名谋士，汉将韩信曾以师礼相待，虚心问教，促韩信率汉军收复燕、齐之地，为西汉的建立做出了贡献。李左车给后人留下了“智者千虑，必有一失；愚者千虑，必有一得”的名言。

有学者考证，李虎曾将祖父、父亲葬于赵郡广阿。而唐太宗于公元 646 年开始在广阿为二祖修建唐祖陵，并在高宗朝建成，高宗李治诏令当地州县官员代表皇帝每年巡祭祖陵，同时追封二祖帝号，规定祭祀音乐。

据此，有一些学者认为，皇帝亲敕修建祖陵且是共茔，这是族葬的一个特征。又诏封二祖帝号，是证明其祖籍出自于赵郡的最有力的证据。如果此地不是皇家祖籍，作为祭拜皇帝祖先的地方，会为天下人所耻笑。至于李唐皇室将祖籍改为陇西，应是后代的伪托。南北朝时，庶姓冒充士族已成风气，李唐皇室为抬高自己，掩饰出身寒微，攀附关内显贵之族以利在统治阶级中占一席之地，也不足为奇。

● 高车乞伏李部

乞伏鲜卑为陇右鲜卑最强大的一支，是与高车族融合后的鲜卑部落。乞伏鲜卑又称陇西鲜卑。大约是从公元 3 世纪中期开始，逐渐经今宁夏地区迁到甘肃靖远、陇西一带，并于公元 385 年，在陇西建立了西秦政权。公元 431 年西秦灭亡，其后，乞伏氏的后代到山西改姓李。

李唐皇室提出是李暠之孙李重耳之后。但有学者考证，李重耳在南朝宋为汝南太守的事迹当时的史料却无记载，确与北魏将领李初古拔（亦称李拔）的史记基本吻合。但李初古拔有被赐鲜卑名的汉人之疑。

有人提出，即便李唐皇族确系出自陇西，是纯粹的汉族，但从其女系母统而言，在李昞娶了独孤氏为妻后，李氏一族的血液中就有了鲜卑民族的成分。以后，李昞子李渊娶窦氏，李渊子李世民娶长孙氏，二人皆为鲜卑贵族。其中，长孙氏的父亲长孙晟是北周和隋朝时期的重要将领，“一箭双雕”的成语即来自他的故事。一次长孙晟出使突厥，在陪同突厥可汗狩猎时，遇到两只大雕飞舞着争夺肉吃。可汗遂交给长孙晟两支箭，让他射取飞雕。长孙晟于是弯弓搭箭，一箭而射穿两雕。由此可见，鲜卑血统在李唐皇室中的占比较高。故南宋学者朱熹论：“唐源流出于夷狄，故闺门失礼之事，不以为异”。指明李唐皇族在习俗上受到胡人风俗的影响很大。

有学者提出了一种观点，认为父系社会仅就男系论，若男祖为纯粹的汉人，其子孙后代婚以异族，也不应以异族论。又说，民族是一个历史社会范畴，而不是一个种族生理范畴，更何况李唐皇室从不承认出自蕃族。并认为唐朝发生的很多异常事件，更多的是来源于剥削阶级的腐朽本性。南北朝至隋唐间，这是一个胡汉同化的历史阶段，很多历史人物的血统都是很复杂的，并不单纯。中国史学大家陈寅恪（què）曾言：“李唐一族之所以崛兴，盖取塞外野蛮精悍之血，注入中原文化颓废之躯，旧染既除，新机重启，扩大恢张，遂能别创空前之世局。”

李唐皇室属汉族还是属鲜卑的争议没有形成定论，但据说复旦大学的经过检测，确定拓跋鲜卑贵族元威遗骨中的 YSNP 遗传类型为 C2 北支。这与吉林大学测试出的鲜卑遗址古 DNA 数据相吻合。基于当代人的遗传调查显示，这个类型主要分布于北方草原地区，如哈萨克斯坦的哈萨克人中占 11.11%；内蒙古海拉尔的蒙古人中占 9.26%；在俄罗斯的阿勒泰人中占 12.50%，铁列乌特人中占 9.09%；而在汉族人中分布较少。在目前的李姓样本中，C2 北支的类型也不多。考虑到李唐皇室作为统治中国近 300 年的皇族，在现有李姓人群中必然有相当比例的李唐皇室后裔。因此，既然 C2 北支这个类型在李姓人群中占比微小，也就基本排除了李唐皇族是鲜卑人的可能性。

隋朝末期，各地爆发农民起义，太原留守、唐国公李渊顺势在晋阳起兵，占领隋都长安。随着隋炀帝被杀，隋恭帝禅位，李渊登基称帝，定国号为“唐”，隋朝灭亡，李渊成为唐高祖。李渊将都城仍定在长安，而后，长子李建成被封为太子，次子李世民为秦王，三子李玄霸早夭，四子李元吉为齐王。

唐朝初建时，全国还处在分裂之中，农民起义军和隋朝残余将领割据各地，李渊称帝之后便开始了长达 10 年的统一战争，最终结束了隋末以来的大乱局面。

由于李渊没有处理好继承人问题，眼见太子李建成与各嫡子之间的明争暗斗，他却未能加以控制。同时，李世民拥护者众多，导致了他与法定太子李建成、齐王李元吉之间的矛盾激化。最终李世民在公元 626 年的 7 月初，在长安城太极宫北面偏西处的玄武门附近发动政变，史称：玄武门之变。政变结果，李建成、李元吉被杀，李世民的势力控制了帝都，李渊被迫将帝位禅让给李世民，自己退位为太上皇。

李世民登基，成为世所称颂的唐太宗。唐太宗即位后，吸取隋朝覆亡的教训，重视百姓疾苦。在轻徭薄赋的同时，选贤任能，从谏如流，留心吏治。他重用诤臣，采取了一些以农为本，厉行节俭，休养生息的政策，使得社会出现了安定的局面。同时，大力平定外患，尊重边族风俗，促进了民族关系的融合，稳固了边疆。在太宗执政的贞观年间（公元 627—649 年），在君臣的共同努力之下，出现了一个政治清明、经济发展、社会安定、武功兴盛的治世局面，史称：贞观之治。唐朝也成为中国历史上第一个不筑长城的盛世王朝。

唐太宗晚年，为太子的问题而烦恼，太子李承乾与魏王李泰内斗，结果太宗废掉二人，最后立第 9 子晋王李治为太子。唐太宗死后，李治即位，是为唐高宗。

高宗在即位之初，继续执行太宗制定的各项政治经济政策，把太宗时的三日一朝改为一日一朝，勤勉执政。李治本人为人宽厚，不好大兴土木，不信方士长生之术，不喜游猎。高宗曾召令：“自京官及外州有献鹰隼及犬马者罪之。”

有史学家认为，唐高宗软弱无能，碌碌无为，被武则天所控，致使朝廷动荡，宗室大遭屠戮。但也有人认为高宗性格中有软弱的一面，却有识人之明，身边有诸多贤臣。唐高宗在位期间，平定漠北，击败西突厥的进攻，攻灭高句丽、百济，占领了朝鲜半岛的大部分地区，使唐朝的疆域面积最大，其范围东起朝鲜半岛，西临咸海（一说里海），北括贝加尔湖，南至越南横山。

唐高宗中期以后，政权逐渐由皇后武则天掌握。

武则天原为唐太宗时期的才人，太宗死后被高宗招入宫中。她在内宫权力斗争中获胜，被立为皇后，史称其“素多智计，兼涉文史”。公元656年起，唐高宗因健康原因，许多政事都逐渐交给武则天处理，武则天成为最高统治者之一，与唐高宗并称“二圣”。

武则天本名不详，入宫后唐太宗赐号“武媚”，即皇帝位后创“曌”（zhào）字，改名武曌，取日月当空之意，是并州文水人（今山西省文水县），其出生地一说在四川省广元市，“则天”是来源于她的尊号“则天大圣皇后”。

武则天是唐中宗李显和唐睿（ruì）宗李旦的母亲。唐高宗去世后不久，她把持朝政，立太子李显为帝，是为唐中宗。不久又废中宗为庐陵王，改立另一个儿子李旦为帝，是为唐睿宗。公元690年，67岁的武则天废唐睿宗自立为帝，改国号为“周”，定都洛阳，史称武周，也称“南周”。

武则天成为中国历史上唯一的女皇帝。在武周15年的统治时期，其为了打击高宗以来的氏族势力，进一步发展科举制度，提高进士科的地位，并对贡士亲发策问，首开科举考试中的“殿试”。同时创立武举、自举、试官等多种制度，让大批出身寒门的子弟有了一展才智的机会。

武则天夺取李唐社稷，翦除唐宗室，引起李姓诸王不安，欲起兵对抗。博州刺史琅琊王李冲，在山东举兵，豫州刺史越王李贞在河南起兵呼应。武则天调兵围剿，琅琊王起兵7日败死；越王兵败自杀。武则天想尽除李氏诸王，迫使韩王、鲁王、黄国公、东莞郡公、常乐公主等自杀，亲信均被诛，同时她又安排自己的侄儿担任重要职位。

武则天为巩固权力，打击反抗势力，大开告密之门。规定任何人均可告密，告密之人朝廷提供驿站车马和饮食。所告之事，如果符合其意，就可破格升官；如所告并非事实，也不会问罪。同时，武则天又先后任用一大批酷吏掌管刑狱。如果被告者送入他们的手中，酷吏们便使用各种酷刑审讯，能活着出狱者百无一二。这样，随着告密之风的日益兴起，朝廷内外形成了令人窒息的政治气氛，以致大臣们每次上朝之前，都要和家人诀别，惶惶不可终日，李唐宗室更是杀戮殆尽。

武则天晚年，一批男宠走进她的生活，他们年轻、俊朗、健壮。唐高宗去世后不久，武则天便有了第一个男宠。之后，张易之、张昌宗兄弟成为新宠。当时武则天已经进入暮年，疾病缠身长时间不能上朝，对朝政的控制力下降。二张兄弟便插手朝政，陷害异己，不仅跟大臣结怨，也使得武则天回归李唐、传位太子的形势发生逆转，引起了政局的复杂化。当时武则天听从宰相狄仁杰的劝告，立第三子李显为太子。但是，李显的儿子李重润、女儿永泰公主兄妹俩对祖母武则天宠信二张深表不满，不想他们的言论被张易之的耳目探知。张易之添油加醋向武则天进谗言，武则天闻之大怒，不仅责骂太子李显，还严令李显责问子女。万般无奈的李显，只得逼令儿子、女儿自缢（一说被杖击而死）。接下来，张氏兄弟又将永泰郡主的丈夫、武则天的侄孙、魏王下狱逼死。这个变故，让李显失去了一个儿子，一个女儿和一个女婿。更为重要的是，它向李显表明了一个残酷的现实，即张易之、张昌宗兄弟对其及其家庭构成了巨大威胁，武则天母子关系也因此空前紧张起来。

公元 705 年正月，也是武周朝的神龙元年。趁武则天生病，李显与诸大臣（主要是五王：博陵郡王，汉阳郡王，平阳郡王，扶阳郡王，南阳郡王）发动政变，杀死二张兄弟，逼武则天退位，迎中宗复位，复国号唐，史称：神龙革命（也称五王政变）。同年年底，武则天去世，享年 82 岁，遗诏去帝号，称“则天大圣皇后”。

武则天去世后，中宗李显恢复皇帝位，李唐政权回归。但中宗复位后，一直受到韦皇后、女儿安乐公主等人的左右，政变功臣五王基本被流放或诛杀，韦皇后意图成为第二个女皇，安乐公主则要求被立为皇太女。在公元 710 年，韦皇后和安乐公主合谋毒杀唐中宗，并欲加害中宗之弟相王李旦。李旦之子，临淄王李隆基在姑母太平公主的协助下发动政变，力诛韦皇后、安乐公主及武氏残余势力，拥立父亲李旦为帝，是为唐睿宗。

唐睿宗复位后，立李隆基为太子，同意其妹太平公主干预政局，双方时常发生权力斗争。公元 712 年，睿宗决定禅让帝位，太子李隆基即位，即唐玄宗，又按谥号称唐明皇。隔年，唐玄宗发兵杀太平公主与其党羽，唐朝自武则天以来的女主政治，至此结束。

唐玄宗在位 44 年，前期（开元年间）政治比较清正，经济迅速发展，唐朝进入全盛时期，史称：开元盛世。这一时期被认为是继汉武帝时代之后，中国历史上出现的第二次强盛局面。首都长安城当时是世界上最大的城市，也是世界上第一个人口超过百万的大城市。

随着时间的流逝，唐玄宗后期逐渐丧失了进取精神，追求安逸享乐，以致生活奢华，惰问政事。

公元742年正月，唐玄宗改开元年为天宝年，在纳儿媳杨玉环为贵妃后，更加沉溺酒色。其任用有“口蜜腹剑”恶名的李林甫为宰相长达 18 年，使得朝纲败坏。李林甫死后又任用杨贵妃族亲、张易之外甥（一说是张易之的私生子）杨国忠为宰相。

杨国忠本名杨钊，后由唐玄宗赐名“国忠”。据说其早年嗜酒赌博，品行不正，为乡邻侧目。30 岁时，他在四川从军，后依附当地富豪鲜于仲通，鲜于仲通把他推荐给剑南节度使章仇兼琼。此时杨玉环已封为贵妃日益受宠。章仇兼琼便利用这一裙带关系，派杨国忠到京城向朝廷贡奉蜀锦和四川名贵特产。到了长安后，杨国忠巧为经营，使杨贵妃经常在玄宗面前替他和章仇兼琼说好话，并将他引见给了唐玄宗。从此，杨国忠得以出入宫中。在宫内，他小心翼翼地侍奉唐玄宗和杨贵妃，投其所好；在朝廷，则千方百计巴结权臣。不久，杨国忠便担任了监察御史，很快又迁升为度支员外郎。在不到一年的时间里，他便身兼 15 余职，成为朝廷的重臣。

李隆基之所以重用杨国忠，除了取悦杨贵妃外，主要还是想借其牵制李林甫在朝廷的势力，同时为取代已经衰老了的李林甫做准备。公元 752 年，李林甫死后，唐玄宗便命杨国忠担任宰相兼文部尚书，身兼 40 余职。

唐玄宗天宝元年后好大喜功，为此，边境将领经常挑起对异族的战事，以邀战功。杨国忠掌权期间，唐朝曾两次发动了征讨南诏的战争。

唐初，在今云南洱海周围及哀牢山、无量山北部地区，分布有众多部落，其中有 6 个势力最大的部落，史称：六诏（“诏”即王的意思）。其中，蒙舍诏势力最强，蒙舍诏地处各诏之南，故又称南诏。五诏与其他部落受吐蕃威胁，常弃唐归附吐蕃，而南诏始终依附唐朝，因而得到唐的支持。

公元 713 年，唐玄宗封南诏王皮逻阁为台登郡王。公元 737 年，皮逻阁取得太和城（今云南省大理市七里桥乡太和村）。次年，唐玄宗赐皮逻阁名为蒙归义，进爵为云南王。皮逻阁乘胜出兵兼并五诏，建立了南诏国，都城为太和城。

南诏建国后想向东发展扩大势力，而唐王朝想限制南诏的发展，又要南诏出力攻击吐蕃。这样，双方虽然还保持着和好关系，实际上却发生了不可调和的矛盾。公元 748 年，皮逻阁死，养子阁罗凤（又称觉乐凤）继位。

不久，由杨国忠推荐的时任剑南节度使的鲜于仲通和南郡太守终于逼反了阁罗凤。

公元 750 年，阁罗凤先发制人出兵围攻姚州，杀了南郡太守，接着出兵占领了唐在云南设置的州县 32 个。在这样的形势下，鲜于仲通于公元 751 年率 8 万大军进驻云南曲靖。阁罗凤本意并不愿与唐王朝彻底决裂。因此闻唐朝大军抵达曲靖时，即表示愿送还俘掠，赔偿损失，请求罢兵。但遭到鲜于仲通的拒绝，唐军继续分 3 路进兵。阁罗凤再伸“衷悃”，鲜于仲通仍不接受。后阁罗凤又派出使者，恳请与唐罢兵和好，同时警告：“今吐蕃大兵压境，若不许我，我将归命吐蕃，云南非唐有也。”鲜于仲通自持兵众，欲建战功邀宠，屡加拒绝，并率兵进逼洱海。阁罗凤在唐大兵压境之下，求救于吐蕃，并请归附。南诏在吐蕃的支持下，合兵进击唐军，唐军全军覆没，鲜于仲通仅以身免。此后，南诏归附吐蕃，诏唐关系断绝。对此杨国忠不但没有处罚鲜于仲通，而且为其大叙战功，并推荐其为京兆尹（首都市长）。

接着，杨国忠又请求第二次发兵攻打南诏。公元 754 年，唐军再次攻打南诏，结果又遭惨败。两次攻打南诏，损兵折将近 20 万人。

由于当时唐兵制由府兵制改为募兵制，使得节度使与军镇上的士兵结合在了一起，就出现了边将专军的局面，其中以安禄山为最。

安禄山本姓康，名阿荦（luò）山（又作轧荦山），母亲为突厥族女巫，安禄山年幼时父亲就死了，一直随母亲住在突厥部族里。他母亲后来嫁给了突厥一名安姓将军的哥哥，安禄山也就改姓安氏，名叫禄山。安禄山通晓 9 族语言，30 岁前一直在边疆地区经商，30 岁那年步入军旅，在不到 4 年的时间就做到了平卢将军。

虽然杨国忠与安禄山同样受着唐玄宗的宠信。但是，杨国忠的发迹要比安禄山晚得多。当杨国忠尚未发迹时，安禄山早在天宝元年（公元 742 年）正月就升任平卢节度使，后又兼范阳节度使、河北采访使、御史大夫，稍后又兼河东节度使。公元750年又封为东平郡王。杨国忠虽有杨贵妃的关系，但迟至公元748年始任给事中兼御史中丞。安禄山在朝中对老谋深算的李林甫还算惧怕，而对杨国忠则十分轻蔑。

唐玄宗给安禄山一再加官晋爵，反倒促使其踌躇满志，更加骄恣。安禄山在朝廷内外延揽了一批有才学的文臣为幕僚，又在军中提拔了一些智勇兼备的将领委以重任。于是，在他的周围聚集了一批文臣武将。同时，安禄山紧锣密鼓地招兵买马，扩充军备，其不臣之心已难以掩饰。

杨国忠接任宰相后，便经常在唐玄宗面前告安禄山有谋反的野心和迹象，想借玄宗之手除掉安禄山，可唐玄宗认为这是将相不和，不予理睬。杨国忠见屡奏安禄山谋反而玄宗不听，便派兵包围安禄山在长安的住宅，搜求其谋反证据，并逮捕其门客送御史台缢杀。至此，安禄山与杨国忠以及朝廷的矛盾更加尖锐激烈，加之杨国忠任宰相后，官吏贪渎，政治阴暗，民怨载道，终于使安禄山及其干将史思明发动了以讨伐杨国忠为名，行夺取皇位之实的叛乱，史称：安史之乱。

公元755年12月16日，身兼范阳、平卢、河东三地节度使的安禄山举兵18万（一说15万），号称20万，从范阳（今河北省保定涿州一带）起兵，长驱直入。仅用了35天时间，叛军就控制了河北大部分地区，河南部分郡县也望风归降，并攻占东都洛阳。唐玄宗得知安禄山反叛的消息，十分震惊。面对叛军强劲的攻势，唐玄宗任命龟兹（qiū cí）人哥舒翰为统帅，镇守潼关，潼关地势险要，唐军本可凭此优势暂时死守，保卫京师，等待援兵。可是由于唐玄宗想尽快平定战事，加之杨国忠忌恨哥舒翰挑唆唐玄宗，迫使哥舒翰率领20万大军出战，最后以惨败收场。潼关一破，都城长安震动，失陷在即。唐玄宗只好弃逃长安，到了马嵬（wéi）坡，（今陕西省兴平市西北）将士饥疲怨气冲天，大军停止不行，要求杀杨国忠父子和杨贵妃。杨国忠随后被乱刀砍死，唐玄宗被迫命人缢死杨贵妃。公元756年6月，安禄山占领长安，唐玄宗逃往成都，太子李亨在灵州（今宁夏回族自治区灵武）自行登基，是为唐肃宗。

后世史学家们认为“马嵬之变”是一场“有计划的兵变”。是由太子李亨主谋，借机除掉了杨国忠和杨贵妃。

在“安史之乱”的关键时刻，被封为朔方节度使的郭子仪奉诏平叛。次年，郭子仪联合李光弼分兵进军河北，会师常山（河北省正定），击败安禄山部将史思明，收复河北一带，随后唐肃宗任命郭子仪为宰相兼兵部尚书。

公元756年，安禄山于洛阳自称雄武皇帝，国号“燕”。次年，安禄山被其次子安庆绪发动内变所杀。

安庆绪杀父后自立为帝。不久，长安为唐军收复，安庆绪自洛阳败逃至邺城，其部将数万人溃归史思明。

史思明自围攻太原被李光弼击退后，回到范阳驻守。安庆绪安抚他为妫川王，兼范阳节度使。范阳本是安氏的巢穴，安禄山所掠珍宝多半运往这里存放。史思明欲将范阳据为己有，也不想再被安庆绪所节制，又见唐势渐盛，便向唐王朝奉上归降书，愿以所领 13 郡及兵马 8 万人降唐。唐肃宗得报大喜，封他为归义王，兼范阳节度使。但史思明“外示顺命，内实通贼”，不断招兵买马，引起唐肃宗的警觉，派人监视欲图除逆。史思明因此复叛，与安庆绪遥相声援。不久安庆绪被史思明所杀，史思明接收了安庆绪的余众，兵返范阳，称“大燕皇帝”。公元 761 年春，叛军内讧，史思明为其长子史朝义所杀。

公元 757 年，太上皇唐玄宗回到长安。3 年后，唐玄宗去世。不久，唐肃宗也一病不起。公元 762 年，宦官李辅国入寝宫追杀张皇后，肃宗受到惊吓，病情加重而死。

肃宗死后，太子李豫继位，是为唐代宗。此时，唐军收复洛阳，史朝义败走莫州（今河北省任丘北）。次年春，史朝义部将献莫州投降，送史朝义母亲及妻子于唐军。史朝义率 5 千骑逃往范阳，史朝义部下又献范阳向唐军投降。史朝义走投无路，于林中自缢而死，历时七年余的安史之乱终于结束。

安史之乱使得唐朝走向拐点，从此由盛转衰，藩镇割据的局面形成。

代宗后，唐德宗李适曾力图平藩，但是引起叛乱，战争持续了五年，唐德宗被迫与藩镇妥协，下“罪己诏”，从此藩镇割据的局面进一步深化。

唐德宗执政前期，坚持信用文武百官，严禁宦官干政，颇有一番中兴气象。但在平藩过程中，文官武将的相继失节与宦官集团的忠心护驾所形成的强烈反差，使德宗彻底放弃了以往的观念。在执政后期，唐德宗委任宦官为禁军统帅，宦官监军的制度由此产生。自此以后，唐朝内忧外患加剧。

唐德宗死后，是唐顺宗李诵的“永贞年”。

公元 805 年，宫廷宦官俱文珍等人联合部分地方节度使的力量，迫使唐顺宗立李淳（后改名李纯）为太子，不久又逼唐顺宗禅位于李纯，是为唐宪宗，史称“永贞内禅”。唐顺宗李诵做太子 25 年，做皇帝仅 8 个月，并且做皇帝时已经中风，口不能语。

李纯即位之初，能认真总结历史经验，比较注重发挥群臣的作用，敢于任用能臣为宰相，勤勉政事，君臣同心同德，从而取得了削藩的巨大成果，重振朝廷中央的威望，成就了唐朝的中兴气象。使安史之乱后的唐朝，在唐宪宗元和年间从一定程度上再次获得统一，史称“元和中兴”。

取得一系列成就之后，唐宪宗自骄自满，开始信仙好佛。晚年为追求长生不老，开始服食丹药，最后被宦官所谋杀。

自此，唐朝皇帝的废立，皆由宦官所操纵。

至唐文宗李昂继位，其一心想铲除宦官势力，夺回权力。唐文宗在公元 835 年与亲信大臣密谋诛杀宦官失败，宦官大肆屠杀朝官一千余人，文宗被宦官软禁，朝廷政事由宦官专权，朝官与宦官的矛盾空前尖锐。朝廷群臣欲借助藩镇兵力对抗宦官势力，埋下了晚唐时期藩镇和宦官直接冲突的种子。

唐僖宗李儇（xuān）时期，唐朝政治、经济日益走向衰败。在公元 874 年终于爆发了大规模的农民起义。在黄巢起义军的打击下，唐朝统治名存实亡。黄巢起义的烽火最后虽被扑灭，但唐朝的统治基础已被动摇。

唐僖宗死后，由弟李晔继位，是为唐昭宗。

唐昭宗也是掌权的宦官所拥立。当时各藩镇趁着平定农民起义军的机会逐渐扩大自己的利益。唐昭宗曾试图增强朝廷的实力，但反而引起了藩镇的疑心，其中凤翔节度使李茂贞首先发难，兵至长安。宦官集团强迫昭宗投奔凤翔，宣武节度使朱温围攻凤翔。李茂贞杀领头宦官，跟朱温和解，送唐昭宗回长安。

李茂贞被朱温打败，使朱温变成了最大的藩镇，并控制着唐昭宗。朱温为了灭亡唐朝自己做皇帝，先杀掉皇宫所有宦官 500 余人（一说 700 余人）。公元 904 年，朱温不顾朝廷大臣反对，迁都洛阳，令长安居民按户籍迁居。太原军李克用、凤翔军李茂贞、西川军王建、淮南军杨行密等各藩镇起兵与朱温对抗。同年 9 月，朱温派人弑杀唐昭宗，昭宗死后，他的第九子 13 岁的李柷（zhù）被拥立即位，是为唐哀帝。第二年，朱温在亲信的鼓动下，先以酒宴之名缢杀唐王室的 9 个王子，后于滑州（今河南省滑县）白马驿，扑杀朝廷大臣 30 余人，投尸黄河，史称：白马之祸。

公元 907 年，朱温又逼李柷禅位，降为济阴王，改国号梁，是为梁太祖，定都于开封。

唐朝就此灭亡，立国共 290 年。五代十国时期开始。

◆唐朝重新统一全国后，突厥贵族们明白，已不可能像以往那样，从中原的群雄割据中获利了，因此，便将其主要对手确定为唐。趁唐初国力还不十分强大，连年袭扰内地，掠夺人口和财物。东突厥颉（xié）利可汗曾亲率大军 15 万攻入并州（今山西省太原、大同和河北省保定一带），掳男女 5000 余人；又率骑兵 10 余万大掠朔州（山西省西北部）、进袭太原；后于公元 626 年，率兵 20 万直逼长安城外，距长安城仅 40 余里，朝野震动。

贞观三年（公元 629 年）秋，唐太宗李世民出兵 10 万，分道进击突厥。在定襄大败东突厥，颉利及其部众 5 万余人被俘，东突厥灭亡。

在唐同东突厥交锋的时期，西突厥控制着西域地区，并拥有如高昌、焉耆、龟兹、于阗等附属国。唐灭亡东突厥之后，这些西突厥的附属国与唐西部的疆域接壤，开始受到唐朝的影响，跟唐进行交往。

公元 628 年，西突厥发生分裂，原来有 10 个主要部落（称 10 姓部落）分裂为南庭和北庭两部，双方征战不断，削弱了西突厥的实力。公元 640 年至 648 年，唐军陆续攻取了高昌、焉耆、龟兹等地，原西突厥的附属国转而归附于唐朝。西突厥为阻挠这一趋势，开始对唐发动战争。

公元 642 年，西突厥北庭大军入侵唐伊州（今新疆维吾尔自治区哈密），被唐军击败。公元 644 年，乙毗射匮（kuì）可汗开始与唐修好，其部下叶护阿史那・贺鲁降唐，被封为左骁卫将军，征讨其他不归附唐朝的西突厥各部。公元 651 年，阿史那・贺鲁击败乙毗射匮，招降其余西突厥部落，拥兵数十万，自立为沙钵罗可汗。

唐太宗逝世，阿史那・贺鲁觉得有机可乘，于是脱离唐朝发兵攻打唐的庭州（今新疆吉木萨尔）。公元 657 年，唐高宗发兵分南北两路讨伐西突厥，西突厥大败，阿史那·贺鲁逃至石国，被石国俘虏交给唐廷。自此，西突厥亡国。

在唐朝统治下的东突厥各部，差不多在半个世纪的时期内基本上安稳。但由于唐朝常征调他们东征西讨，渐渐引起突厥人的不满，特别是上层贵族滋生了复国思想。

公元 679 年秋，突厥酋长阿史德·温傅、阿史那·奉职率部反唐，拥立阿史那·泥熟匐（fú，或泥孰匐）为可汗。24 州的突厥酋长响应他们，部众达数十万人。次年，唐军大破突厥军于黑山（今内蒙古自治区包头市西北），擒酋长奉职，泥熟匐可汗为其部下所杀。突厥叛军余众退守狼山（今内蒙古自治区杭锦后旗西北）。温傅部又从夏州（今陕西省靖边县）迎颉利可汗族侄伏念，北渡黄河，立为可汗。

公元 681 年，伏念与温傅连兵进攻原州（今宁夏回族自治区固原县）、庆州（今甘肃省庆阳县）。这年秋季，伏念在唐军兵临帐前的形势逼迫下，逮捕温傅，向唐军投降。但唐高宗听信谗言对伏念不予宽容，反加杀害，为突厥上层人物的再次叛唐，埋下祸根。

公元 682 年，颉利可汗族人阿史那·骨笃禄（又作骨咄禄、不卒禄）又叛，他的祖父本是酋长。伏念死后，他率 17 人出走，逐渐聚众至 700 人，并占领黑沙城（今内蒙古自治区呼和浩特市北）。他通过召集伏念亡散残部的办法，使部众增至 5000 人，并抢掠九姓铁勒大批牲畜，从而势力逐渐强盛。阿史那·骨笃禄见时机成熟，便占领了漠北的乌德鞬（jiān）山（今蒙古国鄂尔浑河上游杭爱山），重建突厥政权，史称：东突厥后汗国。

公元 683 年年末，唐高宗病卒，武则天掌政。当时吐蕃、西突厥频繁进攻西北青海、安西（今吉尔吉斯斯坦托克马克）等地区。唐朝年年兴师，多面作战，疲于奔命。阿史那·骨笃禄抓住唐王朝内政不稳之机，向唐朝发动了一系列的进攻。据 1889 年发现于今蒙古国呼舒柴达木湖畔的《故阙特勤之碑》记载，其先后攻打过唐朝北部、九姓铁勒、三十姓鞑靼（dá dá）、契丹、奚等，共出师 47 次，其中亲自出征 20 次，奠定了后突厥汗国的基础。公元 693 年，阿史那·骨笃禄病卒。其子年幼，其弟阿史那·默啜（chuò）自立为可汗。

默啜成为后突厥可汗之初，为了巩固汗位，改变策略，讨好唐王朝以取得支持。公元 695 年，默啜遣使请降。这时已成为周朝皇帝的武则天非常高兴，册授他为左卫大将军、归国公。次年，默啜请求当武则天的儿子，并为他的女儿向唐皇室求婚，又要求归还河西的突厥降唐部落，声称他愿意率领部众“为国讨契丹”，武则天晋封他为迁善可汗。于是，默啜举兵突袭契丹松漠都督府（今内蒙古自治区赤峰市林西县），契丹溃败。武则天进一步册立默啜为颉跌利施大单于、立功报国可汗。

公元 697 年，武则天满足默啜请求，将 6 州降唐部落数千帐（户）送交默啜，并给他谷种 4 万斛、杂彩 5 万段、农具 3000 件、铁 4 万斤。后突厥得到这一大批人力和物资以后，国力大为增强。是年夏，契丹进攻幽州。默啜得知此消息后，发兵夺取契丹新城，俘虏了全部人口，掠夺了所有物资。契丹兵将闻家属被突厥抢走，军心大乱。唐军趁机前后夹击，契丹兵败，首领孙万荣被部下杀死，其残余部众降于后突厥。

次年六月，武则天命内侄武延秀前往突厥准备迎娶默啜女儿为妻，默啜却说：“我欲以女嫁李氏，安用武氏儿邪！此岂天子之子乎！”他不但不允婚，反而宣称要用武力帮助李氏恢复唐朝，并将武延秀扣押。接着，他发兵进攻妫（guī）州（今河北省涿鹿县西南）、檀州（今北京市密云区），陷定州（今河北省定州县）、赵州（今河北省赵县）。武则天出兵45万反击默啜，但毫无成效。这时武则天已立其子庐陵王李显为皇太子，又命李显为河北道元帅，讨伐突厥，由副元帅狄仁杰领兵出征。默啜闻知唐朝大军将至，随即将从赵州、定州掠夺的男女近9万余人全部杀死，一路抢掠退回漠北。此时，默啜已拥兵40余万，西北诸民族皆示归附。在这以后，默啜对唐朝采取时和时战的策略。

唐中宗李显即位的第二年，默啜又进攻灵州鸣沙县（今宁夏回族自治区青铜峡西南），唐军6000多人战死，夺走牧马万余匹。

公元707年，唐军夺取漠南，在黄河北筑三座受降城。中受降城在今内蒙古包头市西，东受降城在今内蒙古托克托西南，西受降城在今内蒙古乌拉特中后旗西南。三城首尾相应，截断了后突厥南侵之路。又在牛头朝那山（今内蒙古自治区固阳县东）北设置烽火台1800所，从此，后突厥难以南下。

默啜既无法南侵，改向西域扩张。公元714年2月，他派儿子和妹夫率军进攻北庭都护府被打败，其子被擒杀。妹夫怕默啜怪罪不敢回去，携妻投唐，被封为燕山郡王，授左卫员外大将军。

默啜年老以后，更加昏庸暴虐，部属纷纷离散。

公元714年入秋后，突厥的葛逻禄（gě luó lù）部与胡禄屋等部降唐，降唐的十姓部落前后共1万多帐（户）。次年2月，默啜的女婿高文简等率领1万余帐，脱离后突厥，至唐朝边境归附，高文简被封为辽西郡王。

公元716年6月，默啜北征九姓铁勒拔曳固（或拔野古）部大胜。默啜恃胜轻归，毫无防备，途遇拔曳固溃兵将他杀死。阿史那·骨笃禄之子阙特勤借机将默啜的诸子和亲信全部杀掉，拥立其兄左贤王默棘连掌权，是为毗伽（pí gā）可汗，毗伽任命阙特勤（“阙”为名，“特勤”为官名）为左贤王。

公元721年，毗伽可汗向唐朝遣使求和，“请父事天子”。又连年遣使向唐贡献方物，求婚。唐玄宗对来使厚加赏赐，又允许在西受降城设立互市，每年以绢帛数十万匹与后突厥交换军马，以壮大骑兵队伍，并改良马种，但终究没有允诺与后突厥联姻。

公元731年，左贤王阙（què）特勤去世。唐玄宗派人前往吊奠，并为他立祠庙，刻石为像。唐朝派去6名绘画高手，在庙的四壁精心绘制阙特勤临阵作战的壁画。最有历史价值的是《故阙特勤之碑》。其汉文碑铭由唐玄宗“御制御书”，碑上还刻有古突厥文字的铭文。大理石被分为大小2块，至今仍矗立在蒙古国呼舒柴达木湖畔，是研究突厥史的重要材料。

公元734年，后突厥大臣梅录啜下毒欲谋杀毗伽可汗，毗伽在毒药发作但尚未身死时，发兵杀死梅录啜及其族党。毗伽死后，唐玄宗亦派大臣前往吊奠，并为其立庙树碑。此大理石碑也刻有汉文与古突厥文两种铭文，和《故阙特勤之碑》竖立在同一地方。

毗伽可汗死后，后突厥贵族立其子为伊然可汗，但伊然可汗不久就病死了，其弟继位，唐朝册封他为登利可汗。登利年幼，其母参与政事。登利的二位堂叔分掌兵马，分别称为左杀和右杀。公元741年，登利忌惮左右两杀权势过大，与母亲合谋，将右杀诱杀，夺其军队。左杀害怕被害，先发制人，攻杀登利可汗，立毗伽可汗另一子为新可汗。新可汗很快又被手下骨咄（也称骨咄禄）叶护（地位仅次于可汗）杀死，后突厥陷于内乱。

公元742年，唐玄宗召集、回纥、葛逻禄三族部落联合攻杀骨咄叶护，推举拔悉密酋长为颉跌伊施可汗，回纥和葛逻禄的首领分别担任左、右叶护。后突厥另立阙特勤之子为乌苏米施可汗，并以其子为西杀。唐玄宗遣使劝说乌苏米施可汗附唐，他不听劝告。唐出重兵进行威胁，并动员拔悉密、回纥、葛逻禄等部协力进攻后突厥，乌苏米施逃走。后突厥西叶护、西杀、默啜之孙、登利可汗女儿等率领部众千余帐，先后降唐。唐玄宗大喜特设宴款待来归的后突厥诸首领，并给他们很多赏赐。

公元744年8月，拔悉密部攻杀乌苏米施可汗，后突厥大乱。唐军乘其乱出击，破后突厥11部，回纥首领骨力裴罗南下占领了突厥故地。公元745年初，骨力裴罗击杀后突厥白眉可汗，送其首级至长安。后突厥毗伽可汗妻率后突厥余众归唐，唐玄宗封她为宾国夫人。从此以后，中国史籍中的突厥人逐渐消失，退出了中国北疆的历史舞台。后在西方人的史籍中，一批名为“突厥人”的部族却在中亚、西亚大地上纵横驰骋，给世界历史留下深远的影响。

◆战国以后，有些羌族部落，逐渐迁移到今西藏地区。他们和当地土著相融合，繁衍发展，形成了吐蕃族。

建立吐蕃王朝的是生活在雅砻（lóng）河谷的六牦牛部，统一六牦牛部各部落的首领叫弃聂弃赞普。“赞普”是“雄强者”的意思，以后成了吐蕃酋长的尊称。从弃聂弃开始，吐蕃确立了酋长世袭制度。到第八世赞普布袋巩甲以后，吐蕃社会获得了较快的发展，逐渐由原始社会过渡到奴隶社会。掌握了冶炼银、铜、铁的技术，有了木犁，开始用牛力开垦农田。并兴修水利引湖水灌溉，出现了畜牧业与农田并举的农牧业，部落形态逐渐转化为国家形态。

公元629年，因父亲被叛臣毒死，年仅十三岁的松赞干布继赞普位。他少年英武，削平了叛乱，统一了西藏。松赞干布还进行了多方面的改革，一方面迁都到逻些（今拉萨），从此逻些成为西藏政治、经济和文化的中心。一方面参照唐朝的中央官制和府兵制度，建立了从中央到地方的政治军事制度。同时为了适应经济和政治的需要，松赞干布统一了度量衡，并借鉴于阗、天竺等文字创造了吐蕃文（以后发展成今天的藏文），又制定了严酷的法律。

吐蕃在松赞干布时期崛起，兼并了苏毗、象雄等部，又连破党项、吐谷浑，取其领地；向西征服了在今克什米尔地区的大、小勃律，向南取得了泥婆罗（今尼泊尔），不仅统一了青藏、康藏高原，而且占有今四川盆地西部、云南西北部等地区。

公元634年，松赞干布听说突厥及吐谷浑均娶得唐朝公主，便遣使入唐，奉表求婚，唐太宗李世民未许，使者回报称系吐谷浑王离间所致。松赞干布大怒，发兵击败吐谷浑、党项等族。公元638年秋，吐蕃军号称20余万进逼唐朝松州，遣使进贡金帛，声称来迎娶公主。唐军匆忙出战，大败而回。唐太宗随即又派步骑兵5万人再战。唐军前锋乘吐蕃军毫无防备，夜袭其营帐，斩杀千余人，表现出强劲的战斗力。松赞干布闻讯大惊，加之属下厌战情绪日高，大臣中有8人自杀，遂率部退出党项、白兰羌、吐谷浑等地，并遣使到长安谢罪，进献黄金5000两以及其他珍宝，再次请求通婚，这次唐太宗应允。公元641年初，唐以宗室女16岁的文成公主嫁25岁的松赞干布，松赞干布大喜，尽子婿之礼。

文成公主进藏时，带去了大量的中原物产和工匠。其中有锦帛珠宝、生活用品、生产工具、蔬菜种子，还有经史、医药、历法等书籍。汉文化、汉技术的输入，促进了吐蕃经济文化的进一步发展。文成公主在吐蕃生活了将近40年，于公元680年去世。

公元710年，又有唐朝宗室雍王的女儿李奴奴以金城公主身份嫁给赤德祖赞赞普（即尺带珠丹，松赞干布的玄孙）

随着唐蕃关系的日益密切，许多汉族人进入西藏，一些吐蕃贵族子弟也进入长安学习汉文化，双方关系密切时派遣的使臣、勤奋的商贾不绝于途。公元729年，赤德祖赞赞普向唐玄宗上表说:“外甥是先皇帝舅宿亲，又蒙降金城公主，遂和同为一家，天下百姓，普皆安乐。”

由于大唐和吐蕃双方都想扩大自己的势力，而且边将也想从战争中获取功名，战事遂起。

吐蕃北面与西突厥突骑施部联合，东南与云南的南诏联合，合兵对唐朝造成巨大威胁。从公元742年到754年，十余年间，唐在与吐蕃的战争中占明显优势，唐与吐蕃的分界线已推进到青海湖至黄河河曲以西。

公元755年，赤德祖赞被乱臣谋害，年仅十三岁的赤松德赞继位，就在这一年大唐发生了“安史之乱”。次年，吐蕃遣使者到长安。在得知唐朝发生内乱时，使者提出可出兵支援唐朝。但唐玄宗心存戒备，拒绝了吐蕃的请求并将使者礼送出境。吐蕃看出了唐朝的衰弱和其在西部边境的空虚，乘机发兵攻陷了陇右、河西等唐王朝管辖的大片地区。公元763年冬天，大唐君臣不和，唐朔方军将领故意放吐蕃军东进，吐蕃联合吐谷浑和党项等族约20万军队攻破唐朝的都城长安，唐代宗仓皇出奔陕州（即今河南省三门峡市陕县）。吐蕃军占领长安15天，同时立金城公主的侄子为皇帝。后闻唐朝勤王之军逼近，吐蕃军才将长安洗劫一空后撤退。自从吐蕃军从长安撤退之后，吐蕃军每年秋季都要骚扰唐朝边境。公元764年，吐蕃再次联合唐朝的叛将以及回纥、吐谷浑、党项等族入侵唐朝，包抄长安。但该叛将突然病逝，回纥又倒戈反攻吐蕃，吐蕃联军遂为唐朝所败。此后，吐蕃与唐朝或战、或盟。

据史料记载，从公元705年至822年，唐朝和吐蕃共会盟8次，其中第8次会盟碑至今仍矗立在拉萨大昭寺前。安史之乱后，唐军多次重创吐蕃军，促使了吐蕃与唐朝的讲和。第8次会盟是在唐穆宗李恒的长庆元年至二年（公元821年至822年）进行的，所以也称为“长庆会盟”，也称“甥舅和盟”。

西藏在未传入佛教之前，盛行苯教。

苯教（也称为本教或苯波教）是世界上最古老的宗教之一，发源于中亚，兴盛于当时横跨中亚地区及青藏高原的象雄古国，距今有数千年历史了。

象雄国，历史上曾称它为羌同、羊同。据有关史学家研究认为，象雄地域分三部分：

里象雄，应该是在冈底斯山向西走之外的波斯、巴达先和巴拉（巴达先和巴拉大概是在印度与巴基斯坦有争议的克什米尔一带）。

中象雄，在冈底斯山西面，那里有枕巴南喀的修炼地穹隆银城（包括大部分藏区和印度拉达克地区），这里曾是象雄王国的都城。

外象雄，是以穹保六峰山为中心的一块土地，也叫孙巴精雪（或称苏毗静雪）。包括39个部族，北嘉25族（安多上部地区）、康区（青海和四川的部分地区）。

象雄的都城在文献记载中为穹隆银城，也有的叫穹隆银堡，藏语为“穹窿威卡尔”，意即“大鹏银城”。

在考古界，穹隆银城的具体位置尚无定论，但可基本确定在阿里地区象泉河流域。

象雄王朝鼎盛之时，曾具有极强的军事和政治势力，疆域十分广阔。随着时代的变迁，象雄的国势逐渐走向衰弱，首先是西部的里象雄被外族侵占，到了松赞干布时代，雅砻部落逐渐脱离了象雄王室衰弱的统治（最初的吐蕃族，只限于雅砻部落，隶属于象雄）。加之苏毗王国（在今西藏日喀则地区的南木林县一带）的崛起，切断了象雄王室与东部象雄的联系，以后的象雄就只限于今天阿里和克什米尔了。到了公元8世纪，吐蕃彻底征服了象雄，从那以后，象雄文明就渐渐从历史中消失了。

“象雄”一词在象雄语中意为“大鹏鸟所居之地”，象雄国早在公元前5世纪前就产生过极高的远古文明，并创制了象雄文（又称“雍仲神文”，迄今在印度和尼泊尔等国的某些古老民族仍在使用）。阿里地区至今仍沿用古象雄时代的地名。

在国外的一些藏族学者认为，藏文是在象雄文的基础上，学习克什米尔和印度的声音，进行了改造，这一设想，不无道理。在多方的努力下，印度和尼泊尔的一些学者已经将象雄文翻译成英文和藏文并出版了相应的对照本。

原始苯教是一种多神信仰，苯教的巫师们为部落祈福免祸、占卦，祛病除邪，拥有众多的信徒。原始苯教和流传于中亚、东北亚、美洲印第安部落的“萨满教”以及云南地区纳西族所信奉的“东巴教”有着千丝万缕的联系。后来发展到辛饶弥沃创立的雍仲苯教时期，苯教变得系统化并有了一套明确的教规和理论。

辛饶弥沃，传说是象雄的一位王子。关于辛饶弥沃的出生年代说法不一，外国学术界以及苯教的典籍认为辛饶弥沃出生于公元前16017年，即距今18000多年前。中国学者认为，辛饶弥沃时代应距今4000年左右。

辛饶弥沃在改革原始苯教的基础上融入了自己的教法并创建了新的宗教教规，使苯教得以统一。新的苯教叫作“雍仲苯教”而有别于原始苯教，在学术上雍仲苯教也称作苯教。

当辛绕弥沃传教时，原始苯教还不是一个成熟的宗教。辛饶弥沃并没有直接废除原始苯教，而是在原始苯教的基础上对其进行大量的改革。比如，原始苯教中包括在藏医、天文历算、占卦超度、招财祈福、沐浴等仪式仪礼，被保留并传承下来。例如，今天藏民的婚丧嫁娶、藏医，在某种程度上仍沿袭着苯教的传统；转神山、拜神湖、插风马旗、插五彩经幡、刻石头经文、放置嘛呢堆、打卦、使用转经筒等祈福方式都是苯教的遗俗。而原始苯教中杀牲血祭等劣习遭到了辛绕弥沃的反对。他采用糌粑和酥油捏成各种物品来作为祭品，代替原始苯教中要杀死动物祭祀的做法，并取得了成功，这就是朵玛和酥油花的最初起源。朵玛和酥油花不仅被苯教徒而且被佛教徒广泛用来做供品并成为藏传佛教的一大特色。虽然杀牲祭祀至今在藏区及其周边还存在，但这并非“雍仲苯教”教理所允许的。因此，辛绕弥沃的改革对西藏后期的文化产生了深远和有益的影响。

随着时代变迁，作为象雄的附属吐蕃逐渐强盛起来。到了吐蕃松赞干布时期，松赞干布的妹妹作为象雄王李迷夏的妃子被冷落，松赞干布以此为由发兵攻打象雄。是年，吐蕃军杀了象雄王李迷夏，将象雄部落均收为吐蕃治下。至此，松赞干布统一了青藏高原。

公元 7 世纪初，松赞干布将印度佛教引入吐蕃，并给予佛教僧侣良好的待遇。到了 8 世纪，时任吐蕃赞普的赤松德赞采取一系列措施全力扶植印度佛教并打压苯教势力。起初此举遭到了信奉苯教的大臣和贵族们的反对，于是赤松德赞让佛教与苯教进行公开辩经，以决胜负。在辩论结束后，赤松德赞宣布佛教获得胜利，并把苯教判定为“黑教”。苯教教徒被迫改宗印度佛教，凡不愿意改宗的苯教僧人被流放到阿里、安多和康区等边远地区。随后吐蕃开始推广吐蕃文，将象雄及其他各部的原有文化逐步同化。

这次事件也成了佛苯斗争史上的一个分水岭。起初，印度佛教被松赞干布引入吐蕃，当时的印度佛教仅仅是一个局限在吐蕃王室传播的外来宗教，还无法撼动苯教的地位。到了赤松德赞统治时期，印度佛教作为一个强势文化，在吐蕃王室的大力扶持下，迅速占据了吐蕃宗教文化的主导地位。

赤德松赞死后，由他的第 5 子赤祖德赞继位。赤德松赞共 5 个儿子，大儿子信佛出家，二子和三子早逝，四子就是朗达玛。据藏文史籍记载，朗达玛是一个“嗜酒喜肉，凶悖少恩”的人。朗达玛本名达玛，又叫“朗达日玛”。因为他反对佛教，佛教徒们视他为牛魔王再世，故称其为朗达玛（“朗”为牛的意思）。以朗达玛为首的一批王室贵族们反对佛教，这些贵族大臣们发动了一场政变，乘赤祖德赞喝醉酒时将其绞死，朗达玛于是继赞普位。

朗达玛继位后开始对佛教和佛寺僧人进行打击。他首先停建、封关佛教寺院并破坏寺庙设施和佛像等。桑耶寺、大昭寺等著名寺院都被封禁，小昭寺被当作牛圈使用，凡是佛教活动的场所都遭到查禁。接着是焚毁佛经，只有少数佛经被逃走的僧人保存下来。同时，佛教僧人遭到残酷的镇压，只得另找出路。留在吐蕃的僧人被迫还俗或者是弃佛归苯。朗达玛针对佛教的打击十分严厉，以致西藏佛教史把朗达玛时代以后的近百年称为“灭法时期”。

随着朗达玛兴师动众的灭法，吐蕃王朝在政治上的统一局面开始消失。佛教信徒对朗达玛恨之入骨，有一位在山中修炼佛教密宗的高僧，趁朗达玛在拉萨大昭寺前阅览碑文的机会，装扮成苯教徒以叩见赞普为由射箭杀死了朗达玛。朗达玛被刺杀后，吐蕃王室迅即分裂成两派，各自支持两位年幼的王子来继承赞普位。于是吐蕃发生内战，且一发不可收拾，随之引爆大规模的暴动，吐蕃王朝很快被推翻。以前统一的吐蕃王朝被分裂成若干个割据的小邦，从此吐蕃地区进入一个新的时代。

在藏传佛教史上，一般把松赞干布迎进佛教传入到吐蕃，到郎达玛禁佛前这一段时间，称为“前弘期”。在朗达玛禁佛以后，一度被压下去的苯教，又开始复兴。自公元 9 世纪中叶以后，经过近一个世纪的混乱局面，直至 10 世纪后期，整个西藏地区社会逐渐稳定下来，佛教方得到复兴和发展。在小邦割据时代，藏传佛教走向民间，并在广大底层民众中产生相当的影响。使后来的藏传佛教在藏族地区的复兴和发展具有坚实的基础和生命力，随之出现了藏传佛教史上的“后弘期”。

经历朗达玛灭佛事件以后，印度佛教从安多地区开始重新弘扬，几个世纪后，佛教遍及整个吐蕃。但是，苯教毕竟是藏民族的本土宗教，经过几千年的信仰浸润，它的精神和传统已经渗透到这个民族的心灵深处，成为这个民族日常生活中不可缺少的一部分。直到今天，苯教文化仍然影响着藏族地区精神信仰和文化生活的方方面面。

◆回纥（hé）又作回鹘（hú），最初为铁勒族的一部分，在突厥的统治之下。隋唐时期，回纥部落为东突厥汗国的重要构成部分。公元605年，回纥联合其他部族反抗东突厥的奴役，并逐渐强大起来。公元 646 年，回纥人配合唐军征服了铁勒薛延陀族。此后，回纥称霸于漠北，被回纥统一的漠北铁勒各部也都逐渐被称作回纥或自认为回纥，其首领吐迷度自称可汗，接受唐王朝的管辖，唐在其辖地置瀚海都督府，封吐迷度为都督。仅二年，吐迷度被其侄乌纥袭杀。公元 744 年，骨力裴罗成为回纥可汗。

骨力裴罗出身于回纥药罗葛氏贵族家庭。这个家庭自吐迷度以来，一直世袭回纥部首领，还继袭瀚海都督。公元 745 年，骨力裴罗攻杀后突厥的末代可汗——白眉可汗，遣使送白眉首级到长安邀功。唐玄宗先封骨力裴罗为奉义王，不久册封他为怀仁可汗。从此，唐朝正式承认了回纥可汗的地位，唐朝与回纥在政治、经济、文化上的联系更加密切。唐朝曾有 6 位公主与回纥可汗和亲，其中宁国公主出嫁葛勒可汗是中国历史上中原皇帝嫁亲生女儿给边疆民族首领的第一次，突出体现了双方间的独特关系。

经过骨力裴罗之手，回纥汗国结束了漠北各民族分裂割据的局面，势力日益强盛。其统治的部众有 11 姓，11 个大部落。控制的地域，东起额尔古纳河（内蒙古和黑龙江与俄罗斯的界河）一带，西至阿尔泰山伊塞克湖托克马克（今吉尔吉斯斯坦）一带，南跨大漠，北至叶尼塞河与今图瓦共和国（今俄罗斯境内），尽据古匈奴之地。阴山以北的巴彦淖尔高原、乌兰察布高原、锡林郭勒高原、呼伦贝尔高原均在回纥汗国的控制之下。

立国之后，回纥因历史的关系与唐朝的关系一直很好，回纥曾帮助唐王朝平定安史之乱。骨力裴罗建立汗国后，国势强盛，政治制度也趋于完备。他采用突厥制度，也兼采一些唐朝制度。骨力裴罗吸取突厥的统治方法，分区域进行统治。除可汗汗庭直辖的地区外，把其余统治区域划分为左、右 2 部，分别派遣左杀与右杀去进行管辖，并在被征服的每个部落或国家置一吐屯（监使），督察贡赋和政事。回纥在唐德宗时改称为回鹘。

公元 839 年，回鹘统治集团内部发生内乱，宰相谋反可汗自杀。这年又恰逢暴雪，羊马冻死许多，回鹘国力大衰。次年，臣服于回鹘的黠戛斯（xiá jiá sī）人趁机起兵，在回鹘叛将的引导下攻灭回鹘王城。其后，回鹘族在黠戛斯人的追杀下溃散，其中部分西迁，部分南下。南下的 30 万回鹘人与唐朝发生冲突，被唐军打败后逐渐消亡。西迁的回鹘人分为三部分：一部分进吐鲁番盆地，称高昌回鹘或西州回鹘；一部分迁帕米尔高原西部至楚河一带，称葱岭回鹘；另一部分据河西走廊，称甘州回鹘。

古代高昌城位于今天新疆吐鲁番地区，是古时西域的交通枢纽，为东西方交通往来的要冲，也为古代新疆政治、经济、文化的中心地区之一。在回鹘汗国鼎盛时期，回鹘势力即已扩张到以高昌（西州）、北庭为中心的新疆东部地区。在公元 840 年的回鹘西迁浪潮中，以乌介可汗外甥，贵族庞特勤为首的一支越过天山进入焉耆地区。当他得知逃到漠南的乌介可汗已被杀害的消息后，便在焉耆自称可汗。至公元 866 年，新首领率部与吐蕃在西域展开激烈的争夺，大败吐蕃，夺取了西州、北庭、轮台、清镇等要地。大概就从这一年开始，高昌成为回鹘的首都，北庭（今新疆维吾尔自治区吉木萨尔境内）成为夏都，标志着高昌回鹘王国的建立。其首领称亦都护，疆域最广时东起甘肃西部，西南至喀什，北达天山以北，南越罗布泊抵昆仑山北麓。

在高昌回鹘王国时期，多种宗教并行，王室早期信奉摩尼教，后改信佛教，民众也大多皈依佛教。同时也有不少人信奉景教（基督教聂斯脱里派）、拜火教、道教、萨满教。

高昌回鹘在吐鲁番盆地定居以后，发展起耕种农业、畜牧业以及手工业的生产，已基本上摆脱了过去在漠北时期以游牧为主的生活，成为今天维吾尔族的祖先。

回鹘西迁时，其中一支走楚河地区（位于吉尔吉斯斯坦共和国北部），后臣服葛逻禄及其他的突厥部族，建立了统一的王朝，史称喀喇（Kā lā）汗王朝。有关该王朝的建立者及建立时间等问题，长期以来，学术界一直莫衷一是，其中“西迁葱岭回鹘说”有较大的影响。

喀喇汗王朝的建立时间大致是在公元 9 世纪中叶前后。传说开国者是毗伽阙・卡迪尔汗。有人认为，这是回鹘灭亡后，庞特勤（也称庞勤、庞特勒、庞勒、巳庞历）率领部落向西投奔葛逻禄后即可汗位的名称。毗伽阙・卡迪尔汗去世后，其子巴兹尔继承汗位，为阿尔斯兰汗。巴兹尔去世没有传位于其子，而传位于其弟奥尔古恰克。奥尔古恰克不想将帝位按传统传给侄子也就是巴兹尔之子萨图克。萨图克早年就归信了伊斯兰教，成为一位虔诚的穆斯林。并且在其影响下，属下一些王室成员也改信了伊斯兰教。由于改信了伊斯兰教，萨图克得到了汗国西部穆斯林及本国穆斯林的支持，实力大增，因此引起了叔叔奥尔古恰克的警惕。

随着实力的增加，萨图克也有了夺回帝国的雄心。公元 915 年，萨图克以武力夺取了政权。夺位之后，萨图克自称苏丹・萨图克・博格拉（也译布格拉）汗，在全国大力推行伊斯兰教，并且按波斯伊斯兰国家模式建立起伊斯兰教法统治。萨图克去世后，其子穆萨（也译木萨，本名巴依塔什）继位。穆萨实现了喀喇汗王朝的伊斯兰化，他在王朝各地普遍设立宗教法庭，建立清真寺、经文学校等。约公元 960 年，穆萨宣布伊斯兰教为国教，从此开始了第一个突厥语民族伊斯兰王朝的历史。

根据新旧《唐书》的记载，河西地区（今甘肃的酒泉、张掖、武威等地）很早以前就有回鹘人在那里生产生活。在公元632年，有回鹘人6000余户被唐朝安置在甘、凉二州。唐高宗初年，回鹘人曾助唐室平定突厥叛乱，立有战功。公元668年，唐室迁其有功部落于甘州。武则天时，东突厥复国，进攻漠北回鹘，一大批回鹘人奔甘、凉之间。安史之乱爆发后，吐蕃获有河西之地，当地回鹘人遂成为吐蕃的附庸。公元840年，回鹘人被迫西迁时，有大批回鹘人迁到这里。在河西地区，甘州（今张掖市）是回鹘人较为集中的聚居区，此外尚有散布在河西和陇右的诸多部落，见于记载的有贺兰山回鹘、秦州回鹘、凉州回鹘、合罗川回鹘、肃州回鹘和瓜、沙州回鹘等。甘州是河西回鹘的中心，故河西回鹘又称甘州回鹘。

吐蕃对回鹘的统治为时不长，公元842年吐蕃王国发生内乱，贵族内部分裂为两派，互相争战。公元848年，沙州（今敦煌市）土豪张议潮乘吐蕃内乱之机发动起义，得到各族响应，很快推翻了吐蕃在沙州的统治，接着又出兵攻占了瓜、伊、肃、甘、鄯、河、西、岷、兰、廓十州。唐朝在沙州置归义军，任命张议潮为节度使。此时，河西回鹘依附于唐室归义军，其后势力逐步壮大。

至于甘州回鹘何时建立汗国，学界说法不一，没有定论。约10世纪初期，甘州回鹘汗国已经建立，并经过不断的东征西讨，基本上控制了河西地区。境内民族除回鹘外，还有汉、吐蕃和党项族等，后互相融合，逐步发展形成一个共同体，成为今天裕固族的祖先。

西迁回鹘继承回鹘同唐朝友好的传统，一直与中原王朝保持着良好关系，直到五代北宋。因唐朝曾嫁公主给回鹘，便以甥舅相称。

大约从公元8世纪开始，回鹘人拥有了自己的文字。回鹘文是由18个辅音及5个元音字母来拼写字词的全音素文字。几个字串联写成一个字词，字词之间以空白隔开。回鹘文由上至下拼写成列，列与列之间由左至右排。回鹘文从唐代至明代主要流行于今吐鲁番盆地和中亚楚河流域。根据《九姓回鹘可汗碑》等文物推断，回鹘文是在叙利亚的阿拉米字母的基础上形成的。回鹘文从什么年代开始使用，目前尚无定论。成吉思汗兴起后，曾以回鹘文拼写蒙古语，成为回鹘式蒙古文，而满文则借自回鹘式蒙古文。

穆斯林世界——

◆当隋炀帝杨广志得意满开凿大运河的时候。位于亚洲西南部红海和波斯湾之间的阿拉伯半岛（今有沙特阿拉伯、也门、阿曼、阿拉伯联合酋长国、以色列等国，其中以沙特阿拉伯面积最大）上，正处在原始氏族部落解体、阶级社会形成的大变革时期。

阿拉伯半岛的原始居民是贝都因人，因半岛多沙漠和草原，贝都因人以畜牧为生。

公元6世纪末至7世纪初，半岛由于自然环境的差别，社会经济、政治发展极不平衡。

贝都因人逐水草而居，分成许多氏族部落，各氏族部落割据一方，彼此之间经常为争夺牧场、水源、土地而发生战争，血亲复仇盛行。连年争掠使社会动荡，生产停滞，氏族内部阶级分化加剧，部落贵族应运而生。他们占有大量绿洲和草地，拥有许多奴隶和牲畜，而大批游牧民濒于破产。拜占庭和波斯两大帝国为争夺和控制阿拉伯商道，对半岛进行了长期的争霸战争。埃塞俄比亚驻也门总督也曾率兵进犯麦加。公元 575 年，波斯干脆出兵逐走埃塞俄比亚人，在也门确立了统治。频繁的战争使阿拉伯南部的社会经济遭到严重破坏，土地荒芜，灌溉工程被毁，商旅不进，人口锐减，富庶的也门地区迅速衰落。同时，波斯为了垄断东西方贸易，废止由也门经半岛西部红海海岸到达叙利亚的商路，另辟一条经波斯湾和两河流域到达地中海的商路。商路的改变，造成了半岛南部和西部经济的衰退。麦加、麦地那等城镇的过境贸易急剧落败，许多靠商队谋生的贝都因人和城市居民生路断绝，从而加深了社会危机。

阿拉伯半岛日益显露的社会危困，促进了阿拉伯民族各阶层的躁动，社会各阶级都在寻求出路。阿拉伯贵族为维护其统治，企望打破氏族壁垒，夺取新的土地和商路；广大下层民众则渴望摆脱经济剥削和异族压迫，改变自己的贫困地位。此时，伊斯兰教的出现，正是半岛各部落要求社会变革，实现政治统一的愿望在意识形态上的反映。穆罕默德正是顺应了这种历史发展的需要，在扬起的宗教革命的旗帜下，领导了阿拉伯的社会改革运动，统一了阿拉伯半岛。

伊斯兰系阿拉伯语音译，原意为“顺从”“驯服”，指顺从和信仰宇宙独一的最高主宰安拉及其意志。信奉伊斯兰教的人统称为“穆斯林”，意为“信仰安拉，服从先知的人”。

穆罕默德生于今沙特阿拉伯麦加城（也译满克、麦克白，墨克）古莱什部落哈希姆家族，自幼父母双亡，由祖父和伯父抚养。早年替人放牧，12 岁时跟随伯父及商队，曾到叙利亚、巴勒斯坦和地中海东岸一带经商，了解到半岛原始宗教、犹太教、基督教的教义和状况，受到很大的影响，为其后来的传教活动收获了大量的社会知识和宗教元素。25 岁时他同一位麦加富商寡妇结婚。婚后生活富裕安定，社会地位得到提高。穆罕默德志愿宏大，为实现阿拉伯的统一，他离开妻子经常到麦加郊外隐居潜修，思索和探求阿拉伯民族摆脱困境的出路。他根据犹太教和基督教的教义结合阿拉伯的原始宗教，创立了伊斯兰教。

伊斯兰教的经典叫作《古兰经》，“古兰”一词，阿拉伯语意为读本。《古兰经》是穆罕默德生前传教时的言论，死后由弟子搜集整理汇编而成。它规定了伊斯兰教的教义、信仰、教徒义务和阿拉伯社会制度，既是政治文献，又是穆斯林行为的指南。

《古兰经》的内容主要有五个方面：一是伊斯兰教的基本信仰和义务，其中特别强调安拉的独一无二和“五功”（又译五桩天命）；二是对阿拉伯半岛社会的有关主张；三是为政教合一的穆斯林社会制定的宗教、政治、经济、军事和法律制度；四是穆罕默德在传教过程中同多神教、犹太教和基督教进行辩论的记述；五是阿拉伯半岛的犹太教、基督教以及阿拉伯人的故事、传说和谚语等。

穆罕默德在传教中没有设置教会组织，也没有设置具体的圣事。他只要求信徒们履行一种宗教功课，这就是伊斯兰的“五功”：

（1）念功：信徒必须完全理解和念诵“万物非主，唯有安拉，穆罕默德是主的使者”。

（2）拜功：信徒应每日礼拜 5 次，分别在晨、晌、晡（15 点到 17 点的时间）、昏、宵 5 个时间段举行；包括叩拜、立正、鞠躬，口中念诵信仰告白和《古兰经》选段，面朝麦加克尔白方向祈祷。逢周五和重大节日，穆斯林需到清真寺集体礼拜、纪念真主。

（3）课功：课税，穆斯林应慷慨施舍，每年缴纳四十分之一的财产济贫税，作为给社会的奉献。济贫税起初为自愿缴纳，后成为国家赋税制度。

（4）斋功：穆斯林必须在每年伊斯兰教历 9 月，每日自日升后至日落前施行斋戒。

（5）朝功：穆斯林一生如条件允许，应到麦加克尔白朝拜一次。

穆罕默德传教历时 23 年，开始是在麦加秘密传教，一些至亲密友成为最早的信奉者。公元 612 年起，穆罕默德开始公开向麦加民众传教。在穆罕默德早期的传教中，谴责多神信仰给阿拉伯人带来的愚昧和道德的堕落，告诫人们放弃多神信仰和偶像崇拜，宣称安拉才是宇宙万物的创造者，唯一的主宰，要求人们信奉永恒的安拉。警告多神教徒如不归顺安拉，将在末日审判时遭到惩罚，堕入火狱，归顺安拉者将在后世得以进入天园。他还倡导凡穆斯林信众不分氏族部落，皆为兄弟，应联合起来，消除血亲复仇。并提出禁止高利贷盘剥，行善施舍救济贫弱孤寡和善待释放奴隶等一系列社会变革的主张，受到广大下层民众的拥护，促使伊斯兰教的普及。由于穆罕默德所传教义从根本上动摇了部落传统多神信仰的地位，触犯了麦加贵族和富商的宗教特权和经济利益，因而遭到他们的强烈抵制和迫害，使穆罕默德和穆斯林在麦加难以立足。公元 622 年 7 月 16 日夜，穆罕默德带领教徒离开麦加移居麦地那（也称麦迪纳、麦迪莱，位于今沙特阿拉伯），这就是历史上著名的“徙志”，标志着伊斯兰教进入新的历史发展阶段。

穆罕默德以伊斯兰教作为统一和凝聚的思想旗帜，号召穆斯林并派出信徒到麦地那各阿拉伯部落传教，当地绝大多数阿拉伯人（指讲阿拉伯语的居民）很快归信了伊斯兰教。他制定了作为穆斯林和犹太人在处理民事和对外关系中共同遵守的《麦地那宪章》（又称“麦地那盟约”），在信仰自由和结盟的基础上同犹太人各部落达成了和解协议，实行和平共处。在建立了麦地那政教合一的政权后，穆罕默德成为麦地那宗教、政治、军事和司法的最高领袖。在“凡穆斯林皆兄弟”的号召下，穆罕默德以安拉“启示”的名义，完成了伊斯兰教体系及政权机制的建立。为巩固麦地那政权，穆罕默德组织了穆斯林武装。在“为安拉之道而战”的号召下，他亲自出征领导穆斯林武装同麦加贵族进行了 20 多次战争，沉重打击了麦加贵族势力。

公元 630 年，穆罕默德率领穆斯林大军进逼麦加城下，麦加贵族被迫投降，接受伊斯兰教，并承认穆罕默德的先知地位，麦加全城居民宣布归信伊斯兰教。进入麦加后，穆罕默德下令改克尔白神庙为清真寺，宣布克尔白为禁地。从此，麦加克尔白成为世界穆斯林礼拜的朝向和朝觐的中心。

公元 631 年年末，阿拉伯半岛各部落相继归信伊斯兰教，承认穆罕默德的领袖地位，基本上实现了半岛的政治统一。公元 632 年，在中国开始唐朝的贞观之治的时候，穆罕默德在麦地那病逝。至此，伊斯兰教已成为在阿拉伯半岛占统治地位的宗教，是阿拉伯民族的精神支柱，揭开了阿拉伯历史的新篇章。

穆罕默德去世后，“哈里发”成为穆罕默德的继承人，即穆斯林组织的领袖。哈里发原意为“继承者”“代理人”，是伊斯兰教宗教最高领袖的称号，也是历史上阿拉伯帝国统治者的称号，中国穆斯林俗称“海里凡”。

穆罕默德在世时，既没有留下子嗣，也没有明确的指定谁做继承人。因此，他去世后，接班人成了众穆斯林面临的首要问题，产生了激烈的角逐。穆罕默德的堂弟阿里看到半岛内局势不稳定，主动承认了阿布·伯克尔的哈里发地位，至此结束了权力斗争，开始了四大哈里发时期。由于四大哈里发都是通过民主选举或推举而产生的，他们的继位获得了大多数穆斯林贵族的认可，故称这一时期为哈里发国家的“神权共和时期”。

阿布·伯克尔·阿卜杜拉

阿布·伯克尔（又译艾卜·伯克尔）是麦加当地的一名富商。当穆罕默德开始传播伊斯兰教时，他是最早的支持者之一，并倾其财产支持穆罕默德的传教活动。当穆罕默德不得不前往麦地那时，作为忠实的追随者，阿布·伯克尔也参加了这一具有历史意义的迁徙。公元619年，穆罕默德第一个妻子去世后，娶了阿布·伯克尔的女儿为妻。

穆罕默德去世后，阿布·伯克尔于公元632年6月被麦地那的宗教领袖们选为穆罕默德的继任者——哈里发。

在阿布·伯克尔的带领下，半岛很快稳定了局势，叛教的部落重返信徒行列，阿拉伯人也开始了对外征服之战。阿布·伯克尔在与波斯萨珊王朝和拜占庭帝国的战争中均取得了胜利。在他去世后，欧麦尔·伊本·哈塔卜继任哈里发。

欧麦尔·伊本·哈塔卜

欧麦尔·伊本继续阿布·伯克尔的征服策略。在东西线同时发动对叙利亚和拜占庭的进攻。公元638年，著名的宗教圣城耶路撒冷归降，阿拉伯人进入三教圣地。至此，包括大马革士、霍姆斯、约旦和巴勒斯坦在内的大叙利亚地区完全落入阿拉伯人之手。公元642年9月，阿拉伯人占领埃及，埃及随之开始穆斯林化，阿拉伯帝国真正形成。欧麦尔·伊本首创伊斯兰历法（希吉莱历），并以穆罕默德迁麦地那之年（公元622年）为伊斯兰纪元之年。

公元644年，正当欧麦尔的声望和事业如日中天之时，欧麦尔被异教徒刺杀，后救治无效身亡。

奥斯曼·伊本·阿凡

奥斯曼·伊本·阿凡出身于麦加，年纪比穆罕默德略小。在以兄长为代表的大部分家族成员激烈反对穆罕默德传布伊斯兰教时，奥斯曼却是穆罕默德最初的信徒和最亲密的战友之一，并且先后与穆罕默德的两个女儿结婚。当穆罕默德被迫离开麦加后，奥斯曼带着家人参加了伊斯兰教徒向埃塞俄比亚的移民，后来向麦地那的移民。

在欧麦尔·伊本遇刺身亡之后，奥斯曼·伊本以七旬的高龄当选为第3任哈里发。他继续执行前任的扩张政策。在奥斯曼执政时代，穆斯林军队灭亡了伊朗的萨珊王朝；挫败了拜占庭帝国夺回埃及的计划；收获了高加索地区和塞浦路斯。并最后编定了伊斯兰教的圣典《古兰经》——后世称为“奥斯曼古兰经卷”。

奥斯曼·伊本执政时期大量任用家族成员担任要职，如他委任族亲穆阿维叶担任整个叙利亚的总督。奥斯曼晚年任人唯亲的家族统治方式引发了军队暴乱。公元656年6月，来自伊拉克和埃及的叛军包围了奥斯曼在麦地那的住所，奥斯曼被叛乱士兵所杀。

阿里·伊本·阿比·塔利卜

阿里是先知穆罕默德的堂弟及女婿，穆斯林社会因对阿里继承人身份的问题发生分歧而分成逊尼派和什叶派。

阿里·伊本是由先知穆罕默德抚养成人。其骁勇善战，学识渊博，立有很多战功，穆罕默德曾将“安拉的雄狮”的称号赐予阿里。

有段时间，阿里对阿布·伯克尔有所不服，其追随者怂恿他争夺哈里发地位，但他不想让穆斯林陷入分裂，拒绝了对权力的要求。这期间，阿里深居简出，潜心《古兰经》和先知遗训的收集与整理工作。欧麦尔·伊本·哈塔卜去世时，阿里被任命为确定下届哈里发人选的6人小组委员会成员。

奥斯曼被刺后，阿里被推选为哈里发。在阿里执政期间，伊斯兰教贵族内部分裂态势增长，各派权争激烈。为维护穆斯林的统一和前三任哈里发所开拓的疆土完整，阿里将首都从麦地那迁至伊拉克城市库法。并重新任命了一批地方总督，撤换了与奥斯曼有血亲关系的军政要员，从而遭到部分贵族利益集团的反对。为使他难堪，他们以给“奥斯曼复仇”为由，要他惩办杀害奥斯曼的凶手和事件的幕后支持者。遭到阿里的拒绝后，他们要挟阿里退位，以此爆发了3次内战。

公元656年10月，一些将领联合先知穆罕默德的遗孀阿伊莎在巴士拉附近举兵反叛阿里，被阿里击败，史称“骆驼之战”。次年，叙利亚总督穆阿维叶举兵反抗阿里，双方爆发隋芬之战。就在阿里军事上占据优势，即将结束战事的情况下，穆阿维叶巧施计策，阿里被迫接受以《古兰经》裁决分歧的停战建议，结果招致阿里在政治上的重大失利，穆斯林阵营出现严重分裂。公元660年，穆阿维叶乘机出兵占领埃及和希贾兹地区（也称汉志地区，是今沙特塔布克省、麦地那省和麦加省的合称），阿里势力从此一蹶不振。

公元661年年初，阿里在返回库法清真寺途中被分裂派用带毒的军刀刺杀身亡，神权共和时代完结。阿里死后被葬在库法附近一个叫纳贾夫的地方，后成为什叶派圣地之一。

这次内战也被史家称为“第一次伊斯兰内战”，它标志着穆斯林世界统一状态的结束。

此时，也正是大唐王朝唐高宗李治因身体原因疏于理政，武则天逐步掌权的时候。

穆罕默德逝世后，迁士派（随穆罕默德前往麦地那的麦加人）和辅士派（在穆罕默德生前入教的麦地那人）在哈里发问题上分歧严重，双方都认为自己这一派的人最有资格担任哈里发。最后经过协商，公推阿布·伯克尔为第一任哈里发。这是伊斯兰教内部分歧的最初反映。公元656年，第三任哈里发奥斯曼被害，阿里继任哈里发，得到大多数人的承认，但包括当时叙利亚总督伍麦叶族的贵族穆阿维叶（又译摩阿维亚、穆阿威叶，本名穆阿维叶·伊本·艾比·苏富扬）在内的一部分人，拒不承认阿里的哈里发地位，并以为奥斯曼报仇为由，对阿里兴师问罪。于是，双方发生战争，并逐渐形成伊斯兰教的两大派别：拥护阿里的一派称什叶派（意为党人、派别）；另一派为逊尼派（意为遵守圣训的传统者）。最初，这是一种政治派系，后来，发展成为宗教派别。

逊尼派承认四大哈里发都是合法继任者，因此获得历代哈里发国家的扶植而广泛流传，自称正统派。从世界范围上来看，逊尼派在穆斯林社会中占绝大多数，约占 85%。它在神学思想方面有两个著名的支系：一为经典派，在探讨教义时重经典明文；一为意见派，在注意经典明文的同时，侧重个人见解。该派又因对教法问题的观点不同而出现了许多支派，其中最著名的是哈乃斐学派、马立克学派、沙斐仪学派、罕百里学派等。

什叶派只承认阿里及其后裔才是合法的继任者，称其为伊玛目，并以阿里为第一代伊玛目。随着时间的推移，由于什叶派内部的分歧，而分裂成为栽德派、12 伊玛目派、伊斯玛仪派，并且在以后的发展中，各派又分化出许多小派别。什叶派现分布于伊朗、伊拉克、巴基斯坦、印度和阿拉伯半岛西南部等地。

阿里・伊本遇刺后，其子哈桑曾接受伊拉克库法地区穆斯林的拥戴就任第五任哈里发。但不久就在叙利亚总督穆阿维叶的威逼利诱下放弃哈里发称号和权利，引退麦地那。由其弟侯赛因继承伊玛目之位。伊玛目在阿拉伯语中原意是领袖、楷模、祈祷主持的意思。

穆阿维叶的父亲是麦加伍麦叶（又译倭马亚、奥美亚）家族领袖，曾是穆罕默德传教事业的敌对势力首领，后皈依了伊斯兰，成为穆斯林组织高层领导人之一。穆阿维叶与第 3 任哈里发奥斯曼・伊本・阿凡同属伍麦叶家族，在家族整体皈依伊斯兰教后，同时获取穆斯林社会最高军政权力的家族利益代表。

穆阿维叶以其过人的军事、政治才华和良好的教育背景深得穆罕默德的器重和信任，先后担任过穆罕默德的录事（秘书）、《古兰经》抄写员和前线监军（特派督察员）等职。穆罕默德去世后，由于与第一任哈里发阿布・伯克尔的深厚私交关系，穆阿维叶仍担任录事，并在参加征讨叛乱的战斗中，初露军事才能。紧接着，第二任哈里发欧麦尔的十年军事扩张为穆阿维叶提供了发展空间，被任命为征服叙利亚的主将之一。公元 639 年，其接替其兄任大马士革总督。到奥斯曼继任哈里发时，穆阿维叶已成为重权在握的穆斯林海军创建人、首任海军司令、北线方面军总指挥兼叙利亚行政总督，其地位与势力范围已与第四任哈里发阿里不相上下了。

穆阿维叶在叙利亚创建了阿拉伯第一支海军。公元 650 年，他率军夺取了拜占庭海军基地塞浦路斯岛和罗德岛。公元 655 年，穆阿维叶率舰队与埃及的穆斯林舰队联合，在菲尼克斯附近海面，大败拜占庭海军，确立了阿拉伯海军在地中海上的优势，史称“船桅之战”。

公元 661 年，穆阿维叶不断对哈桑进行威逼利诱，迫使哈桑让位。穆阿维叶在耶路撒冷接任哈里发，定都大马士革，建立了伍麦叶王朝（或称倭马亚王朝、奥美亚王朝）。

穆阿维叶在位期间，承袭拜占庭和波斯的行政管理制度，大力加强中央集权。他在哈里发之下，设立了维齐尔（即宰相）一职，下有各部大臣，分管政务、税收及宗教事务等。将全国分为 5 个行省，由哈里发任命新总督管理，收税官和大法官也直接由哈里发委任。为了加强中央和地方的联系，设立了邮政机构和驿站，负责公文传递和通信。规定了严格的税收制度，以保证扩张战争的需要。穆阿维叶实行宗教宽容政策，对基督教和其他教徒允许按其教规行事，不受伊斯兰教法的限制。他规定在清真寺大殿内设哈里发祈祷礼拜时专用的配厅，将站立宣讲教义改为落座宣讲。在宣教演讲中，必须公开诅咒阿里，并向哈里发祝福。为促进商业贸易流通，发行国家统一铜币，上铸哈里发挥剑的图像和《古兰经》文。

穆阿维叶在巩固内部稳定的基础上，向北非扩张，曾攻占了易弗里基叶（突尼斯南部地区），修筑了凯鲁万城；向东以巴士拉为基地，征服了呼罗珊地区（大部分在今伊朗境内，一部分在阿富汗和土库曼斯坦），并占领了喀布尔；然后北上侵入中亚，先后征服布哈拉（今乌兹别克斯坦境内），直逼帕米尔高原，后被强盛的唐朝军队所阻。与此同时，东方战场的另一支阿拉伯军队，南下攻入印度，迅速征服了信德和旁遮普地区，标志着伊斯兰教从此在印度扎下了根。

穆斯林人的扩张行动，使伊斯兰教获得广泛传播，令中东、中亚各地众多传统宗教趋于消亡。

公元 679 年，身体渐感不适的穆阿维叶指定其子叶齐德为哈里发的继任者，并下令各省总督和部落首领到大马士革向叶齐德宣誓效忠。从此，将传统的哈里发民主选举制改为世袭制，穆斯林世界由此进入了一个新的时期。

穆阿维叶录有大量圣训，成为圣训的主要传述人之一。因他对伊斯兰帝国的发展影响巨大，被世界史学家誉为“伊斯兰帝国的卓越政治家和军事家”。公元 680 年，穆阿维叶因病在大马士革逝世。十年后在中国，67 岁的武则天废唐睿宗李旦自立为帝，改国号为“周”，成为了中国历史上唯一的女皇帝。

当年，穆阿维叶以武力威胁迫使阿里的长子哈桑主动放弃他的继承权。为了稳定局面，穆阿维叶假意同意阿里的次子侯赛因在他死后继承哈里发之位，但他在位期间积极培植自己的儿子叶齐德的势力。公元 680 年，穆阿维叶一死，叶齐德立即攻杀了侯赛因，继任为哈里发。从此，以穆阿维叶的后代为哈里发的伍麦叶王朝，一直延续到公元 750 年。

伍麦叶王朝存在时间虽不很长，仅 70 年，但是，帝国的对外征服战争却达到了另一个高峰。王朝疆域东起中亚和印度河界帕米尔高原；西至大西洋的比斯开湾，占据西班牙三分之二的领土；南自尼罗河下游，北达里海和咸海南缘，横跨亚、欧、非三大洲的土地，面积达到约 1340 万平方千米，成为当时世界上领域最大的帝国。

由于与什叶派和其他派别的矛盾冲突，伍麦叶王朝的统治长年陷于不稳定的状态中。反对派都采取暴力手段抵抗伍麦叶王朝的镇压行动，以致数位伍麦叶王朝的哈里发死于刺客之手。而且，几乎所有伍麦叶王朝哈里发的在位时间都极短，国内的反对势力最终颠覆了伍麦叶王朝。

穆罕默德的叔父阿拔斯的后代阿布·阿拔斯·萨法赫利用什叶派和其他别派暴动之机，借助出生于奴隶的波斯籍人阿布·穆斯林（又译艾布·穆斯里姆）在呼罗珊地区的木鹿城（位于土库曼斯坦）的军事力量，联合什叶派穆斯林，于公元 749 年攻占了全部的伊朗地区和叙利亚的大马士革，推翻了伍麦叶家族的统治，建立了以阿拔斯家族主导的阿拔斯王朝。公元 762 年，阿拔斯王朝迁都巴格达。此时，唐朝的安史之乱几近平定，唐朝步入衰退期，唐代宗李豫即位。

阿拔斯王朝旗帜、服饰多尚黑色，故中国史书称该王朝为黑衣大食。

阿拔斯王朝建立之初，大肆捕杀伍麦叶家族成员，还趁机处决了阿布·穆斯林，并残酷地镇压了呼罗珊人的起义。伍麦叶王朝势力退缩到伊比利亚半岛（又称比利牛斯半岛，位于欧洲西南角），中国史籍称之为白衣大食。

阿拔斯王朝的建立，标志着阿拉伯帝国进入了一个新时期。在这个时期，帝国的最高统治者已不再是阿拉伯贵族阶层，新帝国的高级官吏不仅有阿拉伯人，也有伊拉克人、叙利亚人、埃及人，特别是波斯人。在这个时期，帝国境内各民族基本上实现了伊斯兰化，阿拉伯血统已不再是决定人们社会地位的重要因素。

阿拔斯王朝建立后的近 100 年里，特别是在哈伦·拉希德和马蒙父子执政期间，是阿拉伯帝国的又一极盛时期。

哈伦·拉希德（又译诃伦·拉希德或哈伦·赖世德）是阿拔斯王朝第五任哈里发，出生于伊朗德黑兰，母亲原为也门女奴。哈伦·拉希德自幼天资聪颖，通晓伊斯兰教义、教法，酷爱哲学、诗歌、音乐，且文武双全。15 岁时便领兵出征，击败拜占庭军队，崭露头角。公元 782 年，他率军远征拜占庭直抵博斯普鲁斯海峡，逼近君士坦丁堡，拜占庭摄政伊琳娜女皇被迫乞和纳贡。由此，哈伦·拉希德名声大振。其父为表彰他的战功，特赐予“拉希德”（即正直者）的称号，立他为第二王储，并任命他为突尼斯、埃及、叙利亚、亚美尼亚和阿塞拜疆诸省的总督。公元 786 年因其兄突然死亡，哈伦·拉希德继承哈里发位。

哈伦·拉希德在位前后，巴格达成为国际贸易中心，各国商贾云集，商道辐辏四方。当时，阿拔斯王朝和中国唐朝间的贸易和文化往来十分频繁。公元 793 年，阿拉伯人采用中国的造纸技术，在巴格达建立了第一座造纸作坊，两国还互派使节出访，从此，中国四大发明之一的造纸术走向世界。哈伦·拉希德重视兴修水利，在伊拉克地区开河挖渠，修筑堤坝，把幼发拉底河和底格里斯河的河水引向各地，使两河流域河渠纵横，沃野飘香。

公元 809 年，哈伦·拉希德死于镇压起义军的途中。他有两个儿子，他在生前把帝国平均分给了两个儿子，长子获得了西部和首都，次子马蒙（又译麦蒙）获得了东部的波斯地区，这种安排最终导致了内战。经过 4 年的战争，马蒙击败兄长，成为整个帝国的统治者。

马蒙执政时，为了缓和同什叶派的矛盾，立什叶派第 8 代伊玛目为哈里发继承人，并将女儿嫁给他，继而宣布以什叶派的绿衣、绿旗代替阿拔斯人的黑衣、黑旗。他减轻土地税，使农业得以发展，手工业和商业也随之而兴隆。他鼓励学术，发展伊斯兰文化。公元830年，马蒙将几代哈里发搜求到的各类学术著作、古籍，汇集到巴格达一所规模宏大的学术中心，名之为“智慧宫”。智慧宫集图书管理、学术研究、翻译和教育的功能于一体。马蒙还重金聘请东西方翻译家，把希腊、罗马、波斯、印度和叙利亚的哲学及科学古籍译为阿拉伯文，出现了延续二百余年的“翻译运动”，从而使整个阿拉伯伊斯兰文化进入了鼎盛时期。

马蒙派兵征讨中亚地区，再度确立了阿拉伯帝国在中亚的统治。马蒙时代，阿拉伯帝国是当时世界上最强大的帝国，衰落中的拜占庭和中国唐朝均难以与之相比。不过，进入 9 世纪之后，在阿拔斯王朝统治区域不断爆发大规模起义，其中声势最为浩大的有阿塞拜疆的巴贝克“红衣军”起义、伊拉克的黑奴起义和叙利亚的卡尔马特起义等，阿拔斯王朝因此国势日衰。

马蒙死后由穆阿台绥姆（又译穆塔西姆、穆塔希姆）继位。穆阿台绥姆原任埃及总督，由于军队放弃了对马蒙儿子的支持，因此他得以就任哈里发的位置。此时以呼罗珊人为主力的常备军已雄风不再，当时阿拉伯人与波斯人经常发生冲突，穆阿台绥姆便利用突厥奴隶组成禁卫军，因为他们没有可担心的阿拉伯贵族背景。穆阿台绥姆的母亲也曾是突厥女奴，于是突厥人地位大为提高。但是突厥奴隶军团与正规军队间的冲突不断发生，公元 836 年穆阿台绥姆率突厥奴隶军团，迁都至距巴格达约 130 千米萨迈拉。直至公元 892 年才又把首都迁回巴格达，在这 56 年间有 7 位哈里发在此统治帝国，史学家称之为“萨迈拉时代”。

从公元 9 世纪后半期开始，阿拔斯王朝进入分裂和衰落，突厥将领逐渐掌握军权，他们专横跋扈，任意废立或杀害哈里发。各领地封建主或总督拥兵割据，独占一方，脱离中央而独立。波斯、中亚、西亚先后建立了塔希尔王朝、萨法尔王朝、萨曼王朝、伽（gā）色尼王朝、布韦希王朝、塞尔柱王朝；北非建立了伊德里斯王朝、艾格莱卜王朝；叙利亚等地建立了哈姆丹王朝和赞吉王朝；埃及建立了图伦王朝、法蒂玛王朝。其中，北非、埃及法蒂玛王朝及西班牙的后伍麦叶王朝同阿拔斯王朝相抗衡，形成三足鼎立的局面。至 10 世纪中叶，王朝直接统辖的地域只剩巴格达及其周围的一小块地区。公元 945 年，信奉什叶派教义的波斯布韦希人首领艾哈迈德・穆仪兹・道莱率兵入主巴格达后，建布韦希王朝。他控制了阿拔斯王朝的哈里发，迫使哈里发授予其“最高统帅”的称号，哈里发丢失了政治权力，仅保存宗教领袖地位。此时，中国的唐朝已经灭亡，中国进入五代十国时期。

在阿布・阿拔斯对伍麦叶家族的屠杀中，有一名幸存者叫阿卜杜勒・拉赫曼逃到西班牙地区，并于公元 756 年在那里建立了自己的政权。该政权在伍麦叶王朝崩溃之后，长期以科尔多瓦为中心统治伊比利亚半岛的广大地区，成为欧洲最重要的伊斯兰教政权，在中国历史文献中被称为白衣大食。后来这个国家分裂为许多独立的封建领地。由于王朝的建立者是伍麦叶王朝的后裔，该王朝也被称为后伍麦叶王朝（又称后倭马亚王朝）。

西欧——

◆罗马帝国后期（公元 3—5 世纪）分布在莱茵河以东的日耳曼各部族，主要包括法兰克人、伦巴德人、盎格鲁人、撒克逊（也译萨克森）人、汪达尔人等，以及迁到多瑙河下游和黑海北岸的哥特人。

4 世纪末，日耳曼人各部族在来自东方的匈奴人（或称匈人）的压力下，相继卷入了欧洲民族大迁徙的洪流，从而加速了西罗马帝国的灭亡。那些进入罗马帝国境内的日耳曼人，纷纷在西罗马帝国的故土上建立起日耳曼人的王国，其中著名的有：公元 419 年，西哥特人在西班牙建立了西哥特王国（公元 714 年亡于阿拉伯人）；公元 439 年，汪达尔人在北非建立的汪达尔王国（公元 534 年亡于拜占庭帝国）；公元 568 年，伦巴德人在意大利北部建立了伦巴德王国（公元 774 年亡于法兰克王国）；盎格鲁和撒克逊人进入不列颠，在与当地土著凯尔特人的冲突、融合过程中逐步立足定居。盎格鲁·撒克逊人立足不列颠后，相继建立了十来个小王国，经过兼并后剩下 7 个，其中 3 个撒克逊人王国，3 个盎格鲁人王国，1 个朱特人王国。英国史上称这 7 个王国并存的局面为“七国时代”（公元 600—870 年）。在整个日耳曼人的王国中，时间最长、影响最大的是法兰克王国。

法兰克人是日耳曼人中一支强大的部落，公元 3 世纪随着民族大迁徙的潮流，南迁进入高卢东北部，定居于莱茵河下游地区，当时尚处于原始氏族部落阶段。法兰克人初始以罗马同盟者的身份出现，很多法兰克人充当罗马帝国的雇佣军。公元 481 年，克洛维继任部落酋长后，开始全力扩张，消灭了法兰克其他酋长势力。公元 486 年，克洛维击溃西罗马在高卢的残余势力，占领高卢地区，正式建立了法兰克王国，并且以自己祖父的名字将王国命名为墨洛温王朝，以巴黎为首都。

克洛维在扩张过程中，将大量征服的土地收为己有，并把它分封给自己有战功的亲兵、廷臣和主教，从而逐渐演化出了采邑制。同时，为了巩固自己的统治，克洛维改奉基督教，并在国内实行基督教化，从而取得了罗马教廷的支持。在教会势力的支持下，克洛维和他的继承者不断对外进行扩张。至公元 6 世纪，法兰克王国的领土已扩展到包括今天的法国、卢森堡、比利时、荷兰以及莱茵河以东的部分地区，成为当时欧洲最强大的国家之一。此时，中国处在南北朝后期。

公元 511 年，克洛维去世。在日耳曼人传统（父亲死后儿子均分土地）的影响下，法兰克王室采取国王死后诸子平分领土的继承制度，他的王国被 4 个儿子所瓜分。虽然克洛维的后代们不时努力统一整个帝国，但是帝国领土往往在国王死后再次被分割给他的儿子们。使王国经常处于分裂、混战和再统一的反复过程中，同时又不断向外扩张。在这个过程中，封建贵族势力逐步强大削弱了王权，王国权力逐步落入掌握宫廷事务的宫相手中。

公元 639 年，国王达格贝尔特死后，他的两个儿子分割了王国。长子为奥斯特拉西亚国王，领土包括今天法国东部、德国西部、比利时、卢森堡和荷兰的领土；次子为纽斯特里亚国王，据有约法国默兹河以西、卢瓦尔省以北地区和勃艮（gèn）第［法国罗讷河（又译隆河）流域］，王国又重新陷入混战中。

赫斯塔尔丕平，或称小丕平、丕平二世。从公元 680 年到 714 年担任奥斯特拉西亚王国及纽斯特里亚和勃艮第王国的宫相。此时的法兰克王国的国王们已经成为贵族和宫相的傀儡，各地的贵族为所欲为，不把国王放在眼里。而宫相作为贵族势力的代表更是掌握了王国的大权，而丕平家族则是奥斯特拉西亚最富有、最有权势的大贵族家族之一。公元 687 年，小丕平在索姆河畔战败对手成为全法兰克王国（奥斯特拉西亚、纽斯特里亚、勃艮第）唯一的宫相。随着赫斯塔尔丕平自称为“全法兰克的公爵和诸侯”确立了丕平家族在法兰克王国无可争议的统治地位，法兰克王国在小丕平手里再次实现统一。

公元 695 年，小丕平任命他的长子为勃艮第宫相，任命他的另一个儿子为纽斯特里亚宫相，借此增强对勃艮第和纽斯特里亚二个地区的控制力。

公元 714 年 12 月中，小丕平突然去世，终年 79 岁。此时他和正妻所生的两个儿子在小丕平去世前就死了，但是小丕平有个情妇为他生了两个私生子：查理·马特和奇尔德布兰。小丕平去世以前废除了他的两个私生子的继承权，而改立他的年仅八岁的孙子（次子所生）为继承人，其妻普雷科特鲁德作为摄政辅佐朝政。普雷科特鲁德掌权后立即将查理·马特投进监狱。不久，纽斯特里亚地区发生叛乱，查理·马特逃出监狱，召集一些奥斯特拉西亚地区的军队，镇压了叛乱，重将宫相大权掌握在手。

当时的法兰克王国，除了内部贵族叛乱之外，还面临着外族入侵的威胁。其中阿拉伯人征服北非之后渡海来到西班牙，其威胁最大。面对内忧外患的形势，查理·马特依靠奥斯特拉西亚地区自由农民组成的军队，平定了各地的叛乱，重新统一了纽斯特里亚、勃艮第和阿奎丹等地。在此期间，查理·马特建立了一支强大的骑兵。

阿拉伯人在公元711年征服西班牙之后，于公元720年越过比利牛斯山继续北进，攻入法兰克王国的阿奎丹。阿拉伯军队在粉碎了当地人的抵抗后，继续长驱直入。查理·马特闻讯后立即率军来到图尔（也译都尔）。公元732年10月，两军在今法国境内罗亚尔河之南、图尔与波亚迭之间的原野上发生激战，阿拉伯人被法兰克人击败，悄然退却。

图尔之役（或称普瓦提埃战役），是世界历史上著名的战役之一，它成功阻止了阿拉伯人向西欧的继续深入。许多历史学家认为，查理·马特军事上的胜利拯救了欧洲基督教文明。查理·马特通过这一战役，名声大振，获得了“马特尔”（意为“锤子”）的称号。此时在中国，李隆基已继皇位20年，唐朝正处在开元盛世的鼎盛时期。

查理·马特在图尔之役之后，继续镇压法兰克王国南部的叛乱，在北方又屡次打败其他外族人的进攻。他通过一系列的战争将王国的版图扩展到东起威塞尔河（位于德国下萨克森州），西抵大西洋，西南接比利牛斯山，北至北海的广大区域，使法兰克成为一个强大的国家，并将最高统治权牢牢地掌控在自己的手中。

查理·马特不仅是一位优秀的军事家，还是卓越的政治家。为了强化法兰克王国的封建制度，他采取了大刀阔斧的制度改革，废除了无条件分赠土地的惯例，大力推行采邑制。以往墨洛温王朝实行将土地无条件赏赐的做法，耗尽了王室的全部地产，从经济上削弱了中央。另一方面，由于扩张战争的连绵不断，国家的兵源成为严重问题。所以，必须从根本上改变过去的土地占有制度，使豪绅贵族、军政官员和王室中央密切联系起来。查理·马特推行的新采邑制是将一部分土地及当地的农民一起分封给有军功的人，以服兵役为条件，供终身享用，但是不能世袭。

按照日耳曼人的传统，查理·马特在死前将帝国分给了他的两个儿子丕平三世（又称矮子丕平）和卡洛曼。

丕平兄弟俩在瓜分了王国之后，曾一度亲密合作，拥立墨洛温家族后裔希尔德里克三世为王，并一同清除了忠于墨洛温王朝的大贵族。但他们的合作并没有持久，兄弟两人都不愿同对方共同分享整个王国。在此后的争斗中，矮子丕平获胜，哥哥卡洛曼和墨洛温王朝最后一位国王被迫遁入修道院。至此，矮子丕平大权独揽，他不再满足于做宫相，他要名正言顺成为国王。

此时的基督教在欧洲已经拥有广泛的信众，而主教在社会上也拥有了很大的权力。当时大部分基督徒聚会是分散在各个家庭中进行的，因此聚会地点相当分散，渐渐地这些家庭聚会以大城市为中心形成一个个教区，在教区里就设立了主教。本来各地的教会都是平等的，一个教会中所有主教的地位都是相同的，但渐渐地发展出由其中一位主教负起带头责任，成为领袖。圣经中多次提到使徒召集各地方主教与他们对话，这些主教在接受使徒的教导后，便将这些教导带回各教区。后来他们被认为是使徒的继承人，这种观念赋予他们无比的权威，成为各地方教会的属灵（属于圣灵）领袖，即大主教。

当基督教成为罗马帝国的国教之后，在罗马帝国形成5个主要大主教，即罗马大主教、亚历山大港大主教、安提阿大主教、君士坦丁堡大主教、耶路撒冷大主教。5个主教明争暗斗，都希望能成为主教之首，直到伊斯兰教帝国的兴起，耶路撒冷、安提阿和亚历山大港教会都因穆斯林势力的入侵而衰微，剩下罗马大主教和君士坦丁堡大主教分别成为东西方教会重要领袖。随着罗马成为帝国的都城，政治、经济势力最大，罗马教区也日益兴旺，罗马教区大主教的权位遂超过其他地区的大主教。

到了公元5世纪，由于大主教英诺森一世和利欧一世的努力，罗马主教逐渐凌驾于其他教会主教之上，教皇的概念，由利欧一世提出。利欧声称，他是奉神委任为众监督的大主教，是全教会的主宰，拥有普世性教皇的专权。其主张，在公元445年获得罗马皇帝的承认。因此有部分历史学家认为他是第一任教皇。但在公元451年所召开的迦克墩（在土耳其尼西亚附近）会议上，君士坦丁堡的教长仍取得与罗马教长相等的特权。之后，大主教吉莱西厄斯一世首先宣布教皇在信仰上的权力既独立于皇帝，又独立于教会会议，声称“教会权力”高于“帝国权力”。

真正被公认的第一任教皇是格列高利（又译格里高利）一世，他宣布自己为第一任教皇，以教干政，政教联合。

公元590年，格列高利被选为教皇。他借助外族入侵的动荡之机，独揽罗马城的军政大权，对意大利中部、西西里、撒丁尼亚和科西嘉进行政教合一的统治。他凭借敏锐的政治嗅觉，广建修道院，强制实施了宗教教规，又允许修士从事经济活动，扩大教会资产。格列高利开办教会学校培养一批神职才俊作为亲信；参与铸造货币、管理市场、整顿财政，严惩罗马城的渎职、贪污官员；创办慈善事业和广行善事。在军事、政治、经济等各方面实行一系列的变革措施，使罗马教会不仅成为罗马城的世俗管辖者，而且成为在西欧的一股独立的政治力量，极大地提高了罗马教皇的权威而削弱了君士坦丁堡大主教的影响力，使得当时罗马教皇的地位与帝国皇帝的地位相当。因此，进入公元8世纪后，要想在欧洲做国王，还必须经过罗马教皇认可这一关。此时，正是伦巴第人（日耳曼人的一支）不断对罗马发动侵扰，罗马教皇急需一位强有力的帝国统治者的支持。

公元751年，矮子丕平遣使来见教皇札哈里亚斯，询问说：“法兰克国王不理政事，除了在公文上签个名外没有任何事做，而真正做事的人却不是国王，这合理吗？”教皇意会心领给出回答：“谁为法兰克操劳，谁就是它的主人。”于是，丕平在苏瓦松（位于法国东北部埃纳河畔）召开大会，隆重宣布教皇的“决定”正式称王，开创了加洛林王朝。丕平被贵族们高举在盾上，以示他们的拥护。教皇的使者——红衣大主教为丕平涂膏油、戴王冠。

公元 753 年，伦巴第人再次威胁罗马城，新教皇斯蒂芬二世冒着风雪，翻过阿尔卑斯山前往法兰克，向丕平求援，并亲自为丕平涂圣油、加冕，当众宣布今后禁止任何人从非加洛林家族中选立国王，违者将受到剥夺神职、逐出教门的处罚。作为回报，在公元 754 年和公元 756 年，丕平两次出兵意大利打败了伦巴第人，将夺得的拉文那到罗马之间的“五城区”22 个城市赠给教皇，史称“丕平献土”。于是，在意大利的中部，一个政教合一的教皇国存在了近 1200 年。此时中国的唐朝爆发了“安史之乱”，叛将安禄山占据洛阳称大燕帝。

矮子丕平于公元 768 年，在出征回国途中，因水肿病去世。

按照法兰克人的传统，丕平将打下的江山平分给两个儿子查理和卡洛曼。卡洛曼早逝之后，查理继承了加洛林王朝的全部领土和权力。查理掌握权力之后，继续与伦巴底人作战，公元 774 年他占领了整个伦巴底王国，并大规模向外扩张。

公元 799 年，罗马教皇利奥三世（也译：良三世、立奥三世）与贵族教徒发生了激烈矛盾，在一次游行活动中发生暴乱，贵族教徒以利奥三世行为不端为借口，殴打利奥三世，砍伤了他的眼睛并将他拘押，宣布予以废黜。当年 5 月，利奥三世秘密逃亡法兰克，在查理的宫中避难。他向查理献出圣彼得教堂的钥匙和罗马城的旗帜，要求查理予以保护。查理向他表示：“我的天职是用军队保护教会；而圣父，你的职责则是用祈祷支持我的军队。”查理派人将他护送回罗马，并宣布贵族教徒对利奥三世的指控全为不实之词。把凡是控告过利奥三世的人一律解送出境，但罗马局势依然一片混乱。公元 800 年 11 月，查理亲自率军来到罗马，利奥组织了一次规模盛大、无比隆重的欢迎仪式。查理用武力胁迫所有主教、神职人员和贵族承认利奥的宗教地位。同年 12 月 25 日圣诞节，罗马人齐聚圣彼得教堂举行圣诞弥撒，利奥三世在弥撒仪式上突然宣布为查理本人加冕，称“罗马人的皇帝，奥古斯都查理”。利奥亲自把皇帝的金冠戴在查理头上，涂抹了圣油。此时意味着，罗马教会有了一个强大的非意大利的王国为后盾，罗马教会拥有了比其他教会更大的优势。而皇帝由罗马教皇加冕承认，也等于宣布罗马教廷拥有最高神权的地位。

后人称查理为查理曼（“曼”是大帝的意思）或卡尔大帝。此时法兰克王国疆域东至易北河和多瑙河，西南至埃布罗河，北达北海，南至地中海，并占有大部意大利，与罗马帝国在西欧的疆域基本相同。

长期的战争推进了法兰克王国的封建化和封建主经济，教会的权力也得到巩固。查理在帝国边界建立了一系列边界地区，这些地区是帝国的防卫缓冲区和进攻集合区，这些边界地区被封给有特权的贵族。实际上这些边界地区处于帝国领域之外，而不是帝国的一部分。他向这些地区移民去开垦守护这些地区，并在那里建造城堡。如克恩顿和其北部的边界地区，后来这些地区形成了奥地利。

查理统治帝国 46 年，死于公元 814 年，他唯一的儿子路易继位。由于境内各地区缺乏经济和文化上的联系，封建主割据势力坐大，查理大帝死后不久，帝国陷于混战。公元 843

年，查理3个孙子各自为王，在《凡尔登条约》里决定三分法兰克帝国。东法兰克王国成了以后的德国，西法兰克王国成了以后的法国，东、西部之间的地区则成了以后的意大利。法兰克人的语言也因此出现了明显的分化，形成了法语、德语和其他西欧国家的民族语言，并从此再也没有重新统一过。

法兰克王国对西欧封建制度的发展和罗马教会在西欧统治地位的巩固起了重大作用。此时，中国的唐朝已经平定“安史之乱”，由于唐文宗李昂铲除宦官势力的努力失败，被监禁而死，唐王朝开始没落。

很多学者认为，西方文明最初的两大源流分别是希腊罗马的古典文明和希伯来的基督教文明，即“双希文明”。在西方文明进入古典晚期和中世纪前期之后，来自西欧的日耳曼文明逐渐汇入其中。正是在这一新兴文明的介入后，西方文明的基本构造才得以最终确立，且延续至今。

当时，希腊、罗马已经衰落，日耳曼民族的文化水平还比较落后，查理大帝为了发展帝国的文化教育事业，他兴办学校，聘请知名学者讲学，开启了西欧中世纪学校教育的先河。他还组织搜集和抄写古代拉丁文和希腊文的手稿，要求每一座教堂和修道院都要设立学校与图书馆，收藏基督教和古希腊罗马作家的作品。用拉丁文传授“七艺”（语法学、修辞学、逻辑学、算术、几何、音乐和天文学），“七艺”的课程后来发展成较为完备而独特的欧洲课程体系。同时，欧洲最好的建筑师、雕刻家和画家也被查理邀请来为帝国修建修道院和教堂。在查理大帝的文化政策下，被破坏的古典文明得以恢复，日耳曼人的文化水准也不断提高，这一时期的文化成就被后世誉为“加洛林文艺复兴”。

加洛林文艺复兴发生在公元8世纪前后，也被称为“欧洲的第一次觉醒”。它的发生得益于加洛林王朝特殊的政治和宗教背景，这次文艺复兴从西罗马帝国的废墟中发掘出了大量的古典文化遗产，为中世纪和其后的文化发展与进步奠定了基础，也为欧洲文化的成形定下了基本轮廓。

查理大帝在推动基督教一统地位的前提下，对基督教文化的规范做了大量的组织工作和文化范本的定型工作。他在位期间，制定了《加洛林书》，规定了罗马教义和宗教的基本仪式，从而使各处自发的对教义的解释和凌乱的宗教仪式得以定型。更为重要的是，他还利用王权的力量，组织人员在公元797—800年对当时收集到的各种《圣经》文本进行了校勘，统一了《圣经》文本并将其译成了拉丁文，从而成为后来天主教通用的定本。

拉丁语原本是意大利中部拉提姆地区的方言，后来则因为发源于此地的罗马帝国势力的扩张而将拉丁语广泛流传于罗帝国各地，并成为官方语言。而基督教普遍流传于欧洲后，拉丁语更加深了其影响力。公元7世纪以前，在法兰克王国的教会中尚没有日耳曼血统的教徒，其中一个重要的原因是日耳曼人在文化方面的落后，他们既没有形成自己的文字，也不会读写拉丁文。这样，学习读写拉丁文也就成为法兰克教师们的必修课，而古典拉丁文的弊端又成为了他们学习的最大障碍。基于这种状况，查理大帝下令对古典拉丁文进行改革。改革的结果是出现了用大写字母作为一个句子的开头，句子的结尾用句点结束。这种新的书写方式，改变了古典拉丁文句子与句子之间不分的书写习惯。这种文字改革的努力，不仅方便了教士们对基督教教义的学习研读，同时，拉丁文还在某种程度上帮助规范了各地区的民族语言，在今天的英语、法语、德语和西班牙语中都能见到拉丁文的印记。

不仅如此，查理大帝统治时期，还模仿当时的拜占庭（东罗马帝国）风格，建筑和修缮了很多精美的宫殿与教堂，这些建筑，充分地体现和发展了罗马式的建筑艺术风格，开创了建筑史上罗马艺术风格的时代。

拜占庭帝国——

◆自西罗马帝国灭亡后，东罗马帝国得以延续，也被称为拜占庭帝国。

东罗马帝国位于欧洲东部，领土曾包括欧亚非三大洲的亚洲西部和非洲北部，今日的土耳其、希腊、保加利亚、马其顿、阿尔巴尼亚从 4 世纪至 13 世纪是东罗马帝国领土的主要组成部分；意大利和原南斯拉夫的大部、伊比利亚半岛南部、叙利亚、巴勒斯坦、埃及、利比亚、突尼斯、阿尔及利亚和今天的摩洛哥的丹吉尔在 7 世纪之前也曾是东罗马帝国的疆域。

东罗马帝国本为罗马帝国的东半部，以拉丁语和拉丁文化为基础，但与西罗马帝国分裂后，逐渐发展为以希腊文化、希腊语为立国基础，不同于古罗马帝国和西罗马帝国的新王朝，但从皇帝到国民始终视自己为罗马人。

君士坦丁大帝统治时期曾进行了一系列的改革，其中最重要的就是他将罗马帝国的首都从罗马迁到拜占庭，并将该地改名为君士坦丁堡（今土耳其的伊斯坦布尔）。

拜占庭是天然良港，既是连接欧亚大陆的要冲，也是当时欧亚贸易的中心。随着罗马帝国疆域的扩大，拜占庭的地位显得日益重要。公元 330 年，君士坦丁大帝为了从地域上更利于统治，并从政治上摆脱罗马旧势力的牵制，将罗马帝国的首都从罗马迁到拜占庭，并将该地改名为新罗马（亦称为君士坦丁堡）。君士坦丁迁都后重建并大规模扩建了古老的拜占庭城市，使得君士坦丁堡成为当时世界上最大的城市之一。

东罗马帝国为了抵御西罗马帝国 3 世纪和 4 世纪所遭遇的外族入侵，皇帝狄奥多西（又译特奥多西亚努斯三世、提奥多西）二世加强了君士坦丁堡的城墙，使得这座城市变得异常坚固。西哥特人和匈奴人相继入侵拜占庭，但在提奥多西城墙面前一筹莫展。

狄奥多西城墙开建于公元 408 年，5 年后完工，总长度为 5630 米。城墙动工时，狄奥多西二世刚刚继位，年仅 7 岁。公元 447 年，一次强烈的地震破坏了大部分城墙。当时君士坦丁堡受到匈奴阿提拉的威胁，狄奥多西二世遂命紧急修复，城墙在 60 天内完成修复。与此同时，在狄奥多西城墙外面又被加筑一道外墙，并在外墙前挖出一条宽阔的护城河。

狄奥多西城墙最终被建成双层城墙。内墙厚 5 米，高 12 米，外表是经过精心切割的石灰岩块，城墙核心则是以石灰及碎砖压成的灰泥。内城墙共有 96 座城楼，主要都是方形，也有 8 角及 6 角形，高 18~20 米，城楼的间距是 55 米，城楼的顶部有城垛。外墙与内墙之间的距离有 15~20 米，两墙之间的间隙被称为外城台。外墙底部厚 2 米，在连接外城台处有一些拱形的房间，上方是城垛走道，外墙高约 8.5 米。从城内可经主城门或内墙底层到达外墙。外墙同样有 96 座城楼，呈方形或新月形，起着辅助内墙城楼的作用。护城河与外墙的距离约为 15 米，河阔 20 米，水深 10 米，河内侧有一道高 1.5 米、有投射口的墙壁，这是君士坦丁堡的第一道防线。城墙共有 8 道主要的城门及大量的后门，一些主要的城门可通往护城河的桥梁，次要的城门被称为军用城门，通往城墙外。

公元 476 年，当西罗马帝国灭亡时，东罗马帝国也没有得到片刻的安宁。斯拉夫人在公元 542 年跨过了多瑙河。斯拉夫人打垮了驻扎在伊斯特拉半岛上的东罗马帝国的军队，并夺取了亚得里亚海沿岸的所有主要城市，摧毁了多瑙河以南的帝国防务体系。西哥特人也对东罗马帝国不断发动进攻，将东罗马的军事力量逐出了伊比利亚半岛。东哥特人随即在意大利发动叛乱，牵制了东罗马的防务力量。伦巴第人于公元 568 年入侵亚平宁半岛并建立了伦巴第王国，只给拜占庭王朝留下亚平宁半岛南端的一部分，以及拉文纳与罗马之间一块不平静的地区。

马尔西安（也译马西安），公元 450—457 年为拜占庭皇帝，狄奥多西二世的姐夫。早年马尔西安是东罗马军队的士兵，曾参加了对波斯和汪达尔的战争，并被汪达尔人俘虏。在被释放后，他担任了帝国的保民官。狄奥多西二世从马上意外摔死后，作为政治婚姻马尔西安娶了狄奥多西二世的姐姐奥古斯塔普尔切利娅（也译普尔喀丽亚）成为共治皇帝。成为皇帝后，马尔西安一改以往对匈奴人的退让求和政策，拒绝每年支付给匈奴人贡金，对匈奴人主动出击，阿提拉不得已退出了东罗马，转而进击高卢和意大利。马尔西安还平定了叙利亚人和埃及人的叛乱，击退了亚美尼亚人的入侵。马尔西安大力改革税制，制止奢费，并向被外族摧毁的地区移民。公元 451 年，马尔西安举办卡尔西登（也称卡尔西顿）大公会议，在此会议上确定了“基督的神人二性”，并声明基督的神人二性“不相混乱，不相交换，不能分开，不能离散，同存于一个位格之中”（史称“卡尔西登信式”），将基督一性派（强调“基督是一个神成肉身的本性，因此只有一个神圣的性情”）定为异端。

东罗马国力在马尔西安统治期间迅速恢复。马尔西安虽然仅在位 7 年，但被公认为是拜占庭早期有作为的皇帝之一。

公元 527 年，查士丁尼被授予奥古斯都尊号，与叔父共同执政。同年 8 月叔父去世，他成为东罗马帝国唯一的君王，史称：查士丁尼一世。

查士丁尼一世首先采取稳固帝国内部统治的措施，组成 10 人委员会，系统编纂罗马帝国的法律。全部编纂工作从公元 528 年开始，到公元 534 年完成，历时 6 年。法典包括两个综合部类：一类是由政府颁布的各种法令，称为成文法；另一类是著名法学家对法令的论述和阐释。

委员会收集了自哈德良以来历代皇帝所颁布的法令，删除过时和相互矛盾的部分，编成《查士丁尼法典》共 10 卷。公元 533 年又收集了历代法学家的论文，编成《法学汇纂》，共 50 卷。同年再颁布《法理概要》，简要阐明法学原理，作为学习罗马法的教材。在法典编纂工作完成以后，查士丁尼又陆续颁布了 168 条敕令，这些敕令，到了公元 565 年也被编辑成集，称为《新法典》作为查士丁尼法典的补充。

查士丁尼一世时代汇集整理的全部罗马法律文献，统称《罗马民法汇编》。这是欧洲历史上第一部系统完全的法典。它确定了统一的无限私有制概念，提出了公法和私法的划分。“公法是有关罗马帝国政府的法律，私法是有关个人利益的法律。”私法基本上分人、物、对物权、对人权（即债、契约等）以及民事诉讼等5个部分，体现了私有制和商品交换本质的法律关系问题。马克思主义创始人之一恩格斯称罗马法为“以私有制为基础的法律的最完备形式”，是“商品生产者社会的第一个世界性法律”。其具有的意义和影响大大超出了中世纪社会的范围。从12世纪起，西欧重新恢复对罗马法的研究，《罗马民法汇编》成为欧洲各国研究和制定法律的基础，其中的私法部分对近代欧洲各资本主义国家的立法进程都有着重大的启迪作用。

查士丁尼出生于色雷斯的一个农民家庭。他的叔父查士丁早年加入军队，以不俗的军功升任禁卫军队长。查士丁靠军队发迹，最后坐上了东罗马帝国的皇位。查士丁一世对自幼跟随着自己的侄儿查士丁尼寄予了厚望，让他受到良好的教育，并任命他为共治皇帝。查士丁一世去世后，查士丁尼顺理成章成为拜占庭帝国的皇帝。

查士丁尼即位后，为自己确定了主要的政治目标：收复西罗马领土，恢复基督教的罗马帝国。他为此常常殚精竭虑，彻夜不眠。当时曾有人惊叹：“查士丁尼不是人，而是个丝毫不需要休息的魔！”查士丁尼找的皇后也很特别，出身低微，美貌且富有才智，其对查士丁尼一世的统治极具影响。

皇后狄奥多拉（或译提奥多拉、塞奥多拉）出生于君士坦丁堡的一个具有塞浦路斯血统的希腊家庭。她的父亲是君士坦丁堡竞技场内的驯熊师，母亲是个舞女。据信狄奥多拉早年曾做过滑稽剧演员，后曾短暂地成为一位总督的情妇，而且和他生有一个儿子。

公元523年，狄奥多拉与当时的禁军统帅查士丁尼结婚。公元527年，辅助查士丁尼登上皇位。在社会底层的生活经历，使狄奥多拉成长为一个意志坚强，做事果敢的女子。根据史学家的说法，她鼓动查士丁尼修改法律，允许妇女堕胎，允许贵族们迎娶贫民女子，提倡已婚妇女的社交权利。一些学者认为，狄奥多拉提高了当时罗马妇女的社会地位，为她们争取到一些法律权利。比如，她建立妓女之家，通过法律禁止强迫卖淫；承认妇女在离婚问题上有更多的保障，妇女可以继承财产；判处强奸者死刑等等。狄奥多拉的这些努力使东罗马的妇女地位远高于原西罗马地区（如法兰克王国）的妇女。她还帮助查士丁尼弥合当时基督教各教派日益形成的对立。

在公元532年历史上著名的“尼卡暴乱”中，狄奥多拉的冷静和果断，给众多慌乱不已的朝官们以深刻印象，叹其“比任何男人都出色”。

当年皇帝君士坦丁决定迁都并大规模修建君士坦丁堡时，还修建了一座赛车竞技场，据说其规模能够同时容纳10万人观看。赛车场很快成为君士坦丁堡居民生活娱乐的中心，人们将大量的钱财押赌在了赛车比赛上。最初赛车场上有四支车队参加竞赛，每一支车队都有大批不同阶层的市民支持者，它们分别是蓝党、绿党、红党和白党。后红党、白党衰微，分别被蓝党和绿党吸纳。

“蓝党”上层由元老院贵族、新兴地主阶层和政府权贵组成，支持皇帝的中央集权政策，信奉正统基督教（后称东正教）；下层多为普通城市居民、郊区的农民和海员。因该党派支持竞技的赛车手所穿衣服为蓝色（也有一说代表海的颜色），以蓝为标记，故名“蓝党”。

“绿党”上层中也有大贵族和元老院议员成员，更多的是富商巨贾、富裕农民和庄园主，他们与蓝党上层争权夺利。他们主张地方自治，并忠心于基督教一性论教派。他们所支持竞技的赛车手所穿衣服为绿色，以绿为标记（也有一说代表春色）。

蓝党和绿党在赛车场上的较力，往往带有朝政或宗教主张上的对立，因而时有造成赛车场上的骚乱，其中最严重的就是公元532年的尼卡暴乱。

公元532年年初的一个竞技日（通常认为是儒略历1月11日），绿党责骂当时在场的查士丁尼偏袒蓝党，结果惹怒蓝党成员，两党党徒在赛车场发生激烈的斗殴。两天后，为严肃赛车场秩序，君士坦丁堡市长下令逮捕一批在赛车场领头闹事的人，并判处几个主犯死刑。但在行刑的时候，有两个死囚的绞刑绳断了3次，在场围观的群众借机要求刽子手饶恕他们，并抢走了那两个死刑犯。这两名死囚一个属于蓝党，一个属于绿党，于是两派人联合起来要求查士丁尼下赦免令。两党人联合起来上街示威，齐声高呼“尼卡！”（希腊语“胜利”的意思）。故史称：尼卡暴动（又称“尼卡起义”）。

1月14日，狂热的示威者开始包围皇宫，守卫皇宫的哥特人卫队冲散了示威群众，造成多人受伤，从而使闻讯赶来的人越聚越多。卫队面对失控的局面，不得不撤回皇宫内。示威者无法冲入皇宫，于是在城内施暴泄愤，四处纵火抢掠，焚毁了元老院、索菲亚大教堂、伊琳娜教堂、亚历山大浴场，以及部分豪华住宅区，据说君士坦丁堡四分之一的地区在大火中焚毁，示威变成了暴乱。

皇宫被围困了三天之后，查士丁尼一世决定罢免部分官员，并去赛车场向民众发表演说，但是情绪激昂的示威者回报一片骂声，要求查士丁尼减免赋税、重订法律，并向皇帝和皇后投掷石块。查士丁尼见势不妙，在卫队的掩护下，从看台下面的秘密地道逃回皇宫。正午时分，已经热血沸腾的示威者推出一位贵族为皇帝。得知此事后，混乱的元老院立刻召开紧急会议，一位元老忧虑地表示：再不扭转局面，拜占庭帝国将被颠覆。他劝查士丁尼先转移到其他宫殿，调集军队进行镇压。而查士丁尼在众多廷臣的劝说下打算乘船逃出君士坦丁堡，为此他下令将宫中的珍宝装船。皇后狄奥多拉见状大怒，以断然的口气向查士丁尼一世说出了一段被各史家纷纷载录的话：“如果只有在逃跑中才能寻求坦然，而没有其他选择的话，我不会胆怯地逃跑。头戴皇冠的人不应该是苟且偷生，我不被尊为皇后的那一天是永远不会到来的。陛下，如果你想逃，那就祝你走运。你的财宝，你的船只已经准备停当，大海正向你张开怀抱。至于我，我要留下来。我欣赏那句古老的格言‘紫袍是最美丽的裹尸布’。”根据史料记载，听皇后说出这番话，查士丁尼的脸羞愧得通红，遂决定留在京城，放弃温和手段，以武力解决这场暴动。为此，他命令将领贝利撒留（又称贝利萨留斯）率军进京。

狄奥多拉安排宫廷总管带着钱财收买蓝党领导人支持皇帝，而击败波斯人的名将贝利撒留也带着一支刚从波斯战场返回的军队迅速赶到君士坦丁堡。

贝利撒留率军穿过广场废墟，从蓝党驻守的门廊抵达赛车场。他的副手也率领一支由日耳曼人和匈奴人组成的雇佣军前来支援。两支军队在赛车场的两端同时出现，包围了尚在赛车场内的暴动人群和他们拥立的新皇帝。两支军队发起进攻，对场内人员进行严厉的镇压，据记载大约有 3.5 万人被杀死在竞技场上，最终以流血的方式结束了震惊帝国的暴动。

随后查士丁尼发起清算，对异己势力展开了报复性打击，许多支持暴动或态度暧昧的贵族被处死或流放，财产被没收。狄奥多拉则成为共治皇帝，全面参与帝国事务。

公元 548 年，狄奥多拉可能死于癌症，不满 50 岁。

查士丁尼一世是古罗马时代末期最重要的一位统治者。为了征服周边国家，恢复对西罗马故土的统治，他多次发动对外战争。在东方与波斯萨珊王朝进行了长期战争，双方约在公元 561 年底媾和；征服了北非的汪达尔王国和意大利的东哥特王国。在他统治期间拜占庭帝国通过浴血征伐，终于重新控制了许多西罗马帝国从前的土地，包括意大利、西班牙、法国等重要行省，使地中海再度成为罗马帝国的内海，同时灭亡了许多日耳曼族在西罗马故土上建立的王国，结束了他们对东罗马帝国形成的威胁。

查士丁尼一世的统治期一般被史学界看作是东罗马帝国从古典时期转化为希腊化时代的重要过渡期，也被公认为是最后一个属于真正罗马人的时代。在他去世后，尽管拜占庭又再度繁荣过一次，但再也没有形成昔日罗马帝国的霸气。

长期的对外战争，耗尽了东罗马帝国的军事和经济实力，同时也未能制止斯拉夫人、保加尔人（可能含有突厥的成分）、匈人残部和阿瓦尔人（可能是柔然的一支）的不断入侵。公元 565 年查士丁尼一世去世后不久，征服地区大都丧失。

祸不单行的是，强烈的瘟疫袭击了战战兢兢的东罗马帝国。公元 541 年的春天，一场大瘟疫，给东罗马帝国造成了第一次毁灭性的打击，瘟疫起自尼罗河沼地，灭亡了帝国近三分之一的人口，仅在君士坦丁堡，就有逾半数的人死亡。按照东罗马史官的记载，当时甚至找不到足够的人手掩埋死人。

公元 602 年，一支东罗马军队在百夫长福卡斯的率领下公然暴动起来，军队向君士坦丁堡挺进。

查士丁尼一世去世后，拜占庭帝国开始走下坡路，公元 602 年的这次军队暴动正是拜占庭帝国内部矛盾发展到一定程度的产物。在君士坦丁堡群众的支持下，福卡斯军队迅速攻下首都，将皇帝莫里斯和他的子女以及政府中敌视军队的代表人物推上了断头台。百夫长福卡斯也一步登天成为帝国的新皇帝，而他带来的是 8 年的血腥内战。

名不正言不顺的福卡斯从一开始就受到帝国元老院、大贵族和行政官僚的激烈反对，他们迅速在东方各省（包括叙利亚、巴勒斯坦、西里西亚、小亚细亚、埃及等）挑起内战。拜占庭帝国多年的老对手萨珊波斯帝国皇帝库思老二世乘机发动对拜占庭的战争。公元604年，库思老二世亲自率兵出征，随军带有一名自称莫里斯皇帝之子的傀儡，夺取了亚美尼亚、两河流域和叙利亚大片地区。面对各地的反抗，福卡斯采用残酷的杀戮手段来对付反对者，结果杀人越多，对手也越多。

公元608年，拜占庭帝国北非总督希拉克略（又译伊拉克略、席哈克略）起兵反对福卡斯。在国内民众已对福卡斯绝望的形势下，希拉克略的起义恰到时机，大有“振臂一呼，应者云集”的效果，很快得到元老派和贵族的支持。福卡斯派他的东方总督前去讨伐希拉克略，但被希拉克略的儿子击败，而波斯也趁拜占庭东方部队前往埃及之际，攻陷了叙利亚和美索不达米亚的大部分东方行省，并深入安纳托利亚半岛。公元610年，希拉克略大军抵达君士坦丁堡城下，福卡斯的城防部队反戈，希拉克略未遇抵抗便占领了首都，抓获并将福卡斯推上断头台。希拉克略登基，由此开始了拜占庭帝国希拉克略王朝时代。

此时波斯人已经夺取叙利亚、巴勒斯坦、埃及、亚美尼亚、伊比里亚、两河流域等地，由安纳托利亚攻入拜占庭帝国腹地。公元615年，波斯又攻陷博斯普鲁斯海峡的卡尔西顿，直接威胁海峡对面的拜占庭首都君士坦丁堡。就在这时，斯拉夫人和阿瓦尔人开始由西北进攻拜占庭。拜占庭国内一片惊恐，希拉克略处境艰难被迫遣使向库思老二世求和，又被其傲慢地拒绝。

为了应对危机，希拉克略开始对拜占庭军队实行改革，将全国划分为若干军区，每个军区都加强了防御力量。教会也广捐财物资助希拉克略，希拉克略在君士坦丁堡城下，用大量的金钱作为交换，同阿瓦尔人签订了和约。公元622年，拜占庭海军击退萨珊波斯军队，解除了君士坦丁堡之围。此后，双方在相持中互有胜负。公元626年，阿瓦尔和波斯联军开始围攻君士坦丁堡，并且一度破墙而入。在危情下，希拉克略甚至考虑迁都至迦太基城。但是，由于海战失败，波斯陆军无法渡过博斯普鲁斯海峡向阿瓦尔人提供支援，希拉克略趁势转守为攻。希拉克略在突厥人的援助下由伊比里亚攻入波斯。第二年，拜占庭军队占领萨珊波斯军事重镇甘扎克，破坏祆教的拜火祠，随后在亚述古城尼尼微再败萨珊波斯。库思老二世慌忙逃到泰西封，拜占庭军队也尾随而至。骤变的形势引发了萨珊宫廷政变，库思老二世被投入监狱，后被杀于狱中。不久，两国签订和约，萨珊波斯放弃了所有占领的东罗马帝国土地，归还掠夺的“真十字架”。至此，拜占庭帝国所面临的危机暂时告一段落。

在战争中，希拉克略看到了军区制的好处。在周边外族不断兴兵侵略的压力下，希拉克略决定在全国推行军区制。军区制原来已在北非和意大利实行，希拉克略将其移植到东方各省，先后建立了亚美尼亚、奥普西金、基维莱奥冬、阿纳多利亚和色雷斯五个军区，他的后继者们继续完善并推广军区制的范围，使之最终成为拜占庭帝国一项基本制度。

军区制的实质就是地方军政合一，地方军事长官兼有行政管辖权，一身二职，类似于中国历史上的节度使制度。由于拜占庭帝国容易受到攻击的地理特点，应对战争已成为国家和政府的常态，军区制对拜占庭帝国来说显然是必要的。希拉克略改革的另一个重要方面是建立军事屯田制。为了解决国家财政不足的危机，希拉克略将战乱时期没收的大贵族土地和田产分封给服军役的官兵，作为军饷。份地可以世袭，也可以转让，但转让份地则必须将军役义务一起转让给继承人。这些人战时作战，平时耕地，向政府缴纳赋税，免除徭役。希拉克略的继承者们继续巩固军事屯田制。此举解决了当时面临的财政危机的同时，促进了小农经济，被认为是拜占庭帝国由奴隶社会向封建社会转变的关键。

希拉克略同教会的关系是十分微妙的。在危机时期，希拉克略得到教会的资助。他采取大批动用教产的措施，利用教会的物质力量和精神力量号召全国军民同仇敌忾。但战后，教会的追债使双方矛盾顿起。另外，面对帝国东部地区的严峻形势，为笼络人心，满足埃及、叙利亚“基督一性论”派的异端教徒，希拉克略提出了他自己的“二性一意”论，认为基督具有二性却只有一个意志，但遭到教会的强烈反对而作罢。尽管如此，希拉克略同教会的矛盾还可调和，没有剧烈的冲突。

公元 633 年，新生的阿拉伯势力将战争矛头指向了拜占庭帝国。这一年，穆斯林大军 4 路并进，进攻耶路撒冷、布斯拉（位于叙利亚）、大马士革、霍姆斯（位于叙利亚）。并得到这些地区的“基督一性派”的支持。公元 634 年，阿拉伯军队先后在外约旦的布拉斯和巴勒斯坦艾支那丹大败拜占廷军队。次年，大马士革、巴勒斯坦、叙利亚相继陷落。希拉克略派其弟率军应战，一度收复大马士革等城，但在 6 月的约旦河雅尔穆克河口一战惨败，拜占庭军队溃不成军，其弟战死。希拉克略不得不哀叹：“美丽的叙利亚，永别了！”此后阿拉伯人乘胜追击，到公元 641 年希拉克略去世之时，巴勒斯坦、叙利亚、约旦乃至埃及等地区已成为生机勃勃的阿拉伯帝国的一部分。从此，拜占庭帝国已经成为一个领土大为收缩，在阿拉伯人的打击下苦苦挣扎的国家。

希拉克略对历史的影响无疑是巨大的，他对东罗马帝国有存亡续绝之功。其次，他所建立的军区制和军事屯田制不但成了拜占庭帝国的根本制度，而且对后来的奥斯曼帝国及其他中东（指地中海东部、南部到波斯湾沿岸的部分地区，包括除阿富汗外的西亚的大部分与非洲的埃及，及俄罗斯边界的外高加索地区，约有 23 个国家与地区）国家均有深刻的影响。

此时在中国的唐朝，和亲吐蕃的松赞干布，击败突厥，贞观之治的大好局面正在形成，唐朝对世界的影响越来越大。

到希拉克略王朝末期，东罗马帝国再度出现内乱，从公元 694 年到 716 年的 22 年间，皇帝更换了 6 次。到了 8 世纪初期，拜占庭王朝已经衰微之极。北非全部落入阿拉伯手中，帝国的疆域也只剩下君士坦丁堡城及其周围地区和东色雷斯、希腊的几个港口，以及南部意大利和西西里岛。帝国的海军尚能强势维持着地中海上的商业通路不受阿拉伯海军的威胁。

公元 716 年，出生于叙利亚的利奥三世，登上皇帝宝座，结束了自公元 711 年至 717 年拜占庭的无政府状态，开创伊苏里亚（也译伊索里亚）王朝（利奥三世来自安纳托利亚半岛南部的伊苏里亚）。利奥三世原是伊苏里亚的牧民，通阿拉伯语和希腊语。早年曾协助查士丁尼二世复位，他将自家的 500 只羊奉献给战争中的查士丁尼二世，得到赏识而获得官职，开始了他的政治生涯，凭着军功，官至安纳托利亚军区司令，成为帝国军事贵族的新兴阶层。

利奥三世趁阿拉伯人围攻君士坦丁堡之际夺取了政权，但实际上仍未成为拜占庭帝国的真正统治者，君士坦丁堡仍然在狄奥多西三世的统治下。因此，利奥三世联合阿拉伯人势力，接受阿拉伯人的条件，以争取其支持，联合出兵攻占了君士坦丁堡。公元 717 年利奥三世率军进入君士坦丁堡，正式揭开伊苏里亚王朝的序幕。但利奥三世掌权后，并没有履行对阿拉伯人的承诺。于是，愤怒的哈里发挥师 20 万大军，1800 艘战舰分别取道安纳托利亚及博斯普鲁斯海峡进攻君士坦丁堡。阿拉伯人围城近一年后，利奥三世借用新武器“希腊火”的威力，终于在公元 718 年击败阿拉伯军队，使其元气大伤，数年内不敢再对拜占庭用兵，暂时抑制了阿拉伯人的威胁。此役使利奥三世赢得了“拜占庭救星”的殊荣，从而确立了伊苏里亚王朝的统治，同时使阿拉伯伍麦叶王朝陷入困境。

利奥三世在位期间，重新编修了查士丁尼一世的法典，被称为《埃克洛加》，并以希腊语形式颁布，是继《罗马民法汇编》之后最重要的拜占庭法典。其修改部分涵盖了婚礼、遗嘱、奴隶及私有制等法律内容，对传统的罗马法进行了大幅度的修改，使其适应改变了的社会形态。同时在法典中强调君权的重要性，巩固了伊苏里亚王朝的统治。

利奥三世执政期间，阿拉伯人占领了原罗马帝国大部分的领土，迫使占领地内的基督教传教士大量回流到拜占庭帝国境内。

在基督教获得正统地位之后的 4 个世纪里，教会的势力以惊人的速度发展。教会所占有的土地几乎占了拜占庭帝国的半壁江山，加上教会以祭拜圣像等名目获得民众钱财，令敬奉教会成为当时社会的一大负担。与此同时，拜占庭无地少地的贫民也越来越多，而教会及教长则享有众多的特权。要增加帝国的税收和劳动力，要有大量的土地分给新兴的军事贵族和立有战功的士兵，就必须拿财产雄厚的教会开刀。于是利奥三世在公元 726—730 年间，两度颁布反对供奉圣像的诏令，发起“破坏圣像运动”，将教堂内的圣像、十字架全部捣毁。公元 726 年，利奥三世颁布了《禁止崇拜偶像法令》，封杀了君士坦丁堡及各省的一切有关偶像崇拜的活动，同时大批教会的土地被充公，剩下的土地也必须交税。利奥三世经过此运动，大量没收教产、关闭修道院、强迫修女修士还俗。公元 730 年，他召开宗教会议，撤换了反对运动的君士坦丁堡大教长，并制定了有关的宗教法规，为此运动提供了宗教上的理论依据。虽然因此部分意大利和希腊地区爆发了起义，拉文纳宣布脱离帝国的统治，罗马教皇格列高利三世宣布开除利奥三世和全体圣像破坏者的教籍等，都无法阻止破坏圣像运动的进行。后利奥三世报复，宣布剥夺教皇在意大利南部的征税权和对伊利里亚的管辖权。

破坏圣像运动，对拜占庭帝国的政教关系产生了深远影响。国外有学者认为，破坏圣像运动时代是罗马教皇脱离拜占庭帝国皇帝控制的关键时期，教权得到极大扩张，是西欧进入中世纪基督教文明的一个重要标志。还有学者指出，破坏圣像政策加深了罗马教会和拜占庭教会之间的裂痕，最终造成双方彼此排斥。并强调，运动使拜占庭皇帝得以重新控制东部教会，其至皇权意志达到极致。中国有学者提出，运动打击了教会势力，加强了中央集权；激化了本已存在的东、西部教会的矛盾，加快了罗马教会与东罗马帝国的分离。

总之，破坏圣像运动大大打击了基督教教会在拜占庭的势力，最重要的是利奥三世将没收了的田产及土地，分配给了军队和贵族，从而巩固了自己的统治地位。公元 740 年，利奥三世又在阿克洛伊农（今土耳其阿克萨莱）战役中，再次重创阿拉伯军队。此后，拜占庭军队主动出击，将阿拉伯人赶出了安纳托利亚地区和叙利亚北部，使阿拉伯人在近 40 年的时间里，不敢对拜占庭帝国贸然发动大的入侵战争。可以看出，破坏圣像运动大大加强了帝国的军事实力，多数史学家对利奥三世的这场运动在拜占庭国家利益层面给予积极的评价。

公元 741 年 6 月，利奥三世去死，由其子君士坦丁五世接位。君士坦丁五世在 2 岁的时候即被父亲立为共治皇帝。据说他在受洗礼的时候，因为弄污了圣水，因而获得了一个外号：臭虫。君士坦丁五世延续父亲政策，采取更为激烈的手段对付基督教主教们，使这场破坏圣像运动达到高峰。

君士坦丁五世在继位当月前往安纳托利亚，准备组织军队反击阿拉伯人。他的姐夫阿尔塔瓦兹德（又译阿塔瓦斯德斯，一说是同父异母兄弟），是一位军区统帅。他与君士坦丁堡的军事长官和新任大主教勾结，谎称君士坦丁五世死亡，从而自立为新帝。为了取得首都民众的拥戴，阿尔塔瓦兹德刚进城，就迫不及待地结束了破坏圣像运动。但令他意想不到的是破坏圣像运动的影响力远远超过了反对派的想象。公元 742 年，君士坦丁五世利用破坏圣像运动支持者的力量击败了姐夫，迫使其逃回君士坦丁堡。不久，阿尔塔瓦兹德之子也成了舅舅的手下败将。君士坦丁五世派兵从陆路、海路两方面将君士坦丁堡团团包围。经短暂围攻后，于次年 9 月，夺取了君士坦丁堡，君士坦丁五世重登皇位。阿尔塔瓦兹德被俘，双眼被挖了出来。大主教被民众用皮鞭暴打一顿，又被捆在驴背上，头朝后靠在驴屁股上，在跑马场游行示众。

但是，此后君士坦丁五世所面临的危机依然不断。公元 746 年，恐怖的瘟疫再次席卷到帝国全境，大量罗马人和希腊人因病而亡或逃离帝国。于是，原巴尔干半岛以北的斯拉夫人趁机涌入那些已经成为无人区的土地上定居。有学者记载道："当瘟疫吞没万物的时候，广阔大地都斯拉夫化了，都蛮族化了。"

虽然遇到瘟疫，虽然有外族入侵，君士坦丁五世在内外交困之时仍不放过教会和教士。公元 753 年，他在宗教大会上严厉谴责供奉圣像的行为。随后，对基督教会采取了更加激烈的手段：没收修道院和教会财产；关闭修道院，将其改为兵营；强迫修道士还俗、娶妻生子；等等。

与拜占庭帝国修道士们的遭遇有天壤之别的是，随着法兰克国王丕平"献土"，意大利出现了一个教皇国，神权开始对抗皇权。罗马教会不断壮大，拜占庭帝国在意大利的领地逐渐丧失。

君士坦丁五世在位时期，除了迫害教士，其主要精力用于镇压不断反叛的阿拉伯部落和柏柏尔部落，最为艰巨的是还要时刻提防以拥护阿拔斯王朝为名的国内叛乱，并夺取了叙利亚北部的盖马尼恰马卡亚。公元 747 年，君士坦丁五世挥军入侵亚美尼亚和美索不达米亚纵深地区。当时正值伍麦叶王朝被阿拔斯王朝推翻的混乱时期，所以他的征服进行得很顺利。但是在日益强大的法兰克王国面前，还是逊色了许多。尽管他削弱了阿拉伯人的威胁，但很快面临斯拉夫人和保加尔人进攻的危险。

公元 756 年，保加利亚汗王温内奇继位，他要求拜占庭帝国加倍进贡。但拜占庭帝国由于军区制的改革及借助阿拉伯人的内部混乱，使得自己恢复了些许元气。这个时候保加利亚的进逼成为拜占庭帝国复兴的重要问题，拜占庭不会再求和了。君士坦丁五世为了抵御保加利亚的进攻，一口气修建了600多座城堡。但是，保加利亚人似乎没有被吓倒，他们发动军队进攻色雷斯地区，所过之处无不抢掠殆尽。当保加利亚人再次到达君士坦丁堡的时候，面对高高的城墙，严密的防守，保加利亚人还是老习惯，劫掠了周围的乡村后就退兵了。由此引发了拜占庭帝国对保加利亚的第二次战争。

从公元756年开始，拜占庭帝国和保加利亚王国每年都会有一次战争，而真正的大战在公元762年终于爆发。这时保加利亚新王是特勒茨，他一继位就开始准备对拜占庭发动进攻，而保加利亚贵族们又十分支持这次战争。这一年，有大量的斯拉夫人和保加利亚人迁移到了拜占庭帝国的北部边境。这些人不再随水草而居，而是直接占田定居，从而牢牢地控制住他们在迁移中所得到的一切。而保加利亚汗王又十分渴望得到拜占庭帝国的肥沃土地，于是想与拜占庭帝国境内的保加利亚和斯拉夫人内外联合发动战争。在这个生死存亡之际，君士坦丁五世发动大军，从水陆两线进攻保加利亚。水路由黑海进入保加利亚，陆路则由其亲自率军攻伐。沿路虽然多次遇到保加利亚人的阻击，但是几乎每次都是保加利亚全军溃败。公元763年6月30日两军决战，从早晨一直打到晚上，保加利亚军队大败，拜占庭军队全面瓦解了保加利亚人的进攻。这场战争以拜占庭的全面胜利和保加利亚的全面失败而告终，从而拯救了整个拜占庭帝国。君士坦丁五世回到君士坦丁堡后举行了盛大的凯旋仪式，他的统治地位也更加牢固。而特勒茨则因一场政变死于战乱，从此保加利亚陷入了40年的内乱之中。

公元773年春，两国曾再战，但数万保加利亚士兵被歼灭在色雷斯南部，战俘也被君士坦丁五世在君士坦丁堡竞技场上全部处死。因此，君士坦丁五世被人们冠以第一位“保加利亚屠夫”。此时，保加利亚已无法与拜占庭争锋，被迫承认了拜占庭的宗主地位，并签订了和约。公元775年9月君士坦丁五世患病去世，他的儿子利奥四世继承了他的皇位。但君士坦丁五世的遗体在9世纪时被东正教会掘出，抛进了大海。

利奥三世开创的伊苏里亚王朝在8世纪末期走上了末路。其间，拜占庭帝国出现了第一位，也是欧洲历史上第一位女皇帝。

伊琳娜（或译艾琳娜、伊琳妮等），是拜占庭帝国皇帝利奥四世的皇后。伊琳娜出生于雅典贵族之家，美丽动人，16岁时即被君士坦丁五世亲自确定为皇子利奥四世的妻子。3年后，她为利奥四世生下唯一的儿子，即后来的君士坦丁六世。利奥四世于公元780年去世，年仅30岁。君士坦丁六世继承皇位时只有10岁，伊琳娜便以摄政皇太后和共治皇帝的身份掌握了帝国的最高权力。

由于伊琳娜出生于希腊，从小深受希腊文化的影响，认为基督教的圣像崇拜活动是天经地义的，因此，掌权后恢复了圣像崇拜。

拜占庭帝国女皇对圣像的虔诚和恭敬，促使教皇哈德良一世在公元787年召开了第二次尼西亚公会议，讨论敬拜圣像在教会中地位的问题。结论是：不断注目于绘画中的图像，能够维持一个人的信仰，并使人经常留心其中的教训。肯定了圣像崇拜在教会的地位，并下令把反对圣像崇拜者的法令、文件和著述全部销毁，但这次会议并没有为破坏圣像运动带来太大的影响。

到了公元 790 年，小皇帝君士坦丁六世长成 20 岁了，伊琳娜仍然大权在握，丝毫没有打算向他移交权力的意思，同时她还加强了对儿子的管束和控制。已经成年的君士坦丁六世不甘心被母亲用来作为傀儡，于是，母子之间的矛盾便逐渐激化。

伊琳娜所依赖的主要是来自欧洲巴尔干半岛的警卫部队，他们坚定地支持皇太后的政策。驻扎在外省和安纳托利亚的贵族将领们却不肯服从，他们一呼百应，发动了兵谏。在大军压境的情况下，伊琳娜只好退位，把权力交给了儿子。

但是，支持伊琳娜的势力依然存在，他们深知皇太后的隐退对他们的利益非常不利，便从多方面对君士坦丁六世施加压力，要他把母亲接回宫中，尽儿子的孝道。这些人多半是元老贵族和教会的主教。在这些人的影响下，君士坦丁六世于公元 792 年又将母亲请回宫中，承认她仍享有“共治”的权力，让她重新临朝听政，并将支持自己的亚美尼亚军区司令阿列克修斯治罪关进监狱。接着，君士坦丁六世率军亲征保加利亚，在战场失利的情况下，他抛下军队临阵逃脱，造成军队惨重伤亡，这使得小皇帝进一步丧失了民心和军心。这时，他的叔父尼塞福鲁斯利用民众和军人的怨恨情绪发动政变，但失败了。君士坦丁六世下令严惩他的 4 个叔叔，挖掉了他们的双眼，并将尼塞福鲁斯的舌头割掉。同时，他又挖掉被无端投入囚牢的阿列克修斯将军的双目。小皇帝这种残暴的行为激起亚美尼亚地区人们的极大愤慨，他们决定反叛王朝，导致了一场长达半年的内战。

君士坦丁六世的前妻是民间女子。伊琳娜纵容她的侍女做儿子的情妇，使君士坦丁六世最终以莫须有的罪名抛弃了妻子，娶了情妇。这一行为受到了教会的谴责。这时，伊琳娜见时机已到，便公开指责儿子行为不端，使得君士坦丁六世处于众叛亲离的境地。公元 797 年，当君士坦丁六世领兵讨伐阿拉伯人时，伊琳娜设法策动军队反叛，反叛的士兵在东方战区将皇帝擒获，押送君士坦丁堡。伊琳娜狠心地命令将儿子的双目刺瞎，剥夺了他的一切权力。从此，伊琳娜成了拜占庭帝国的第一位，也是最后一位女皇帝。

此时，中国历史上第一位女皇帝武则天已在公元 705 年去世，安史之乱被平定，唐朝进入由盛而衰的时期。

伊琳娜的女皇生涯一共维持了 5 年，以罗马教皇为首的传统势力不承认伊琳娜是合法的皇帝。于是在公元 800 年，罗马教皇为法兰克王国的查理加冕，使之成为罗马人的皇帝，这是西罗马帝国灭亡后西欧第一次有皇帝。尽管伊琳娜有心计，有魄力，但是似乎没有人把她当作正统的皇帝。公元 802 年，贵族集团又一次发动政变，推翻了伊琳娜的统治，拥立尼基弗鲁斯即位。由此，尼基弗里亚王朝建立。

伊琳娜被流放到一个海岛上，被迫靠织布维生，于第二年的 8 月病死。但死后她被教会追封为圣徒。

尼基弗鲁斯，早年担任过亚美尼亚军区的将军。后为伊琳娜提拔，担任财政大臣，是崇拜圣像派官员之一。

尼基弗鲁斯即位时年已 50 多岁，在即位之初立即镇压了几个军区的叛乱，显示出干练、果敢的军事才能。随后施行当年女皇伊琳娜的计划，即收复被斯拉夫人占领的巴尔干半岛。

为实现这个目标，尼基弗鲁斯在公元 804 年，从斯拉夫人手里夺回了西伯罗奔尼撒半岛（位于希腊南部），并将一些拜占庭人移居到此，使得帝国的税收和开垦的农田数量大大增加，也加强了帝国对新收复领土的控制。公元 807 年，又亲自率军收复了从色雷斯至萨尔底卡（现保加利亚首都索菲亚）的领土。同年，下令展开人口普查，终止了大量逃税的现象，取消诸多免税政策，这些举措大大提高了国库收入。

拜占庭帝国的扩张举动，引起了保加利亚国王克鲁姆的警惕，于是克鲁姆于公元 809 年发动了对萨尔底卡要塞的入侵。拜占庭帝国试图给予报复，公元 811 年，尼基弗鲁斯率军与克鲁姆开战，克鲁姆在前两次大的战斗中均被击败，拜占庭军队很快攻占了保加利亚王国首都普利斯卡，并纵兵抢掠烧杀。克鲁姆曾要求和解，被尼基弗鲁斯自信地拒绝。骄横的拜占庭军队最终被愤怒的保加利亚人围困在巴尔干山脉的一个峡谷中，几乎全军覆没，尼基弗鲁斯战死于，其头盖骨被克鲁姆做成了酒杯，还用银子镶了边。此战破灭了拜占庭帝国试图控制巴尔干半岛各国的念头，增加了保加利亚人对巴尔干半岛西部及南部的影响力和势力扩张，令保加利亚第一王国的版图得以壮大。

斯陶拉基奥斯是尼基弗鲁斯的独子，其与伊琳娜女皇的妹妹结婚。后在与保加利亚人的战争中受重伤，并留有后遗症。斯陶拉基奥斯虽然继承了皇位，但伤病缠身的他只统治了 3 个月，于公元 812 年 1 月，被迫让位给他的妹夫，宫廷总管米海尔朗加比（也译斯达乌拉西乌斯），即米海尔（又译迈克尔、米哈伊尔）一世。其后，斯陶拉基奥斯隐退到修道院直至死去。

米海尔一世出身于贵族家庭，父亲是拜占庭帝国爱琴海舰队司令。他本来已经结婚，但在公元 794 年抛弃妻子成为尼斯弗鲁斯的女婿。米海尔在贵族的支持下登基，他用大量的赏赐收买人心。他支持使用圣像，也承认法兰克国王查理的皇帝称号，作为法兰克将威尼斯和达尔马提亚（在今克罗地亚）管理权转让给拜占庭帝国的回报。米海尔一世在平定反对圣像派发动的叛乱后，拒绝了克鲁姆提出的和平条件。于是克鲁姆还以颜色再次发兵攻占拜占庭城市麦森布里亚。翌年，米海尔一世出兵打败了保加利亚人，但在 6 月，由于士兵哗变，米海尔一世兵败，被安纳托利亚军区司令亚美尼亚人利奥推翻，利奥即帝位称利奥五世。米海尔一世则隐居于修道院。

与此同时，克鲁姆借着胜势一路南下，杀到君士坦丁堡城下。但城高墙厚的君士坦丁堡让保加利亚人的攻势为之一挫，克鲁姆无奈地将自己的长矛扎在了君士坦丁堡的城门上。过了一年，心有不甘的克鲁姆再发重兵，杀向君士坦丁堡。在进军途中，拜占庭帝国派来使者提出议和。双方见面的时候，一名化装成使者的刺客突然从怀里拔出利刃，冲向克鲁姆，在猝不及防中克鲁姆被扎成重伤。恼羞成怒的克鲁姆伤好后，发誓要毁灭君士坦丁堡，但出兵之前因脑溢血病亡（一说在与利奥五世的一次战斗中失败被杀）。克鲁姆在位期间，巩固了保加利亚国内斯拉夫人和保加尔人的联合，还颁布了一部法典，从而确立了封建制度，保加利亚王国的版图也得到了极大的扩张。

公元 817 年，克鲁姆的继任者、其子奥穆尔塔格在“迈塞姆布里亚战役”（又称米山布里亚战役）中被击败，被迫与利奥五世签订了30年的和平和约。

利奥五世召开宗教大会，否定了第二次尼西亚公会议，重推毁坏圣像运动。但在公元820年，被部下所谋杀，米海尔二世（也译迈克尔二世）继帝位。

米海尔二世生于弗里吉亚，是君士坦丁六世的女婿。他和利奥五世本为朋友（一说为利奥五世的卫队长）。公元813年，米海尔二世因反对利奥五世的破坏圣像运动，预谋叛乱，但被提前发现，米海尔二世被判死刑。在执行前，他的同伙抢先谋杀了利奥五世，释放了米海尔二世，并将他推上了皇位，开创了弗里吉亚王朝。

弗里吉亚王朝是拜占庭帝国的第六个王朝，因为家族的名字而得名，一共传了3个皇帝，统治48年。

狄奥菲洛生于公元813年，是米海尔二世的独子。

米海尔三世是狄奥菲洛的幼子，他才两岁的时候父亲去世，他成为一人独尊的皇帝，但母亲和叔叔掌握着权力。

米海尔三世成年后越来越信任和依赖他的叔叔（一说是母舅）巴尔达斯（也译巴达斯），并封他为凯撒。公元856年米海尔三世在巴尔达斯的支持下亲政，次年他把自己的母亲和姐姐放逐到修道院里。

公元855年，拜占庭帝国与保加利亚重开战端。米海尔三世试图通过保加利亚人同时与法兰克人和克罗地亚人开战的机会，重新获得它对色雷斯部分地区的控制，包括普罗夫迪夫（今保加利亚第二大城市）和黑海布尔加斯湾的海港。米海尔三世和巴尔达斯亲自统兵，他们的出征很成功，占领了部分城市。米海尔三世支持巴尔达斯展开的一系列改革，并从公元856年至公元863年带领军队马不卸鞍地与阿拔斯王朝和它在东线上的附庸国作战，取得了不俗的胜利。在巴尔达斯的影响下，米海尔三世重建被毁的城市和大学，重新开设被关闭的修道院，并稳定了拜占庭的经济，后成为保加利亚国王鲍里斯一世的教父。

米海尔三世和他的皇后没有子女，却有一个要好的情人。但是，为了帝位他不想冒险离婚而与他的情人结婚。他让自己的情人与他的近臣巴西尔公开结婚，实际上这个情人和米海尔三世住在一起。同时米海尔三世把姐姐从修道院里放了出来与巴西尔一起过。

据说巴西尔（也译瓦西里、巴塞尔）是亚美尼亚人，在幼年时全家被保加利亚人俘虏，发配到马其顿做农奴，直到公元836年才逃回拜占廷境内的色雷斯。在返回帝国后，他曾给皇帝米海尔三世的一个亲戚当马夫。不久，因在摔跤比赛中表现突出而受到米海尔三世的注意和宠爱，被米海尔任命为宫廷侍卫，从此飞黄腾达。巴西尔富有心计，为了攫取更大的权力，他开始设计陷害皇叔、凯撒巴尔达斯。公元866年，他说服米海尔相信巴尔达斯有阴谋。在获得皇帝的默许后，巴西尔在一次阅兵仪式上刺杀了巴尔达斯，并于公元867年5月被米海尔加冕为共治皇帝，同时巴西尔被比他年轻的米海尔三世收为养子。一般认为，巴西尔的儿子利奥实际是米海尔三世的儿子，米海尔三世是想让利奥日后成为皇帝，于是巴西尔成为帝国宫廷中最有权势的人物。

然而，不知何故，两人的关系迅速恶化，米海尔三世开始信任其他人，这使得巴西尔感到不安。于是，公元 867 年 9 月的一个晚上，巴西尔发动了政变，在半夜带着亲信杀入皇帝的寝宫，迅速制服卫兵，杀死了米海尔三世夺取了皇位，创建马其顿王朝（又名亚美尼亚王朝），史称：巴西尔一世。

马其顿王朝的诞生，开创了拜占庭帝国历史上第二个最辉煌的时期。

虽然巴西尔的皇位为篡夺而来，但巴西尔很快以自己的治世才干让世人刮目相看。他用希腊文补充和更新了《查士丁尼法典》（但没有颁布）；严格贯彻希拉克略王朝时开始的军事改革，改建军队，特别是海军，努力提高战斗力。并向周边邻国发动攻势，迫使阿拉伯人退却，收复克里特岛和塞浦路斯岛；占领两河流域和叙利亚大部；在意大利南部，也收回了原属于东罗马帝国的领地。并将拜占庭文化传播到保加利亚、塞尔维亚和俄罗斯等斯拉夫人国家，基督教也随之在斯拉夫人中广泛传播。

马其顿王朝时期，拜占庭帝国的封建制度加速发展，封建贵族采取强制、欺骗和勒索等手段，使自由农民和部分服役士兵的土地被剥夺，丧失土地的人日益增多，纷纷破产沦为依附者。他们耕种封建主的土地，缴纳高额地租，并服徭役。因此，反封建的贫民起义不断发生。如公元 928 年，帝国安纳托利亚半岛地区爆发的马其顿人瓦西里领导的起义。瓦西里早年发动起义被俘，封建主砍断其左手。瓦西里后以铜铸假手握宝剑在上，气势异常，史家称为铜手瓦西里。是年，瓦西里战败被俘，在广场当众被烧死。

公元 886 年，巴西尔一世在一次狩猎事故中受了重伤。他的衣服带子绞在了一头鹿的鹿角上，人被鹿拖了很远，后来一名侍卫赶来用刀砍断了带子才把他救了出来。但巴西尔一世却怀疑这名侍卫企图刺杀他，下令将该侍卫处死，他本人也在不久之后死去。

在马其顿王朝的统治下，东罗马帝国在 9 世纪末期、10 世纪和 11 世纪初达到了顶峰。

而中国兴盛一时的唐朝消亡，开始进入五代十国及以后的北宋时期。

北非——

◆公元前 8 世纪，库施国王卡什塔征服上埃及首府底比斯，其子皮安基继而占领孟斐斯，成为库施和上埃及的国王。约在公元前 730 年，皮安基之弟沙巴科建立埃及第 25 王朝。约在公元前 656 年，亚述人入侵，库施人被迫退出埃及，重回纳帕塔。公元前 530 年左右，库施将首都南迁至麦罗埃（今苏丹共和国凯布希耶以北）。

公元 1 世纪左右，在非洲东北部（今埃塞俄比亚境内）兴起一个王国，首都为阿克苏姆城（今属埃塞俄比亚的提格雷省），史称阿克苏姆王国。

埃塞俄比亚，又名“阿比西尼亚”，前者源于希腊文，后者出自阿拉伯语。

埃塞俄比亚是世界上最古老的农业生产中心之一，也是非洲大陆上唯一的基督教文明古国。约在公元前 1000 年，这里就出现了众多部落，但长期臣属于库施王国。公元初，阿克苏姆地区摆脱库施王国的控制，形成独立的王国。独立后，约在公元 2 世纪前后统一了埃塞俄比亚北部，后继续向埃塞俄比亚中部扩张。

阿克苏姆王国因地缘关系受到埃及文明的影响，长期与阿拉伯半岛、波斯甚至印度进行海上贸易。阿克苏姆人与阿拉伯半岛之间有着源远流长的关系，有历史学家考证，他们应该是从阿拉伯半岛南部越海迁徙的部落与当地土著融合的后代。他们自称是犹太国王所罗门的后裔，因此其王朝被称为“所罗门王朝”，这个王朝延续了两千多年。

所罗门王朝在埃塞俄比亚的渊源，可以追溯到公元前10世纪。据圣经和埃塞俄比亚有关记载，示巴女王在以色列所罗门王在位期间曾经拜访了他，女王被英俊聪明的所罗门王的魅力所吸引，激发出感情，彼此馈赠了大量的礼物。女王回国后在今厄立特里亚地区产下一子，即美尼利克（又译孟尼利克）一世。美尼利克一世后成为埃塞俄比亚所罗门系王朝的首位统治者，而这一系王朝在埃塞俄比亚的统治也就成为非洲甚至整个世界历史上统治时间最为长久的王朝之一。

不过，学术界对示巴女王和美尼利克一世的统治史料相当匮乏。大多数学者认为，美尼利克一世及其后代在较长的时间里只是统治着埃塞俄比亚北部和厄立特里亚地区范围有限的部落群或部落联盟，此时阿克苏姆国家政权尚未形成，学者将这一时期称之为阿克苏姆初期。在这一时期，农业和贸易在埃塞俄比亚北部高原和今厄立特里亚地区不断发展，家养牲畜和麦类作物也已传入，但其政权结构和统治方式保留着的阿拉伯半岛南部的特点。而当时的建筑如寺庙、坟墓、碑铭、神坛和塑像等则逐渐表现出埃塞俄比亚的本土特征，阿克苏姆文明自身的发展使得原来阿拉伯移民留下来的文化印记日渐消退。

到公元1世纪左右，原来只是一系列部落群的阿克苏姆开始具有了城市的影子，在政治和经济上也开始越来越有实力去影响邻边地区。当时的阿克苏姆与希腊等地中海地区的贸易相当频繁，得益于繁荣的海外贸易，阿克苏姆的经济和军事力量也随之增长起来。在当时的首领佐斯卡勒斯的领导下，阿克苏姆的势力迅速得到扩张（据认为佐斯卡勒斯会说希腊语）。据载，统治于公元200年左右的伽达拉特国王曾经率领阿克苏姆军队进入阿拉伯半岛南部。可以看出，阿克苏姆已经在该地区拥有了强大的影响力和有效的国家统治结构。海外贸易成为阿克苏姆发展的推动力，也正是在这一时期，铸币开始出现。

国王恩督比斯于公元270年首先开始发行铸币，此时正值中国的三国时代末期。从出土的大量载有国王姓名、出生地、族属的铭文铸币被发现，给研究阿克苏姆的历史提供了极为宝贵的资料。已经出土的该时期的铸币大多有源于阿拉伯半岛的圆盘和新月图案，说明当时的所罗门系统治者还没有信奉基督教。此外，阿克苏姆发行的铸币在印度也有发现。至今在印度发现的铸币大多是欧萨那撒和埃扎那国王统治时期发行的。同样，为数众多的外国铸币如罗马铸币和贵霜帝国的铸币也在埃塞俄比亚陆续被发掘出来。这些钱币被广泛使用，说明了当时环印度洋海上贸易的兴盛，也反映了阿克苏姆王国在其中的重要地位。

在阿斯马拉（今厄立特里亚首都）以南德卡密雷尔地区，发现了国王森布如提斯的碑铭，他在位的时间大约在公元3世纪中叶。碑铭上记载道：“阿克苏姆的万王之王，伟大的森布如提斯在（位）24年，将（此碑）敬献。”该碑所处的地点证明阿克苏姆此时的势力范围已经向北推移，阿克苏姆王国在不断地扩大。

到公元3世纪晚期，阿克苏姆王国控制了整个红海地区的海上贸易，历代统治者建立了强大的军事力量保护海上及海岸运输线的畅通。当时罗马和波斯也极为重视阿克苏姆建立起来的贸易通道，承认阿克苏姆在该地区的影响力。公元 3 世纪时期的波斯宗教首领摩尼（也译玛尼）在一封书信中提到阿克苏姆王国，他认为："现今有四大王国：其一是巴比伦和波斯王国；其二是罗马王国；其三是阿克苏姆人的王国，其四是中国人的王国。"限于当时对世界其他地区信息的缺乏，摩尼的判断可能并不准确。但是，阿克苏姆当时在地中海及红海地区的重要地位，却是不可置疑的。

在阿克苏姆文明蒸蒸日上之时，埃扎那（又译厄查纳）国王于公元 327 年接受了基督教为国教，成为阿克苏姆文明发展甚至于整个埃塞俄比亚历史上的一个重要转折点。据一位罗马教会史学家的记载，有一位智者带他的两名弟子弗鲁门修斯和埃德修斯，在从印度回国的途中，因风浪曾停留于阿克苏姆。当地人袭击了他们所乘的船只，弗鲁门修斯和埃德修斯幸免于难被带到埃扎那的父亲——国王欧萨那撒面前。老国王赏识兄弟二人的才智，任命二人为宫廷官员。欧萨那撒死后，埃扎那年纪尚幼，弗鲁门修斯实际成为阿克苏姆王国的摄政大臣。他利用职权之便，鼓励居住当地的基督教徒宣传基督教，建立各种传教场所。在埃扎那成年亲政之后，弗鲁门修斯成为阿克苏姆王国的第一任大主教，确立了埃塞俄比亚接受基督教为国教 1600 多年的历史。

随着王国领土的不断扩大，到公元 4 世纪时，阿克苏姆在国王埃扎纳的统治下进入极盛时期，阿克苏姆的王权被大大强化。埃扎纳开始使用"万王之王"的称号，王国实行"涅古斯制度"。所谓的"涅古斯制"，就是国王将土地分出许许多多的藩属地，这些藩属地由大小贵族享有，成为藩王。大的藩王之下又有许多小藩王，最小的藩王勉强统治百余人口，统治结构如同金字塔，塔的顶端是国王埃扎纳，各藩王按规定向埃扎纳缴纳贡赋。贡赋的征收分为两种方式：一种是藩王每年派专门人员向宫廷送交定额贡赋；一种是埃扎纳带领王室人员、大臣和卫队巡游各地时，沿途由各地及附近的藩王提供一切食宿。

阿克苏姆拥有一支庞大的军队用于对外扩张的需要。利用当地盛产大象的条件，阿克苏姆建立了一支骁勇善战的象军，每有征伐，对方难以阻挡。阿克苏姆还有一支以红海港口为基地的海军力量，依靠这支舰队确立了阿克苏姆在红海的霸权。

埃扎纳时期，阿克苏姆的农业、畜牧业和手工业也达到那个时代的先进水平。其中，比较有特色的有梯田、捕象、驯象业和发达的造船业等。驯象和造船在阿克苏姆王国的发展中有着举足轻重的意义，支撑着阿克苏姆历代国王的扩张政策。

阿克苏姆强大的国势，使阿克苏姆赢得了同罗马，萨珊波斯同等的地位，在这两个强大的邻居间，有着频繁的经贸往来及利用和制衡。埃扎纳时代奉行同罗马结盟以对付波斯的政策，除了因为与波斯有着争夺阿拉伯半岛的矛盾之外，还因为基督教。

在埃扎纳的时代，正好是基督教发展史上一个紧要关头。在欧洲，罗马帝国刚刚确立了基督教的统治地位，而在中东，萨珊波斯则展开了对基督徒的迫害。埃扎纳则在他的老师博学多才的叙利亚人（一说是推罗人，今黎巴嫩南部）弗鲁门修斯的影响下，使阿克苏姆成为基督徒的一方乐土。

埃扎纳在文化方面也很有作为，他对阿克苏姆的文字进行了改革。在这场改革中废弃了原来盖埃兹语（也译吉兹语）只有辅音字母的拼法，推广能标出元音的拼法，将它改革成一种音节分明的书写体系，用它来翻译基督教经典。至今埃塞俄比亚各大教堂的神职人员仍然需要掌握这种古老的语言文字。

盖埃兹语字母表使埃塞俄比亚成为非洲唯一一个拥有自己字母表的国家，因此，盖埃兹语字母也被称作埃塞俄比亚语字母。盖埃兹语有 33 个辅音，每个辅音又可与 7 个元音搭配，构成 231 个字符的字母表。可惜的是，在一般埃塞俄比亚人中间已很少能找到会这种语言的人了。虽然盖埃兹语语言只在一些教堂的神职人员中使用，但盖埃兹语的字母表却被广泛地用于埃塞俄比亚的阿姆哈拉语和提格雷语。有专家研究认为，盖埃兹语字母与希伯来语、阿拉伯语和叙利亚语有相似之处。随着社会经济文化的发展，近代的盖埃兹语字母表也与时俱进有了一些变化，除增减了一些字母之外，最大的变化是改变了原先的书写顺序。盖埃兹语原先是从右写至左，然后再接着从左边写到右边。如今则统一改为从左至右书写。

在埃扎纳国王将基督教确定为国教后，从当时的罗马帝国来了众多的基督教的传教士。他们对埃塞俄比亚教义体系的形成有着重要的奠基作用，这一时期发行的铸币常常有十字架的标志。基督教也在王权的扶持下得到快速的发展，从而给阿克苏姆文明打上了浓浓的基督教印记，并影响着埃塞俄比亚历史的发展。

像文字一样，埃塞俄比亚的现行历法也有自己的独特之处，和盛行的基督教有关。据说是通过一种科普特历法演变而来的，并通过埃及传播过来。

罗马帝国设立东西二都后，基督教逐渐形成东西两派。分布于欧洲东部、亚洲西部和北非东部的教会和教徒被称为东派。基督教在公元 1054 年正式分裂为东正教与天主教时，东派大部分成为东正教。

东派教会在埃及亚历山大有一个教会，被称为科普特教会。科普特一词是 7 世纪中叶阿拉伯人占领埃及时对埃及居民的称呼，后专指信奉科普特教派的基督徒。该教会所使用的历法与其他教会不同，他们以公元 284 年 8 月 29 日为纪元之始。目的在于纪念罗马皇帝戴克里先统治时期，基督教教会和教徒所遭受的迫害及牺牲的殉教徒。

按照埃塞俄比亚历法，新年从 9 月 11 日开始，每年都有 13 个月，每个月份都有盖埃兹语的名称。其中，前 12 个月每月共有 30 天，而第十三个月则只有 5 天（闰年为 6 天，每四年计一次闰年）。又因为埃塞俄比亚认定的基督诞生日（公元元年）比公历要晚 7 年，所以埃塞俄比亚历法比公历要晚 7 年零 8 个月，或者晚 8 年。

继埃扎纳率军西渡尼罗河攻灭库施国后，公元 525 年，国王卡里布（又译卡列卜）曾动用数万大军和 200 多艘船只出兵征服了也门地区，进一步巩固和扩大了对阿拉伯半岛南端的控制。由于国势强盛，拜占庭帝国为了对抗波斯，曾与阿克苏姆结好。帝国皇帝查士丁尼一世不仅积极支持阿克苏姆征服也门，而且两次遣使前往阿克苏姆，要求阿克苏姆商人尽量收购从中国运到印度的生丝，转卖给拜占庭，以打击控制生丝贸易的波斯。

卡里布出兵也门，推翻了在当地压迫基督徒的犹太统治者。不过他扶持当地一位名叫苏姆雅法·阿什瓦的基督徒即王位后，阿克苏姆在也门的统治并没有稳定下来。相反，由于跨红海远征需要花费巨大的人力和物力，使阿克苏姆王国在长期的扩张消耗中日渐衰弱。阿什瓦四年后即被推翻，一位对阿克苏姆王朝阳奉阴违的军官开始掌握统治也门的权力。虽然卡里布退位后，又有8位所罗门系的国王即位，但是种种迹象表明，曾经强盛的阿克苏姆越来越丧失了其在该地区的主宰地位。

经过几个世纪的强劲发展，阿克苏姆的自然资源开发殆尽，逐步丧失了持续发展的客观条件。此时期发行的铸币上经常没有了国王的头像和名号，代之以“恩惠与祥和归于我民”等祈祷的话语。可以看出，当时王朝统治者对王国现状的担忧。此刻，边远地区的叛乱日渐频繁和激烈，阿克苏姆王国滑入风雨飘摇之中。更让国王们心虑的是，波斯很快征服了阿拉伯半岛，阿克苏姆王国在该地区的势力被完全挤压出来。这种态势不仅存有严重的军事和政治影响，更对阿克苏姆文化和信仰体系带来了巨大的冲击。虽然波斯帝国在阿拉伯半岛的统治极其短暂，但是，紧随其后的伊斯兰教的扩张和征服，使衰落中的阿克苏姆王朝毫无振兴的机会。

据说在公元615年，先知穆罕默德的妻子和表弟，以及先知早期的信徒逃离麦加来到阿克苏姆避难。他们被阿克苏姆国王所接受，并且在宽容下得到发展。因此，阿克苏姆与伊斯兰教保持着相当友好的关系，穆斯林也从未对埃塞俄比亚发动过任何圣战，但红海贸易逐渐为穆斯林所控制。伊斯兰教也在随后的两个世纪里广泛传入东北非洲地区，非洲角（位于非洲东北部一个半岛）海岸地区的穆斯林人口不断壮大。阿克苏姆虽然可以继续通过尼罗河与苏丹进行贸易，但再也不能像全盛时期那样控制住苏丹北部地区。由于努比亚地区在6世纪后半叶逐步地基督教化，阿克苏姆与努比亚人的关系也相当融洽，保证了阿克苏姆王国与尼罗河流域北部地区贸易通道的畅通。

不过更多的学者认为，阿克苏姆城从7世纪中叶起便开始逐步失去了首都的地位。考古发现，阿克苏姆的城市建筑在此时期被大批毁坏，人口也明显减少。据9世纪到10世纪阿拉伯的历史资料记载，此时阿克苏姆的统治中心已不再是阿克苏姆城。

在10世纪末，一位名叫古底特的异族女王攻进阿克苏姆，烧毁了大量的教堂、修道院和民居。虽然至今学术界对这个古底特的身份细节莫衷一是，但是她的统治确实给原已日薄西山的阿克苏姆王国以致命的打击。

古底特之后，国王达格纳·君恩暂时恢复了所罗门系在阿克苏姆的统治，并将王位传给了其子迪尔·那欧德。那欧德的女儿与阿高族部落首领海马诺特私奔，那欧德愤而起兵攻打海马诺特企图夺回女儿，但是以失败告终。此后，阿克苏姆王国内的各种政治和军事势力开始倒向于阿高族，最终王权落入非所罗门系统治者的手中，史称：扎格威王朝。

虽然扎格威王朝的统治者并不认可所罗门王朝的正统性。但是，该王朝的各项统治措施均反映出延续了所罗门王朝建立起来的传统结构和文化遗产。此时，中国已进入五代十国时期。

东南亚——

◆从西晋开始，扶南国与中国王朝一直保持着友好关系。东晋时，扶南国王于东晋穆帝时期遣使贡献驯象，东晋穆帝念“殊方异兽，恐为人患”，又以“此物劳费不少”为由，下诏让扶南使臣携训象返回扶南。

南北朝萧梁时期，扶南国王阇（shé）邪跋摩遣使送珊瑚佛像，并献方物，萧梁武帝下诏封“安南将军、扶南王”。

6世纪中叶，扶南国势力强盛，有众多属国，包括真腊国、顿逊国等。其间，扶南国一王子巴伐跋南（又译巴法瓦尔曼）娶真腊国公主为妻。后真腊国王去世，巴伐跋南继位为真腊国王。不久扶南老国王亦死，巴伐跋南欲兼做扶南王，这与扶南国太子的利益发生冲突。真腊国王巴伐跋南起兵，用武力打败了扶南国太子，将扶南国变为了真腊的属国。传说扶南国太子流亡到爪哇岛（属于今印度尼西亚），建立了山帝王朝（又称夏连特拉王国）。山帝国信奉金刚乘（chéng）佛教，修建有著名的千佛坛，即婆罗浮屠。

《唐书》改称真腊为吉蔑、阁蔑，明朝万历以后称为“柬埔寨”，今又译高棉。

6世纪末，真腊国王拔婆跋摩一世灭亡扶南国。拔婆跋摩一世去世，弟弟刹利·质多斯那（又译集达塞纳，刹利是姓氏）继位为真腊国王，死后传位给儿子伊奢那跋摩，史称：伊奢那跋摩一世。

伊奢那跋摩原名伊奢那先，继位后积极进行领土扩张。伊奢那跋摩首先收复了森河流域，随即在森河河畔建立了一座以他的名字命名的城市伊奢那城，并将之作为真腊帝国的新都城。在伊奢那跋摩统治时期，伊奢那城十分繁华，据说拥有居民2万多户。

伊奢那跋摩为维持对外扩张领土意图，建立了一支庞大的军队，据记载这支军队包括5000头战象。依靠这支军队，伊奢那跋摩先后征服了西部多个城邦，使真腊在中南半岛上处于霸主地位。

伊奢那跋摩在外交上采取远交近攻的策略。他与中南半岛上一些较为强大的国家保持良好关系，尤其是与林邑。伊奢那跋摩本人与林邑公主结婚，后来又把自己的一个女儿嫁给了一位林邑亲王，这位真腊公主的儿子后来于公元653年继承了林邑的王位。

到伊奢那跋摩去世时（约公元635年），真腊已成为威震东南亚的大国。

公元657年至681年是阇（shé）耶跋摩一世掌权时期。阇耶跋摩一世在位40年之久，向北大大扩张了真腊的领土，其势力直达今日老挝境内的中上寮地区和万象一带，以及泰国的东北部。

阇耶跋摩一世死后无嗣，王后阇耶德维（又有女儿和侄女的说法）执政，引起国内大乱。在公元711年至716年，真腊分裂为北部多山的陆真腊（又名文单国，今天的老挝）和南部临海的水真腊两个国家，辖境大致相当于今天的柬埔寨和老挝。

水真腊因南方几个宗族明争暗斗，分崩离析，国势渐微。到公元8世纪下半叶，遭到了爪哇夏连特拉王国（即山帝王国）的入侵，遂沦为其附庸。

夏连特拉王朝征服水真腊后，将水真腊王子阇耶跋摩带到爪哇作为人质。后来又作为夏连特拉王朝的封臣回国即位，即阇耶跋摩二世。阇耶跋摩二世回国后积极开展复国活动，最终驱逐爪哇势力。约在公元801年至次年，他把都城迁到洞里萨湖北面今吴哥地区古连山上，宣告建立吴哥王朝，自称转轮王（意即宇宙之王），推崇印度教。

公元 9 世纪初，吴哥王朝的阇耶跋摩二世统一了陆真腊与水真腊，在柬埔寨历史上留下灿烂辉煌的时代。此时，中国的唐朝已经衰落。

阇耶跋摩二世死后，他的儿子阇耶跋摩三世继承王位。阇耶跋摩三世鼓励生产，减轻赋税，国内呈现一派欣欣向荣的景象，吴哥王朝在他的统治期间，更加强盛。

阇耶跋摩三世死后无子，由其堂弟继承王位，这就是因陀罗跋摩一世。

因陀罗跋摩一世非常重视农业生产，他在吴哥地区兴建了一个庞大的水利灌溉系统。利用一个人工开凿的蓄水湖，把一片不毛之地变成了丰产的稻田。后来，人工灌溉系统的高度发展，促进了吴哥地区的经济发展，使得王朝的统治者，能够以吴哥地区为中心，建立起一个人口密集、中央集权制的强国。

在建筑艺术方面，因陀罗跋摩一世建造的巴孔庙，是一座供奉印度教湿婆林伽（印度教湿婆派和性力派崇拜的男性生殖器像）的神庙，实际上也是国王的象征。他建造的婆利科寺于公元 879 年建成，专门供奉他的父母、外祖父母和阇耶跋摩二世及王后的神像。研究者们认为，巴孔庙、波利科寺及其后人建造的洛利寺，标志着高棉古典建筑艺术的开端。

在政治方面，因陀罗跋摩一世划分了王室内部的等级，建立起王室体制，为以后各朝代所沿用。由于他卓越的政绩，后人称颂他为“王中的狮子”。

因陀罗跋摩一世死后（死于公元 889 年或公元 890 年），由其子（可能是）继承了王位（一说是通过政变），称耶输跋摩一世。这也是一位在吴哥王朝历史上很有影响的国王。耶输跋摩一世同样重视水利灌溉系统的建设，他登上王位不久，就在都城的东北建造了东巴莱湖，这个大水库长 7000 米，宽 2000 米，与暹（xiān）粒河相通。这项水利工程对于以农业生产为主的真腊来说，意义十分重大。

公元 893 年，耶输跋摩一世建造了一个新都，以他的名字起名为耶输陀罗补罗（即吴哥城），这是辉煌的吴哥城的开始。新都占地约 26 平方千米，是环绕着巴肯山的天然山丘建造的，四周有一条 200 米宽的护城河。在都城中心的巴肯山上还建造了一座巴肯寺。

巴肯寺也是供奉着湿婆的印度教神庙，其距吴哥窟约 1.3 千米。进入巴肯寺要通过一段十分陡峭的台阶，但在这里可以远眺吴哥、洞里萨湖，也是在吴哥看日出日落最好的地方。

巴肯寺有 109 座宝塔，按严格的几何图案对称布置。顶层的五座宝塔，一在正中，四角各一，如五点梅花；庙山的每一层正方形台基的四角，安置角塔，共 20 座角塔；四道五层阶梯的每一道每一层，各有一对宝塔伺立左右，共有阶梯宝塔 40 座；另有 44 座宝塔环立庙山四周。14 世纪初，元代一个航海家曾来到真腊，惊称巴肯寺为“百塔洲”。今日不少宝塔已经残缺不全。

耶输跋摩一世还在全国各地修建了代表印度教和佛教等教派的寺庙共达 100 多所，它代表了吴哥早期的建筑风格。在军事方面，耶输跋摩一世不仅击退了侵扰真腊沿海地区的占婆和爪哇海盗，还扩大了王国的疆土，使疆域东至占婆，西抵缅甸，北至老挝中部，南达暹罗湾直至马来半岛北部，与扶南国全盛时期的疆土不相上下。

◆公元 1814 年，被吉尼斯世界纪录大全确认为当今世界上最大的佛寺——婆罗浮屠，被人在印度尼西亚爪哇的日惹地区发现并发掘。它与中国的长城、印度的泰姬陵、柬埔寨的吴哥窟并称为古代东方四大建筑奇迹。

“婆罗浮屠”这个名字很可能来自梵语，意思是“山顶的佛寺”。婆罗浮屠修建在一座海拔 265 米的岩石山上，周围是干涸的湖床。后来因为火山爆发，使这个佛塔群下沉、并隐盖于茂密的热带丛林中近千年。据专家考证，婆罗浮屠的建造时间于公元 750 年至 830 年，整个建造过程估计历时 75 年。此时正是夏连特拉王国也就是山帝王国的鼎盛时期。

历史上没有文字记录谁是婆罗浮屠的建造者，也不知道为何而建。在印度尼西亚民间流传着一则美丽的传说：夏连特拉王朝有一位笃信佛教的国王叫拉开巴郎加兰，他钟爱的小王子因为地震而不幸死在生日的当天。于是，国王求见了一位神僧，希望倾国所有能救活心爱的小王子。这位神僧告诉他，用法力可以救活他的儿子，但是，即使救活了他的儿子，这个国家的人民也将在不久后的另一场大地震中灭亡。

善良的国王于是放弃了挽回儿子生命的机会，而祈求不让他的人民遭遇灾难。神僧告诉他，地震是因为火山的爆发，火山爆发的原因是火龙在作怪。他有一颗佛祖的喉舍利，只有将喉舍利安置在火龙的喉结上，然后盖一座佛塔把火龙的喉结封镇住，那么火龙才会永远苏醒不了。于是国王遵从神僧的吩咐，举国上下倾巢而出，动用了 10 万名工匠，历时数十年，终于建造了举世闻名的婆罗浮屠。

从婆罗浮屠的精心设计和建造来看，它事实上是一座庙宇。婆罗浮屠的台阶和走廊引导信徒们拾级而上，直至顶层。婆罗浮屠的每一层都代表着修炼的一个境界。信徒们的朝拜路线装饰着象征佛教大千世界的各种图案。

佛塔的建筑材料是取自附近河流的石材，约 5.5 万立方米，这些石材被切磨成大小适合的石块进行榫卯连接。佛塔建有良好的排水系统，以适应当地的暴雨。为防积水，每个角上都有装饰着滴水嘴兽的排水孔，整座佛塔共有 100 个这样的排水孔。

佛塔的度量十分精确。1977 年的一次统计发现佛塔各部分一般形成 4∶6∶9 的比例。随后考古学家们猜想这一比例具有历法、天文和宇宙观的意义，就像柬埔寨的吴哥窟。

婆罗浮屠大致可分为塔基、塔身和塔顶 3 个部分。塔基是一个边长为 123 米的正方形，高 4 米；塔身由 5 层渐次缩小的正方形构成。第一层距塔基的边缘 7 米，然后每层以 2 米的差距缩小，留下狭长的走廊。塔顶由 3 层圆形构成，每一层上建有一圈多孔的舍利塔，3 层的舍利塔形成三个同心圆。正中是一座主要的大圆塔，大圆塔的顶端是整座建筑的最高处，离地 35 米。婆罗浮屠每一边的中间都有入口，总共有 32 只石狮子看守着四个入口，每个入口都有台阶通向塔顶。佛塔的主入口在东边，浮雕上的故事从这里开始。山坡上有台阶通往山下的平地。

佛塔的 3 个部分代表着通往佛教大千世界的 3 个修炼境界，即欲界、色界和无色界。塔基代表欲界，五层的塔身代表色界，而三层圆形的塔顶和主圆塔代表无色界。色界细致装饰的方形在无色界演化为毫无装饰的圆形，象征着人们从色界（有精美的物质而无男女贪欲）过渡到无色界（无形体，无物质，但存识心）。1885 年，人们在塔基的下面发现了一个隐藏的部分。这部分隐藏的塔基里刻有浮雕，其中的 160 幅描绘了真实的欲界，叙述了佛教的因果报应说。人们起初认为隐藏的塔基是为了防止山体下沉，另一种理论认为，隐藏的塔基是由于设计错误被上层的塔基所代替。

婆罗浮屠大约有 2670 块浮雕，总面积达 2500 平方米，其中 1460 块叙事浮雕、1112 块装饰浮雕，覆盖了建筑的立面和回廊。叙事浮雕被分为 11 组，环绕整座建筑，总长 3 千米。第一组浮雕在隐藏的塔基中，其余 10 组从婆罗浮屠东门开始分布于塔身的下面四层。墙上的叙事浮雕顺时针分布，而回廊上的为反方向分布。这种分布方式符合佛教徒朝拜圣迹时的右旋礼：信徒顺时针绕行，而圣迹常在右侧。浮雕叙述了佛陀的生平和善财（又称善财童子，为观世音菩萨的协侍）53 参修成正果的故事。

婆罗浮屠还有 432 座佛像，均面向外安放。佛像与成人身躯一样高大，盘腿坐于莲花座上。东、南、西、北不同的方向是不同的姿态和含义。面向东的佛像是左手置于膝上，右手指地的降魔印姿态，表示降魔得悟；面向南的佛像呈手臂下垂，手掌向外的施愿印姿态，意思是如愿；面向西的佛像呈两臂下垂，两手叠放的禅定印姿态，表示冥想；面向北的佛像呈左臂上举，右手掌向外的无畏印姿态，表示克服一切恐惧。

在中国唐朝中期的时候，即 8 世纪的 60—80 年代，夏连特拉王朝达到鼎盛，统治爪哇岛大部分地区，攻略南洋各地，其势力扩展到占婆和真腊。其在中爪哇、苏门答腊等地的佛教建筑给后世留下了绚丽的建筑艺术遗产，但在建造过程中也给当地民众带来了沉重的负担。约在公元 832 年，夏连特拉国王萨摩罗统迦去世，宫廷发生政变，夏连特拉王子波罗普陀罗被迫逃往苏门答腊，入赘室利佛逝王国，后成为该国国王。夏连特拉势力被逐出中爪哇。

◆公元 602 年，交州李佛子守国拒隋，隋朝派兵征讨，李佛子降而被诛。唐代隋后，唐朝对岭南地区的管治进行了重新部署。

三国时期，东吴为便于治理，把南海、苍梧、郁林、高粱 4 个郡（今广东、广西大部分）从交州划出，另设广州，治所在番禺，广州由此得名。唐朝分岭南为广州、桂州、容州、邕州和交州 5 个都护府，简称“岭南五管”。交州都护府在公元 679 年又改为安南都护府，从此交州便正式被称作安南（今越南的古名）。

安南都护府为唐朝 6 个重要的都护府之一，是唐朝管理南部边疆地区的主要机构，治所在宋平（今越南河内）。辖境北抵今云南南盘江，南抵越南河静、广平省界；东有广西那坡、靖西和龙州、宁明、防城部分地区；西界在越南红河黑水之间，都护由交州刺史兼任。

唐朝立国后，对地方行政区划进行了调整，改郡为州。还将部分比较重要的州命名为府，以示与一般州的区别。唐太宗平定高昌后，始设安西都护府，其后多次增加，至唐中宗时共有 6 个都护府：安西都护府、安北都护府、单于都护府、安东都护府、安南都护府、北庭都护府。

都护府是唐朝在边疆民族地区设置的特别行政机构。分为大都护府和上都护府。大都护从二品，上都护正三品。都护的职责是“抚慰诸藩，辑宁外寇”，凡对周边民族之“抚慰、征讨、叙功、罚过事宜，皆其所统”。它的出现，是唐朝对边疆地区民族关系发展的客观需要，也是唐王朝加强边疆地区统治所采取的一项重要措施。

在唐代，安南地区深受汉文化影响，且有著名诗人杜审言、沈佺期（quán）等曾在当地任官，促进了汉文化的流传。越南清化人姜公辅在唐德宗时期官至丞相，并是著名诗人。越南现代史学家陈重金（一译陈仲金）指出，“我交州地区自汉以迄于五代仍是内属中国之地，因而中国的治乱也影响到我们的国家”“当儒教、老教（指道教）、佛教在中国兴盛之时，我交州之地还属于中国，因而我们的人也皈依了这些宗教。后来我国自主之后，这些宗教更形兴盛，例如佛教盛于丁朝、前黎朝和李朝，而儒教盛于陈朝以降。凡风俗和政治大抵都是由学术和宗教演化而出。而我们的人已尊奉了中国的学术和宗教，则我们的一切也都完全效法中国”。

然而唐王朝的统治并没有完全得到当地人的拥护，当地民众曾发动数起大起义，但最终为唐军所平定。在对外关系上，唐代中晚期先后有环王国（即林邑）、南诏国侵扰安南地区。9 世纪中期，南诏数度攻打安南。公元 863 年更占据府城大罗（又称罗城、安南城，即今河内），3 年后才被唐军夺回。唐王朝从此采取藩镇制度统治安南，设置“静海军节度使”，并重修大罗城，整治河道以便航行。唐代修治的河渠工程对越北当地的经济发展有相当的贡献，据《天威径新凿海派碑》所述，当地河道原本危险难行，“舟人所历，毛发自寒”，经整治后“则安流坦途，不复经斯险矣”。

公元 529 年，在今越南南部顺化等处发展的林邑国，由范梵志统治，即商菩跋摩。范梵志在位期间，采取与中国保持时贡时敌的状态。公元 605 年，不耐烦的隋炀帝遣军南征。范梵志派象兵迎战，隋军初战不敌。隋将心生一计，在战场上偷掘了很多陷阱，然后假装溃退。林邑象兵不知是计穷追不舍，结果陷入陷阱，一片混乱，隋军趁势反击，林邑军大败。随后，隋军攻破林邑都城，范梵志被迫遣使谢罪，得以被释回都。唐朝建立以后，范梵志又遣使向唐太宗朝贡。

又据史料记载，在公元 645 年，林邑王范镇龙被叛臣弑杀，并灭范氏一族。后林邑人又拥立前国王范头黎（又译范头利）的女婿婆罗门为王，但不久又被大臣们废黜了，改立范头黎的女儿为国王。但这个女王治国无方，于是大臣们又迎回逃奔在真腊的范头黎姑姑的儿子诸葛地为王，女王随后嫁诸葛地为妻。

根据中国史书记载，林邑国在唐朝至德年（公元 758 年）之后就改国号为“环王”。中国古籍称作“占婆”和“占城”的时间最早是在公元 877 年左右。当时占城的领土范围大概在越南的中南部，也就是汉朝所建的日南郡的大部。其居民主体为占族人（至今尚未完全被越南人同化，是越南、柬埔寨及泰国的一个少数民族），在语言文字上，占城人参照了梵语的字母，创立了自己特有的字母——占语字母。

占语字母，又称占城字母，是一种元音附标文字。现在仍有在越南和柬埔寨生活的占族人使用这种语言和文字。

占文的书写由左至右横向书写，与现代汉语相同。有专家认为，早期的占语文字实际上应是被写错的梵语。最终，当占语和梵语互相影响时，占城吸收了印度教的文化，并拥有足够的占语词汇来表达印度宗教的相关思想。在公元 8 世纪时，占语字母终于脱离梵语的影响而独立发展。而大多尚存的古占语文字手稿，更多的是着重于宗教仪式，战争史诗和神话。

8 世纪至 10 世纪是占城国势最鼎盛的时期。占城凭借其有利的地理位置，成为了海上丝绸之路的重要中转站，从中获得了许多利益。其间对外军事行动活跃，于公元 774 年击破爪哇海盗；在公元 802 年至 803 年，占城发兵攻打唐朝安南都护府，曾一度占领驩（huān）州和爱州（今越南乂［yì］安省、河静省）；大约与此同时，占城又趁真腊分裂之机入侵真腊。

公元 877 年左右，因陀罗跋摩一世在洞里萨湖北部地区建立了吴哥城，并统一了真腊。随即，占城与真腊爆发了长期的战争。

◆贵霜帝国统治时期印度出现了新教派：大乘佛教。“大乘”意为“大道”，意指通向成佛的道路十分宽广。大乘佛教贬抑原先的佛教派为“小乘”。

两教的主要区别在于，小乘恪守释迦牟尼的遗教，而大乘接受外教思想修正了释迦牟尼的部分学说。小乘着重伦理教诲，不崇拜偶像也没有作为创世主的最高神。而大乘创造出许多偶像加以崇拜，大乘教尊奉如来佛为最高神，如来佛有许多化身，释迦牟尼只是如来佛的暂时化身。小乘主张众生自救，人人都可以经过修道而入涅槃（佛教用语，指没有烦恼，超脱生死的境界，也用作僧尼死亡的代称），但不是所有的人都能成佛。大乘教主张人们不仅可以自度，而且可以兼度他人。积多世的功德得入涅槃的人可以暂且不入，而留在尘世普度众生，称为“菩萨”。大乘教主张不必出家修行，只要虔诚信仰，人人都能成佛。于是，佛门大开得到广泛的传播。

大乘佛教史上的第一位伟大论师（指精通佛教理论，佛教经义的僧人）是龙树（又译龙猛、龙胜）。在印度佛教史上被誉为“第二代释迦”，也因此成为汉传佛教和藏传佛教共同的祖师，其大约活跃于公元 150 年至 250 年。龙树首先开创空性的中观学说，开大乘佛教思想之先河，著有大量的大乘论典。其中，最主要的有《中论》（又称《中观论》或《正观论》）、《大智度论》（也称《摩诃般若波罗蜜经释论》《摩诃般若释论》《大慧度经集要》）、《十住毗婆沙论》（又名《十住毗婆沙》或《十住论》）等。

龙树菩萨形象十分特殊，较易识别。他头顶有肉髻，是智慧的象征；头部周围有龙头，7 个或 9 个不定；身披袈裟，双手结说法印。在西藏寺庙，龙树常和圣天、无著、世亲、陈那、法称、功德光、释迦光一起供奉，这一组神像称为“六严二圣”。

龙树也被密宗奉为祖师。这大概有两方面的原因：其一，密宗的教理思想中采用了不少大乘中观的学说思想；其二，密宗经典宣称，龙树曾在南天竺的黑峰山铁塔中由毗卢遮那佛（大日如来）亲授密宗教义，并受灌顶。多数学者认为，密宗是大乘佛教修行者吸纳了印度教修行方式而形成的特殊教派。

笈多王朝取代贵霜帝国之后又被嚈哒人攻灭，嚈哒人又被萨珊波斯及突厥所灭。在6世纪末和7世纪初，北印度又呈分裂状态，各地诸侯割据，经过一段时间争战后，只剩下4个较强的王国。一是以德里附近为中心的坦尼沙王国（又称萨他泥湿伐罗国，在印度旁遮普邦的塔内沙尔），它是由原笈多王朝王族的后人所建，领土范围朱木拿河及恒河流域，立都于坦尼沙城；二是穆克里（也有称穆里克）王国，由穆克里族所建，领土于恒河中游，建都于曲女城（位于印度北方邦卡瑙季县）；三是高达王国（又称羯罗拿苏伐剌那国，位于今天的比哈尔邦的帕格尔布尔）由笈多王朝封臣高达族设赏迦所建，领土范围恒河三角洲地区，都城在羯罗拿苏伐剌那城；四是摩腊婆王国（亦称南罗罗，在今印度中央邦马尔瓦地区），由笈多王室旁支马尔瓦的提婆·笈多所建，领土于中部昌巴尔河流域。这4个国家在长期的合纵连横之后，逐渐形成了两大阵营：坦尼沙和穆里克为一方，高达和摩腊婆为另一方。

曷（hé）利沙·伐弹那是坦尼沙王国光增王的次子，其上还有一兄一姐，兄长原为王国的继承人，姐姐罗伽室利（也称拉芝修黎）嫁给了穆克里国王，以加强两国的联盟关系。

公元604年，年仅15岁，尚为王子的曷利沙·伐弹那随兄长率军征伐王国西部的嚈哒人残余势力，不久他们得知父王病重，随即班师回朝。但光增王已经病逝，母后殉葬。与此同时，高达和摩腊婆两国联合起来，大举发兵进攻坦尼沙的盟国穆克里，穆克里国王兵败被杀，王后罗伽室利被俘，两国军队还准备进攻坦尼沙。面对危局，王兄继承王位后，自率大军驰援曲女城，命曷利沙·伐弹那留守国内。王兄在取得节节胜利之时，却被高达国王派人暗杀，坦尼沙军队由胜转败。

公元606年，曷利沙·伐弹那在大臣们的拥护下即位，是为喜增王，又称戒日王。即位后，戒日王立即率军再赴曲女城迎战联军。途中与高达国北方宿敌迦摩缕波国（又称东星国）结盟，前后夹击高达国。对方被迫释放罗伽（qié）室利，并退出曲女城。戒日王恢复了穆里克王国，并由其姐罗伽室利担任穆里克女王形成两国联邦。

戒日王继续征伐，经过6年的金戈铁马，先后征服北印度诸国。公元612年，在穆克里国的贵族和群臣请求下，戒日王继承穆克里国王位，两国合并形成新的王国，称羯若鞠阇国，定都曲女城，北印度政治中心西移至曲女城。

公元637年，高达国王设赏迦去世，孟加拉地区归入戒日王统治。东北印度的迦摩缕波王国，早与戒日王结盟，并且承认戒日王在东北印度的宗主权。公元643年，戒日王又征服康戈达地区，领土向东南发展。在西方，戒日王朝最远势力达古吉扑特（印度西部地区）及信德（今巴基斯坦东南部地区）。

戒日王朝稳固后，戒日王企图征服南印度，完成次大陆的统一霸业，但兵锋被南印度遮娄其王朝击退，南北两王朝故以纳尔马达河为界线。

戒日王能武能文，且擅长赋诗作剧，据说流传下来的戒日王创作的剧本有3部：《钟情记》《璎珞记》和《龙喜记》。

《钟情记》取材于印度民间传说，剧本分四幕，故事情节为：国王与王后身边一个美貌的侍女产生感情。但是，这场恋情被王后发觉，侍女受到王后的嫉恨和虐待。后来真相大白，侍女是一位美丽吉祥的公主，附有神运，谁娶了她就可以成为大地的主宰者，她还是王后的亲侄女。最后国王如愿与公主结亲，大家皆大欢喜。

在《瓔珞（yīng luò）记》中，戒日王以“众神联合，与世共存，造福人类”的剧意，表达了他统一天下的雄心。

《龙喜记》是5幕戏，取材于印度故事集《故事广纪》中的云乘故事和现已失传的佛典《持明本生活》。在剧情中，主人公持明国太子云乘将国家朝政委托大臣治理，自己一心惦念隐居在山林中的国王和王后。一次，他在山中的女神庙里遇见了悉陀国公主，两人一见钟情，克服一切曲折，两人终成眷属。婚礼盛典后，大臣告诉云乘，持明国被他国侵占，要求领兵收复国土。云乘表示反对，不愿为争夺王国而屠杀生灵。一天，云乘在海边散步，听见龙母在哀号，死活不愿和龙太子分离。原来，龙王为了避免龙族的毁灭，每日要送一条活龙献祭给金鹏鸟吃，天长日久，山峰祭坛上堆满了龙骨残骸。这天该轮到了龙太子当祭品，龙母因此在海边伤心地恸哭。云乘心生怜悯，身披龙袍，代替龙太子登上祭台。公主和云乘父母听到消息后，悲痛欲绝，与龙太子一起沿着路上的血迹找到了奄奄一息的云乘。云乘临死前，教诲金鹏鸟今后要行善积德，不要杀生。金鹏鸟受到感化，表示会改过自新。在即将举行火葬仪式时，公主向女神发出呼唤，女神现身，用仙水救活了云乘。同时，天神应金鹏鸟的恳求，降下甘露，救活了死去的群龙。

《龙喜记》是一部佛教和印度教教义相混合的戏剧。戒日王把佛列入印度教诸神的行列里，反映出他对印度教与佛教融合的思想，此剧在中国有藏语译本和汉语译本。

公元647年，戒日王在恒河溺水身亡，没有留下嗣子。仅有一女，嫁与南方一国的国王做王后。国中无主国政大乱，靠武力维持的庞大帝国很快土崩瓦解。古代印度从未有中央集权的观念和传统，而戒日王靠征战打下的帝国，实质上是众多封建王公贵族组成的联盟，戒日王只是担当着盟主的角色。故在他去世之后，戒日王朝分裂，各邦自行独立，不承认戒日王的继承人选。当时有一位大臣叫阿祖那的趁乱继承王位，并派兵伏击唐朝使节王玄策。王玄策在戒日王妹妹的帮助下逃至尼泊尔，借得尼泊尔和吐蕃骑兵八千余人，将阿祖那击败并俘送到了大唐。此后，印度历史进入了长达500多年的无序状态。

遮娄其王朝是遮娄其人从6世纪开始在印度中部和南部建立的国家，又分为西遮娄其和东遮娄其两个国家。

西遮娄其定都于瓦塔皮（今印度卡纳塔克邦的比贾布尔县的巴达米）。鼎盛时期西遮娄其王国达到了最大疆域，其领土北达今日的中央邦，南到喀拉拉邦与泰米尔纳德邦。国王补罗稽舍二世击退了戒日王的进犯，但不久在与帕那瓦人的战斗中失败身亡，在公元642年，西遮娄其一度失国。补罗稽舍二世的儿子，史称超日王（印度历史上有多位国王称超日王）一世，继续与帕那瓦人抗争并赢得胜利，恢复了西遮娄其王朝的政权。之后，超日王二世在公元733年至746年又英勇抗击阿拉伯军队，使南印度免于伊斯兰化。

东遮娄其王朝统治着一个位于今印度安得拉邦东部的小王国，其存在时间大约在公元615年至1070年。这个王朝实际上是西遮娄其王朝的一个分支。约在公元615年，补罗稽舍二世征服了整个安得拉邦地区，他任命自己的一个弟弟为该地的统治者。其弟的后代建立了一个独立的东遮娄其国家。

印度的封建制度萌芽于笈多王朝，在戒日王朝时期得到进一步发展，并最后确立。戒日王朝时期，土地属于国王所有，称为“王田”。据玄奘《大唐西域记》所载，王田被划为四个部分：一为王国占有地，其田赋，用作祭祀、战争、王室花费等；二为分封用地，用来封赐亲信大臣、有功的将士作为禄田和食邑；三为对博学高才的知识分子资助赏赐用地；四为寺庙占有地——福田，福田是分赐给宗教寺庙的，以求福德，故称福田，实际上是“宗教田”。由于帝王大量布施，令婆罗门教祭司、佛教寺院及印度教神庙都拥有大量土地，成为大土地所有者。

戒日王在封赐土地的时候，是将土地连同耕种的农民一起封赐，而且随着土地占有权的转移而转换主人成为依附农。农民不仅要向领主交租，农民还得通过村社向国家缴纳捐税和服劳役。村社组织保留着公共土地，村社首领和村社会议的权力还比较大，有自治的特点。由于社会发展的不均衡，有的村社仍以大家庭为单位，并保留着定期重分土地的习惯。

戒日王封赐的土地，其数量很大，多者可达百邑（一邑相当于一个村社，200 户左右），如那兰陀寺就拥有土地 200 邑，依附农民多达 4 万人。大土地所有者对其领地具有世袭权或自由支配权，同时还握有领地上的行政、司法权，他们可以任意处置耕种的农民。因此，戒日王时代，印度的封地、赐地已脱离政府的管辖而具有独立性。戒日王死后，大领地主纷纷割据称雄。

东北亚——

◆在隋朝建立之初，高句丽为了对付周边势力采取对隋朝臣服的政策，但随着隋朝的强大，高句丽逐渐感到恐惧，派使臣暗中联盟突厥。婴阳王高元（又名大元）即位后，一改对隋奉迎的态度，采取对立政策，并数次对辽西、临榆关、山东等地发兵攻击。隋文帝大怒，动员 30 万水陆大军征讨高句丽，后因道路和天气原因，粮草供应不及，全军又遭病疫，隋军士气低落，损失严重。婴阳王慑于隋军兵众，乃上表谢罪，隋文帝于是退兵。

隋炀帝即位后，为了断绝突厥和高句丽的联合，压其屈服，3 次举兵征伐高句丽均告惨败，招致民众起义，国败人亡。

公元 618 年，隋朝灭亡。不过在隋朝的 4 场战争中高句丽也被严重消耗了国力，阻止了其崛起的势头。同年，婴阳王去世，荣留王高建武（又称高成）继位。

荣留王即位之后，积极修复与唐王朝的关系。但因为唐毁其境内隋阵亡将士的京观（古时为炫耀武功，收集敌尸封土筑成的高大坟冢），高建武感到唐朝不会容纳高句丽的壮大。便下令在辽东修建千里长城，用来对抗唐军可能发动进攻。而千里长城的修筑，也让唐朝警觉，于是唐太宗派遣官员前往高句丽一探究竟。

公元 638 年，高建武派兵侵犯新罗北部的七重城，但未能成功。

据《新唐书》载，当时高句丽的西部大人（官职名）渊盖苏文（亦作泉盖苏文、泉盖金，渊盖金，为避唐皇李渊名讳），正权倾朝野。

渊盖苏文自称生于水中，以示与众不同。渊氏家族出于早期高句丽 5 部落中的顺奴部，曾督造千里长城。渊盖苏文性格凶狠决绝，手段毒辣。其父曾是高句丽的重臣，官职东部大人、大对卢（为高句丽的宰相或国相）。其父死后，职位由渊盖苏文承袭。但在朝廷内，因其口碑不佳得不到众臣支持，因此不能就职。渊盖苏文于是向众臣叩头致歉，请求让他代行此职，如不称职甘被罢免。众臣见此，又暂无合适人选，便让他继任了。

多年后，渊盖苏文控制了朝政，日渐跋扈。面对权力的威胁，公元 642 年，荣留王计划除掉渊盖苏文。渊盖苏文获知荣留王的计划后，邀请荣留王和他的亲信大臣们视察他的军队，并设盛宴款待。在宴席上渊盖苏文处死了荣留王的百名大臣，后又闯入王宫杀死荣留王并将其分尸。之后，渊盖苏文立荣留王的侄子高宝藏（或称高藏）为宝藏王，自己自立莫离支（权位高于大对卢）。由此，高句丽王室衰落。

清除了东突厥的威胁，唐太宗李世民开始考虑朝鲜半岛问题。公元 643 年，新罗善德女王遣使入朝，痛述百济攻其城池，掠其人民并与高句丽图谋断绝其与唐朝的交往通道。唐太宗随即派人出使高句丽，命其停止侵略，遭权臣渊盖苏文的拒绝。显然，对唐不尊，又富含扩张意图的高句丽和百济的图强，加之二者联盟，不符合唐朝在朝鲜半岛的政策和利益。唐太宗遂决定发兵打击高句丽“欲为中国报子弟之仇，雪君父之耻耳”，收复辽东。

唐与高句丽的第一次战争（公元 644—645 年）。

公元 644 年，唐太宗率军十万从洛阳出发亲征高句丽。次年，唐太宗冲破高句丽的防线准备攻打平壤。不料在安市（今辽宁鞍山），李世民受到安市城军民的顽强抵抗，再也无法前进。由于寒冬恶劣天气的到来和薛延陀人入侵唐朝，唐军被迫返回。此次唐太宗征讨高句丽，攻占辽东等十余城，唐军阵亡数千人，战马损失十之七八。

唐太宗回朝后，群臣建议对高句丽实施进袭骚扰，使其国人疲于应付，耽误农时，几年后即可使高句丽因粮荒而土崩瓦解，太宗采纳了这一建议。于是，唐军分别在公元 647 年和次年从海上和陆路攻打辽东半岛和鸭绿江口，大败高句丽军，宝藏王被迫遣子赴唐谢罪。

唐太宗去世后，高宗李治延续太宗策略于公元 655 年、658 年和 659 年又分别在赤烽镇（今辽宁海城境内）、横山（今辽宁辽阳华表山）大败高丽军。随后，唐朝开始集结陆海军兵准备再一次大规模进攻高句丽。

唐与高句丽的第二次战争（公元 660—662 年）。

公元 660 年，唐军先灭百济，高句丽失去盟国，陷入孤立。次年，唐高宗下令对高句丽发动战争，唐军水陆分道进击。初期，唐军在大同江和鸭绿江击败高句丽军，进围平壤。不久百济降将复叛，唐军围平壤久攻不下，同时唐朝国内遭遇铁勒、回纥等部族的叛乱和侵扰，又逢冬季到来天寒大雪不利于军事行动，高宗遂于公元 662 年 2 月，命唐军从高句丽班师。退军时，渊盖苏文趁势发动攻击，唐军在蛇水战败，数万唐军全军覆没。

唐与高句丽的第三次战争（公元 666—668 年）。

公元 666 年，渊盖苏文去世，渊盖苏文的 3 个儿子发生权力争斗，长子渊男生继为莫离支。在渊男生离都出巡时，留守京城的两个弟弟渊男建和渊男产趁机诬陷他叛变通唐，并逼宝藏王通缉渊男生。渊男生走投无路，只好率部投靠唐朝。唐朝抓住时机立即派兵8万支持渊男生。渊男生带领唐军攻打高句丽，以期望能夺回权力。许多高句丽护城将领见到渊男生纷纷放弃抵抗，渊男生投靠唐朝成为唐与高句丽战争的重要转折点。

公元667年，唐军攻下高句丽新城（今辽宁抚顺北高尔山城），并趁势将附近的16座城池全部攻下。由于新城有着极其重要的战略地位，新城的失守对于高句丽西部战线来讲是毁灭性的打击。至公元668年夏，各路唐军在鸭绿江边会师。高句丽倾国发动最后的反击，被唐军击败，唐军进至平壤城下，围平壤城月余。宝藏王见大势已去，派渊男产率大臣98人出降，渊男建依然闭门拒守，并多次遣兵出战。后有高句丽僧人打开城门，唐军冲进城中，俘获渊男建。与此同时，据守高句丽南部的渊盖苏文的弟弟渊净土向新罗投降。至此，唐与高句丽的战争全面结束。

唐平定高句丽后，分其境为9个都督府、42个州、100个县，并在平壤设安东都护府以统一辖制，并留唐兵2万镇守其地。根据司马光《资治通鉴》的记载，高句丽贵族及大部分富户与数十万百姓被迁入中原各地，融入中国各民族中。另有部分留在辽东，成为后来的渤海国的臣民，而其余小部分融入突厥及新罗。自此，高句丽国消亡。

高句丽灭亡后，大批高句丽遗民不断展开反对唐朝统治的暴动，唐试图在高句丽故地建立督府制统治的努力并不成功。由于吐蕃在唐朝西部的压力，唐朝开始羁縻治理高句丽故地，任命原宝藏王高藏为辽东州都督、朝鲜王。后来宝藏王因暗中支持高句丽遗民的起义被流放，宝藏王的第三子高德武（又名高仇须，为武则天的侄儿武攸宜的外甥）接管了安东都护府。

原高句丽将领剑牟岑（又作钳牟岑）在大同江南岸杀死数名唐朝的官员后，逃进新罗领地。剑牟岑在途中遇到宝藏王的外孙（渊净土之子，一说为宝藏王庶子）安舜（又作安胜），剑牟岑遂立安舜为高句丽国王，并派信使到新罗要求新罗承认其国王地位。当时的新罗正忙于抵制唐在朝鲜半岛建立安东都护府，于是马上承认了安舜的高句丽王位，并提出相互联盟反唐的建议。但后来由于内部纷争，剑牟岑被谋杀，安舜投奔到新罗。新罗给了安舜一片土地，让他建立了报德国。但是，新罗从未放弃对高句丽遗民的警戒，后来新罗神文王取消了报德国，安舜被赐予新罗王室的“金”姓。数千部众被迁移到新罗南部地区，最后被新罗人同化。

朝韩史学家观点：高句丽为扶余人所建。而扶余人是朝鲜人的主要来源之一。高句丽（卒本扶余）和百济（南扶余）都是扶余国的延续。高句丽被灭之后，其主要居民成为新罗和渤海国居民。而渤海国在被契丹人灭亡之后，其居民大多迁移到王氏高丽（战争中战俘与平民不同，高句丽灭亡后，高句丽在朝鲜半岛的平民大多是留在朝鲜半岛的）。在王氏高丽建立以前，新罗贵族弓裔曾要复兴高句丽并建立后高句丽。可见新罗人和王氏高丽人都认为他们与高句丽属同一民族的不同分支，并都用高丽命名自己的王朝。

中国史学家观点：扶余人构成了高句丽及百济的王室。而高句丽下层则包括了当时位于中国东北地区的多个不同部族实体。与朝鲜半岛南部的三韩部落差异很大。至于，渤海国居民“大多”被迁移到王氏高丽的断言则并非历史事实。渤海国民留在当地及掠入契丹并融入中国的人口数远大于逃入王氏高丽的人口。中国学者已写有多篇论文论述这一问题。

在过去很长一段时间里，由于中国学术界对高句丽的历史缺乏全面系统的研究，而将高句丽与三韩人王建于公元918年建立的高丽王朝混淆，也正因此，使高句丽被不少中国学者误认为是朝鲜半岛古代国家。

朝鲜与韩国在20世纪实现国家和民族独立之后，分别进行了高句丽史的研究，其共同的特点是认为高句丽是朝鲜半岛历史上的国家，并且汉朝4郡本为朝鲜之地。朝鲜学者认为，朝鲜半岛史学只以新罗为主体的叙述是错误的，高句丽新罗百济—新罗渤海—高丽才是朝鲜历史的正统，这种史学观点被认为与朝鲜希望确立半岛北方为“正统”有关。

纵览高句丽历史，它是公元前1世纪至7世纪在中国东北地区和朝鲜半岛存在的一个实体政权，与百济，新罗形成朝鲜半岛的三国时代。由于高句丽的特殊地理位置，而且国土横跨今日的中国、韩国及朝鲜，遂都声称高句丽是自己本国的原始民族。

百济圣王在位时，曾一度与新罗交好。但在公元553年，新罗突然出兵攻占了百济的东北地区。从此以后，百济与新罗的关系开始恶化。由于新罗对百济的背叛和攻击使百济成了朝鲜半岛的最弱者。而新罗占据了人口众多物产丰裕的汉江流域，后又独自灭掉了伽倻联盟，国力大大增强，疆域到达黄海，使其可以和中国的中原王朝直接贸易并建立外交关系，给其日后扩张打下了良好的基础。

百济武王（又称虎王、武康王或武广王）扶余璋在位时期，初与新罗和高句丽多举战事，后与高句丽结盟共同对付新罗。百济与新罗的争战，阻止了新罗继续扩张，抢占了汉江流域多座城池，阻碍了新罗与中原王朝的直接交流。

武王早期周旋于高句丽和中国隋朝之间，让两方相互征战来谋求百济的利益。在隋朝覆亡后，努力与新兴的唐朝保持亲善关系，唐高祖李渊曾册封武王为带方郡王、百济王。武王执政后半期不顾国力大兴土木，建立宫殿、寺庙及各种防御设施，耗费了大量的人力和物力，又长年征战造成百济国力衰退。武王于公元641年去世，唐太宗李世民追赠其为光禄大夫。

继位的义慈王扶余义慈是武王的长子。即位后，开始对旧的贵族体制进行改革，强化了王权。王位坐稳后亲自率军攻打新罗，取其数十城。但义慈王统治后期穷奢极欲、重用奸臣，仅宫女数量就不少于3000。为害怕将领们反叛，削弱将领们的军权使军队疏于训练，百济国政开始混乱民不聊生，军队战斗力下降。义慈王结盟高句丽疏远唐朝的外交政策，给了唐朝讨伐的借口。

唐太宗李世民通过文治武功，平定了唐朝周边的东西突厥等强族，被称为天可汗。到唐高宗即位时，唐朝已有实力开辟两条战线。既利用突厥、契丹援兵和辽东的军队可以牵制高句丽军的南下，防止其攻击新罗；也有能力远征百济。新罗也成功抵御了百济、高句丽和倭国的封锁，为反攻养精蓄锐。

公元660年，唐朝与新罗联军攻击百济。唐军从成山（位于山东省荣成市）渡海，百济据守熊津江口拒敌。唐军登陆成功，百济军兵死伤数千人。于是，唐军十万大军水陆并进，直取首都泗沘（sì bǐ）城。在城外20余里，百济出兵迎战，唐军大胜，百济军损失万余人，唐军入泗沘城外郭。与此同时，新罗军击溃百济军，百济义慈王及太子扶余隆逃亡。唐军包围泗沘城，义慈王次子扶余泰有心一搏，自立为王。扶余隆之子扶余文思叹道："王与太子皆在，而叔遽（jù）拥兵自王，即使能却唐兵，我父子必不全矣。"率领随从逾城投唐，许多百姓随后跟从。扶余泰眼见不能制止，被迫打开城门投降。见大势已去，义慈王携太子退至熊津后也投降了唐军，整个战争持续不到10天。

战争结束后，义慈王和儿子、大臣、贵族及百姓近13000余人被掳到唐都献捷。同年，义慈王病死，葬在邙山。唐朝为统治百济，设置了熊津、马韩、东明、金涟、德安5个都督府，并留兵1万镇泗沘城。

但随着百济复国运动的兴起，唐朝在公元665年把5个都督府统一合并为熊津都督府，任命义慈王的儿子扶余隆为熊津都督府都督。因为百济、新罗是世仇，扶余隆害怕受到新罗的侵略，未敢赴任，最终在洛阳去世。

百济灭国后，百济人曾试图重建百济。原百济将军鬼室福信（亦称扶余福信）致书日本，拥戴百济在日本作为人质的王子扶余丰（日本称扶余丰璋）回国为王，并恳求日本派出援军支援百济复国。在日本的支持下，扶余丰携5000人的军队从日本回到百济。

鬼室福信率军曾一度围困唐军于泗沘城，但遭到唐军与新罗军的夹击，被迫撤军。高句丽唯恐鬼室福信兵败，使本国遭南北夹击，因而也遣使于公元662年春赴日本，希望日本援军迅速开赴战场，与唐军作战。为攫取朝鲜半岛的利益，决心参战的日本天皇，遂命令百济战场的日军立刻投入战斗。公元663年6月，日军2.7万余人进攻新罗，初战连夺二城，使新罗与唐军的联系通道受到威胁。

但就在此时，百济内部生变。由于鬼室福信在日本援军的帮助下，一度收复数个郡县，功高震主，扶余丰与鬼室福信产生芥蒂，扶余丰以谋反罪将鬼室福信处死，使百济的战斗力和士气受到极大削弱。

公元663年8月初，扶余丰率部分军队自周留城（今韩国扶安）赴白江口（今韩国锦江入海口）迎接日本援军。

8月中，唐新联军从陆路三面围攻周留城。百济军因鬼室福信之死，士气受到影响，尽管有日军相助，但还是难以抵抗联军的进攻。周留城周围的城池，逐一被唐军攻克，百济守军和日本援军相继投降。但周留城外的任存城地势险要，百济军民死守，唐军围攻一个月依旧不能攻克，周留城告急。这时，前来支援的日本水军万余人越海赶来，准备在白江口登陆。唐朝水军亦到达白江口，两军相遇。当时唐水军有7000余人，170余艘战船；日本水兵万余人，战船1000多艘。日本虽然在人、船数量上多于唐军，但唐朝水军战船高大坚固利于防守，日军船小不利于攻坚，双方战船一接触，日本水军立刻处于劣势。因此，日军的战舰被击沉焚毁400多艘，在火光烈焰中日军崩溃，百济王扶余丰只身逃走。日本水军惨败的消息传至周留城，守城的百济王子扶余忠胜见败势已定，随后率百济守军向唐军投降。日军也忙从周留城及其他地区撤回本国，日本势力就此退出了朝鲜半岛。

白江口之战（也称白村江之战），使百济彻底亡国，同时使日本受到严重打击，迫使其停止了对朝鲜半岛的扩张企图，后历近千年未曾向朝鲜半岛用兵。此战，使日本认识到自身的不足，以中国唐朝为师，引进唐朝文化，谋求强国 。

4 世纪时，新罗用武力统一了辰韩各部，以庆州为都城。新罗贵族统治者为了巩固自己的统治地位，建立了等级制度，称为“骨品制”。

所谓“骨品制”是按血统确定人的相应等级身份及所能担任的官职。不同骨品的族群相互之间不能婚姻，骨品世袭不变。因此在新罗，人的仕途受到个人在骨品制中所具有的等级身份的制约。不仅如此，人们的衣着和住宅也受到骨品等级的约束。

当时新罗的贵族阶层是由 3 姓王族和 6 部贵族所组成。朴、金、昔 3 姓王族是新罗贵族阶层中最高的一层，称为“圣骨”。 三姓之间可以轮流执掌王位，拥有无上的权力。第二阶层是“真骨”，朴、金、昔三姓王族中划分出了圣骨与真骨两个阶层，最初只有圣骨血统的人有王位继承权，自真骨出身的金春秋登上王位之后，才改变了圣骨独揽王位继承特权的局面。6 部指：梁部李氏，沙梁部崔氏，渐梁部孙氏，本彼部郑氏，汉只部裴氏，习比部薛氏。6 部又分成六头品、五头品、四头品 3 个等级。各骨品都自我封闭，互不通婚，如果通婚，其后代骨品只能降为等级较低的一级。如父亲是圣骨血统，而母亲为真骨血统，其后代降为真骨血统，反之亦然。

类似于印度的种姓制度，新罗社会等级还有三头品、二头品、一头品、平民、奴隶等各个低级阶层，这些阶层属于非骨品。非骨品出身的人，终其一生都无缘做官。

新罗初期设立 17 级京官（后加至 19 级），和州郡两级地方官。法兴王时期设立上大等（类似宰相职能），上大等官职实行终身制，并形成了和白会议制度。

和白会议是重要大臣的朝廷会议，是以真骨贵族和上大等为核心组成的合议制政治形式。所谓“大等”是对有资格参加和白会议官员的统称，“上大等”就是大等中地位最高的官职。和白会议形成决议后，由上大等裁夺向大王报告，并负责起草诏书。新罗和白会议的职权非常广泛，囊括了新罗的军事、政治、经济、文化等方面，甚至触及大王王位的继承和废黜。

从真平王时起，新罗开始仿效唐朝制度加速完善国家机构设置，至景德王时（公元742—765 年），新罗的行政机构设置已经基本完备。

由于初期新罗王权相对软弱，而以“骨品制”、上大等为中心的门阀贵族势力过于强大，作为国王之下的最高行政机构“执事部”，名义上统揽国政，但实际上却徒有虚名。随着新罗的发展，新罗王室开始致力于建设律令体制，加强君主专制统治，和白会议和上大等的权势明显削弱，但由于以“骨品制”为纽带的门阀贵族势力根深蒂固，和白会议和上大等仍然在不同程度上影响着新罗的政治走向。

骨品制在新罗扩张的前期有利于贵族统治的稳定，后期由于新罗向封建社会过渡，这种制度严重阻碍了社会生产力的发展，深化了各阶层的社会矛盾。由于地方豪族势力得不到政治地位，就只能致力于封地庄园的经营和海上贸易，从而使地方豪族势力在经济上和军事上不断得到加强，促使他们有了打破骨品制的强烈意愿。

新罗第 28 代王真德女王去世后，圣骨血统已基本断绝，故由真骨出身的金春秋登上王位，同时，原来只给予 6 部贵族的一些特权也开始赐予地方豪族。至此，新罗的骨品制度走向没落，新罗早期历史结束，中期历史开始。

公元 402 年，高句丽驱逐日军，将新罗置于自己的庇护之下。公元 562 年，新罗统一了伽倻部落，完全占有洛东江流域，在半岛上新罗与百济和高句丽，形成三足鼎立，开始了朝鲜半岛的三国时代。

为了与高句丽争雄，新罗与百济结盟。公元 551 年，新罗占领汉江上游地区。二年后，新罗又攻占了百济控制的汉江下游地区。新罗的扩张招致高句丽和百济的联合进攻。处境危急时刻，新罗延请唐朝出兵干预。为了联合百济、新罗两股力量合击高句丽，唐朝强迫新罗与熊津都督（原百济太子）扶余隆结盟。并于公元 663 年，在新罗设立了鸡林州都督府，以新罗王为“鸡林州都督”，下设州和县。这是唐朝在朝鲜半岛上继熊津、马韩、东明、金涟、德安 5 个都督府之后，设立的又一个带有羁縻性质的都督府。鸡林州都督府与其他都督府不同的是，鸡林州都督府是在新罗没有受到唐朝武力打击下设立的，唐朝没有在新罗领土上派驻官员和军队。由此，新罗形式上成为唐王朝的地方政权。

新罗助唐灭百济的目的是灭亡百济占其土地。而唐朝却将百济纳入自己的统治势力并强迫罗、济结盟，这个政策引发了新罗的极度不满。但此时唐朝军力强大，且北方强敌高句丽仍存，新罗无力也不能与唐为敌，只能隐忍不发。在随后唐灭高句丽的作战过程中，新罗参战消极，直至战争后期，新罗军队才开始行动，唐朝南北夹击高句丽的作战意图实际落空，南部战线未起多大作用，唐政府大怒，严责新罗“失军期”。

在失去了共同的敌人百济和高句丽后，新罗和唐朝形成利益冲突。尤其是对百济、高句丽故土统治问题上，双方矛盾日益尖锐。唐朝灭亡百济与高句丽之后，意图在朝鲜半岛实行羁縻统治政策，而新罗则意图将百济和高句丽的故地纳为已有，一统半岛。为争夺对百济和高句丽故地的统治权，唐朝与新罗的战争已不可避免。

首先新罗文武王金法敏联合并扶植了原高句丽和百济的反唐势力一起反击唐朝。

公元 670 年 3 月，新罗联合高句丽旧将起兵 2 万渡过鸭绿江，进至乌骨城（今丹东市凤凰山东麓），由此拉开了唐朝与新罗战争的序幕。乌骨城乃是连接辽东和平壤的交通要道，占领这里既可对驻守朝鲜半岛的唐军进行围攻，也可阻止唐军从辽东方面的增援。另外，新罗军队在高句丽故地的活动，还可以把唐朝的视线吸引到辽东，使其无暇应对新罗对百济故地的争夺。

同年 7 月，新罗出动大军，一举攻陷熊津都督府 82 城，几乎占了百济原有城池的一半。公元 671 年，新罗发兵攻下原百济国都泗沘，推翻了唐朝的熊津都督府，建立所夫里州。到公元 674 年，新罗已经从唐朝手中夺得原百济的大部分领土。此时，唐高宗任命文武王的弟弟金仁问为新罗王，并派兵反击新罗。公元 675 年，唐军在阿达城、七重城之战中大败新罗军。在这一阶段，新罗夺占原百济领土，而唐朝击溃新罗军，重新占领高句丽故地。

经过短暂的休战后，唐军继续发起进攻。唐军攻打新罗石岘城、赤木城、买肖城取得胜利（根据朝鲜半岛史籍《三国史记》记载，买肖城之战唐军战败）。文武王金法敏可能意识到，以新罗目前的实力通过战争无法使唐军退出朝鲜半岛。同时，多年的战争，也使新罗疲惫不堪，为保有既得利益，在买肖城之战后，金法敏派出使者，向唐朝进贡并且谢罪。而唐朝也意识到，用战争的方式是不能完全制服新罗的，而此时吐蕃不断侵扰唐朝边塞，成为唐朝主要对手，唐军主力也大部调到西部防备吐蕃。因此，面对新罗的谢罪请求，唐朝自然也乐于接受。据中国史籍《资治通鉴》记载，“新罗乃遣使入贡，且谢罪，上赦之，复新罗王法敏官爵。金仁问中道而还，改封临海郡公”。

唐朝与新罗的大规模战争由此结束，但是，武装冲突并未就此终结，半岛的局势依然比较紧张。公元 676 年，唐将薛仁贵领兵支援熊津都督府，与新罗军在所夫里州伎伐浦交战，唐军先胜后败，新罗夺取熊津都督府。

由于渤海国和契丹的崛起，公元 676 年的初春，唐将安东都护府治所迁往辽东城（今辽宁辽阳），次年迁新城（今抚顺高尔山）。同时，熊津都督府被从泗沘迁至建安故城（今辽宁盖州青石关古城）与隶属安东都护府的建安州都督府合并。唐朝在安东都护府的治所撤出平壤后，又在平壤设置了安东都督府维持对高句丽故地的统治，由被俘的高句丽末代国王高宝藏返回平壤担任都督，并册封其为朝鲜王。

唐罗战争历时 7 年，从总体上看，唐朝在军事上取得了胜利，但失去了熊津都督府。新罗利用唐朝与吐蕃的战事，运用巧妙的外交手段，使唐朝承认了新罗吞并百济故地的既定事实，达到了战争的基本目标。

公元 681 年，高宝藏因策划脱离唐朝控制，被唐朝削去官爵并流放到四川。任命其与武则天的侄女所生的儿子高德武（又名高仇须）为安东都督。

公元 735 年，唐玄宗诏令新罗出兵进攻渤海国，新罗奉诏出兵，但在途中却因遭遇雪灾严寒，新罗军被冻死冻伤大半。唐玄宗为了抚慰新罗，另一方面出于制衡渤海国，就把高句丽在大同江以南的故土赐给了新罗。至此，新罗得到了百济故地和高句丽在大同江以南的土地。而唐朝则巩固了在大同江以北包括平壤在内的朝鲜半岛北部和辽东地区的统治。

在与唐朝结束战争后，新罗继续承认唐朝在半岛的宗主国地位，积极吸取唐朝文化，用唐朝年号，使两国关系逐渐缓和。此后，新罗以统一国家的面貌出现在世界历史舞台上，为以后朝鲜半岛统一民族国家的形成和发展打下了基础，成为朝鲜半岛历史发展的重要转折点。

新罗统一朝鲜半岛大同江以南的全部领土后，模仿中华的九州制，认为新罗“始备九州”，建立起自己的新罗九州区划和五岳。

新罗的九州为：良州、尚州、康州、熊州、全州、武州、汉州、朔州、溟州。

新罗在州下设郡、县，重要之地设“小京”。

新罗的五岳为：吐含山（或土含山）为东岳；鸡龙山（或界龙山）为西岳；地理山（或支离山）为南岳；妙香山（或太伯山，不在新罗境内）为北岳；八公山为中岳。

新罗在与唐朝改善关系的同时，7世纪中后期与日本也保持了密切联系。据日本史籍《日本书纪》记载，公元668年，新罗与日本断交以来首次遣使。对于新罗使臣的来访，日本的态度积极回应，不仅给文武王及其权臣送物，还旋即派出使节回访，由此两国关系迅速得以恢复。当时在唐罗联军打击下，高句丽的灭亡已成定局。围绕着对百济、高句丽故地的统治权，唐罗同盟的裂痕已经显现，新罗为了避免在未来与唐朝的对立中陷入孤立无援的境地，就迫切需要改变与日本的关系。在唐罗战争期间，新罗不断加强与日本的联系，持续地向日本派出使臣。

朝鲜半岛在15世纪以前一直没有自己的文字，他们采用汉字来记录自己的语言，高句丽、百济、新罗三国都使用汉字。汉字是中国的语言文字，所以用它来记录朝鲜半岛民族语言很不方便，于是，三国都采用“吏读”文。“吏读”文其别名有吏书、吏道、吏刀、吏吐等，是借用汉字的语音和意思标记朝鲜语的一种特殊的文字形式。吏读文的创立，对朝鲜半岛语言文化的发展起到了积极作用，尤其是新罗的吏读文较发达，常用来记录诗歌。

7世纪中叶，新罗学者薛聪将吏读文加以整理，用来翻译儒学经典。儒学传入三国后，三国都很重视，采取措施加以推广。高句丽于公元372年建立儒学的最高学府——太学；百济也在4世纪建立起儒学教育制度；新罗在公元682年设国学，并在公元688年实行科举，以《左传》《礼记》《孝经》等儒家经典为主要考试科目。通过录用儒生出身的官吏，代替过去按骨品录用官吏的办法，来加强中央集权制。为了掌握儒学，三国许多贵族子弟被派到唐朝留学。

佛教是通过中国传入三国的，三国贵族都很重视佛教，并广建寺院。据《三国史记》载，公元574年，新罗“铸成皇龙寺丈六像，铜重三万五千七百斤，镀金重一万一百九十八分”。充分展现了新罗工匠高超的冶炼技术和工艺水平，也说明新罗佛教的兴盛。

7世纪初，新罗修建了一座瞻星台，是当今世界上残存的古老天文台之一。

公元7世纪至8世纪，新罗经济发展较快，商业贸易也很活跃。首都庆州是新罗最大的手工业和商业中心。当时新罗和唐朝、日本均有贸易往来，尤其和唐朝的贸易十分频繁。新罗商船往来于南海和黄海水域，在中国沿海及内地的一些城市中形成了新罗的商贸区，称为“新罗坊”。其中楚州（今江苏省淮安）、泗州（今江苏省泗洪东南）和登州（今山东省蓬莱）等地的新罗坊尤其繁盛。

新罗王朝后期，政治腐败，土地兼并盛行，贵族、豪强占地日益扩大，农民逐陷贫困。公元780年，新罗武烈王死后，因王位继承问题新罗发生暴乱，由此走向衰落。从9世纪初年到10世纪初年的一百多年中，新罗各类起义、暴动连绵不断。公元891年，梁吉在北原（今江原道原州）起义，同年，出身贵族的僧侣弓裔前来投靠，后弓裔势盛，据松岳郡而独立。不久，弓裔击败梁吉，夺取了起义军的领导权。公元904年，弓裔建立摩震国，自立为王，建都铁原。公元 911 年，又改国号为泰封。因其在高句丽旧地，故又称：后高句丽。

公元 892 年，新罗镇守西南沿海地区的将领甄萱发动叛乱武装割据，攻下半岛西南部。公元 900 年，甄萱定都完山州（今韩国全罗北道全州市），建百济国，史称：后百济。后高句丽、后百济国和仅保有东南一隅的新罗王朝形成了新的三国鼎立局面，史称：后三国时代。此时，也正是中国唐朝灭亡，五代十国开始纷争的时候。

◆渤海国是在中国唐朝时期崛起，以靺鞨族为主体建立，统治中国东北地区的地方民族政权。

“靺鞨”（mò hé 有读 wei ji）之名，初见于《北齐书》。靺鞨，亦称貊貉（mò mò），有学者认为是古貊族与古貉族融合而成。

史载貉族在周代是个附属国。《周礼・职方氏》中说：“职方氏，掌天下之图，以掌天下之地，辨其邦国、都鄙，四夷、八蛮、七闽、九貉、五戎、六狄之民。”《论语》中说：“言忠信，行笃敬，虽蛮貉之邦，行矣。”《孟子》说：“子之道，貉道也。夫貉，五谷不升，惟黍生之；无城郭宫室宗庙祭祀之礼，无诸侯币帛饔飧，无百官有司，故二十取一而也。”

东汉有学者称“北方曰貉狄。”说明貉与北狄都居于北方。《墨子・兼爱中》载：“燕代胡貉。”大概胡居燕山北，貉居燕山南，即今河北遵化一带。

有学者认为，九貉中的一支与豸（zhi）岁人结合而成豸岁貊族，在春秋时期被齐桓公逐出冀北，东迁至辽西走廊而至浑河，后来多融入扶余、高丽族。《山海经・海内西经》中言：“貊国在汉水东北，地近于燕，灭之。”战国中期，燕灭貊，境域扩大到今朝鲜大同江流域。《史记・货殖列传》载：“夫燕亦勃、碣之间一都会也。南通齐、赵，东北边胡。上谷至辽东，地踔（chuō）远，人民希，数被寇。大与赵、代俗相类，而民雕捍少虑，有鱼盐枣栗之饶。北邻乌桓、夫馀，东绾秽貉、朝鲜、真番之利。”

之后，貊貉又称秽貊、貉貊或藏貊。

貊族与貉族，进入东北后逐渐结合成为新的民族——靺鞨（又称靺羯［mò jié］）。靺鞨是貊貉的同音词，唐时写作靺鞨。有学者考证，邑娄（或挹娄 yì lóu）取代肃慎，勿吉取代邑娄，靺鞨又取代勿吉是一条较为清晰的演进轨迹。

肃慎，古籍中亦作“息慎”“稷慎”。传说其在舜、禹时代，已与中原有了联系。舜时，息慎氏来朝，贡弓矢；禹定九州，周边各族“各职来贡”的，东北夷即有肃慎。

周武王时，肃慎人入贡“楛（hù）矢石砮（nǔ）”（楛矢，用长白山的楛木或桦木制作的箭杆；石砮，用松花江中青石磨制的箭头）。成王时，肃慎氏来朝；康王时，肃慎复至。周人称：“肃慎、燕、亳，吾北土也。”可见远在春秋以前，肃慎人已臣服于中原王朝。

史书记载，战国以后，只见邑娄而不见肃慎，直至三国、两晋时，肃慎之名又重新出现。对此，史学家有不同看法。一说当时肃慎已衰，为强大的邑娄所阻隔，不能来朝，其名遂被湮没；一说邑娄即肃慎之改称，故两名互见，非邑娄之外，又另有一肃慎。《三国志・邑娄传》谓，“邑娄……青石为镞，古之肃慎氏之国也”。《隋书・东夷传》也记靺鞨

“自拂涅以东，矢皆石镞，即古之肃慎氏也”。

勿吉族，始见于南北朝。起初，勿吉人在松花江流域定居，一度加入了邑娄族。在长年征战中，邑娄族消耗了本部的实力，难于驾驭旧肃慎地的各部落。5 世纪初，勿吉人踏进了奴隶制社会阶段，他们很快摆脱了邑娄人的控制，占据了肃慎人、邑娄人的故地，成了肃慎文化、邑娄文化的继承者和光大者。在肃慎、邑娄的生产基础上，勿吉人农耕的比重增加了，种植有粟、麦、稷等。作为森林民族，勿吉人狩猎业仍占主导地位，尤其是“多猪善射”，这是自肃慎、邑娄以来的传统。此外，勿吉人还学会了“嚼米酿酒”，学会了制造手推车。勿吉人在社会经济发展方面的进步是明显的。

之后发生的勿吉同扶余国的争战，是邑娄族反扶余国压迫得继续。这场战争，最终以推翻了扶余国政权而告结束。从此，散布于吉林各地的勿吉人，与中原王朝的交往更加密切了。从史书上的记载来看，他们前后与北魏、北齐常有交往。从交往中，他们带回了中原汉文化，从考古发掘来看，主要是铁器，包括铁削、铁锛、铁镰、铁带卡等，这对当地农业生产有很大的促进。

史载勿吉初有数十部落，后逐渐发展为粟末（今松花江）、白山（今长白山）、伯咄（即伯都讷，今扶余县）、安车骨（今阿什河，鄂温克族的直系祖先）、拂涅（今牡丹江一带）、号室（今绥芬、穆伦二河流域）、黑水（今黑龙江下游）7 大部落。

隋唐时勿吉又称靺鞨。所以《隋书》说：“靺鞨即古之肃慎氏。”《唐书》说：“靺鞨，盖肃慎之地，后魏谓之勿吉。”

据学者研究，靺鞨不仅不属于一个民族，而且还不是一个语族，而是包括了若干个语族。其中主要是属蒙古语族的秽貊系和属通古斯语族的肃慎系。此外，郡利部落在今黑龙江下游偏北（也称吉里迷、乞烈迷、费雅喀、吉里亚克、尼夫赫），属古亚细亚语（古西伯利亚语）系。因此，靺鞨诸部实际上包括了三个不同语族的不同部落。传统古史观认为，中国东北有三大基本族系：肃慎、秽貊和东胡。三族系起自先秦，迄于明清，贯穿东北古史之始终。而南北朝时的勿吉，隋唐时的靺鞨，辽金元明时的女真，清时的满族，史家多认为与肃慎有着密切的渊源关系。

在唐代，靺鞨的一支黑水靺鞨演化成女真族，女真族是满族的直系祖先。

黑水靺鞨部落分 16 部，居黑水（今黑龙江）一带，经济文化发展较慢。公元 725 年，唐在这里设立了黑水军，以后改设黑水都督府，由部落首领担任都督和刺史职位，属安东都护府管辖，唐王朝也派内地官员来这里任职。其余各部隶属于都督府，称为州，由各部落首领为州刺史。到五代十国时期，契丹人称黑水靺鞨为女真，从此，女真这一名称代替了靺鞨（辽朝曾改写作女直）。

两汉至魏晋时，肃慎后裔归附邑娄，曾长期役属于扶余国。曹魏初年，邑娄摆脱扶余的羁绊，直接朝贡于中原，社会发展较为迅速，出现了私有制和贫富分化。北魏时，勿吉强盛控制邑娄并逐渐打败了扶余人入据今松花江流域，仍臣属于中原政权。隋唐之际，勿吉又称靺鞨，已拥有粟末、白山、伯咄、安车骨、号室、拂涅、黑水 7 大部落。其中，以居住在粟末水（今西流松花江）而得名的粟末靺鞨最为强大。公元 605 年，粟末靺鞨败于高句丽，其残部自扶余城（今吉林四平）西北内附于隋，被隋安置于柳城（今辽宁朝阳）一带，逐渐同当地汉人融合。留在故地的粟末靺鞨则与白山、伯咄、安车骨、号室诸部靺鞨人先后沦为高句丽的附庸。公元 668 年，唐灭高句丽，这部分粟末人同高句丽遗民数万人一道被迁居于营州（今辽宁朝阳）附近。公元 696 年，契丹人李尽忠据营州叛唐，当地的靺鞨人与高句丽遗民趁机回归故土。其中，粟末首领大祚荣统率的一部于公元 698 年在东牟山（今吉林敦化东北）和奥娄河（今牡丹江上游）一带建立了震（也称振）国。

大祚荣，本名祚荣，无姓，后因其尊称而取姓为大（dā，或 dū）氏。他的父亲乞乞仲象原是粟末靺鞨中的一个部落首领，曾依附于高句丽。唐灭高句丽后，为了防止高句丽政权死灰复燃并有效控制高句丽遗民及邻近的靺鞨、契丹、奚等少数民族，唐王朝将这一部分人强行大批迁往内地。其中大祚荣的父亲乞乞仲象率其部众迁居到了营州，并在营州生活长达 30 年。大祚荣便在这一时期出生并长大成人，这其间他们同汉人接触，深受唐文化的影响。

公元 696 年武则天称帝时期，营州都督赵文翙（huì）刚愎自用欺压契丹等少数民族。在契丹饥荒时，他不赈济灾民，激起了契丹人强烈不满。松漠都督契丹人首领李尽忠和他的妻兄利用这种不满起兵造反，杀死了赵文翙，攻陷了营州。此后，唐朝东北边境发生了一连串战事，史称：营州之乱。

大祚荣父子与靺鞨白山部首领乞四比羽在这次战乱中曾慑于叛军威胁，而表示臣服李尽忠。次年夏，唐军击败契丹叛军后，武则天对粟末靺鞨先是招降，封首领乞四比羽为许国公、乞乞仲象为震国公。但是，由于乞四比羽不相信武则天有此诚意而拒不受命，武则天震怒派兵征讨，乞四比羽战败被杀，所属部民尽遭屠害。这时乞乞仲象去世，年仅 20 多岁的大祚荣继任为部落首领，他决定率部众取道天门岭（今辽宁北镇境内，一说在今辽宁清源境内），东渡辽水（今辽河），踏上了返还故乡的道路。但唐军穷追不舍，面对唐军咄咄逼人的进攻，大祚荣决定在其必经之路天门岭设伏。唐军如期而至，大祚荣利用有利地形率高句丽人、靺鞨人据险而战，全歼唐军。此后，突厥攻入唐朝的妫（guī）州、檀州、定州、赵州等地（今河北省中西部），契丹与奚又依附于突厥，于是中原通往东北的道路被阻隔，切断了唐军东进的道路，唐军不能再行进讨。大祚荣乘机兼并乞四比羽余众，收容高句丽遗民，东渡辽河，返回靺鞨故地。逐渐占据了中国东北地区的东部、南部及朝鲜半岛北部、俄罗斯沿海州一带地区。

公元 699 年，大祚荣自立为王，并立其姓“大”氏。因其父曾封震国公则对外称“大震国”（一说大振国），于东牟山（今吉林敦化敖东）筑城定都，后来被称为“旧国”，开创了渤海国的历史。

大祚荣为了巩固震国政权，不但遣使与突厥结盟，而且又通好新罗，巧妙地在强国林立的四邻之间周旋，故在数年之间，势力得到了迅速发展。其疆域南接新罗，北邻黑水靺鞨，西连契丹、突厥。所属人民囊括了靺鞨、高句丽、契丹、奚、室韦等诸多民族，有户 10 余万，拥兵数万，成为当时东北地区一支举足轻重的政治力量。

唐中宗李显复位后，为了全力对付突厥，派人出使震国，进行招抚。大祚荣当即表示愿意归附，并派他的次子大门艺入唐为质。不久，因契丹、突厥连年寇边，道路被阻，唐王朝册封未果。公元 713 年，刚刚即位的唐玄宗又派人前往震国，册封大祚荣为左骁卫大将军、渤海郡王。并以其统治地置忽汗州（因忽汗河，今牡丹江而得名，即今吉林敦化），加授忽汗州都督，不称震国，专称渤海。从此，震国改国号为“渤海”，成为唐王朝势力范围内的一个少数民族地方政权，名义上作为唐王朝设在东北地区的一个最高军政机构。而渤海国每年遣使以朝贡的方式与唐王朝展开频繁的政治、经济、文化交往。

公元 719 年春，大祚荣去世。同年，唐玄宗遣使册封其嫡子大武艺承袭父位。其后，渤海国为大祚荣进谥号“大圣明武高大王”，史称：渤海高王。不经过唐王朝，私谥前王，表明了渤海王国独立自主的雄心，它加快了封建化的步伐。

公元 726 年，黑水靺鞨派遣使节到长安觐见唐玄宗李隆基。唐玄宗在黑水靺鞨设立黑水州，并为其设置长史以镇守该地区，这引起了大武艺的警觉和不安。大武艺认为：黑水靺鞨过去向突厥请求派吐屯（又作吐屯发，古突厥官名）时，都事先告知，并且一起行动，如今他们和唐朝私下往来定有图谋。于是，大武艺派他的弟弟大门艺和舅父率军进攻黑水靺鞨。

大门艺曾经在唐朝当过人质，他规劝哥哥：黑水靺鞨向唐廷请派官员，我们因此就去进攻它，这分明是叛唐之举；一旦与唐廷结下怨仇，那面临的就是亡国的结局。

大武艺没有听从弟弟的劝告，强行派大门艺去进攻黑水靺鞨。大门艺率军到达边境时，再次送书信竭力劝谏大武艺。大武艺怒不可遏，派他的堂兄替代大门艺统率军队，并召大门艺回都，想杀掉他。大门艺抛下军队投奔唐朝，唐玄宗任命他为左骁卫将军。大武艺派使节上表，列数大门艺的罪状，请唐玄宗诛杀大门艺。唐玄宗驳回大武艺的请求，拒杀大门艺。大武艺不满，派兵攻登州（今蓬莱市），杀死登州刺史。唐玄宗遣大门艺等赴幽州征兵以讨渤海，又令新罗起兵直逼渤海南境。与此同时，黑水靺鞨、室韦以 5000 骑兵助唐军。在唐朝的反击下，大武艺不得不退兵。然而，大武艺对大门艺仍然怨恨不已，密遣刺客到洛阳刺杀大门艺。但大门艺有幸逃过此劫，官府捕到刺客，全部处死。公元 735 年，大武艺遣使朝唐，附表谢罪。据传，此后大门艺留唐为官，未归渤海国，直至去世。

大武艺在位期间，对内强化中央集权，积蓄国力，对外开疆拓土。公元 733 年，击败新罗国的入侵，进一步巩固了渤海国在东北地区的地位。他以灵活的外交手腕巧妙操作对唐、日、新罗的政策，使渤海国政局稳定，经济得到进一步发展，初步形成了有地方特色与民族特色的渤海文化。公元 737 年，大武艺病逝，遣使告哀于唐，谥号“大圣显威武王”，史称：渤海武王。其子大钦茂继位。

大钦茂在位时唐朝爆发了“安史之乱”，大钦茂未敢贸然卷入，而是采取迁都上京以防叛军侵入，同时加强与日本的联系，静观时变。公元 762 年，刚刚平定安史之乱的唐代宗便“诏以渤海为国钦茂王之”，将渤海郡王升格为渤海国王，作为对大钦茂中立政策的回报。

大钦茂被唐晋封为国王后，渤海国与唐朝保持更为亲密的关系。此后，渤海国历代国王的继袭，都经过唐王朝的册立。不过，大钦茂虽对唐称臣，但对内使用自己的年号（大兴、宝历），甚至使用“皇上”“圣人”等称呼，保持着主权独立。

在唐朝的影响下，渤海国迅速完成了封建化进程。国王成为渤海国的最高统治者，独揽一切军政大权，王位采用父死子继或兄终弟及，军政要职大多由大、高、王、乌、杨、李、贺、张等贵族姓氏担任。其行政建制和职官，既有相同于唐制的府、州、县区划和相应的官吏设置，又有不同于唐制的一般地方管理机构。其分别是：

宣诏省：相当于唐朝的门下省，审议由中台省提出的政令，官职为正二品的左相；其下设左平章政事，属官有侍中、左常侍、谏议。

中台省：相当于唐朝的中书省，负责起草、修订政令，官职为正二品的右相；其下设有平章政事，属官有内史、诏诰舍人。

政堂省：相当于唐朝的尚书省，作为朝廷的首脑部门，负责执行政令，官职为大内相，品级在正二品之上；另外配置作为助手的左右司政，地位在左右平章事之下，属官有左右二允。其下设六部：

忠部——相当于唐朝的吏部，负责文官的采用、考核、封赏等。

仁部——相当于唐朝的户部，负责土地、税收等。

义部——相当于唐朝的礼部，负责仪礼、祭祀、科举等。

智部——相当于唐朝的兵部，负责武官人事、地图绘制、车马武器的管理等。

礼部——相当于唐的刑部，负责司法、刑狱、审复等。

信部——相当于唐朝的工部，负责交通、水利、建筑以及建筑师的人事。

此外渤海国还设有十二司、一台（中正台，相当于唐朝的御史台，负责纠劾官员，主官称大中正，相当于唐朝的御史大夫）、七寺（殿中寺，相当于唐朝的殿中省，负责王室的衣食住行等生活管理，主官称大令；宗属寺，相当于唐朝的宗正寺；太常寺；司宾寺，相当于唐朝的鸿胪寺；大农寺，相当于唐朝的司农寺；司藏寺，相当于唐朝的太府寺；司膳寺，相当于唐的光禄寺）、一院（文籍院，相当于唐朝的翰林院）、一监（胄子监，相当于唐朝的国子监）、一局（巷伯局，相当于唐的内侍省，掌管宦官）等机构，并仿唐设五京。

五京制，为设立多个首都的制度。五京的设置，最早源于唐朝中期。“安史之乱”之后，公元 762 年，唐肃宗李亨以长安为上都，洛阳为东都，凤翔（今陕西省宝鸡）为西都，江陵（今湖北省荆州）为南都，太原为北都，共设五都。

渤海国设上、中、东、南、西五京。上京设在王城所在的龙泉府（今黑龙江省宁安市渤海镇）；中京置于早期都城所在的显德府（今吉林省和龙市西古城）；东京设立于一度为王城的龙原府（今吉林省珲春市八连城）；南京在靠近新罗边境的南海府（今朝鲜咸镜南道北青郡）；西京在“朝贡道”上的鸭绿府（今吉林省临江市）。渤海国共设有 15 府、62 州、100 余县。

大钦茂在位时，由于社会相对安定，加之受到中原先进生产技术的影响，渤海的社会经济有了显著的发展和进步。尽管一些边远地域仍以渔猎及采集业为主，但 5 京周围及南部、西南部等重要地区都得到了迅速开发。农业已成为最主要的生产部门，水稻开始大面积种植，并在今延边地区一带培育出著名的卢城稻，它表明渤海人在 1000 多年以前已成功地把水稻栽培引种到北纬 43 度附近及其以北地区，可知其农业生产比高句丽时代有了长足的发展。在渤海国的东部和南部出现养蚕业，并将蚕茧抽丝成绵再加工成䌷（chōu 绸）。南京南海府沃州和上京龙泉府龙州所生产的绵布和䌷布，已成为当时颇负盛名的丝织品。畜牧业也有较大的发展，出现了许多著名的地区性产品。《新唐书·渤海传》中就有“俗所贵者，曰太白山之菟（tú 兔，一说指虎或茯苓），南海之昆布，栅城之豉，扶余之鹿，鄚（mào）颉之豕（shǐ 猪），率宾之马，显州之布，沃州之绵，龙州之䌷，位城之铁，卢城之稻，湄沱湖之鲫；果有丸都之李，乐游之梨”。渤海国的手工业有纺织、铜铁冶炼、金银饰品制作、陶瓷和造船等行业。纺织品有布、绵、田，原料是麻和蚕丝，产地主要在今吉林省和龙县附近地区（显州）、朝鲜咸镜南道（沃州）和牡丹江中游（龙州）。铜的冶炼和制作也有一定规模，炼出的铜除用于制作生活用的各种器皿和装饰品外，还把大批熟铜运到今山东半岛（淄青）出卖。今黑龙江宁安以南的哈尔巴岭一带和东宁县大城子地区，是渤海国冶炼铜的主要产地。铁的产地主要在中京显德府，显州位城县的铁最著名，已经发现的渤海时代的铁制品近 50 种。渤海人制作的金银制品也很精美，出土的金银制品有金带、金饰件、金钏、金耳珰以及大量镏金器物和银钗等。陶瓷制品在渤海遗址中出土也很多，并发现了许多釉陶和质地优良的三彩陶。由此可见，渤海国初步形成了带有本民族特点的农牧渔猎业和特色手工业的社会经济体系，因其物产极为丰富在当时被誉为“海东盛国”。

随着经济的发展，渤海国还涌现出一批新兴城市，至其末年已有一百余座。其中，上京城据考证人口拥有十多万人，城周长约 32 里，形制模仿长安，为当时东北最大的城市。渤海国交通也相当发达，有朝贡道、营州道、契丹道、新罗道、日本道及黑水靺鞨道 6 大水陆干线通往中原、新罗、日本等邻近地区和国家。利用这些水陆干道，渤海人与这些地区和国家互市贸易，促进了经济交往，同时将中原文化传播到朝鲜半岛和日本，是当时东北亚地区的贸易枢纽。

渤海在原有的靺鞨、高句丽等民族文化的基础上，大量吸取中原唐朝文化，创造了辉煌而独特的文明。渤海建国后由高王大祚荣、武王大武艺、文王大钦茂三代经营，至宣王大仁秀时期达到全盛。因此，渤海国的民俗文化也呈现纷繁多彩的特点。

在渤海五京范围内，因与唐朝、新罗、回鹘、日本等周边国家的交往，城市经济十分繁荣，外来文化几乎成为主流，上层贵族大多接受了以佛教为主的宗教信仰。当时上京龙泉府仅佛寺就不下百所，僧徒众多，至今一些佛寺仍在沿用，香火千年不绝。据史料记载，渤海国曾朝贡大唐“卢城稻”和金银佛像。渤海贵族相信，人死后将陵墓模仿佛塔建造，灵魂会转世成佛。渤海文王的女儿贞惠公主墓，其复原后的墓葬佛塔为 7 层，高约 20 米，这在中国古代贵族墓葬中是极为罕见的。俄罗斯远东滨海地区发掘的杏山寺遗址是渤海国后期率宾府地方贵族捐建的著名佛寺，其寺庙建筑规模宏大，不亚于当时中原与日本的同类建筑。现存的渤海佛教建筑除上京龙泉府部分遗迹，还有吉林省境内的灵光塔，该塔为砖砌 5 层密檐结构，与西安小雁塔结构十分相似。另外南京南海府也发现多处佛寺遗迹。

由于渤海国民族众多，民间宗教信仰不但种类多样，而且有逐渐融合的趋势。除少数部落首领家族踏入贵族行列外，绝大多数平民仍然处于氏族体制下，从事农、林、渔、猎相结合的经济生产。因此，在他们的生活中则更多保留了本民族的多神原始信仰，即“萨满教”。因建国后经济的不断发展，使渤海国民间萨满教获得了更多的表现手段，通过考古发掘在中国东北、俄罗斯远东以及朝鲜半岛北部均出土了大量的渤海国时期民间萨满教使用的各种法器。

萨满教泛指世界各地土著民族信仰的原始宗教，它是世界性的原始宗教。据认为该词源自北美印第安语 shamman（也译为“珊蛮”“嚓玛”，一说来自满族·通古斯语族 saman）。其词有智者、悟彻等含义，后演变为萨满教巫师的专称，也成为萨满之神的化身。

萨满可分为职业萨满和家族萨满（家萨满）。职业萨满是以专职身份面向全部落提供宗教服务，为雇主进行驱魔、占卜、祈福、主持红白喜事等，并收取相应报酬。家族萨满仅为本族成员提供宗教服务，他们平时与普通氏族成员相同，也照常从事劳动生产，只有在本族成员需要时才转而进行宗教活动，基本不收取报酬。无论是职业萨满还是家族萨满，男性和女性均可以担任，所从事的各种宗教仪式也完全相同。

萨满教没有成文的经典，没有有宗教组织和特定的创始人，没有寺庙，也没有统一、规范化的宗教仪礼，其职位常靠部落氏族中口传身教世代承续。随着原始社会的解体和阶级社会的出现，以及佛教、基督教和伊斯兰教的冲击，萨满教日益衰落。但在部分地区的民间，仍有着历史文化的影响，甚至以民族传统的形态残存下来，如中国北方的满族、蒙古族。

萨满教相信万物有灵和灵魂不灭，认为宇宙有上、中、下三界。上界为天堂，神灵所居；中界即人间，人类所居；下界为阴间地府，鬼魔和死人所居。世间万物及人世祸福，皆由神鬼主宰，即神灵赐福，鬼魔送祸。萨满教神祇诸多，以部族不同而礼仪各异。所谓“姓氏各殊，礼皆随俗”，即由于“本原氏族”不同，各个姓氏的萨满祭祀礼仪因俗而异，各具特点。

萨满作为神、人之间的使者，他们与其他宗教神职人员最大的不同是能够以个人的躯体舞动作为人与神鬼之间实现信息的沟通。这种沟通的方式主要有两种：一是神灵为主体，通过萨满的舞蹈、击鼓、歌唱来完成人类精神世界对神灵世界的邀请或诱导，使神灵以‘附体’的方式附着在萨满体内，并通过萨满的身形和语言完成与凡人的交流；二是以萨满为主体，同样通过舞蹈、击鼓、歌唱，使萨满的灵魂能够脱离现实世界去同神灵交往。以上神秘的仪式被称为“跳神”或“跳萨满”。在完成“跳神”或“跳萨满”的过程中，萨满都会表现出昏迷、失语、神志恍惚、极度兴奋等状态，当这类生理状态出现时则被称为“下神”“抬神”或“通神”，学术领域则称为“萨满昏迷术”或“萨满催眠术”。萨满就是通过这样的方式将人的祈求、愿望传达给“神”，也可以将“神”的意志传达给人。

唐朝的强盛，促使渤海国重视来自唐朝儒家文化的借鉴，这从渤海国六部机构采用“忠”“仁”“义”“智”“礼”“信”来命名即可看出。带来儒家文化的除少数汉族臣民外，本土内汉化程度较高的高句丽移民也成为重要的文化传播者。而最为重要、影响力最大的则是渤海贵族阶层对汉文化的青睐。自大祚荣起，渤海王廷就不断派遣留学生赴唐汲取唐朝文化。大钦茂则比他的父亲更加热衷汉学，他把输入汉籍经典当作遣唐使的主要任务。从他即位之初便遣使抄录汉文典籍，多次派学子入唐国子监（最高学府及教育管理机构）、弘文馆（贵族、高官子弟学校）、崇文馆（专为太子读书而设）等高等学府学习。这些人中大多数出身贵族官僚世家，有的还是渤海王室。他们学成后，精通儒家经典，又了解唐朝文化政治，回渤海后大多成为渤海朝廷的重要人才。此外文王时还效仿唐朝国子监设置"胄子监"，作为学习、传授儒家文化的重要场所。由于上行下效，儒家文化对渤海国影响巨大，甚至在渤海国灭亡以后仍对辽、金两代产生过重要影响。除此之外，中原人带来的道教和中亚人带来的景教也在渤海国有传播的痕迹。

渤海国时期蕴育出中国古代东北第一次文学繁荣。这从唐朝、宋朝和日本古代的一些文献记载中可以略见一斑。

唐代是中国古代诗歌发展的黄金时期，由于渤海王室贵族和官员普遍学习、推崇唐代诗歌，造就了一批渤海国诗人。这一方面是因为唐朝大量诗作的传入，再者许多渤海王室贵族彼此作诗唱和行成风尚，极大地推动了渤海诗歌创作的发展。仅史料记载中可见到的渤海诗人有杨泰师、王孝廉、释仁贞、周元伯、杨成规、释仁素、高元固、裴颋（tǐng）、裴璆（qiú）等十多人。

杨泰师是渤海国前期诗人的杰出代表，他在文王大钦茂时官至归德将军。公元758年，杨泰师随同杨成规出使日本，在日本，他和日本的官员、诗人文士赋诗唱和，表现出了杰出的诗才，他的诗歌很受日本诗人文士的赞赏。日本古籍《经国集》卷十三，收录了他的两篇诗歌。其中一首是七律《夜听捣衣诗》：

霜天月照夜河明，客子思归别有情。
厌坐长宵愁欲死，忽闻邻女捣衣声。
声来断续因风至，夜久星低无暂止。
自从别国不相闻，今在他乡听相似。
不知彩杵重将轻，不悉青砧平不平。
遥怜体弱多香汗，予识更深劳玉腕。
为当欲救客衣单，为复先愁闺阁寒。
虽忘容仪难可问，不知遥意怨无端。
寄异土兮无新识，相同心兮长叹息。
此时独自闺中闻，此夜谁知明眸缩。
忆彼兮心已悬，重闻兮不可穿。
即将因梦寻声去，只为愁多不得眠。

此诗在保留至今的渤海人诗作中是最长的一篇，诗律严整，语言生动，感情真挚。表达了诗人客居异国，在月光中思乡思归之情的缠绵难解，真切动人；对捣衣女劳作的描写也比较细腻生动，足见诗人造诣非浅。

王孝廉，是渤海国中期著名诗人，诗坛代表人物。在僖王大言义时任太守。公元814年出使日本，次年 5 月归国遇风返回，染病亡故。据日本古籍《文华秀丽集》记载，王孝廉擅长诗赋，日本“诸臣多与唱和”。《文华秀丽集》收入了他在日本所作的 5 首诗，在渤海国诗人中他的诗作保留下来的最多。这些诗篇主要是记述和描写他在日本的活动，抒发他的羁旅思乡之心。其中《和坂邻客对月思乡之作》是一篇出色的五言律诗：

寂寂朱明夜，团团白月轮。
几山明影彻，万象水天新。
妻妾看生恨，羁情对神动。
谁云千里隔，能照两乡人。

诗中“谁云千里隔，能照两乡人”，颇有盛唐诗人的意境，读来十分感人，王孝廉的外交活动和感人的诗情，受到日本朝野的敬重。

渤海后期诗坛更为繁荣，出现了许多著名的诗人，其中以裴颋（tǐng）、裴璆（qiú）父子为代表。裴颋在渤海国第 13 代王大玄锡时，官至文籍院少监，是文苑领袖人物。公元 882 年，裴颋率 105 人的庞大使团访问日本。在日本，他和日本著名诗人菅原道真、岛田忠臣等举行诗宴，赋诗唱和，写了许多诗篇。可惜其诗作没有流传下来，只可从日本古籍中见到部分篇目和残章断句。不过从日本诗人对他的才情赞美声中，如“做客皆为君后进，任将领袖属裴生”，可以看出他的诗歌成就很高。裴璆继其父在渤海国末代王大湮譔（yīn zhuàn）时任文籍院少监，后任和部少卿，渤海灭亡后为东丹国文官。裴璆曾三次出使日本（最后一次是渤海国亡后），日本文坛称他“词露莹珠”“凌云逸韵”，很为日本朝野推崇，影响很大。

随王孝廉访日的僧人释仁贞，是渤海国著名诗僧。其留下的一首七绝《七日禁中陪宴》富有文采，其中“更见风声无妖态，风流变动一园春”成传世佳句。渤海国有一个王子，据说是第 11 代国王大彝震的儿子，其诗才深受晚唐大诗人温庭筠的赞赏，二人有着深厚的友谊。温庭筠为这位要离开长安返国的王子作诗送别：

疆理虽重海，车书本一家。
盛勋归旧国，佳句在中华。
定界分秋涨，开帆到曙霞。
九门风月好，回首即天涯。

“佳句在中华”一句明确地告诉人们：这位王子是一位诗歌创作有很高水平的诗人，他的诗歌在中原内地广为流传。

除诗歌获得很高的成就之外，渤海国的文赋也具有较高的水平。骈（pián）文是渤海国官方普遍使用的文体，这种文体在渤海国广泛运用，说明渤海国文化已达到很高的水准。

骈文又称骈体文、骈俪文或骈偶文。以字句两两相对而成篇章的文体。因其常用四字、六字句，故也称“四六文”或“骈四俪六”。全篇以双句为主，讲究对仗的工整和声律的铿锵，易于诵读。骈文起源于汉末，在唐初很是盛行。政府的制诏奏章，一律用骈文写成。骈文虽然内容空泛，形式死板，但文辞华丽，对仗工整，韵律谐美。没有相当高的知识底蕴与文字修养是写不好骈文的。从目前留下的渤海国许多骈文文字可以看出，其文学已达到相当高的水平。

渤海国时期流传下来的骈文作品，主要是书牒、表文、碑文等。书牒较多，如渤海国诸王致日本天皇的《国书》，以及中台省致日本太政官的《牒》。

渤海国官方中台省与日本太政官之间常有牒文往来，渤海国中台省给日本太政官的牒文存有 7 篇，如：

“渤海国中台省牒日本国太政官：应差入觐贵国使、政堂省左允贺福延，并行从一百五人。牒奉处分，日域东遥，辽阳西阻，两邦相去万里有余。溟（míng）涨滔天，风云虽可难测；扶光出地，程途抑或易漂。所以展亲旧意，拜觐须中。每航海以占风，长候时而入觐。年祀虽限，星轺（yáo）尚通；赍（jī）书遣使，爰（yuán）至于今。宜遵旧章，钦修觐礼。谨差政堂省左允贺福延，令觐贵国者准状。牒上日本国太政官者，谨录牒上。”

这份《中台省致日本太政官牒》乃是两国政府间的例行外交公文，只是表示问候和通报来使而已，并无任何其他具体事由。正文部分不是普通散文而是骈体文。“日域东遥，辽阳西阻”“溟涨滔天，风云虽可难测；扶光出地，程途抑或易漂”“每航海以占风，长候时而入觐。年纪虽限，星轺尚通”等句，骈四俪六，对仗工稳，音律谐和，文辞华美，是水平较高的骈体文。

渤海碑文也不乏佳作，如文王大钦茂两个女儿——贞惠公主和贞孝公主的墓志，都是精彩的骈体作品，其文笔流畅，辞藻华美充分显示了作者汉学醇厚的功底。

贞惠公主墓碑，在 1949 年出土于中国的吉林省敦化县六顶山。贞孝公主墓碑，1980 年出土于吉林省和龙县龙头山。从两个墓志得知，两公主分别是大钦茂的二女和四女。两公主出嫁后，贞惠公主育有一子，幼年时死去；贞孝公主育有一女，也在年幼时死去。她们的丈夫也先后早逝，二公主都含悲守身，未曾再嫁。贞惠公主死时 40 岁，贞孝公主死时 36 岁。两墓志是骈文，前志后铭，文句绝大多数相同，只是因人而异有 6 句稍许不同。贞惠公主墓碑出土时已破裂为 7 块，碑呈圭形，花岗岩材质。通高 90 厘米、宽 49 厘米、厚 29 厘米。正面镌刻墓志，阴刻，楷书真字。其中有 234 字已经斑驳难辨。幸好，贞孝公主墓出土的墓碑保存完整，全文可识。

“夫缅览唐书，妫（gui）汭（ruì）降帝女之滨；博详丘传，鲁馆开王姬之筵。岂非妇德昭昭，誉名期于有后，母仪穆穆，余庆集于无疆，袭祉之称，其斯之谓也。公主者，我大兴宝历孝感金轮圣法大王之第二女也。惟祖惟父，王化所兴，盛烈戎功，可得而论焉。苦乃乘时御辨，明齐日月之照临；立极握机，仁均乾坤之覆载。配重华而肖夏禹，陶殷汤而韬周文，自天佑之威如之吉。公主禀灵气于巫岳，感神仙子洛川，生于深宫，幼闻婉柔。瑰姿稀遇，哗似琼树之丛花；瑞质绝伦，温如昆峰之片玉，早受女师之教，克比思齐；每慕曹家之风，教诗悦礼。辨慧独步，雅性自然。口口好仇，嫁于君子。标同车之密义，叶家人之永贞，柔恭且都，履慎谦谦。箫楼之上，韵调双凤之声；镜台之中，舞状两鸾之影。动响环佩，留情组川，口藻至言，琢磨洁节。继敬武于胜里，拟鲁元于豪门，琴瑟之和荪薰之馥，谁谓夫婿先化，无终助政之谟；稚子又夭，未经请郎之日。公主出织室而洒泪，望空闺而结愁。六行孔备，三从事亮，学恭姜之信矢，衔杞妇之哀凄。惠于圣人，聿怀聪而长途未半，隙驹疾驰，逝水成川，藏舟易动，粤以宝历四年夏四月十四日己未，终于外第，春秋四十，谥日贞惠公主。宝历七年冬十一月廿十四日甲申，陪葬于珍陵之西原，礼也。皇上罢朝兴恸，避寝驰悬，丧事之仪，命官备芙，挽郎呜咽，遵阡陌而盘桓；辕马悲鸣，顾郊野而低昂。予以鄂长，荣越崇陵；方之平阳，恩加立厝（cuò）。荒山之曲，松稷森以成行；古河之隈（wēi），泉堂邃永翳（yì），惜千金于一别，留尺石于万龄，乃勒名日：丕显烈祖，功等一匡。明赏慎罚，奄有四方。爱及君父，寿考无疆。对越三五，囊括成康。惟主之生，幼而询美，聪慧非常，博闻高视，北禁羽翼，东宫之娣，如玉之颜，舜华可比。汉上之灵，高唐之精，婉娈之态，闻训兹成。嫔于君子，柔顺显名，鸳鸯成对，凤凰和鸣，所天早化，幽明殊途，双鸾忽背，两剑永孤，笃于洁信，载史应图，惟德之行，居贞且都。愧桑中咏，爱柏舟诗，玄仁非晚，白驹疾辞。奠殡已毕，即还灵糯。魂归人逝，角咽笳悲，河水之畔，断山之边，夜台何晓，荒陇几年。森森古树，苍苍野烟，泉属俄闭，空积凄然。”

碑文详细记述了公主的生平行状，颂扬了渤海建国以来的文昌武盛。写作技巧俪句骈偶，讲求对仗；平仄和谐，引经用典，富于辞藻，充溢着传统儒家伦理道德观念，且铭文形式与唐以后各朝中原的墓志铭文通例相同。

贞惠公主和贞孝公主的墓志铭，证实了渤海国上下是以汉字为书写和交流工具的，这两个墓志铭，产生在文王末年、渤海国发展的上升时期，史家视为渤海国骈体散文的重要作品，其在思想和内容上深受儒家思想的影响，及唐朝文化的传袭。

《史都蒙等上光仁天皇笺》与国书、牒文等都不相同，它是一篇书信体的散文。很有特色，文学价值和历史价值很高。全文是：

“都蒙等一百六十余人，远贺皇祚，航海来朝。忽被风漂，致死一百二十；幸得存活才四十六人。既是险浪之下万死一生，自非圣朝至德何以独得存生？况复殊蒙进入，将拜天阙，天下幸民，何处亦有！然死余都蒙等四十余人，心同骨肉，承十六人别被处置，分留海岸。譬犹割一身而分背，失四体而匍匐。仰望宸辉曲照，听同入朝。”

文王大钦茂派史都蒙等 167 人出使日本，任务是贺光仁天皇即位并赴其王妃之丧。船只将要到达日本越前国时，突遇风暴，船只损坏，仅有史都蒙等 46 人幸免于死。次年 2 月，渤海使团将入京时，日方却限令只许 30 人入京，其余的人要在越前港口等候。史都蒙不忍心留下 16 名难友于不顾，于是向天皇上书，极言此行的艰难与不易，可谓劫后余生。这些人共赴艰险，亲如骨肉。因此，恳请日皇准许 46 人一同进京。

史都蒙这封对天皇所写的“上书信”，情辞恳切，简洁明了，却感人至深。因此，打动了光仁天皇，他对史都蒙等渤海国使节十分理解与同情，终于特准 46 人全部入京觐见，受到日方很好的礼遇。史都蒙等还为日皇演奏渤海乐，使古代中国东北富有民族特色、地方特色的渤海乐传入日本。

渤海国使用渤海语，官方文字当为汉文，而渤海国究竟有没有自己的文字，目前尚无定论。但学术界主流观点有如下两种：

一是认为渤海国没有自己的文字，渤海遗址中所显见的殊异字体并非是渤海人所独创的文字，其中有些是汉字的变体。还有一些当为边疆少数民族在学习中原先进文化过程中所造成的错误，并非有意而为之。而一小部分可能是工匠所用的特有符号。1982年，吉林省延边博物馆的学者们通过渤海遗物“文字瓦”材料的掌握与收集，对渤海文字进行了较为详尽的整理和研究。通过汇总，共有250多个文字、符号。专家将其分为三类，即正楷类、殊异字类和符号类。他们认为渤海没有创制本民族的文字，其中所谓的殊异字大部分可以说是汉字的变体字或者是由于工匠文化程度有限所造成的错别字。去除大部分的这类殊异字，其他的殊异字也不能说成是渤海人自创的文字，其中可能是工匠自己所做的标识和不规范的戳印。

二是认为渤海国有本民族的语言，为了准确表达这种语言的特有发音、思想和情感以及固有的名词，创制了本民族的文字。韩国有学者主张，渤海国是有自己文字的，以表特有之音。是与高句丽、契丹、女真等民族一样借鉴汉字写法，通过表音标记法来表达自己民族的感情、文学、固有名词、地名等。并提出这种做法在朝鲜三国时就已经普遍流行。其中他提到《日本纪略》载：“渤海首领高多佛脱身，留越前国安置，越中国即令史生羽栗马长及诸生就习渤海语。盖渤海即通习汉字，而其语言中心有汉字所不能赅之音，故别制新字以表明之，此奇异难识之所由来也。”说明渤海国是有其本民族语言的。并引《李太白全书·王尘丛谈》中语：“渤海国有书于唐，举朝无解之者，李太白能解而答之。”指出在渤海国遗址上所发现的“文字瓦”中，相当数量都属于无法解读音义之字。此也可能为渤海人创制的本民族文字，或是利用汉文开发出的本民族表音文字。

公元793年，渤海文王大钦茂去世。其后20多年间，渤海一度进入中衰时期，先后更换了废王大元艺、成王大华玙（yú）、康王大嵩璘（lín）、定王大元瑜、僖王大言义、简王大明忠6代国王，其间政局动荡，屡有宫廷政变发生。废王大元艺（也写作“义”）即被大钦茂的孙子大华玙废黜并杀死。大华玙半年后病逝，大元瑜、大明忠均在位时间不长。公元818年，大祚荣之弟大野勃的玄孙大仁秀即位，是为渤海宣王。

大仁秀才智出众，胸有韬略，领渤海国势中兴，并步入全盛时期。他即位不久，趁新罗发生灾荒并发内乱之机，于公元820年向新罗发起一场大规模的军事进攻。击败新罗，占据了新罗一部分土地，控制和稳定了南部局势。迫使新罗退至浿江筑长城300里。同时向北征服其他靺鞨部落，并打败了强悍的黑水靺鞨，迫使海北诸部首领、酋长，俯首称臣，接受管辖。将兴凯湖、乌苏里江流域直至三江平原置于渤海国的控制之下，并设怀远府、安远府。故史籍记载“仁秀颇能讨伐海北诸部，开大境宇有功”。

公元830年，大仁秀去世，其孙大彝震继位。大彝震是渤治国成就较大的几位国王之一。他在位时期，渤海国进一步发展与唐朝和日本的经济文化关系，尤其与唐朝往来最为频繁。唐朝曾派官员回访渤海，回国后著有《渤海记》，详细记录了渤海诸王谥号、年号、官制、地理、交通、物产、风俗等情况，成为研究渤海国的珍贵史料。虽然该书已亡佚，但北宋时期编辑的《新唐书》内容曾参照该书，使渤海的国情能较详细地被记载下来。正是由于这个原因，渤海诸王的谥号、年号仅在大彝震之前保留，而大彝震以后则失传了。随着渤海王国封建化的完成，其社会内部的各类矛盾也在扩大和激化。大彝震于公元857年去世，以后又经历了大虔晃、大玄锡、大玮瑎（wěi xié，一作大瑋瑎）、大諲譔（yin quan，一说譔念zhuàn）4代国王。从大玄锡、大玮瑎时起，渤海国已经踏上了衰微的道路。整个统治阶层日益走向腐朽，朝廷内部争权夺利加剧，北方黑水靺鞨诸部不断起事反抗压迫。一系列内外因素，严重削弱了渤海国家的实力，并为西邻崛起的契丹人的侵扰和进攻提供了可乘之机。经过20年的反复较量之后，公元926年初，契丹人攻占了上京忽汗城，国王大諲譔被迫投降，渤海国灭亡。

契丹皇帝耶律阿保机灭亡渤海以后，改渤海国为东丹国，以长子耶律倍为东丹国王。公元982年国号被撤销，改属东京道（一说东丹国还继续维持了一段时间）。渤海国灭亡后，遗民不愿接受契丹人统治，曾进行激烈的反抗，建立了定安国、兴辽国、大元国等反抗政权，但都被镇压。渤海国故地也在战乱中遭到极大的破坏，使渤海文明受到毁灭性的打击。

有关渤海国灭亡后渤海人的动向史料极为有限，有学者认为难民的迁移大致有四个方向：占人口一半左右的人留居故地和流亡女真地区，金朝时期对他们的同化政策使其融入女真族之中，女真贵族完颜氏自称是渤海王族大氏的子孙；被强迁到契丹内地和辽东地区的移民，人数在100万以内，后来一部分融入蒙古族，大部分融入汉族；投奔朝鲜半岛的移民，人数在30万以上，都融入现在的朝鲜族中，朝鲜半岛的陕溪太氏据说就是渤海王室大氏的后裔；投奔中原内地的移民数量很少，很快都融入到汉族中。

◆从公元6世纪开始，大和国大王与豪族为扩大屯仓、田庄以及占有部民，相互间矛盾加剧。豪族葛城臣、平群臣、大伴连、物部连在斗争中逐一失势，至公元6世纪末只剩下苏我氏与大王（或称天皇）争权。

公元592年，苏我氏派遣刺客暗杀了崇峻大王，拥立族亲敏达大王的王后额田部为新大王，即推古天皇。据中国古籍《隋书》记载，推古是最早使用“天皇”称号的日本君主。因此，推古天皇也是日本历史上第一位女天皇。次年，推古天皇立用明天皇遗子圣德太子为皇太子并摄政。被史学家们称为的飞鸟时代由此开始。

飞鸟时代是以奈良县的飞鸟地区（即当时的藤原京）而得名。

圣德太子的本名是厩（jiù）户，传说是因为在马厩前出生，所以取名为厩户。如今的主流说法是，圣德太子出生地的附近有个叫“厩户”的地名，因此取名为厩户。“圣德太子”这个称呼，实际上在他生前没有使用过，其去世100多年后，才逐渐被广泛应用（关于圣德太子事迹的真实性，在日本史学界有争议）。

圣德太子摄政后，大力提倡佛教，制定冠位12阶，公布17条宪法，巩固了大王政权。

“官位12阶”是根据才能和功绩分别授予12种官位的制度。其具体规定是：以德、仁、礼、信、义、智各分大小，组成12级官阶；并用紫、青、赤、黄、白、黑六种颜色浓重不同的官帽来加以区分。即大德、小德、大仁、小仁、大礼、小礼、大信、小信、大义、小义、大智、小智 12 个等级。圣德太子此项措施在一定程度上起到了抑制氏族门阀势力和不拘一格选拔人才的作用，一扫过去只有豪族才能占有官职的陋规。此项制度在大化三年（公元 647 年），又改成 7 阶 13 色。

《十七条宪法》是在日本推古天皇 12 年（公元 604 年）所制定。内容并非现代法律意义上的宪法，它主要是为无秩序的大和国贵族社会提供道德规范和标准。“宪法十七条”重点放在“和”“崇君”“公正”“尊三宝”上。“和”是为了缓和豪族之间、豪族与皇族之间的矛盾；“崇君”是为了树立天皇的权威，要求大家服从天皇的意志；“公正”是为了让官员们维护好天皇统治的封建秩序；“尊三宝（三宝指佛宝、法宝、僧宝）”是为了统一信仰，统一思想。

“宪法十七条”广泛地引用了中国的儒家、法家、道家的典故或成语。其中直接规定为臣之道的就占了 8 条。要求为臣者做到：“承诏必谨”“无忤为宗”“以礼为本”“背私向公”“各司其职”“早朝晏（yàn）退”“无有嫉妒”“大事不可独断”。一句话，要求所有的氏族豪强时时处处认识到自己的身份是“臣”，因此要尽职尽责，为君效力，不能有非分之想，也不能懈怠谋私。规定为官之道的有 5 条，告诫各级官吏，要做一个让君主放心的好官。以道德教化的形式申明治国理念的有 4 条，提到要上下和睦，注重修养等。为今所知，日本法制史上第一部成文规例。

飞鸟时代日本开始使用中国的农历纪年。

公元 607 年，大和国向隋朝派出一个使团到达洛阳，使团首领叫小野妹子，他向隋炀帝杨广递交了天皇的一封信，信的开头是“日出处天子致书日没处天子无恙”。日方的书信中把本国的天皇也称为“天子”，意欲与中国的皇帝平起平坐，这令把日本视为藩属的隋炀帝大为不快，吩咐“蛮夷书有无礼者，勿复以闻。”不过，此时隋朝正进行征讨高句丽的战争，不希望与日本的关系搞僵。因此，隋炀帝仍派出使者送日本使团回国并进行回访。

小野妹子回国后声称将隋炀帝带给天皇的国书不慎丢失，这引起大和国朝野一片不满。有大臣建议天皇以丢失国书罪将小野妹子流放，圣德太子立即劝阻。关于小野妹子遗失国书之说历史学家判断有三种可能：一是国书确实丢失；二是国书中可能载有隋炀帝对大和国修书不满的指责言辞，小野担心天皇看了震怒，就故意毁掉；三是国书并未丢失，小野秘送天皇，但天皇因国书上有不利之词，担心公开后不利于外交，而令小野托词丢失。凡此种种至今尚无定论，不过可以肯定的是，因国书的丢失避免了可能由国书引起的中日间的紧张关系，促使隋朝使者的回访成功。

公元 609 年，小野妹子再度出使中国。此次的国书的抬头为“东天皇敬白西皇帝”，首次对中国使用“天皇”这一称谓，巧妙地避开了两国间的藩属关系问题，并带来了一批留学生、留学僧。这样，隋朝廷和大和王廷出于各自的利益需要，使得两国的文化交流出现了第一次高潮。

圣德太子死后，苏我氏权倾朝野，无人能制，专横日甚，甚至到了欺凌天皇家族的地步。圣德太子一族，惨遭苏我氏的杀灭。

皇极天皇之子中大兄（本名葛城），随着年龄的增长日益感到苏我氏对皇室造成严重的威胁。他联合大贵族中臣镰足等人，计划在宫中清除苏我氏势力。经过周密的准备，机会终于等到。

公元645年6月的一天，皇极天皇在皇宫大殿接见高句丽、百济、新罗三国的使者。皇极天皇和苏我入鹿等朝臣均在殿上。中大兄手持长枪、中臣镰足持剑冲入大殿，将苏我氏势力在朝廷的代表人物苏我入鹿当场刺死。苏我入鹿之父苏我虾夷见大势已去，焚宅自杀。史家称为“乙巳之变”。

中大兄皇子消灭了专权的苏我氏，拥立皇极天皇的同母弟轻皇子即天皇位，是为孝德天皇。自己以皇太子身份摄政，此时，中大兄皇子年仅20岁。

孝德天皇即位后效仿唐朝宣布建立年号，定年号为“大化”，创日本年号之始，同时迁都难波宫（在今大阪市）。次年新年伊始，孝德天皇发布了《改新之诏》，孝德天皇和中大兄皇子开始在大和国众多领域进行了制度改革。这些改革，后世称之为“大化改新”。

大化改新主要内容有：1. 废除皇室和贵族的私有土地、屯仓、田庄和部民（部曲），收归朝廷，是为公地公民，对大夫以上高官贵族赐予食邑；2. 确定中央、地方的行政区划和组织，中央分京师和畿内（即京城周围地带），地方分国、郡、里；3. 整备军事和交通制度，实行府兵制（兵农合一）；4. 官吏由国家任免，废除世袭制；5. 编制户籍，规定赋役，行班田收授法（即班田制），统一规定班给国民的土地和应付租赋的数额，实行新税法及向皇室献纳仕丁、宫女的制度。

班田制效仿唐朝的均田制而制定，具体规定是：凡6岁以上的公民，由政府班给一定的土地（口分田），女子的土地数量为男子的三分之二。官户奴婢与公民相同，私奴婢则给公民的三分之一。有位、有职、有功者，按位的高低，功的大小，班给相应的位田、职分田、功田等。除口分田之外，还相应给以若干宅地和园田，为世业田，若绝户还公。班田每6年一次。所受之田不准买卖，若受田者死亡，由国家收回。

大化改新是日本由落后的部民奴隶制国家向封建制国家转变的关键一步，促使日本社会从原始性很强的早期氏族国家进入以天皇为中心的中央集权制国家，天皇的权利得到极大加强。大化改新是自上而下的政治改革，是日本历史上第一次主动地、大规模地学习岛外先进文化制度，从而促进了日本社会的发展，是日本发展史上的一次飞跃。

关于大化改新后的社会性质，史学界主张不一。日本学者大都认为改新后的律令社会是奴隶社会的继续。因为大化改新后阶级关系没有发生变化，公民的沉重徭役负担，其性质与部民的负担并无不同。中国学者除部分人赞成日本学者的观点者外，也有部分认为大化改新是确立封建制度的改革。

大化改新后日本得到发展，此时朝鲜半岛处于高句丽、百济、新罗三国鼎立的局面。三国都想统一半岛，但又都无力消灭对方，于是便向东西邻国寻求援助，分别和大唐、大和国建立起外交关系。高句丽、百济与大和国的关系较为密切，新罗因与大和国王庭结怨，故和唐王朝亲近。于是，朝鲜半岛就形成了以高句丽、百济、大和国为一方，新罗、唐朝为另一方的政治局势。

孝德天皇死后，皇极天皇重新即位，改称齐明天皇，并迁都飞鸟。皇极天皇或齐明天皇名宝，也是一位女天皇，而且是日本唯一两度登上王位的女天皇。

大和国在齐明朝时期发动了两次规模较大的战争。一次是征虾夷（今日本北海道一带），及讨伐肃慎海盗（活动于中国东北部及俄罗斯沿海州一带）；一次是出兵朝鲜半岛，与大唐、新罗联军交战。据日本史籍《日本书纪》中记载，自公元 658 年至 660 年，大和国派兵北征虾夷和肃慎，使齿田、亭代、津轻三郡虾夷人归服，同时击退来犯的肃慎海盗。

中大兄皇子十分重视朝鲜半岛的利益。当唐与新罗联军攻陷了百济都城，俘百济王及其太子时，百济派遣使臣向大和国求援。中大兄认为这是恢复大和国在朝鲜半岛南部地位的绝好良机，遂将滞留在大和国的百济王子扶余丰送回百济，与齐明天皇一起，亲临九州指挥战事。但年老的齐明天皇经不起长途奔波，于公元 661 年 8 月去世于筑紫朝仓宫。

齐明天皇去世后，中大兄皇子不登皇位，却以皇太子名义监国。

公元 662 年，中大兄皇子颁布了日本历史上第一部成文法《近江令》22 卷（其内容篇目皆已散佚），《近江令》将大化改新的成果以法律的形式固定下来。一般认为，《近江令》是中臣镰足受中大兄之命集中了一批博学之士，参考唐朝令法而着手编辑的。

公元 663 年，中大兄皇子派援军 2.7 万余人，战船千只，支援百济。至白江口之战失败，大和国援军被迫撤出朝鲜半岛，中大兄企图在朝鲜半岛南部恢复支配地位的希望化为泡影。在半岛战争失败后，由九州回到飞鸟的中大兄皇子，可能是因为战事失利的责任问题，不但未及时即位，反而有从政治前沿后退的迹象，而且在政策上也趋于保守。

公元664年，由中大兄同母弟大海人皇子宣布了三项重要法令：其一是把官位增为26阶；其二是给予有势力氏族的族长（氏上）以特殊的身份（大氏族的族长赐大刀，小氏族的族长赐小刀，伴造等赐弓矢），这一做法使门第再次成为确定地位的依据（由于冠位制的存在，个人才干和业绩依然受到重视）；其三是承认氏姓贵族的“民部”“家部”。学者们对这一规定的解释出入很大。有的认为，这是把他们原来已归公的部民重新发还，复活了部民制。有的则认为，这不过是对他们未及归公的部民停止归公，承认仍归私有而已。一般认为，后一种的解释比较合理。在对外战争失败和政治形势对自己不利的情况下，在政策上表现出较大的灵活性，作出一定的妥协让步是可以理解的，但绝不会是全面恢复已废除的部民制。

公元 667 年，可能出于害怕唐朝的进攻，中大兄皇子又把都城从飞鸟迁到近江，并修筑海防工事。次年，中大兄正式登上皇位，称天智天皇，这时他 43 岁。在习惯上，把他开始称制的公元 662 年作为天智元年。

公元 669 年，中臣镰足临终前天智天皇亲临探望，被赐封一等冠位——大织冠，被任命为内大臣，赐“藤原”姓，为日本藤原氏的始祖。但赐姓的天智天皇和忠心耿耿的中臣镰足不会想到，赐姓后的藤原氏会控制天皇朝廷几个世纪。

在废除了土地和部民的私有之后，为了有效地统辖全国的土地和国民，公元 670 年，天智天皇下令编制全国性户籍，史称《庚午年籍》，是日本历史上最早的比较完备的户籍记录。

《庚午年籍》记载了当时大和国各个阶层的所有人口。在制定过程中，重新确认了原有的氏姓，同时对许多原来没有“姓”的人赐予了广义的姓。规定凡没有氏姓的人，包括连广义的姓也没有的人一律定为贱民。《庚午年籍》不但重新承认了氏姓，而且还在全国范围内，为所有人口确定了等级身份。按规定，户籍每 6 年要重新制作一次，并且最多保持 30 年，之后必须用新制作的户籍去替换。但是《庚午年籍》例外，它被视为后世校验每个人等级身份的原始凭证而永久保存。《庚午年籍》的制定，把以血统门第为内涵的等级身份秩序延伸到了整个社会。

早之前的日本人没有姓，只有名。后来在贵族中间首先出现了氏和姓，氏成为大和国家中的一种政治组织。每个氏都有自己的名称，叫作“氏名”。氏名是根据该氏族在朝廷中担任的职务或该氏族居住、管辖的地方命名的。例如，在朝廷中主管祭祀的部门叫忌部，管理忌部的氏族便称为忌部氏，而出云氏、近江氏则是影响出云、近江地方的氏族，苏我氏的势力被认为是在今奈良县高市郡附近。日本古代的“姓”是赐予氏的称号，以表示该氏的社会政治地位。姓有几十种，它类似爵位，是世袭的。各姓之间等级分明。例如，臣、连、君、直等。除氏、姓以外，后来还衍生出了一种新的称号叫苗字。“苗”是分支的意思，苗字即一个家族从氏族本家分离出去后的新姓。总之，古代日本人的名字有氏、姓、苗字三个部分，分别表示一定的意义。如“藤原朝臣九条兼实”，其中：藤原是氏名，朝臣是姓，九条是苗字，兼实是名。后来，新的苗字大量增加，氏、姓、苗字逐渐合为一体，统称为苗字。在今天的日文中，苗字就是我们通常所说“姓”的意思。

在既有氏、姓又有苗字的贵族统治阶级当中，天皇是一个例外。历史上的日本天皇都没有姓，只有名。在古代，天皇被认为是天神的后代，具有至高无上的权力，因而也就没必要有姓。不仅是天皇，就连皇后和天皇的子女也都没有姓（天皇的女儿长大出嫁以后，可以姓丈夫的姓）。

由天智天皇主导的“定氏上”、扩“26 阶”、制《庚午年籍》的三大举措，是在律令制度框架下建立新型等级身份秩序的重要步骤。它在整合了社会各阶层、各阶级秩序的同时，也极大地提高和保障了天皇的地位。

公元 671 年 8 月，天智天皇病重，他召见大海人皇弟，让其在他死后继承皇位。但大海人自幼追随兄长左右，深知其排斥异己的手段。于是，大海人力举天皇长子 24 岁的大友皇子为皇太子，自己则申请出家，闲居吉野宫（今奈良县吉野），静观时局。

此前，中大兄为了笼络大海人先后将 4 个女儿嫁给其为妻。

次年 1 月，天智天皇在近江宫去世，享年 46 岁，大友皇子继承皇位。大友皇子即位仅 5 个月，便发生了日本历史上著名的“壬申之乱”。

大海人隐居后密切关注着皇室的动向。有线人来报，大友皇子继位后，以修筑山陵为名，募征壮丁，招兵买马，武装待发。又据大海人的女儿，大友皇妃向其父告称，近江朝廷有加害之意。

于是，大海人先发制人，动员了东海道、东山道两道地方豪族的兵丁及不满朝廷者举旗反叛，队伍迅速扩充至数万人。进入美浓（美浓国属东山道，俗称浓州）后，大海人又聚集东国来的兵马分两路向近江进军。与此同时，大友皇子的军队也杀向美浓，但由于指挥混乱，错失战机。在濑田川桥（滋贺县大津市唐桥町）之战中，仓促应战的大友皇子军大败，走投无路的大友皇子自杀，壬申之乱结束。

在《日本书纪》中记载的壬申之乱，是大友皇子对大海人皇弟的叛乱。失败的大友皇子当时有没有即天皇位？哪一个更具正统性？关于这一点的争议在日本历史上一直没有停止过。如果当时大友皇子已经即位，则大海人就是篡夺了天皇的皇位；反之，就是另一说。公元1870年明治天皇追谥大友皇子为弘文天皇。

有学者提出，“壬申之乱”实质是大和国地方豪强利用各阶层对朝政的不满情绪发动的具有政变色彩的武装动乱。大海人在军事上和政治上，正是借助于不满朝廷政策的东国地方豪强的支持而取得的胜利。当时，以引进大唐律令制为目标的天智天皇，想打破大和国在同母兄弟间兄终弟及的皇位继承传统，代之以像大唐那样的嫡子传位制，而传位于大友皇子，从而引发了大海人的强烈不满。再加上大海人是出色的政治家，凝聚了一股支持其即位的势力，这些势力形成大海人成功的基础。

对于“壬申之乱”的诱因还有另一种说法。

额田姬，又称额田王、额田部姬王、额田部皇女等，10岁左右便入宫成为采女（一说巫女），后成为当时极负盛名的女诗人。她的和歌诗风秀丽，情感动人。据《日本书纪》记载，她最初嫁给了大海人。但后来却被天智天皇（中大兄）招进后宫，成为天智天皇的妃子。可是，大海人却总不能忘情。一天，中大兄去猎场，额田姬和大海人等同行相陪。在猎场里，大海人对额田姬情不自禁挥动衣袖，额田姬顿时紧张起来，为了制止他，吟了一首诗：

踌躇紫菀（wǎn，紫色的草花）野，
骏马往来忙。
不堪虞人（掌管山泽苑囿的官）瞩，
君袖刺心扬。
大海人为表心迹亦作诗答道：
紫菀伴妹妍，
芳柔催人怜。
奈为他人妇，
断肠为谁言。

这两首诗都收录在日本最早的诗歌总集《万叶集》中，记下了天智天皇、额田姬、大海人皇弟之间的爱情纠结。大海人想拥有心中之爱，于是，寻机发动了“壬申之乱”夺回了额田姬。

公元673年，大海人建造了飞鸟净御原宫，并正式即位，是为天武天皇。

大友皇子势力被消灭之后，大海人设立了新的统治制度，即服制改革、八色之姓、官位制度改革等。天武天皇比起天智天皇，在中央集权方面，更进了一步。其实，在孝德和天智时期推出的改新政策，因受地方豪族的抵制，长期未能实质性深入实施，至天武朝始逐渐在全国推行。这主要是由于地方豪族出现分化，大豪族势力日趋衰落，致使其统治区域内的实权逐渐转入中小豪强手中，使中央权力得以介入。

公元 684 年，天武天皇制定“八色姓”，把天智朝的氏姓制度改革又向前推进了一大步。

所谓八色姓，是在原有的氏姓基础上，经过梳理整合之后重新进行了命名。新命名的氏姓一共有八种，分别代表贵族阶层内部的八种身份，其序列基于各氏祖先或与皇室关系的亲疏而定。即“真人、朝臣、宿祢（sù mí 也译宿弥）、忌寸、道师、臣、连、稻置”。其中真人、朝臣、宿祢为上位姓，忌寸、道师、臣、连、稻置为下位姓。这一次天皇给皇族也赐了姓，即排在八色姓首位的“真人”；排在第二位的“朝臣”一姓，初始授予皇室亲族系统，后亦授予原氏姓中等级最高的“臣”姓大氏族；第三位“宿祢”一姓赐给了原氏姓中的第二等级“连”姓有势力的大族；第四位“忌寸”一姓赐给了原来拥有“直”“造”等姓，担任“国造”一级官职的大氏族，包括有才华的归化人诸氏；第五位是“道师”，授予具有世袭职业和祖传技艺的氏族；第六位是“臣”，授予上升为“朝臣”姓以外的原“臣”姓氏族；第七位是“连”，授予上升为“宿祢”以外的原“连”姓氏族；第八位是“稻置”，授予地方官。天皇不设姓，以此来明确天皇的地位高于一切氏姓，不同凡人的表征。

八色姓的制定，促使旧的氏姓制度为新确立起来的身份秩序服务。再次提高了皇族近亲的社会地位，明确高级朝官与低级朝官的门第差别，以及中央贵族与地方豪族之间的地位差别。根据同一理念，天武天皇在制定“八色姓”的同时，对位阶制度也进行了实质性的改革，第一次把单线排列的位阶划分成天皇家族与朝臣两大不同的系列，从而使位阶制度产生了一个质的差异。这种差异旨在重申天皇与朝臣之间具有本质区别，二者之间不仅仅是单一的上下关系，更重要的是神人之间不同性质的君与臣的关系。

改造后的位阶制由 12 阶加 48 阶两大系统组成。“12 阶”是专为皇族而设，包括亲王和诸王，亲王是指天皇的兄弟姐妹和皇子，诸王是指皇族的其他成员。“48 阶”是面向诸臣而设，位阶的增加使更多的中下级官吏能够得到更多的晋升的机会，从而获得了更为广泛地拥护和支持。使大和国以天皇为核心的等级身份秩序日渐完善，从而使圣德太子引入的“君臣有别”的思想，在大和国朝野上下具有了制度上的保障。

公元 686 年 9 月，天武天皇因病去世，皇后代为执政，皇后本名为鸬（lú）野赞良，是天智天皇的次女。

天武天皇的灵柩一直停了 2 年零 3 个月，直到鸬野皇后利用种种手段掌控朝政之后，才于公元 688 年 11 月正式安葬。在这期间，鸬野皇后以谋反罪处死了外甥大津皇子与他的亲信。然而鸬野皇后唯一的儿子草壁皇子的身体太差，还没来得及即位就在次年 4 月病逝了，年仅 28 岁。草壁皇子的儿子轻皇子时年 7 岁，难以继承大统，鸬野皇后只好于公元 690 年 4 月自己坐上了天皇宝座，是为持统天皇。

持统天皇在位期间继续推进天武天皇的改革路线。公元 689 年颁布了天武时期编订的《飞鸟净御原律令》，以防止旧氏姓贵族的复辟。《飞鸟净御原律令》其中令的部分已基本佚失，据日本学者分析，当时可能未制定“律”，而是借用了唐律。《飞鸟净御原律令》是日本历史上第二部成文法典。

公元697年8月，持统天皇让位给已经16岁的孙子轻皇子，即文武天皇。

史学界认为，天武天皇及其继任者持统天皇的统治时期是日本传统文化的重要形成时期。

大和国对外使用“日本”这一称呼大约在公元7世纪后期，也就是天武及持统两朝时期。其经过在日本史书中没有明确记载，但中国的《新唐书》则记载道：“元年，遣使贺平高丽。后稍习夏音，恶倭名，更号日本。使者自言，因近日所出，以为名。”朝鲜《三国史记》文武王十年（公元670年）12月条的记录也与此吻合：“倭国更号日本，自言近日所出以为名”。唐朝人张守节则记载“武后改倭国为日本国”。考古上最早发现“日本”这一名称的是2010年出土于中国西安的《祢军墓志》，该墓志成于公元678年。由此可见“日本”这一称呼的使用最迟不晚于7世纪后期。

2010年在中国的陕西省西安市附近的一个工地上，考古人员发现了3座大型唐代墓葬。墓主为唐代祢（mí）氏家族三代人，3人均为唐朝高官，且为朝鲜半岛百济国遗民。其中，祖父曾助力百济义慈王归附唐朝。

墓志显示，祢氏家族从五胡十六国至唐，曾多次迁徙。据称，祢氏家族为东汉名士祢衡的后人，可能因为躲避战乱而到了朝鲜半岛，均在百济朝廷担任高官。百济灭国后，祢军曾代表唐朝出使大和国，还被派回百济故地，替唐朝镇守。回到唐朝后，做到右威卫将军上柱国（荣誉称号）。专家们在祢军的墓志铭中发现了“于时日本余噍（jiào，吃东西，意指尚生存的人），据扶桑以逋（bū，逃避）诛”这样一段话，翻译过来的意思是：百济亡国后，其遗民多逃到扶桑（今日本）以躲避诛杀。据此，有学者认为，此时的“日本”一词指百济之地并非国号。

公元701年3月，文武天皇定年号为“大宝”，年号制度从此确定下来。8月份完成了《大宝律令》的编纂，并于次年全面实施。

《大宝律令》是日本律令制法典的重要代表之一，它以唐朝的《永徽律》为蓝本，结合日本实际情况作了修订和增补。是一部以刑法为主，诸法合体的法典。它分为律6卷和令11卷。律大致相当于刑法，令则是民规、诉讼、行政诸法的统合。其基本内容结构为：户田篇、继承篇、杂篇、官职篇、行政篇、军事防务篇、刑法和刑罚篇。

《大宝律令》规定了新的身份制度，全部人口被划分为良民和贱民两个等级。所谓良民，也称公民，包括皇族、贵族和自由平民，也包括品部、杂户（手工业者半自由民）；而贱民则指改新以后仍未被解放的奴隶，包括世代守卫皇陵者，以及公私奴婢等。律令不允许良民和贱民之间通婚，一旦通婚生下子女，也都归为贱民一列。

《大宝律令》对天皇的地位在法律上给予了更加充实的确定和保障，天皇的法律地位远远高于处在位阶制首位的核心权力层。律法规定了“八虐”“五罪”“六议”。“八虐”是指8种最严重的罪行，其中第一条就是对君主的谋杀和叛逆，第二条是企图损坏皇陵皇居，第六条是对天皇的大不敬。8 条中直接与侵犯天皇有关的就占了 3 条。“五罪”是指 5 种刑罚，最严重的是死罪，如犯了“八虐”中的罪行。“六议”是指 6 种情况下可以考虑减刑，其中有 3 种直接与天皇有关，第一种就是皇族，第二种是天皇的近臣，第五种是对天皇制国家建立过功勋的人。另外，所有的刑罚都不针对天皇，天皇可以不受任何法律的制约，而只受法律的保护。律令的编制和天皇特殊的法律地位的确定，标志着等级身份秩序作为改革的重要成果被国家法律所固化，显示着日本封建律令体系的成熟。

可惜，《飞鸟净御原律令》和《大宝律令》均已不存世。

在制定《大宝律令》的同时，文武天皇对位阶制度也进行了第 3 次重大改革。他在保留两大系列的基础上，对各个系列又分别做了更深层次的调整。第一系列的 12 阶整合为 4 阶，也称为 4 品，只面向亲王（天皇之子及兄弟），不再包括诸王（皇孙的后代），诸王被划入第二系列即诸臣系列。这种调整进一步缩小了天皇的圈子，从而更加凸显了天皇的地位特殊。第二系列由 48 阶浓缩为 30 阶，最高为“正一位”，最低为“少初位下”。至此，位阶制改造基本完成。

在短短的半个多世纪里，几代天皇对大和的传统制度进行了多次重大的改制和完善。至此，日本完成了从一个松散的氏族奴隶制国家步入中央集权的封建制国家的过程。

文武天皇以《大宝律令》而著世，但他在位的时间并不长，公元 702 年，原持统天皇去世，5 年后文武天皇也病逝，追随皇奶而去。文武天皇的儿子首皇子当时也是年仅 7 岁，于是文武天皇的母亲，效持统女皇之例代为天皇，是为元明天皇。

元明天皇即位后即下诏营建新的都城，地址选在奈良地区，建设式样完全模仿唐都长安。公元 710 年正式迁都，名平城京。这座新都城东西约 4.2 千米，南北约 4.8 千米，居中铺设了南北向的宽阔大路，将城市分为左京和右京两部分，每部分东西分为四块，每块又由 9 条大路隔开，形成数十个“坊”，布局相当规整。都城北部正中设有所谓“内里”，即是皇宫。整座新都有“小长安”之称。迁都平城京以后，日本就此迈入了“奈良时代”即白凤文化时期，这是一个崇尚唐风，极力模仿和学习唐文化的时代。

然而，这个时候的日本还不是一个彻底统一的国家。大化改新以后，大和朝廷将所辖领土划分为“五畿七道”。所谓“五畿”，是指统治中心的 5 个部族方国：大和、河内、山城、摄津、和泉。所谓“七道”是指东山道、东海道、北陆道、山阴道、山阳道、南海道和西海道，每道下辖数个部族方国。然而一直到奈良初期，东山道的最东北端和西海道的最南端，都还没有被纳入大和的统治。东北大部分地区仍掌握在土著虾夷族手中，对此，大和朝廷多次派兵东征，还从东海、东山、北陆等道强迫移民到东北地区垦荒，与虾夷族争夺土地。而在西南地区，九州南部的游猎民族隼（sǔn）人族，也一直在和大和国展开着顽强的抗争。

元明天皇仅在位 7 年，口碑甚好。公元 715 年，元明天皇因为孙子首皇子身体病弱便让位于女儿冰高皇女，是为元正天皇。这是日本历史上第一个未婚独身的女天皇，据载元正天皇艳丽聪慧。

元正天皇即位伊始，便命人对《大宝律令》进行修订，但修订后的新律令并没有立即施行，搁置了 39 年后，才于公元 757 年开始执行。新律令因是在元正天皇的养老年号间修订，故史称《养老律令》。《养老律令》集律 10 卷 13 篇、令 10 卷 30 篇。《养老律令》与《大宝律令》的内容大同小异，所以史家认为，日本律令法典的形成，是以《大宝律令》的制定为标志。

公元 723 年，为了解决耕地不足的问题，元正天皇颁布鼓励开垦荒地的《三世一身法》。此法规定：凡新掘沟渠开垦的生荒地，开垦者可传至三代；利用旧沟渠开垦的荒地，准许开垦者终身占有。该法令极大鼓舞了农民垦荒的积极性，促使农业生产迅速发展起来。由于贵族、高官、大族可以驱使属民和奴婢开荒，然后将所开荒地占为己有，因此该法令促使了土地私有化的发展，以及大庄园主的形成。此后，大和国土地国有制被日趋削弱，班田制也就难以维持了。

在《三世一身法》颁布后的次年，元正天皇让位于侄子首皇子，即圣武天皇。退位诏书称首皇子为“我的儿子”，其作为监护人在幕后辅佐圣武天皇。

大化改新的功臣中臣镰足被赐姓藤原氏后，到元明天皇时代，藤原家族的势力已开始显赫。藤原镰足的儿子藤原不比等出任右大臣，权倾一时。为了巩固自己的地位，藤原不比等把自己的女儿宫子嫁给了文武天皇，宫子生下首皇子。在公元 720 年，藤原不比等病逝。

藤原不比等有 4 个儿子，分别为藤原武智麻吕、藤原房前、藤原宇合和藤原麻吕，分别称南家、北家、式家和京家。当时在宫廷中掌控实际权力的是皇族，其中代表人物为舍人亲王、铃鹿王、长屋王等。其中，长屋王是天武天皇大海人之孙，其母为天智天皇之女。公元 721 年升任右大臣，圣武天皇继位后任其为左大臣，实际掌控朝政。

圣武天皇的母亲是藤原不比等的女儿，而其本人又娶了母亲的异母妹藤原光明子。圣武天皇一继位就想为其母加尊号为“大夫人”（夫人为非皇族血统的天皇妃子的最高称号），遭到长屋王等皇族群臣的反对，被迫收回敕令，从此藤原家族和长屋王就开始了长时期的明争暗斗。

公元 727 年，藤原光明子为圣武天皇生下了一位小皇子，两个月后，这个小皇子就被立为太子。母以子贵，藤原武智麻吕藉此提出立光明子为皇后。对此，长屋王表示强烈的反对，因为按照皇家惯例，皇后必须是皇族女子。两派的斗争由此变得尖锐而激烈。由于小皇子不满周岁就因病夭亡，暂时宣告了长屋王的胜利。二年后，藤原氏开始了反攻。他们唆使两名官员向圣武天皇告密，说长屋王“私学左道，欲倾国家”并“咒杀皇太子”，在取得了天皇的信任后，藤原宇合等人立刻率禁军包围了长屋王的官邸。长屋王百口莫辩，被迫于两日后自杀，其正妻与几个儿子全都随同自尽，史称：长屋王之变。

“长屋王之变”后，藤原光明子被立为皇后，成为日本历史上第一位非皇族出身的皇后，朝政也被藤原四兄弟所把持，但在公元 737 年，藤原四兄弟都死于当时流行的天花。

藤原四兄弟去世后，葛城王代之掌握了朝政。葛城王是藤原光明子的同母异父兄，生父为敏达天皇的四世孙，本属皇族身份。公元 736 年，葛城王向圣武天皇提出请求，希望随母姓，获得准许名为橘诸兄。

为了压制日益增长的外戚藤原家的势力，圣武天皇起用身份较为低微的僧人玄昉（fǎng）和吉备真备参与朝政。这两人都曾留学唐朝，学识渊深，新近归国。其中，玄昉懂医术。圣武天皇的母亲大概是得了产后忧郁症，在 30 多年里，根本不见圣武天皇的面。作为儿子，圣武天皇很是苦恼，但也没有好的办法。公元 737 年，玄昉入宫为其治疗，几副药下去，宫子太后的产后忧郁症居然被治好了，母子得以相见。圣武天皇极为高兴重赏玄昉，允许他自由出入皇宫宣讲佛法并参与政事，玄昉自此深受圣武天皇的宠信。

公元 738 年，朝廷内反藤原氏势力崛起，以诽谤亲族为理由，式家的藤原宇合长子藤原广嗣被贬官到九州，藤原广嗣之妻留居京师。据传藤原广嗣之妻有美色，玄昉图谋侵犯她。藤原广嗣闻之大怒，上表天皇请求处分反藤原氏势力的代表人物玄昉和吉备真备，被当时的掌权者左大臣橘诸兄判定为谋反。圣武天皇为此下诏召回藤原广嗣，藤原广嗣拒绝回京，再度上书请求诛杀玄昉和吉备真备，遭到斥责后便发动了叛乱，史称：藤原广嗣之乱。

公元 740 年 9 月底，藤原广嗣与其三弟率领治下的军人和隼族人组成了 1 万余人的军队，兵分三路开向九州最北端，准备渡海进军京师。藤原广嗣起兵的消息被飞报到平城京，朝廷动员了东海道、东山道、山阴道、山阳道、南海道等 5 道共 17000 人的军队，开赴九州平叛。11 月初，两军在板柜川（今北九州市）展开激战。叛军军心散乱，战不多时便纷纷投降，藤原广嗣大败而逃。其本想逃往新罗，但因风向不顺而被迫返回。不久被官军捕获，数日后即被处死。

藤原广嗣死后，藤原式家走向没落。但风水轮流转，5 年后，玄昉和吉备真备也先后失宠，玄昉被外放到筑紫，最终为藤原广嗣残党所杀，吉备真备被贬。至于橘诸兄，他的权力也在逐渐萎缩，最终被藤原南家的藤原仲麻吕所替代。

公元 742 年，有日本赴唐留学僧到达扬州，恳请大明寺名僧鉴真（俗姓淳于）东渡日本传授佛法，为日本信徒授戒。鉴真表示“是为法师也，何惜身命”。慨然应允，决意东渡。

在随后的 6 次东渡日本中，鉴真等人遇到许多挫折。第 1 次东渡前，和鉴真同行的徒弟跟一个和尚开玩笑，结果那个和尚恼羞成怒，诬告鉴真一行造船是与海盗勾结。地方官员闻讯大惊，派人拘禁了所有僧众，首次东渡因此未能成行。其后接连失败，第 5 次东渡最为悲壮。那一年鉴真已经 60 岁了，船队从扬州出发，刚过狼山（今江苏南通）附近，就遇到狂风巨浪，在一个小岛避风。一个月后再次起航，走到舟山群岛时，又遇大浪。第3次起航时，风浪更大，向南漂流了 14 天，靠吃生米、饮海水度日，最后抵达海南岛南部靠岸，后在返回扬州的归途中，鉴真不幸身染重疾，双目失明。

唐玄宗李隆基天宝十二年（公元 753 年），日本遣唐使吉备真备等人慕名来到扬州，再次恳请鉴真同他们一起东渡传法。于是，鉴真决定第 6 次东渡。在最后一次东渡时，正当船队扬帆起航时，一只野鸡忽然落在一艘船的船头。鉴真认为江滩芦苇丛生，船队惊飞野鸡不足为怪，而日本遣唐使却认为不是吉兆，于是船队调头返回，第二天才重新起航，历尽艰险于年底到达日本。

鉴真到达日本后，得到当时的孝谦天皇和圣武太上皇的礼遇，重臣藤原仲麻吕亲自迎接，授封号“传灯大法师”，尊称“大和尚”。

鉴真带去很多佛经和医术到日本。他主持重要佛教仪式，系统讲授佛学，成为日本佛学界的一代宗师。鉴真又通中医学，精于药典。据日本史籍记载，当时日本人对于药物不甚了解，常请鉴真加以辨证，并为圣武太上皇和光明皇太后治过病。他主持修建了唐招提寺，这座以唐代佛殿结构为蓝本建造的寺庙，一度是日本僧人在受戒之前必须前往学习的最高学府。也是天平时代最大的建筑，最盛时曾有僧徒3000多人。平安朝以后，日本佛教各主要佛殿建筑几乎都受唐招提寺的影响。十年后，76岁高龄的鉴真在日本离世，其弟子为他制作的坐像，至今仍供奉在寺中。唐招提寺于1998年作为“古都奈良的文化财产”的组成部分被列为世界文化遗产。

公元749年7月，圣武天皇让位于有藤原氏血统的阿倍内亲王（内亲王即皇室公主的封号），是为孝谦天皇，日本历史上第6位女天皇。同月，藤原仲麻吕拜为大纳言（天皇的近侍），并在次月就任新设置的紫微中台令和中卫大将。在光明皇后和孝谦天皇的信任下，藤原仲麻吕的权势逐步攀升，开始与左大臣橘诸兄争夺权力。

公元755年，藤原仲麻吕派人密告橘诸兄诽谤朝廷，橘诸兄在羞愤之下辞官，两年后在失意中去世。

圣武太上天皇去世时，遗言立孙子道祖王为太子。但是，在公元757年，道祖王因为在服丧期间奸淫侍童的失德行为被废除了太子地位。藤原仲麻吕力排众议，推举天武天皇之孙大炊王为皇太子。由此，藤原仲麻吕的权势和声望都达到了顶峰。

掌握权力后的藤原仲麻吕积极推动孝谦天皇下诏，施行其祖父藤原不比等参与制定但搁置了39年的《养老律令》。时隔14年后，他推动朝廷再度下令班田，并且调整服役男丁的年龄，以缓减百姓的负担，但这些措施并没有起到显著的效果。

圣武天皇在位的时候笃信佛教，为求国安，下令各国（相当于中国现代的省）都要修建国分僧寺（金光明四天王护国寺）和国分尼寺（法华灭罪寺）。在京都附近也大建寺院，建造大铜佛，耗费了巨大的人力和物力，宫廷内外怨声一片。圣武天皇后虽退位，但身为上皇，这种行为却并未停止。因此，藤原仲麻吕推出的新政，并没能给底层民众带来多少好处，但却得罪了相当多的贵族，尤其是新兴庄园主阶层。

失势的橘诸兄之子橘奈良麻吕对藤原仲麻吕的崛起大为不满。橘奈良麻吕联合一些对宪政不满的皇族和贵族，借营造佛像和寺院导致国力疲敝，民怨鼎沸之机，策划谋反，试图暗杀藤原仲麻吕，废黜太子大炊王，逼孝谦天皇退位。然而，事与愿违，计划被人告发，孝谦天皇和藤原仲麻吕抢先下手，将橘奈良麻吕一党悉数捕获。最终440多人被流放，橘奈良麻吕等主谋被严刑拷问，死于狱中。

公元758年，孝谦天皇退位出家，大炊王即位，即淳（chún）仁天皇。拥立有功的藤原仲麻吕得以独揽朝政。藤原仲麻吕出任太保（右大臣），并被赐姓“朝臣”，加“惠美”之氏，名改为“押胜”，是为藤原惠美朝臣押胜。淳仁天皇还赐封藤原仲麻吕封户三千户、功田一百町（tǐng），并可以私自铸钱、放高利贷及使用惠美家印。

公元 760 年，藤原惠美朝臣押胜出任从一位太师（太政大臣）。皇族以外者出任太政大臣，还是日本史上第一次。同年，光明皇太后去世。

押胜的青云直上，是得到了皇后藤原光明子和孝谦上皇的支持。可是好景不长，光明皇后撒手人寰，而孝谦上皇也因为僧人道镜的问题，于公元 762 年开始和淳仁天皇相对立，押胜站在天皇一边，结果把上皇给彻底得罪了。

道镜为河内国人（今大阪府），出身于物部氏一族的弓削氏，被称为弓削道镜。因为精通佛法被允许进入内道场（宫中的佛殿），被列为禅师。公元 761 年，道镜因在患病的孝谦上皇身旁随侍，开始受到上皇的宠信。传说孝谦上皇和道镜的关系很不一般，这引起了押胜的极端不满，怂恿淳仁天皇向上皇进言，要将道镜赶出京城。

因为道镜的问题，孝谦上皇与淳仁天皇之间的关系渐渐变得不能相容。公元 762 年 6 月，孝谦上皇从隐居处迁回平城京，宣布国家大事和人事赏罚都由自己颁诏施行，退位的天皇以上皇之名重掌权力。

淳仁天皇和押胜为了诛杀道镜，开始秘密策划夺权，由押胜一族控制了禁卫军的指挥权以及近畿地区数国的行政权。公元 764 年 9 月，押胜悄然下达了每国征集 600 军人的密令，以演习为名聚集和训练士兵，准备起事。或是因果相报，同橘奈良麻吕的命运一样，押胜的计划也被人告发，孝谦上皇先一步派人到宫中夺取了玉玺，随即宣布押胜为逆贼，剥夺其官位和俸禄。押胜被迫逃出平城京，最终在北海道高岛郡被抓获，随即连同妻子和儿子等 34 人被处死。

押胜一族及其朋党被孝谦上皇斩杀殆尽，淳仁天皇被废黜，流放并死于淡路岛。孝谦上皇再次登上天皇宝座，史称：称德天皇（也有高野天皇、高野姬天皇、倭根子天皇等称呼）。

随着藤原惠美朝臣押胜的败亡，藤原南家也就此衰弱。

公元 765 年，复位后的称德天皇以“朕以出家人为帝，当用出家人为臣”为由，任命道镜为太政大臣，第二年封其为法王。

称德天皇掌权后和道镜的关系更加紧密。日本民间故事书籍《日本灵异记》记载，“弓削氏僧道镜法师，与皇后同枕交通，天下政相摄，治天下”。道镜用法王宫印颁布的文件如同诏书、敕令一样，在国内能号令臣民，各地通行无阻。法王和天皇已处于“平起平坐”的至高地位。由于称德天皇对道镜的纵容，催生了道镜的野心。他暗示官吏上奏，说在宇佐八幡神宫得到了神谕：“道镜即位，天下太平。”位于九州的宇佐八幡神宫是日本神道的著名寺社，影响力很大。因此，称德天皇派官员前往确认，数月后回报：神谕之事为假。

公元 770 年，称德天皇去世，天智天皇的孙子 62 岁的白壁王继位，即光仁天皇。失去靠山的道镜被赶出了京城，前往偏远的下野国担任药师寺别当（僧职），后在那里死去。

光仁天皇即位后，随即否定了称德时期的崇佛政治，整顿寺院纲纪。采取休养生息，紧缩财政，消减冗官，严禁奢靡，改革兵制等政策。光仁天皇同时立称德天皇的同父异母妹妹井上内亲王为皇后，嫡子他户亲王被立为皇太子。

仅仅过了 2 年，公元 772 年，井上皇后因使用巫蛊术被废黜，随后他户也被废皇太子位。

次年，母子二人又以诅咒光仁天皇的同母姐姐难波内亲王之罪被幽禁。2 年后，母子二人同日在忧郁中死去。

惠美押胜虽然败亡，当时朝中显贵，仍有相当一部分是藤原氏的子弟，比如左大臣藤原永手（北家）、内大臣藤原良继（式家）等等，但权力最大也最有影响力的还是式家的藤原百川。

藤原百川早就对井上皇后和他户太子心存厌恶，据说井上皇后和他户皇太子被废乃至幽禁至死是藤原百川等人的阴谋。藤原百川继续施行自己的计划，促使光仁天皇下诏立山部亲王为皇太子。

公元 781 年 2 月，光仁天皇疼爱的长女能登内亲王去世，光仁天皇心神俱疲。同年 4 月，以生病为由，光仁天皇让位于山部皇太子，即颇有影响的桓武天皇。同年 12 月，光仁天皇去世，日本从此进入了“平安时代”。

桓武天皇的生母是百济王族的后代。2001 年 12 月的一天，明仁天皇曾在记者会上提及日本皇室与朝鲜半岛之间的关系。他明确表示，按《续日本纪》的记载，其祖先桓武天皇的生母为百济武宁王的后裔，因而自身亦具有一部分韩国的血脉。

从光仁天皇时代开始，藤原式家的政治影响力不断上升，在藤原百川去世后，其侄子藤原种继成为藤原式家的政治代表。桓武天皇对藤原种继非常信任，视之为心腹。

公元 784 年，为了离开了贵族和大寺院等守旧势力盘根错节的平城京，削弱权势贵族和僧侣的力量，桓武天皇决定迁都长冈。

长冈位于日本京都盆地的西南部，与藤原种继母亲的娘家秦氏的居住地山背国葛野郡很接近。根据《日本书纪》的记载，秦氏先祖弓月君（又作融通王）据称为秦始皇的后代，于应神天皇 14 年（公元 283 年）率族人从百济迁徙到日本。而记载日本古代氏族的古籍《新撰姓氏录》，又有秦氏一族乃是五胡十六国时期的王室或贵族，因战乱而经朝鲜半岛至日本避乱一说。还有一种说法是秦氏为秦始皇四世孙功满王在仲哀天皇时期（公元 192 年至公元 200 年）来到日本。不管是哪一种说法，秦氏擅长养蚕、织锦、记账、制陶、农耕等中国特色技能。在雄略天皇（公元 456—479 年）以后，开始受到朝廷的重用。

从平安时代始，秦氏一族开始分出多个氏姓，其中“羽田”姓也与他们有关，日本前首相羽田孜公开承认自己是秦人之后。

在日本，除了秦氏还有东汉氏相传也是从中国来到日本的归化人氏族。在日本古籍《古事记》中载，他们也是在应神天皇时期来到日本，生活在日本的高市郡与河内国。东汉氏的先祖被传是汉灵帝刘宏的后裔，在西晋太康年间，带 2000 余族人从带方郡来到日本。日本学者认为，东汉氏实际是一个由很多汉人氏族组合的氏族。

公元 785 年，藤原种继被反对迁都的贵族所暗杀。桓武天皇的同母弟早良皇太子被指为幕后黑手，被废太子位。在流放淡路国的途中，为证明自己的清白绝食而死。同年 12 月，桓武天皇册立长子安殿亲王为皇太子。

政局稍稍稳定后，桓武天皇对社会经济制度方面进行了部分改革。鉴于班田收授制度在其实施上存在着一系列问题，乃将班授时间从 6 年一班改为 12 年一班。他还实行贷稻制及良贱制度的改革，将贷出稻的利率从 50% 降至 30%；承认良贱之间通婚为合法，所生子女为“良民”。良贱制度修改是日本从法律上取消奴隶制度的一个重要步骤。在军制方面，由于公地公民制在瓦解，公民兵制已行不通。公元 792 年，桓武天皇废除边境以外各地的征兵制，代之以从郡司子弟和富裕者中招募兵丁的“健儿制”。

桓武天皇在长冈立都仅仅 10 年，在公元 794 年就再次迁都到了符合五行、阴阳之说的平安京（即京都）。

平安京作为首都，一直延续到公元 1868 年迁都江户（今东京）止。在这一千多年里，平安京作为日本的政治、经济和文化中心，留下了丰富的文化积淀。其中的清水寺、二条城等 17 个历史遗迹已被列为世界文化遗产。

日本本州东北部的奥羽地区是虾夷人（亦译阿伊努人）生活居住的地方，虾夷人经常发动叛乱，对抗大和王朝的统治。在实施改革后，朝廷的经济军事实力有所增强，桓武天皇决心从根本上征服虾夷，从而巩固奥羽地区的统治。自公元 789 年起，桓武天皇 3 次用兵东北虾夷地区，第 3 次时任命归化人后裔坂上田村麻吕为征夷大将军。

东汉氏一族分布在摄津、近江、播磨、三河、阿波等地。其族人繁衍愈盛，分为坂上、桧前、平野、末吉、内藏、大藏、林家、高安、秋月、江上、原田等数十氏，据说坂上田村麻吕就出自坂上氏。

公元 801 年，坂上田村麻吕领兵 4 万以多贺城为根据地，进攻胆泽（位于今岩手县水泽市），一举击溃虾夷人主力。攻克胆泽后，坂上田村麻吕建造胆泽城，并于公元 804 年将镇守府从多贺移至胆泽，同年 9 月又在胆泽城以北建志波城（今日本岩手县盛冈市）。随着胆泽城的建设，以及驻军、移民等措施的实施，虾夷人失去了最后收复失地的希望，虾夷人的二位首领在坂上田村麻吕软硬兼施下放弃了抵抗，带领所剩 500 余人投降了朝廷。这标志着北上川中上游已经牢牢掌控在大和朝廷手中，而坂上田村麻吕也成为日本传统文化中令人敬畏的武神。

桓武朝后期，由于朝廷扩建平安京而大兴土木以及颇为频繁的征夷行动，使百姓负担日益加重。其晚年接纳了大臣的建议，军事行动和大规模建造工程基本告停。

公元 806 年，年已七十的桓武天皇去世。他死前赦免了因暗杀藤原种继而被流放的那些大臣，恢复了他们的官位。在这之前的公元 800 年，桓武天皇追尊早良亲王为“崇道天皇”，并恢复井上内亲王的皇后名位。

公元 806 年 4 月 9 日，桓武天皇去世，同日其长子安殿亲王践祚（zuò，登基），即平城天皇。同年 6 月 8 日，正式即位。从此以后，日本的天皇在正式即位之前，开始有了先行践祚的仪式，“践祚”和“即位”开始有了区别。

因平城天皇在做皇太子的时候，与岳母藤原药子传出不伦的丑闻，导致桓武天皇将藤原药子逐出宫廷。因此，当安殿亲王即位后，立即将藤原药子召回宫中，委任其为正三品官位的尚侍，掌握了宫廷内部的大权。藤原药子为藤原种继的女儿，有了平城天皇做后盾，她开始与其兄藤原仲成一起入宫干预政事。兄妹俩使下阴谋，让平城天皇的异母弟，深得朝廷官员拥护的伊予亲王母子，死于冤狱。由此，兄妹两人在朝廷中招来不少人的怨恨。

平城天皇即位后的第 4 年，身体突感不适。《日本后纪》中记载是得了“风病”，后人推测可能是自律神经失调。公元 809 年 5 月，因为身体的缘故，平城天皇让位于同母弟神野亲王，即嵯峨天皇，自己做了一心养病的太上天皇。嵯峨天皇册立平城天皇之子高岳亲王为皇太子。同年 12 月，平城上皇移居旧都平城京，藤原药子兄妹也随之失去了权势。

不料，搬到平城京后，平城上皇的病情竟然好转起来。由于他才 30 岁出头，精力尚盛，大概有些后悔自己过早退位，竟然热心起国事来。在藤原药子兄妹的怂恿下，平城上皇就以上皇的身份发布敕令与嵯峨天皇形成对立，意图复位，使得平城京与平安京成为两个朝廷一般，国政混乱不堪。

公元 810 年 10 月，平城上皇下诏迁都平城京，让平安京的贵族们都迁回平城京，意思是说，平城京才是正统。这道诏令逼得嵯峨天皇不得不诉诸武力，他首先逮捕了前来传达平城上皇诏令的藤原仲成，并立即处死。平城上皇和药子得知消息后，立刻动身逃往东国（关东地区），打算择日举兵。然而，嵯峨天皇的行动更快，派坂上田村麻吕带兵阻挡其去路。看到大势已去，平城上皇无奈回到平城京后剃发出家，藤原药子则服毒自尽。此事件史称：药子之变。

“药子之变”后，高岳亲王的皇太子之位被废除，平城天皇与嵯峨天皇的异母弟大伴亲王被立为皇太子。平城上皇仍然作为“太上天皇”滞留在平城京受到礼遇。

在嵯峨天皇时期，班田制继续处于崩溃中，原本的律令也落后于社会的发展，被迫进行多面修正。公元 818 年，公布“弘仁格”（“格”经过修改的律文），废止死刑。当时农业生产形势极度严峻，从公元 817 年开始，连续 7 年遭受旱灾，使当时的财政非常困难。在旱灾快结束的时候，放松了大土地所有的限制，促进荒田开发，并设置公营田、勅旨田。

当时的皇子皇女人数众多，其生活费也是造成财政紧迫的原因之一。因此，嵯峨天皇裁减了皇族的人数，将大部分血缘疏远或者不受宠的皇室子弟在赐姓后降为臣籍（臣民）。嵯峨天皇的儿子被赐源姓，其子孙被称为嵯峨源氏。

公元 823 年，嵯峨天皇不顾大臣的反对，让位于大伴亲王，即淳和天皇。

嵯峨上皇退位后在儿子正良亲王（仁明天皇）即位后经常以“皇室之长”的身份干预政治，甚至不顾淳和上皇和仁明天皇的反对，使自己的外孙恒贞亲王被立为皇太子，埋下了日后变乱的火种。

其实淳和天皇的即位并不是他本人的意愿。根据《日本后纪》的记载，在公元 806 年，当时的大伴亲王希望在父亲恒武天皇去世时被降下臣籍做平民，但被劝留，继续在皇籍。大伴亲王害怕自己及儿子恒世亲王像他户亲王、早良亲王那样卷入皇位之争而死于非命，所以上表，请求解除最接近桓武天皇嫡系血统的恒世亲王的皇位继承权，但没有被接受。大伴亲王即天皇位后，没有立自己的儿子为皇太子，反而册立了嵯峨天皇的嫡子正良亲王为太子。

淳和天皇即位不久，恒世亲王不幸病死。公元 833 年，厌倦皇权政治的淳和天皇让位于正良亲王，退做上皇。正良亲王即位，即仁明天皇。仁明天皇册立淳和上皇之子恒贞亲王为皇太子。淳和上皇缺乏有力的贵族为后盾，对儿子恒贞亲王成为皇太子感到不安，在他去世后，他的担忧还是变成了现实。

公元 840 年，淳和上皇去世。二年后的 7 月，嵯峨上皇亦重病缠身气息奄奄。

“药子之变”后，大和朝廷维持了近 30 年的稳定，没有发生有关皇权的纷争。但是，在此期间，藤原北家的藤原良房由于获得了嵯峨上皇和皇太后的信赖地位急速上升。良房之妹藤原顺子成为了仁明天皇的皇后，并且生下了皇子道康亲王。藤原良房一心想让道康亲王成为皇太子。察觉到这种状况，和父亲一样不愿卷入权力斗争旋涡的恒贞亲王多次向天皇和上皇表明了辞太子之位的心意，却屡次被仁明天皇和嵯峨上皇劝阻而未能如愿。

眼看嵯峨上皇即将咽气。此时，恒贞亲王身边的亲信们感到了临近的危机，而谋划将恒贞亲王带往东国。获此计划的藤原良房奏于仁明天皇，在嵯峨上皇驾崩的两天后，派人将恒贞亲王身边的亲信护卫一并抓捕，同时命令对平安京进行戒严。恒贞亲王惊于事变，再上皇太子辞表，但又被仁明天皇慰留下来。然而没过多久，藤原良房之弟率兵以谋反罪名包围了恒贞亲王府，宣诏恒贞亲王被废除皇太子之位，与恒贞亲王有密切关系的大小官员 60 余人被贬、流放，这其中还包括藤原良房的亲叔父。此事件发生在仁明朝的承和 9 年，故史称：承和之变。

“承和之变”后，仁明天皇改立自己的长子道康亲王为皇太子，藤原良房被任命为大纳言，占据了朝廷的枢要职位。史家一般认为“承和之变”是藤原良房进行的一场有预谋的政变。藤原良房不仅是把道康亲王送入皇太子位，而且也给其他觊觎朝政的望族大伴氏和橘氏以重大打击，另外，还让同是藤原氏的竞争对手叔父垮台。

公元 850 年 3 月，仁明天皇因病让位于道康亲王，同月 21 日去世。

道康亲王继位为文德天皇，其与藤原良房女儿明子所生的惟仁亲王被立为太子。公元 857 年 2 月，藤原良房受封为从一位太政大臣（此后 3 百多年时间里，太政大臣一直由北家藤原氏出任）。翌年，文德天皇 32 岁驾崩，年仅 9 岁的惟仁亲王即位，是为清和天皇。身为天皇外祖父的藤原良房总揽政务，成为事实上的摄政。

公元 866 年，平安宫大内里的正殿入口应天门遭人纵火焚烧，其两侧的栖凤楼与翔鸾楼也一同毁于大火之中。这场人为的灾难震惊了朝廷内外，也引起了宫廷内外贵族之间的一场权力争夺。面对乱象，束手无策的清和天皇正式任命藤原良房为摄政，令其收拾政局。

大伴氏和纪氏自古以来都是名门大族。当藤原氏的先祖中臣氏还只是在宫中担任祭祀占卜的小官时，大伴氏、纪氏就已经是天皇身边的重臣了。对于藤原氏的崛起和壮大，这些没落的豪门自然是心有不甘。故此，在历朝针对藤原氏的阴谋中，都少不了他们的影子。“承和之变”后，大伴氏对藤原良房刻意压制其他贵族的做法十分不满，与纪氏等同病相怜的贵族们逐渐形成了一个反对藤原良房的同盟。于是，嗅到威胁的藤原良房借处理“火烧应天门事件”的机会，寻机将大伴氏和纪氏在朝廷中的代表人物拘捕流放到伊豆，并没收了他们的土地财产，排除了最后一股政治上的异己势力，将这两个贵族势力排除出朝政的核心，巩固了藤原氏的统治地位。

公元 872 年，藤原良房在志得意满中病亡，时年 68 岁。

藤原良房的侄子、养子藤原基经接替了太政大臣一职，也继承了藤原氏在朝廷的权势。

公元 876 年，清和天皇退位，藤原基经拥立年仅 9 岁的贞明亲王继位，是为阳成天皇，藤原基经以天皇舅父的身份摄政。

清和上皇退位后避入佛门，一心佛事，30 岁出头就离开了人世。清和天皇子孙繁多，有些降为臣籍，称为“清和源氏”。

阳成天皇生性顽劣，喜好斗鸡走马。当他成年之后，依旧让藤原基经摄政。藤原基经恐怕朝中大臣不服，不得不退让一下，甚至不上朝以示退避。天皇便每天派专人前往他家送公文，于是留下摄政、关白都在家办公的先例。年轻的阳成天皇在皇宫里养马，后发展到杀人取乐。他让手下把一位妇女的衣服扒光用琴弦捆绑扔进水池里，看着她挣扎死去。据《日本三代实录》里记载，阳成天皇还在宫中杀害了自己乳母的儿子。前所未闻的天皇在宫内杀人事件，促使藤原基经考虑废立天皇。开始藤原基经心中的继任人选是仁明天皇时的废太子恒贞亲王，然而恒贞亲王不肯就位。最后以为人谦逊，做事宽仁为由，决定立仁明天皇的儿子，已 55 岁的时康亲王承继皇统，是为光孝天皇。至此，阳成天皇以身体有病为由于公元 884 年 3 月下诏退位，时年仅 16 岁。

光孝天皇暮年登基，自然对藤原基经的拥戴感激不尽，同时对藤原氏在朝廷的势力也惶恐不安。他一即位，就下诏让藤原基经代摄一切政务，还把自己的 29 名子女全部赐姓源氏，降为臣籍。光孝天皇即位前生活比较拮据，经常向亲友借贷，以致债台高筑。他当了天皇后债主经常到皇宫门前讨债，弄得他好没面子，只好动用公款，用国库的钱来偿还私债。

光孝天皇有许多皇子，然而可能是顾忌藤原基经的态度，而没有确立皇太子。至公元 887 年光孝天皇病倒，藤原基经前去探望询问继承人之事，光孝天皇谦逊道：“唯公所择。”藤原基经建议立其七子定善亲王源定省，光孝天皇从之。源定省本降为臣籍后赐姓源氏，这是日本历史上首次由降为臣籍的人成为天皇。光孝天皇临终前嘱咐儿子，要铭记藤原基经的恩情，像对待爸爸那样对待他。不久，光孝天皇去世，源定省继位，是为宇多天皇。

即位伊始，宇多天皇下诏：“万机巨细，皆关白太政大臣，而后奏下。”这诏书是“关白”一词的正式出现，被视为“关白”的正式任命。

“关白”一词源自中国，本为“陈述、禀告”之意，该词经遣唐使引入日本，逐渐成为显赫的职称。“关白”是天皇的代言人，是天皇与廷臣之间的联络桥梁，其地位仅次于天皇。

当天皇年幼时，太政大臣主持政事称摄政，天皇成年亲政后摄政改称关白。天皇实际上并无实权。藤原良房在公元 858 年始称摄政，藤原基经在公元 887 年始称关白，摄政与关白合称“摄关”。当时藤原氏掌控朝廷并且架空天皇，“摄关”变为常设职位，史家称其为“摄关政治”，藤原北家及其直属后裔被称为“摄关家”。

公元 891 年，藤原基经于家中病逝，宇多天皇为之辍朝 3 日。

此后，藤原基经颇具才能的儿子藤原时平成为藤原氏在朝廷中的代表人物。为了平衡朝野势力，恢复天皇的权威，宇多天皇开始提拔重用著名学者菅（jiān）原道真。藤原氏反对天皇任用菅原道真，权门贵族也对他的政策多方抵制。无奈中的宇多天皇，深感再与他们周旋已力不从心。公元 897 年，宇多天皇让位给 13 岁的敦仁皇太子，是为醍醐（tí hú）天皇，他自己则在仁和寺剃度出家，人称宇多法皇。宇多法皇离宫之前，把儿子托付给藤原时平和菅原道真，请他们多加指导和帮助。

醍醐天皇继位后，任命藤原时平为左大臣，菅原道真为右大臣。因政见不同，菅原道真与藤原时平的矛盾日益加深。

公元901年，藤原时平谎称，菅原道真要密谋废立，欲让醍醐天皇的胞弟齐世皇子篡位。因而策动醍醐天皇将菅原道真贬黜，朝政大权再次落入藤原氏手中。宇多法皇闻知后，立刻赶到宫中，想为菅原道真求情。但是皇宫已被藤原氏的亲信派兵把守，宇多法皇在宫门外等了一夜，竟然见不到醍醐天皇。他只好黯然离去，心灰意冷，从此再也不过问世事，一心钻研佛法。公元 931 年，终老于仁和寺中，享年 65 岁。

菅原道真被贬到九州之后，于公元 903 年郁悒而亡。6 年后，藤原时平死于 39 岁的盛年。20 年后，藤原时平妹妹所生的皇太子夭折。于是，有人把这些不幸议作是菅原道真冤魂在报复，醍醐天皇连忙为他恢复名誉。可是公元 925 年，藤原时平的外孙刚刚被立为皇太子，年仅 5 岁就夭折了。这样一来，使醍醐天皇的精神变得愈加紧张。公元 930 年的夏天，几个朝廷大臣在雨中被雷电击死。醍醐天皇受惊吓病倒，三个月后让位于年仅 8 岁的皇太子宽明亲王，是为朱雀天皇。其在让位一周后以 45 岁的壮年死去。

醍醐天皇时代是日本从唐风文化向国风文化转型的时代，宫廷贵族文化开始形成。

此时的中国，唐朝已亡，进入了五代十国时期。

西亚——

◆萨珊王朝从公元 632 年起不断受到阿拉伯军队的攻击。据史书记载，阿拉伯人在入侵波斯时，萨珊王朝末代国王曾请求唐朝发兵协助抗击阿拉伯人的入侵，遭到唐太宗的拒绝。公元 651 年，萨珊王朝国破，末代国王死于木鹿城的一座磨坊内。其子卑路斯逃到吐火罗（今天的阿富汗和巴基斯坦北部），受到当地人的保护。卑路斯意欲东山再起，于公元 654 年遣使向唐朝求援，唐高宗以路途太远为由，拒绝出兵。卑路斯在吐火罗部落的帮助下，一度打到呼罗珊（大部分在今伊朗境内，一部分在阿富汗和土库曼斯坦境内），但又被阿拉伯人打了回来。

公元 661 年，卑路斯再次遣使向唐朝求援，唐高宗派特使入中亚，成立波斯都督府，设于今天阿富汗西南部的扎兰季，立卑路斯为当地都督，次年唐又册封卑路斯为波斯王。

卑路斯在阿拉伯军队的不断打击下，最终于公元 675 年初逃至长安，唐高宗授予他右威卫将军，又专门为他在长安城内修建了一座拜火寺。两年后，卑路斯在长安去世，萨珊王朝终被阿拉伯人所灭亡。

波斯成为阿拉伯帝国的一部分以后，阿拉伯语成为波斯通行的语言，伊斯兰教迅速取代了琐罗亚斯德教，各地大量兴建清真寺。公元 750 年后，阿拔斯王朝统治阿拉伯帝国，波斯成为其地方政权的一部分。

马蒙之后，阿拔斯王朝因军事实力衰落而国势日衰，割据局面形成。在9世纪，波斯先后出现塔希尔王朝和萨法尔王朝两个地方领主政权。

塔希尔·伊本·侯赛因的祖先是波斯人，先祖为阿拔斯王朝效力，担任呼罗珊长官。据说塔希尔是位独眼将军，由阿拉伯的胡扎阿部落收养成人。在马蒙统治波斯的时候，塔希尔任部将，因其英勇善战颇得马蒙的赏识。在马蒙与其同父异母兄阿明（又译艾敏）争夺哈里发之位的战争中，塔希尔率军作战，打败了阿明的军队，于公元811年攻下巴格达，杀死阿明，于公元813年拥立马蒙为哈里发。因立殊功，塔希尔被马蒙赐予“祖·叶米奈因”（即两手俱利者）称号，并受命统治伊拉克地区。公元820年马蒙任命塔希尔为波斯和东方行省总督，赐以呼罗珊领地的世袭权，统辖巴格达以东广大地区，以木鹿为首府。两年后，塔希尔下令辖地的穆斯林在主麻日（穆斯林于每周星期五下午在清真寺举行的宗教仪式）念呼图白（教义演说词）时，不再为哈里发祝福，而提自己的名字，并在其货币上不再铸哈里发的名字，行使独立。史学家认为，阿拔斯王朝东部地方势力割据开始于此。

不久塔希尔中毒身亡，马蒙任命其子塔尔哈袭总督位，仍以哈里发臣属埃米尔（意为“掌权者”，哈里发所辖各地最高长官的称号）实行统治，按规定缴纳赋税。塔尔哈在位6年后去世，塔希尔次子阿卜杜拉继位。阿卜杜拉将首府迁至内沙布尔（位于伊朗东北部），他深受哈里发马蒙的宠信，兼任伊拉克、巴格达等地要职，其统治地区除呼罗珊地区外，还包括赖伊（今伊朗德黑兰南部）、泰伯里斯坦（今伊朗马赞德兰省）、克尔曼（今伊朗克尔曼省）等地，将版图扩张到印度边境。他重视兴修水利，发展农业，鼓励伊斯兰学术文化的发展，曾对什叶派采取宽容政策，摧毁袄教和佛教势力，抗击突厥人的入侵，促进了辖地的强盛。

到9世纪后期，阿卜杜拉孙子穆罕默德·艾布·塔希尔执政时期，政治昏暗，官吏横征暴敛，民不聊生，境内各族民众和教派多次发动起义，反抗其黑暗统治。兴起于阿富汗与伊朗之间的锡斯坦人起义军，趁塔希尔统治内部争斗之时占领呼罗珊东部。

锡斯坦人起义军首领为耶古卜·伊本·莱伊斯（又译叶尔孤白·伊本·莱伊斯），公元861年，耶古卜自立为锡斯坦的埃米尔，以示独立。以疾陵城（今阿富汗西南部的扎兰季）为首府，建立萨法尔王朝。随后他进行领地扩张，先攻占塔希尔王朝的赫拉特（位于阿富汗西北部）和克尔曼（位于伊朗东南部），继而向东进攻法尔斯（位于伊朗南部），远征至今阿富汗伽兹尼。公元871年，耶古卜派代表朝见阿拔斯王朝哈里发，表示忠顺臣服。2年后，他率军攻占塔希尔王朝首府内沙布尔，灭塔希尔王朝。耶古卜在占领赖伊后，自觉足够强大，决心推翻哈里发政权，于公元876年率军进攻巴格达，被哈里发军队所击败，两年后耶古卜去世。

萨法尔王朝宫廷和各地官员均由王室成员和波斯人充任，行政制度效法塔希尔王朝。王朝信奉伊斯兰教逊尼派教义。王朝以波斯文为官方通用文字，宗教活动中用阿拉伯语，并倡导学者用波斯语进行文学创作。

公元879年，耶古卜弟弟阿慕尔·莱伊斯继位，其时仅据有波斯东南部一些地区。阿慕尔首先向阿拔斯王朝哈里发表示效忠，并多次贡以重金，哈里发仍承认他为占领地区总督，兼领巴格达的军事长官。公元898年，阿慕尔又向呼罗珊扩张，夺取内沙布尔。公元900年，阿慕尔的军队在今阿富汗北部的巴尔赫附近被崛起的萨曼王朝军队所击败，被俘后解往巴格达被处死。3年后，萨法尔王朝彻底被萨曼王朝所取代。此时，中国的唐朝业已进入濒临灭亡的末期。

美洲——

◆印第安人是美洲古文明的创造者，关于美洲印第安人的起源问题，历来众说纷纭。随着考古学、人类学等相关学科的发展，如今学界占上风的看法是：

1. 由于迄今为止在美洲没有发现猿人的遗迹，极有可能美洲印第安人的祖先不是自我进化的，而是从其他大陆迁徙过去的；

2. 通过DNA的抽样测试分析，排除了美洲印第安人的祖先与非洲人、欧洲人的祖先同宗的可能性，确认了与亚洲蒙古人种的同一性，印第安人属于黄种人；

3. 冰川时期（公元前7万—前1.2万年），亚洲东北部与美洲西北部有陆桥相连，亚洲人可能越过陆桥进入北美地区，他们的后裔南下墨西哥，而后到达南美洲；

4. 也有部分学者认为，印第安人并非属于同一种族，有部分居民可能是从大洋洲方面迁移到南美或中美地区的。

据估计，在公元15—16世纪之交，美洲的印第安人有1500万~4000万之多，语言和方言达1700余种。印第安人部族很复杂，主要的部族有：加拿大和美国的易洛魁人；墨西哥的萨波特克人、托尔特克人和阿兹特克人；墨西哥南部和中美洲的玛雅人；加勒比海地区的加勒比人；委内瑞拉、哥伦比亚及周围地区的奇布查人；秘鲁、厄瓜多尔和玻利维亚等安第斯高原地区的印卡人；阿根廷、巴拉圭的瓜拉尼人；智利的阿拉乌干人；巴西等国亚马孙河流域热带森林和草原地区的阿拉瓦克人和图皮人等。

美洲是世界古文明的重要发祥地之一。在公元前3000—前2000年，印第安人开始定居生活并从事农业种植。古代玛雅人所创造的印第安文明，是中部美洲印第安古文明的杰出代表，是古代美洲的三大文明之一，也是唯一诞生在热带丛林而非大河流域的文明。

玛雅人是古代印第安人的一支，也是美洲唯一留下文字记录的民族。“玛雅”是为了方便而起的一个集体统称，包括为该地区创造某种历史文化和遗产的种族群体，他们都有自己特殊的传统、文化和历史的特征，构成了多样的美洲土著人民族。

玛雅文明区主要包括今天墨西哥南部塔巴斯科州和恰帕斯州，尤卡坦半岛的尤卡坦州、坎佩切州和金塔纳罗奥州；以及地处尤卡坦半岛的中美洲国家危地马拉、洪都拉斯、伯利兹和萨尔瓦多，总面积约32.4万平方千米。

大约自公元前1800年起，古代玛雅人已开始生活在上述地区。公元初期，在尤卡坦半岛南部今危地马拉佩滕湖畔的热带雨林区，兴建了第一批“城邦”。这些城邦实际是早期的祭祀中心。公元3世纪以前的历史，被认为是玛雅文化的形成期。

古代玛雅人是刀耕火种的农业，但采用了进步的农田灌溉和梯田耕作技术。培植了玉米、马铃薯、番茄、花生、甘薯、向日葵、烟草、可可、龙舌兰、南瓜及某些豆类和薯类作物。饲养的家禽家畜有骆马、羊驼、火鸡等。玉米种植是整个印第安文明的基础，故印第安文明又称“玉米文明”。印第安人培育的很多农作物后来传播到世界各地，对人类物质生活做出了重大贡献。但是，古代玛雅人不知道使用铁器、轮车和牛马，这就影响其生产力的提高和发展。但使用金、银、铜、锡等金属制成器具和装饰品，用龙舌兰纤维和木棉织布。

玛雅人发明了用野生无花果树皮内层造“纸”，并将发明的象形文字书写在这种“纸”做的书籍上。专家统计，玛雅人所使用的象形文字约有 800 个，词汇量多达 3 万个，已有四分之一被语言学家解读出来。这些文字记载了玛雅人的日常计算、宗教神话、神祇的名称、天文历象等。

玛雅文字既有象形字，也有会意字，也有形声字或三者结合，是一种兼有意形和意音功能的文字。玛雅文字的一个字符中大的部分叫作主字，小的部分叫作接字，字体有“几何体”和“头字体”两种，另外还有将人，动物，神的图案相结合组成的“全身体”，主要用于历法。玛雅文字的读法为：从上到下两行一组；每行从右到左，下一行再从右到左的顺序读。玛雅文字艰深晦涩，据分析每个字都有4个音节，图形为一部分是意符，一部分是音符，属“意音文字”。一位苏联学者于 20 世纪 50 年代提出研究玛雅文字的全新的方向，他认为和古埃及、古中国象形文字一样，玛雅文字是象形文字和声音的联合体，换句话来讲，玛雅的象形文字既代表一个整体概念，又有它的发音。

玛雅人有令人惊叹的天文知识和与之结合的宗教工程。石头碑铭和浮雕是了解古代玛雅人生活的主要来源，早期的玛雅文化受到更早期的奥尔梅克文化的影响。在社会组织方面，玛雅人长期处于原始氏族公社阶段，并没有形成“王国”只是城邦。土地为部落公有，由议事会分配给各氏族和家庭使用。家庭是玛雅社会的核心，若干血亲家族组成氏族，社会的基层组织是氏族公社。实行集体劳动，产品平均分配。但是，有的地区达到了较高的社会发展阶段，进入早期的阶级社会。玛雅社会是一个阶级社会，分成城邦主、贵族阶级、中等阶级和平民阶级。整个社会呈金字塔形。

从公元 3 世纪至 9 世纪，玛雅地区进入鼎盛期，建立大小城邦达百余个，使用统一的象形文字和历法。玛雅人有立柱记事的习俗，一般是每隔 20 年建一座石柱碑。9 世纪末，这些城邦突然衰落，立柱记事由此中断，原因不详。

根据《契兰·巴兰》一书的记载，有学者将玛雅人历史分为三个时期：前古典期（公元前 1500—292 年），其特点是中美洲各群体形成共同文化，开始定居生活，发展农业。古典期（公元 292—900 年），开始有象形文字、石碑、庙宇等，中部地区有大规模发展，出现神权政治，晚期北方文化发展，并达到鼎盛时期。后古典期（公元 900—1527 年），又可分为两个时期——前期和后期。在其前期（公元 900—1250 年），南部和北部出现了文化变革。托尔特克（又译托尔蒂克）人到达中部高原，征服当地部族，并将其宗教、礼仪、习俗强加于玛雅人，建立玛雅城，由其科科梅家族统治。在北部地区，玛雅文化和托尔特克文化融合，产生了著名的玛雅潘（玛雅文明后期中心之一，位于墨西哥尤卡坦半岛境内）文明。在后期（公元 1250—1527 年），玛雅中心相继遗弃，集权政治解体，出现了一些部落之间和小城镇之间的相互争斗。公元 1519 年，西班牙殖民者征服了墨西哥尤卡坦半岛和危地马拉。尤卡坦半岛北部的伊察人由于地处偏远长期保持自治，坚持反抗，直至公元 1627 年整个玛雅地区才被西班牙殖民者征服。

《契兰·巴兰》是由玛雅人的许多村庄、部落各自的历史传说、记录组成的丛书。它们的共同的特点是，用欧洲人的纸张、西班牙的文字，写玛雅人的语言，记载玛雅人的历史和文化，整个书名可以意译为“通神者说神”。它可能是那些幸存的、掌握玛雅文化历史的玛雅祭司，在讲述自己民族古老的历史和文明。以前这些历史和文明是玛雅贵族和祭司阶层的专有，千百年来都是用象形文字记录下来的。后写书人用西班牙语记音，内容也大致地保留下来。《契兰·巴兰》丛书有许多本，每本都是写某一个村镇和部落，现在存世有十一二本《契兰·巴兰》的片断。

《契兰·巴兰》的产生较富戏剧性，它起源于西班牙传教士的传教目的，最后却变成保存玛雅文化的重要手段。

西班牙人的征服行动完成后，西班牙的天主教传教士们就蜂拥而至，他们尝试让玛雅人接受西班牙语和西班牙文，他们希望以这种方式最终促使玛雅人向天主教皈依。在这个过程中西班牙人发现，用西班牙语记录玛雅语言，在音系上只需添加极少的音素。确切地说，只需在西班牙语音体系中加上两个音素，一个是葡萄牙语中的调，发音如同汉语的“西”；另一个采用创造的符号つ来表示，发音如同汉语中的“兹”，现在这个符号被 dz 所取代。加上这两个音，西班牙语的字母表就完全可以为玛雅语记音了。西班牙人的这种文字改革很像给象形文字引进表音的拼音系统。其结果是，他们将玛雅人的传统文字系统换成了西班牙人的字母拼写系统。后来玛雅人将它们变成自己新的记音符号系统，用它记录和传承自己的文化，《契兰·巴兰》丛书就是在这种情况下产生的。

托尔特克人原是居住在墨西哥北部的一支游牧民族，大约在公元 700 年进入阶级社会，并开始南迁到墨西哥中部高原地区。大约 50 年之后，这个奴隶制部落联盟出现了一个有名的首领名叫米斯科亚特（又译霍拉特），米斯科亚特对托尔特克的发展做出了重要贡献。他率领部落征服了墨西哥谷地及邻近地区，建立了托尔特克人的第一个首都库卢亚坎。

后来米斯科亚特在其妻怀孕期间，被部下所杀害。其妻被迫逃亡异乡，在生下遗腹子克扎尔科亚特尔（又译克沙尔柯脱尔，是“宝蛇”或“长羽毛的蛇”的意思。），之后不久，就去世了。据传说，克扎尔科亚特尔长大后，受到神的召唤，要他去库卢亚坎夺回王位。克扎尔科亚特尔回到墨西哥谷地，先寻找到父亲的遗体，把他安葬后，为它建造了一座庙宇。最终，克扎尔科亚特尔战胜了篡位者，到公元 980 年决定建立图拉城。

但是，根据古代印第安人的《奇马尔波波卡绘图文字书》说法，克扎尔科亚特尔先去了托兰琴科（今墨西哥的图兰辛戈），之后到了乌兰埃琴，在图拉登上了王位。这似乎说明，在他登基之前，图拉城已经建立。根据研究，克扎尔科亚特尔抵达图拉的年份约为公元 980

年，由此看来，图拉不可能是由克扎尔科亚特尔建立的，但是曾受其统治。那么，该城究竟是由何人建立的呢？至今，这还是个历史问题。后克扎尔科亚特尔再次被逐出图拉，因为其邻近部落是嗜血神的崇拜者，他们不能容忍托尔特克人。约在公元 999 年，克扎尔科亚特尔被驱逐到尤卡坦半岛。无论史料还是考古学都表明，图拉先后处于 10 名统治者的管辖下，约在公元 12 世纪末或 13 世纪初被大火烧毁。从此，托尔特克人迁居墨西哥谷地和乔卢拉的内瓦达山，也有一部分人移居危地马拉，甚至萨尔瓦多和尼加拉瓜，其后裔不仅说纳瓦语，而且继续将克扎尔科亚特尔作为一个神加以崇拜。

公元 10 世纪末，玛雅文明中心移向尤卡坦半岛北部，与入侵的托尔特克人的文化相融合，先后兴起了埃尔塔兴、奇钦·伊察、玛雅潘等城邦，使玛雅文化重新繁荣起来。

二、祖先的心志

赵州桥与大兴城

隋朝在工程建筑方面，除了隋唐大运河，最突出的成就莫过于修建河北赵县赵州桥和大兴城。

赵州桥又叫安济桥，位于中国河北省石家庄市赵县城南。其始建于隋文帝时期，历 12 年完成，由著名工匠李春监造。赵州桥结构精巧，造型美观。整桥为青石材质组成，全长 64.4 米，宽 9.6 米，跨度 37.02 米，券高 7.23 米，是当今世界上跨径最大、建造最早的单孔敞肩型石拱桥。赵州桥最大的科学贡献就是它“敞肩拱”的创举。在大拱两肩，砌了 4 个并列小孔，既增大了泄洪通道，平缓了坡度，减轻了桥身自重，又增强了桥身稳定性。这就有力地保证了赵州桥在 1400 多年的历史中，经受住了人间战火和大自然多次洪水、地震的冲击，以及人畜车辆载货的重压，仍然能够挺立在洨（xiáo）河之上。

敞肩圆弧拱的出现，是古代中国人民在拱桥建筑史上的重要发明，给予了拱桥发展的新生命。古罗马人对圆弧拱桥的建设，虽较中国为早（专家考证，现存意大利的古罗马时代拱桥尚有 6 座：罗托桥，建于公元前 179 年；莫列桥建于公元前 110 年；夸特罗桥也称法勃利克桥，建于公元前 62 年；塞斯蒂宙斯桥建于公元前 45 年；圣安琪儿桥既爱留斯特桥，建于公元 136 年；绥斯脱桥建于公元 370 年），都约在中国的两汉时期。但这些桥拱接近于半圆，大拱为实腹拱。类似的敞肩弧拱，在欧洲迟至 14 世纪才出现，为法国泰克河（也译太克河）上的赛兰特桥（也译塞雷桥）。不过，此桥在公元 1809 年前后就毁坏了，而赵州桥使用至今。欧洲之后真正采用敞肩圆弧拱型形式所建的阿道尔夫石桥，时间为公元 1889—1903

年，位于著名的卢森堡佩特罗斯大峡谷上。一位英国科学技术史专家在其所著《中国科学技术史》中认为，欧洲的敞肩圆弧形拱桥认知是从中国传递过去的。1991 年，美国土木工程师学会将赵州桥选定为第 12 个“国际历史土木工程的里程碑”，并在桥北端东侧建造了“国际历史土木工程古迹”铜牌纪念碑。

汉长安城久经战乱，已经残破不堪，加之几百年来城市污水沉淀，壅（yōng）底（阻塞）难泄，垃圾遍布，饮水供应与环境卫生成为重要问题，已不能适应新兴的隋帝国都城的需要。因此，公元 582 年年初，隋文帝在原长安城东南选择新址新建新长安城。隋文帝曾被封为大兴公，因此新城取名大兴城，于次年竣工。

大兴城参考北魏洛阳城和北齐邺都南城，其北临渭河，南依灞水与浐（chǎn）水，地形南高北低，城南岗原起伏。把龙首原（位于西安北部）以南的 6 条高坡作为长安城总体规划的地理基础。“六坡”是大兴城的骨架，皇宫、政权机关和寺庙都设置在哪里。岗原之间的低地，除居民区外，则开渠引水，挖掘湖泊，增大了城市的水域。大兴城充分利用地形的优势，增大了发展空间，显得愈加雄伟壮观。大兴城的平面布局整齐划一，形制为长方形。全城由宫城、皇城、外郭城三部分组成，完全采用东西对称布局，而外郭城面积约占了全城总面积的 88.8%。大兴城在当时的世界上是最为巨大的城市，是汉长安城的 2.4 倍，明清北京城的 1.4 倍。比同时期拜占庭的君士坦丁堡大 7 倍，较公元 800 年所建的巴格达城大 6.2 倍。

《开皇律》

隋文帝即位后，于公元 581 年命人参考北齐、北周旧律，制定法律。两年后，又加以修订，完成了《开皇律》。

《开皇律》以北齐的《河清律》为底本，参考北周和南朝梁的律典，简化律文，博取南北法律优点而成。史称：“刑网简要，疏而不失”，规定对十恶者要严惩不贷。《开皇律》分 12 卷，500 条，刑罚分为：死刑、流刑、徒刑、杖刑、笞（chī）刑 5 种 20 等。废除了鞭刑、枭（xiāo）首、裂刑等酷刑，是唐代及其以后各代法典的基础。

“二历之争”

在隋文帝时期曾发生“二历之争”。当时隋文帝想以符命诏天下，启用道士所修新历——《开皇历》。隋代天文家、学者刘焯（chāo）指出《开皇历》不用岁差法、定朔法等 6 条重大失误，而呈上自己所编的《皇极历》。显然《皇极历》不合上意，刘焯等人被扣上“非毁天历，率意迂怪”“妄相扶证，惑乱时人”的罪名被免职。仕途的挫折，遂使刘焯专心著述，避问朝事，先后写出《历书》《五经述义》等若干著述，名声传世。

《皇极历》虽未被隋朝廷采用，但中国有关学者认为该历是在中国历史上具有里程碑意义的历法。它首次考虑到太阳和月亮运动的不均匀性，创立了等间距二次差内插法。这在中国天文学史和数学史上具有重要地位，后代历法计算日月五星运动使用的内插法多继承《皇极历》的方法并继续发展。

专家总结刘焯在中国科学史上的贡献主要有三个：

其一，在《皇极历》中，他考虑太阳运动的不均匀性，创立了等间距二次内插法公式来计算日、月、五星的运行速度。并主张改革推算 24 节气的方法，废除传统的平气法，使用他创立的定气法。这些主张，直到公元 1645 年才被清朝颁行的《时宪历》采用，从而完成了中国古代历法上第 5 次也是最后一次大改革（“平气法”是把一年的时间平分成 24 等分来确定节气；“定气法”是把太阳一年的运行角度分成 24 等分来确定节气）。

其二，刘焯曾力主实测子午线。其原因是中国古历法认为，南北相距 1000 里的两个测杆，在夏至的正午时分，它们的影子相差一寸，即有“日影千里差一寸”之说。刘焯对此结论首次提出异议。后唐代一行等人实现了刘焯的愿望，并证实了刘焯质疑的正确性。

其三，他较为精确地计算了岁差，比东晋天文学虞喜算出的岁差值更为先进。

从白瓷到青瓷

隋代是中国瓷器生产技术的重要发展阶段。在东汉已出现早期白瓷，但成熟的白瓷到隋代才出现。陕西西安曾出土隋大业四年（公元 608 年）烧制的白瓷，胎质洁白，釉面光润，胎釉已不见白中闪黄或泛青的现象。隋代青釉瓷器的生产则更为广泛，在河北、河南、陕西、安徽以及江南各地皆有青瓷出土，并发现了多处隋代窑址。

火药与雕版印刷

唐朝全盛时在文化、科技、政治、经济、外交等方面都达到了很高的成就。在中国历史上有大量的科技发明，其中闻名于世的四大发明之中有两个都诞生于唐朝，即火药和雕版印刷。

中国火药的发明可能是在隋唐时期出现的，但广泛应用于民间和军事则是北南两宋。

专家认为，火药的起源与炼丹术有着密切的关系。中国古代的黑火药是由硝石、硫黄、木炭以及辅料组成的粉末状的混合物。这些成分都是中国炼丹家的常用配料，把这种混合物叫作“药”，也揭示着它与医药的渊源关系。

火药中的硝石是火药的关键原料，在西汉马王堆 3 号墓出土的帛书医方里已有硝石，在《神农本草经》中，硝石被列为上品药。同时硝石也是一种主要的炼丹药剂，早期的丹经《三十六水法》中就着重介绍了硝石在水溶液中对丹砂、雄黄、云母、石英等矿物的化学作用。中国使用硫黄大约始于西汉，《神农本草经》将硫黄列为中品药，说它“能化金银铜铁奇物”。早期的炼丹术著作《黄帝九鼎神丹经》和《三十六水法》，已用到硫黄，称为“石亭脂”。而炭类，更是古代人们常用的日用品。道教炼丹家对于硝、硫、炭类物质性质的认识和应用，为火药的发明创造了条件。

炼丹家对于硫黄、砒霜等具有猛毒的金石药，在使用之前，常用烧灼的办法“伏”一下，使其毒性失去或减低，这种手续称为“伏火”。唐初的名医兼炼丹家孙思邈（miǎo）在“丹经内伏硫黄法”中记有：将硫黄、硝石各二两，研成粉末，放在销银锅或砂罐子里。把没有被虫蛀过的三个皂角逐一点着，然后夹入锅里，使硫黄和硝石燃起火焰。等到焰火熄灭，再用木炭来炒，炒到木炭消去三分之一退火，在没有完全冷却前，取出这些混合物，就是伏火了。伏火的方子都含有碳素，而且伏硫黄要加硝石，伏硝石要加硫黄。这说明炼丹家有意要使药物引起燃烧，以去掉它们的猛毒。虽然炼丹家们知道硫、硝、碳混合点火会发生激烈的反应，并采取措施控制反应速度，但是因药物伏火而引起失火的事故还是时有发生。这说明唐代的炼丹家已经具了一个很重要认知，就是硫、硝、碳三种物质可以构成一种极易燃烧的药，即火药。火药发明后，被当作药类，在《本草纲目》中就提到火药能治疮癣、杀虫、辟湿气、辟瘟疫等。

印刷术是中国古代重大发明之一，也是人类文化发展史上的一件大事。印刷术发明之前，文化的传播主要靠人口相传和手抄的书籍。手抄书费时、费事，又容易抄错、抄漏。既阻碍了文化的发展，又给文化的传播带来不应有的损失。印刷术的发明，为知识的广泛传播、交流创造了条件，使人类文化发展产生了第一次飞跃。

中国的印刷术经过雕版印刷和活字印刷两个发明阶段。雕版印刷的发明时间，大多数专家认为是在公元 590 年至 640 年，也就是隋末唐初。1900 年，在中国甘肃省酒泉市的敦煌千佛洞里发现一本印刷精美的《金刚经》。这是目前世界上最早的有明确日期记载的印刷品，该书末尾题有“咸同九年四月十五日”的字样，即公元 868 年，此书现收藏在英国伦敦博物院。国内现存最早的雕版印刷品是 1944 年发现于四川成都晚唐时期刊印的《陀罗尼经》。1974 年在山西应县佛宫寺释迦塔（俗称应县木塔）内，发现辽代雕版彩色套印印刷品《释迦说法相》三幅，这是目前发现的中国最早的彩色印刷品。

“药王”孙思邈

孙思邈（miǎo）为唐代著名道士，著有《千金药方》和《千金翼方》，通称《千金要方》。这是两部著名的医学著作，为唐以后医药家必备典籍。二书内容十分丰富，共收集了 5300 多个药方，记载了 800 多种药物。由于他对医药学的重大贡献，后人尊称他为“药王”。

一行的天文学成就

公元 721 年，因前历《麟德历》几次预报日食不准，唐玄宗命天文学家、名僧一行（xíng）主持修编新历。

《麟德历》基本以隋刘焯的《皇极历》为基础，简化了一些烦琐的计算，并废弃了 19 年 7 闰的法则。《麟德历》从公元 665 年实行到公元 728 年时，又出现晷（guǐ）纬（晷，日；纬，星）不合的问题。

一行出身名门，本名张遂。祖上曾辅佐李世民发动玄武门之变，为唐太宗李世民纳入凌烟阁 24 功臣之一。不过家族在武则天时代已经衰落，当张遂以博学善数，精工五行历象传闻于世的时候，为躲避武氏的拉拢纠缠愤然出家嵩山，法名一行。

一行主张在天文实测的基础上编订历法。为此，他与同仁梁令瓒研制了不少测量天体位置的仪器，据载最著名的是“黄道游仪”和“水运浑象仪”。

黄道游仪用铜铁铸成，游仪上的黄道环能在赤道环上移动，以模拟岁差现象。他和梁令瓒用新创制的天文仪器，重新测定了150多颗恒星的位置，并多次测量了28宿距天球（为研究天体的位置和运动，而引进的一个假想圆球）北极的度数。发现这些恒星的位置同汉代所测结果有了很大的不同。根据自己观测的结果，他们推断恒星本身在天球的位置是不断变动的，从而他和梁令瓒成为世界上最早发现恒星运动的天文学家。

水运浑象仪（或称“开元水运浑天俯视图”）是以水力推动而运转的浑象仪器，其原理应与东汉张衡的水运浑象仪类似，但更加精巧和复杂。除了表现星宿的运动以外，还能表现日升月落，测定朔望、报告时辰，形象地表达了浑天说思想。其设有两个木人，一个木人每刻（一昼夜分为100刻，约14.4分钟）自动击鼓，一个木人每辰（合现在两个小时）自动撞钟。这两个木人运用巧妙的机械原理成为准确的报时装置。通过它的演示，被一些专家认为是世界上最早的机械时钟装置。

一行改历期间组织了一次大规模的天文大地测量。当时测量的范围很广，北到北纬51度左右的铁勒回纥部（今蒙古乌兰巴托西南），南到约北纬18度的林邑（今越南的中部）等13处，这样的测量规模在古代科学史上是空前的。

一行的测量人员观测了夏至、冬至和春分、秋分时的晷差（日影长度差)），并实地测量了距离。这样就算出北极星高度相差1度（北极星高度差别即纬度差别），地面南北距离的差值是351里80步，按唐朝尺度算折合今制为131.3千米（一说为129.22千米），这是子午线（经线）1度的长度。现代科技算出的子午线1度为111.2千米，二者相比，误差为20千米（这个数值今有质疑），成为继古希腊科学家埃拉托色尼之后第二个测量子午线的人。

一行在《大衍历》中还建立了一个从0度到80度的计算表，据认为这是世界数学史上最早的一张正切函数表，尽管它的误差相对大一些。

《算经十书》

初唐数学家王孝通所著《缉古算经》在世界上首次系统地创立三次多项式方程，对中国代数学的发展，有重要意义。它集中体现了中国古代数学家在公元7世纪建立和求解三次方程等方面所取得的重要成就。在西方，虽然很早就已经知道三次方程，但最初解三次方程是利用圆锥曲线的图解法，一直到13世纪意大利数学家才有了三次方程的数值解法。

一大批古代算书在唐朝国子监得到了较好的整理，并成为当时国子监算学科的教科书。这批算书总共10部，计有《周髀算经》《九章算术》《海岛算经》《孙子算经》《五曹算经》《五经算术》《缀术》《张邱建算经》《缉古算经》《夏侯阳算经》，后世合称为《算经十书》。

《算经十书》全面反映了古代中国从先秦到唐初的数学成就。书中用过的一些数学名词，如分子、分母、开平方、开立方、正、负、方程等，都一直沿用到今天。

造船技术进步

到了唐朝，中国制造舟船已采用了先进的钉接榫（sǔn）合的连接工艺，使船的强度大大提高。1960 年 3 月，在江苏省扬州市施桥镇以及 1973 年在江苏省如皋县相继出土了唐代木船，这两条木船都采用了钉接榫合技术。而扬州出土的船更采用了斜穿铁钉的平接技术，比如皋县出土的木船采用的垂穿铁钉的搭接技术更先进。唐船还建有防水密封隔舱，如皋出土的唐代木船就有 9 个水密隔舱。这就增强了船的抗沉力。所谓水密隔舱，就是用隔舱板把船舱分成互不相通的数个舱区，由于舱与舱之间严密分开，因此在航行中，即使有一两个舱区破损进水，水也不会流进其他舱区，船仍保有相当的浮力，不致迅速沉没。其次，船上分舱，不同的货主可以同时在相隔的舱区中装货和取货，提高了装卸的效率，又便于进行货物管理。另外，由于舱板跟船壳板紧密连接，又起到加固船体的作用，更适合远洋航行。现代舰船广泛采用水密隔舱技术。水密隔舱的发明，无疑将古代中国的造船技术推上了高峰。据说 1795 年，一位英国海军军官考察了中国的船舶结构后，才将水密隔舱技术引进欧洲，并依水密隔舱技术设计了 6 艘舰只。他写道："有增加强度的隔板，它们可以保护船只，免得进水沉没，正像现在中国人做的一样。"

唐在隋大兴城的基础上又扩建了长安城，据说长安城在盛唐时人口有近 100 万，是当时世界上最大的城市。对周边国家的京城建设有较大的影响，如日本平安京、新罗金城、高句丽平壤和渤海国上京龙泉府都是仿照长安建造。大明皇宫遗址范围相当于明清紫禁城总面积的三倍之多。

曲辕犁

唐代农业生产工具比前代有所进步，开元年间发明了曲辕犁，还出现了新的灌溉工具水车和筒车。曲辕犁和唐以前的耕犁相比，有重大改进。首先是将直辕、长辕改为曲辕、短辕，并在辕头安装可以自由转动的犁盘，这样不仅使犁架变小变轻，而且便于调头和转弯，操作更加灵便，节省了人力和畜力。它的出现使中国耕作农具更加成熟。曲辕犁一直沿用至清朝，其原理为今天的机引铧式犁所采用。

唐诗

唐代是中国古典诗歌发展的全盛时期。唐诗是中国文化宝库中的一颗璀璨的明珠，同时也对周边民族和国家的文化发展产生过巨大影响。清人所编《全唐诗》共收录 2200 多位唐朝诗人的 48900 多首诗。唐诗的形式和风格不仅继承了前人的民歌、乐府的传统精华，并且完善了歌行体（音节、格律比较自由，形式采用五言、七言、杂言的古诗体裁）的样式；不仅继承了前代的五言、七言古诗，并且发展为叙事言情的长诗，创造了风格优美，韵律整齐的近体诗。近体诗是当时的新体诗，它的成熟是中国古代文化发展史上的一件大事。

近体诗又称今体诗或格律诗，讲究平仄、押韵、对仗的诗歌体裁，为区别于古体诗而有近体之名。在近体诗篇中句数、字数、平仄、押韵都有严格的限制。近体诗是有唐一代的主要诗体，在中国诗歌史上占有着重要地位，开创了一代诗风。

律诗和绝句都是近体诗。那么，怎样区分律诗和绝句呢？

律诗一般每首 8 句，每句 5 个字的律诗叫五言律诗，简称五律；每句 7 个字的律诗叫七言律诗，简称七律。绝句每首 4 句，每句 5 个字地叫五言绝句；每句 7 个字地叫七言绝句。

律诗的发展到了初唐时期，才最终完成并确定下来。其中，杜审言、沈佺期、宋之问等人为之做出了巨大的贡献。杜审言是大诗人杜甫的祖父。

在文学研究史上，人们向来将沈、宋并称。他们两人也有太多的共同点：两人生死年份相近，都是在唐高宗时期考中进士，都曾结交过武则天的男宠张易之。所以在朝中都声名狼藉，但两人对律诗体的完成做出了杰出的贡献。

唐朝诗人若以唐朝发展时间段加以区别的话，可分为“初唐时期”“盛唐时期”“中唐时期”“晚唐时期”。初唐时期最为著名的诗人有王勃、杨炯、卢照邻、骆宾王。盛唐时期诗人可分为以王维、孟浩然为代表的田园派和岑（cén）参、王昌龄为代表的边塞派，其中集大成者为“诗仙”李白和“诗圣”杜甫最为出名。李白的诗，飘逸洒脱，充满浪漫主义的色彩；而杜甫的诗则更多表现现实主义情怀。中唐时期最卓越的诗人是白居易，他的诗通俗易懂。此外还有元稹、韩愈、柳宗元、刘禹锡、李贺等。晚唐诗人以李商隐和杜牧最为出众，被称为“小李杜”。他们的诗作风格各异，既有叹史诗的借题抒怀，又有边塞诗的激昂雄浑，也有田园诗的秀雅清新，以及情感诗的动人心弦。这些诗作共同构成了中国古典诗词的绚丽时代。后世宋、明、清虽有杰出诗人出现，但总体水平都不如唐朝诗人，唐诗成为中国古诗不可逾越的巅峰。唐诗把中国古曲诗句的音节和谐、文字精练的艺术特点，发展到前所未有的高度，为中国古代抒情诗找到了一个精美醇厚的形式，至今还为人们常吟不绝。

由于唐朝执行的是开放政策，使唐朝文化富含西域特征与宗教色彩。

唐画

初唐时期的阎立德、阎立本兄弟出身富贵。父亲是北周皇帝宇文邕的外孙，也为驸马。父子三人均以工艺、绘画闻名于世，曾主持设计帝后所用服饰。

阎立德对工艺、绘画颇有造诣。绘画以人物、树石、禽兽见长，曾为宫廷设计服饰、雨伞、仪仗等物。太宗时负责修建宫室、陵墓等工程。曾主持修建翠微宫、玉华宫以及献陵（李渊墓）、昭陵（李世民墓）、长安城外郭和城楼等重大工程。深得太宗赞许和重用，官至工部尚书。阎立德的绘画吸取前代画家之长，作品题材大都与初唐政治有较为密切的关系。史载：贞观三年（公元 629 年）应州（今贵州黔东南一带）土著酋长谢元深到长安朝觐，阎立德奉诏画《王会图》纪其事，以歌颂唐王朝的强大兴盛与边寨民族的友好关系。他还画过《文成公主降番图》，形象地记录了太宗命文成公主赴吐蕃与松赞干布联姻这一重大历史事件。可惜，这些作品都没有流传下来。

阎立本在中国画坛的地位超过了父兄。不仅艺擅绘画，还颇有政治才干，曾官至右丞相，因而时人有“左相宣威沙漠，右相驰誉丹青”之说。

阎立本秉承家学，善画人物、车马、亭台楼阁，尤擅长于肖像画与历史人物画。他的绘画，线条刚劲有力，色彩古雅沉着，笔触细致，人物刻画气韵生动，其作品备受推崇，被世人誉为“神品”。阎立本曾为唐太宗画《秦府十八学士》《凌烟阁功臣二十四人图》，他的作品有《步辇图》《古帝王图》《职贡图》《萧翼赚兰亭图》等传世。在中国绘画史上具有重要地位。

吴道子（又名道玄）则被尊称“画圣”。他擅画佛道、神鬼、人物、山水、鸟兽、草木、楼阁等，尤精于佛道、人物，长于壁画创作。并吸收了西域画派的技法，画面富于立体感，有“吴带当风”之说。

张萱和周昉（fǎng）则以画侍女图为主，他们的著名作品有《捣练图》《虢国夫人游春图》和《簪花仕女图》等。

魏晋南北朝时期，山水风景多为衬托人物主题的配景。而隋唐以来，山水风景成为主题，出现了山水画这个重要分支。当时分南、北两派。诗人王维擅长水墨山水画，是南派的代表，北宋文豪苏轼评他“诗中有画，画中有诗”；北派画家李思训是著名奸相李林甫的伯父，其善用青绿画金碧山水。又有曹霸、韩干善画马，韩滉（huàng）善画牛，薛稷善画鹤，边鸾（luán）善画孔雀等。

唐朝的壁画事业特别发达。莫高窟与墓室壁画都是传世精品。唐朝的雕刻艺术同样出众。敦煌、龙门、麦积山和炳灵寺石窟都是在唐朝时期步入全盛。龙门石窟的卢舍那大佛和四川乐山大佛都令人赞叹。昭陵六骏、墓葬三彩陶俑都非常精美。其中雕刻家杨惠之被称为塑圣，其擅塑罗汉像，首创将人物安排在山石背景中的壁塑（也称影塑）。

唐“传奇”

“传奇”是中国的一种古典小说形式，出现在隋朝，兴盛于唐朝。当时著名的传奇作品包括《柳毅传》《莺莺传》《南柯太守传》《枕中记》《长恨传》等。有的传奇在后代还被改编为戏剧和白话小说。唐朝“变文”在中国文学史上也有重要地位。所谓变文起初是指佛教僧侣宣传佛教讲唱佛经的底本。最初变文仅限于佛教经典，后来则开始讲唱其他故事，讲唱的人也不限于僧侣。变文对传奇和后世的说唱文学都有很大影响。

书法

唐朝的书法在继承魏晋之风后，有了全新的发展，不管是行书、草书、楷书等都达到了新的境界，出现了百家争鸣的局面。其中，四大书法家欧阳询、虞世南、颜真卿、柳公权是唐代书法艺术的代表人物。

欧阳询，字信本，是潭州临湘（今湖南长沙）人，楷书四大家之一。欧阳询与同代的虞世南、褚遂良、薛稷三位并称初唐四大家。因其子欧阳通亦善书法，故其又称“大欧”。他与虞世南俱以书法驰名初唐，并称“欧虞”。后人以其书于平正中见险绝，最便初学，号为“欧体”。代表作楷书有《九成宫醴（lǐ）泉铭》《皇甫诞碑》《化度寺碑》，行书有《仲尼梦奠帖》《行书千字文》。对书法有其独到的见解，有书法论著《八诀》《传授诀》《用笔论》《三十六法》。所写《化度寺邑禅师舍利塔铭》《虞恭公温彦博碑》《皇甫诞碑 》被称为“唐人楷书第一”。

虞世南，字伯施，是初唐政治家、文学家、诗人、书法家。越州（今浙江余姚）人。日本学界称欧阳询、褚遂良、虞世南为“初唐三大家”。其所编的《北堂书钞》被誉为唐代四大类书之一，是中国现存最早的类书（指辑录各门类或某一门类的资料，并依内容或字、韵分门别类编排供巡检、征引的工具书）之一。

虞世南是李世民凌烟阁 24 功臣之一。其生性沉静寡欲，意志坚定。在隋朝灭亡时，被窦建德任命为黄门侍郎。李世民灭窦建德后，招虞世南为秦王府参军、弘文馆学士，与房玄龄等共掌文翰，为“十八学士”之一。太宗贞观年间，历任著作郎、秘书监等职，先后封永兴县子、永兴县公，故世称“虞永兴、虞秘监”。他性情刚烈，直言敢谏，深得唐太宗敬重。于公元 638 年去世，被绘像凌烟阁。

虞世南书法继承王羲之、王献之的传统，外柔内刚，笔触圆融冲和而有遒丽之气。北宋文人黄庭坚有诗赞其代表作《孔子庙堂碑》:“虞书庙堂贞观刻，千两黄金那购得。”虞世南作书不择纸笔，却很注意坐立姿势和运腕方法。他认为，只要姿势正确，手腕轻虚，即使是粗纸，秃笔，信手拈来也能挥洒自如，别出新意。其作品在元代就已很稀少，有传世书迹刻石，楷书有《孔子庙堂碑》《破邪论》；行书有《汝南公主墓志铭》《摹兰亭序》等。《唐人摹兰亭序三种》其中之一传为虞世南的墨迹。

颜真卿，字清臣，小名羡门子，别号应方。祖籍今山东临沂，唐代名臣。

公元 734 年，颜真卿进进士第，曾四次被任命为监察御史，迁殿中侍御史。因受权臣杨国忠排斥，被贬为平原太守，人称“颜平原”。安史之乱时，唐肃宗即位后，拜工部尚书兼御史大夫，为河北招讨使。唐代宗时官至吏部尚书、太子太师，封鲁郡公，人又称“颜鲁公”。公元 784 年，遭人陷害，被遣往叛军处宣谕，终被缢杀。颜真卿书法精妙，擅长行、楷，创“颜体”楷书，与赵孟頫（fǔ）、柳公权、欧阳询并称为“楷书四大家”。又与柳公权并称“颜柳”，被称为“颜筋柳骨”。善诗文，著作甚富，有《韵海镜源》《礼乐集》《吴兴集》《庐陵集》《临川集》，均散佚。宋人辑有《颜鲁公集》。

柳公权，字诚悬，今陕西铜川市耀州区人，兵部尚书柳公绰之弟。

柳公权 29 岁时考取进士，早年曾任秘书省校书郎。在穆宗、敬宗、文宗 3 朝官居侍书（帝王身边掌管文书的官员），共历仕 7 朝，官至太子少师，封河东郡公，以太子太保致仕，故世称“柳少师”。公元 865 年，柳公权 88 岁高龄去世，获赠太子太师。

柳公权书法以楷书著称，与颜真卿齐名。他的书法初学王羲之，后来遍观唐代名家书法，吸取了颜真卿、欧阳询之长，融汇新意，自创独树一帜的“柳体”，以骨力劲健见长。传世碑刻有《金刚经刻石》《玄秘塔碑》《冯宿碑》等，行草书有《伏审》《十六日》《辱向帖》等，另有墨迹《蒙诏帖》《王献之送梨帖跋》。柳公权也工诗，《全唐诗》存其诗五首，《全唐诗外编》存诗一首。

科举制度

中国历史上第一个状元、三元及第（指乡试、会试、殿试皆得第一的考生），都诞生于唐朝，科举制度在唐朝进入了完善期。

在唐朝，科举考试的科目分为常科和制科两类。每年分期举行的称常科，由皇帝下诏临时举行的考试称制科，制科则是临时考试，为了选拔非常人才，不常举行。

常设的科目有明经、进士、明法、明书、明算等 50 多种。应考的考生主要集中在明经和进士两科。明经科主要考试儒家经典，难度较低；进士科主要考诗赋和政论，难度较高，是重要的得官晋升之路。明经科的录取率约为十分之一二，进士科不过百分之一二。故当时有“三十老明经，五十少进士”的说法。因为科举制度比较公平且机会均等，平民得以改变命运，显露才华，所以成为朝廷打破贵族世袭整顿吏治的手段。亚洲国家日本、朝鲜、越南均有效法中国举行科举，越南科举制度的废除还在中国之后。

唐律

唐代统治者很重视律令建设，高祖李渊、太宗李世民、高宗李治一即位就抓律法的制定和修改。李渊坐稳皇帝位后，立即命人以隋朝律令为基础制定新的律法。新律法在唐高祖武德 7 年（公元 624 年）颁布，故史称“武德律”。

《武德律》在隋《开皇律》的基点上，增加了 53 条新律，其篇目也分为 12 篇，除对流刑和居作（劳役）的刑制作了一些修改外，和《开皇律》没有太大的区别。

随着唐朝的稳固和发展，《武德律》已不能适应新形势的需要。太宗李世民刚一即位，便命令在《武德律》的基础上修订新的法典。新法历经 10 年的时间，于贞观十一年（公元 637 年）完成，颁行天下，史称为“贞观律”。

在修法的过程中，李世民采纳了大臣魏征“专尚仁义，慎刑恤典”的建议，依据儒家的仁政思想，进一步加强“德主刑辅”的立法原则。《贞观律》对《武德律》的改动包括：第一，废除腰斩、车裂、五马分尸等酷刑，增设“加役流”（遣送 3000 里，劳役 3 年）；第二，缩小了族刑、连坐的范围；第三，确立了 5 刑、10 恶、8 议、请、减、赎，以及类推、断罪、死刑复奏等的基本原则和制度。《贞观律》共 12 篇，500 条。

为了进一步完善律法，高宗李治于永徽二年（公元 651 年），按照《贞观律》的基本精神进一步修订并颁布了《永徽律》。

鉴于当时朝廷和地方官员在审判中对法律条文理解不一，李治又下令对《永徽律》逐条逐句进行了统一而详细的解释。这些内容称为“律疏”，附于律文之下，于永徽四年（公元 653 年）颁行天下，律疏与律文具有同等法律效力。这部法典当时称为《永徽律疏》，后世称之为《唐律疏议》（简称《唐律》）。《永徽律》凡 12 篇 500 条，共 30 卷。

其基本内容为：

第一篇《名例律》，宣示本律基本精神和基本原则。

第二篇《卫禁律》，确立皇帝的地位，关于皇宫警卫和州县卫戍、关津要塞的保卫等军务条例。

第三篇《职制律》，是关于朝廷官吏的设置、选任、职守以及相关违法惩治等。

第四篇《户婚律》，关于户籍、田宅、赋役和婚姻等问题的规定。确立了尊长可为卑幼包办婚配，父母也可强迫守寡之女改嫁，允许纳妾等，使封建法治和儒家礼治统一起来，通过巩固封建尊长的统治地位，进而稳定封建的社会秩序。

第五篇《厩库律》，主要是关于牲畜饲养、库藏管理，保护官府资财不受侵犯的规定。

第六篇《擅兴律》，主要是惩处未奉诏旨擅自征招兵丁、调动军队、征伐徭役等，以确保军权属于皇帝。《唐律疏议》释解："擅兴律者，汉相萧何创为兴律，魏以擅事附之，名为擅兴律……大事在于军戎，设法须为重防。"

第七篇《贼盗律》，主要是对谋叛、篡逆、起义以及抢劫、偷窃、蛊惑、盗掘等行为的打击和惩罚，规定了贼与盗的区分。贼指谋反及杀人，盗指抢窃财物。贼：谋反、部属奴婢谋杀主人、谋杀他人、劫狱、造畜蛊毒，造妖书妖言；盗：盗供神物、盗御宝、发冢、强盗、窃盗、略诱人及略卖人等，各依律条处以相应刑罚。

第八篇《斗讼律》，即"斗讼律者，首论斗殴之科，次言告讼之事"。对各类斗殴、诬告之事进行处罚。共60条。

第九篇《诈伪律》，主要是惩戒欺诈、骗人的犯罪行为。其规定了在司法程序中的各种证据类犯罪为其主要内容，共27条。除以伪造、盗用手段将朝廷公文印信作为犯罪对象的5条外，其余22条均是以"诈"为手段进行民事欺骗和刑事欺罔的犯罪行为。所谓"诈谓诡诳，欺谓诬罔（wǎng）。诈欺官私以取财物者，一准盗法科罪""诈欺之状，不止一途"。

第十篇《杂律》，凡是专列性质不宜列入其他各篇的法规，都在此篇中规定。

第十一篇《捕亡律》，主要是关于追捕逃犯、逃亡军士、逃亡工匠、逃亡丁役、逃亡奴婢的刑法，浮浪外地不归，知情藏匿罪犯等，皆受相应刑罚，以保证朝廷兵役、徭役的稳定。

第十二篇《断狱律》，主要是关于审讯、判决、执行、监禁和监狱的管理。应禁而不禁，讯囚不察即行拷禁，决罚囚犯不合律条，断罪不引律条，官司出入人罪（法庭裁判错误），拷决孕妇不合时等，皆受相应刑罚。

《永徽律》也是中国历史上最早涉及国际私法概念的法典。在《名例律》中有如下规定："诸化外人同类自相犯者，各依本俗法，异类相犯者，以法律论。"来调整各种具有涉外因素的法律关系。而在欧洲，直到公元1756年《巴伐利亚法典》中才第一次有了成文的国际私法规定。

唐玄宗开元年间曾有过两次改律，统称为《开元律》。为了加以区别，也根据改律时间分为《开元七年律》和《开元二十五年律》。虽然后期还有几次改动，但都变化不大。

《唐律疏议》是中国现存历史最久、最完整的封建法典。它的制订和颁行在中国法律史上占有重要地位，在世界法史上具有很高的声誉。唐律的完备，标志着中华法系走向成熟。中华法系是以周边封建国家法律为外延，构建了区域性的法律系统。影响涉及朝鲜、韩国、日本、越南等亚洲国家，在世界法律体系中占有重要的地位。中华法系与世界其他四大法系即欧洲大陆法系、英美法系、伊斯兰法系、印度法系并称为世界5大法系。

阿拉伯语言

阿拉伯语是阿拉伯民族的语言，现为 27 个亚非国家及 4 个国际组织的官方语言。

阿拉伯文字是一种音位文字，约公元 4 世纪开始产生和发展，共有 28 个辅音字母，元音没有字母，需要标志时，可在字母上方、下方加符号表示，并自右而左书写。

阿拉伯语借助《古兰经》的广泛传播，对亚、非信奉伊斯兰教各民族的语言产生了不同程度的影响。如在波斯语、土耳其语、乌尔都语、印度尼西亚语、斯瓦希里语等 36 种语言中都有大量的阿拉伯语借词，其中波斯语、乌尔都语以及中国的维吾尔语等均用阿拉伯语字母拼写。因《古兰经》以及各种颂词、祈祷词均系阿拉伯语，为各种不同语言的穆斯林礼拜和履行各种宗教仪式时所必读，故阿拉伯语又成为近 10 亿人口的世界穆斯林通用的宗教语言。

阿拉伯数学成就

阿尔·花拉子模（也译阿尔·花拉子密或阿尔·花拉子米、阿尔·花剌子模）是阿拉伯数学史上早期最重要的代表人物。关于其生平，今人所知甚少，根据其名字推测，花拉子模出生地可能在波斯大呼罗珊地区［今乌兹别克斯坦花剌（là）子模州］。

花拉子模在公元 813 年后成为“智慧宫”领头学者。今天的“代数学”一词就起源于花拉子模的数学著作。

花拉子模有两部影响世界数学历史的著作传世：一部是《印度的计算术》（或称《花拉子模算术》），该书系统地叙述了十进位制记数法和小数的运算法，对世界普及十进位值制起了关键性作用。在书中花拉子模首先讲述了印度人使用 9 个数字和 0 字计数的方法，而后给出了四则运算的定义和法则，讲述了分数理论等。约在 12 世纪，此书传入欧洲，对于欧洲数学的发展产生了极大的影响，印度数字逐渐代替了希腊字母计数系统和罗马数字，最终成为世界通用的数字。可惜的是，这本重要的数学文献已经失传。

另一部著作名为《还原与对消计算概要》（也称《积分和方程计算法》）。表示方程两端的移项和合并同类项后，等式两端又恢复平衡。此书分三部分，第一部分是关于一次、二次方程的解法，其中首次给出二次方程的一般解法，并给出相应的几何证明，以保证解法的正确性。书中明确提出了已知数、未知数、根、移项、集项、无理数等一系列概念，并载有例题 800 多道，提供了代数计算方法，确定了解方程求未知量是代数学的基本特征，促进代数学成为一门独立的学科。这一部分在 12 世纪被单独译成拉丁文，在欧洲一直流行到 16 世纪。此书的书名后来逐渐简化，译成中文为“代数学”。书的另外两部分分别为实用测量术和遗产计算问题。有人根据此书第一部分的重要性，把阿尔·花拉子模誉为代数学的鼻祖。

此外，花拉子模对地理、天文学及地图学亦有研究和成就。约在公元 850 年，花拉子模逝世。1973 年世界天文联合会以阿尔·花拉子模的名字命名了月球上的一处环形山。

阿拉伯天文历法

阿尔·巴塔尼（也译白塔尼）著名的天文学家、数学家。大约在公元858年生于土耳其，是一位天文仪器制造商的儿子，后来到巴格达天文台学习和工作。阿尔·巴塔尼用精密的天文仪器观察和检验了罗马帝国时期希腊天文学家托勒密的天文理论。在某些方面，阿尔·巴塔尼对托勒密《天文学大成》中的理论体系作了修正。他提出地球是在一条变动着的椭圆形轨道上运动，发现了太阳远地点的进动（即太阳距离地球最远点位置的变化），将托勒密所确定的位置做了改动；他所确定的回归年的长度非常准确（精确至365天5小时48分24秒），700年后被作为改革儒略历的基本依据；还精确地计算出分点岁差（指以春分点或秋分点为参考系观测到的回归年与恒星年的时间差）和黄赤交角（赤道平面与黄道平面的交角为23度35分，现知数值为23度26分）；为球面三角形引进了一套新解法，发展了球面三角学；并认为日环食可能是一种日全食。

巴塔尼的工作主要进行在阿拔斯王朝时期，撰有长达57章的巨著《萨比历数书》（也称《天文历表》《星的科学》《天文论著》《萨比天文》等）被译成拉丁文，对中世纪和文艺复兴时期的欧洲天文学影响巨大。

公元929年，阿尔·巴塔尼在伊拉克的萨马拉去世。

伊斯兰教历也称“希吉来历”，在中国也称回历，是世界穆斯林通用的宗教历法。“希吉来”意为“迁徙”，指公元622年先知穆罕默德率穆斯林由麦加迁徙到麦地那这一事件。公元639年，第二任哈里发欧麦尔决定把这一年定为伊斯兰教历的纪元。

希吉来历是以月亮圆缺周期来计月，月亮圆缺1周为1月，月亮圆缺12周为1年，其中有6个月为30日，另6个月为29日，全年共354日，闰年为355日，30年中有11个闰年。

因为增加闰月违反先知穆罕默德的教义，希吉来历才保持其纯阴历状态，一直延续到今天。从月的精度来看，希吉来历从开始使用到现在的1400年间，朔日（指每月的第一日，月球运行到地球和太阳之间，和太阳几乎同时出没）时刻仅比实际时刻落后半天，其精度还是很高的。

希吉来历是以日落为一天的开始，到次日日落为一日，称为黑夜在前，白昼在后。史家认为希吉来历大概在公元1267年正式传入中国，供中国穆斯林使用。元朝颁行的“授时历”和明代实行的“大统历”，均参考了希吉来历，清初也曾一度使用，对中国古代历法的影响达400年之久。至今中国穆斯林在斋戒、朝觐、节庆等宗教活动中，仍以该历计算为准。

阿拉伯医学

在阿拉伯时期许多重要的医生都是波斯人，拉齐兹（也译拉齐斯、拉齐）就是其中最杰出的代表之一。拉齐兹生活在公元865—925年，一位出色的穆斯林哲学家、医生，生于波斯赖伊（今伊朗雷伊），曾在阿拉伯帝国首都巴格达医院担任院长。

拉齐兹通过长期的临床实践，积累了丰富的医学经验，并善于总结前人的经验。很多专家认为拉齐兹是外科串线法（利用串线使局部炎性渗出物排出的一种处置法）、丝线止血的第一人，也是首创外科缝合的肠线及用酒精“消毒”的医生。拉齐兹学识广博，据说一生写有 200 多部书，尤以《曼苏尔医书》和《医学集成》影响巨大。

《曼苏尔医书》是拉齐兹捐献给当地统治者曼苏尔的，因为曼苏尔鼓励、支持拉齐斯的医学事业。这部名著分 10 个部分，每个部分都是医学上的一个专题，包括人体结构和器官功能的研究，有营养学、药物学的探索，有临床诊断和处方等。这部书受到西方医学界的推崇，被译成拉丁文，直到公元 17 世纪一直是欧洲各国医学院的主要教科书。

《医学集成》是一部百科全书式的医学著作，据说作者花费了 15 年的时间才完成此书。该书主要讲述的是各类疾病的诊断与治疗。总结了阿拉伯人当时从希腊、波斯和印度等地吸收到的许多医学知识，加上他个人的实践经验，内容十分丰富，影响欧洲医学发展长达数百年之久。

此外，拉齐兹的名著还有《医学入门》《天花与麻疹》《盖伦医学书的疑点和矛盾》等。

他在《天花和麻疹》一书中，明确区别了这两种疾病。虽然拉齐兹不是世界上最早准确鉴别天花与麻疹的人，但拉齐兹的工作和论述更为后人所了解，并且将它们纳入儿科疾病范畴。拉齐兹告诫医者要密切注意患者的心脏功能以及脉搏、呼吸和排泄物。为后代学者的研究提供了助力。

拉齐兹在哲学方面和对炼金术的研究均很著名。

史学家们认为，今天的化学，起源于古人的“炼金术”和“炼丹术”。与“炼丹术”追求长生不老药不同，“炼金术”所追求的目标是“使贱金属变成贵金属”。从今天的眼光看，炼金术和“炼丹术”无疑是伪科学，但从历史的角度来看，它确实促进了近代化学的产生。

炼金术的源头可以追溯到古希腊，古希腊的自然哲学思想促成炼金术理论的发展。随着希腊著作被不断翻译成阿拉伯语，阿拉伯的炼金术体系也随之形成。其间产生两个重要代表人物。

阿布·穆萨·贾比尔·伊本·哈扬（也译海扬、哈彦，或称“吉伯”）是当时著名的穆斯林化学家、炼金术家，也是天文学家、占星家、哲学家、药剂师、医生等，其活动在公元 721—815 年。可能因为公元 8—9 世纪及之后的一段时间里，有 3000 多部书卷署名为贾比尔·伊本·哈扬，使其身世备受争议。

20 世纪初，一位英国学者搜集零散史料，勾勒出贾比尔的生平。据说贾比尔来自伊朗东北部的呼罗珊地区。贾比尔少年时因父亲卷入当地政治阴谋而逃到阿拉伯半岛，在那里接受教育，并成为什叶派信徒。在半岛贾比尔接触到大量流传下来的希腊和拉丁语书籍，这使他得以扩大自己的知识视野，并将学到的知识吸取总结，后付诸于当时狂热的炼金术热潮。在炼金实践中，他得到自己的成果和理论，并和其他的阿拉伯炼金士共同建立起阿拉伯的炼金术体系，成为西方炼金术理论与实践的重要代表，为西方近代化学的建立做出了巨大的贡献。

贾比尔·伊本·哈扬的著作《七十本书》和《平衡书》，被视为伊斯兰炼金术的基础理论著作，是用阿拉伯文写成的关于炼金术最重要的文献。他的一些具体理念，如对硫和汞、硫酸盐、矿物酸、干湿热冷的概念，都对炼金士们产生了直接影响。贾比尔认为，金属内部的性质是按一定比例存在的，只要将一种金属的比例通过某种媒介物质调整为另一种金属的比例，就可以实现金属性的转化。在他的著作中，记载了大量有价值的化学实验。

据说贾比尔·伊本·哈扬是硫酸、硝酸的发现者（一说盐酸和王水也是贾比尔所发现），他对化学中的煆（xiā）烧和还原过程作了科学的解释，改进了金属纯化、融化和晶化的方法；修正了亚里士多德关于金属构成的学说。他的不少有关炼金术的著述被后来的欧洲化学家们奉为经典，欧洲流行的不少化学词汇都来源于阿拉伯语，如“碱”。

第二个代表人物就是著名医生拉齐兹。行医中面临的问题，使拉齐兹对炼金术极为热衷，他继承了贾比尔的一些理论，贾比尔认为，所有的金属都是由硫和汞这两种物质按一定的比例结合而成，金属的贵贱取决于硫和汞在量上的差别。黄金富含汞，贱金属则富含硫，改变金属中这两种物质的比例，就可以改变金属的属性。拉齐兹在贾比尔金属组分理论上增加盐作为第三种组分。汞、硫、盐的三组分理论一直流行到 17 世纪。

拉齐兹对许多化学变化过程如蒸馏、煆烧、过滤等有过详细的描述。有史家认为他是将酒精分离出来并用于医疗实践的第一人。

据说，公元 924 年拉齐兹死于贫困。

新印度教形成

戒日帝国时期，随着封建制度的形成，婆罗门教和佛教已不适应日益发展的新形势的需要。4 世纪前后，由婆罗门教吸收佛教、耆那教等教义和民间信仰，逐渐形成新婆罗门教。8 世纪经商羯罗改革，形成新的印度教。

商羯罗生于西南印度喀拉拉邦，属婆罗门种姓，是吠檀多（婆罗门教 6 派哲学之一）哲学大师。他的生卒年代很难确定，有印度学者提出，其生活年代约在公元 788 年至 820 年，此说法一直为学术界所沿用。现代有日本学者对此说法进行了再考证，认为公元 700 年至 750 年更为准确。

商羯罗少年时代学习婆罗门的经典，以后遍游印度各地，在贝纳勒斯（又译贝拿勒斯，今印度瓦拉纳西）曾与其他哲学派别进行辩论。商羯罗的雄辩驳倒了佛教徒没有灵魂或自我的信条，重新确立了关于个体灵魂的吠陀理论。因此，使人们更容易接受《吠陀经》。

商羯罗创立了“不二论”，即一元论学说。他认为：“梵”是世界之源，万物依靠梵产生。梵和个人精神是同一的、不二的。梵是统一、永恒、纯净、先验的意识。它无形无状，不具有任何属性，既超主观也超客观，既超时空也超因果。在他看来，物质、个人灵魂、具有人性的神又都是存在的，但从总的真理的意义上来讲，这一切都是幻觉，是梵以幻力进行了神秘而不可喻解的作用的结果。他强调：“只有智者可以透过它看到它背后除了唯一实在的‘梵’以外，别无他物。”在商羯罗的眼里，人生的目的，就是摒弃虚幻不实的物质世界，使人的本我与梵合一，至此便可以摆脱痛苦的世世轮回，进入纯粹的极乐状态。

商羯罗把“梵”分为“上梵”和“下梵”；“上智”和“下智”。“上梵”也称为“无性梵”，它本身不存在任何性质，即无属性、无差别、无限制之梵。这个“无性梵”与龙树的“空”几乎没有相似之处，“空”在他的哲学中只属于“下梵”。下梵具体表现为神祇、个体灵魂（个我）和世界万象。

商羯罗也认为世界是“梵”通过“摩耶（幻相，假想，上帝的影子）”创造的，“摩耶”是现象世界的种子。按照他的理论，梵通过“摩耶”创造世界的过程，很像一位魔术师在变戏法。它先取来 5 种细微的物质——空、风、火、水、地，作为创造世界的基本素材，再将这五种细微物质相结合，产生出五种神奇的物质——空大、风大、火大、水大、地大。空大是由 1/2 空 +1/8 水 +1/8 火 +1/8 风 +1/8 地所构成，地大、水大、风大、火大也是按同样比例构成的。现象世界就是由这几种神奇物质变幻而来。最后，商羯罗的理论与其他印度哲学思想一样，最终归结到超越现象世界上。他认为，解脱就是亲证梵与我的统一，即“我就是梵”。解脱不是产生一种至善至乐的状态，而是除去无知的遮盖。他主张善恶有报，人生轮回，轮回的形态取决于现世的行为，只有达到“梵我同一”方可获得解脱，修成正果。因此，印度教也称为“新婆罗门教”，前期婆罗门教则称为“古婆罗门教”。

商羯罗是一个很有创造性的哲学家，他的哲学理论，引导人们崇尚印度教。他在印度建立了四大寺院保存至今。北方在喜马拉雅山中，西方在印度西海岸的德瓦拉卡，东方在奥里萨邦，南方在迈索尔邦。商羯罗建立教团组织进行传教，追随他的弟子很多，他的思想是印度现代思想潮流的源泉。在印度，甚至在世界思想史上他都可以称得上是一位伟大的人物。

商羯罗的宗教哲学著作很多，至少有 300 部。他著有《梵经注》，又对主要的 10 部奥义书（印度教最古老的典籍，约有 108 种之多，记载印度教历代导师和圣人的观点）作了注，不过有学者考证伪作的可能性比较大。商羯罗还著有《我之觉知》《问答宝鬘（mán）》《五分法》《示教千则》等。

商羯罗死时很年轻，约 32 岁（另说 32~38 岁），死在喜马拉雅山麓。他的出现，他的理论最终使佛教退出了它的诞生地——印度。

随着封建制度的形成，瓦尔那制度（即种姓制度）也有着一定的发展，四种姓中婆罗门及刹帝利两个高级种姓，仍然保持着统治地位，他们从历代君主那里获取大量的土地。戒日王时期，吠舍种姓分化，只剩下少数富有的商贾。与破产的大量的吠舍结合，首陀罗地位有所上升，原本的位置逐渐由新构成的种姓旃陀罗（又译旃荼罗）填补。旃陀罗是比首陀罗更低的种姓，多从事屠夫和刽子手等职业，被称为不可接触者。

从笈多王朝到戒日王朝，即从公元 4 世纪到 7 世纪的 300 余年里，是印度封建制度的形成时期。在此时期，中国高僧东晋的法显和唐朝的玄奘都曾游历印度，回国后分别写下了《佛国记》和《大唐西域记》留下了这一时期印度社会发展史的珍贵资料。

公元 631 年，唐朝高僧玄奘［zàng，本名陈祎（yī），中国汉传佛教唯识宗（又称慈恩宗）创始人］历尽艰辛来到印度，他游历印度各邦国，宣讲大乘佛教的教义，声名鹊起，引起了戒日王的注意。公元 642 年，戒日王特意在曲女城为玄奘举行了无遮大会（又称无碍大会，每5年举行一次，各地的僧侣聚集一起辩论的大斋会，共75天）20多个王公和5000多名大小乘佛教、婆罗门教高级学者参加了大会，由玄奘宣讲大乘佛教教义，与会者没人能驳倒他，因而获得了“大乘天”的尊号。会后戒日王请玄奘骑象巡游天下，宣讲说法。玄奘还受邀参加了次年第六次佛教无遮大会。玄奘将《道德经》等中国国学经典翻译成梵文，并从印度带回了大量佛教经典，回国后还撰写了《大唐西域记》介绍了印度社会和文化。

玄奘的印度之行，促进了中印两国文化的了解。公元641—647年，戒日王朝多次遣外交使臣通使唐朝，唐太宗也4次派出外交使团访印，从而开始了两国政治上的接触，为印唐文化交流奠定了基础。

古印度文明在很多领域创造出辉煌的成就，使它在世界文明史中占有极其重要的地位。同时，古印度文明又具有很强大的辐射力，数千年来对亚洲乃至世界产生了十分深刻的影响，为人类社会的不断进步做出了卓越的贡献。

古印度医学

最早体现古印度医学经验的文献是《阿达婆吠陀》，它是《吠陀》文献中的一部分，全名《阿达婆吠陀本集》。这是一部诗集，有诗731首，其中约七分之一已为《梨俱吠陀》所收纳，现有两种传本。“阿达婆”的意义不明，可能是最初传授这种吠陀的家族的名字。书中记有许多疾病的名称，如发烧、咳嗽、水肿、肺病等，并记载有一些治病的方法，其中有不少驱鬼的巫术内容。

《阿柔吠陀》（又译《阿育吠陀》）是目前已知的古印度最早的医学著作，成书约在公元前1世纪左右，记载有内科、外科、儿科等许多疾病的治疗方法和药物。书中巫术成分已不多见，提出躯干、体液、胆汁、气和体腔是人体的5大要素，与自然界中的地、水、火、风、空5大元素相对应。躯干和体腔是稳定的因素，而体液、胆汁和气则是活泼因素，如果这些因素失调，人就生病了。这些论述成为古代印度医学理论的基础。从文献上看，古代印度医学几乎全归婆罗门主持达数百年之久，而且很早就建立了医院收容病人。

妙闻（也称苏斯拉他）是迄今所知道的古印度最著名的医生，他生活的年代大约在公元前6世纪。后广为流传的其行医总结的论著《妙闻集》，则是公元11世纪时修订过的著作，其中掺入了部分后人的东西，但在公元5世纪时，《妙闻集》就被看作是很古老的医学著作。从《妙闻集》中人们看到，古代印度的外科医学比古希腊外科医学还要发达。在《妙闻集》书中记有鼻成形术、扁桃体切除术、白内障摘除术、膀胱截石术、腹腔穿刺术、环钻术、排脓术、割痔术和难产时的取胎术等多种外科手术。由此可知，妙闻很可能是世界上最早懂得人体解剖学的外科医生。其发明的皮瓣移植技术至今仍然为整形外科的基本医疗手段之一。整形手术也是古印度医学的一个特殊贡献，其他民族直到中世纪后期才开始应用。整形术中的鼻整形术在古印度最为发达，这可能与“削鼻”在古印度是一种刑罚有关，也是复仇的手段，所以被处刑者需要安装假鼻整形。在《妙闻集》中记，医生拿一片树叶，按削去的鼻子大小裁好，然后在颊上照样切下一块皮来，随即将此块组织安在鼻根上加以缝合，然后在鼻孔内放入两管以便呼吸。

《妙闻集》中记载了古印度各类外科器械，基本是金属制成，包括十字钳、镊子、管状器、探条和刀、剪、锯、尖针、斧、钩等；还记述了外科医生的培训要点，要求先在模型继而在动物尸体上练习各种操作，最后才能在人体上动手术。反映了古印度外科学的严谨态度。《妙闻集》提到蚊子和疟疾，提到发现死鼠和老鼠行为异常，便应立即搬家，似乎已经察觉到疟疾与蚊子，鼠疫与老鼠之间的因果关系。

《妙闻集》强调外科治疗的成功是高超的医术、准确的药物以及病人和助手4大要素的密切配合。其中提及“助手”的问题，这可以说是对“护士”的意识。妙闻也述及医德问题，要求“医生要有一切必要的知识，要洁身自持，要使患者信赖（信仰），并尽一切力量为患者服务”。并提出“正确的知识、广博的经验、聪敏的知觉及对患者的同情，是医者的四德”。《妙闻集》全书共分6篇，有186章计通论46章，解剖10章，病理16章，药学8章，治疗法40章，及全身外科66章，龙树曾加以补充修订。

古印度数学

1881年，在今巴基斯坦白沙瓦附近的巴克沙利村，出土了一部由70页桦树皮写成的数学著作残卷，史称“巴克沙利稿本”。据专家考证“巴克沙利稿本”应形成于公元4—5世纪。

在巴克沙利稿本中，用一个圆点“·”表示空位“零”（“0”），用梵文字头表示十进位制记数法。在《巴克沙利稿本》中，分数的表示方法是：分子记在分母的上面，无分号；带分数则是整数部分又在分子之上。另外，令很多学者惊叹这份手稿不寻常的信息是，数字的后面放上“+”这个符号表示负值，并且在算式后面以一个大点表示待求出的未知数。另外，类似的大点也被当成数字0使用。在书稿中还记载了有关解决算术、代数、几何问题的技巧与法则，甚至还包括计算平方根的一个公式。尽管手稿的真实年份尚有争议，但许多专家承认，印度的这个“零”是个火种，几个世纪以后，“零”的概念才成为一个独立的数字，以同样的点或者圆圈来表示，它是人类数学史上的伟大时刻。

大约在公元5世纪后期，印度天文学家圣使写了《圣使集》。圣使在长期观测太阳、月亮等行星的活动规律后，提出了推算日月食的方法，并认为它们这是地球自转的结果。《圣使集》中有关数学的内容共有60多条，包括了算术运算、乘方、开方以及一些代数学、几何学和三角学的规则。圣使还研究了两个无理数相加的问题，得到正确的公式，在三角学方面他又引进了正矢函数，他算出的 π 为3.1416。

随后天文学家、数学家婆罗摩笈多（又称梵藏），在他的两部天文学著作《婆罗摩修正体系》（又称《婆罗门历数书》《梵明满手册》）和《肯德卡迪亚格》（也称《肯达克迪迦》）中又提出大量新的数学概念和解决方法。他把0作为一个数来处理；对负数有清晰的认识，提到正负数的乘除法则，给出负数的运算方法；提出解一般二次方程的规则，并得出了求等差数列末项以及数列之和的正确公式；在几何学方面，婆罗摩笈多则给出了用四边形边长求四边形面积的正确公式。

公元 9 世纪时的印度数学家摩科毗罗又提出了椭圆形面积的计算方法。

澳大利亚有学者认为:“在数学方面，西方世界受惠于印度的程度无论怎样估量都不会过度。如果没有发达的数字系统，大多数被欧洲引以自豪的伟大发明都将不可能，如果欧洲一直被不便使用的‘罗马数字’所束缚，这些发现与发明也都是不可能的。”美国有科学史学者也指出：我们数字和零的使用，是印度教徒发明的，然后经由阿拉伯人传给我们。零的概念是在印度形成的，与印度宗教哲学中的“空”的观念有关；无穷大似乎也与印度哲学中认为宇宙本原梵是无限的这一观念有关。零与无穷大的概念，直到中古时期才得到完全的理解。

史家把古印度的数学发展划分为三个重要时期：哈拉吧文化时期，公元前 3000—前 1400 年；吠陀时期，公元前 1000—前 300 年；悉檀多时期公元 400—1200 年。由于哈拉吧文化时期的象形文字至今不能解读，所以对这一时期印度数学的实际了解基本是空白。

古印度制糖技术

世界许多国家的“糖”字都有相同的读音，如英文 sugar、法文 sucre、德文 zucker，俄文是 caxap 等，据考证都来自古印度的梵文 sarkara 和巴利文 sarkkhara。而表示“冰糖”或“水果糖”的词，英文是 candy，德文是 kandis，法文是 candi，其他语言也有类似的字，也同样都来自于梵文的 sarkar ā 和 khandaka。史学家们由此推断，蔗糖是从印度通过波斯传入欧洲的。

甘蔗制糖最早见于记载的是印度的《吠陀》，在世界早期制糖史上，印度占有重要的地位。

甘蔗原产地可能是大洋洲的巴布亚新几内亚，后来传播到南洋群岛和印度，大约在西周周宣王时期传入中国南方。据专家考证，蔗糖的发源地是在古印度，后通过丝绸之路传入中国和世界各地。早期古印度制蔗糖的方法，是将甘蔗榨出甘蔗汁晒成糖浆，再用火煎煮，成为蔗糖块。中国古代史籍、游记和其他著作中常常提到一种叫“石蜜”的东西。顾名思义，可能就是一种坚硬如石头的糖块，类似现在的冰糖，但不是白色的。汉代张衡《七辨》说：“沙饴石蜜，远国贡储。”晋代傅巽《七诲》也说“西极石蜜”。可见那时中国本土还没有出产这种东西。

7 世纪初，印度的炼糖术有了进一步的提高，工匠们将甘蔗榨出甘蔗汁，用火熬炼，并不断加入牛乳或石灰一同搅拌，牛乳或石灰和糖浆中的杂质凝结成渣，原来褐色的糖浆颜色变淡，经过反复的除杂工序，最后得到淡黄色的砂糖。《新唐书》中记载唐太宗遣使去印度学取熬糖法，说明印度砂糖的制炼技术大约是在唐朝传入中国的。

古印度文字

印度最古老的文字体系是梵文，梵文是从左至右书写的拼音文字，而梵语则是古印度语言的一种，古印度大量的经文、文学、医学、天文、数学等文献书籍是用梵文记载和写成。

早期的梵语缺少相应的文字表达形式，一般是通过口口相授和宗教典仪等方式来传记。到了公元前 4 世纪，梵语有了书写形式，并通过耆那教、佛教、印度教等宗教典籍和文学作品保留下来。不过在当时，能够正确听、说、写梵语是古代印度社会贵族阶级身份的标志之一，流行于古印度统治阶层和知识分子阶层。公元前 6 世纪，释迦牟尼创立佛教时，作为新兴的反婆罗门教种姓等级制的宗教学说，明确规定佛教使用巴利文（古印度一种地方语言，摩揭陀国一带的大众语）传教。

近代研究表明，梵文与腓尼基文字，同属闪米特文字系统。在公元前 700 年左右，印度商人与美索不达米亚地方的人（闪米特人的一支，在两河流域）相接触，将闪米特人的 22 个字母传往印度。经过印度人的整理，大约在公元前 400 年时，制作出 40 个左右的字母，即婆罗米手写体。婆罗米文并非严格意义上的梵文，但它确实是梵语的第一个书写体，也是大部分印度文字的起源。

在印度，梵文的书写系统的选择，受抄写者所处地域的影响。随着时代与地域的不同，书法与字体也逐渐地产生差异。到了公元 1 世纪左右，北方的梵字逐渐变成方形字体，南方的梵字逐渐趋向圆形字体。至 4 世纪，两者之间的差异已极其明显，并最终演变成为属于印度・雅利安语支的各种语言文字。

简略地说，方形字体，在公元 400 年前后演化出笈多文（笈多王朝时期使用）。笈多文，东晋时期印度高僧大量翻译的佛经、法显法师赴印度求法时，都是使用这种样式的梵文。而这种文字流传于龟兹、于阗等地，演变出吐火罗语，成为焉耆、龟兹、月氏、康居、大宛等国家的语言文字。据考，中亚地区古代文字的形成，受梵文的影响很大。公元 6 世纪，在笈多文的基础上经过改良形成悉昙体。悉昙体是玄奘法师西行时期印度流行的梵文，并因玄奘法师引入梵语弘法所用的《悉昙章》而得名，并在中国及日本保留至今，成为梵文的一个独特流派。7 世纪时则演化出了那格利体，最后在公元 1200 年左右的被天城体所替代，梵文就此成型。

在笈多文向天城文演化的过程中，梵语、梵文又与印度北方各种俗语的相互交融，衍生出多种现代印度官方语言，如印地语、孟加拉语、马拉地语、古吉拉特语、尼泊尔语等。

圆形字体则在南部的达罗毗荼语系（又称德拉维达语系）区域使用，并与南方的俗语相互作用，衍生出泰米尔语、泰卢固语、卡纳达语、马拉雅拉姆语等，以及在斯里兰卡国使用的僧伽罗语。

受梵语影响，在印度次大陆形成印度的主体民族——印度斯坦人（或称兴都斯坦人，世界第二大民族），这个民族是不同印度人种的总称，主要构成是地中海欧罗巴人种，兼有澳大利亚人种成分。故又称之为“雅利安・达罗毗荼人”。与中国的汉族不同，印度斯坦人的民族融合还没有达到统一的程度，留有远古时代部落生活的遗迹。

现存最古老的梵语文法是古印度的语法学家波你尼（又译波腻尼）的《八章书》（又称《波你尼经》），大约于公元前 4 世纪成书，玄奘法师在《大唐西域记》中对此记述为《声明论》。波你尼文法规范、定义了梵文的正确用法。此后出现的一些印度史诗，用文偏离波你尼的规定，应该是受到了俗语的影响，或者是创新所致，体现出梵语文法的历史发展特征。但是，波你尼所制定的基本文法，仍然是现今梵语语法的学习基础。

遣唐使

为了更加有效地学习唐朝先进制度、生产技术和汉文化，大和朝廷决定组织大型遣唐使团、派遣优秀人物为使臣，并携带留学生、留学僧去中国。

从公元 630 年至公元 895 年的 260 多年间，奈良时代和平安时代的日本朝廷一共任命了 19 次遣唐使，其中任命后因故中止者 3 次，实际成行的 16 次。但是有一次仅抵朝鲜半岛的百济国，有两次是作为送回唐朝专使的“送唐客使”，另有一次是因遣唐使久居未归，而特派使团前往迎接的“接遣唐使”。因此，实际上名副其实的遣唐使是 12 次。

遣唐使使团官员分正使、副使、判官、录事；使团成员除约半数的船员外，还有医师、画师、乐工、学者，以及各行工匠、农师等；随行人员有长期赴唐学习的留学僧、留学生等。初期使团有 200 余人，乘船两艘，以后增为 4 艘，人数增至 500 余人，但其中只有少数主要成员被允许进入长安。

遣唐使臣在长安和内地一般要逗留 1 年左右，他们可以自由参观访问、拜师结友，充分领略、学习唐朝的先进技术和文化。遣唐使归国前唐朝会举行饯别仪式，皇帝要给日本天皇赠送大量物品，以展现大唐的盛世物华，富有四海的威仪。最后遣唐使一行由内使监送至沿海，满载而归。

日本遣唐使并不是朝贡使节，没有对唐称臣的行为。对推动日本社会的发展和促进中日之间的交流做出了巨大贡献，结出了丰硕的果实，成为中日文化交流的第一次高潮。

公元 894 年，唐王朝已穷途末路，宇多天皇欲派菅原道真率遣唐使团再次赴唐，被其劝阻后便告终止，就此不再大量摄取唐文化，并中断了与中国的交往，日本固有的文化开始发展。这是个吸收和同化的过程，外来的文化渐渐染上了日本的色彩，便产生了日本独特的贵族文化。

日文的创立

早期的日本有语言而无文字，日本有文字是在汉人度日之后，此一观点为公元 9 世纪时期的一部分日本学者所主张。

汉字作为汉文化的重要组成部分，伴随着冶金、纺织、农耕等文明，以强大的辐射力量传播到朝鲜半岛和日本列岛，由此形成了一个连续的汉字文化区。据史志文献以及日本的考古发现，从公元前 1 世纪左右，汉字就经由辽东、朝鲜传入日本的九州、福冈等地。汉字的小篆体和隶书体多以铭刻在铜镜上的形式传入日本，这些文字符号和铜镜上的其他图案一样，被古代日本人视为庄严、神圣、吉祥的象征符号。此后日本在仿制铜镜时，也开始仿制汉字铭文。据日本史书《古事记》《日本书纪》等记载，应神天皇十六年（公元 285 年），百济人王仁携带《论语》10卷，《千字文》1卷来到日本，汉字始传入日本。应神时代，正是中国东汉末年的战乱时期。东汉人、新罗人和百济人开始大批移居日本，他们给日本带来了先进的文化和生产技术，促进了日本生产力的发展，也极大地推动了汉字在日本的传播。而汉字的输入和传播，也推进了日本文化的发展。

汉字传入日本后，不仅成为朝廷用以实事记录，且为一般学者用以著书立说，而成为当时日本朝野唯一的正式文字。不过汉字在日本的读法有“训读”及“音读”两种。“训读”只借用汉字的形和义，不采用汉语的发音，反之则称为“音读”。然而音读又因传入时的地域之异而分为汉音、唐音、吴音等。汉字传入日本后，同时促成了以片假名、平假名为代表的日本文字的出现。虽然自公元9世纪初叶以来，因日本“国风文化”的确立，绝大多数书籍都采用日本文字（假名）记述，但至明治初年，汉字一直为朝廷官方用来记事的正式文字。

假名，日语的表音文字。“假”即“借”，“名”即“字”。意即只借用汉字的音和形，而不用它的意义，所以叫“假名”，汉字为“真名”。

假名主要分为“平假名”和“片假名”两种。平假名源于汉字草书，正式使用约从公元9世纪起；片假名源于汉字楷书，正式使用约从公元10世纪起。

平假名是日文两种假名中的主要形式，用于日常书写和印刷。其制字方式主要是借用汉字的草体并加以简化来表示日语的音节，在功能上是一种音节字母，在字形特征上属于汉字变体字的一种类型。在读音上，有的平假名与字源汉字的汉语音有密切关系，有的则只借用了字形，与字源汉字没有语音上的关系。

片假名主要用于书写外来语、象声词以及其他的一些特殊词汇。片假名同平假名一样，都是表示音节的音节字母，其字形特征是省略汉字的笔画或偏旁，保留原字的一部分来表音，属于一种很典型的汉字省略字（也有少数片假名由行、草体汉字简化而成，属汉字变体字）。

除平假名、片假名之外，日文还有其他的制字方式。其中一种是借用汉字及其偏旁，再仿照汉字造成新字，人称“国字”，也称“和制汉字”，多为会意字。“国字”数量不多，大概有150个左右，但大部分都是不常用的，常用的只有几个，如：

辻（shí）

是十字路口的意思，也常出现在人名中。

榊（shén）

这个字本是指种植在神社常绿树木，后代指一种叫做杨桐的树木，此树的枝叶经常用于日本神道仪式中，也常用于日本人的姓氏。

畑（tián）

这个字的意思是为旱田之意，在日本也常用于姓氏之中。

峠（qiǎ）

这个字原是中国古字，日本作为和制汉字。字意为山顶、顶点，山路高处将下坡的地方。有已是全盛期、关键时刻的含义。

汉字仿造字的出现，说明日本历史上曾经有过仿造汉字的尝试和努力，但因语言的差异，最后选择了放弃。由此可见，日文是一种混合型的文字，它既有纯粹的表音字母，又有表意性的文字符号。

关于假名的起源，就要提到“万叶假名”。汉字传入之后，日本以汉字为基础，兴起了“文言二途”之制，即口语使用本民族语言，书写时则只能使用汉字。日本古籍《古事记》在序言中说“然上古之时，言意并朴，敷文构句，于字即难。已因训述者，词不逮心”“是以今或一句之中，交用音信，或一事之内，全以训录”，以补足用汉文记录日语的不足。

“万叶假名”是假名最初始的一种，借用汉字的音读与训读来表记古代日本语音节的文字。简单地说，万叶假名就是直接用汉字作为假名，但是用法与后来的假名相同。在汉字刚传入日本时，假名尚未出现，日本人开始选用数十个汉字来表音，这就是万叶假名之始。如新发现最早的万叶假名文字木简残片中写有“皮留久佐乃皮斯米之刀斯”，日语意为“春花之初”。而后日本人对这些表音用汉字作了简化，以区别于表意用汉字，就形成了今天的平假名和片假名。日本最早的诗歌总集《万叶集》就是使用万叶假名所作，是万叶假名使用的最具代表性的作品。现在在地名、人名方面，日本依然有使用万叶假名的。

由于中国古代汉文以文言文为主，比较难解，字体笔画又多，对当时的日本人来说，非常难学。便造成只限一部分寒窗苦学的书生、留唐生，或能雇请教书先生的贵族和有钱人阶层得以识读书写外，大部分底层民众难以读写的结果。并由此催生出“精通汉文的文人”掌握政治的现象。于是，文字上“脱汉”风潮也就油然而生。

日本文字“脱汉”的成果便是“平假名”和“片假名”的诞生，二者的造字目的不同，而且“片假名”出现在书中的时期，比“平假名”晚了百年左右。“平假名”是为了书写和歌、物语等文学作品而诞生；“片假名”则为了解读汉文而面世。由于人们长年抄写《万叶集》，而“万叶假名”的汉字，都有固定字音，无形中便简略了汉字，变成类似草书的字体，逐渐行成“平假名”。另外，要学汉文的贵族子弟和政府官吏，为了将汉文念成日本固有语音，只好在汉文旁加上种种拆解汉字而成的助词与记号，这些助词与记号，逐渐形成了“片假名”。

有传说是吉备真备创立了片假名，但存有争议。经过考证，片假名形成的原因是当时的日本人对汉字做约定俗成的简化，吉备真备可能对规范片假名做出了重要的贡献，而并非一人之功。

日本“三大文化”

6 世纪佛教由百济传入日本。

日本通过与百济、新罗、唐朝的频繁交往，促进了日本古代文化的形成和发展，先后出现了著名的三大文化：6 世纪末至 7 世纪上半叶的飞鸟文化；7 世纪下半叶的白凤文化；8 世纪的天平文化。

飞鸟文化或飞鸟时代是以当时政治中心为奈良县的飞鸟地区（藤原京）而得名。该地区从公元 592 年推古天皇即位以后，一直到 8 世纪初，一直都是天皇宫廷所在地。

飞鸟文化的历史分期比较模糊，上承古坟文化而下启奈良时期的白凤文化。其发展时间即可延至公元 694 年持统天皇迁都藤原京为止，或延至公元 710 年元明天皇从藤原京迁都平城京为止。

大和国家在飞鸟时代开始发生巨大的变革，日本的大和政体从地方性的诸侯联盟政体发展成为帝王统治政体，中央集权的天皇体制正式成形，取代了昔日地方豪族各自半独立的局面，成为日本历史上第一个由日本天皇统治的时代。此时期，以飞鸟地区为中心的大和政治，经过几代天皇的努力（通过授予封号或是军事手段），逐渐推广到日本本州和九州。到了 7 世纪中期，诸侯国大多成为隶属于中央政体的藩国（五畿七道）。

大化改新，催生了飞鸟时代，是日本发展进程中的一次重大变革，构成了 7 世纪到 10 世纪日本使用的律令体系，开始了天皇基于法律保护的世袭制度。

飞鸟时代同时也是日本历史上重要的文化、经济和政治发展交流时期，其起点为古坟时代的末期。飞鸟时代与之前的古坟时代相比，大和民族学习大陆文明有了质的飞跃，从热衷于生产生活技能的模仿开始转向文化与制度的建立。由于大和国与东亚大陆诸国联系的加强，该地区先进的汉文化也随之源源不断地输入日本。百济、新罗、高句丽和中国大陆的移民，在飞鸟文化的发展中起到了不可忽视的催化作用。据嵯峨天皇时期所编写的氏族名鉴《新撰姓氏录》记载，畿内地区，共有 1182 氏，其中外国移民有 326 氏，占全体总数的 1/3。

佛教的引入是日本社会结构、文化结构改变的重要标志，从此以兴建寺庙代替了兴建巨大的古坟，大型墓坟自飞鸟时代消失。飞鸟时代的另一个重要表现是对国名的称呼，从“倭”变为了“日本”。

飞鸟文化是围绕佛教而展开的，在推古天皇与圣德太子在世时，佛教发展得极为蓬勃和兴盛。飞鸟时期由皇家下令建立了多座官寺，这些寺庙的建筑者多是当年百济派送的佛教使者的后代。从公元 594 年开始，为了推广佛教，天皇下诏，皇室和诸臣都开始大量建造私寺或氏寺（氏族寺庙）。

四天王寺，是公元 593 年由圣德太子所建立的日本佛教最早的寺院。因此，它也是日本最古老的官家寺院。

四天王寺将中门、五重塔、金堂、讲堂等呈南北向直线排列，外部则由回廊环绕。后相似的建筑样式被称为“四天王寺式”，其模式应是参考中国和朝鲜半岛当时的建寺风格。

据《日本书纪》记载，佛教传到日本以后，在大和朝廷内部围绕着是否接受这一外来文化的问题发生了激烈的斗争。以圣德太子为代表的苏我派试图让大和国家接纳这个新的宗教，然而，崇尚大和本源宗教信仰的物部派则强烈反对佛教的传入。苏我氏和物部氏之间为此发动了战争。据说，圣德太子当年以盐肤木（属漆树科，落叶小乔木或灌木，高可达 10 米）雕刻四天王像，祈祷佛尊保佑苏我氏获得胜利。四天王寺就是为了纪念公元 593 年的那次战争胜利而建造。四天王寺虽然多次遭遇战火和天灾的毁坏，但每次都得以重建，至今仍保持着最初建造时的风貌，充分体现了这座寺庙的悠久历史和它在大阪人心中的地位。

飞鸟寺，是苏我氏的氏族寺，大和国迁都平城京后也称为元兴寺，位于奈良县中部的明日香村，创立者为苏我马子。当时是一座3个金堂围绕五重塔构成的具有庞大规模的寺庙，比现在被列为世界文化遗产的法隆寺规模大3倍，足以看出当时苏我氏权倾朝野的势力。后大半毁于火灾，现在的本堂是江户时代所重新兴建的建筑。寺内铜制的释迦牟尼座像高275.2厘米，是日本最古老的佛像，大佛面向圣德太子诞生地橘寺（又称橘尼寺、橘树寺）方向，意味着永远庇佑在日本推广佛法的圣德太子。大佛除头部与右手一部分仍维持原作之外，其余部分多为后代所增补。

飞鸟寺有很多个名称。其法号为“法兴寺”，天皇迁都平城京后也称为“元兴寺”。另外，残留的金堂遗迹小寺院称为“安居院”。此外，“飞鸟寺”也是日本建筑学术用语“飞鸟寺式伽蓝（qié lán，即僧众所居住的园庭）配置”的由来。

法隆寺，又称斑鸠寺，位于日本奈良生驹郡斑鸠町。法隆寺占地面积约18.7万平方米，有48座佛教建筑，它们代表了日本最古老的木质建筑形式，也是世界上最古老的木构建筑群，1993年被列为世界文化遗产。

法隆寺全名为法隆学问寺。据传公元607年，推古天皇根据先帝用明天皇的遗命与圣德太子一起下令修建法隆寺，并由百济工匠主持完成。法隆寺建筑设计受到中国南北朝建筑的影响，保存着数千件7—8世纪的珍贵文物。法隆寺中的五重塔类似楼阁式塔，但塔内没有楼板，平面呈方形，塔高31.5米，是日本最古老的塔。

法隆寺标志着日本艺术和宗教文化发展的一个重要时期，再现了中国、百济佛教建筑与日本文化的融合，法隆寺被称为飞鸟样式的代表。

飞鸟时代的绘画大多与佛教、佛寺、高僧有关。公元587年，百济献佛舍利及造寺工匠和画工。他们直接参与营建飞鸟寺。公元609年，高句丽名僧昙征的到来，是飞鸟时代绘画的一个重要转折点，他不仅传授纸、墨的制造方法，而且还将调制颜色的彩画技术带入日本，对飞鸟时代的彩绘发展起到了巨大的推动作用。1989年，人们在法隆寺金堂的墙壁上发现了昙征所画的“观音菩萨像”壁画。

汉字在日本的传播揭开了书法艺术在日本发展的序幕。

飞鸟时代的书法作品，与其他的艺术门类一样，深深打上了佛教文化的烙印。不光书法的传播者大多为僧侣，书法作品的内容或载体也大抵与佛教有关。

法隆寺所藏《法华义疏》稿本，据《上宫圣德太子传补阙记》载，此书完成于推古二十三年（公元615年），相传出自圣德太子手笔，卷头标记“此是大委国上宫王私集，非海彼本”14个字。文本字迹古拙隽雅，日本佛教史学家辻善之助认为“六朝风格显著，与中国之西域、新疆、敦煌发现的古写经比较，可以肯定是圣德太子时代的产物”。中外学者公认《法华义疏》是典型的中国书风，至于最接近哪个朝代的风格，意见并不统一。至于是不是圣德太子的手迹，因为没有其他传世作品的参照，没有定论。但可以肯定，作品为圣德太子同时代人所作。难能可贵的是，《法华义疏》4卷系同一人手迹，楷书、隶书、草书3体巧妙融合，称之为书法珍品，并不过誉。

与佛教关系最为密切的书法作品还有各类造像铭文，存世的主要作品有:《法隆寺药师佛像造像记》（公元 607 年）、《法隆寺金堂释迦三尊光背铭》（公元 623 年）、《法隆寺戊子铭小释迦三尊像光背铭》（公元 628 年）、《甲午年铭观音菩萨像牌铭》（公元 634 年）、《甲寅年铭飞天光背铭》（公元 654 年）、《戊午年铭宝珠形光背铭》（公元 658 年）、《野中寺弥勒菩萨像铭》（公元 666 年）等。《法隆寺金堂释迦三尊光背铭》近 200 字，日本学者多认为存六朝（六朝指吴、东晋、刘宋、齐、梁、陈六个朝代，其先后建都于今南京）遗风，高雅典古、气韵厚重，但已渐露大和化气象。飞鸟时代的书法，总体上继承六朝风格，但又掺有朝鲜半岛的特点，这或许说明不仅飞鸟书法传自半岛，而且当时的书家多系移民及其后裔。7 世纪中后期，留学隋唐的留学僧也带回一些隋唐书法作品，但没有成为飞鸟书法的主流。

飞鸟时代的书法作品，还有一些著名的墓志铭，如《船王后墓志铭》（公元668年）、《小野毛人墓志铭》（公元 677 年）、《威奈大村墓志铭》（公元 707 年）等。

根据考古资料和《古事记》《日本书纪》等文献记载，日本人在飞鸟时代之前已有自己的歌谣、舞蹈和乐器。最早有男女相聚歌舞的歌垣（歌会）以及巫女的音乐舞蹈。《古事记》《日本书纪》《万叶集》《风土记》中均有关于“歌垣”的记录，从那些文献资料中可知，当时日本的青年男女经常以结婚、恋爱为目的在歌垣上相互对歌。

日本与国外的音乐文化交流源远流长。从 5 世纪后半叶开始从朝鲜半岛传入新罗乐、百济乐、高句丽乐，在日本称为“三韩乐”。7 世纪初，为振兴佛教，圣德太子鼓励引进中国音乐，让百济的艺僧味摩之定居大和，向日本少年传授伎乐。伎乐又称吴乐，所用的伴奏乐器有横笛、腰鼓（又名吴鼓）、铜钹及铜铎（汉族古乐器，大铃，形如铙而有舌）。伎乐大概起源于印度尼西亚、缅甸一带，在向北传播过程中，不断融入印度以及西域的戏剧要素，最后在中国南部与吴乐融合成富有异域情趣和喜剧氛围的新型乐舞。隋初设置国伎、清商伎、高丽伎、天竺伎、安国伎、龟兹伎、文康伎7部乐而得名，然后再传到朝鲜半岛和日本。

公元 701 年，根据《大宝律令》，在治部省管下设置雅乐寮（liáo），掌管称为和乐的日本传统乐舞以及外来的音乐舞蹈。8 世纪中叶，印度僧人带来林邑乐与佛教的“声明”。林邑乐为今越南南部地区的音乐;“声明”是佛教音乐的一种，因在说唱里加入了经文的旋律，采用梵文的梵赞、汉语的汉赞、日语的和赞三种不同音律融合的手法，表达出对诸佛的赞叹和祈愿这个目的。公元 752 年，在东大寺举行的大佛开光典礼上，由雅乐寮和各寺院的数百名乐人、舞人表演日本传统的乐舞以及三韩乐、唐乐、散乐、林邑乐、声明等，说明日本已开始出现了职业音乐家。

公元 620 年，圣德太子和苏我马子一同完成了《天皇记》《国记》《臣、连、伴造、国造180 部并公民等本记》等历史书籍的编撰。编撰这些史书的目的主要在于提高皇室的尊严，加强国家观念，这些书后来大部分散佚。

白凤文化是由孝德天皇白雉（zhì，也作白凤）年号而得名。公元 650 年，孝德天皇改大化年号为白雉。白凤文化仍以佛教文化为中心，但前期受到中国大陆六朝文化影响较多，后期则深受唐朝文化的影响。

因为飞鸟时代的分期模糊，有学者把飞鸟时代又分为两个文化期：6 世纪的“飞鸟文化期”（指到大化改新为止）和 7 世纪的“白凤文化期”（从大化改新到 710 年迁都奈良前）。

天武天皇在《飞鸟净御原令》中正式将“大王”改称为“天皇”，并创立了以伊势神宫为中心的皇家神祇以及新天皇即位的大尝祭制度。

伊势神宫是日本神社的主要代表，供奉的是皇室氏神。神社是崇拜与祭祀神道教中各种神灵的社屋。神道是产生于日本本土的原始宗教，以祭祀日本本土的神为主，属于多神信仰，视自然界各种动植物为神祇，特别崇拜作为太阳神的天皇祖神天照大神。由于神道教与日本人生活密切相关，神社十分普遍。

伊势神宫位于日本本州岛中部的三重县，神宫内保存着公元 712 年成书的《古事记》。根据《古事记》的说法，伊势神宫建于公元前 4 年，但据历史学家考证，伊势神宫的建造不会早于公元 690 年，一般认为创建于天武天皇时期。伊势神宫是由内宫与外宫两大部分所构成。内宫祭祀天照大御神，外宫祭祀丰受大御神。此外尚有别宫、摄社、末社、所管社等。

传说天照大神令天孙带稻种到人间，并与大和民族约定生生世世务农。因此，每年将初次收成的稻穗献予天照大神的“神尝祭”，便成为伊势神宫一年中最重要的神事。

“大尝祭”是日本天皇即位仪式的重要组成部分，一代天皇只有一次，特别隆重，所以又称“践祚大尝祭”。大尝祭是由庆祝水稻丰收的节日“神尝祭”和“新尝祭”发展而来的日本独有的登基仪式，体现了日本民族与水稻的渊源。“大尝祭”举行的时间根据新天皇即位的时间不同而不同。如果天皇是 7 月之前即位的，大尝祭就在当年的 11 月举行；如果是 7 月之后即位的，大尝祭就被安排在翌年的 11 月举行。仪式从晚上开始，持续到次日清晨，在存放有皇室三件神器的秘室内举行。

作为日本神话传说中的太阳神天照大神的后裔，天皇通过大尝祭将谷物丰收和太阳因素联系在一起，这样就完成了“太阳—天照大神—当世之神”的有机联系，将神道和权力统一在一起，并体现其“殊为人主，不及群庶”的特点。

日本皇室的三件神器分别为草薙剑、八坂琼勾玉和八咫（zhǐ）镜。神器的原件原本在一起，后来前两件被存放到了热田神宫，后者则一直存放在伊势神宫。

天丛云剑，又名草薙（tì）剑。按照《古事记》记载的故事：天照大神的弟弟素盏鸣尊（又称须佐之男、建速须佐之男命等）来到人间之后，到了出云国鸟发这个地方。得知当地横行着一条长着 8 个头、8 条尾巴的蛇形妖怪即八岐大蛇，每年要吃一名少女为祭品，百姓为此痛苦不堪。于是，素盏鸣尊决定为民除害。他装扮成少女，在祭台处准备了八坛美酒。当八岐大蛇来到后，被美酒的滋味所吸引，就把八个头分别伸进酒坛里痛饮。当八岐大蛇的八个头全部喝醉之后，素盏鸣尊乘机用剑把八岐大蛇的头逐一砍下，再斩其尾。在斩断大蛇第 4 条尾巴的时候，素盏鸣尊在蛇体内发现了一柄光芒四射的宝剑，他将此剑称为“天丛云剑”，并献给了姐姐天照大神。

天丛云剑长约 80 厘米，剑锋看似菖蒲的叶片，剑身中央部分较厚。剑柄的部分约有 8

寸厚，有多处环节而不平滑，就像鱼的背脊骨，由上到下都是白色的，也有人认为其与在中国出土的剑有相似性。自古以来人们都认为天丛云剑是铁制的剑，但是从它表面没有生锈，颜色是白色的这些特点来看，也有一说该宝剑应该是青铜剑。

天丛云剑一直被保留在热田神宫中。关于神剑的命运，有一说在公元 1185 年，日本两大武士集团平氏和源氏在坛之浦海域决战，源氏获胜，而平氏所立的安德天皇带着神剑葬身海底。今天热田神宫所供天丛云剑是否还是传说中的宝剑，已不得而知。

八尺琼曲玉，也写作“八咫琼勾玉”或“八阪琼曲玉”。现保存在天皇的皇宫内，外人不得参观。

“八尺”有两种解释，一是“大”的意思，二是指串起曲玉的绳较长。八尺琼曲玉是日本独创的祭器和装饰品，形如中国古代阴阳八卦中阴阳鱼的一半，鱼眼处挖一小洞，便于用绳子串起来。

八尺琼曲玉在绳文、弥生时代出现，古坟时代最为盛行。最初并非玉石做成，当时以动物、野猪的牙齿作材料，后使用金、玉等，常用作项链或服装的装饰品。古代日本人对玉和玉器的认识与中国古人略有不同，他们认为玉除了装饰功能之外，尚有“咒术、宝器、祭祀”的功能。在日文中“玉”与灵魂的“灵”发音相似，因此视八尺琼曲玉为珍贵物品，并列入皇家三种神器之一。

八咫镜，在《日本书纪》中叫作“真经津镜”。八咫有大或美的意思。大概在弥生时代，镜子从中国传入日本。古代日本人认为，镜子既能照物又能照人，说明它具有神秘性和魔力，所以有关镜子的传说很多，视镜子为神圣之物，常挂于胸前作为避邪用具。

关于八咫神镜，有这样一个传说：素盏鸣尊去看望住在高天原（神话中天照大神居住的地方）的姐姐天照大神。素盏鸣尊生性顽淘，他把人们辛苦开垦的田地当作玩场；恶作剧地把马扔进织女纺纱的小屋……高天原的人们对他任性放浪的行为毫无办法，感到万分无奈。起初，天照大神还以宽让的心情来容纳弟弟的放纵。但是，素盏鸣尊毫不节制，不听劝阻。天照大神一怒之下，愤然躲进天石屋户（又名天岩户、天磐户，相当于中国神话里的南天门）里不出来了。于是，大地变得一片漆黑，世界没有了阳光。

无论如何也要让高天原和大地恢复原来的光明。于是有人出主意，用天安河上的天坚石和天金山的铁造出八咫镜，挂在真贤树上，八百万众神一起围着唱歌跳舞，一片欢乐喜庆。天照大神很奇怪，就在里面问：“我隐居在这里，高天原应该一片黑暗，为什么还那么欢乐？”人们回答说：“比你更尊贵的神来了，所以我们在歌舞庆贺。”人们举起挂在真贤树上的八咫镜，让天照大神照着镜子看。天照面对镜子疑惑地问：“她是谁，难道比我还尊贵吗？”天照光顾着看镜子，没留神走出门来，这时隐藏在门旁的一个男神，便抓住她的手，把她拉了出来，并把注连绳（象征神界和俗界的分隔）挂在她的背后，说道：“不许再回到里边去了！”天照大神一露身，高天原立刻阳光普照，人们安居乐业。据《日本书纪》中说，后来天照大神在天孙（天照大神的孙子琼琼杵尊）降临凡间之际，把这面镜子作为礼物给了天孙并嘱咐道：“视镜如视我，要永远保存，诚心祀祭。”

根据《古事记》的说法，琼琼杵尊（或称迩迩艺命）是日本第一代天皇神武天皇的曾祖父。神武天皇在历史传说中建立了最早的大和国。

天平文化在广义上是指整个奈良时代（公元 710—794 年）的文化。这一时期的文化深受盛唐文化的影响，并形成了包含佛教文化在内的贵族文化。这一文化首先体现在为树立天皇家族神圣权威而编撰的国史上。

公元 712 年成书的三卷本《古事记》，为日本最早的历史传说书籍。全书用汉字写成，或以汉字记日本语音，或以汉语词表日本语义，在语序上虽以汉语的主谓宾语法为主，但日语的语法结构也时而出现，体现了日本早期变体汉文的一些特征。

《古事记》的文体主要是散文和诗歌。散文叙事主要使用汉语，抒情诗歌则使用汉字作日语的标音，全书构成了日本古代创作的基本文体。该书以天皇家族为中心，讲述开天辟地、天孙降临、神武东征、武尊讨伐至推古天皇的故事。内容多神话传说，但从中也可以看出日本民族形成时期的某些痕迹。有很多学者怀疑此书的真实性，因为，一是该书没有引文；二是该书的语言风格多变，不像是在一个时期所完成。

公元 720 年成书的《日本书纪》，是日本流传至今最早的正史，原名《日本纪》。全书用汉字写成，采用编年体，共 30 卷，另有系谱一卷，系谱如今已失佚。

该书是经壬申之乱而取得权力的天武天皇欲宣示自身皇脉的正统性而下令编纂。内容从神话时代一直到公元 697 年的持统天皇，史料价值较高。

另外，在公元 713 年，朝廷命令编撰地方志《风土记》。要求记载日本诸国山川名称的来源、乡土特产、古老传说等，用汉文著述。目前，仅剩常陆、出云、播磨、丰后、肥前五国的《风土记》，而且大多残缺不全。

在统治思想方面，天平时代天继续大力提倡儒学和佛教。政府建立培养官吏的教育机构，中央称为“大学”，地方称为“国学”。大学的学生为官五位以上的子弟，考试合格者录为官员。但根据有关规定，五位官以上的子弟可自动成为官员，即所谓的“荫位制”，因而大学应该是从贵族后代中培养选拔精英之地。大学的课程有习《论语》《孝经》等经书的明经道、习律令的明法道、习汉文历史的纪传道等。

佛教在朝廷的保护下继续兴盛，圣武天皇在公元 741 年下诏诸国建立国分寺后，在公元 743 年又下诏倾国力建大佛塑像，历经 10 年终于建成东大寺卢舍那大佛。

日本奈良的东大寺大佛殿，是世界现存最大的木结构建筑。大佛殿宽 57.01 米，深 50.48 米，高 48.74 米。寺院正门前竖立着 18 根长约 30 米、直径约 1 米的大木柱，气势雄伟，是日本最大的寺门。佛殿内有一尊镀金青铜卢舍那大佛，俗称“奈良大佛”。铜佛高 14.98 米，重 500 吨，是日本第一大佛像，也是世界上最大的镀金铜佛像，被定为日本国宝。据史料载，参与修建佛殿和大佛的人达 260 万人，几乎占日本当时人口的一半。在举行大佛开光供奉仪式那天，来自中国、印度和朝鲜半岛的僧侣与日本僧侣万余人同堂诵经气势恢宏。中国唐代高僧鉴真和尚也曾在这里设坛授戒。在公元 1180 年至 1567 年的 400 年，大佛殿两次毁于战火，卢舍那佛像也遭损毁。东大寺现有建筑及佛像是 17 世纪重建，规模缩小为最初的 2/3，可见当初非凡的气度。1998 年，东大寺作为古都奈良的历史遗迹的组成部分被列为世界文化遗产。

在文学艺术方面，天平文化也较前一个时代出现了长足的发展。日本最早的书面文字出现于8世纪初叶，即“奈良时期”。这个时期书面文学的代表作品有《古事记》与《万叶集》。当时的日本还未创建出成熟的“假名文字”，这两部著作都是借助于汉字写成。

《万叶集》是日本最早的和歌总集，相当于中国的《诗经》。全书共 20 卷，收集了公元 759 年以前的约 4500 首和歌。

在奈良时代，日本社会经济有了显著发展。《续日本纪》中记载：朝廷发给每户户主一把铁锄。可见当时铁制农具得到广泛地使用。

农业生产技术在奈良时代有了很大改进，出现了犁，开始用牛耕田。畜力的利用大大提高了生产效率。在水稻生产中，广泛采用了先进的插秧技术和割茎法。水稻品种可分糯与粳（jīng），早稻与晚稻。旱地作物的品种有大麦、小麦、粟、大豆、小豆等。朝廷为扩大耕地面积，兴修沟渠、池塘、堤坝等水利设施。

采矿业自大化改新以来迅速兴起，在奈良时代已被开发的地下资源有美作、备中、备后、近江的铁；周防、长门、丰前的铜；下野、陆奥的金；对马的银；伊势的水银等。矿山是朝廷指派国司和生产者开发。当时矿山规模不大，产量也很有限。

农业的发展，矿业的兴起，为日本手工业生产创造出有利的条件。手工业分官营手工业和家庭手工业两种。中央的各寮、司设置手工业作坊，生产高级手工产品。如内藏寮制作靴和鞍，造兵司制作武器，织部司生产纺织品等。官营作坊生产锦、绫、绸、绣等高级纺织品，供皇室及贵族享用，家庭纺织业一般生产布、棉、绢之类，生产目的是为了家庭自用和缴纳庸调（以丁为征收单位，同时把力役也以布帛的形式来代纳）。手工业作坊的生产者是品部和杂户，生产形式与大化改新前基本相同。除了朝廷的手工业作坊外，又有国衙、郡衙的作坊，这些作坊生产技术水平较高的手工业品，家庭手工业则生产较简单的产品。

金属工业，铸造、锻造、镀金、雕金等技术在奈良时代已达很高水平。东大寺的卢舍那大佛是高 15 米左右的巨大铜像。据《大佛殿碑文》记载，铸造这尊大佛耗费 739560 斤铜、12618 斤白银、10446 两黄金、58620 两水银。铸造这样巨大的铜佛需要高超的技术，费时达 10 年之久。

奈良时代造纸技术也相当发达。纸的品种有“谷纸”“麻纸”“斐纸”“檀纸”“宿纸”等。“麻纸”用于写诏书、佛经等。由遣唐使带到中国的日本纸，深受中国文人的赞赏，唐玄宗就很喜欢用日本纸。

平安时代被史家定为日本古代的最后一个历史时代。从公元 794 年桓武天皇将首都从奈良迁至平安京开始，到公元 1192 年源赖朝建立镰仓幕府一揽大权为止。

在奈良时代末期，朝廷与贵族势力之间的矛盾激化。为了削弱权势贵族和僧侣的力量，加强律令政治，桓武天皇于公元 784 年决定从平城京迁都到山城国的长冈（今京都市），在那里筹建新都，命名为平安京。由于平安京于公元 794 年完工，故史家常把公元 794 年作为平安时代的开始。

平安时代是日本天皇政治的顶点。在平安时代，武士阶层得到发展，到这个时代的后期，武士阶层从贵族手中夺取了权力，建立了幕府。

和歌是日本的一种诗歌。在日本文学中，“诗”“歌”经常相提并论，但它们是两个概念。“诗”是指汉诗，即用汉语并按照中国诗歌的规范写作的诗；“歌”则指和歌。

和歌原本是日本最古老的民间口头文学形式，它脱胎于日本原始社会时期的宗教祀祭和男女传情的“歌垣”活动。日本最初的诗是使用汉字写成的，有的用汉字的意，有的用汉字的音，在此基础上融合歌垣的歌产生了具有日本特点的诗。因为日本自称为大和民族，加之写了诗要吟唱，所以便称为和歌。

和歌包括长歌、短歌、片歌、连歌、反歌等。随着时间的推移，作短歌的人越来越多，现已占绝对多数。和歌是受俳（pái）句、五言绝句、七言律诗的影响。短歌是定型诗，为5句31个音节，格式为5-7-5-7-7的排列顺序。而长歌，则是5-7-5-7音节交替，最后也是以5-7-7形式结尾。日本除短歌外尚有更短的俳句，它也是定型诗，是5、7、5的音节格式，只有17个字。短歌长于抒情，是和歌的主要歌体，故和歌的狭义指短歌。短歌在格律、造型、意境等方面更适合日本人的审美，深受日本人喜爱，堪称日本诗歌的代表。根据《万叶集》的记载，第一首和歌作于公元757年。

《万叶集》成书年代和编者，历来众说纷纭，一般认为《万叶集》经多年、多人编选传承，最后由贵族政治家、诗人大伴家持完成。诗集的作者既有天皇、皇妃、皇子，也有浪人、乞丐、妓女，且无名氏占作者一半以上，几乎囊括当时日本各阶层人物，署名的作者有500多人。

《万叶集》中的和歌按内容可分为杂歌、情歌、挽歌等。杂歌涉及面广泛，有田园风物、宫廷庆宴、日常劳作、人生抒怀等都在歌咏之列；情歌大多是恋人、朋友、亲人之间的情感表达；挽歌主要指葬礼上哀悼死者的诗歌，也有临终遗作和后人缅怀之作。

一般认为和歌是伴随着民间神话的传诵而产生，具有口口相传的民谣特色，内容也多为传说和颂祝。直到公元629年舒明天皇即位后，即所谓“万叶世纪”，和歌才逐渐与传说、歌谣、颂祝分离，确立了抒情诗的风格。歌体也由句数音数不定的“记纪歌谣体”发展为富于韵律美的定型句式。而最终促成和歌与民谣分离向抒情诗发展的，就是被后世尊为歌圣的柿本人麿（mǒ）。他的最大贡献，就是将和歌用文字表述，使原本心口相传的作品得以固定，可以由心创作、推敲、赏鉴。和歌从此成为一种真正的文学体裁，具有了深刻的文学性和思想性。

柿本人麿（又称柿本人麻吕）曾出仕于持统天皇与文武天皇两朝（即公元678年至706年）。官职不明，级位大概在六位以下，属于下级官吏，估计曾担任过类似于宫廷诗人的职务，也可能当过地方官。《万叶集》共收入他的长歌16首，短歌63首。其中少数是歌咏自然景物的，大多数是恋歌和挽歌。

柿本人麿以挽歌诗人闻名，代表作有《吊明日香皇女吉备乐女挽歌》《吊日并皇子尊挽歌》《吊高市皇子尊挽歌》等。《吊高市皇子尊挽歌》长149句，是《万叶集》中最长的长歌。歌中所歌咏的高市，是天武天皇的皇子。天武天皇发动了日本历史上有名的“壬申之乱”，高市皇子率师出战，最后取得胜利。歌中描绘了激烈的战争场景和皇子威武的雄姿，表现了由于他的逝世所引起的万众悲痛，这首歌是很能代表诗人特色的长挽歌。短歌的代表作为《过近江荒都歌》和《羁旅歌》等，写出了大自然的景物和缠绵不尽的情致。由于柿本人麿善于对白色的描写，因而也有“白的诗人”之称。

由于柿本人麿在和歌发展中的划时代作用以及在日本文学史上占有的重要地位，人们将《万叶集》和歌的发展过程大致划分为三个时期：柿本人麿之前的和歌称为万叶前期；其本人则代表和引领着万叶中期；其后则为万叶后期。日本人民并建有“人麿神社”加以敬拜。

额田姬属于万叶前期富有代表性的著名歌人。她与中大兄（天智天皇）、大海人（天武天皇）之间感情纠葛的故事，给日本文学留下了无限的遐想。

额田姬的作品在《万叶集》里有长歌3首、短歌10首。据认为出自她手的著名诗句“空闺帘动疑君至，只见秋风不见人”奠定了她在和歌史上一流女歌人的地位，而且是公认的和柿本人麿相提并论，可以代表一个时代的女歌人。

额田姬的和歌缺少那种传统的束缚感，风格呈现多样性，在万叶前期作品中实属罕见。如:《三轮山》

三轮山隐难见影，浮云似巾束离情。
何以云丝妆泪眼，红颜相别亦怀萦。

三轮山位于京城奈良。据分析，这首诗应该是额田姬随天智天皇（中大兄）迁都时在路上所作。要离开家乡去近江，多愁善感的她借景抒情，于是写就了这首和歌。

山上忆良是万叶中期极具特点的歌人、汉学家。文武天皇时期，他曾作为遣唐使团的书记官，在中国生活学习了2年，这对他后期的作品有很深的影响。关于山上忆良的家世，在日本学者中说法不一。有的认为他出身于大陆移民，有的对此质疑，目前尚无定论。公元721年，山上忆良奉诏来到京城，被聘为首皇子（以后的圣武天皇）的老师。

山上忆良具有厚重的文化修养。在他从事创作的奈良时代，随着律令制度的建立，天皇统治已进入昌盛时期，贵族社会意识开始受到中国大陆文化，特别是儒家思想的影响。日本社会出现了很多知识分子，他们多理智且有个性，从山上忆良的作品中可以看到这一时代的特征。在他的和歌中没有歌咏自然和恋爱的内容，多尖锐地提出社会问题，异于万叶时代其他众多歌人的作品。

山上忆良擅长于长歌，最重要的代表作有《贫穷问答歌》。作品以两个穷人对话的形式，倾诉生活的艰难与痛苦，在一定程度上反映了古代日本底层的社会状况。诗歌有着强烈的感染力和社会性，是《万叶集》中唯一的一首反映贫苦民众生活的和歌，有人评《贫穷问答歌》是和歌史上的珍宝。

《贫穷问答歌》

风雪迫人夜，呼啸难入眠。
薄棉欺冬寒，残酒惜门栏。
涕咳谓生苦，俯首嘘唏连。
疏髯捻自许，聊慰月落残。
贫衣褴遮体，被陋身无暖。
一尽吾所有，不覆此夕难。
叹向更贫者，问苦心不甘。
妻儿相啼饥，父母背子泣。
凄婉此时景，何以度岁年？
天广地也衰，身微难所以。
日出月送归，五谷不相丰。
乡人皆嗟然，抑或吾独与？
意志生为男，背负不容闲。
勤做衣褛裂，凭尔自肩悬。
草庐任风雨，稻铺安家全。
席边椿萱（chūn xuān，父母的代称）坐，幼孥（nú，儿女）绕足咽。
灶下无烟火，甑（zèng，炊具）上悬蛛网。
无炊已多日，无言思举餐。
声微细犹丝，力竭软如绵。
举家无大小，呜呼复长息。
祸灾不单至，人弱苛律强。
里长执杖来，催税在房前。
困苦不相恤，逼叱（chì，大声责骂）无悯怜。
世事竟如此，此生怎可安？

《反歌》

亦惑人生事，难解羞与忧。
恨非凌空鸟，何当飞去休。

反歌，附在长歌之后，作用是以短歌形式，概括正文的主要思想，并且补充正文未尽之意。

万叶后期，和歌歌风由强韧雄浑，走向柔弱颓废，这是万叶和歌从成熟到衰落的时期。《万叶集》的后期作者，以大伴家持及其姑母大伴坂上郎女为代表。这时，日本已进入律令制国家的后期，贵族社会暴露出种种矛盾，律令制开始走上解体的过程，大伴家持的歌风正反映了这个时期的特点。

大伴家持出身于豪族大伴氏，既是一位歌人，也是从三位的高官。大伴家持的祖父曾在壬申之乱中支持天武天皇，立下功勋。父亲曾任大纳言，但遭权贵藤原氏排挤，在政坛上并不顺意。藤原不比等的 4 个儿子全部病逝后，大伴家持获得新掌权人橘诸兄重用，被倚为心腹。但橘诸兄退出政坛后，藤原仲麻吕大权在握，大伴家持随后被遭降职。公元 782 年，又被罢免官职，流放出平城京。最后病逝于陆奥国，时年 68 岁。

大伴家持 14 岁时父亲去世，家持便随姑母大伴坂上郎女读书习字。坂上郎女是一位擅长吟咏爱情的女歌人，婚姻生活也多坎坷，年轻丧夫，后又二次婚变。而家持在少年时代接触多位女性，当中有贵族少妇，也有青春少女。尤其是与坂上郎女长女的恋爱成婚，使大伴家持在 21 岁以前创作了大量的情歌。他在这个时期较注重感情生活，他的和歌便大都显示出其浪漫的一面。

由于大伴家持在其仕宦生涯中，患得患失，曾为了攀附橘诸兄及藤原氏而苦恼，在其作品中也多有反映仕途经历。而在大伴、藤原两大家族的对立中，他被卷入了政治斗争，在失意中度过了中年时期，故其后期诗作哀婉动人，流露出孤独的心境。如《依兴作歌三首》历来为人称誉：

红霞笼春野，难扰心中戚。
夕阳欲自逍，莺声不绝宇。

小竹簇我家，夕风送语声。
独听悟心静，更思翠笛悠。

春日百花近，黄鹂扑云色。
苍茫欲孤鸣，搅我内心瑟。

《万叶集》收集大伴家持的长歌、短歌共计 473 首，超过了《万叶集》全部诗歌总数的一成，这与大伴家持的编纂有关。有中国学者评价道，大伴家持在《万叶集》中所使用的部分日语词汇能指（意为语言文字的声音、形象）的丰富程度，表现得简洁性已非汉语言所能完全覆盖和替代，这些正是日语中微妙的部分。新生的日语文学只有依托本民族语言的感觉才能真正确立自己的文学立场。而处在日语文学生成期的《万叶集》，正是完全地反映了这一文学发展的必然方向。作为万叶时代集大成者，末期最具代表性的诗人、歌者，大伴家持在日本文学史里无疑影响巨大。

◆在公元 5 世纪以前的阿克苏姆的文化遗址中，最为引人注目的是许多高高耸立的花岗岩方尖石碑塔和巨大无比的石柱。这些方尖石碑塔据考证大约建于公元 306 年，均由整块岩石凿成，成为当今世界上独一无二的奇观。碑体一般高 3~4 米，都是从花岗岩山石上直接开凿雕刻而成。遗址上原有一个由 7 座方尖碑组成的石碑群，其中的 5 座早已倒塌。剩下的两座，一座高 33 米，是世界上人类竖立起的最高石碑，这座石碑的正面雕刻出一个 13 层建筑，门、窗、梁等一应俱全。另一座高 24 米，在碑顶下雕刻着一面类似盾牌的图案，这座石碑后在 20 世纪 30 年代，意大利占领埃塞俄比亚期间，被掠往罗马竖立在君士坦丁拱门附近。据说，这些巨型石塔、石柱很可能是为了纪念早期一些阿克苏姆的国王而建立起来的。

这里还建有阿克苏姆国王卡里布的陵墓。墓室的顶部用整块花岗岩砌成，墓壁上刻着埃塞俄比亚最古老的文字——盖埃兹文。经过演变，在盖埃兹文的基础上发展形成了今天埃塞俄比亚的官方文字——阿姆哈拉文。

据说《圣经》中记载的装有摩西十诫的金约柜，后来经过所罗门和示巴女王运送到阿克苏姆，现秘藏在埃塞俄比亚恩达·马里安姆·西翁大教堂。

玛雅象形文字

玛雅人在文化和科学方面都取得了令人吃惊的成就。公元前后，玛雅人创造了象形文字，为美洲大陆唯一发明使用文字的印第安部族。计有800多个书写符号，3万余个词汇。玛雅人的象形文字，形象在中间，四周附加连缀和语尾的变化；出现了表意符号，一个字往往是一句话。文字有写在树皮纸上的，有雕刻在石柱、石碑上的。此外，壁画、木刻、玉雕、贝雕、骨雕和陶器上也有铭文，内容丰富。玛雅象形文字古抄本现仅剩3部，以其收藏地分别称作“德累斯顿抄本”“马德里抄本”和“巴黎抄本”，至今尚未能完全释读。

玛雅数学体系

在数学方面，玛雅人创造了精确的数学体系和天文历法系统，他们采用20进位法，使用了“零”的概念。

现代的人们对于玛雅数学的了解，主要依据“德累斯顿抄本”“马德里抄本”“巴黎抄本”及一些残剩的玛雅时代石刻。根据专家的释读表明，玛雅人的记数方式分为两种：第一种叫横点记数法；第二种叫头形记数法。横点记数法由3个符号的组合构成：○（贝形符号）、1为点（“·”）、5为一横（“—”）。记数时，从低位到高位自下而上排列，如，19写作3根横线上另加4个点，小椭圆圈上加一点代表20。玛雅人的20进制中的加减法运算方式，与十进制中基本相同，同一位中的1条“—”与5个“·”可以互相转换。

头形记数法是使用神物头像分别代表数字1~20。由于没有发现玛雅人使用他们的符号进行的乘法与除法运算，因而对他们是否会进行这两种运算尚无定论。

在历法中，玛雅记数在第3位采用18进制。所以一个点下加两个0代表360，而不是400。这可能与一年有360余天相关。

由于玛雅人像埃及人一样建造了许多大型的金字塔台庙建筑，在他们的墓葬中发现了多种想象丰富的图案，足见其对几何图形已有一定的认知，但由于缺乏史料文献，史学家们难以做出准确的评价。

玛雅人建立了精密的历法制度，很重视对太阳和月亮的观测，他们能算出日食和月蚀出现的时间，并已将7大行星都列入了观测范围。在研究玛雅人留下的历法时，人们惊奇地发现，玛雅人的历法中主要有三种不同的纪年法，即金星年、地球年、卓尔金年。

金星年：584天（指金星绕太阳1周，与地球相会周期为584天，今人测算为583.92天）。

地球年：365天（1年分18个月，每月20天，加上5个禁忌日，1年共365天。玛雅人认为1年是365.2420天，这同今天计算的1年为365.2422天的数值相差甚微）。

卓尔金年：260天（1年分为13个月，每月20天）。

由此可以看出，玛雅人的金星年、地球年都计算得相当精确，达到了很高的天文学成就，而这两颗天体在太阳系里都能找到。但什么是卓尔金年呢？这让许多科学家百思不得其解。

一种认为，它是“神历”，是被用来计算宗教祭祀时间的，并做占卜用。

卓尔金历由 20 个神物图像和 0 至 12 的 13 个数字，不断组合循环，如同中国的天干地支不断搭配组合，得到 260 种组合图标，代表 260 天。每个日期还依序标上 20 个日名。有人做了计算，当卓尔金历循回了 73 周后，便刚好和周转了 52 圈的太阳年回到同一个标点上，由此形成了一个 52 年的大周期。这一天有可能是玛雅人的重要纪念日或节日。

也有人产生大胆的遐想，他们推测，或许很久以前，太阳系里确实存在一颗周期为 260 天的行星，其位置正好处于金星与地球之间，有人称它为卓尔金星或玛雅星。后来，这颗行星不知为什么突然消失或毁灭了，从而有了玛雅人与天外人的关联。

另外也发现了玛雅人其他较不普遍的周期历法，在少数几个碑文中证实了有 819 天历法的存在，其中有重复 9 天的时间间隔，这些时间间隔的名称与众神、动物以及其他的重要观念相关。

在一块石碑上，考古学家发现了迄今为止玛雅文明最早的纪年，公元 292 年。

玛雅金字塔

在建筑方面，古代玛雅人修建了不少金字塔。在没有金属工具、没有大牲畜和轮车的情况下，古代玛雅人却能够开采大量重达数十吨的石头，跋山涉水、一路艰辛地运到目的地，建成一个个雄伟的金字塔。金字塔最高的可达 70 米，其规模之巨大、施工难度之高，令人惊叹。古代玛雅的金字塔和古埃及的金字塔在建筑形式上有着明显的不同。埃及的金字塔的塔顶是尖的，而玛雅金字塔却是平顶，塔体呈方形，底大顶小，层层叠叠，塔顶的台上还建有庙宇。在用途上也不一样，埃及金字塔是法老的陵墓，而玛雅的金字塔除个别外，一般是用来祭祀或观察天象的。

此外，玛雅人在壁画、雕刻、彩陶等方面均有很高的水平。绘画多为壁画，也见诸于陶器和古抄本，使用多种颜色，颜色来自于植物和动物。手法是写真的，工具由鸟羽和兽毛制作。墨西哥恰帕斯州博南帕克的一座玛雅神庙内的壁画，是古代玛雅壁画艺术的珍贵宝藏。雕刻方面，按所使用的材料划分为石刻、木刻、贝雕、玉雕、骨雕和泥塑等。石雕有两种：一为独立石雕（石柱、石碑和石座等），一为房屋和其他建筑物上的饰刻。泥塑多用于房屋建筑和墓穴中，有人物、飞禽、走兽、爬虫等形象，还有铭文。

玛雅人的宗教是多神教。居首位的是天神伊察姆纳，为祭祀的保护神，也是文字和知识的创造者。众多神灵中主要有雨神恰克以及玉米神龙姆卡什，还有羽蛇神库库尔坎、战神和风神乌拉坎等。

第六章 午时

公元 10 世纪

一、兴与败

中国——

◆五代十国（公元907—979年）是中国历史上又一段大分裂时期。

五代是指公元907年，唐朝灭亡后依次诞生在中国中原地区的五个政权，即后梁、后唐、后晋、后汉与后周。公元960年，后周将领赵匡胤发动陈桥兵变，黄袍加身，建立北宋，五代结束。

而在唐末、五代及宋初，中原地区之外先后存在过许多割据政权，其中前蜀、后蜀、南吴、南唐、吴越、闽、楚、南汉、南平（荆南）、北汉等十余个割据政权，被后世史学家统称为十国。

根据中国史学专著《唐代藩镇研究》表明，唐朝后半段的大部分时期里，40~50个藩镇绝大部分不割据，只有河朔等极个别藩镇割据，但割据藩镇也在一定程度上施行唐朝的政策法令，“须借朝廷官爵威命以安军情”，而且割据藩镇也曾解除割据。黄巢起义后，藩镇割据才普遍出现，部分实力雄厚的藩镇先后被封为王，所建立的封国实际上已是高度自治的王国。唐朝灭亡后，各地藩镇纷纷自立，其中地处中国华北地区、军力强盛的政权控制中原，形成五代。这五个依次更替的中原政权虽然实力强大，但无力控制整个原来的唐朝领土，只是藩镇型的朝廷。而其他割据一方的藩镇，有些自立为帝，有些奉五代为正统。其中十个历时较长的政权，被北宋学者欧阳修所撰的《新五代史》及后世史学家统称为十国。

五代十国时期时常发生叛变夺位的情况或互相征伐，使得战乱不止。中国的内乱，也带给契丹南侵的机会，辽朝得以建立。

五代十国时期是中国历史上的重要时期，其间定难军（后来的西夏）逐渐独立，而静海军（交趾，后来的越南）自此脱离中国王朝。

公元907年，朱温篡唐建立后梁，这是五代十国的开始。公元923年，控制太原地区的晋王李克用之子李存勖（xù，也作“勗”）灭后梁，后唐建国，定都洛京（今河南洛阳）。

李克用，本姓朱邪（又作朱耶），其父朱邪赤心因功被皇帝唐懿宗赐姓李氏，名国昌，李克用是其第三子，李国昌一族属沙陀族。

沙陀族为中国北方少数民族，原名处月，西突厥的一支。处月分布在金娑山（今新疆博格多山，一说为尼赤金山）南，蒲类海（今新疆东北部巴里坤湖）东，名为“沙陀”的大沙漠一带，因此号称沙陀突厥，简称“沙陀”。沙陀亦作“沙陁”。唐代文献将沙陀统治者氏族的姓氏“处月”，译写成了“朱邪”。

7 世纪中叶，唐在征讨西突厥阿史那贺鲁叛乱过程中，于处月地置金满、沙陀二羁縻州。公元 702 年处月酋长沙陀金山因从征铁勒有功，被授予金满州都督。后因吐蕃所逼，金山之子辅国率部徙于北庭（今甘肃省安西东南、甘肃省敦煌县城西、新疆维吾尔自治区吐鲁番东南高昌一带）。

安史之乱后，北庭与内地隔绝。公元 789 年，沙陀七千帐依附吐蕃，后吐蕃迁沙陀部于甘州（今甘肃省张掖）。吐蕃攻扰唐边境时，常以沙陀兵为前锋。回鹘取凉州（今甘肃省武威），吐蕃疑沙陀与回鹘有勾结，拟再迁其部于黄河以西。公元 808 年，沙陀部众 3 万人投归唐朝，途中曾被吐蕃兵所追杀。唐将沙陀部安置在盐州（今陕西省定边），设阴山都督府，流散各处的沙陀人相继奔还，势力增强。

唐朝以沙陀邻近吐蕃，虑其反复，又以其部众多，将使边境粮食价涨，故诏沙陀部再徙河东（山西省）。以后唐又分其众以弱其势。唐懿宗时，朱邪赤心率骑兵助唐镇压庞勋起义有功，被授予单于大都护、振武军节度使，并赐名李国昌。后又因助唐抵御回鹘而迁为鄜（fū）延（今陕西省宜君、黄龙、宜川以北，吴堡、大里河、白于山以南地区）、振武（今内蒙古自治区和林格尔西北），然为吐谷浑所袭，退保神武川（今山西省应县）。

有不少史学家都认为，安史之乱并未使大唐一蹶不振，当时的人们也没有因为藩镇林立，而预感王朝衰亡，而庞勋兵变才是敲响大唐丧钟的第一声。

公元 863 年，南诏国三次派兵进攻安南，并攻陷了交趾（今越南河内）。公元 865 年，唐懿宗派兵征南诏，下令在徐、泗地区（今江苏省徐州、安徽省泗县地区）募兵二千人，开赴邕州（今广西壮族自治区南宁），其中分出八百人戍守桂林，约定 3 年期满后即调回原籍。

八百士兵主要来自徐州，以勇悍闻名。可 3 年期满，主官以种种理由，将他们强留了下来。又过了 3 年，戍兵多次提出请朝廷履行当初的约定，但主官却以让他们回家的军费不够为由，要他们再留 1 年。闻此，戍兵群情激愤酿成兵变。他们杀了监官，推出颇有人望的粮料判官庞勋为主官，劫了仓库，向家乡徐州打去，沿途州县毫无阻挡之力，屡败官军。

攻下徐州后，庞勋遣将分兵，连破沭阳、下蔡、乌江、巢县（今安徽省巢湖），占滁（chú）州、克和州（今安徽省马鞍山市和县），贫困农民齐集响应，军势渐盛，发展到 20 多万人。至此，庞勋领导的桂州戍兵兵变，发展成为广大农民参加的农民起义。

庞勋进占淮口（今淮阴西南，古泗水入淮之口）后，控制了江淮运输线。此时唐廷震动，发大军围剿，大军中包括了沙陀、吐谷浑、鞑靼（又称达靼）及铁勒等胡人军兵。这时，庞勋自以为无敌于天下，日事游宴，尤其是同他在桂州举兵的将领更为骄纵，夺人资财，掠人妇女，军纪涣散，战斗力下降。朱邪赤心率领沙陀 3000 骑兵为先锋，冲锋陷阵。这些沙陀骑兵骁勇善战、屡败起义军，逼近徐州。起义军主力自淮口回援徐州，以三万人将官军大营鹿头寨团团围住。寨中沙陀铁骑，纵横驰骋，冲散了起义军的攻势。寨中官军，借势争相出击，起义军败退。官军追到濉（suī）水，又淹溺无数，此役起义军损失二万余人，全军溃散。当时朝廷有敕令，俘农民皆释放。以分化瓦解起义军。这一条政策对起义军影响甚大，自是每与官军相遇，不少起义军先自溃散。

在官军步步紧逼下，起义军占据的城镇纷纷失守。庞勋攻打宋州失利，准备转攻亳州，途中遭到沙陀骑兵追击。他欲折道返回彭城，却被沙陀骑兵追上，遂全军覆没，庞勋在突围中战死，时为公元 869 年 9 月，至此，庞勋起义失败。

庞勋起义前后一年零两个月，战争造成了数十万人的死亡，财产损失更是难以计数，给唐王朝的腐朽统治又一次沉重打击，为接踵而至的王仙芝、黄巢起义作出了积极的准备。史家有论“唐亡于黄巢而祸基于桂林”。这是对庞勋起义在唐末农民起义战争中的重要地位的肯定。

庞勋起义虽然被朝廷镇压下去了，但是，底层民众反抗官府的情绪却越来越高，新的起义规模也就更大了。

唐朝末年盐税特别重，加上奸商抬高盐价，造成广大穷苦百姓买不起盐，只好淡食。有些贫苦农民，为了逃避官税，就靠贩私盐挣钱。但贩私盐官府是要抓人治罪的，很危险，要团结一些伙伴一起干。时间一久，就形成一支支铤而走险贩私盐的队伍。在他们中间，就涌现出了一批卓越的首领，成为后来农民起义军的领袖。

王仙芝、黄巢均是贩私盐出身。王仙芝濮（pú）州（今山东省菏泽市鄄［juàn］城县）人，贩私盐时奔走各地，精习武艺。时关东大旱，官吏还要催缴租税、差役，百姓走投无路，聚集王仙芝周围。公元 874 年初，王仙芝在濮阳（今河南省濮阳西南）发出檄文，斥责朝廷官吏贪赋重，赏罚不平，自称均平天补大将军、兼海内诸豪都统，率领起义军攻克了曹州（今山东菏泽市）和濮州。

黄巢闻讯也起兵响应。黄巢从小读过书，他曾经到京城长安去参加进士考试。考了几次，都没有考中。他在长安看到唐朝廷的腐败和黑暗，心中愤懑。据说，就在那个时候，他写下了一首咏《菊花》的诗，表示他推翻唐王朝的决心。诗中说：

待得秋来九月八，我花开后百花杀。
冲天香阵透长安，满城尽带黄金甲。

黄巢义旗一举，四方苦于苛征暴敛的百姓，庞勋的旧部，争先投奔黄巢，在短时间内黄巢义军发展到了几万人。攻郓（yùn）州（今山东省东平），袭沂州（今山东省临沂），农民起义军“剽掠十余州，至于淮南，多者千余人，少者数百人”。

公元 876 年，王仙芝避实就虚，率部长途跋涉西进河南，不到十日连破 8 县。后在半年时间里，起义军在江淮河汉之间的广大地区流动作战，打得官军顾此失彼，疲于应付，迅速发展到 30 多万人。

慌恐的唐僖宗采取招降政策，下诏赦免王仙芝之罪，封王仙芝为“左神策军押牙兼监察御史”。面对朝廷的封官许愿，王仙芝便想投降。因遭到黄巢的责骂，起义军众将士的强烈反对，才勉强拒绝降唐，并与黄巢分兵作战，削弱了起义军的实力。

进入公元 878 年，王仙芝起义军的攻势接连受损。在黄梅（今湖北省黄梅县西北）王仙芝军被官军包围，经过激战，起义军 5 万余人被杀，在突围中王仙芝战死，余部渡江转战江南，另一部投奔黄巢。

王仙芝失败后，起义军重新会合，大家推举黄巢为王，又称“冲天大将军”。黄巢选择官军兵力比较薄弱的地区，带兵南下。他们顺利渡过长江，打进浙东。起义军一路上势如破竹，接连打下越州（今浙江省绍兴市）、衢（qú）州（今浙江省衢县）；接着，又劈山开路，打通了从衢州到建州（今福建省建瓯）的七百里山路。经过一年多的征战，一直打到广州。

起义军在广州休整以后，岭南地区发生瘟疫，黄巢决定带兵北上。起义军一路击破官军的围追堵截顺利渡过长江。在公元 880 年，黄巢带领 60 万大军兵临潼关。

起义军攻下潼关后，唐僖宗逃往成都。黄巢在将士们的簇拥下进入长安城，随即在长安城的大明宫即位称帝，国号：大齐。起义军经过 7 年的战斗，终于取得了胜利。但是，黄巢起义军长期流动作战，占领过的地方，都没有留兵防守。几十万起义军进入长安以后，四周还有强大的官军势力。没过多久，官军各路兵马，包围了长安，长安城里的粮食供应发生了严重困难。黄巢派出大将朱温驻守同州（今陕西省大荔县）。但是，在起义军最困难的时候，朱温竟率兵投降了唐王朝。唐王朝又召来了沙陀名将、雁门节度使李克用，命他率领 4 万（一说 5 万）沙陀劲旅进攻长安。起义军 15 万迎战，遭到大败，只好撤出长安。黄巢带领起义军退到河南，又遭到朱温、李克用的围攻。公元 884 年，黄巢在攻打陈州（今河南省淮阳）失败之后，受到官军追赶，最后在泰山狼虎谷被其外甥所杀（一说自刎而死）。

黄巢起义是唐末民变中影响最深远的一场农民起义。其采用流动作战的方式，打遍了今天的山东、河南、安徽、浙江、江西、福建、广东、广西、湖南、湖北、陕西等省的广大地区，导致唐末国力大衰，动摇了唐朝的统治基础。但由于长期流动作战，没有稳固的后方，缺乏经济上的保障和群众基础，故而难以持久下去，使起义军最后失败。

黄巢败亡后，大唐王朝也已名存实亡，各方节度使形成拥兵自重的局面，其中以河东节度使李克用、宣武节度使朱全忠（朱温）、凤翔节度使李茂贞、卢龙节度使刘仁恭、镇海节度使钱镠（liú）、淮南节度副大使杨行密等人势力最大，史载“郡将自擅，常赋殆绝，藩镇废置，不自朝廷”“王室日卑，号令不出国门”。

李克用生于神武川新城（今山西雁门北部），年少时就很骁勇。15 岁即从军，跟随父亲李国昌出征讨伐庞勋。作战时冲锋陷阵均在众将领之前，军中称其他为“飞虎子”。因其一目失明，又号“独眼龙”，别号“李鸦儿”（其军队主力亦称“鸦军”）。平定庞勋后，李国昌被封为振武节度使，李克用被封为云中牙将。

公元 881 年，李克用率沙陀军南下镇压黄巢。由于李克用在长安收复战中功劳最大，因此被命名为河东节度使。公元 884 年，李克用再自河东南下大败齐军，最终使得黄巢被杀。公元 895 年，李克用再度率军勤王，击败挟持唐昭宗李晔的叛乱军阀救出昭宗，因功被封为晋王。

其后数年，李克用持续与朱温争战，相互间成为争夺天下的最大对手，此后李克用长期割据河东，与占据汴州（今河南省开封地区）的朱温对峙。

公元 852 年年底，朱温出生在宋州（今河南省商丘市）砀（dàng）山县。他的父亲和祖父都是村塾先生，尚有名望，但从未做过官。在兄弟三人中，朱温最小。由于父亲早死，家贫，其母王氏就带着他们兄弟在萧县一大户人家做雇工谋生。朱温长大成人后，不喜劳作，常以英雄豪杰自比，乡里人对他很是反感。

唐僖宗乾符年间（公元 874 年 11 月至 879 年 12 月），关东地区连年饥荒，成群的饥民被逼成寇，黄巢趁机起事于曹州、濮州地区，饥民们自愿追随他的共有数万人之多。乾符四年（公元 877 年），朱温与二兄辞别家人，一起投入黄巢军中，黄巢转战岭南时，二兄战死，朱温则因功补为队长。

黄巢起义军攻陷唐都长安，黄巢派遣朱温领兵驻扎在东渭桥。次年，朱温被任为东南面行营都虞候，受命攻占邓州（今河南省邓州市），阻扼了由荆襄地区北攻的唐军，稳定了新建的“大齐”政权东南面的局势。至夏，朱温返回长安时，黄巢亲自到灞上劳军。朱温被调到长安西面的兴平（今陕西省兴平市），抗击唐军，大获全胜。

公元 882 年，黄巢任命朱温为同州防御使，朱温领兵南下很快攻克同州（今陕西省大荔县）。当时唐军河中节度使联合其他唐将计划收复同州，朱温多次上表向黄巢请求支援，但均被与他有隙的左军使隐报。又听说黄巢军队势力窘迫困厄，军心涣散，朱温推知黄巢必将失败。于是，朱温杀了黄巢的监军使，率领同州军民投降了唐军。唐僖宗万分高兴，下诏授给朱温左金吾卫大将军的官职，担任河中行营副招讨使，赐名“全忠”。第二年，唐朝廷又任命改名为朱全忠的朱温为汴州刺史、宣武军节度使，但要等到唐军收复京城后赴任。于是朱全忠加紧与各路唐军围攻长安。黄巢退出长安后，朱温进入汴州。从此，汴州（宣武军）成为他经营的大本营，朱全忠这时 32 岁。

公元 884 年春天，河东节度使李克用奉唐僖宗诏令，统率骑兵数千人马与朱全忠会合与黄巢的军队决战，最后大败黄巢军，朱全忠随手收容了黄巢剩余的残部。

战后，李克用和朱全忠回到汴州，朱全忠在上源驿大摆宴席犒劳李克用，但李克用乘酒醉大发脾气，惹怒了朱全忠。这天晚上，朱全忠命令士兵火烧李克用的住地，恰好天降大雨，李克用在卫士们的拼死保护下，趁着雷雨翻墙逃走，朱全忠只杀死他的部下百余人，史称：上源驿事件。李克用到达军中后，向唐僖宗告状，请求对朱全忠用兵，唐僖宗从中调和，加封李克用为陇西郡王来安抚他，没有治朱全忠的罪，从此朱李二人便结下了不共戴天之仇。

黄巢起义平息后，唐僖宗加封朱全忠为检校司徒、同平章事，封为沛郡侯，食邑 1 千户。后为鼓励他平叛造反军阀又加封为检校太傅，吴兴郡王，食邑 3 千户。

经过黄巢起义军的打击，唐朝朝廷势力开始衰弱，许多道（相当于省）和州（唐改郡为州）的军队不听朝廷指挥，成为独霸一方的军阀。

公元 885 年，军阀秦宗权在蔡州（今河南省汝南县）称帝，国号仍沿用齐，以示为黄巢之续，建立起自己的小朝廷。随后，秦宗权分兵攻取陕州（今河南省三门峡市西）、洛州（今河南省洛阳）、怀州（今河南省沁阳）、孟州（今河南省孟县南）、唐州（今河南省唐河县）、许州（今河南省许昌）、汝州（今河南省汝州市）、郑州（今河南省郑州市）等20余州，一时成为中原地区实力最为强大的割据军阀。

秦宗权的野心显然不止这些，得中原者得天下，他的目标是夺取整个中原地区。而中原的中心便是汴州，而守扼这里的军阀，则是跟秦宗权一样，原属黄巢起义军而后叛变的宣武军节度使朱全忠。秦宗权意在汴州，尽得中原；朱全忠则意守汴州，徐图河南，伺机发展。秦宗权兵力数倍于朱全忠，但多次为朱全忠所败，于心不甘。为了达到各自的目的，两个军阀在河南进行了两次规模较大的兼并战争。

公元887年，秦宗权集中兵力进攻汴州，其先头部队，驻扎在汴州城西北。朱全忠抢先出击，先胜一阵，斩杀万余人。随后，朱全忠又得到郓（yùn）州、兖（yǎn）州二节度使的支持，遂指挥宣武、兖、郓、义成四路军马，在汴州城北郊向秦宗权军发起进攻，大破秦军，杀2万余人，秦宗权乘夜逃跑。经此一战，秦宗权军实力大损，只得归缩回蔡州。

公元888年，唐昭宗李晔即位，朱全忠集中力量围攻蔡州。大军进至滑州（治今河南省滑县），相继攻克黎阳（今河南省滑县北）、临河（今河南省濮阳）、李固（今河北省大名东北）三镇，又占据洛州和孟州，解除了朱全忠的西顾之忧。随后，宣武军进逼蔡州城下。经过长达数月的围困作战，走投无路的秦宗权被部将打断双腿囚送朱全忠，蔡州城破。朱全忠派人用囚车将秦宗权解押到长安。唐昭宗将秦宗权斩首后，加封朱全忠为检校太尉、兼任中书令，进封为东平王。

朱全忠在与秦宗权作战时，郓州的朱瑄（xuān）、兖州的朱瑾（jǐn）二节度使都曾领兵来助。秦宗权被击败后，朱全忠赠与厚礼送他们回去。朱瑄、朱瑾看到朱全忠手下将士勇敢善战心中羡慕，便偷偷地在曹州和濮州的边界上悬赏重金招诱他们。将士们经不住钱财的诱惑离开朱全忠的人很多，朱全忠气愤不已发檄文谴责朱瑄和朱瑾。朱瑄的回话很无礼，朱全忠恨在心上，伺机攻取二州。

公元892年至895年，朱全忠不断向郓州、兖州发起攻击，取得负少胜多的战绩。

公元897年，朱全忠率领军队大举攻伐郓州。朱瑄感到绝望，带着家人弃城夜逃。但朱瑄和他的妻子儿女在逃跑中被宣武军士兵抓住，朱全忠毫不犹豫将他们全部诛杀在汴桥下面，先得郓州。

这时朱全忠听说朱瑾带兵在外抢搜军粮，兖州空虚，便乘胜派兵袭击兖州。兖州守将听说郓城已失心无斗志，又见宣武军兵临城下，便弃守投降。朱瑾闻之便逃奔淮南。朱全忠再得兖州。

公元900年，皇宫宦官刘季述等幽禁唐昭宗，立太子李裕为帝。次年初，与朱全忠关系密切的宰相崔胤（yìn）等杀刘季述，昭宗复位。此后，崔胤想借朱全忠之手杀宦官，而韩全诲等宦官则以凤翔、陇右节度使李茂贞，侍中兼中书令王行瑜等为外援。崔胤矫诏令朱全忠带兵赴京师，朱全忠乘机率兵7万由河中攻取同州、华州（今陕西渭南市华州区），兵临长安近郊。韩全诲等劫持昭宗到凤翔（今陕西省宝鸡市）投靠李茂贞。

朱全忠追到凤翔城下，要求迎还唐昭宗，韩全诲矫诏令朱全忠返回。公元902年，朱全忠在一度返回河中之后再次围攻凤翔，并多次击败李茂贞。凤翔城被围日久，城中食尽，冻饿死者数不胜数。李茂贞被围无奈，在次年杀韩全诲等20人，与朱全忠议和。朱全忠挟昭宗回长安，昭宗从此成了他的傀儡。昭宗李晔深知自己的境遇，他对朱全忠说："宗庙社稷是卿再造，朕与戚属是卿再生。"因此对朱全忠唯命是从。不久，朱全忠杀宦官700多人，唐代中期以来的宦官势力受到了彻底的打击。朱全忠被晋爵为梁王，并加赐"回天再造竭忠守正功臣"的荣誉头衔。

公元904年，朱全忠意图将唐昭宗接到洛阳，担心朝廷大臣反对，于是假托昭宗诏令，诛杀了丞相崔胤等人，再上奏表坚决请求昭宗到洛阳，昭宗不得已听从了。朱全忠便下令长安百姓按籍迁移，拆毁长安宫室、房屋，将木料顺渭水漂下，在洛阳营建宫室。唐昭宗到达洛阳时，昭宗身边卫士及宫中之人均换为朱全忠派来的人。在这种情况下，唐昭宗已经成为真正意义上的孤家寡人，朱全忠的俎上之肉。

朱全忠强迫昭宗迁都洛阳之后，河东李克用、凤翔李茂贞、西川王建、襄阳赵匡凝等地方军阀以兴复唐室为名，组成讨伐朱全忠的联盟。朱全忠决定举兵西讨，他又担心昭宗会有所举动，于是决定杀死昭宗，另立新君。于是派人率兵趁夜进入内宫杀死昭宗。

唐昭宗死后，朱全忠立昭宗第九子李柷（chù）为帝，时年13岁，史称：唐哀帝（或"唐昭宣帝"）。次年，朱全忠又命人在宫中的九曲池设宴，以祭祀地神为名，邀请皇室诸王前来赴宴。正当宴饮酣畅之际，6位皇室亲王遭到朱全忠的伏兵杀害，尸首被抛进九曲池中。

杀了皇室诸王，朱全忠仍不心安，他认为朝廷大臣中还有不少人忠于李唐皇室，是自己建立新王朝的障碍，必须彻底铲除。朱全忠的一谋士，早年屡试进士不中，因而对那些平日里衣冠鲜亮，趾高气扬的大臣们极为不满，同时也痛恨科举出身的朝士，他极力主张将这些人全部杀掉。于是朱全忠在滑州白马驿一举屠杀朝臣30多人。杀人后，此谋士仍不满足，对朱全忠说："此辈常自称是清流，应当投入黄河，使之变为浊流！"朱全忠大笑，立即命人把这些尸体投入滚滚黄河。史称这次事变为"白马驿之祸"。唐王朝经此一变，已经完全失去了统治基础，唐哀帝虽仍在位，实际上已经等于亡国。

朱全忠急于称帝，公元907年，朱全忠在表面上经过百官劝进之后，接受了唐哀帝的禅位，正式即皇帝位，更名为朱晃（huàng），改国号"大梁"，史称：后梁（亦称朱梁）。后梁改汴州为开封府（今河南开封），立为东都，而以洛阳为西都。废17岁的唐哀帝为济阴王，迁往曹州济阴囚禁，次年将其杀害。

朱晃篡唐后，河东镇李克用、西川镇王建、淮南镇杨渥（wò）、凤翔李茂贞等北方强镇均不承认梁朝，仍用原唐天复、天祐的年号。公元907年，蜀王王建也称帝，建立了前蜀。当时南方割据势力多表示归顺梁，朱全忠遂封割据湖南的马殷为楚王；占据两浙的钱镠（liú）为吴越王；据有广东一带的刘隐为大彭王；占有福建的王审知为闽王；封河北三镇的镇州王镕（róng）为赵王；定州王处直为北平王。公元909年又封幽州的刘守光为燕王，后刘守光称帝，史称：桀（jié）燕。由此，十多个割据势力并存。

朱晃称帝后，因潞州（今山西长治）被李克用军占据，而潞州又是进击太原的必要之地，于是朱晃遣兵8万进攻潞州。但是梁军苦战多日，久攻不下。于是环潞州城深挖沟壕，多筑堡垒，准备长期围攻。李克用闻讯立即率援军施救潞州，同时又派兵攻打潞州南面的泽州（今山西晋城），欲切断梁军的退路和军需补给线。然而，次年年初，李克用病逝，其子李存勖继位。朱晃先以为这是李克用的诱敌之计，指挥梁军从潞州撤军。后确定李克用已死无诈，又召回围攻潞州的军队，继续包围潞州。结果遭到李存勖的偷袭而大败，梁兵伤亡数以万计，至此解了长达 1 年多的潞州之围。朱晃感叹道："生子当如李亚子（李存勖小名），克用为不亡矣！至如吾儿，豚（tún，猪）犬耳！"

公元 910 年，镇州（今河北正定）的赵王王镕和定州北平王王处直起兵反梁，他们与晋结盟，并向李存勖求援。公元 911 年年初，李存勖率晋军以及镇、定联军击梁军于柏乡（今属河北），经过一日激战后，梁军大败。联军追击 150 余里，直至邢州（今河北邢台），又连克澶（chán）州（今河南濮阳）、新乡（今河南新乡）等地。朱晃被迫亲自率军前往洛阳设防。柏乡之战梁军主力受损，后梁开始走下坡路。

同年 7 月，燕王刘守光称帝，李存勖闻讯，前去讨伐，刘守光不敌李存勖，写信请求朱晃援助。朱晃深知幽燕一旦落入李存勖手中，后果不堪设想，于是决定攻打王镕以此声援刘守光。

公元 912 年春，朱晃带病率军从洛阳出发，号称拥兵 50 万。大军初陷枣强（今河北省枣强县），但蓨县（tiáo，今河北省景县南）未能攻下，被对手的骑兵袭了军营，烧掉了很多帐篷和粮草，军心因此大丧。而李存勖的攻势很强、很快，几近将刘守光消灭。朱晃的"围魏救赵"的策略也失去了作用，随即命令梁军撤退。朱晃已年老体弱本有病在身，几经路上的颠簸和征战更加重了他的病情。

朱晃的长子朱友裕早年病死，因此从建国称帝以来，朱晃始终未立太子。此时他心中明白，自己将不久于世，太子问题需要着手解决。

因早年丧父，朱温（朱晃）幼时随母亲在大户人家帮佣。因鄙视农工，常受人白眼，从而在困苦屈辱中养成了叛逆的性格。据说有一次朱温和二哥到郊外打猎，正巧遇到去龙元寺烧香的张惠。张惠的美丽绝伦，让朱温倾慕不已，暗暗立下誓言，将来一定要做大官，娶美人张惠。

当年黄巢任命朱温为同州防御史时，朱温率军浩浩荡荡进驻同州城。进城后，意外遇到张惠。此时的张惠父母双亡，处境很凄惨。朱温感叹这是天意，立即将张惠娶进府中。

张惠知书达理且贤明精干，深为朱温所敬爱。朱温性格暴戾，喜怒无常，又狡诈多疑，容易动辄杀人。每当朱温大动肝火要降罪无辜人等时，只有张惠敢进言规劝，挽救无辜。

朱温的长子朱友裕自幼善骑射，年纪稍长就跟随朱温四处征伐，骁勇善战，宽厚待人，很得士卒之心。朱温命其攻打朱瑾，朱友裕一战告捷，朱谨败逃。朱友裕觉得此战目的在于图城，便没有驱兵追击。朱温闻之非常恼怒，怀疑这个勇谋兼备的儿子或有他图，便罢了他的兵权。朱友裕极为恐慌，便带了亲信数人跑进山里躲了起来。张惠为让父子和好，就私下派人将朱友裕召了回来，让他向父亲当面请罪。朱温盛怒之下命人绑出去斩首，这时，张惠赤脚从内室出来，拉住朱友裕道："你回来请罪，岂不是表明你无反心吗？"朱温一听是这个道理，便赦免了儿子。

朱瑾战败逃走之后，他的妻子被朱温俘获，见其貌美，朱温欲纳其为妾。张惠猜到朱温的心思，便召朱瑾妻相见。张惠推心置腹地说："司徒（朱温）与兖、郓（朱瑄、朱瑾）本是同姓兄弟，理应和睦共处。他们兄弟之间为一点小事而兵戎相见，致使姐姐落到这等地步，如果有朝一日汴州失守，那我也会和你今天一样了。"说完泪流满面。朱温在一旁内心受到触动，便送朱瑾妻为尼，张惠经常给予资助。

朱友珪，又名朱友球，小字遥喜，是朱温的次子，母亲为亳州一名军妓。朱温有一次率军经过亳州，召其母陪侍，使其怀孕。朱温离开后不久，其母差人告诉朱温生了一个男孩。朱温大喜，给孩子取小名为遥喜。但考虑到张惠在，一直不敢将其母子接到身边。

张惠和朱温共同生活了二十余年，在朱温灭唐建后梁的前夕染病去世。朱温得到张惠病重的消息，急忙班师回朝。临终前，张惠告诫朱温要"戒杀远色"。然而，朱温并没有把这句话放进心里。

公元 904 年，张惠病逝。3 年后，朱温登基，建大梁。很快他就把遥喜和他母亲接到了京师开封，遥喜也叫了朱友珪，被封作梁国的郢（yǐng）王。

做了皇帝，又没了张惠，朱温改名朱晃，换个人儿似的开始纵情于声色。朱晃诸子常年在外统兵，朱晃就召自己的儿媳们入宫，与她们私通。公元 912 年，朱晃兵败蓨县，在行军途中得病，回到洛阳，在大臣张全义家调养。调养期间，张全义的妻女均被朱晃所奸淫。张全义之子愤极要杀了朱晃，慑于朱晃的势力，被张全义苦苦劝止。至于朱晃的儿子们对父亲的乱伦行为，不仅毫无羞愧，竟然互相利用妻子争宠，博取其欢心，争夺储位。

养子朱友文的妻子王氏长相很美，善于侍奉，尤得朱晃宠爱。于是，朱晃想立朱友文为太子。公元 912 年，朱晃久病不愈，知自己将不久于人世，便私下对王氏说："你去召朱友文来，我与他说临别的话。"同时调任朱友珪为莱州刺史，远离都城。此前朱友珪是控鹤都指挥使，控鹤都之兵主要负责皇宫的保卫工作。

朱晃平日就性格残暴，病中更加喜怒无常。当时降职的人，往往很快被下诏处置，朱友珪非常害怕。当时朱友珪之妻张氏也在朱晃身边服侍，得知朱晃想传位给朱友文，就将此事告诉朱友珪："皇上把所得传国玉玺给了王氏，叫她到东京召朱友文，你我要大祸临头了。"言罢夫妇二人相对而泣，左右之人都劝朱友珪早做打算。闻此言，朱友珪下了决心连夜带领士兵 500 人进入宫中。

夜过三更，朱友珪率兵冲至寝宫，侍奉的人四下奔逃。朱晃惊起大喊："我怀疑此贼很久了，恨没早点杀掉，逆贼忍心杀父吗？"朱友珪指使亲信刺杀朱晃，朱晃围着柱子躲闪，剑三次击在柱上，最后朱晃身体不支倒在床上被剑刺中，随即毙命。朱友珪命人将寝宫地砖扒开，挖一个坑，用蚊帐被褥将朱晃的尸首包裹起来埋入寝宫地下，秘不发丧达 4 天之久，并派人假传诏书到东都，密令均王朱友贞处死博王朱友文。杀死了朱友文，朱友珪才起出朱晃的尸体，公布了驾崩的消息，并于朱晃的灵柩前宣布继位。朱晃总计在位 6 年，卒年 61 岁。上谥号神武元圣孝皇帝，庙号太祖，史称：梁太祖。

朱温在称帝前后，革除了一些唐朝积弊，奖励农耕，减轻租赋，基本上统一了黄河中下游地区，与河东（今山西太原西南）的晋（李克用）、南方的吴、吴越、楚、闽、南汉、剑南的前蜀、凤翔的岐（李茂贞）、幽州的燕（刘守光）等政权并立。朱温虽然作了某些改革，但他残暴成性，战争中滥行杀戮，与据有太原的李克用、李存勖父子连年作战，使黄河两岸遭到严重破坏。

《剑桥中国隋唐史》对朱温这样评价：他的成功在很大程度上是由于善于作战和有决心，他也以此训练和造就了他强有力的军队。但不能不说，他的成功还大大地归因于他巧抓机缘和诡计多端。新中国的缔造者毛泽东点评梁太祖："朱温处四战之地，与曹操略同，而狡猾过之。"

朱友珪虽然登基成功，可人们心里清楚，他是弑父篡位失之忠孝。即使朱友珪用大量财宝贿赂，朝中人心向背大多不情愿真心辅佐他。又因朱友珪软弱失策，对在外的藩王们没有采取先发制人的措施，导致均王朱友贞有时间暗中纠集其他藩王和将领与朱友珪进行长期的军事对抗，并策动统领洛阳的禁军为内应，约定发动宫廷政变。

朱友贞，又名朱锽（huáng）、朱瑱（tiàn），是朱温的嫡子，母亲是张惠。公元 910 年，朱友贞进位检校司空，并充任东京马步军都指挥使。朱友珪篡位后，被授为东京留守、开封府尹。

看到朱友珪未能得到文臣武将们的真心拥戴，朱友贞窃喜。他与姐夫、表兄密谋政变，伺机推翻朱友珪。他还遣使赴魏州（今河北省邯郸市大名），取得魏博节度使杨师厚的支持。

公元 913 年年初，朱友贞首先起兵发难，讨伐朱友珪。朱友珪派出迎战军队首战不力，接着被朱友贞劝降，继而又策反了开封龙骧军众将，因此朱友贞顺利进入东都开封。之后，表兄在西都洛阳向朱友珪发难，率兵冲入皇宫中。朱友珪闻讯兵变，与妻子张皇后跑到北墙楼下，准备爬城墙逃走未能如愿，知道不能逃脱，就让随身亲信将自己与张氏杀死。朱友珪死后，表兄（一说姐夫）携传国玉玺至东都开封，请朱友贞赴洛阳即位，但朱友贞却坚持要在开封称帝，史称：后梁末帝。

公元 915 年，朱友贞的张德妃死亡，临出葬的前一夜，朱友贞之弟康王朱友孜（一作朱友敬）派人潜入寝宫，欲行谋刺，事泄被杀。从此以后，朱友贞更加疏远宗室兄弟，将他们幽禁，并最终杀害。对朝廷旧臣也多有戒心，唯重用姐夫赵岩及张德妃的兄弟。军国大事多与他们商议，每次出兵也一定派这些人前往监军。而赵岩等人也倚仗权势，卖官鬻爵，离间将相，搞得朝中乌烟瘴气，人心涣散。众多老臣所言多不被朱友贞所用，为避赵、张祸害干脆不问政事，后梁朝政更加混沌。自此，朱友贞在与李存勖的争霸战争中胜少败多，接连丧失国土，以致国势日衰。

朱温代唐称帝的第二年，53 岁的李克用病死，葬在今山西省代县。其子李存勖建立后唐后，追谥父亲为武皇帝，庙号太祖。

据北宋古籍《五代史阙文》所载的传说，李克用临终时将三支箭交给儿子李存勖，遗言是："第一支箭你要征伐刘仁恭，取得幽州，黄河以南唾手可得；第二支箭你要击败契丹，耶律阿保机先与我结为兄弟，后背信弃义依附朱贼，必是后患；第三支箭要消灭朱温。你能完成我这三个愿望，我死而无憾了。”李存勖把这三支箭供奉在宗庙里。每到讨伐刘仁恭、耶律阿保机和朱温时，李存勖便命礼官以少牢（古时做祭礼的牲畜，牛、羊、猪俱用叫太牢，只用羊、猪叫少牢）祭于宗庙，请出一支所代表对手的箭，让贴身将领背着作为前锋。胜利归来之日，带着俘虏将箭送回宗庙做祭礼。

李克用最初的军队主要由游牧民族所组成，根据北宋史籍《资治通鉴》记载，主要为吐谷浑人、沙陀人、回鹘人、奚人、室韦人、鞑靼人等。由于游牧民族的特性，这支军队骁勇善战，常能以少胜多，是河东军队的中坚力量。李克用就是依靠这支军队，在镇压黄巢起义军以及后来与朱温的争霸战争中发挥了重要作用。河东军队的另一组成来源便是李克用和李存勖父子在兼并战争中收编的其他方镇的军队，尤其是李存勖攻取河朔地区后，收编的幽州、成德和魏博等镇的军队。这些军队弥补了沙陀、吐谷浑等擅长野战而不长于攻城的弱点，极大地提高了后唐军队的作战能力。

李存勖是李克用的长子，11 岁的时候，就跟随父亲南征北战，还亲自带兵入朝献捷。其一身的英武气概，让当时的唐昭宗惊奇不已，轻抚其背赞赏道：“小儿日后必定是国家的栋梁之材，不要忘了对我大唐尽忠尽孝啊！”后来，唐昭宗还对人夸赞李存勖“可亚其父”，意思是说，李存勖的才能和功业将超过他的父亲。李存勖遂得名李亚子。不久，李存勖被授为检校司空，遥领隰（xí）州刺史。自此以后，李存勖越战越勇，往往出奇制胜以少胜多，至唐朝末年，已是名震天下的猛将。

公元 908 年，李克用病逝，李存勖继任河东节度使，袭封晋王，时年 24 岁。当时，李克用的养子李存颢、李存实等人自恃手握军权，又年长于李存勖，对李存勖袭位非常不满。他们有的称病不朝，有的见而不拜，甚至怂恿叔父李克宁发动叛乱，意欲谋害李存勖，投降后梁。李存勖沉着应对，在取得老臣、老将们的支持下抢先行动，擒杀了李克宁、李存颢等人，初步稳定了政局。

朱友贞发动政变夺取帝位时，李存勖则连夺幽州镇统辖的顺州（今北京市顺义县）、檀州（今北京市密云区）、武州（今河北省宣化）、平州（今河北省卢龙）、营州（今辽宁省朝阳）等地。又亲征桀燕攻破幽州，俘获刘仁恭、刘守光父子。次年，刘氏父子被李存勖献于晋国宗庙，刘仁恭后来被血祭李克用之墓，然后斩首。

公元 915 年，魏博节度使病逝。朱友贞趁机将魏博镇分为两镇，以削弱藩镇势力，结果引发魏博兵变，变兵请降于晋。李存勖乘势进占魏州（今河北大名东北），并魏博牙兵为亲军，自兼领魏博节度使，随后又攻取德州、澶州。

此后，李存勖又出兵接连攻取卫州（今河南省卫辉）、洺（míng）州（今河北省永年东南）、相州（今河南省安阳）、邢州（今河北省邢台）、沧州、贝州（今河北清河西）等地。黄河以北除黎阳（今河南省浚县东）一地外，全部被晋国占领。梁晋形势从此发生逆转。

公元 917 年，寿州（今安徽省淮南）刺史叛附契丹，契丹随即举兵入寇。契丹军数量众多，据说有 50 万众。李存勖此时拥有的战马只有 1 万匹，但毫无畏惧仍然派军迎战。前锋 3000 骑兵，打得契丹 1 万骑兵大败。契丹败退后，北疆暂保无忧。李存勖开始调兵南下，兵锋至黄河岸边，与梁军夹河对峙，争夺黄河沿岸各处要点。

公元 918 年，李存勖调发河东、魏博、幽州、横海、义武等镇军队，齐集魏州，准备直捣汴州。准备完结，李存勖由濮州渡过黄河，与梁军展开血战，晋军大败，李存勖被迫据土山防守。当时，围山梁军多是步兵，趁其立足未稳。李存勖以骑兵突击，终于反败为胜，击溃梁军。此战，晋军虽乘胜夺取濮阳，但也因伤亡惨重，无力再攻汴州，只得撤归河北。

公元 920 年，朱温养子，河中节度使朱友谦攻取同州，请求以其子为忠武节度使，但被朱友贞拒绝，随即叛梁降晋，河中镇、忠武镇从此归附于晋国。不久，河中、昭义、横海、成德等 11 藩镇，一同遣使劝进，请李存勖建国称帝，被李存勖拒绝。

公元 922 年，李存勖打退南进的契丹军，擒获耶律阿保机的儿子。契丹军撤退时突遇大雪人马无食，倒毙在途者的难以胜记。次年，李存勖接受诸镇将领劝进，在魏州称帝。他沿用“唐”为国号，史家称为：后唐。

后唐建立的时候，面临着严峻的形势。契丹不断侵扰幽州，兵锋直逼河北。潞州（今山西省长治）将领叛附后梁，梁军攻泽州（今山西省晋城），意图吞并昭义镇，直接威胁后唐西都太原的安全。李存勖为了扭转战局，决定趁梁军东面防守空虚之机，命 5000 步骑，夜间冒雨渡河，出兵奇袭郓州，以切断梁军右翼，再伺机进图汴州。在袭破郓州后，李存勖则亲自率军进屯澶州。而朱友贞则部署四路反击，一路攻澶州；一路攻太原；一路攻镇州（今河北省正定）；一路攻郓州，并打算最后向后唐发动总攻。但因兵力分散，造成汴州防守空虚。为阻止后唐军进攻汴州，他命人掘开滑州南面的黄河大堤，妄图用滔滔的黄河水阻挡后唐军，但同时也将梁军主力阻隔在泛滥的黄河水以北，难以驰援。是年秋，李存勖举兵攻破后梁中都（今山东省汶上）。当时，诸将都认为应先攻占兖州等地，再伺机而动，李存勖坚持趁虚袭汴的战略，挥师向汴州进发。于是，后唐军直扑汴州攻城。城破之前朱友贞自杀，终年 36 岁。后梁残军开城投降，后梁灭亡。

后唐建立时，李存勖曾实行三都制。其中，太原为西都；魏州升为兴唐府，号为东都；镇州升为真定府为北都。后梁灭亡后，李存勖将后梁的西都洛阳改称为后唐的东都；同时以雍州京兆府（长安）为西都；原西都太原改称北都。原北都真定府则废除都号，复称为成德军（镇州）；改东都为邺都，成为陪都。

前蜀

在梁晋争霸期间，南方还存在很多割据政权。其中前蜀定都于成都，统治者称皇帝，与后梁分庭抗礼。前蜀盛时疆域约为今四川省大部、甘肃省东南部、陕西省南部、湖北省西部。

前蜀为舞阳（今河南舞阳）人王建所建。

王建出生在一个卖饼世家，祖祖辈辈靠卖饼为生，生活一直很困顿。到唐末天下大乱，生活愈加为艰。王建与朱温相同，铤而走险靠贩卖私盐为生。因为在家中排行老八，乡里人于是称他作“贼王八”。后来王建被当地官府抓获，判了死刑关在许州当地的监牢里就要问斩，却被狱吏放跑。王建逃跑之后做起了贼盗，流窜至武当时，当地有个和尚见到他，说他骨相甚奇，将来不会是一般人，继续做小偷小盗有违使命，王建自此投入忠武军（唐中期所设，在今河南省中部）为兵。因他为人睿智，其间又立有战功，不久升为都将统兵千人。

公元 880 年，黄巢攻克长安，唐僖宗逃奔西川（唐在今四川省中部设立剑南节度使，后将其分为剑南东川节度使和剑南西川节度使，前者简称“东川”，后者简称“西川”），王建率 3000 人奔西川投报朝廷。当时大宦官田令孜专权，为了扩充自己的实力，遂收王建为义子，并将其部并入神策禁军，号“扈驾五都”，王建仍为都将。

不久，河中节度使王重荣与田令孜争地盘，联合河东军进犯长安，唐僖宗李儇逃往凤翔（今陕西省凤翔）。公元 886 年，唐僖宗又逃往兴元府（今陕西省汉中市）。王建被任命为清道使，并负责保护玉玺。逃亡途中，山中栈道被烧毁，王建拉着李儇的马，冒着烟火突围而出。在休息时，李儇枕着王建的腿睡着了，睡醒后，又将自己的御衣赐给了王建。到了兴元，命王建遥领壁州（今四川省通江）刺史，开创了将帅遥领州镇的先河。

田令孜失势后，王建被排挤出朝，上任壁州刺史。后来西川大乱，东、西川相互之间攻伐不已，王建遂乘乱攻取了成都，被朝廷任命为西川节度使。此后，他又攻取了东川、汉中以及秦、凤、阶、成等州，形成了前蜀全盛的基本格局。

王建于公元 903 年受封为蜀王。公元 907 年，朱温建立后梁，特遣使臣向王建通告说明。由于王建不承认后梁的正统地位，遂自立为帝，国号“大蜀”，史称：前蜀。

王建一生征战，60 岁时才当上皇帝，此时已进入人生的暮年，选立太子便成为一件极为重要的大事。长子王宗仁，幼年患病成为残疾人，无法作为太子的人选。于是，公元 908 年 17 岁的次子王宗懿（后改名王元坦、王元膺）被立为太子。但是王元膺（yīng）骄横跋扈，不久他和王建的宠臣内枢密使唐道袭结仇。公元 913 年七月初七，唐道袭对王建说太子要谋反，王元膺闻讯十分惊惧。第二天，王元膺属下惊恐中发动兵变，杀死了唐道袭。王建马上派兵镇压，王元膺逃到民间，藏匿起来。第三天，王元膺因饥饿难耐出来讨饭，让人认出，被抓捕他的士兵杀死。

王建之后又打算立雅王或者信王，可二人各有长短，难以确定继立哪一个。而王建的妃子徐氏因美貌，深受王建的宠爱，她便趁机力荐自己生的儿子王宗衍做皇太子。由于她深交朝臣官宦，在朝廷上广有人脉，便联合众臣向王建上表，称王宗衍“才器英武，实堪社稷之托”。在宫内外的合力煽惑下，王建遂正式册立王宗衍为太子。

公元 916 年，王建曾改国号为“大汉”；一年后，又恢复了“大蜀”的国号。

公元 918 年，王建病故，终年 72 岁。太子王宗衍继位，改名王衍。

关于王建的死因，一般说法是得了痢疾病死。另一种说法是王建虽然立了太子，但对王宗衍还是不太放心。有一次他见王宗衍与诸王斗鸡、耍球，遂叹息道：“我百战而立此基业，此辈难道能守之乎！”他的第 8 子（一说第 7 子）信王王宗杰颇有才干，有贤名，陈奏时政多合其意，渐有改立太子的意向。然而不久信王却突然暴亡，王建心中存疑。一个唐姓宠臣自知摆脱不了干系，遂与徐妃等密谋，在进献给王建的饼食中下了毒，王建因此死亡。最后，这个唐姓宠臣在王建死后十余日也被杀。

王衍是王建第 11 子，也是最小的儿子。

王衍19岁做皇帝，胸无大志，不专政事，好微服出游民间，日夜宴饮，奢侈淫靡。他修造宣华苑，耗费大量财力物力，搅得蜀人不得安宁，内建有重光殿、太清殿、延昌殿、会真殿；有清和宫、迎仙宫；有降真亭、蓬莱亭、丹霞亭；有飞鸾阁、瑞兽门等，日夜与众多宠臣、贵妇在苑亭中酣饮作乐从不间断。一次在宣华苑大摆宴席9天，有大臣劝谏曰："君臣沉湎（miǎn），不忧国政，臣恐启北敌之谋。"王衍无动于衷。

王衍即位后，太后、太妃卖官鬻爵，臣僚贿赂上司，朝政十分腐朽。

王衍即位不久，便册立了高氏为皇后。高皇后是前兵部尚书的女儿，但她为人端庄稳重，很不合王衍的心意。他就命令内教坊官员去民间选拔20个良家女子进宫侍寝。官员带领士兵搜掠民家，只要是有姿色的女子，不管出嫁还是没有出嫁都抢进宫里，一时民间怨恐。王衍见到那些绝色女子十分高兴，立刻赐封这个官员为蓬州刺史。

一次，王衍在徐太后的母亲家见到一个姿容艳丽的女子，一问原来是外祖父的孙女，与他是表姊妹。当下王衍要将徐女带进宫里，徐女不敢违抗皇帝的旨意，被王衍用车载进后宫。一连数日王衍与徐女巫山云雨甚是可心，一时间徐女宠冠六宫。王衍为了掩饰徐女的身份，对外宣称她是唐僖宗的宰相韦昭度的孙女，封她为韦婕妤，不久又加封为韦元妃。此刻，皇后高氏早已被冷落，自韦妃入宫后更不被看重，高皇后免不得私下流露出一些怨言。这些话传进王衍的耳朵里，王衍便下旨废除了高氏的皇后身份，打发她回到娘家。高皇后老迈的父亲听到女儿被赶回娘家的消息，竟然被活活的吓死了。

公元920年夏，王衍到北边巡视。他从成都出发，身披金甲，头戴珠帽，手执弓箭而行，随从的旌旗兵甲，连接起来有百余里长。阆（làng）州团练使请求王衍巡视阆州，王衍答应了他的请求，强令沿江州县供应龙舟彩船。巡游队伍顺江而下，一时旌旗蔽空，江水无波。至次年初，王衍才结束巡游回到成都。

公元924年，王衍遣使前往后唐互通友好。王衍认为前蜀已经与后唐建立了友好关系，于是就对后唐放松了戒备，下令撤去戍守在前蜀与后唐边界要塞的军队，这个愚蠢举动最终导致前蜀的覆亡。

此时，后唐已经消灭了后梁。李存勖派遣官员探访前蜀，官员回唐后对李存勖禀报说："王衍童稚顽愚，不亲政务，亲昵小人。臣吏之间谄谀专恣，黩货无厌，奢淫相尚。以臣观之，大军所向，蜀人土崩瓦解，蜀地唾手可得。"李存勖深以为然。

王衍任命宦官王承休为天雄节度使。天雄军，属秦州（今甘肃天水市）。王承休虽是阉人，却拥有一位绝色丽人严氏做妻子，王衍私下与她偷情。

公元925年入秋后，李存勖下诏兴师6万兵直扑前蜀。

此时，因为思念严氏的缘故，王衍下令数万人马起驾前往秦州。群臣直言相谏，王衍不听，执意出行。

队伍到达汉州（今四川广汉市），武兴节度使报告说后唐兵从西面攻来，王衍不信，认为这是大臣们合谋阻止他。他夸口道："我正想展示一下武力，显示我的威风。"于是队伍继续向东行进。在路上，王衍还和大臣们吟诗赋歌，毫不在意。

队伍行至利州（今四川广元）时，再有急报至，后唐的军队已攻入国境。此时，王衍才感到害怕急令回返。

此时后唐旌旗所到之处，前蜀州县难有像样的抵抗，所派御敌将领要不望风而逃或不战而降。王衍从绵谷急急回到成都，公卿百官及后宫嫔妃忙在七里亭迎候。第二天在殿上，王衍面对败局与群臣相对哭泣，束手无策。前蜀中书令发动政变，囚禁了王衍、后妃及诸王。无奈中王衍只好向后唐上表乞降，并身着白服，口含玉璧，牵着羊，用草绳缠头与君臣带着棺材，绑缚着在升迁桥（也称升仙桥）迎候后唐军，前蜀灭亡。

公元926年年初，李存勖召王衍入洛阳，当王衍一行人走到宁夏固原秦川驿时，李存勖改变初衷派遣宦官诛杀王衍及其宗族近千人。王衍被杀时，终年28岁。王衍的母亲徐氏临刑时大叫："我儿以一个国家迎降，反被杀戮，信义尽弃，我知你们的祸患不久将至！"王衍的妾刘氏，颇有姿色，行刑的人打算赦免她，但她说："家丧国亡，宁死不能遭受污辱！"于是从容就死。

王衍有文才，据说尤擅艳词，曾写诗词200篇编为《烟花集》5卷，现已佚失。清朝编校的《全唐诗》录其《甘州曲》《醉妆词》二首，流传于世。

《甘州曲》

（教坊曲名，后用为词牌，又名《甘州子》）

画罗裙，能解束，称腰身。
柳眉桃脸不胜春。
薄媚足精神，可惜沦落在风尘。

《醉妆词》

（词牌名，一说该词为唐初李衍所作）

者边走，那边走，只是寻花柳。
那边走，者边走，莫厌金杯酒。
（者边走：这边走）

后唐先灭梁后灭蜀，南方各国皆惊惧不已。

岐国

岐国是唐末、五代时期割据凤翔（今属陕西省宝鸡市）的藩镇，也一度是割据唐朝西北最大的藩镇。岐国不在五代十国之中，但对唐末中央政府政令的影响非常大。

岐王李茂贞，原名宋文通，字正臣，深州博野［今河北蠡（Lǐ）县］人。宋文通最初参加了镇州博野军的牙兵（即亲兵或卫兵），之后奉命到奉天（今陕西乾县）去驻守，他作战勇敢当了队长。

黄巢的起义军攻进了长安，宋文通所在军队又奉命前去围攻黄巢的起义军，并打败了黄巢军主力，宋文通立下战功，被封为神策军指挥使。

公元886年，静难节度使、河中节度使、凤翔节度使联合河东节度使李克用起兵讨伐权宦田令孜，田令孜挟唐僖宗逃往凤翔。宋文通带领所部担任唐僖宗的护卫，抵挡追兵。因功受命为武定节度使，被唐僖宗赐姓名为李茂贞，字正臣。第二年，唐僖宗由凤翔返回长安，李茂贞不负僖宗所托，将拦路叛军击败，叛将斩杀。唐僖宗龙颜大悦，加封李茂贞为凤翔、陇右节度使。

之后，李茂贞纵横捭阖南征北战发展了大片的地盘，先后攻占了凤州（今陕西凤县西北）、洋州（今陕西西乡）和泾原（今甘肃泾川北）三地，势力有了很大的发展。公元890年，李茂贞受封为陇西郡王。在踌躇满志中李茂贞开始对朝政指手划脚，使得嗣位的唐昭宗十分不满。公元893年，朝廷与李茂贞发生多次冲突，先后数次出兵讨伐，结果连连战败。宰相韦昭度等先后被其所杀，唐昭宗所派军队被打得损兵折将。李茂贞不但未获罪，反被晋封为岐王。唐朝灭亡后，李茂贞未向后梁称臣，沿用唐哀帝的天佑年号，并准备联合王建、李克用等出兵讨伐朱温，但因各怀心事而不了了之。

岐国最盛时控地20个州，之后的十余年间，李茂贞屡被河东、后梁和前蜀所败。到后梁的末年，他的领地只剩下了7个州。后唐建立后定都洛阳，李茂贞心怀忐忑，上表给李存勖，向后唐称臣，李存勖就势改封其为秦王。自此，具有独立自主性质的岐国就此消亡。改封后不久，李茂贞于公元924年病死，时年69岁。

李存勖应算是文武全才，既胆略过人，骁勇善战，还洞晓《春秋》，懂音律，能度曲（自作词曲）。其存世词4首，记载在古籍《尊前集》（唐末五代词选集，疑北宋人所编）。

《忆仙姿·曾宴桃源深洞》是李存勖的代表词作。此曲词牌名本为《忆仙姿》，据说李存勖嫌其名不雅，遂取本词尾句改名“如梦令”。

《忆仙姿·曾宴桃源深洞》

曾宴桃源深洞，一曲清歌舞凤。（也有作“舞鸾歌凤”）
长记欲别时，和泪出门相送。（也有作“长记别伊时”）
如梦！如梦！
残月落花烟重。

《一叶落》

一叶落，褰（qiān）朱箔。
此时景物正萧索。
画楼月影寒，西风吹罗幕。
吹罗幕，往事思量着（zhe）。

李存勖不但能自作词曲，而且极喜欢听戏和演戏。其称帝后常与伶（古汉语里优和伶都是演员的意思）人同台演戏，还取了艺名“李天下”。

据说有一次李存勖在台上演戏，他四处张望连喊两声“李天下，李天下何在？”一个伶人上去扇了他一个耳光，周围人吓得出了一身冷汗，李存勖被打懵了。伶人阿谀地说：“李”（理）天下的只有皇帝一人，你叫了两声，还有一人是谁呢？李存勖听了不仅没有责罚，反而予以赏赐。

李存勖定河北、并岐国、灭后梁、亡后蜀、击退契丹，四分唐土已得其三。由此，李存勖开始享乐，不再进取，后唐政治开始越来越走向朽腐。

李存勖对伶人极为宠信。早在称帝之前，便曾因任用伶人为刺史，而贻误战事。灭梁后，李存勖竟为一句许诺再次任命两个伶人为刺史，将军郭崇韬苦苦劝阻不听。而当时，军中很多百战将士都没得到刺史之职，对此无不愤懑。

伶人们还可以随意出入宫禁，被充任耳目去刺探群臣们的言行。他们由此飞扬跋扈，干预朝政，群臣敢怒而不敢言。有的大臣甚至巴结伶人，以求保富贵，藩镇节度使也争相重金行贿，文武百官对这些伶人忌惮不已。

而本已衰微的宦官势力也死灰复燃。后唐建立后，李存勖诏命各地，将前朝宦官送回京师洛阳，以致宫中宦官激增到近千人。这些宦官有的担任诸司使，有的充作藩镇监军，被李存勖视为心腹。他们恃宠争权，凌慢将帅，使得各藩镇怨声四起。后来，宦官、伶人奉命到全国各地挑选美女充实后宫，竟然一次性抢掠民间妇女 3000 余人，连魏州军营兵士的家眷也难以幸免，搞得众叛亲离。

李存勖早年娶韩氏为正妻，后又纳伊氏、刘氏为妾。刘氏位次虽低但最受宠爱，又生下长子李继岌，从此母以子贵。李存勖称帝后，有意立刘氏为皇后，但碍于宗法制度，不能乱了妻妾次序，是以迟迟不立皇后。为了迎合李存勖，有大臣上了一道奏章，恳请册立刘氏为皇后。这份奏章，正中李存勖下怀，他以隆重的仪式册立了刘氏为皇后。后来者居上，韩氏、伊氏二夫人忿忿不平。

刘氏的身世有些传奇。据说在刘氏五六岁时，晋王李克用攻打魏州，掠夺成安（今河北成安县），李克用的一个副将得到刘氏，将她送到晋王宫里，李克用的妻子曹氏教她吹笙歌舞，调教礼仪。刘氏长大后非常美丽，李存勖见之动心。李存勖继晋王位后，一次，李存勖为母亲曹氏祝寿，亲自歌舞，曹氏很是高兴，便让刘氏吹笙助舞，酒宴结束后，曹氏就把刘氏赐给了李存勖，成就了二人的姻缘。

李存勖在位期间，皇后刘氏权力极大，所发布的懿（yì）旨与皇帝诏敕（chì）具有同样的效力，各地官府都必须执行。刘氏喜好敛财，派人为商，在街市叫卖，都说是中宫卖的。四方官员贡献，必分两份，一份给皇帝，一份给刘氏，宫中贡物堆积如山。

公元 926 年，后唐国内闹饥荒，国库空竭。禁军士兵因发不出军粮，家眷子女只能以野菜充饥，很多士兵甚至被迫典卖妻儿。而这时正逢邺都兵变，军中流言四起，形势非常不利。情急之下，宰相率百官上表，请李存勖开皇宫内库赈灾。李存勖应允，但刘氏却不肯答应，称生死有天命决定，非人力所能挽回。后来，宰相又在便殿议论。刘氏躲在屏风后面偷听，竟然将自己的梳妆用具、两口银盆，以及三个年幼的皇子，送到宰相面前，称宫中只剩这些，让他们拿去卖了以筹备军饷，吓得宰相惶恐而退。

受李存勖的影响，后唐多以出身门第为任官标准。李存勖在称帝前曾下令，在四镇判官中擢选前朝士族，作为新朝建立后的宰相人选。称帝后，朝中掌握用人大权的宰执也以门第为命官的重要依据。很多勋旧功臣因此受到排挤、压制，仕进无门，以致怨声载道。故后人评论：“兴王之君，命相如此，天下事可知矣。”

李存勖对功臣宿将多有猜忌之心。李克用养子李嗣源是后唐立国的第一功臣，因常年征战在外，曾表奏义子李从珂为北都内牙马步都指挥使，这样对他照顾家里比较方便。李存勖却恼怒异常，认为李嗣源“握兵权，居大镇”，却插手军政人事，因此将李从珂贬为突骑指挥使，领数百人远戍。李嗣源对这件事又担忧又害怕，上书申辩，很长时间才缓解了和李存勖的关系。而在李嗣源入朝后，李存勖又命人暗中监视。

郭崇韬在后唐发起的灭梁、灭蜀的战争中战功显赫，但与宦官有隙。前蜀灭亡后，蜀人曾请郭崇韬留镇西川。李存勖对此非常不满，又听信宦官的谗言，以为郭崇韬截留蜀地财货，更是怒从心起。他任命孟知祥为西川节度使，让其到成都斩杀郭崇韬，被孟知祥劝止。刘皇后却私下密令李继岌在成都锤杀了郭崇韬，郭崇韬的 5 个儿子也先后被杀。河中节度使朱友谦及其部将 7 人皆因此案牵连而被诛杀灭族。

李存勖听信伶宦谗言，冤杀大将郭崇韬、朱友谦之后，功臣勋旧人人自危，军队士卒愤愤不平。公元 926 年 2 月，魏州戍兵换防，行至贝州（河北清河西），李存勖下令就地驻屯，不准返回邺都，激起哗变。叛军长驱南下，连破临清（今河北临西西）、永济（今河北馆陶东北）、馆陶等州后，攻入邺都。

李存勖闻讯派兵镇压，遭邺都叛军顽强抗击，久不能克乃退兵城下待援。李存勖欲御驾亲征，又恐京师有变，不得已，乃起用李嗣源，命其率侍卫亲军出征。

李嗣源虽遭猜忌，却心无二志，奉诏后率亲军北上。侍卫亲军将领伶人郭从谦素以叔父礼待郭崇韬，对其被冤杀一事极为不满，乘机在军中散布李存勖待邺都平定，将尽杀亲军的谣言，致使军心不稳。李嗣源率兵至邺都城下，夜间亲军突然哗变，与城内叛军串通，拥其入城逼做主帅。李嗣源初不顺从，设法脱身至相州（今河南安阳），后多次上表朝廷以明心迹，但都被李存勖的宠臣阻遏。其女婿石敬瑭申明利害，李嗣源方下决心领叛军南下，谋夺帝位。河北诸镇闻之纷纷归附，军势大盛。李嗣源以石敬瑭为先锋，迅速攻克开封。

闻李嗣源参与谋反，惊恐中李存勖率亲军直趋汴梁反击叛军，但为时已晚。途中闻知李嗣源已入汴梁，乃叹道：“吾不济矣！”即仓皇回逃。至荥阳（今河南荥阳东北），随从士卒已散逃过半。刚抵洛阳，伶人从马直指挥使郭从谦亦率所部哗变，与京城驻军展开混战，打进宫城，焚兴教门。李存勖率近卫骑兵出战，中流矢而死，史称：兴教门之变。时年李存勖 42 岁，在位三年，庙号庄宗。

古人评论庄宗：“及仇雠（chóu）已灭，天下已定，志骄意满，逸于居安，忘栉沐之艰难，徇色禽之荒乐。外则伶人乱政，内则牝（pìn 雌性）鸡司晨。靳吝货财，激六师之愤怨；征搜舆赋，竭万姓之脂膏。刚愎自矜，谓十指上得天下；猜忍滥杀，大臣无罪以获诛。”结果国亡身死，为天下笑，也为天下叹。以李存勖的军事天才，有可能完成统一大业，毕竟当时的统一形势比较明朗。天下十分，李存勖至少占得七分，而且剩下的割据政权，实力较弱。如果李存勖能够兼弱攻昧，用不了几年，天下就可统一。

庄宗李存勖死后，有伶人将乐器覆盖在其身上，纵火焚尸。其子李继岌军至渭南，因部属溃散，被迫自缢而死。李嗣源乘京城大乱，攻入洛阳，在李存勖灵前称帝，是为后唐明宗。

刘皇后用皮袋装满金银财宝率百骑出逃，到了太原之后削发为尼，但消息透露，李嗣源即帝位后派人将她赐死。

李嗣源也是沙陀人，他原名邈佶烈（miǎo jí liè），称帝后更名李亶（dǎn）。史称李嗣源善骑射，性沉厚寡言，行事恭谨。他 13 岁便在李国昌军中效力，上源驿事件时李嗣源 17 岁，是李克用护卫之一。他拼死在乱兵流矢中将李克用救出，因而备受重用，得以统领亲兵。后李嗣源在征战中屡建奇功，李克用为嘉奖李嗣源，将其麾下五百骑兵命名为横冲都。从此，两河地区皆称李嗣源为李横冲。

李嗣源即皇帝位时年已 60，统治初期，后唐国势有所起色，百姓生活日渐安定，使本已十分衰败的朝政呈现出“中兴”的小康局面。曾有人劝明宗李嗣源更换国号，李嗣源以兄终弟及为由否决了这一提议。

明宗不仅减轻了赋税，公元 929 年还规定，全境按季节早晚，分别规定几种纳赋期限。气候比较温暖的黄淮地区，“夏税”自 5 月 15 日起征，8 月初一日纳足；最北部的沿边地区，则自 6 月初十日起征，9 月纳足。比唐制晚 1~3 个月，便于税户纳税。

明宗时后唐重视兴修水利。后梁先后两次引黄河之水以阻挡晋军，致使黄河中下游地区洪水泛滥，后唐灭梁后多次修复酸枣县（今河南延津）境内河堤。尤其是公元 930 年“乃自酸枣县界至濮州，广堤防一丈五尺，东西二百里，民甚赖之”。后“幽州进呈新开东南河路图，自王马口至淤口长一百六十五里，阔六十五步，深一丈二尺，可胜漕船千石”。在当时内河航运中这是较大的船只了。

后唐为解决军需，恢复“营田”（即“屯田”）。明宗时，利用闲田兴置的军屯，不仅利用兵士，还用无地民户耕种，恢复农业生产，在解决军队粮食供应方面起到了一定作用。为了防止军队抢占民间良田及强迫民户耕种，以及有些民户投靠“营田务（主管营田的机构）”，致使官府税收损失。在 931 年规定：“应三京、诸道营田，只耕佃无主荒田及召浮客。”为了鼓励逃户归田恢复农业生产，公元 928 年规定了“每逃户归业后，委州司各与公凭，二年内放免两税差科”的优惠。公元 932 年，还对因水灾而外逃农户的田舍、树木及“动使什物”，由各村邻居保管，待逃户回乡后归还；春耕时业主还未回来，允许邻户耕种并承担赋税；如业主归来，则等秋收后归还土地。

公元 930 年 11 月，契丹东丹王耶律倍归唐，明宗以天子仪卫迎接，并赐姓东丹，名慕华，拜怀化军节度使、瑞慎等州观察使；后又赐姓李，名赞华，改封陇西县开国公。

耶律倍又名耶律突欲，是辽太祖耶律阿保机的长子，辽太宗耶律德光的长兄，辽世宗耶律阮的父亲。其自幼聪颖好学，深得耶律阿保机的喜爱和器重，公元 916 年被立为皇太子。公元 926 年，封为东丹（原渤海国）国王，称“人皇王”。公元 926 年，耶律阿保机病逝后，弟弟耶律德光在母亲的支持下继位为帝。耶律德光对哥哥不放心施以控制和监视，并不断想方设法削弱东丹国的实力。为此，兄弟俩之间的关系恶化，矛盾进一步加深。

耶律倍的处境被后唐明宗李嗣源所知，出于政治目的，他派人持书密诏耶律倍。公元930年，耶律倍从辽东渡海投奔了后唐。当他在金州（今辽宁省大连市金州区）即将上船时，面对故乡，百感交集，在岸边立了一块木牌，上面用契丹文书写了一首《海上诗》："小山压大山，大山全无力。羞见故乡人，从此投他国"。他把"大山"比作自己，"小山"比作二弟，寥寥几笔，勾画出此时契丹王室内部深刻的矛盾。

公元931年中，后唐重开明法科（汉唐宋时期科举考试科目之一，主要考法令知识）。

后唐在李嗣源时期政局并不十分稳固。到了明宗晚年，国内已有乱象。公元933年11月20日，秦王李从荣因谋反被处死。

李从荣是李嗣源次子，封秦王并加封天下兵马大元帅。他掌管京师政务，手中握有兵权。由于性情暴躁，与众大臣不睦，李从荣始终未被确立为太子，故心有不安。公元933年，李嗣源病重，李从荣与人密谋夺位。仓促中，李从荣率牙兵千人起事，准备以武力入宫夺位。李从荣起兵后，李嗣源派人平乱。李从荣军中多是步兵，平乱军多是骑兵，使李从荣的人马大乱，节节败退。李从荣逃回府邸夫妻藏匿床下，被追兵捉而杀之，随后二子也被杀。

李嗣源闻李从荣死讯，悲从心起病情加剧，数日后死去。第三子宋王李从厚继承王位，是为闵帝或作愍（mǐn）帝。

李从厚是李从荣的同母弟，小名菩萨奴，在朝野中小有人缘，因而深受李从荣的猜忌。

即位后，李从厚虽欲图治，但其不谙治国之道，处事优柔寡断，又无识人之明。

李从厚能够顺利即位，有四个人的贡献比较大，一个是明宗的妃子王淑妃，一个是宦官孟汉琼，一个是枢密使冯赟（yūn），一个是同平章事朱弘昭。这4个人结成团伙儿，沆瀣一气，统揽朝政。他们将李从厚的亲信都排挤出朝廷，又将禁军指挥使外调为节度使，借机掌控了禁军兵权。李从厚心虽不悦，却又无可奈何。

潞王李从珂是唐明宗的养子。自幼随父征战，在后唐灭后梁战争中屡立战功，官至凤翔节度使。他一直是李从厚的一块心病。

李从珂身世卑微，生父早逝，跟着母亲魏氏相依为命。在他十岁那年，李嗣源率兵路过平山时，见魏氏貌美，于是掠为妻子，李从珂也随之被掳，成为李嗣源的养子。李从珂长大后身形魁伟壮硕，又骁勇善战，常随李嗣源南征北讨，颇得其喜爱。李存勖即位后，发动了灭梁战争，李从珂跟随着李嗣源冲锋陷阵，屡立战功。

后唐与后梁的军队在胡柳陂作战时，两方的军队都疲惫不堪，李从珂护卫庄宗李存勖夺取土山，摧毁敌军精锐，后唐的军队才又振奋起来。公元922年，李存勖率军和后梁军队在黄河岸边交战，在梁军退却时，李从珂竟然领十几名骑兵混在敌军当中和他们一起后退，等到抵达敌军的营寨大门时，李从珂大喝一声，杀死几个敌兵，然后用斧头砍下敌人的了望杆从容回到自己营寨。李存勖见状，大叫："壮哉，阿三！"立即让人拿酒来，亲手赐给他一大杯。李存勖本人就总喜欢冒险作战，李从珂的举动使他极为振奋。次年，李从珂跟随李嗣源攻破郓州后迅速赶赴汴州。李嗣源李从珂父子率先锋部队，昼夜兼程行进，最先攻下汴州城。庄宗李存勖慰劳李嗣源时说："恢复唐的天下，是你们父子的功劳。"

河东节度使石敬瑭是李嗣源的女婿，也是战功卓著，深得军心。二人的名望皆在朱弘昭、冯赟之上，因而深受忌惮。当时，李从珂的长子李重吉担任禁军控鹤都指挥使，女儿李惠明（法号幼澄）在洛阳出家。朝廷将李重吉外放到亳州任团练使，削去其禁军军职，又将李惠明召入宫中，实际上是作为人质。李从珂见儿子外调、女儿内召，知道朝廷对自己有猜忌之意，心中疑惧不安。

公元934年，李从厚听从几个亲信大臣的建议，通过枢密院下调令对凤翔、河东、成德、天雄四镇节度使进行易地调动，并派使臣监送。其中，李从珂被调离凤翔，改镇河东；河东节度使石敬瑭则改镇成德。李从厚本想借此削弱四镇实力，但因未按唐朝以来定下的规制，下达诏书，赐给节钺，草草从事，引起各节度使的极大不满。

李从珂在部将的鼓动下，趁机以“清君侧”的名义起兵叛乱。李从厚忙派大军征讨，同时将李重吉幽禁。

朝廷大军来势凶猛，凤翔城低河浅，东西关城接连失守，城中将卒死伤严重。眼看城池难保，李从珂焦急万分。他不得已登上城头将上身的衣服脱掉，露出身上的一个个伤疤自陈战功，言其无罪，实被奸人所害。他恸哭不止，动之以情，晓之以理，诸军伤感，使许多攻城的官兵动了恻隐之心，纷纷倒戈转而支持他。李从珂趁机一举击败朝廷军队，乘胜率军东进攻入西都长安，兵锋直指都城洛阳。

李从厚得知平叛兵马败于凤翔的消息，不禁惊慌失措，在朝堂上对几个亲信大臣斥责道：“先帝辞世之时，朕本无意争夺帝位，都是被诸公所拥立。朕幼年继位，将朝政委托于诸公，对诸公所定的国家大计无有不准。这次兴兵讨伐凤翔，诸公无不自夸，称平叛不足为虑。如今事已至此，诸公还有什么办法可以扭转祸局？如果没有，朕便西去迎接潞王，以帝位相让，如仍不免罪责，纵然是死也心甘情愿。”朱弘昭、冯赟惶惧不安，无言相对。

李从厚遣使宣召石敬瑭入朝，想让他率军抵御凤翔军东进，又倾尽府库，大肆犒赏禁军，并许诺平乱后还有重赏。不久，又命处死李重吉、李惠明。

李从珂攻破陕州（治今河南陕县）后，传书慰抚京中百官，称自己此番入京只诛朱弘昭、冯赟两族，让他们不要忧虑。而这时，禁军刚行至新安，便已百十成群，争相投奔陕州。见大势已去，李从厚忙命人召朱弘昭入宫，商讨对策。朱弘昭却以为李从厚是要追究责任，投井自杀。随后，冯赟一族被倒戈的官兵所灭，二人的首级被送往李从珂的军中。

李从厚见洛阳已经无法据守，便欲逃奔魏州，图谋复起。他命孟汉琼先行去魏州安排，但孟汉琼一出城门，便单骑奔向陕州，投降了李从珂。当夜，李从厚逃离洛阳奔魏州。在途中，他遇到了率军入朝的石敬瑭。石敬瑭先将李从厚一行人安置在驿馆中，然后派刘知远将李从厚的随从全部杀死，李从厚被软禁在卫州。

公元934年春，李从珂进入洛阳称帝，他将李从厚废为鄂王，后派人将其杀死。李从厚死时，年仅21岁，在位五个月。

起兵之初，李从珂在敌我双方实力差距太大的时候，以“攻心”战术，使得大部敌军阵前倒戈，战场局势顿时大变。之后，又许诺高额赏赐来赢得了军心，使得手下将士拼死卖命，最终将他送上了皇位。李从珂打仗勇猛，但轮到治国失去了章法，他被巨大的胜利蒙蔽了双眼。为了兑现对官兵的许诺，不惜大肆盘剥百姓。李从珂在凤翔出发时，答应每个士兵在进入洛阳后可以得 100 缗（mín）钱作为奖赏。但打进了洛阳，清点府库后发现金钱和布帛加起来远远不够奖赏。李从珂很生气，有官员建议，以房产为标准来筹措，不论士大夫还是平民，不论是自己居住还是租赁的，都先借五个月的租金。李从珂同意了。过了十几天，百姓的财产被执行的官员千方百计地搜刮，也只得到十几万缗。李从珂发怒了，一些官员被抓进了军巡使的监狱。然后不分日夜地催促人们上缴租金，监狱都被抓来的人填满了，甚至逼得有人上吊、投井自杀的。到了这个时候，把所有库藏的旧东西以及各道贡献的物品，甚至于太后、太妃所用的器皿、服饰、簪环什么的全部搜刮了出来，也才又凑出 20 万缗，仍不够奖赏。

最后只得减少对士兵的奖赏。士兵们不满意了，私下议论："除去菩萨，扶立生铁。"意思是闵帝李从厚性柔软弱如他的小名菩萨奴，李从珂严厉坚强如生铁，心生悔意。

李从珂继位以后，任石敬瑭为太原节度使、北京留守，充大同、振武、彰国、威塞等军蕃汉马步总管。虽然石敬瑭帮他除掉了李从厚这个后患，但并没有取得他信任。李从珂很清楚，在这个时候"兵骄则逐帅，帅强则叛上"石敬瑭应是他最大的威胁。他要想尽办法要将石敬瑭调离河东这块后唐的发家之地。

石敬瑭，父亲石绍雍，有众多史家认为他也是沙陀人，沙陀名为臬捩（niè liè）鸡，是李克用、李存勖的部将。曾任平州（今秦皇岛市抚宁、昌黎、卢龙及唐山市全境）刺史、洺州刺史。北宋学者欧阳修称"其姓石氏，不知得其姓之始也"。北宋史籍《旧五代史》（原名《五代史》，也称《梁唐晋汉周书》）则说石敬瑭是太原人，而且是汉景帝时丞相石奋的后代。汉末动乱，其子孙后代流浪漂泊西部边远地区，定居甘州（今甘肃张掖）。

石敬瑭生于太原，家中排行老二。他不好言辞，熟读兵法，从小崇拜战国时期赵国名将李牧和汉朝名将周亚夫。时任代州刺史李嗣源对他很是器重，并将自己的女儿嫁给了他。李嗣源后让他统领亲军精锐骑兵"左射军"。此后，石敬瑭跟随李嗣源转战各地，成为李嗣源攻城掠地的一员骁将。并多次在战场上救护李存勖和李嗣源脱离险境，受到李存勖的赞赏，石敬瑭由此而名声远扬。

石敬瑭不仅在战场上救岳父李嗣源，在遇到政治难题时又是他为李嗣源分析局势，指点迷津。这方面最突出的就是劝李嗣源顺应时势，在兵乱时追求帝位。

公元 926 年，邺都兵变，平叛时李嗣源在自己的军队也参与了兵变，并被将士拥立为帝的情况下，李嗣源曾想只身回去向李存勖言明真情。石敬瑭极力反对他这种不明智的做法，他说："岂有军队发生兵变后，其主帅能置事之外的道理？况且犹豫不决是兵家大忌，不如趁势迅速南下。我愿领骑兵 3 百先去攻下汴州，这是定天下的必争之地，得之则大事可成。"李嗣源醒悟过来，立即派他领兵先行，自己随后跟进。

石敬瑭迅速渡过黄河占领汴州。李嗣源进入汴城后，石敬瑭又率军奔赴汜水关。不久，庄宗李存勖因乱而亡，李嗣源进入了洛阳登上帝位，石敬瑭因功被加官进爵。至公元 930 年石敬瑭已加封为检校太尉兼六军诸卫副使、同中书门下平章事、天雄军节度使、驸马都尉、河阳节度使，开国公，赐“耀忠匡定保节功臣”名号等，手握兵权。

公元 933 年，契丹、吐谷浑、突厥犯边，需要一名大将统帅边军，石敬瑭本来就不愿做禁军副帅，自愿北上。于是，石敬瑭加封太原尹、北京留守、河东节度使，另兼职大同、振武、彰国、威塞等地军队蕃汉马步军总管，改赐“竭忠匡运宁国功臣”名号，掌握了河东这块后唐兴起地区的军政大权。

李嗣源病死后，石敬瑭悲痛不止。李从厚继位，是为后唐闵帝。

闵帝（或愍帝）是石敬瑭建立后晋后追谥给李从厚的谥号。

谥（shì）号是古人对死去的帝妃、诸侯、大臣、将军及其他有地位的人，按其生平事迹进行评定后，给予或褒或贬或同情的称号。中国的谥法所产生的年代有许多的说法，有三皇五帝说，有周公制谥说，有西周中期说和战国说。前两种是古人的说法，后两种是近代的说法。中国近代学者王国维主张西周中期产生了谥法，依据的是出土材料和文物。原中国科学院院长郭沫若主张战国说，举铭文否定了王国维的说法。

有人主张谥法在西周周孝王时形成了制度。从孔子时候起，儒家有意识地把谥法作为以礼教褒贬人物，挽救社会风气，调整人际关系的手段。在《论语》上面可以清楚地看到这一点。孟子又对这一点加以发扬光大。和孟子同时产生了的被编入《逸周书》的《谥法解》，为谥法诞于战国的重要依据。

秦时，秦始皇不打算让后人议论自己，废除了谥法。汉朝的时候又重新兴起，并且十分的严格。魏晋南北朝时期，由于社会的动荡，谥法逐渐向平民化发展。到了唐宋时期，谥法发展到了极致。到了明清时期，谥法成了皇帝一个人的专享。

谥号有褒扬性的美谥、怜惜性的平谥、贬义性的恶谥三种。

1. 美谥，如庄、武、文、宣、襄、明、睿、康、景、懿。

2. 平谥：如怀、悼、哀、闵、思、殇，有点同情的意味。

3. 恶谥，如厉、灵、炀，都含有否定的意思。

由于恶谥是对死者的批评，这在古代是比较反感的事情。所以北宋作出规定：不立恶谥，只作美谥和平谥。

历史上，中国皇帝一般有三个名词象征：庙号、谥号和年号。

唐朝以前由于皇帝谥号短，一般称皇上谥号里的一个字。比如，汉武帝，隋文帝等。到了唐朝，皇帝谥号很长了，就称庙号了。比如，唐太宗、宋太祖等，到了明清基本上一个皇帝一个年号，就习惯称年号了。比如，嘉靖、永乐、康熙等。

庙号是帝王于庙中被供奉时所称呼的名号。最初并不是所有帝王都有庙号，一般帝王死后会修建专属的家庙祭祀，但在几代之后就必须毁去原庙，而与太庙合并祭祀。合于太庙祭祀称之为“祧（tiāo）”。“祧”的意义在于，后代可以在一座家庙中祭祀历代先祖，了解历代先祖的功业。而值得子孙永世祭祀的先皇先王，就会特别追上庙号，以示永远立庙祭祀之意。另外，由于后世皇帝谥号字数膨胀，且接位的皇帝子孙一般都会给先皇上美谥，故谥号实际上无法显示皇帝评价，庙号反而取代了谥号起到盖棺论定的功用。如太祖、高祖、世祖、圣祖、太宗、神宗、德宗、仁宗等。有的帝王死后，会有多个庙号，这是追尊、改谥等原因造成的。

一般来说，凡称某某祖、某某宗的就是庙号，凡称某某帝的便是谥号。但在历史各阶段习惯上的称呼又有些不同。唐朝以前，一般都只称“谥号”，如汉光武帝，魏武帝，隋炀帝等。唐朝以后，一般都称庙号，如唐太宗、宋太祖、明神宗等。不过在这其间，也有称谥号的；如唐玄宗李隆基的庙号是“玄宗”，谥号是“至道大圣大明孝皇帝”，这中间关键的是“明”字，因而唐玄宗又被称为“唐明皇”。明朝中叶以后，帝王的称号又有所改变，多数以年号来称呼。如明朝末年皇帝朱由检，人们都叫他“崇祯”，“崇祯”就是他的年号。到了清朝，皇帝也都以年号相称，如顺治、康熙、乾隆等。

“年号”也叫帝号，是中国古代皇帝用以纪年的名号。年号被认为是帝王正统的标志，称为“奉正朔”，从汉武帝始。有的皇帝喜欢换年号，好景坏景都要换，有的几年换一次，也有的一年要换几次，一般务实的皇帝年号换得少，爱标新立异的皇帝年号换得多。比如，唐太宗一直用贞观，而武则天就特别喜欢改年号，称帝 15 年，换了 13 个年号。一般年号是 2 个字的，她用过 4 个字的。

除庙号、谥号、年号外，中国古代皇帝还有“尊号”。尊号一般很长，因为大臣们会尽量把好的词语都往皇帝身上加。尊号一般皇帝在世时便有群臣上请，并不断加长。如唐玄宗的尊号是“开元天地天宝圣文神武孝德应道皇帝”，宋太祖为“启运立极英武睿文神德圣功至明大孝皇帝”。太后相应的也有类似的号，名为徽号，如慈禧的徽号就是“慈禧端佑康颐昭豫庄诚寿恭钦献崇熙圣母皇太后”。由于尊号太长，所以平民百姓很少称呼皇帝的尊号。

虽然石敬瑭助李从珂最后赢得了帝位，清除了李从厚。但功高震主，石敬瑭很清楚，以他在后唐的地位和影响，永远是李从珂眼里的一粒沙子，早晚是要被清洗掉的。

李从珂即位后，将李嗣源安葬。石敬瑭在洛阳参加完李嗣源的葬礼之后，不敢贸然提出回太原，害怕李从珂起疑心。所以他整天愁眉不展，长吁短叹。再加上他当时身体有恙，最后竟瘦得皮包骨，不像个人样。妻子李氏心疼夫君，赶忙向母亲曹太后求情，让李从珂放石敬瑭回去。李从珂虽然不是曹太后的亲生儿子，但曹太后从小对他关爱，视同己出，即位时不曾设阻，所以极为礼遇。他见石敬瑭病得形销骨立，步履蹒跚，估计难有什么作为，不会构成大的威胁，于是就顺水推舟做个人情，让石敬瑭回到了河东。

有史家分析，石敬瑭回河东后便心生反意。据说其妻李氏有次回去参加李从珂的生日宴会，想早点回家，李从珂却醉醺醺地对她说：“这么着急回去，是不是要和石郎造反呀？”李氏回来告诉了石敬瑭。这使石敬瑭心中一紧，更加确信李从珂容不下自己，因为酒后吐真言，是心里话。自此，石敬瑭开始为反叛做充分的准备。

一方面，石敬瑭在宾客面前往往装出一副病态，诉说体力不支，没有精力治理地方政务，以此来麻痹李从珂。另一方面，他几次以契丹侵扰边境为名，向李从珂索要大批军粮，说是以防敌军入侵，实际是为招兵买马。一次朝廷派人向军士们发放夏装，并宣旨抚慰，士卒们 4 次高呼万岁。石敬瑭心中不快，处斩了 36 名带头谢恩的军官和士卒。其拥兵自重的野心暴露无遗。李从珂闻知此事，对石敬瑭更加怀疑了。

为了防止有变时措手不及，石敬瑭决定先试探一下李从珂现在的意图。他上书陈诉身体羸弱，请求解除他的兵权，调迁到别的地方任节度使。如果李从珂很快同意了，就证明他怀疑自己，现在已经很危险；如果加以安抚让他继续留任，则说明李从珂此时对他还没有加害之意。

果然，李从珂听从了某些大臣的意见"河东调动也要反，不调动也会反，时间不会太长，不如先下手为强"。公元 936 年，朝廷改任石敬瑭为郓州节度使，进封赵国公。随后下诏催促石敬瑭前往郓州就任，李从珂的迫不及待，坐实了石敬瑭的猜测。石敬瑭忙召属下将领和谋士们商议，他叹道："我不兴乱，朝廷发之，安能束手死于道路乎！"有谋士出主意："契丹素与明宗约为兄弟，今部落近在云、应二州，主公诚能推心屈节事之，万一有急，朝呼夕至，何患大事无成。"石敬瑭听后细想，觉之有理，反意遂定。

石敬瑭一方面装病不走，并上书给李从珂，说李从珂是养子，不应该继承皇位，应让位给许王李从益（李嗣源的幼子）。同时派使者求救于契丹，上表向契丹皇帝耶律德光称臣，表示愿用对待父亲的礼节来敬奉他（其时耶律德光比石敬瑭小 10 岁），约定事情成功之日，愿割燕云十六州（也称幽云十六州，今北京至山西大同地区）给契丹。

对此，石敬瑭的手下战将刘知远劝谏道："称臣可矣，以父事之太过。厚以金帛赂之，自足致其兵，不必许以土田，恐异日大为中国之患，悔之无及。"表章送到契丹，耶律德光非常高兴。他对母亲述律太后说："孩儿最近梦见石郎要派使者来，现在果然来了，这是天意啊。"便给石敬瑭写了回信，答应等到仲秋（秋季的第二个月，即农历 8 月）时节，发动全国兵马来支援他。

公元 936 年春末，李从珂发动对石敬瑭的平叛战争，朝廷大军很快包围了晋阳城（今太原市西南）。同时李从珂派兵捕杀了石敬瑭的两个儿子和弟弟。

入秋后，契丹皇帝耶律德光亲率 5 万骑兵南进，与石敬瑭军联合大败后唐军。耶律德光册封石敬瑭为大晋（史称：后晋）皇帝，随后联军向后唐都城洛阳进发。此时，后唐兵力还很强，但李从珂志气消沉，不谋抗敌，昼夜饮酒悲歌，不敢领兵出战，坐等灭亡。各镇将领见状，纷纷投降石敬瑭。

公元 937 年年初，李从珂见大势已去，带着传国玉玺与太后、皇后以及儿子等人登上玄武楼，自焚而死，后唐遂亡。李从珂死后无谥号无庙号，史家称之为末帝或废帝。

后唐是五代十国中统治疆域最广的朝代"五代领域，无盛于此者"。时梁、晋、吴、蜀四分天下，后唐以一灭二，天下四分已得三分"。公元 925 年至 933 年，南方诸国除南吴、南汉外皆奉后唐为正朔。公元 930 年，后唐控制国土达极盛，约有今河南、陕西、山西、宁夏、北京、天津、山东、湖南、湖北等省市，河北省张家口以南地区，四川省岷江、大渡河以东地区，甘肃省东部，贵州北部，江苏省徐州地区，安徽省西北部、广东省北部以及内蒙古自治区伊克昭盟西南部。

后唐之后的五代君王均出自李克用的子孙与部属。

公元 938 年，石敬瑭按约定将燕云十六州献给契丹，同时每年还要输送布帛 30 万匹。

十六州是：幽（今北京市）、蓟（今天津市蓟县）、瀛（今河北省河间）、莫（今河北省任丘）、涿（今河北省涿县）、檀（今北京市密云）、顺（今北京市顺义）、新（今河北省涿鹿）、妫（河北省怀来）、儒（今北京市延庆）、武（今河北省宣化）、蔚（yù，今山西省灵丘）、云（今山西省大同）、应（今山西省应县）、寰（今山西省朔县东北）、朔（今山西省朔县）。地理上大体处于华北平原与内蒙古高原交界地带，是古代中原农耕民族与北方游牧民族的交界地带。

建立后晋国后，石敬瑭对于契丹百依百顺，谨言慎行。每次书信皆用表（奏章的一种），以示为臣；称耶律德光为“父皇帝”，自称“儿皇帝”。每当契丹使臣至，便跪地拜受诏敕。除岁贡 30 万布帛外，每逢吉凶庆吊之事还不时赠送奇珍异宝。然而，石敬瑭对契丹的诚惶诚恐并没有赢得属下各藩镇的一致赞同，时有藩镇不服，尤耻臣于契丹。有大同节度使判官吴峦，率云州城将士坚守，契丹围攻数日而不得取。应州指挥使干脆弃官南去。安远节度使听说后晋是由契丹扶立的，自己本是契丹的叛将，于是投奔吴国。又有天雄节度使和渭州（今甘肃省陇西东南）先后发生兵变。公元941年，成德节度使上表斥责石敬瑭父事契丹，困耗中原，起兵反晋失败，石敬瑭斩其头送与契丹。

时居雁门以北的吐谷浑部，因不愿降服契丹，酋长白承福带人逃到了河东，归附河东节度使刘知远。

吐谷浑，原为人名，是辽东鲜卑慕容部落酋长慕容涉归的庶长子，慕容涉归曾分 1700 户给慕容吐谷浑作为部属。

慕容氏是鲜卑族的一支，慕容涉归的祖父莫护跋，在三国时期曹魏初年率慕容氏由鲜卑山（今内蒙古呼伦贝尔盟）入居辽西地区。公元 238 年，莫护跋助司马懿征讨辽东太守公孙渊有功，拜率义王，建国于棘城（今辽宁省义县西北）。慕容姓氏的由来有二说：一说是莫护跋好戴北方汉人流行的步摇冠（一种带有悬垂装饰物的帽子），当地语言“步摇”同“慕容”读音相近，所以传到后来就成了“慕容”；一说是莫护跋仰慕天地二仪之德，继承日月星三光之容，便以慕容为氏。无论哪一种说法真实，均是鲜卑族文化趋向汉化的反映。慕容涉归在西晋时因保全柳城（今辽宁省朝阳地区）之功，被封为鲜卑单于，由棘城迁至汉族聚居的辽东北部，于是更加速了其汉化的进程。

慕容涉归死后，其嫡子慕容廆（wěi）继为单于。因受挑拨，慕容廆与慕容吐谷浑不和，吐谷浑遂率所部西迁。以枹罕（fú hǎn，今甘肃省临夏县东北）为聚居点，逐步向南、北、西三面发展，进而统治今青海省、甘肃省南部、四川省西北部等地的氐、羌族。而慕容廆之子慕容皝（huàng）在五胡十六国时期建立前燕政权。

公元 317 年，72 岁的慕容吐谷浑逝世。

吐谷浑死，长子吐延继位。不久吐延被羌人刺杀，吐延之子叶延继位。叶延有才略，有大志。在沙州（今青海省贵南县穆克滩一带）建国，仿汉人政权设置司马、长史等官职，以祖父吐谷浑为其族名、国号。从此，吐谷浑由人名转为姓氏和族名。

叶延传子辟奚（亦称碎奚），辟奚传子视连，视连被西秦封为白兰王。视连传弟视罴（pí），西秦封他为沙州牧、白兰王。视罴传弟乌纥提（又名大孩，一说视罴之子），曾败于后秦，被迫求保于南凉。乌纥提传位于视罴之子树洛干，势力复振，率部落数千家占据莫河川（又称慕贺川，今青海省同德县巴沟），自称大单于、吐谷浑王。一度败于西秦，后被西秦封为平狄将军、赤水都护。

自慕容吐谷浑至慕容树洛干，经6世8传，其中多具才略。而其时正当十六国割据混乱，吐谷浑部得控东至洮（táo）河、龙固（今四川省松潘），西达赤水、白兰，北界黄河，南至大积石山。北邻南凉，东接西秦。公元420年左右，树洛干传弟阿豺，阿豺派使至建康，通贡于刘宋，被刘宋封为沙州刺史、浇河公。阿才传弟慕璝（guī），刘宋封为陇西公、陇西王。慕璝曾截击夏国军队，俘夏国皇帝赫连定，致五胡十六国中的夏国灭亡。慕璝将赫连定献给北魏，北魏将赫连定斩杀，封慕璝为西秦王。慕璝传弟慕利延，这时吐谷浑土地广袤，除沙州外，还占有4座大城，分别在清水川（今陕西省府谷县北）、赤水（位于贵州省西北部）、浇河（今青海省东部贵德县境）、吐屈真川（今青海省共和县西北柴集河，一说是乌兰县东南茶卡盐湖东南流出之惠农河等地）。慕利延传位于树洛干之子拾寅。拾寅居伏罗川，并修筑宫殿城池，信奉佛教，被北魏封为西平王；又向刘宋进贡，被封为镇西大将军。

至自吐谷浑第18任首领慕容夸吕（一作吕夸），是第一个自称可汗的吐谷浑王，他建伏俟（sì）城（位于今青海省共和县，俗称铁卜加古城）。夸吕在位50年，多次入侵中原，北周在公元576年、隋朝在公元581年给予反击，使吐谷浑汗国受到重创。

夸吕的儿子世伏在公元591年，即位称可汗，遂向隋朝称藩。公元596年，隋文帝将宗室女光化公主嫁给世伏，世伏上表称公主为天后，隋文帝不许。公元597年，吐谷浑内乱，世伏被杀，其弟伏允（一说世允）继位。依照风俗，公主再嫁伏允。

公元608年，隋朝进攻吐谷浑，击败伏允，隋炀帝取其地置西海（今青海省湖西），河源（今青海省兴海东南），鄯善（今新疆维吾尔自治区若羌）、且末（今新疆维吾尔自治区且末南）4郡。但是除了极短暂的控制最东边最小的河源郡以外，其他几个郡并未被隋朝实际控制。几年之后，伏允乘隋末中原战乱，收复故地。唐太宗贞观年间，多次遣使欲与之修好。然吐谷浑屡次寇边，扣押唐使，亲附吐蕃。唐太宗李世民遂决定出兵讨伐吐谷浑。公元635年，唐军分兵两路：一路向北，出击吐谷浑之右；一路向南，出击吐谷浑之左。伏允兵败，被部下所杀（新唐书和旧唐书说是自杀）。

此时的吐谷浑先后征服了一些羌族部落，同他们错落相居，与包括羌族在内的其他当地民族逐渐融合。随着时间的推移，在经济、文化、习俗等方面与鲜卑族已有所区别，不再把自己看作鲜卑了，而是一个新的民族集合体——吐谷浑人。吐谷浑在遭到唐军的严厉打击后，分裂为东西二部。西部吐谷浑由伏允次子率领西退，以新疆鄯善为中心，后降服吐蕃；东部吐谷浑由伏允长子慕容顺率领依附于唐朝。唐朝廷封慕容顺为可汗、西平郡王、趉（jué）故吕乌甘豆可汗，吐谷浑成为唐朝的属国。

慕容顺因久在隋唐二朝为人质，受汉文化影响较深，登位后急于进行改革，激化了内部矛盾，被其臣下所杀，其子诺曷（hé）钵继位。诺曷钵权威不足，大臣争权，国中大乱。唐朝派兵支持，李世民封其为河源郡王、乌地也拔勒豆可汗。

公元 639 年，诺曷钵到长安朝见太宗李世民，太宗答应诺曷钵的请求，将宗室女弘化公主（也称光化公主）嫁给了诺曷钵。开启了唐朝公主嫁于外蕃的先河，使唐与吐谷浑的关系得到巩固。

弘化公主，有史家评价：聪明贤惠，知书达理，且有着超人的胆略。她与诺曷钵成婚的那一年只有 18 岁，身负两国和平的使命背井离乡，走进了吐谷浑这个与大唐完全不同的文化、不同的生活环境的游牧部落，过起了“有城郭而不居，随逐水草，庐帐为室，以肉酪为粮”的游牧生活。

弘化公主嫁到吐谷浑的第二年便险遭不测。当时的吐谷浑丞相搞起政变，欲劫持弘化公主和诺曷钵投降吐蕃。诺曷钵得知后率轻骑逃至鄯（shàn）善城。不久唐鄯州刺史与吐谷浑威信王联合出兵，政变失败，内乱平息。为安抚人心，唐太宗命人抚慰吐谷浑民众。有了大唐的鼎力支持，吐谷浑安定下来，每年派使者向唐王朝进贡，边境人民友好贸易。

公元 652 年，弘化公主和诺曷钵来长安朝见，唐高宗李治封诺曷钵为驸马都尉。并同意将皇族女金城县主、金明县主分别嫁给他们的长子和次子。弘化公主此行也成为唐代外嫁和亲公主中唯一回过长安的公主。

弘化公主在经历了宫廷政治斗争之后，又迎来了她嫁到吐谷浑的第二个大事件——国破家亡。

当年吐谷浑与吐蕃关系紧张，而弘化公主出嫁吐谷浑也引起了松赞干布的妒忌，他以吐谷浑离间大唐与吐蕃联姻为接口，攻打吐谷浑。直到文成公主出嫁松赞干布，才结束了吐谷浑与吐蕃两国间的紧张关系，形成大唐、吐谷浑、吐蕃和平共处的局面。松赞干布死后，吐蕃的军政大权掌握在大相噶尔·东赞（汉史籍名为禄东赞、论东赞、大论东赞）手中，他大力实施扩张政策，不断入侵吐谷浑。

在吐蕃与吐谷浑爆发战争期间，双方派使者到唐朝互相指责。此时高宗一心东征百济和高句丽，没有精力理睬。公元 663 年，吐谷浑有大臣叛逃吐蕃，吐谷浑军事形势恶化。在吐蕃大军的攻势下，弘化公主和诺曷钵带领数千帐吐谷浑百姓逃至唐朝的凉州，请求唐朝救援。高宗虽派兵保护了吐谷浑残余势力，以防备吐蕃。但唐朝依然没有出兵打击吐蕃，只是派特使谴责噶尔·东赞。噶尔·东赞这时也没有冒犯唐朝，派特使到唐朝谴责吐谷浑，并再次向唐朝请婚。同时提出和平条件：在原吐谷浑的故地赤水放牧，高宗拒绝了。

公元 670 年，吐蕃入侵唐朝西域安西四镇（今新疆维吾尔自治区库车、喀什、和田、焉耆），唐高宗命将军薛仁贵率军十余万征讨吐蕃，目标之一是收复吐谷浑故地。但是唐军被噶尔·东赞的儿子所败，结束了吐谷浑复国的希望。从此，立国 350 年之久的吐谷浑作为国家形态灭亡，部族散居青海、甘肃、宁夏等地。

公元 672 年，唐高宗李治不得不放弃了收复吐谷浑故地的念头，命令吐谷浑百姓迁居鄯

（shàn）州（今青海省西宁），但也不断遭受吐蕃攻击，之后吐谷浑百姓迁居灵州（今宁夏回族自治区吴忠市），在那里建立了羁縻州——安乐州（今宁夏回族自治区同心县），以诺曷钵为安乐州刺史。公元 688 年，与弘化公主相濡以沫近半个世纪的诺曷钵因病去世，其长子慕容忠（又称慕容苏度模末）继安乐州刺史之位。刺史之位又传了 4 代才废除。

公元 690 年，武则天称帝，改封弘化公主为大周西平大长公主，并赐武姓，此时她 68 岁，公元 698 年，在安乐州生活了 26 年的弘化公主在灵州病逝，享年 76 岁。

从甘肃武威青嘴喇嘛湾吐谷浑慕容氏墓葬群发掘出的墓志铭文中得知，就在弘化公主去世的同一天，其子慕容忠也同时去世，终年 51 岁。二人死后并没有葬在灵州也没有葬在大唐，而是于次年 3 月运到凉州下葬。究竟他们为何同年同月同日而亡，又为何葬在了凉州已经无从知晓，也成了弘化公主身上的一个谜。

古人有诗叹弘化公主：

南雪山分百鸟城，邦媛（ài）殂（cú）分此瘗（yì）灵。
塞草初凋兮哀挽声，幽泉已闷几时明？

安史之乱后，河西和灵州一带的吐谷浑人，一部分加入唐军，参加了保卫潼关的战斗，一部分因吐蕃的进逼向东迁入盐（今陕西省定边县）、庆（今甘肃省庆阳县）和夏州朔方县（今陕西省靖边县东）等地。加入唐军的吐谷浑部落潼关战后下落不明，但迁居盐、庆等州的部落则仍活动在关内道（唐代地方行政区名，辖地相当于今陕西省秦岭以北，宁夏回族自治区贺兰山以东，内蒙自治区呼和浩特市以西，阴山、狼山以南的河套地区）的北部。公元 836 年，关内道北部的吐谷浑部 3000 余帐又向北迁入丰州（今内蒙古自治区五原县南）一带。

此外，《新唐书》载：“（赫连）铎本吐谷浑部酋也，开成中，其父率种人三千帐自归，守云州（今山西省大同市）十五年。至是（公元 891 年），失其地。”按史未载迁入丰州的部落酋长姓名，故无法得知同年是两支部落同时迁入丰州和云州，还是同一支部落先迁入丰州尔后再迁入云州，但丰州的部落迁后即无闻，而云州的部落屡屡在文献中留下记载，当是后一种可能性较大。公元 903 年，李克用部攻占振武军（今内蒙古自治区和林格尔西北），杀赫连铎部二千余人。据此，毗连云州的振武军也是吐谷浑部后期的迁入地之一。

赫连铎丢失云州以后，逃入幽州，其部族分散在蔚（yù）州（今河北省蔚县）。后唐庄宗时，白承福代理都督，在中山（今河北省唐县西南）北的石门建寨，有丁壮数千人，以畜牧业为生，与后唐保持较好的关系。公元 931 年，由于契丹族向南进逼，塞外的吐谷浑部落开始向云、朔二州靠拢。

石敬瑭将燕云十六州割属契丹，分布在雁门关以北的吐谷浑人皆役属于契丹。由于不堪奴役，加上镇州节度使的劝诱，吐谷浑部落千余帐自五台南迁，被安置在并（今山西省太原市南）、忻（今山西省忻州）、代（今山西省代县）、镇（今河北省正定县）4 州山区。因契丹指责，公元 941 年，石敬瑭将分布并、代、忻、镇四州的吐谷浑人驱回塞北旧地。不过，石敬瑭“亦以契丹诛求无厌，心不平之”，故命出镇太原的刘知远“潜加抚慰”，睁一只眼闭一只眼。因而仍有相当部分吐谷浑人留在四州。

公元 942 年，契丹遣使责问吐谷浑之事，石敬瑭既不敢得罪手握重兵的刘知远，更不敢得罪契丹，左右为难，如履薄冰。由此，忧郁成疾，急火攻心，于年中死去，时年 51 岁，庙号高祖。

石敬瑭死，他的侄儿后为养子的石重贵即位。石重贵的父亲曾经做过后唐庄宗李存勖的骑将，其逝去后，石敬瑭遂将他收为己子。石重贵少时谨言慎行，质朴纯厚，喜爱驰马射箭，颇有沙陀祖辈之风，深得石敬瑭喜爱，到各地镇守都让他跟随前行，并委以重任。当年石敬瑭率军南下攻后唐时，想留下一个儿子戍守河东。他征询契丹皇帝耶律德光的意见，耶律德光让他把儿子们都叫出来，由他选择。耶律德光看石重贵长相气质颇像石敬瑭，便指着他说："这个大眼睛的可以。"因而石重贵被任用为北京留守、太原尹、河东节度使。

石敬瑭生有 7 个儿子，大多早夭，仅剩幼子石重睿一人。本来石敬瑭在病中托孤与宰臣，欲立石重睿。但他死后，实权派文臣武将却拥立石重贵为帝，史称：后晋出帝或少帝。

石重贵即位时，后晋的形势不容乐观。契丹凭扶立石敬瑭有功，挟制中原，虎视眈眈；后晋的南面有割据称王的吴越、后蜀；后晋统治集团内部矛盾重重，加之连年的旱、蝗、涝灾和不停的战争，民生艰难，民怨载道。后晋的政权内外交困，危机四伏。

石重贵一即位，盲目听信一些臣下的建议，向契丹表示"称孙不称臣"。结果耶律德光见信大怒，当即兴兵南下，要教训这个"皇孙"。

石重贵与契丹绝交后，屡次召吐谷浑的酋长白承福进京入朝，宴会隆重，赏赐丰厚。白承福跟随出帝与契丹在澶州作战，又与后晋军共同守卫滑州。期间，适值天气酷热，白承福遣送他的部落回到太原，把牲畜放牧在岚、石二州境内。为争牧地，吐谷浑部落的人时常侵扰边民，刘知远加以约束。吐谷浑人知道后晋衰微，又害怕刘知远执法的严厉，谋划离开后晋。有个族长，地位仅次于白承福，率领自己的族人最先逃跑，归降了契丹，契丹任命为云州观察使，用此来引诱白承福投降。刘知远和亲信将领郭威谋划道："现在天下多事，把吐谷浑部落安置在太原，是心腹之患，不如把它除掉。"白承福有财富，喂马都用银食槽，郭威劝说刘知远杀死他，没收他的财产用来养军队。刘知远向出帝石重贵送上密报，称"吐谷浑反覆无常难以担保，请把他们迁往内地"。石重贵派使者将吐谷浑部落分别安置在河阳和其他各州。刘知远又让郭威引诱白承福等人住进太原城里，乘机诬陷白承福等 5 个部族聚谋反叛，用兵包围杀死其 4000 多人，抄没了白承福等贵族的家财，河东境内的"吐浑遂微，不复见"。

12 世纪以后，有部分吐谷浑人返回甘青故地，与湟水（位于中国青海省东部）流域的吐谷浑人聚合。元朝时期，被称作西宁州土人。一些研究者认为，今青海土族的主体即历史上吐谷浑的后裔。

公元 944 年年初，契丹 5 万大军入寇。虽然后晋君臣和百姓死命抵抗，两次击退契丹，但因领兵主将的叛降，后晋王朝还是在公元 947 年被攻灭。出帝石重贵被契丹押往今辽宁省朝阳。后于公元 974 年病死，终年 61 岁。

在契丹军队攻下后晋东京开封府（汴州）后，耶律德光也想当一回中原皇帝，他改“契丹”为“辽”。然而，由于此时的辽国君臣上下汉化程度普遍偏低，此次南征虽然打下了汴州，但却没有做好接管汉地的准备。3 个月后，耶律德光借口说汴州太热了，引军北还，却不幸染病死于途中。

◆契丹族发源于中国东北地区，经济生产为半农半牧。早期契丹部落分 8 部，唐初形成了统一的大贺氏联盟。唐太宗以后，唐置松漠都督府，赐姓李。大贺氏联盟瓦解后，契丹人又建立了遥辇（nian）氏部落联盟，依附于后突厥汗国。公元 745 年，后突厥为回纥所灭，此后百年间，契丹人一直为回纥人所统治。唐末，契丹首领耶律阿保机统一各部，于公元 907 年，即可汗位，公元 916 年称帝，国号：契丹。

“契丹”之名始见于二十四史之一，公元 554 年成书的《魏书》。此后，《北史》《隋书》《旧唐书》《新唐书》《旧五代史》《新五代史》等，都有关于契丹人活动的记录。上述文献在记载契丹人的起源时，大致有“匈奴说”和“东胡说”两种意见。这两说又派生出另两说：一说“是匈奴和鲜卑的融合”；一说“起源于鲜卑系的别部而不是鲜卑的直接后裔”。

有史籍记载，契丹来源于鲜卑或鲜卑宇文部。有的学者认为“契丹”一词出于宇文氏酋长名字的演变，约在西晋末至东晋初。一般认为契丹，古籍亦曾译作吉答、乞塔、乞答等。其含义众说纷纭，通行说法为“镔铁”之意。另外有“刀剑”说、“酋名”说、“寒冷”说、“草原、沙漠或与森林相关的意义”说等。

关于契丹族的起源地，指向北方大草原流淌着的两条河。一条从大兴安岭南端奔腾而下，契丹人称其为西拉木伦（也作西拉沐沦）河，也称“黄水”，文献上写作“潢河”；另一条河自医巫闾山（今简称闾山，辽宁省锦州市境内）西端而来，名为老哈河，也称“土河”。契丹民族就兴起于西拉木伦河和老哈河流域。这一地区民族的迁徙、融合呈现出纷繁复杂的状态。

契丹人关于自己始祖有这样的传说，一位“天女”倍感天宫的枯燥寂寞，于是驾着青牛车，从“平地松林”沿潢水顺流而下。恰巧，一位英俊的“仙人”骑着雪白的宝马，从马盂山随土河一直向东信马由缰。青牛和白马，在潢水与土河的交汇处的木叶山相遇了，两人一见钟情。天女和仙人，放走青牛，松开马缰，走到一起。两人相爱并结合，繁衍生育 8 子，8 子后代族属渐盛，形成 8 个部落，史称：古八部。古八部居潢水之南，黄龙（今辽宁省朝阳）之北。常以名马和皮革贡献北魏，并进行贸易。由此可知，契丹族发源于西拉木伦河和老哈河流域。

契丹历史大约可分为 3 个阶段：自 4 世纪中叶至 10 世纪初为第一阶段，是形成期；从 10 世纪初至 12 世纪初为第二阶段，是其发展壮大期，即契丹人建立辽朝时期；辽朝亡后至 14 世纪中叶为第三阶段，是契丹族衰落、分解和融入其他民族的时期。

在第一阶段形成期，即在辽朝成立前的 5 个半世纪中，契丹人的历史又经历了 3 个时期：

从4世纪中叶至7世纪初（即隋末唐初）为古八部时期；7世纪初至8世纪上半叶为大贺氏部落联盟时期；自此至907年阿保机代痕德堇为可汗是遥辇时期。

据中国元代史籍《辽史》载，契丹建立辽国前的社会组织模式是部落联盟。在部落联盟的发展过程中，历经最重要的部落组织有三个，即古八部、大贺氏八部和遥辇氏八部。其具体历史序列为：古八部历北魏、东魏和北齐，大体上与北朝相首尾；大贺氏八部始于唐朝李世民贞观之初，终于唐玄宗李隆基的开元天宝之间；遥辇氏八部始于开元天宝之际，终于辽太祖建立辽朝。

公元553年，北齐文宣帝高洋亲率大军攻击南下的契丹部落，俘获10余万人、数十万头牲畜。契丹部族损失惨重，后又受到突厥的侵略，因而“部落离散，非复古八部矣”。

隋初契丹族分别臣附于隋朝与突厥，逐渐得到恢复，游牧于辽西地区。诸部落平时各自“逐寒暑，随水草畜牧”。公元605年，契丹族南下营州（今辽宁省朝阳）地区时，又遭到突厥的袭击，4万人被俘，再次受到重创。

在契丹人累遭强邻攻击，人员和牲畜多次被掠，部族严重受创后。大贺氏八部联盟在唐初形成。《新唐书·契丹传》载，大贺氏八部联盟为达稽部、绝便部、独活部、芬问部、突便部、芮奚部、坠斤部、伏部。从名号上看，大贺氏八部名称与古八部无一相同，但有四个部落所活动的州名与古八部中四个部名是相同或相似的。虽不能断定居住在上述4州的芬问部、突便部、坠斤部、伏部，是否是古羽陵部、日连部、万丹部，黎部的改称，或是别部迁居其地。但可以判断是，大贺氏八部的成员成分构成不会与古八部完全相同，其与古八部时期的活动区域应该大体相同，他们依然“逐猎往来，居无常处”，过着游牧、狩猎的生活。这一时期的社会组织，比古八部时期前进了一步，即在八部之上有部落联盟。联盟的主要任务是，组织各部落一致对外的军事行动。平时的生产和生活，还是由各部和氏族独自处理。即所谓“若有征发，诸部皆须议合，不得独举。猎则别部，战则同行”。联盟实行三年选举一次可汗的习惯，早期可汗均在大贺氏家族中产生。

公元623年，契丹遣使到长安，给唐高祖进贡名马、丰貂，但其政治立场仍倾向于突厥。公元628年，首领大贺摩会不堪突厥压迫，率部落联盟背弃突厥，归附唐朝。唐皇李世民赐给契丹首领旗鼓，后来成为契丹可汗权位的象征。公元630年，唐朝将室韦人和契丹人部落置于营州。后唐太宗以契丹人为松漠都督府（在今赤峰、通辽一带），以大贺窟哥为松漠都督，赐姓李氏。但其孙大贺阿卜固在位时却开始联合奚族骚扰唐朝边境，被擒送洛阳。唐高宗以窟哥孙子枯莫离为左卫将军、弹汗州刺史，封归顺郡王；另一孙子李尽忠为武卫大将军、松漠都督，继统契丹八部。

公元696年年初，此时的唐朝武则天称帝，改国号“唐”为“周”已有6年。契丹发生饥荒，契丹百姓生活无着，饥饿穷困。刚愎自用的营州都督赵文翙（huì）不但不予赈济，还多次侵侮其辖境内的契丹部属。赵文翙的行为激起了以李尽忠为首的契丹人的强烈不满，李尽忠与妻兄、归城州刺史孙万荣等共同举兵反周。并在年中攻陷营州，杀赵文翙。李尽忠自称“无上可汗”（这也是契丹首领首次称“可汗”），侵略河北。由此，契丹各部纷纷来投，在十日内李尽忠的队伍达到了数万人。

闻契丹反武则天大怒，改李尽忠之名为李尽灭，孙万荣为孙万斩，派大军围剿。10月，李尽忠病死。公元697年中，在奚人和突厥人的夹击下，契丹大败，孙万荣被手下杀死。公元700年，武周军攻打契丹余部，将契丹人的暴动平定。

孙万荣被杀后，契丹人又归附突厥，与唐朝断绝来往。公元714年，大贺氏联盟首领李尽忠的堂弟李失活遣使随奚人使者入朝，唐玄宗李隆基加以慰抚，3年后唐复置松漠都督府，以李失活为都督，封松漠郡王，并赐丹书铁券。所统领的八部酋长都加授为刺史。

公元717年，唐玄宗又将宗室女永乐公主，嫁给了李失活。李失活是第一个迎娶唐朝公主的契丹首领。有唐诗专述此事：

边地莺花少，年来未觉新。

美人天上落，龙塞始应春。

李失活婚后第二年去世，堂弟李娑固继其位，按契丹风俗永乐公主又嫁李娑固。

当时契丹贵族可突于（又名可突干、突于），唐封为静析军经略副使，身怀勇谋，深得众心。李娑固很是忌惮想除掉他。公元720年，可突于举兵反攻李娑固，李娑固败走营州。营州唐军召奚人联合李娑固讨伐可突于，唐联军不胜，李娑固被可突于所杀。可突于立李娑固的堂弟李郁于为新可汗，遣使者向唐朝谢罪。唐玄宗承认既成事实，令李郁于承袭李娑固官爵，同时将宗族女燕郡公主嫁给他，赦免了可突于之罪。

公元723年，李郁于病死，其弟李吐于袭爵。李吐于与可突于相猜忌。公元725年，李吐于携燕郡公主投奔唐朝内地，可突于立李尽忠的弟弟李邵固为新首领。李邵固派遣可突于赴唐朝献贡不受礼遇，可突于感觉屈辱。公元730年，可突于杀李邵固，立遥辇屈烈为可汗，率部落并裹胁奚族投降突厥。

遥辇屈烈［又作：屈列、屈刺、据埒（liè）、掘埒，《辽史》称洼可汗］，是契丹遥辇（niǎn）氏族的第一任可汗。

时联盟内的军权为贵族、部落首领李过折（又作李遇折、郁捷）和可突于分掌，两人不和，有矛盾。唐朝廷借机遣人以议降之名进行离间分化，拉拢李过折。公元734年年底，可突于欲引突厥兵联合攻唐。李过折深夜举兵，杀可突于、遥辇屈烈可汗等数十人，归降唐朝。唐玄宗大喜："既立殊勋，又成大节，何其壮也。"授李过折为北平郡王、特进（正二品）、检校松漠都督；赐锦衣、银器、绢彩等。然而不久，李过折和他的家人被亲可突于的部落首领泥礼以"用刑残虐，众情不安"之名弑杀，几近灭门。只有一子李剌干逃至安东都护府，唐朝拜为左骁卫将军。泥礼拥立遥辇氏的迪辇组里为阻午可汗。上书至唐，唐被迫认可。

遥辇氏部落联盟是契丹立国前最后一个部落联盟，标志着契丹社会的发展和转折。

遥辇氏联盟初期也由八部落组成，分别为迭剌（dié là）部、乙室部、品部、楮（chǔ）特部、乌隗部、突吕不部、涅槃部、突举部。当形势稳定后，阻午可汗在泥礼的辅佐下，整顿和重组部落为二十部。

遥辇氏联盟的各部落首领称夷离堇（yí lí jǐn），从各部落贵族家族中选举产生。他们对联盟的重大事务有决定权，并可任免联盟首领，这同大贺氏联盟各部情况基本相同。阻午可汗继立时，创制了继位仪式——柴册礼。这就使可汗的继任制度化，使他的权威通过礼仪、制度得到了认可，从而巩固了他的地位。

泥礼（又称耶律涅里或耶律雅里），是唐朝中期契丹迭剌部的首领。泥礼杀李过折后，唐朝封他为松漠都督，而他“让阻午而不肯自立”却将军事大权掌握在自己手中。遥辇氏联盟的军事首脑，也称夷离堇，泥礼为遥辇氏联盟首任夷离堇，同时还掌握了联盟内部的裁决权。由此，迭剌部的耶律氏家族兴起，世代担任契丹部落夷离堇，权威日盛。到遥辇后期，迭剌部首领也可举行柴册仪，表明夷离堇的权限已不在可汗之下。

公元745年，回纥灭突厥，建回纥汗国，契丹人彻底摆脱了突厥势力的控制。不久，阻午可汗降唐，唐玄宗赐以姓名李怀秀（又作李怀节），拜松漠都督，封崇顺王，又将宗室女封为静乐公主嫁给他。这时，安禄山为平卢节度使，兼柳城太守、押两蕃（契丹、奚）、渤海、黑水四府经略使。他为邀功开启边衅，不断侵掠契丹和奚人，激化了唐朝与契丹、奚之间的矛盾。于是，李怀秀杀静乐公主，与奚族首领一起叛唐，依附于回纥。之后，契丹与安禄山多次交战，胜负参半。至安史之乱结束，唐朝与契丹之间大规模的战争基本结束。

后回纥改名回鹘，于公元840年为黠戛斯（xiá jiá sī）所灭。公元842年，契丹乘回鹘被黠戛斯和唐军打败，可汗被杀，诸部溃败之机，时任可汗的屈戍率部投唐。

屈戍可汗又称耶澜可汗，名遥辇屈戍，或作屈戌、鹘戍，是契丹遥辇氏的第七任可汗。附唐后，唐武宗李炎拜为云麾将军，守右武卫将军。屈戍请唐颁发新印以取代回鹘所颁旧印，唐铸“奉国契丹之印”颁赐。契丹与唐朝之间的隶属关系得到恢复。

契丹依附突厥、回鹘期间，突厥文化、制度传入契丹，对它的社会发展产生了巨大和深远的影响。自大贺至遥辇，以至于辽朝建立之初，其官号多借自突厥与回鹘。大贺氏依附突厥期间，接受其“俟斤（sì jīn）”官号。“俟斤”一名，本出自鲜卑、柔然，后为突厥承袭。至遥辇时，又转写为“夷离堇”，并赋予它新的意义。

据史籍《辽史》记载，遥辇氏联盟共有可汗9人，皆出自遥辇家族，其存在170多年，其间契丹部落在100年的低谷后又逐渐强大起来。

痕德可汗或痕德堇可汗，亦称遥辇钦德，是契丹遥辇氏的第九任可汗。在遥辇钦德时期，契丹征服了奚、室韦，并多次入侵幽州、蓟州。痕德可汗死于公元906年年底。在这个时期，迭剌部的耶律阿保机担任夷离堇。在痕德可汗死后，阿保机不再从遥辇氏家族选择可汗，而是把象征可汗权力的旗鼓收为己有，自己担任了契丹部落的可汗，从此，可汗的选立就转入迭剌部耶律氏家族了。

耶律阿保机，姓耶律，名亿，字阿保机，小名啜里只。耶律阿保机出生时，契丹贵族阶层内部正在为争夺联盟权力而打得不可开交。阿保机的祖父在斗争中被杀，父亲和叔叔伯伯们也被迫逃离，躲了起来。祖母对于这时刚出生的阿保机非常疼爱，但又担心他会被仇人加害，因此，常常将他藏在别处的毡帐内，不让外人知晓。

阿保机自幼聪敏，才智过人。长大成人后，身体魁梧健壮，胸怀大志，而且武功高强。《辽史》说他“身长九尺，丰上锐下，目光射人，关弓三百斤”。

痕德堇可汗即位后，阿保机担任护卫官组建侍卫亲军。凭借这支精锐武装，阿保机迅速崛起。率领亲军先后战胜了小黄室韦、越兀、乌古、六奚等近邻部落。继而担任了迭剌部的夷离堇和联盟的夷离堇，专事征伐。公元 902 年，耶律阿保机领兵 40 万伐河东、代北，攻下九郡，俘获不可胜数。公元 903 年，又北攻女真，俘获 300 户；南取河东、怀远军，侵掠蓟北，因功升于越、总知军国事（官名），成为部落联盟的实际操纵者。

本来契丹有首领“三年一选、以次相代”的旧制，一旦可汗之位转入一个家族，那么这个家族的成年男子都有机会当选可汗。但是阿保机在位时期，羡慕中原王朝文化，希望可以像中原皇帝那样实现可汗权位的终身制和世袭制。所以在阿保机担任可汗的第五年，仍然“久不受代”，没有改选的意思。在汗位的诱惑下，阿保机的几位弟弟决定逼迫他进行选举，于是就发生了契丹历史上著名的三次“诸弟之乱”。

第一次叛乱

公元 911 年，以剌（là）葛为首的四兄弟唆使耶律氏中对阿保机不满的守旧贵族，借口索取俘虏来的汉人奴隶和牲畜，突然向阿保机发难。阿保机的妻子述律平料定此事并非如此简单，便予以拒绝。剌葛四兄弟便借机密谋，准备用武力攻取汗帐，抢夺象征王权的旗鼓和古老的神帐。有人向阿保机告密，阿保机随即采取措施平息了第一次叛乱。但阿保机鉴于骨肉之情，与诸弟登山盟誓后，原谅了他们，大家继续维护着表面上的和谐。但在平和之下，却隐藏着新的风暴。

第二次叛乱

次年，剌葛四兄弟在叔父于越辖底的策动下，又发动了第二次叛乱。这次叛乱与第一次相比，力量更为强大，联盟内部的几个最重要的官员于越、惕隐（也称梯里已，掌管王族内部事务的官职）和夷离堇都行动起来了，组成了强大的叛乱集团，对阿保机的汗位提出了严重的挑战。当叛乱发生时，阿保机正领兵在外亲征，命剌葛分兵攻平州（今河北卢龙）。正当阿保机率军返回途中，四兄弟领兵阻道，直言不讳地要求阿保机恢复部落世选制。阿保机没有与他们发生正面冲突，而是引兵南移，并于当天举行了隆重的继任可汗的祭天仪式和选举仪式（柴册仪）。在熊熊燃烧的大火中，阿保机率领各部落长老，祭告祖先和神灵，郑重宣布继任可汗，重掌旗鼓和神帐，继续担任契丹八部联盟的可汗。阿保机的这一举措，取得了政治上名正言顺的优势，巩固了权位。

剌葛兄弟得知阿保机继任可汗的传统仪式举行完毕后，再也没有了反抗的理由。于次日纷纷向阿保机表示臣服。阿保机再一次宽容了他们，只把他们囚禁起来，并未予以重罚，使之有机可乘。剌葛等人在吸取了二次叛乱的经验教训以后，又谋划了更加缜密，更大规模的叛乱计划。

第三次叛乱

第二年春，四兄弟不死心，乘阿保机再次出征之机，他们三管齐下，一面派人领军千余骑，谎称向阿保机汇报工作，借机下手谋刺阿保机；一面派人去劫夺阿保机的行宫，夺取可汗旗鼓和神帐；一面自制旗鼓，图谋篡位。阿保机及时发觉了这个阴谋，随即设伏以待。一路叛军很快束手就擒，阿保机随后引军北上，追击剌葛。但另一支叛军进展顺利，直捣阿保机的可汗营帐，留守营帐的述律平率领自己的亲军据险自守，终是寡不敌众，被凶猛的叛军放火烧毁大批辎重和营帐，抢走了象征王权的旗鼓和神帐。述律平沉着应战，一面领兵救火，一面派兵去追，但也只把旗鼓夺回。

剌葛自诩为可汗，听说阿保机挥师来追，便向北撤逃。阿保机在剌葛逃亡的必经之路上，设下埋伏。最终彻底击溃了剌葛的叛军，夺回了神帐。生擒剌葛等叛将。

这次叛乱持续了两个月之久，战乱给联盟造成的损失是巨大的。正如阿保机所说："过去大军出征，辎重连绵数里，民间原有精马万匹，而今只能徒步，牲畜死亡十之八九；过去粮肉充盈，现在士卒只能煮马驹采野菜以为食。"遂下令处死叛将 300 多人，但对其兄弟却手下留情，剌葛四兄弟被免罪。随后，阿保机加快了建立国家的步伐。在公元 913 年的冬天，再次举行了隆重的传统选汗仪式，确定了自己的权威。

纵观国内外历史，像阿保机这样重视手足之情，并且在兄弟们多次动用武力抢权夺位之下，仍然没有对兄弟痛下杀手的君王实为罕见。

迭剌内部稳定之后，其他七个部落的首领不服，也希望当可汗。七部落贵族联合对阿保机施加压力，要求恢复旧的可汗选举制度，阿保机只好妥协。他交出了代表可汗身份和权威的旗鼓仪仗，同时又让出了迭剌部所占有的水草丰美的土地。据说他跟七部落首领商议："我做可汗 9 年，手下有很多汉人。咱们契丹人可以在草原上放牧纵马，汉人不习惯这种生活。你们看这样好不好，我的草场让给你们，我去汉地筑一座城，我的族人和汉人们住在里面。"七部落贵族高兴地同意了。

传说阿保机选择在盐池（今河北省滦南县）筑城，盐池盛产食盐，这样契丹各部落要吃盐都必须来找阿保机。阿保机借机对他们讲，盐不能白给你们，要用东西来和他交换，所以阿保机的实力越来越强大。

阿保机开始盘算着如何除掉这些反对他的人，于是妻子述律平给他出了个主意。阿保机筹办了一个盛大的宴会，邀请七部落贵族们参加。在七部落贵族喝得酩酊大醉的时候，阿保机的伏兵四起，把七部落贵族全部杀死。这就是契丹历史上著名的"盐池之变"，耶律阿保机通过"盐池之变"成功清除了反对势力，统一了契丹八部落。

公元 916 年，耶律阿保机建"大契丹国"，自称"天皇帝"，即辽太祖，建都临潢府（今内蒙古自治区赤峰市巴林左旗南的波罗城）。从此，契丹的"可汗"成为历史。

契丹建国后，由于政治、经济、军事、文化等发展的需要，以及民族意识的觉醒，他们渴望拥有自己的文字，用以记录契丹语言。公元 920 年，在耶律阿保机的支持下，由耶律突吕不和耶律鲁不古（或称卢不姑，耶律阿保机从侄）主持，参照汉字创制了契丹大字有 3000 余字。

从出土的契丹文哀册和碑刻来看，契丹大字是一种表意方块字，书写方式和汉字类似，每个字代表一个音节。其中夹杂一些直接借用汉字的形式。比如，一、二、三、五、十、百、皇帝、国。还有一些大字是将汉字改造字形、增减笔划而得的仿造字。超过半数的大字由于没有解读出来，所以也难以确定来源。目前发现的大字有 1000 多个。

契丹大字颁布以后，立刻在契丹国内使用。但是，契丹贵族大多通晓汉文，并以汉文为尊，契丹大字使用范围有限。尽管契丹大字是当时契丹内部的官方文字，但远不如汉字使用的普遍，这样就不得不改革大字。

公元 925 年左右，耶律阿保机的弟弟耶律迭剌在学习了回鹘文之后，参考回鹘文而创建了契丹小字。契丹小字是一种独特的契丹文字，它主要使用类似汉字偏旁部首的表音符号来拼写契丹语词汇。由于在多数情况下，一个表音符号表示一个元音与辅音组合而成的单音节，所以，总的来说，契丹小字更像是一种音节文字。一个或多个表音符号组合在一起，就可以记录契丹语词汇的发音。小字的书写方式和汉字有所不同，其基本单位是词，每个词由 1~7 个原字组成。词按照从上至下、从右至左的顺序书写，词内部的原字按从左至右、从上至下的顺序书写。原字有几个书写形式，分正楷、行草、篆书等字体，代表几种语音或一个语音采用这几种书写形式。因此，同一个词或词素表现在文字上可以有不同的拼写形式。小字以“数少而该贯”著称，即原字虽少，却能把契丹语全部贯通。契丹小字约有 500 个发音符号，基础原字总数 300 多字，然后缀合拼写成词。

契丹开国以后，两种文字体系与汉字并行，但在正式行文诏书中所使用的为小字以及汉字，大字仅作为书面文字使用。

现有契丹文资料以石刻为主要内容，有数十件，总数达数万字。其中，刻于陕西省乾县唐乾陵前《无字碑》上的《大金皇弟都统经略郎君行记》，是唯一一份刻有契丹小字与汉字的双字遗存，是解读契丹文的钥匙。契丹小字目前大约已能识别 50%，由于现存的契丹小字原始文字资料数量不大，所以研究进展不是很快。俄罗斯科学院珍藏有契丹大字手抄本，约有 15000 字，但目前能够释读出的内容很少。

契丹文字的创制，是契丹民族发展史上的一件大事，它结束了契丹民族“刻木为契”的时代，是契丹民族智慧的结晶，影响着中华民族的文化历史。

建国后，阿保机又着手制定新的制度。对遥辇氏 20 部进行改造，建立起新的国家机构。本着“因俗而治，得其宜”的原则，制定不同的民族政策和不同的管理体系。中央机构分南北（因其官署分设在皇帝牙帐南北两边，故有南北之分），“（北面）以国制治契丹，（南面）以汉制待汉人”。将“人众势强，故多为乱”的迭剌部分解为五院部和六院部，各置夷离堇和南北院大王。北院大王掌管迭剌五院部，南院大王掌管迭剌六院部。胡汉分治，使逃亡到契丹的汉人定居下来，安心垦荒耕作，恢复农业生产。生产发展了，政府有了租赋收入，经济实力大为增强。这种分治的方法，对契丹的发展起到了很大的作用。

阿保机废除了部落世选制，立长子耶律倍为皇太子，确立皇位世袭制。“诏定法律，正班爵。”命耶律突吕不制订出契丹第一部法典《决狱法》，开契丹王朝条例法典之先声，成为契丹国基本法典。

耶律阿保机通汉语，任用有才学的汉人为谋士，并采纳汉臣的建议置州县、立城郭、定赋税，模仿汉地的制度来管理在战争中俘掠的大量汉人，契丹社会的封建制成分得以迅速发展。

相传阿保机羡慕萧何辅佐刘邦的典故，故将其母亲、祖母、曾祖母、高祖母家族的姓氏拔里氏、乙室氏赐姓萧氏。自己汉名姓刘名亿，长子耶律突欲汉名刘倍。其次子耶律德光即位后，亦将母亲述律氏赐姓萧氏。萧氏与耶律氏世代通婚的习俗一直沿袭下来：萧氏的女子都嫁给耶律氏，耶律氏的女子都嫁给萧氏。萧氏成为契丹国仅次于耶律氏的权贵势力。契丹建国以来，萧氏共有 13 名皇后、13 位诸王、17 位北府宰相、20 位驸马，故萧氏有契丹国“皇后族”之称。

权力稳固后的耶律阿保机要实现他的文治武功，在公元 925 年亲率大军东征已经衰落的渤海国。此时的渤海国已陷入分崩离析的危机之中，阶级矛盾、民族矛盾到了十分尖锐的地步。这给窥伺已久的强邻——契丹国以可乘之机。10 世纪初，契丹人先攻陷了渤海国控制的辽东，到公元 925 年年末，看准时机耶律阿保机决心灭亡渤海。翌年春，契丹大军攻陷了渤海国上京龙泉府，大諲撰（dà yīn zhuàn）投降，渤海国灭亡。阿保机灭渤海以后，改渤海国为东丹国，意即东契丹国，作为契丹直接统治的过渡阶段。同时册封皇太子耶律倍“人皇王”，担任东丹国王，契丹势力扩大到了渤海沿岸。阿保机又在黑龙江和乌苏里江流域广置官府，实施实际管理。然而，攻灭渤海国后的第二年，耶律阿保机在回师途中病逝，终年 55 岁。其妻述律平宣布摄政。

述律平，小字月里朵，“平”是她的汉名。据说是回鹘族述律部人，耶律阿保机即天皇帝位后，她被尊为“地皇后”。

述律平的母亲则是耶律阿保机的姑姑，算起来，述律平与自己的丈夫阿保机是姑表兄妹，亲上加亲。按照氏族传统，耶律和述律是通婚的两个部落。在述律平 14 岁的时候，按照族里的习俗，嫁给了 20 岁的表哥。

述律平果敢而多谋，新婚后的述律平跟随丈夫四处征战，靠其才智赢得阿保机的信任。阿保机交给述律平一支军队，完全听从述律平的命令，依靠这支武装，述律平帮助丈夫平息多次危机。

公元 924 年，耶律阿保机率军出征党项，留述律平打理朝政。此时，有两个室韦部落要偷袭阿保机的后方。述律平得知后没有慌张，沉着布置，调兵遣将，率领族人大破敌军，显示出她过人的才能，从此名震契丹各部。

在帮助阿保机处理以剌葛为首的四兄弟叛乱的时候，述律平头脑清晰，临危不乱，手段狠辣，不但保住了行宫，而且将剌葛等人擒获。阿保机在述律平的坚持之下斩草除根，上百名贵族被处死，使阿保机统一了契丹。

述律平辩才识人的眼光也很独到，她一发现杰出的文武人才，就向阿保机推荐，这对巩固和发展契丹的事业，起到了极其重要的作用。其中汉人韩延徽就是她发现并推荐给阿保机的一个杰出人物。

韩延徽本是幽州节度使的部将，幽州节度使派韩延微作为使臣到契丹来求援。在契丹的朝廷上，韩延徽因阿保机的傲慢，脾气上来不肯行跪拜之礼。这就激怒了阿保机，他扣留了韩延微，不放他回幽州，罚他在草原放牧。述律平发现韩延徽是个不可多得的人才，她对阿保机说："韩延徽能在危境中保持节操而不屈服，说明他是个贤明而有才能的人。我们应该以礼相待，委以重任，让他为我所用，不然就太可惜了。"阿保机认为述律平说得在理。他重新召见韩延徽，与他探讨契丹国家的政治军事大事，韩延徽侃侃而谈，见识不凡。阿保机喜出望外，马上任命韩延徽为军事参谋，参赞军机大事。后来契丹率兵讨平渤海、党项，征服各个部落，多数得力于韩延徽的谋划。在治理国家的政治策略上，韩延徽帮助阿保机正君臣的名分，制定法律制度，建造城市宫殿，把中原地区的封建文明运用到契丹的建国之中，加快了契丹政权的封建化进程。

《辽史》评价述律平："后简重果断，有雄略。"公元926年，耶律阿保机去世，述律平以皇后身份摄政，掌握了契丹的军国大权。当时不少老臣和将领不服，为了掌控政权，述律平想出了一个狠招。她召见那些难以制服的将领和大臣的妻子，然后对他们说："我现在是一人寡居，你们不可不效法我。"又召集她们的丈夫边哭边问他们说："你们思念先帝吗？"这些人回答说："先帝对我们有很大的恩情，怎么能不思念他呢？"述律平说："果然思念他，就应该去见他。"然后将他们全都杀死与阿保机殉葬。只要想杀谁，她就跟他讲，"先帝想你了，替我向先帝传话"。把他们带到阿保机坟前殉葬，先后共杀死一百多人。不过到最后述律平遇到了一个硬刺，这是一个投降契丹的汉族大臣。述律平对他故伎重演，以"亲近臣子应追随侍奉太祖"为由，要杀他去殉葬。这位汉臣不甘受死，高声道："亲近之人莫过于皇后，皇后为何不以身殉？我等臣子前去侍奉，哪能如先帝之意？皇后若能先去，臣一定跟随。"述律平被将了一军，随后为自己开脱说："我并非不想追随于先帝，只因国家无主，诸子幼弱，暂不能相从于地下，今以手代之。"说完果断抽出刀，砍下自己的右手命人放入阿保机棺内。杀戮由此停止，这位汉臣也幸免于难，从此朝中无人敢反对她。

阿保机和述律平育有三个儿子，分别是长子耶律倍（又称耶律图欲、耶律突欲）、次子耶律德光、幼子耶律李胡。据说阿保机对三个儿子有一番评论，他认为"大儿子巧，二儿子成，小儿子则不值一提"。

耶律倍酷爱中原汉族儒家文化。他精通契丹文和汉文，在文学、医药、音律、占卜等多个领域都有很深的造诣。耶律倍还是一位非常著名的画家，他的部分画作后来成为宋朝皇室收藏的精品，直到今天，他的少量作品依然被保存下来成为传世名画。比如，收藏在美国波士顿艺术博物馆的《东丹王出行图》，收藏在美国纽约大都会博物馆的《射鹿图》（或《获鹿图》）和收藏在台北"故宫博物院"的《骑射图》。

耶律德光，字德谨，小字尧骨，在阿保机的3个儿子当中，他和长子耶律倍都很受阿保机的喜爱，但耶律德光更像他的父亲。年仅20岁，就被任命为天下兵马大元帅，随同父亲参加了一系列征服战争，勇赴枪林箭雨，战功卓著，在政治、军事方面的能力明显超出兄长。对于契丹这样的草原民族而言，面对外部各方强邻；内部环聚的部落贵族，作为一族的统治者的政治、军事能力显然要比具有文学、艺术才能更显重要。

史籍评论耶律李胡：勇武强悍，力大无比，生性残忍暴酷。他没有继承父母的文韬武略，但在残暴方面却青出于蓝而胜于蓝。李胡有一身蛮劲，心情欠佳时会在下人脸上刺字消气。若是有人惹着他，他不是把人活活剥皮抽筋，就是把人抛入水火之中虐死。契丹人上至高官贵族，下至平民奴隶，没有不怕他的。可不知道为什么，述律平偏偏最钟爱这个小儿子，而讨厌长子。

此时耶律倍 27 岁，耶律德光 24 岁，耶律李胡才 15 岁。述律平一心想让幼子坐上皇位，然而此时的李胡少不更事，顽劣成性，实在难当此任。她意识到此时耶律德光似乎是最理想的继承人，而耶律德光对母亲也是言听计从。

于是，述律平导演了一场众臣拥立耶律德光的场景。她让耶律倍和耶律德光牵着马立在大臣们齐集的帐前，对文武百官说："我的两个儿子都很优秀，也都适合做皇帝，现在我把选择的权力交给你们，你们认为谁适合就执谁的鞍辔（pèi）。"文武百官都明白述律平的真实意图，害怕她的事后报复，便争先恐后抢执耶律德光的鞍辔，并欢呼"愿事德光皇帝"。

皇太子耶律倍也洞悉母亲的心思，无奈之下，只好"与群臣请于太后而让位焉"。坦陈："大元帅（德光）功德及人神，中外攸属，宜主社稷。"主动要求做臣子。

公元 927 年年底，耶律德光即皇帝位，是为辽太宗。述律平成为皇太后。耶律德光继皇位后，在公元 928 年，将东丹国南迁，升东平郡为契丹国南京（今辽宁省辽阳北）。这样做一方面缓和了契丹与渤海人的矛盾，同时耶律德光也加强了对人皇王耶律倍的控制和监视，缓解了来自耶律倍方面的皇位威胁，这是耶律德光加强中央集权统治的重要举措。其结果，导致在公元 930 年，耶律倍弃国投奔后唐。

公元 936 年，后唐河东节度使石敬瑭以称儿子、割让燕云十六州为条件，乞求耶律德光出兵助其反对后唐。耶律德光抓住时机亲率 5 万骑兵，在晋阳城下击败后唐军，册立石敬瑭为后晋皇帝。其后，又率军南下上党，助石敬瑭灭后唐。

后晋出帝石重贵即位后，拒不称臣。耶律德光再接再厉，于公元 947 年年初率军攻入开封府，灭后晋。入主中原后，耶律德光立即下诏，将国号"大契丹国"改为"大辽国"，以中原皇帝的身份接受契丹和降服的后晋文武官员的朝拜，意指契丹和后晋的统一。

占据梦寐以求的中原，耶律德光有些得意忘形，以牧马为名，纵兵四处抢掠，称为"打草谷"。面对富庶的中原都城，契丹兵野性大发，四处奸淫抢掠，又以犒军为名，严令晋人无论官民都得献出钱物。面对辽兵的残暴行径，中原百姓群起反抗。他们组成义军，攻击州县城，杀死契丹任命的官吏，一时澶、宋、亳、密四州均被起义军占据。

公元 947 年 2 月，后晋名将刘知远看准时机，在太原称帝，后晋旧将多起兵响应。耶律德光害怕了，感慨道："我不知中国之人难制如此！"胁迫后晋降官数千人，宫女、宦官数百人带着搜刮来的财物，退出开封府北归。路过相州（今河南省安阳）时，辽军杀人泄愤，屠相州城。城中男人被杀，妇女被掳，凡死十余万人。

耶律德光后来总结自己在中原失败的原因，结论是三失：各地搜刮百姓钱财，是第一失；

让契丹士兵打谷草扰民，是第二失；没有早点遣返节度使去治理各镇，是第三失。他很懊恼由悔生忧，加之水土不服，走到栾城（河北省栾城县），便因病去世，时年46岁，庙号太宗。

耶律德光死后，述律平太后要求“死要见尸”，而当时天气已经转暖，路途又遥远，为了能够将尸体送回上京，文武大臣们采用了一个厨师的主意，将耶律德光的尸体做成木乃伊送回他的故乡，这也是中国历史上唯一的一个木乃伊皇帝。

刘知远的称帝，建立后汉政权，是让耶律德光最为闹心的事，也是他被迫退出汴州的重要因素之一。而刘知远也是沙陀人，曾经二次救过石敬瑭的命。

第一次是一次战斗中，当时石敬瑭作为李嗣源的部将率军正在与后梁军激战，石敬瑭坐骑的鞍鞯（jiān）忽然断裂，险些堕马，后梁士兵将他围在核心，危急万分。刘知远冲到他面前把自己的马让给石敬瑭，护着他左冲右突，杀出了重围。

第二次是在公元934年，后唐末帝李从珂发动兵变。闵帝李从厚从洛阳逃出，石敬瑭也领兵正赶赴洛阳，在卫州碰到出逃的李从厚。石敬瑭和李从厚到屋内密谈，刘知远为防万一，就派勇士石敢前去护卫，石敢在袖子里藏了一把铁锤，站在石敬瑭的背后。谈到最后，李从厚的随从觉出石敬瑭只是敷衍，没有保护李从厚的诚意，就抽剑向石敬瑭刺来。石敢掩护着石敬瑭躲进旁边的一个房间里将门挡住，刘知远闻讯领兵杀进屋里时，石敢已经战死。刘知远将李从厚的随从全部杀死，石敬瑭留下了李从厚，派人将他囚禁起来。后有传民间守护神“石敢当”即是石敢的化身。

后唐灭亡后，石敬瑭建立后晋。由于刘知远被石敬瑭视为亲信，成为禁军的最高统帅。公元941年，刘知远任河东节度使、北京留守。

石敬瑭死后，刘知远预感到天下将要大乱，所以着意经营太原。为了加强自己的实力，他处死了吐谷浑首领白承福，夺取了大量的财富及数千匹良马。契丹军进攻汴梁时，刘知远据守本境，既不出兵救援后晋出帝，也不抗击契丹，而是采取了冷眼旁观、等待其变的态度。

耶律德光率军攻入后晋都城称帝建辽时，刘知远一面分兵把守河东四境，以防契丹军侵入，一面派官员以进贺表、送贺礼为名，3次入汴州刺探军情。耶律德光虽知刘知远来人之意，但为了拉拢河东势力，按照契丹给大臣的最高礼遇赐给刘知远木枴，并称其为儿，以表示与后晋皇帝同礼。并派遣使臣问刘知远：“你不事南朝，又不事北朝，你等什么呢？”刘知远众多部将认为耶律德光猜忌心已生，情形危急，劝刘知远起兵反辽。

刘知远分析了当时的形势，以为“用兵有缓有急，当因时制宜。今契丹新降晋兵，虎居京邑，未有他变，岂可轻动？且观其所利，止于货财，货财既足，必将北去。况冰雪已消，势难久留，宜待其去，然后取之，可以万全”。刘知远要等待时机。

耶律德光在开封府称帝后，刘知远也在晋阳（今山西省太原）称帝。

为了收揽人心，刘知远称帝而不建国号，继续使用后晋高祖石敬瑭所用的年号，以示承续后晋。辽太宗耶律德光听说刘知远称帝便下令削夺刘知远的官爵，并派大军包围河东地区。

在与辽的争战中，刘知远下诏书道："各道官员为契丹搜刮钱财的，都罢免；原后晋官员被胁迫做使者的，不予追究，要弃暗投明；至于契丹人，见可诛之。"刘知远的措施与辽兵在开封附近的掠夺政策形成明显的对照，因而获得了民众的支持，后晋的旧臣武装纷纷归附刘知远。河东周边的民众也纷纷组织起义军，到处攻杀辽的守军，抢占城镇。一些被迫投降辽的后晋官吏此时也杀辽官而降刘知远，刘知远在各方的支持下，打破了辽的围攻。

耶律德光终于明白统治中原的不简单，被迫北返。刘知远闻知辽军主力撤离了开封，便召集众大臣和将领们商议进取之策。诸将认为应出师井陉（今河北省井陉），先平定河北，河北定则河南不战自服。部将郭威力排众议，以为出兵河北，兵少路迂，又无应援，难以制胜。他主张先平定陕、晋，后攻汴、洛。刘知远依照郭威的计策，委派自己的弟弟镇守太原，自己则亲率大军由太原出阴地关（今山西省灵石县西南）至晋（今山西省临汾县）、绛（今山西省新绛县），安定了陕、晋后方，然后攻取开封。

辽军守将闻刘知远进攻，纷纷弃城北逃，刘知远大军一路势如破竹。刘知远自太原发兵，仅用了21天便占领洛阳。刘知远在洛阳改名为暠（hào），改国号为"汉"，史称：后汉。然后自洛阳进军开封，一路畅行无阻。入开封后，后晋时的藩镇相续降汉称臣，黄河以南的州镇名义上归后汉所治。

刘暠（刘知远）发兵前，曾提议向百姓分派索取钱财犒赏作战将士，夫人李皇后劝谏道："方今起事，号为义兵，民未知惠而先夺其财，殆非新天子所以救民之意也。今后宫所有请悉出之，虽其不足，士亦不以为怨也。"李皇后拿出宫中所有财物赏赐将士，果然深得人心。

刘知远家世贫寒，少时去给人牧马（一说是牧马军卒）。据说有一次牧马时，不慎踏坏了寺庙属地的庄稼，被僧人捆绑起来打了一顿。后来邂逅了貌美善良的李氏，遂生爱慕之情。刘知远托人向李家求亲，李父因嫌刘家贫穷而拒绝。刘知远心有不甘，请几位朋友帮忙乘夜到李家抢亲。婚后，刘知远眼见天下大乱不甘心这样劳苦一辈子，随后别妻从军，去争功名。后以军功升河东节度使、北平郡王、太尉，李氏被封魏国夫人。

李皇后和刘知远的爱情故事民间有许多传说，并被改编成京剧以及川、滇、湘、豫、汉、潮等多种地方戏剧。有《磨房产子》《井台会》《红袍记》《风雪寒梅李三娘》等剧目，李氏在戏中称作李三娘，成为家喻户晓的人物。剧情大意是：

五代时在河南省禹州市扒村有个李家寨，住着一位李员外，家境殷实。李员外育有一双儿女，儿子取名李鸿信，女儿叫作李三娘。

一日，穷困潦倒，病饿交加的刘知远晕倒在李员外家门前，好心的李员外收留了他，身体恢复后给他安排些粗活干。刘知远聪明、勤快、干活细致，博得了李府上上下下的认可。这年冬天的一个夜晚，在绣楼刚刚做完绣品，尚没睡下的李三娘，忽然发现自家马棚红光闪闪，看似着火却又不象，李三娘急忙唤上贴身丫环一起去看个究竟。二人走近马棚，马棚并未失火，刘知远曲卷着身子睡得正香，周围一圈红光笼罩着他。在刘知远安详的面庞上，一条筷子大小的蛇正从他的左鼻孔钻入，又从右鼻孔钻出。惊讶中李三娘明白他不是普通人，再加上刘知远平时的豪气，李三娘顿生爱慕之情，却又羞于明说。这一切让精灵的丫鬟看得清清楚楚，于是在丫鬟的帮助下，动情的李三娘和中意的刘知远在马棚里私下幽会，订下了终身。

良宵夜短，天已见白。三娘赶忙回到绣楼，她知道私定终身的后果，忐忑中，在拜见爹娘时说明了缘由。李员外本来就对刘知远怀有好感，见女儿事已至此，也没过多责备，同意了二人的婚事，之后，二老相继辞世了。李三娘的兄嫂李鸿信夫妇，一看二老去世，怕刘知远和李三娘合伙与自己分家产，就以李三娘私定终身，败坏了门风为由，想方设法要害死二人。于是就把李三娘赶到磨坊推磨，刘知远赶到瓜地种瓜。

刘知远种瓜的地方在大山之间，那里时有一匹红色怪马出没伤人，因此没有人敢从那里经过，人称“不过崖”。刘知远到瓜地的第三天夜晚，怪马又出来了，只见它浑身通红，好似一团火，见到刘知远就奔将而来。刘知远练有一身好武艺，又有训马的好功夫，只见他纵身一跃，骑在了怪马背上，怪马一路奔驰，浑身流下血色的汗水，原来，是有名的汗血宝马。

宝马被驯服以后，刘知远又得到仙人的指点，在瓜地掘得金盔金甲、银枪、铜剑三件宝物。于是，刘知远下决心别妻投军，成就功名。

刘知远走时，李三娘已怀孕在身。但兄嫂并没有减轻对三娘的压迫。白天，李三娘要担水浇麻；晚上，要推磨磨面。吃的是兄嫂一家的残羹剩饭，尝尽了人间疾苦。为了防止李三娘担水中途歇息，兄嫂还专门请人做了一对尖底儿桶，使装满水的桶不能放在地上。一次李三娘正在担水浇麻，忽然出现两只黑虎来，吓得李三娘魂不附体，丢下木桶就要逃生。可这两只黑虎径直来到水桶边，卧下身挡住了要倒下的桶。后来，李三娘为纪念这两只黑虎建成一座虎庙，受用人间香火。

一天深夜，正在磨坊推磨的李三娘腹痛产子，因没有剪刀，三娘只好用嘴咬断脐带。狠心的兄嫂趁她昏迷之际，竟将婴儿扔进鱼塘，幸被一位善良的老佣人暗中救起。三娘含泪给孩儿取名“咬脐郎”，害怕兄嫂再来谋害孩子，就将刘知远走时留下的玉兔信物挂在咬脐郎身上，托老人将孩子送到军中的刘知远处。此时，刘知远在两军交战中身负重伤，他派人去探望三娘，李鸿信夫妇谎称三娘已改嫁远走，二人从此音讯隔绝。

一晃16年过去，刘知远开始发迹，长大成人的“咬脐郎”也已是少年将军刘承佑。然而李三娘全然不知，继续日复一日地辛苦劳作。因为常年担水在河里行走，据说河里的石头都被李三娘踩平了。由此当地流行一句歇后语：“扒村河的石头——片子货。”一个风雪天，刘承佑带着亲兵出外狩猎，看见一只白兔，举箭便射。负伤的白兔带箭就跑，刘承佑骑着马在后面紧追不舍。追到一个水井边，见一位破衣烂衫的妇人在担水，箭却扎在木桶上。刘承佑下马一看，是自己的箭，感到十分疑惑。母子井台相会，却不知对方的身份。三娘看见刘承佑身上佩戴的玉兔百感交集，知道眼前的少年将军就是自己的“咬脐郎”。真情道破，母子相认。三娘咬破手指写下血书，要儿子回营交给刘知远。刘知远见血书知三娘未死，易服回家，与三娘在磨房相会，一家团圆。最后，刘知远称帝，立李三娘为皇后。

刘暠称帝后，和所有的开国帝王一样，将旧日的幕僚将佐均封为朝廷重臣，占据了各种要害部门。但史家认为，在这些人中除郭威外，多为蛮横无知、贪婪残暴之辈。如新任宰相，早在河东为慕僚时，刘暠命其静狱以祈福，实际上是要他释放囚犯，而他却把全部囚徒统统处死，号曰“净狱”。当了宰相以后，曾草诏要将为盗者的本家和四邻、保人全族处斩，有人驳斥说：“为盗者族诛，已不合王法，何况邻保，这样做是不是太过分了？”其不得已，才勉强删去“全族”二字。

史弘肇掌握禁军兵权，警卫都邑，只要稍有人违犯法纪，不问罪之轻重，便处以极刑。甚至太白星白昼出现，因为有人仰观，就被处以腰斩。有一百姓因酒醉与一军士发生冲突，被诬以妖言惑众而斩首。至于断舌、决口、抽筋、折足等酷刑，几乎每日不断。

王章任三司使负责理财，惟知暴敛，致使百姓因此而破产贫穷者比比皆是。其时，按税征粮时每 1 斛加收 2 升，称之为“鼠雀耗”。而王章命令加收 2 斗，相当于以往的 10 倍（1 斗为10升）。旧制，官库出纳钱物，每贯只给8百文，百姓交税也是如此，每百文只交80文，称为“短陌钱”，而王章规定官库给钱每百文只给 77 文，但百姓交税每百文仍交 80 文。后汉还规定私贩盐、矾、酒曲者，不论数量多少，统统处以死罪。

中央官员如此，上行下效，地方官员更加残暴，一时敛赋成灾。青州节度使执法残酷，行刑时，双杖齐下，谓之“合欢杖”；他还根据犯人年龄的大小决定杖数，而不问罪之轻重，谓之“随年杖”。卫州刺史捕盗时，往往将普通平民当成盗贼杀戮，或挑断脚筋，抛弃山谷，致使这些人“宛转号呼，累日而死”。西京留守为了聚敛钱财，胡乱收税，税目之多，包括上厕所，上街行乞，都要交税，甚至连死人的灵柩，如不交钱，也不准出城埋葬。有时还放纵部下，强抢或偷盗人家钱财。因此，有史家认为，在五代各朝中，以后汉统治最为残暴。

公元 948 年 12 月，刘暠所宠爱的长子，开封尹刘承训病死。刘暠悲伤过度而病倒，一直不见恢复。他自知不行，临终前召史弘肇、王章、苏逢吉、郭威等人托孤，随即驾崩。时年 54 岁，在位仅一年，庙号高祖。其子 18 岁的刘承祐继位，是为后汉隐帝。

刘承祐年少威轻，缺少军功和政绩。因此，朝政被一些勋旧老臣所左右，根本不把他放在眼里，使他难于忍受。有一次，一个叫杨邠（bīn）的大臣与王章在刘承祐面前论事，刘承祐说：“事行之后，不要使民众有怨言！”杨邠突然说：“陛下不要多管，有臣在。”听到的人脸色骤变。刘承祐想立自己所宠爱的妃子耿夫人为后，杨邠认为不可；耿夫人去世，想用皇后的礼节安葬，杨邠又认为不可。由此，刘承祐心中结怨。

公元 950 年，刘承祐在宠臣亲信的怂恿下，准备除掉枢密使杨邠和都指挥使史弘肇。他将计划告诉了母亲。李太后不好定夺：“此大事也，当与宰相议之。”太后的弟弟在旁说：“先皇帝平生言，朝廷大事，勿问书生。”太后力劝无效，刘承祐拂袖而去说：“何必谋于闺门。”于是刘承祐用伏兵趁杨邠、史弘肇、王章3人上朝之时，一举将他们杀死，尽灭其族。之后，刘承祐又密谋杀死镇守邺都的郭威，李太后又劝道：“郭威本自家人，非其危疑，何肯至此！今若按兵无动，以诏谕威，威必有说，则君臣之间相安。”刘承祐固执己见，终于迫使郭威反，刘承祐下令把郭威在京的家人全部杀死，包括郭威还尚在襁褓中的儿子。郭威率领大军杀奔开封，击败了后汉禁军。刘承祐落荒而逃，途中被杀。

郭威进入开封后，假意请李太后临朝称制，迎立刘知远之侄徐州节度使刘赟（yūn）为帝。在刘赟尚未抵达时，郭威指使人假报契丹入寇，自己率大军出京迎敌。大军行至中途，士兵忽然哗变，将一面黄旗披在郭威的身上，拥立为新帝，然后大军返回开封。公元951年，郭威正式称帝，改国号大周，史称：后周。后唐、后晋、后汉，这三个王朝均由沙陀人建立，故史称“沙陀三王朝”。后汉灭亡后，沙陀人就慢慢淡出了中国历史的舞台。

刘赟的生父，刘知远之弟，河东节度使刘崇闻知郭威夺位灭汉，便在晋阳称帝，仍以汉为国号，史称：北汉，与郭威对抗。郭威怕刘赟的存在对自己形成威胁，便命人在宋州将刘赟毒死。李太后因为反对杀郭威，而没有被郭威所杀，直到公元954年死去，时年42岁。

刘崇，后改名刘旻（mín）。刘崇早年嗜赌无所事事，后入伍从军。刘知远在太原称帝，建立后汉政权，刘崇因刘知远的缘故被拜为特进、检校太尉、太原尹。是年，刘知远率军南下，夺取开封，刘崇留守太原，不久又加授河东节度使，镇守河东地区。刘知远病逝，刘承祐继位，刘崇加授检校太师，并兼任侍中，次年又改兼中书令。当时，刘承祐年少继位，大权旁落，朝政都掌握在宰相杨邠、枢密使郭威等顾命大臣手中。刘崇与郭威素有旧怨，因而心怀不安，遂听从幕僚的建议，以防御契丹的名义，大肆扩充兵力，以为自保之计。他还停止对朝廷上供财赋，对朝廷诏令也大都拒不奉行。

隐帝刘承祐逼反郭威，结果在叛乱中被乱兵所杀。郭威完全控制了后汉朝政，但因未得到朝中大臣的拥戴，不敢立即称帝，便派人去迎接徐州节度使刘赟入京，表示要立其为皇帝。而刘赟正是刘崇的儿子。刘崇本欲举兵南下，闻讯罢兵，“我的儿子做皇帝，我还有什么不满的呢”。马上派遣使者前往开封探听虚实。

据说郭威年轻时曾在脖子上纹有一只飞雀，因而外号郭雀儿。郭威指着脖子上的刺青，对刘崇的使者道：“自古以来岂有雕青天子？你回去告诉刘公，请他不要对我有所猜疑。”刘崇因此深信不疑。

有属下劝刘崇道：“郭威举兵造反，已经不能再为汉臣了，他肯定不会立刘氏后人为帝。您应起兵南下太行，控制孟津以观形势，如果郭威真立刘赟为帝，您罢兵回镇就是。”刘崇非但不听，反而大骂道：“你这个腐儒，是想要离间我父子之间的关系吗？”并命人将其斩首。其人临刑长叹道：“我为一个傻子出谋划策，死也活该。我妻子有病，我死了她也活不下去，让她和我一起死吧。”刘崇便将其和妻子一并处死，并上报朝廷，以表明心迹。

但没过多久，郭威果然废黜刘赟，代汉称帝。刘崇这才悔不当初，为错杀的谋士设立庙祠，加以祭祀。

刘崇称帝后曾对臣道：“吾以高祖之业，赟之冤，义不为郭公屈尔，期与公等勉力以复家国之仇。”他因此仍以汉为国号，不改元，不设宗庙，只用家人之礼祭祀。

刘崇即位不久，便命次子刘承钧率军攻打后周治下的晋州（治今山西省临汾）、隰（xí）州（治今山西省隰县），结果无功而回。当时，北汉仅有十二州之地，地小民贫财匮，无力抗衡后周。刘崇只得依附辽国，效法后晋向辽国皇帝称侄，并施以重金贿赂，希望辽国能出兵相助。辽帝耶律阮册封他为大汉神武皇帝，刘崇改名刘旻。

郭威的父亲曾担任过李克用的顺州（今北京市顺义区）刺史，后被刘仁恭所杀。郭威此时幼小，被母亲带往潞州。然而，母亲不幸在路途中辞世，郭威在姨妈的抚育下，长大成人。

郭威身材魁梧，有勇力。平时喜欢赌博，好喝酒，但也喜欢打抱不平。一次，郭威酒后在街上闲逛，遇见一个屠户有些霸道，大家都很怕他。郭威仗着酒劲来到了这个屠户跟前，让他割肉，然后找茬骂他。屠户知道郭威不好惹，但被骂得实在挂不住脸了，就扯开衣服用手指着肚子说："有胆量你就照这儿捅一刀！"郭威也不含糊，抄起刀子就捅进了他的肚子，夺了屠户的命。

郭威 18 岁从军，后来加入了庄宗李存勖的亲军。公元 947 年，刘知远称帝，建立后汉。郭威助刘知远称帝有功，被授为枢密副使、检校司徒，成为统军一方的将相。不久，后汉高祖刘知远病逝，郭威同受顾命，拥立刘承祐继位，被官拜枢密使，掌管全国的兵权。当时河中节度使、永兴节度使、凤翔节度使相继拥兵造反。朝廷屡次出兵讨伐，均无功而返。公元 948 年，刘承祐命郭威率军出征，致使河中节度使自焚而死；永兴节度使和凤翔节度使相继归降，使风雨飘摇的后汉政权一时转危为安。之后，郭威移师北伐，大败契丹，以功进封邺都留守、天雄军节度使兼枢密使，河北诸州郡皆听郭威节制。

公元 951 年，郭威正式称帝，定都开封。郭威立国后，努力革除唐末以来的积弊，重用有才德的文臣，改变后梁以来军人政权的丑恶形象。他对大臣说："朕生长军旅，不亲学问，未知治天下之道，文武官有益国利民之术，各具封事以闻，咸宜直书其事，勿事辞藻。"

他崇尚节俭，不仅重视减轻百姓的赋税负担，还下诏禁止各地进奉美食珍宝，并让人把宫中珍玩宝器及豪华用具几十件当众打碎，说："凡为帝王，安用此！"并对宰相说："朕起于寒微，备尝艰苦，遭时丧乱，一旦为帝王，岂敢厚自奉养以病下民乎！"郭威下令修缮孔庙，禁止在孔林取柴。他去曲阜拜谒孔庙、孔子墓，造访孔子后裔，提拔其有才学者为官，以儒教治天下，为后周王朝治国奠定了思想基础。郭威在位期间，废止了后晋、后汉一些极为残忍的刑罚；对前朝严酷的盐、酒、皮革的禁令稍予放宽；废除京城内部分的僧尼寺院等。对恢复农业生产，郭威也采取了有效措施。一是罢免了不合理的牛租，二是撤销营田务。早年朱温征伐淮南时，朱温将缴获的上万头耕牛交给百姓使用，然后向百姓收牛租。几十年过去了，当年的牛早就死了，可到了后汉时，这个牛租税仍然在收。郭威下令，废除这项不合理又伤民的税收。至于营田务，是唐末以后在中原地区设置的由户部直接管理的农业生产机构，所属的佃农负担很重。郭威废除营田务后，将原来佃农租用的田地房屋及农具都赐给他们永久使用。这项措施加上牛租的废除，极大地减轻了农民的负担，促进了生产的发展。其间，有人建议将一些好的营田卖掉，就能得到数十万缗（mín）钱来充实国库。郭威却说："让百姓得利，就像国家得利一样，朕要这些钱干什么？"此外他还下诏，命令各地官吏不得以任何借口来加收百姓赋税，原来普遍存在的正税之外的杂税一律废除。后周还将无主田地授给数十万还归中原的幽州饥民，免其差税。无主荒地听任农民耕垦并归属耕者，这样极大地提高了农民的生产积极性。

郭威所推行的改革措施是多方面的，而且收到了显著的效果，使后周在很短的时间里就显露出国富民强的迹象。

公元 954 年年初，郭威得重病。他自知将难以康复，便命养子郭荣在他死后继位，并嘱咐郭荣给他俭葬。郭威享年 51 岁，庙号太祖。

郭威为何要传位给毫无血缘关系的养子郭荣呢？据说与郭威深爱的一个女人有关，这个女人就是郭威的结发妻子皇后柴氏。

柴氏的真实名字和生卒年代历史上没有记载下来，据说她出生在五代十国一个世家大族，因为长相俊美，成为后唐庄宗李存勖的妃嫔。庄宗死后，继位的明宗李嗣源把庄宗的妃嫔全部遣散回家。柴氏回家的路上，邂逅了郭威。当时的郭威还是个穷困的兵卒，又喜欢赌博和打斗，没有人看好他。不过柴氏对郭威的评价却出乎所有人的意料，她认为郭威器宇不凡有才智，只要加以指点和栽培，一定能够出人头地。所以柴氏不顾父母乡亲的阻止，下嫁给了郭威。

郭威对柴氏的下嫁非常感动，把自己好赌和懒散的坏习惯全部改掉，习文练武，不出数年，郭威已经从一个底层的兵卒成长为一个精通文韬武略的将帅，官至后汉大将军。郭威一直对发妻柴氏心存感激，两人的夫妻感情非常深厚。

史料没有记载郭威和柴氏是否育有子女，人们推测没有子女的可能性比较大，所以在柴氏的建议下，郭威就收了柴氏的侄子柴荣为养子。柴荣聪明伶俐，吃苦耐劳，十二三岁就走南闯北，随茶商贩卖茶叶，替他的姑父郭威赚了一大笔钱，对当时的社会积弊和人间冷暖也有着深刻地体验。后来郭威官越做越大，柴荣也弃商从军。在郭威和柴氏的培养下屡立战功，成长为文武双全的将帅，成为郭威军中的得力助手，并改名为郭荣。

郭威起兵推翻了后汉，建立后周王朝，贵为皇帝。但发妻柴氏早在几年之前就去世了，没有看到郭威的显赫。郭威追封柴氏为“圣穆皇后”。由于郭威与柴氏感情深厚，所以郭威在位 3 年，即使纳有其他妃嫔，但再也没有册立过皇后。

郭威除了养子郭荣，还曾有两个亲生儿子，但都被后汉隐帝刘承祐所害。最终在郭威临死前与之关系最为亲近的便是养子郭荣、外甥李重进（郭威四姐的儿子）、女婿张永德（郭威四女儿的丈夫）。此三人都是后周重臣，在朝野中很有威望。其中，尤以郭荣最为突出，且能谋善断又礼贤下士。经过慎重考虑之后，郭威选择了没有血缘关系，34 岁的郭荣，即历史上的周世宗。历史证明，郭威的这个决定是正确的。

周世宗郭荣即位后，雄心勃勃，决心遵照养父的遗愿，干出一番大事业。他曾向一位大臣发问：“朕当得几年？”大臣答道：“臣固陋，辄（zhé）以所学推之，30 年后非所知也。”郭荣听后十分欣喜地说：“若如卿所言，朕当以 10 年开拓天下，10 年养百姓，10 年致太平足矣！”为实现这一宏伟目标，郭荣在他 5 年多的统治期间，励精图治，锐意改革，南征北战，揭开了结束五代十国的分裂，统一天下的序幕。

公元 954 年，北汉勾结契丹南犯。当郭威病逝，郭荣刚继位时，刘旻（刘崇）认为报仇时机已到，便向契丹借兵，率领大军攻伐后周。他固执地相信，周有丧事，天子新立，无力征战。

然而，郭荣力排众议率军亲征，双方军队在高平（今山西省晋城的高平市）巴公原相遇。当时刘旻带着契丹北汉联军有 9 万余人。而此时的后周军队因中军行进速度过快，已与后军脱节。

战争开始时，后周旗开得胜，北汉兵受挫。但后周后续部队未到，以少击多，处于劣势。刘旻见周兵不多，志在必得。契丹率军将领观望后周军阵势后提醒刘旻说："强敌也，未可轻动。"刘旻不以为然，傲然说："时不可失，请公勿言，试观我战！"契丹将领心生不满。

北汉军先进攻后周右军，交战未几，后周右军不敌，将领逃跑阵脚大乱，千余后周兵投降北汉。周世宗郭荣见情势危急，领亲兵冒矢石督战。禁军将领赵匡胤见此情景振臂高呼："主上面临险境，我等当拼死一战！"率精兵两千人以死拼杀，挫败敌锋。加上郭荣亲临战场，士气大振，人人奋勇向前，局面很快转危为安。见势不妙，刘旻舞旗收兵，但为时已晚，北汉军溃败。契丹将领见后周军骁勇，又恨刘旻不听他的劝告先按兵不动，后率军而还。

不久，周军后军赶到，势力倍增又发起猛攻，北汉军大败，后周军一路追杀到高平城。刘旻仅仅率领百余骑兵狼狈脱逃。高平大战（也称巴公原之战），后周军取得全胜。

高平之战后，郭荣将右军率先逃跑的 70 余名将领斩首，以整肃军纪。重赏高平大战中的功臣赵匡胤，将赵匡胤提升为殿前都虞侯，领严州刺史。从高平一战中，郭荣洞悉了禁军积弊。于是着手整顿禁军，拣选精壮，淘汰老弱，招募勇士。经过这次整顿，禁军的战斗力得到大大的提高。

据说，周世宗郭荣在巴公原附近的西涧村提出治军有"四义"：讲礼仪、重道义、讲仁义、重信义。后人将此村改称四义村，因其分东西村，便分称东四义、西四义。郭荣通过整军振奋士气后，便把矛头对准了太原，虽然高平之战结束，但刘旻却逃回太原城。于是，郭荣率军围攻北汉都城太原。但由于粮饷不继，未能拿下太原。一个月后，郭荣下令班师。

刘旻兵败高平，幸亏契丹所赠的黄骝马健，带他奔回太原。他封黄骝马为将军，并为它建造了一个用黄金白银装饰的马舍，还给黄骝马享有三品官员的俸禄。北汉经此战元气大伤，再也无力南下。刘旻忧愤成疾，不久病逝。

高平之战关系到后周的存亡兴衰，是后周和北汉、契丹之间进行的一次关键性战役，此战使后周彻底掌握了战略主动权。战后，郭荣从选贤任能，发展经济，整顿吏治等方面入手，对后周的政治、经济、军事进行了比较彻底的改革，使后周国势大兴。他欣然接受大臣在《平边策》中"先易后难"的主张，以此制定统一大计，并付诸实施。

公元955年，郭荣遣军伐后蜀，收复了秦、凤、阶、成四州之地，后蜀求和后罢兵归朝。将后蜀封锁在两川之地，使其不敢轻启兵端，后周的西部边境安定。

公元 925 年，后唐庄宗李存勖任命郭崇韬为招讨使，随同魏王李继岌一同征讨前蜀。郭崇韬临行前，向李存勖推荐孟知祥作为平蜀后镇守西川的最佳人选。不久，后唐大军灭亡前蜀，庄宗李存勖便任命孟知祥为成都尹、剑南西川节度使。

孟知祥，字保胤（yìn），邢州龙冈县（今河北省邢台县）人。孟知祥年轻时便得到晋王李克用的赏识，被任命为左教练使，并娶李克用的女儿为妻。李存勖称帝，建立后唐，将太原府升格为北京，任命孟知祥为北京留守、太原尹。

孟知祥接到任命后，赶往洛阳向庄宗辞行。李存勖设宴款待，席间他对孟知祥道："我听说郭崇韬有异心，你到成都后，将他给我杀了。"孟知祥劝道："郭崇韬是国家有功之臣，不应该杀他。等我到成都后观察一下，如果他没有异心便将其送回。"孟知祥抵达成都后，郭崇韬已被冤杀。不久，李继岌班师东归洛阳。

同年4月，庄宗李存勖在兴教门之变中被杀，其长子李继岌也在渭南自缢。李克用养子李嗣源被拥立为帝，为后唐明宗。孟知祥随之萌生了据蜀称王的念头。他训练兵甲，扩大兵力，安置亲信。朝廷有人觉察了孟知祥的割据意图，不顾明宗李嗣源已"罢诸道监军"的做法，任命官员李严为西川监军，意欲加强对西川的控制。李严此前曾献灭蜀之策，深为蜀人所忌。孟知祥怒道："各地藩镇监军皆废，独在西川要设监军，李严来此意欲何为。"于是，亲率大军至边境迎接，希望能吓退李严，使其不敢入蜀，但李严神情自若。李严抵达成都，孟知祥设宴招待。席间孟知祥问李严道："是朝廷让你来，还是你自己要来？"李严答："是君命。"孟知祥："凭什么叫你来。"命人拿下李严，随即将其斩杀。李嗣源得知后无可奈何。

公元928年，李嗣源命孟知祥出兵三峡，配合朝廷讨伐割据的荆南节度使。孟知祥遂派3000兵马屯戍夔（kuí）州（今重庆市奉节）。不久，荆南节度使病逝，其子向后唐称臣。孟知祥便要求撤回夔州守军，未获批准。在孟知祥的指使下，守军哗变，自行溃散而回。东川节度使董璋和孟知祥来往密切，二人都认为朝廷将要讨伐东西两川。董璋遣使送厚礼给孟知祥请求联姻，希望与孟知祥结成同盟，共同对付朝廷，孟知祥深以为然。

公元930年，明宗李嗣源加拜孟知祥为中书令。不久，董璋举兵反叛，攻破阆（làng）州（今四川省阆中）。孟知祥不久也举兵响应。后唐明宗下诏，削夺董璋和孟知祥的官爵，并捕杀董璋的儿子董光业一家。同时命天雄军节度使石敬瑭率军征讨西川。孟知祥派兵会合董璋的东川军队攻打遂州（今四川省遂宁），后又出兵三峡，攻打渝州（今重庆）。但剑门失守，董璋遣使向西川求救。可后唐军攻破剑门后，却在剑州（今四川剑阁）安营。孟知祥闻讯大喜："如果唐军此时急速赶赴东川，一定能解遂州之围，到时两川必然危急。如今裹足不前，不足为虑也。"不久，西川军相继夺取渝州和黔州［相当于今湖南省沅（yuán）水澧（lǐ）水流域、湖北省清江流域、重庆市黔江、彭水区域和贵州省东北一部分］。

公元931年年初，西川军攻破遂州。当时后唐军后勤不继，石敬瑭撤军而回，利州刺史、夔州刺史皆弃城而逃。后唐军失利，明宗只好招抚孟知祥，称其留在洛阳的家属皆安然无恙。

孟知祥得知家属无恙，便欲邀董璋一起向朝廷谢罪。董璋却不同意："孟公的家属安然无恙，而我的子孙却获罪被杀，我为什么要谢罪？"孟知祥三次遣使劝说，都被其拒绝。董璋认为孟知祥出卖了自己，盛怒之下出言侮辱来使，使者便劝孟知祥出兵攻打董璋。董璋却抢先对孟知祥动武，攻破了汉州（今四川省广汉市）。孟知祥亲自率军迎战，双方对阵于鸡距桥（四川省广汉市境内），大战结果，董璋败退。

董璋败后，想让跟随自己作战的儿子投降孟知祥，以保全家族。儿子哭道："自古以来哪有杀死父亲来求活路的，我宁愿与您一起死。"父子一同逃走。二人逃到梓州（今四川省三台），董璋在兵变中被杀，儿子自缢而死。孟知祥遂吞并东川，占据两川之地。

新中国创始人毛泽东评价二人："攻者败，守者胜，攻者愚，守者智。"

闻知董璋败死，有大臣对明宗李嗣源建议道："孟知祥虽然占据两川，但士兵都是东边人。孟知祥害怕他们因思家发动兵变，一定会借取朝廷的势力来威慑他们。陛下如果不屈意招抚，他恐怕也不会自己归顺。"李嗣源道："孟知祥是我的旧友，因为被人离间才到如今这个地步。安抚朋友，我为什么要屈意呢？"于是一边派官员前去安抚，一边下旨任命孟知祥为检校太尉兼中书令，行成都尹、剑南东西两川节度使兼西山八国云南安抚制置使等官职，封蜀王。公元933年12月，唐明宗李嗣源病逝。次年，孟知祥在成都即皇帝位，国号"蜀"，史称：后蜀。

据史家分析，李嗣源在世时，孟知祥一直不建国、不称帝、不脱离后唐似有以下因素。

1. 孟知祥与后唐朝廷的亲缘关系

孟知祥的原配妻子李氏，史称李皇后，是李克用的长女，后唐庄宗李存勖的胞姐。公元925年，李皇后被庄宗李存勖封为琼华长公主。公元928年，56岁时被后唐明宗皇帝李嗣源改封为福庆长公主。李皇后比孟知祥年长一岁，生有5子，前二子都早逝未及成年。孟知祥的妹妹嫁给了李克用的弟弟李克宁，生有一子，后李克宁图谋篡位事败被杀，其妹被遣送回孟知祥处。因为有着这样一层亲缘关系，孟知祥一直抹不开情面，不好轻易与后唐决断。

2. 孟知祥赞成明宗李嗣源的治国之举

李嗣源做了皇帝后，执政较得人心。一方面惩肃贪官，整治官吏，对横征暴敛，克剥百姓，民愤极大者处以极刑，籍没其家产，先后有数百名声名狼藉的官宦，被抓捕处死。另一方面禁止富户逃免徭役，禁止高利贷，禁止买卖人口，禁止虐杀奴仆，禁止宰杀耕牛等，缓和了社会矛盾。再一方面为政宽仁，比较关心百姓疾苦，他下令赦免罪犯，减免灾区百姓赋税丁役，准许百姓民间自铸农具及杂铁器，开放酒禁，允许百姓制曲造酒等。这些国策让孟知祥赞同。

3. 孟知祥认可李嗣源的为人

李嗣源生活简敛不奢华，其即帝位后，禁止中外诸臣进献珍奇玩物。后宫只留下老成宫女100人、宦官30人、鹰坊20人、御厨50人、教坊（乐队）100人，这在中原王朝历史上是十分少见的。李嗣源为人谦让宽和，作为李克用的勇将之一，为后唐的霸业立下汗马功劳，几乎每次大的战役都有李嗣源的身影和战功。但李嗣源与人为善，从不居功争强。其人品人格，让孟知祥敬重。

4. 孟知祥与李嗣源有一种兄弟情结

李嗣源比孟知祥年长8岁，在刀枪箭雨的拼杀中，双方结下了生死友情，对对方的智勇才能互相知悉，对对方的政治抱负同样是心知肚明。所以李嗣源做皇帝后，对孟知祥一直采取宽忍的态度，以仁义去感召。如派人把孟知祥的家眷从洛阳送往成都，还任由孟知祥扩大自己的地盘，由他割据蜀地并自行任命地方官吏等。这些政治上的软化手段牵制了孟知祥，也让孟知祥无法从道义上分手独立。孟知祥一直等到 61 岁，李嗣源去世，他才决定建国，建国半年后，也撒手人寰。

1971 年，在成都北郊磨盘山孟知祥墓中出土了《大唐福庆长公主墓志》。墓志形制宏大，镌刻精美，内容丰富，保存完好。它既是一件珍贵的文物，又是研究五代史难得的重要文字与实物史料。

墓志中的“公主”为后唐庄宗李存勖的姐姐“福庆长公主”，故墓志以“大唐福庆长公主”为名。福庆长公主是孟知祥的正配夫人，二人相伴 40 多年，在孟知祥称帝之前亡故。此墓志为入葬时所镌刻，所以仍旧使用后唐年号和称谓。孟知祥称帝后追封李氏为皇后，其本人也于同年逝世，便与皇后合葬在和陵，故墓志出土于孟知祥墓中。

孟知祥突然病逝，太子孟昶（chǎng）继位。史书记载孟昶是孟知祥的第三子，按《福庆长公主墓志铭》记述，实际上孟昶应为孟知祥第 5 子，他的长兄、次兄早亡，墓志中载“今有郎君三人，长曰贻矩……次曰贻邺……次曰仁赞”，其中仁赞，即后蜀第二位皇帝孟昶。

孟知祥称帝后，任孟昶为东川节度使、同中书门下平章事。孟知祥病重后，立孟仁赞为皇太子，改名孟昶，代理朝政。当晚，孟知祥去世。孟昶即位时只有 16 岁，和所有的少年皇帝一样，权力不在手中，得不到满朝文武应有的敬畏。几年后，孟昶便杀将罢相，清除了父辈那些恃功骄横，不守法度的老臣，满朝慑服。倚老卖老的故将旧臣没有了，孟昶开始亲政。当时，辽国灭亡了后晋，后汉高祖刘知远起兵太原，中原多战事。雄武军节度使以秦、成、阶三州归附后蜀，孟昶又派兵攻下凤州，于是完全恢复了前蜀时的疆域。

纵观五代几个少主，孟昶算是有一点作为的，前期勤政爱民，国富民安。亲政时尚能听劝纳谏。孟昶好女色，曾遍选良家女子充实后宫。有大臣恳切劝谏，孟昶接受，当天让宫内送出所选良家女，并赐给言官黄金数斤。有人上书说台省官（即御史台与尚书、中书、门下三省官员）应当选择清官，孟昶不满意：“为什么不提具体的人选呢？”左右要求责问上书的人，孟昶说：“我看唐太宗初即位时，狱吏孙伏伽上书言事，都予采纳，为什么劝我拒谏呢？”

他在朝堂上设置匦（guǐ）匣，百姓可以通过投书来诉冤言事。鉴于前蜀王衍因吏治腐败而亡国的教训，孟昶于公元 941 年撰写了《官箴》，颁发各地郡县，以期让官员们戒警于心，能够自律。《官箴》24 句 96 字，其中有四句传诵于后世：“尔俸尔禄，民膏民脂；下民易虐，上天难欺。”

孟昶鼓励后蜀百姓发展农桑织纺事业，颁《劝农桑诏》。加之轻徭赋，少战事，蜀地民生元气恢复很快，物价平稳，府库殷实。史料记载，直到公元 950 年后蜀斗米只值三文。

孟昶文采不凡，在诗词上有较高的造诣。史料上说孟昶擅长作词，可惜几乎尽佚。现今只存留一首《玉楼春・与花蕊夫人夜起》（又名《玉楼春・避暑摩诃池上作》），是孟昶与爱妃花蕊夫人在摩诃池消夏时所作：

冰肌玉骨清无汗，水殿风来暗香满。（有作“暗香暖”）
绣帘一点月窥人，攲（qī，倾斜）枕钗横云鬓乱。
起来琼户启无声，时见疏星渡河汉。
屈指西风几时来，只恐流年暗中换。

后人评论此词，词语艳而不亵（xiè，轻慢），意境颇佳。据说北宋的大文豪苏东坡曾专门为孟昶的这首词改添字句，而演绎成《洞仙歌》曲子，成为词坛逸事。

春联是中国文学和中国民俗相结合的产物。通常认为春联始于五代。据史籍《蜀梼杌（táo wù）》载：“蜀未归宋前一年岁除日，昶令学士辛寅逊题桃符版于寝门，以其词非工，自命笔云：新年纳馀庆，嘉节号长春。”这是有记载的中国历史上最早的对联和春联。

《蜀梼杌》作者评价孟昶道：“昶幼聪悟才辨，自袭位，颇勤于政，边境不耸，国内阜安。昶戒王衍荒淫骄佚之失，孜孜求治，与民休息，虽刑罚稍峻，而不至酷虐，人颇安之。然不识天时，用庸臣之谋，结并州之援，此至愚极昏者之所不为，而昶为之，固宜诛之无赦。及王师吊伐，能翻然束手归命，生享大国之封，死有真王之赠，子孙俱享厚禄，太祖皇帝真有恩於降虏哉！”显然，作者对孟昶执政后期是失望的。

公元955年，后周世宗郭荣派兵从秦州出发讨伐后蜀，秦、成、阶、凤四州被后周军占有。孟昶惊恐，急忙派出使者到南唐、北汉求援，希望对方协助攻打后周后方，并得到了积极的回复。在此之前，南唐已经灭掉了闽国和楚国，皇帝李璟因此产生雄踞天下的想法。为此，李璟派遣使者走海路绕过后周前往辽国和北汉，并与他们商讨共同攻打后周的相关事宜。

南唐

李璟（jǐng），字伯玉，初名李景通，今江苏徐州人。李璟的父亲李昪（biàn），原是南吴国重臣徐温的养子。

南吴国是五代十国中十国之一，为唐末淮南节度使杨行密所建。

唐朝末年，杨行密割据江淮。公元902年，唐朝封其为吴王，吴国政权粗具雏形，国号“吴”由此而来。为了区别于春秋战国时期的吴国，以及三国时期孙权建立的吴国，史学界一般称之为杨吴。由于其在地理上居于中国南方，而有南吴之称。又因吴国统治者曾为唐朝的淮南节度使和弘农王，所以又称其为“淮南”政权或“弘农”政权。

公元905年冬，杨行密之子杨渥（wò）继位为淮南节度使、东南诸道行营都统、兼侍中、弘农王。但杨渥喜好游玩作乐，其亲信仗势欺人，目无法度，引起满朝文武的不满。公元907年，徐温联合其他朝臣发动兵变，控制政权，杀杨渥立其弟杨隆演。至此杨吴大权尽掌握在徐温手中。

公元919年，杨隆演即吴王位，建立宗庙、社稷，设百官沿用帝制。杨吴改元，自是与唐朝断绝法统。杨隆演拜徐温为大丞相、都督中外诸军事，封东海郡王，杨隆演个性稳重恭顺，徐温父子专权，从不显露不平之色，因此徐温很是放心。因大权旁落，杨隆演建立吴国非出已愿，整日郁郁寡欢，以致生病卧床，第二年便去世了。杨隆演去世后，徐温立其弟杨溥为吴国王。公元 927 年，徐温去世，养子徐知诰继其权位。同年，杨溥称帝。

徐温死后，徐温义子徐知诰继续操纵吴国朝政。公元 935 年，杨溥封徐知诰为齐王，次年，以金陵府（今江苏南京）为西都，广陵（今江苏扬州）为东都。

徐知诰原姓李，父亲在战乱中失踪，后被徐温收养。徐知诰天资聪颖，侍奉徐温殷勤周到。成人后，身高马大，喜好读书，善于骑射。杨行密常称赞道："徐知诰是个俊杰，众将的儿子中没人比得上他。"徐温因此更加喜爱徐知诰了。

公元 937 年，杨溥被迫将帝位让位于权臣徐知诰，杨吴灭亡，徐知诰改国号为"齐"。

吴国灭亡前夕，其统治范围北起海州（今江苏省连云港市），南到虔州（今江西省赣州市），东起常州，西达鄂州（今湖北省武汉市），大致相当于今天的江苏、江西、安徽南部、湖北东部等地。

公元 939 年，徐知诰恢复李姓，改名为昪（biàn），自称是唐宪宗之子建王李恪的四世孙，又改国号为唐，史称：南唐。

李昪称帝后，志在固守吴国旧地，无意开疆拓土。公元 942 年，吴越国遭受自然灾害，南唐群臣纷纷劝李昪抓住时机出兵攻灭吴越。李昪却拒绝，认为国内百姓需要休养生息，不应开启战争，并派使者去慰问吴越，送去许多礼物。有大臣讥其为"田舍翁"。

李昪晚年崇尚道术，因服用丹药中毒，不久病情恶化。公元 943 年 2 月李昪去世，终年 56 岁。同年 3 月，长子李璟（jǐng）继位。

李璟即位后，一改父亲的保守策略，开始大规模对外用兵，消灭了闽、楚二国，他在位期间，南唐疆域最大。

闽国

公元 909 年，王审知受后梁皇帝朱晃进封，成为闽王。

王审知祖上曾做过固始（在今河南省）县令，但到了父亲这一代仍以务农为生，王审知的哥哥王潮做过固始县小吏。在当地，兄弟三人以勇武出名。在黄巢攻入长安，各地起义不断时，王审知兄弟进入当地起义军。后王潮发动兵变，掌握军队，随后领军攻占泉州，被任命为泉州刺史。

公元 893 年，王审知领军围攻福州很长时间没有攻下，伤亡很重。王审知请求退兵，兄长王潮不准。王审知又请求援兵，让王潮亲自去督战。王潮回信"兵尽添兵，将尽添将，兵将俱尽，吾当自来"。王审知见信亲临前线，指挥将士拼死一战，福州城内粮草已尽，开城投降。

占领福州后，王潮拥有了福建五州（福州、建州、泉州、漳州、汀州），唐昭宗任命他为福建观察使，承认了他对福建的控制。

王审知被任命为副使，他为人谦和又有度量，在统一全闽的征战中出力最多，功劳很大，这使王潮对其异常信任和器重。公元 898 年 1 月，王潮病倒后，没有让儿子主政，把军政大权交给了王审知。不久唐朝在福州设立威武军，任命王审知为威武军节度使，后又封为琅邪郡王。朱温代唐自立后，封王审知为闽王。

当时中原大地，群雄争霸，轮番称帝，但王审知一直尊奉中原王朝为正朔，称臣纳贡，未曾称帝。即使杨行密占据江淮地区，阻挡进贡通道，他也让人由海路到达山东再到开封，没有间断。王审知统治福建期间，廉政戒贪，劝课农桑，轻徭薄赋，建学通商，深得民意。因而在五代，中原各地战乱频发，朝廷更迭，到处残垣破壁，民众朝不保夕。而东南沿海蛮荒，经王氏三兄弟开发后变成“海滨邹鲁”。由于王审知在开发闽地上的杰出贡献，他被尊为“开闽第一”，而三兄弟史称:“开闽三王”。

公元925年，王审知病故，长子王延翰继位。据说王延翰身材高大，美皙如玉，通经史，但为人却骄淫残暴。公元926年，后唐政权正式任命他为节度使。但王延翰趁中原混乱正式建立闽国，自称大闽国王，但仍奉后唐正朔。王延翰与义弟王延禀、二弟王延钧不和，王延翰继位称王后，封二弟王延钧为泉州刺史，以致兄弟矛盾激化。王延禀又从中挑拨，王延钧遂与王延禀勾结发动政变，攻入王府，捕杀长兄王延翰，由三弟王延钧继立为王，改名王鏻（lín）。

王鏻执政后被后唐任命为威武军节度使、中书令，封闽王。不久王延禀再次发动兵变，但兵变失败，反被王鏻执杀。公元932年，王鏻正式即皇帝位，定国号大闽，以福州为都，名长乐府。王鏻成为开闽王氏第一个正式称帝者。王鏻迷信鬼神佛道之说，在位十年间重用奸臣，残害贤良，极不得民心。公元935年，王鏻被长子王继鹏谋杀，王继鹏嗣位。

王继鹏即位后改名王昶。王昶卖官鬻爵，宠信道士，政治腐败。他弑父而得皇位，即位后又诛杀宗室，民心不顺不得善终，公元939年，将军朱文进、连重遇发动兵变，迎王昶的叔叔王延羲进宫继位，王昶及妻、子均遭杀戮。

王延羲是王审知的第七子，即位后改名王曦（又作王羲）。王曦即位后同样暴虐无道，对宗室族人大肆诛杀。其弟建州刺史王延政多次上书进谏未果，反遭王曦斥骂，并派人监视王延政在建州［今福建建瓯（ōu）市］的一切行踪，二人因此结怨。公元940年，王曦派兵攻打建州，开启了闽国内战。

闽国内战，建州略占上风，攻取了永平、顺昌二城，公元941年，王延政被封为富沙王。公元943年，王延政在所控制的建州一带建国称帝，国号大殷。次年，连重遇与朱文进再次发动兵变，攻杀王曦并对王氏家族进行杀戮，王氏在福州者无论老幼均被屠杀殆尽，朱文进被连重遇推举为闽王。因害怕国人和老臣们的不服和反抗，二人结为姻亲，用来巩固自己的势力。不久，朱文进取消帝号称威武留后，向后晋称臣。公元945年年初，朱文进被后晋出帝石重贵册封为闽国王。面对朱、连二人的无道，殷帝王延政及外郡的王氏族人联兵反击朱文进，泉州、漳州、汀州相继投靠王延政。连重遇见势不妙，又杀死朱文进，欲归降殷国。不久连重遇也被部下杀死（一说二人均被部将先后所杀），殷国全部收复原闽国辖地，仍都建州，以福州长乐府为东都，复国号“闽”。经多次内战，闽国实力严重削弱，虽恢复版图，但已现衰态。

南唐李璟闻知闽国内乱，内心窃喜欲乘机扩张，遂遣军入闽，出兵围攻建州。此时王延政正率军攻打福州，闻南唐军压境，施计宣称南唐出兵助攻福州，诈福州守将杀连重遇出降。王延政得到福州后改殷国为闽国，被拥为闽帝。南唐军进至盖竹（今福建省建阳南），闻知王延政已取得福州，不敢再轻举贸进，退兵待援。

随后，李璟利用王延政刚刚进入福州的混乱时机，增派兵马会攻建州。闽军在建州城附近因轻敌一仗大败，继而南唐军攻破建州外围要点，续攻建州城。王延政率军坚守，终因孤立无援，城陷而降。随之，汀、泉、漳3州相继而降。闽国至此灭亡，仅存国36年。

此时，闽军将领李仁达据福州自立，南唐挥师攻击福州，数月不克。李仁达在闽国担任元从指挥使15年，却一直没有得到升迁。王曦做闽主时，他投奔建州，等到朱文进杀了王曦，他又叛离了建州投奔福州，向朱文进献攻取建州的策略，朱文进厌恶他的反复无常，让他闲居在福清。待到王延政取得福州后，李仁达感到不能自安。其时，王延政派侄儿镇守福州，该侄儿为人愚昧懦弱，不体恤爱护将士，将士多有怨恨。李仁达潜入福州，说服其他将领反叛。是夕，李仁达等引领甲兵突入府舍，杀死该侄儿。

李仁达想自立为王，又怕人心不服，由于雪峰寺僧人卓岩明香火甚旺，便把他迎接出来，脱掉僧衣，立为藩王。同时派遣使臣向后晋上表称臣，沿用后晋年号。

楚国

闽国灭亡后，李璟分出延平、剑浦、富沙三县，设置剑州，迁王延政家族到金陵。

公元950年，南楚君主马希广被其弟马希萼弑杀，马希萼自立。

楚国是五代十国时期南方十国之一，是以湖南为中心建立的政权，以潭州（今湖南省长沙）为都城。创建人马殷，故史称：马楚；又称南楚。

马殷，字霸图，许州鄢陵（yān líng今河南省鄢陵县）人（一说上蔡人）。马殷早年家中贫困，其以木匠为业，后应募从军，成为河南蔡州割据军阀孙儒的部下，以勇武闻名于军中而不断得到升迁。公元888年，孙儒接受朱温的招降，受封为淮南节度使，与杨行密大战于淮南。公元892年，孙儒战死，马殷作为其得力战将，率余部南下湖南，攻占潭州等地，逐步统一湖南全境。唐朝廷任其为判湖南军府事、武安军节度使、同平章事。此后，马殷逐渐扩大地盘，兼并静江军，夺取岭南昭州（今广西壮族自治区平乐县）、贺州（今广西壮族自治区贺州市）、梧州（今广西壮族自治区梧州市）、蒙州（今广西壮族自治区蒙山县）、龚州（今广西壮族自治区平南县）、富州（今广西壮族自治区昭平县）。

公元907年，朱温称帝，建后梁。马殷遣使纳贡，被封为侍中兼中书令、楚王，定都潭州。公元927年，后唐明宗李嗣源封其为楚国王。

马殷通过战争消灭了湖南境内割据势力，实现了湖南的统一。马殷在政治上采取上奉天子、下抚士民、内靖乱军、外御强藩的政策。在位期间保境安民，很少主动对外战争，使百姓获得了一个相对安定的环境。经济上，减轻百姓赋税，采取兴修水利、奖励农桑、发展茶业、鼓励纺织、重视贸易等措施，使经济得到了较快的发展和繁荣。

由于南楚政权重商政策，当时的长沙已成为南方最大的茶叶市场，茶叶为楚国与周边地区的主要贸易产品。长沙棉纺业也始于南楚时期，其时楚地已种棉，故有“木棉（元朝以前，中国古代所指木棉皆为棉花），今南方多有焉。于春中作畦种之，至夏秋之交结实，至秋丰其实之外皮四裂，中踊出自如绵。土人取而纺之，织之以布，细密厚暖，宜以御冬”。由于采取“命民输税者皆以帛代钱”政令后，“民间机抒（指织布机）大盛”。南楚时长沙境内丹砂（硫化汞）矿的开采风行一时，主要用于作为涂料之用。为了发展商业，马殷采纳大臣的建议，铸造铅、铁钱币在境内流通。由于铅铁钱币笨重，携带不便，商旅出境外贸易，大都“无所用钱”，只好在南楚购买大量产品销往各地。有史载：“……又自铸铅铁钱，凡天下商贾所赍（jī，怀着）宝货入其境者，只以土产铅铁博易之无余，遂致一方富盛……”楚地因而变得富饶。南楚全盛时，辖域包括今湖南全境和广西大部、贵州东部和广东北部。

公元930年，马殷去世，时年79岁，次子马希声继位。马希声是马殷的次子，马殷有儿子数十人，马希声依靠母亲袁德妃得宠而成为继承人，嫡长子马希振遂弃官为道士。

马殷临终前遗命诸子要“兄终弟及”，并在祠堂内放置一把宝剑，留言道：“谁要是违背我的遗命，就杀死他！”马希声继位后不称王，除去建立楚国的规制，恢复节度使藩镇的旧制。后唐任命马希声为武安、静江节度使，加官兼任中书令。

马希声听说后梁太祖朱温嗜好吃鸡，便效仿之，每天要杀50只鸡供膳食之用。在安葬父亲马殷时，也要吃下数盘鸡汤后发丧。马希声在当政的第3年突然得病死亡，年仅33岁，被追封为衡阳王。马希声死后，马殷第四子马希范继位。后唐封马希范为楚王，其妻为秦国夫人，史称：顺贤夫人。

马殷据有湖南之时曾委任彭瑊（jiān）为溪州刺史，辖永顺、龙山、保靖、古丈等地。彭瑊是江西吉水人，与兄5人参加科考，先后荣登进士榜。据说，唐僖宗李儇赐匾“五子登科”，一时传为传为佳话。后历任金紫光禄大夫、武昌节度使，检校司徒、太傅。

唐末农民起义，唐朝地方政权崩溃。彭瑊与兄彭玕（gān）以护卫乡里为名在吉州起兵，后在江西割据藩镇镇南军节度使、平南王钟传治下任吉州刺史。公元906年钟传去世，南吴势力趁机进入江西。不久，马殷被朱温封为楚王，彭玕兄弟被迫向西投奔楚王马殷。马殷对彭氏兄弟十分器重，以彭玕为郴州刺史，以彭瑊为辰州（今湖南省怀化市北部地区）刺史，并让儿子马希范娶彭玕的女儿为妻。

彭瑊为辰州刺史时，恩威并用，财富利诱，逐渐统一酉（yǒu）水［又称更始河，沅（yuán）江最大支流，流域为土家族、苗族聚居地区］流域各部族。后彭瑊联合漫水（位于湖北省来凤县）土家族，征服溪州土家族地区。公元923年，马殷任命其为靖边都指挥使兼领溪州刺史，经略湘西。公元938年3月，74岁的彭瑊去世，其子彭士愁［又名彭彦晞（xī）］继任溪州刺史，辰州刺史由他人担任。彭士愁继位后，勤于政事，注意发展农业生产，又团结各部落，得到了溪州各族部落的拥护，势力壮大，不断扩张辖区。后来辖有20余州，领域在今湖南永顺、龙山、保靖、古丈、溆（xù）浦、辰溪、芷江；湖北来凤、宣恩；四川酉阳、秀山一带，建立起了一个强大的割据政权。

马希范即位后常对溪州等地征收苛捐杂税，引起彭士愁的不满。这种矛盾在彭士愁的堂姊——楚国的顺贤夫人在世时还尚能调和。然而，在公元938年12月，“貌陋而治家有道”

的顺贤夫人去世，彭士愁与马希范的矛盾便开始激化。次年八月，彭士愁率领锦、奖、溪三州部落上万人，进攻楚国的辰州和澧（lǐ）州（位于湖南省常德市）。马希范也不含糊，急遣大军镇压，史称“溪州之战”爆发。

战事爆发仅两个月，彭士愁败退溪州，楚军追至溪州，彭士愁撤出溪州州城（今老司城），退据山寨，依靠悬崖绝壁天险抵抗楚兵。楚兵先截断彭士愁的水源、粮道，一天趁着大风，用火箭射入山寨，寨内的草屋和防栅全被烧毁，部落士卒死伤惨重。彭士愁率兵乘夜冲下山，向锦州（辖麻阳等 5 县）、奖州（辖新晃等 3 县）的深山撤退。公元 940 年正月，彭士愁派次子彭师杲（gǎo）率各部落酋长携锦州、奖州、溪州印信、地图，向马希范请降。双方经过谈判后缔结盟约，并立铜柱于永顺县会溪坪野鸡坨。铜柱高 4 米，上半截呈八方形，下半截呈圆形，直径 39 厘米，中间空心，重约 2.5 吨。柱上镌刻溪州之战的经过及双方盟约条款，结果是：彭士愁仍为溪州刺史，彭士愁与楚国划江而治，酉水之南归楚，酉水之北归彭士愁。和约还规定：楚国军民不能随意进入溪州；彭士愁属下的部落酋长如有冒犯楚国的，只能由彭士愁科惩，楚国不能发军讨伐；楚国不能在彭士愁的辖区内征兵；彭士愁的辖区的官吏由彭士愁任免；等等。

溪州之战的结局，从表面上看是彭士愁战败求和，但从双方签订的盟约来看，彭士愁不论在政治上或在经济上，都获得了极大的权益。诸如：楚国对溪州属地不征赋税；不抽兵丁；楚国军人和百姓不能随意进入溪州；彭士愁属下的各部落酋长如有冒犯朝廷之处，只能由彭士愁论惩，楚国不能发军攻讨；彭士愁溪州刺史的职务亦由楚国王朝任命；等等。这些条款明显地有利于彭士愁，为其建立传世 8 百余年的彭氏湘西土司制度奠定了基础。据说，土家族民间传说中“彭公爵主”（土家族祭拜的祖先神）的历史原型就是彭士愁。

彭士愁生有 6 子：师裕、师杲（又名彭师暠）、师庭、师富、师晃、师玖。彭师裕后裔世守永顺；彭师杲后裔世守保靖；彭师晃守辰州，后裔陆续迁往永顺、保靖、龙山；彭师庭、彭师富后裔世守祖业，居现芷江、新晃地；彭师玖失传。

马希范在位 15 年，前期由于有顺贤夫人在旁劝解，稍有成就，顺贤夫人虽然相貌平平，但治家有法，马希范不敢任性。在彭氏的帮助下，马希范有两项成就得到后世史家的肯定：一是平定了湘西少数民族叛乱，然后订立盟约，实行羁縻政策；二是效仿唐太宗设天策府，任用幕僚 18 人为学士，有力促进了南楚文化发展。但顺贤夫人去世后，马希范执政后期，史家的评价是：奢欲无度，大兴土木，卖官鬻爵，加重赋税，杀害兄弟，排斥忠臣。

公元 947 年，49 岁的马希范病死。临死前，马希范无视马殷曾经立下的规矩，将王位传给了自己的同母弟，马殷的第 35 子马希广。这就导致了马希范诸弟中年龄最长的马希萼（è）的强烈不满。马希萼当时担任武平军节度使握有兵权，驻守在朗州（今湖南省常德），因而产生了割据一方的想法。他曾上书后汉，请封藩王，后汉没有应允。于是在公元 949 年，马希萼从朗州举兵南下，进攻潭州与马希广兵戈相见。首次交战，马希萼吃了败仗。不甘心失败的马希萼，次年联络湘西的辰州、梅山（今湖南安化）的少数民族部落攻打南楚的益阳、湘乡等地。又遣使向割据江南的南唐称臣，请南唐出兵相助。由于多面受敌，马希广无力抵抗，马希萼率军攻到了长沙城下。这时，马殷的另一个儿子马希崇，向马希萼暗送情报，并在长沙城内散布谣言，扰乱军心。公元 950 年，马希萼攻陷长沙，马希广被擒赐死。

马希萼夺取王位后，不思进取，杀戮报复，纵酒淫乐。跟随他拼杀的朗州士兵，竟被派去修复宫殿，无赏赐还做苦力，于是军心思变。不久，朗州将领王逵、周行逢领兵脱离马希萼，返回了朗州割据。接着，马希萼之弟马希崇发动兵变，取代了马希萼。但马希萼被解送至衡山囚禁时，却又被彭师杲等拥立为衡山王。南楚于是一分为三。

南楚王朝马氏兄弟们的你争我斗，骨肉相残，史称“五马争槽”（马希声、马希范、马希广、马希萼、马希崇）。南楚大乱，南唐皇帝李璟趁势出兵攻打南楚。公元 951 年，马希崇、马希萼相继投降。南楚灭亡，其存世 55 年。占据南楚后，李璟将马氏家族全部迁到金陵。

李璟好文采辞章，喜欢被人奉承。因此，善于花言巧语、献媚取宠的臣子大多受到重用，政事日益混乱。南唐既已攻取闽、楚之地，李璟一时志得意满。他派遣使者联络契丹和北汉，约定共同谋取中原。

后周自高平之役后，有了一统天下的基础，周世宗郭荣采纳了大臣先南后北的进军之策，决定先取南唐。

公元 955 年，后周兴师征南唐。大军自正阳（今安徽省寿县西南）搭浮桥过淮河，在寿州（安徽省淮南市）城下、山口镇（即寿州东山口）连续击败南唐守军，攻占上窑（今安徽省怀远南）。然而攻打寿州城时，后周军遇阻月余不克。次年年初，郭荣亲征，在正阳大破南唐援军后，再围寿州城。后周倾全国之力，征数十万民夫，制备云梯，破垒填壕，助军攻城，昼夜不息。然而寿州城军民坚据固守，屡挫后周军。郭荣临阵督战，用抛石机抛石攻城，仍不能破。无奈改变战术，对寿州城长围久困，出兵四掠。后周将领赵匡胤袭破南唐水军，夺得战舰 50 余艘，又击退据守清流关（今安徽省滁县）的南唐军，占滁（chú）州城。至此，诸路将领深入淮南，所向皆捷。其中，赵匡胤又以 2000 兵力大败 2 万南唐军，杀获 5000 余人。南唐上下惊惧，遣使以重礼求和于后周。此时，南唐江北之地，一半已为后周所据。南唐李璟请去帝号改名李景，割江北 6 州之地，岁贡金帛百万，以求罢兵。郭荣欲尽得江北而不答复，派兵袭取扬州和泰州。

公元 957 年，郭荣再次亲征，率新建水军攻破紫金山（今安徽省凤台东南）诸营寨，南唐援军大溃。此时寿州城中已是粮竭兵疲，终向后周军投降。

同年，郭荣第三次亲征南唐，率师攻取濠州（今安徽省凤阳县）城，后周军焚毁南唐舰船 70 余艘，濠州守将献城出降。随后，泗州（今江苏省盱眙县）也降。下泗州后，后周移师攻打南唐楚州（今江苏省淮安），又分兵攻天长（今安徽省天长市）。南唐焚扬州官府、民舍，驱百姓南渡，待后周军至扬州时，已是一座空城。郭荣又乘势袭取泰州（今江苏省泰州市）、海州（今江苏省连云港西南）。公元 958 年年初，后周数百战舰直抵长江，控制静海（今江苏省南通），打通了通往吴越的道路。之后，后周军经 40 多日血战克楚州城。南唐被迫再次遣使后周，请求割地、岁贡，去国号求和。郭荣据得江北志得意满同意划江而治，随即李璟下令去掉帝号，改称国主，史称：南唐中主，使用后周年号。

后周攻打南唐时，郭荣诏令南唐的邻居吴越国出兵侧击南唐。吴越国做出顺水人情，袭取常州。

吴越国

吴越国是五代十国时期的十国之一，由钱镠（liú）在公元907年所建，定都杭州。

钱镠，字具美（一作巨美），小字婆留，杭州临安人。相传钱镠出生时突现红光，且相貌丑陋。父亲认为不祥，欲弃于屋后井中，但因祖母怜惜，方得保全性命，因而取乳名“婆留”，而这口井后来也被称为“婆留井”。

钱镠自幼习武，略通谶纬之学，成年后以贩卖私盐为生。24岁时应募投军，被任命为偏将。公元878年，因在宣州（今安徽省宣城）、歙（shè）州（今安徽省黄山）平乱有功被授予石镜镇（在今杭州临安区）衙内知兵马使、镇海军右等职。

公元879年，黄巢起义军横扫浙东，进逼临安。钱镠采用伏击与虚张声势相结合的战术，以少胜多，击败起义军先头部队，而后又设下疑兵计，使得黄巢不敢进攻杭州。钱镠受到赞赏，升迁至镇海军节度使、润州刺史。后受诏讨平越州（今浙江省绍兴）叛乱，唐昭宗任命钱镠为镇海、镇东两镇节度使，又加检校太尉、中书令。赐金书铁券（现藏于中国国家博物馆），恕其九死，子孙三死。钱镠逐渐占据以杭州为首的两浙（浙东、浙西）13州，又先后被中原王朝（晚唐、后梁、后唐）封为越王、吴王、吴越王、吴越国王。钱镠因吴越国地域狭小，三面强敌环绕，只得始终依靠中原王朝，尊其为正朔，不断遣使进贡以求庇护。

公元932年，钱镠病重，召集臣下托付后事，他道：“我的儿子们大多愚蠢懦弱，只怕难以担当大任。我死后，请你们从中择贤而立。”臣下都推举钱元瓘（guàn）。钱镠于是立第5子钱元瓘为继承人。不久，钱镠去世，终年81岁，在位41年，谥号武肃王。

钱镠在位期间，采取保境安民，治水兴农的政策。吴越自钱镠晚年与南吴通和以后，除两度遣兵入闽国外，并无重大战争。在十国中，吴越是比较安定的地区。他曾征用民工，修建钱塘江捍海石塘。用木桩把装满石块的巨大石笼固定在江边，形成坚固的海堤，保护了江边农田不再受潮水侵蚀。并且由于石塘具有蓄水作用，使得江边农田获得灌溉之利，由是“钱塘富庶盛于东南”。在太湖流域，普造堰圩（wéi），以利蓄洪，不畏旱涝，并建立水网堰圩区的疏浚修固制度。故而田塘众多，土地丰沃，传有“近泽知田美”之语。还鼓励百姓扩大垦田，致使“境内无弃田”，岁熟丰稔，农业生产获得发展。

钱元瓘继位后，遵从父亲遗命去掉国家的典仪，而使用藩镇规制。继续奉行钱镠的善事中原政权，保土安民的政策，并免除民田荒芜无收者的租税。钱元瓘在位十年。公元941年，因府署着火，宫室府库几乎烧光，钱元瓘惊惧得病。不久去世，时年55岁。钱元瓘去世后，根据钱元瓘的遗命，群臣拥立钱元瓘第6子钱佐即位。钱佐时年14岁。

钱佐，原名钱弘佐。史家评论钱佐“弘佐温恭，好书，礼士，躬勤政务，发擿奸伏，人不能欺。”“佐幼好书，性温恭，能为五、七言诗，凡官属遇雪月佳景，必同宴赏，由此士人归心。”评价甚好。钱佐在位6年，有武功。公元945年，南唐出兵攻打闽国，后围攻福州。

时福州割据军阀李仁达自立，遣使者向吴越国上表称臣，请求作为吴越国的附属以求得救援。钱佐审时度势不顾臣下反对，下令发兵相助，并占据福州。钱佐惜民力。一次，钱佐问司掌仓库的官员："现在粮食蓄积有多少？"官员回答说："能用十年。"钱佐说："那么军粮是足够了，可对我的臣民松宽一些。"于是下令全国免税三年。

钱佐时年 20 岁时就病逝了，谥号忠献王。因其子尚年幼，故由其弟钱倧继位。

钱倧（zōng），原名钱弘倧，字隆道，是钱元瓘第 7 子，钱佐的异母弟。钱倧性严急，对其兄钱佐宠容将臣，政令不出于自己，很不认同。等他继位后，立即诛杀杭、越二州不守法纪的三名官吏。而内牙统军使、三朝老臣胡进思有迎立钱倧之功，常干预钱倧的决策，钱倧很是厌恶，支他去管辖一个州，胡进思不愿意。于是，在胡进思陈述自己的不同政见时，钱倧就多次羞辱他。

一次，钱倧检阅水军，赏赐比过去多了一倍。胡进思认为不可，劝谏其减少赏赐，钱倧动怒，把笔扔进水里，说："我的财产和士卒共有，有何多少之限！"胡进思大为惊惧，回到家，设置一个钱佐的牌位，披散头发痛哭。

吴越国占据福州后，原福州守将李仁达亲自到杭州晋见钱倧，钱倧封李仁达为兼侍中，赐名李孺赟（yūn）。不过李仁达身居杭州心感恐惧，以重金贿赂胡进思求归福州。胡进思在钱倧面前为李仁达请求，钱倧从之，李仁达得以返回福州。李仁达回到福州后，与吴越戍将不和，便计划袭杀吴越军戍将，再举福州投降南唐。吴越军发觉，抢先攻杀李仁达，并灭其族。事后，钱倧重责胡进思，胡进思倍感不安。

钱倧开始考虑诛杀胡进思并和近臣商议。近臣认为，胡进思党羽众多难以一下制服，不如宽容他，钱倧犹豫不决。然而有人把消息透露给了胡进思。公元 947 年除夕之夜，钱倧宴请众将领和大臣们。钱倧让画工献上《钟馗击鬼图》，并亲自在这幅画上题诗。胡进思见状相信钱倧是真要动手杀自己了，便和他的亲信策划作乱。当夜，胡进思率领亲兵冲进宫内。面对惊愕的钱倧，胡进思激愤地说："老奴没有罪，大王为什么要谋害我？"钱倧呵斥胡进思，胡进思持剑不退。钱倧跑进义和院，胡进思锁上院门，假传钱倧旨令，诏告王廷内外：钱倧因突然中风，传位给其弟钱弘俶（chù）；授任钱弘俶为镇海、镇东节度使，兼任侍中。面对突如其来的事变，钱弘俶很冷静："能保全我哥哥性命，方敢接受此命，否则当避路让贤。"胡进思答应钱弘俶，钱弘俶于是即位。

公元 948 年年初，钱弘俶将钱倧及其妻儿迁居到越州的私宅，赐予丰厚的财物，并派兵护卫。钱倧在越州居住二十多年后病逝（一说被胡进思所派刺客杀害）。钱弘俶即位不久，后汉皇帝刘知远病死，其子刘承祐继位。3 年后，后周代汉。钱弘俶沿用先辈的外交策略，和中原政权保持良好的关系，极力保境抚民，继续向后周朝廷称臣。

公元 956 年年初，后周皇帝郭荣亲征淮南，诏令吴越出兵攻南唐。钱弘俶想借机捞点便宜，便出兵 3 路，一路攻常州，一路攻宣州（今安徽省宣城），一路水师驻屯江阴。南唐主力多集中在淮南和郭荣血战，顾不了东线，吴越军攻破常州。但是，其他几路不太顺意，钱弘俶觉得捞到了便宜，传令到此为止。后周拿下淮南 14 州，南唐被迫称臣。

以前，吴越一直把对南唐的防御，作为防卫政策中的重中之重。现在南唐丢了淮南，主力也被后周军近乎打垮，对吴越的威胁也自然下降了许多，钱弘俶松了一口气。

钱弘俶继位后，注重民生，发展经济。下令历年欠税赦免，境内山田荒废者“纵民耕之，公不加赋”，民心大悦。又置营田兵数千人辟土而耕，达到“境内无弃田”，国库富盈。钱弘俶为击南唐曾欲广征境内百姓从军，纷扰颇多，有大臣切谏，钱弘俶作罢。钱弘俶一生尊崇佛事，曾在杭州西湖边建造雷峰塔。因塔成之时恰逢北宋追谥钱弘俶逝去不久的夫人孙氏为“皇妃”，所以命名为“皇妃塔”。后来，因其所在的山峰叫“雷峰”，而逐渐被人们称为“雷峰塔”。其实雷峰塔是钱弘俶为祈求国泰民安，而供奉佛祖螺髻发（传说释迦牟尼的头发是螺旋的，“佛螺髻发”实际上就是他的头发）舍利而建。

雷峰塔始建于公元 977 年，原拟建高 13 层，由于财力不济，竣工时只造了 5 层。结构为砖石内心，外建木构楼廊，内壁嵌有刻着《华严经》条石，塔下供奉铜铸 16 罗汉像。

雷峰塔在后来的历史进程中，多次遭到战乱的严重损坏和人为的破坏。1924 年 9 月 25 日，年久失修的雷峰塔终于轰然坍塌。坍塌后，塔砖中秘藏的《一切如来心秘密全身舍利宝箧印陀罗尼经》经卷面世，2001 年 3 月，中国浙江省文物考古研究所对坍塌的雷峰塔地宫进行了考古发掘，出土了包括纯银阿育王塔、镏金龙莲底座佛像等在内的一批精美的文物珍品，轰动了海内外，成为当年中国的十大考古发现。其中内奉“佛螺髻发”舍利的阿育王塔，作为国宝级文物收藏于浙江省博物馆。

舍利是梵文音译，是印度对人死去后的身体的总称，包括骨灰、骨骼、遗体等，都称为舍利。舍利的种类则分为全身舍利和碎身舍利。全身舍利，是没有经过火葬，但肉身经久不烂，始终能够保持原貌，栩栩如生，也叫作肉身菩萨，一般都会被塑成金身供奉。碎身舍利，则是指火葬后的遗骨，释迦牟尼佛的舍利就属于碎身舍利，也称真身舍利。

舍利与舍利子是两个概念。舍利在火化后所产生的结晶体，则称为舍利子或坚固子。后来特指佛祖或者得道高僧遗体火化后所留下的结晶体。这种舍利子形状千变万化，有莲花形、圆形、椭圆形等；颜色也有黑、白、红、绿等各种颜色。舍利子有的像珍珠，有的像玛瑙、水晶；有的透明像钻石一样光彩照人。一般骨骼的舍利子是白色的，头发的舍利子是黑色的，肌肉的舍利子是红色的，还有其他五色斑斓的各种舍利子。释迦牟尼佛的舍利子就特别多，各种颜色，有“八斛四斗”之说。

佛祖发舍利的出土，在世界范围内尚属首次，是继中国法门寺、宝相寺地宫之后，对佛祖舍利的重大考古发现。

据佛典史料记载，佛祖释迦牟尼入灭（高僧、圣者之死）后的舍利大致可分为两种：一种是《法苑珠林》卷四十（舍利篇）所记载的“牙齿发爪之属，顶盖目睛之流，衣钵瓶杖之具，坐处足蹈之迹”等圣物、圣迹，即佛祖生前遗留下来的发爪与火烧未尽的残存骨片，包括佛的四颗牙齿、一些发爪、部分顶骨及一截手指骨等，即人们尊称的佛祖真身舍利；另一种是佛祖的遗体被荼毗（tú pí 火化）以后，现出的五色珠状舍利子。

对于佛祖荼毗后的舍利处置，《菩萨从兜率天降神母胎说广普经》卷七中记载有“诸天、龙王、人间八王”的三分舍利说。据说阿育王统一印度后，借助神力驱使鬼神一日之内遍造84000座供奉佛祖舍利的佛塔。这些佛塔不仅遍布印度，也扩展到其他国家。而唐代有高僧考证，阿育王在中国为供奉佛祖释迦牟尼真身舍利相继建造了19座宝塔。虽然当时唐朝的佛寺已成百上千，但他认为，只有这19座，是阿育王所造，地宫里有佛祖的舍利。

据统计中国现发现供奉释迦佛真身舍利的寺庙（或塔）共有12处：

1. 北京市西山八大处的灵光寺佛牙舍利。
2. 陕西省扶风县的法门寺佛指舍利，1987年发现。
3. 北京市房山云居寺雷音洞佛身舍利，1981年发现。
4. 江苏省镇江市的甘露寺铁塔地宫佛身舍利，1960年发现。
5. 浙江省宁波市的阿育王寺的舍利殿舍利。
6. 浙江省杭州市雷峰塔的佛螺髻发舍利，2001年发现。
7. 江苏省南京大报恩寺世界上唯一的佛顶骨舍利，2008年发现。
8. 辽宁省朝阳市北塔佛肉身舍利，1988年发现。
9. 山西省应县有两枚佛牙舍利，1966年发现。
10. 山东省汶上宝相寺释迦牟尼佛牙舍利。1994年发现。
11. 山东省兖州市兴隆塔佛牙舍利，2008年发现。
12. 安徽省潜山县三祖寺佛牙舍利，2017年发现。

根据《大般涅盘经》等佛典记载，释迦牟尼佛入茶毗（逝世后火化），弟子们从灰烬中捡拾佛陀遗骨，其中有四颗牙齿。但又说到，其一为帝释天（天帝）请去，另一为海龙宫请去。余下两颗留在人间，分别供奉在斯里兰卡，中国的北京西山八大处的灵光寺。全世界佛教徒都承认这是释迦牟尼佛仅存世上的两颗真身牙舍利。但是，纵观历史，有关佛牙的记载绝不止这两颗，仅中国历史上出现的佛牙记载就有5处之多。

有人认为，帝释天与海龙宫各请一颗之说，乃佛教神话，是佛家弟子为对付异教徒而编造的大量神话之一，不能为据，所以传世佛牙应不仅两颗。

佛教界认为，佛舍利可以用各种物品替代，包括用各类玉石和动物牙齿仿制替代。此即影骨（影射、仿制之骨）舍利。影骨舍利的作用有两个：影供和影护。它代真骨舍利出面接受礼拜和供养，与真身舍利如影随形，不离左右。令信众见如真骨，生敬仰之心，必要时作出牺牲以保护真骨舍利，这是影护的作用，即“影骨非一亦非异，了如一月映三江”。

例如，当年法门寺发现4枚佛指舍利，经专家鉴定，其中有3枚为影骨舍利，并受到与真身舍利相同的供养。

钱弘俶刚刚适应郭荣的统治意愿和要求，郭荣就驾崩了。随后，后周殿前都点检赵匡胤发动陈桥兵变，取代后周建立了大宋王朝。钱俶只好开始小心逢迎大宋皇朝，因为钱弘俶的名字犯了赵匡胤父亲赵弘殷的讳，便把弘字去掉，改名钱俶。

赵匡胤，字元朗，小名香孩儿、赵九重。今河北省涿州人，生于洛阳，祖父曾历任后唐营州、蓟州、涿州三州刺史。由于出身于官宦世家，受家庭影响从小喜欢舞枪弄棒，好功名。据说从军之前，赵匡胤曾四处游荡，居无定所。一次，赵匡胤来到襄阳，在一座寺庙里住下。庙里一位老和尚善于看相，看到他之后惊奇地说："你往北走会有奇遇。"赵匡胤依其所言往北而去，于公元948年投身到后汉枢密使郭威帐下，屡立战功。此时其父赵弘殷也效力在后汉军中，任护圣都指挥使。赵匡胤因在作战中有勇有谋，受到郭荣的赏识，在征伐南唐时屡建奇功，被授予重任，与父亲一起执掌禁军。

赵弘殷在公元956年七月去世，据说其死还与儿子赵匡胤有关。在赵匡胤领兵攻占南唐重镇滁（chú）州城之后的一个深夜，赵弘殷带着一支队伍来到城下，他们喊话，让守军开门。有人推测，此时赵弘殷应抱病在身，希望入城住宿，同时父子俩能见面一叙。据分析，此时后周军法有一条规定，半夜三更之时任何人不得入城，违者严惩不贷，绝不宽恕！赵匡胤为难了，一边是军法军规，一边是父子亲情。手下将领和谋士们也拿不出一个好主意，最后赵匡胤在城头上向父亲喊道："父子虽至亲，城门王事也，不敢奉命。"没有打开城门。赵弘殷本已抱病在身，次日进城后便卧床不起，不久不治而死。

公元959年，郭荣利用辽国内乱的机会出兵北伐，欲取燕云十六州。他的这次出征初始很顺利，仅仅用了42天就收复了16州中的3个州（瀛州、莫州、宁州，即今天的河北省河间、任丘、青县）。郭荣非常高兴，欲一鼓作气直取幽州。

据说郭荣意气风发登上高台视察六军。这时，有当地父老乡亲百余人，持好酒进献。郭荣问："此地叫什么名字？"答曰："历世相传，谓之病龙台。"郭荣闻之默然，骑马离去。当夜，郭荣就开始生病。第二天，病情愈加紧急，于是班师回朝。郭荣回到开封后不久病逝，终年39岁，在位仅仅5年，庙号世宗。去世前升赵匡胤为检校太傅（极高的荣誉称号）、殿前都点检（侍卫军首领）；确立第4子郭宗训（也称：柴宗训）继承皇位。郭宗训即位时，年仅7岁，郭荣安排了三位顾命大臣，并由继母符太后垂帘听政。

在位短短的5年执政时间里，郭荣在政治上清吏治，选人才，修订刑律和历法，做出了许许多多超越前人、启迪后世的非凡之举。在经济上，郭荣采取了一系列的改革措施，利于休养生息。如均定田赋，限制佛教，奖励农耕，恢复漕运，兴修水利等。在文化上，考正雅乐，纠正科举弊端，搜求佚书，雕刻古籍，大兴文教，为后周及后来的北宋文化发展奠定了基础。郭荣为政清正，虚心求谏。他曾极为诚恳地专门下诏要求群臣尽量上书言事，还点名让20多名翰林学士都写两篇文章：《为君难为臣不易论》和《平边策》。皇帝用这种命题形式向众臣寻求治国之策的做法，在历史上是为少见的。他在认真审读了大臣的建议后，欣然采纳了王朴《平边策》中"先易后难""先南后北"的主张，以此制定统一大计，并付诸实践。

中国历史上有4次较大规模的"禁佛"事件。分别是北魏太武帝拓跋焘禁佛、北周武帝宇文邕禁佛、唐武宗李炎以及后周周世宗郭荣禁佛，被后人统称为"三武一宗"灭佛。

从公元955年起，后周世宗郭荣开始推出排斥佛教的一系列政策，规定只留下有前朝帝王赐与匾额的重点佛寺，其余寺院一律毁去。又对出家僧侣严格限制，条件是必须会背诵一定卷数以上的佛经，同时取得族里长辈同意，在朝廷准许的佛坛受戒，才能出家，否则犯罪。且禁止一切佛教徒“自残式布施”（如斩断手脚、手指上燃香、裸体挂钩点灯、身带铁钳等）的风气。最后，全国废去佛寺30336所，仅余2694所。

当时有檀越（施主）销融铜钱以铸佛像的风气，市面上铜钱越来越少。郭荣于是下令，要销毁佛像以铸铜钱。后周朝廷限定民众50日内缴纳铜佛，官府收购。只要家藏5斤以上的铜佛而不缴纳，则判死刑，一时后周铜像几无。部分官员有些疑虑，郭荣却道：“你们不要为毁佛而疑惑。佛以善道化人，如果有心向善，就是敬佛了，那些铜像岂能是所谓的佛呢！而且我听说，佛志在利人，愿意舍弃自己的头眼布施给需要的人。如果朕的躯体可用来济民，亦所不惜。”

在五代十国时期，北方政权都前后采取过一些禁佛的措施，但后周禁佛力度是比较大的。从历史资料的记载来看，后周世宗此次灭佛，并没有大量屠杀僧尼、焚毁佛经，而是带有一种为了经济整饬佛教的性质，还保留着一些寺院与僧尼。此时，中国佛教的发展已经走过了繁盛阶段，经过这一次打击之后，就显得萧条衰落了。在这一背景下，历朝历代有关儒佛道三教之争，在中国北方逐渐趋于平和，已不像过去那么尖锐，那样明显了。

隋唐两代是中国佛教的鼎盛时期。中国僧人分别以一定的印度佛教经典为依据，开宗立派，创构了自己的理论体系，形成三论宗、天台宗、华严宗（贤首宗）、法相宗（慈恩宗）、律宗、净土宗、禅宗、密宗（真言宗）等八个大乘宗派和俱舍宗、成实宗两个小乘宗派。

五代以后，在汉族地区，大众佛教取得长足发展，出现“家家观世音，户户阿弥陀”的局面。这一阶段主要流行禅宗和净土宗，其他各宗逐渐衰落。

净土宗（亦称莲宗）以口念“南无阿弥陀佛”为修行方式，以往生西方极乐净土为宗旨，是最简便的法门，故在民间影响最大。禅宗是中国支派最多的佛教宗派，也是中国佛教史上流传最久远、对中国文化思想影响最为广泛的宗派。禅宗又名佛心宗，因其特殊的教规（自耕自食），以及与道家文化的巧妙融合，在这些灭佛事件中损失最小。此后迅速成为中国佛教的重要宗派，与此后随蒙古、清入主中原而带来的藏传佛教，隐然并驾齐驱。

禅宗吸取中国道家的“自然”观念来诠释人的生命自然状态、人的自性（人的精神或者人格的一种整体形式）。禅学把道家的天人之学与禅宗的心性之学聚汇到“自然”这面旗帜之下。在一定程度上说，禅学的道家化进程，是随着后期禅宗对道家思想的升华而宣告最后完成的。有学者指出，禅宗“自性具足”“见性成佛”的主张，吸收了道家哲学“自足其性”“任性逍遥”的观念。可以看出，道家哲学在佛学中的体现，是通过佛教中国化不同阶段所受到道家思想的影响而表现出来。这种影响主要体现在禅学对于道家哲学的自然论、人生论、天人观等思想的吸收和融合。

郭荣虽然未能实现为君30年统一天下的愿望，但他在位5年多的殚精竭虑，南征北战，决定了他必然成为结束晚唐以来中国近一个半世纪的军阀割据，兵祸连年的奠基性人物。

由于郭宗训年纪过小，后周朝政不稳，人心浮动，谣言四起。有人敏锐地意识到，动乱的根源出在赵匡胤那里，指出赵匡胤不应再掌禁军，主张先发制人，及早铲除赵匡胤势力。可是郭宗训只是改任赵匡胤为归德军节度使、检校太尉。

公元960年年初，后周君臣正在朝贺新年，突然接到辽国和北汉联兵入侵的急报，君臣顿时紧张起来，朝廷命令赵匡胤率领禁军前往迎敌。

赵匡胤接到出兵命令，立刻调兵遣将，在新年正月初二之日即率兵出城。跟随他的还有他弟弟赵匡义和亲信谋士赵普。当天下午，到达了离开封几十里的陈桥驿（位于今河南省新乡市封丘县）。晚上，赵匡胤命令将士就地扎营休息。随即发生了历史上著名的“陈桥驿兵变”，根据史籍记载：

在陈桥驿，有军卒看见太阳下面还有个太阳，黑光来回摇动了很长时间。至下半夜，军中将士汇集在驿门前，要求策立点检做皇帝，有人劝阻将士，大家也不听。天快亮的时候，将士们来到赵匡胤寝室外，赵匡义进入房间向赵匡胤报告外面发生的事情，赵匡胤起身。士兵们手持兵器排列在庭院中，喧叫道：“周军现在没有主人，我们愿意拥立太尉当皇帝。”赵匡胤未及答话，就有人把黄袍披在他的身上，大家跪地下拜，高喊万岁，扶赵匡胤上马。赵匡胤拉住马缰绳对将领们说：“我的号令，你们能够听从吗？”众将领马下答道：“一定听从命令。”赵匡胤又说：“太后和皇上，我将诚心侍奉，你们不能惊扰冒犯；各位大臣都是我的平辈同僚，你们不得冒犯凌侮；朝廷的府库、官宦百姓的家财，不得侵犯抢掠。听从命令有重赏，违抗命令就杀你们的头。”众将领再次下拜，严整队伍返回开封城。有后周副都指挥使欲抵抗被杀死在家中。

赵匡胤率军进城后，命令将士各回军营，自己也回到官署。过了不久，将领们拥着宰相范质等人前来，赵匡胤见了他们，低声哭泣着说：“我违负天地，今天无奈到了这种地步。”范质等人还没来得及答话，有军校手按宝剑高声对范质等人说：“我们这些人没有主人，今天一定要立天子。”范质等人互相看看，事已至此无法可想，不然会失性命。于是退到台阶下列队下拜。到了黄昏时，文武官员已排定了位置。由翰林学士承旨拿出事先准备好的禅位诏书，宣布郭宗训禅位。赵匡胤接受诏书后换上皇帝的服饰，即皇帝位。

由于赵匡胤在后周任归德军节度使的所在地是宋州（今河南商丘），遂以“宋”为国号，定都开封。史称：北宋，后周亡。

赵匡胤登基后封郭宗训为郑王，符太后为周太后。后郭宗训母子被迁往房州（今湖北省房县）。公元973年，郭宗训逝世，此时才20岁，被谥为恭帝。符太后出家，号玉清仙师，公元993年去世。

赵匡胤从一名不文的流浪汉到当上皇帝，只用了10年时间，即位的时候不过33岁。

“陈桥兵变”给后人出了一个谜。

“陈桥兵变”是突变还是阴谋使然？在宋朝的官方史籍中，都声称赵匡胤在兵变之前，是没有预谋的。但是，近代许多史学家指出几个疑点：

1. 赵匡胤即位后竟不再出征，辽兵即“自行遁去”？

2. 在《辽史》中，此时没有南侵的记录。

3. 京师开封在兵变不久前即有谣传“点检作天子”，再加上黄袍的突现、禅位诏书的事先草拟。

4. 即位之后，赵匡胤提升了陈桥守门官的官职。

5. “陈桥兵变”与郭威“澶州军变”十分相似：“辽兵入侵边报”“率军出征”“将士突然黄旗（黄袍）加身”“率军回都改朝换代”。而当时赵匡胤正好在郭威军中任职，应该了解整个过程。

从以上史料来看，史家多认为“陈桥兵变”应该是一起早有预谋的军事政变。

在中国古代四大名著《水浒传》里，提到“小旋风”柴进家有赵匡胤钦赐的“丹书铁券”，柴进是后周世宗郭荣的嫡派子孙。现实中，柴家有没有丹书铁券呢？至少从现在已知的史料来看，还没有发现证据。不过，据说赵匡胤在太庙里立了一块誓碑，写着：“柴氏子孙，有罪不得加刑，纵犯谋逆，止于狱内赐尽，不得市曹刑戮，亦不得连坐支属。不得杀士大夫及上书言事人。子孙有渝此誓者，天必殛（jí）之。”

这块誓碑的真实性，同样得到史学家的质疑？

此事最早出现于宋人曹勋的《北狩见闻录》里。明代中叶的时候，出现了一本叫《避暑漫抄》的书籍，托名是南宋大诗人陆游写的，明朝有人作注。这两本书所记载的内容大致一致（有区别的是，《北狩见闻录》说的是“太祖誓约”，而《避暑漫抄》讲的是“太祖誓碑”）

意思是说，赵匡胤登基后，在太庙寝殿的夹室里秘密镌刻了一座石碑，叫作“誓碑”。宋朝每个新皇帝即位的时候，都会独自进夹室去拜读。因此，整整北宋一代，皇亲国戚及大臣，没有一个人知道夹室里是什么。

兴起于中国东北地区的金国灭亡辽国后，于公元 1126 年年底，起兵攻灭了北宋。曹勋本来是和被俘的太上皇、皇帝一起被金兵掳到北方去的，后来偷跑了回来。回来后，他写下了这本《北狩见闻录》，记载了这件事，据说是太上皇宋徽宗向他透露。曹勋把这件事写出来的目的不清，似乎是想表明，宋皇室有规未敢负祖先，望有识之士拥护宋皇室。

第二本记载此事的书，出现于明代。虽然托名为陆游所撰，但有专家考证非陆游之手，而且这本书还是小说类型，难以为证。

1986 年，中国有学者发表《太祖誓碑质疑》一文，经过详尽考证后认为，关于“誓碑”之事纯属杜撰，是根本不存在的。如果此事为真，消息来源就不应是单方面的。然而事实是，曹勋南归成为此消息的唯一来源，而在《续资治通鉴长编》《宋史 · 太祖本纪》等重要史料及相关文人笔记中都毫无踪影。“誓碑”规定优待柴氏子孙，然而太祖赵匡胤在立碑那年将柴宗训母子由洛阳迁往房州。房州位于今湖北房县，地处大巴山区，不但远离东京开封，且偏僻荒凉人烟稀少。况且柴宗训在 20 岁青春年华之际，就不明不白地死去了。赵匡胤要子孙“不杀大臣及言事官”，然而在《宋史 · 太祖本纪》《续资治通鉴长编》中记载，其在位十几年中并不少杀大臣，总计有 88 人之多。其中，谋反 22 人，坐赃罪 25 人，失职罪 33 人，其他 8 人，上至枢密直学士、殿前都虞侯、州刺史，下至监察御史、县令等，皆有被杀者，太祖是北宋诸帝中杀臣子最多者。

另外，宋高宗赵构通过曹勋了解了“誓约”。那么，在他执政时期，学者们统计，其在公元 1127 年，杀右谏议大夫、太学生和上书人 3 人；公元 1129 年，斩中军统制、御营军官

2人；公元1131年至1162年共诛杀大臣10人；其中，最令人痛心的，莫过于杀害抗金名将岳飞父子。看来他并没有被祖宗“誓约”所约束。

那么，此事是如何作伪的呢？学者推测，当时宋朝山河残破，人心浮动，为了改变这种离心离德的混乱局面，获取士大夫们的拥戴，出于笼络人心的政治需要，宋高宗协同曹勋精心构思编织了这么一个故事。并冠以祖宗遗训的外衣，宣传赵氏朝廷的仁政，拉拢主和派、主战派众大臣，初步稳定了局势。故史家推断“誓碑之说，盖由《北狩见闻录》所载徽宗之寄语而繁衍耳”。

也有学者反对全盘否定论。认为“誓碑”的有无虽然没有更多的史料可以证明，但也没有完全否定的依据。宋朝礼遇后周宗室后裔应大致不差，北宋优待士大夫，不轻易诛杀大臣也是事实。宋太祖在位时主要因谋反和贪污受贿罪处死过一批官吏，这是开国初期整顿吏治所必需的。《宋史・太祖本纪》赞他：“绳赃吏重法，以塞浊乱之源。”清代学者在《廿二史札记》中论：“宋以忠厚开国，凡罪罚悉从轻减，独于治赃吏最严。盖宋祖亲见五代时贪吏恣横，民不聊生，故御极以后，用重法治之，所以塞浊乱之源也。”

自80年代中期以后，无论是否相信“太祖誓约”及“誓碑”的真实性，有一点在宋史学界可以说已经基本达成共识，即普遍承认在宋代（尤其是北宋时代）确实存在着“不杀士大夫”的祖宗家法。且谓“北宋人臣虽不知有此约，然因历世君主遵守惟谨，遂认为有不杀大臣之不成文的祖宗家法”。

耶律德光统治时期，继续实行和完善阿保机主导的“因俗而治”的统治政策，将后晋的一整套汉族官制带到了契丹，加上原来阿保机时期确立的南北两面官制度，终于使契丹的官制在部分汉化的过程中形成了具有自己特色的民族官制。

辽国从中央到地方都有两套平行的政权机构——北面官和南面官。“北面治宫帐、部族、属国之政”，处理契丹各部和其他游牧、渔猎部族事宜，长官由契丹贵族担任，但不世袭，而是因才而举名号极多，实质上也是沿用唐晋之制，办事机构设在皇帝御帐的北面。在北面官中，又分为几种类型：北面朝官，北面御帐官，北面皇族帐官，以及北面诸帐官和北面宫官。

北面朝官，这是辽朝官制的主要机构，在北面朝官中又分为南北两个不同的部门，如北枢密院管兵部，南枢密院管吏部。这和总的南北面官制很容易混淆，但这是两个不同的系统。在北面朝官中，南北枢密院是辽国的最高行政机构，分别掌管军政和民政，也通称为北衙和南衙。北面朝官中还有北南枢密院中丞司，掌管纠察检举百官。北南宰相府也参与军国大事，在中国历史上，正式用“宰相”名称来命名官职，也是从辽国开始的。另外，还有大惕隐司，掌管皇族的政教事务。设置夷离毕院，掌管断案、刑狱。敌烈麻都司掌管礼仪。最后在百官之上还设置了一个没有实际职务的大于越府，只是一个荣誉称号，和汉族太师的称号差不多。但一般人很难得到大于越的称号，整个辽朝也只有3个人。

北面御帐官，它也有许多下属机构。例如侍卫司，负责御帐的护卫。北南护卫府，负责北南两个枢密院的护卫工作。

北面皇族帐官，阿保机的后裔、阿保机伯父的后裔、阿保机叔父的后裔、阿保机兄弟们的后裔共 4 个系统的皇族，分别设立有职权的营帐，叫作“四帐皇族”，地位很高。北面皇族帐官也有分支机构，大内惕隐司就专门掌管 4 帐的政教事务。

北面诸帐官，这是为阿保机部落之外，即皇族之外的其他有地位的部族设立的机构，如遥辇氏，渤海王族等，一方面是表示恩宠，另一方面也是为了有效控制。

北面宫官，主要掌管宫廷一些日常事务。

辽太宗得到十六州之后，进一步完善了汉族的官制，仿效唐朝的官制，设立三省六部等一整套治理机构。以此来招徕汉族人，管理汉族人的事务。南面官主要由汉人来担任，契丹人也有在南面官中任职的，他们被称为汉官，也穿汉服。

南面官中的分支机构有：汉人枢密院，阿保机的时候叫“汉儿司”，其他有中书省、尚书省、门下省、御史台、翰林院等。

南面官的地位略低于北面官，汉人能做北面官者极少，而契丹人做南面官者很多。

在地方官制当中，辽朝也是两套制度并存，就是部族制和州县制，契丹人和其他游牧民族用部族制，而汉人和渤海人则使用唐朝时用的州县制。在耶律倍投奔后唐之后，辽太宗又趁机整顿了东丹也就是原来渤海国的行政制度。

东丹国原先并不是辽中央政权直接管辖的地区，东丹是个亲王的封国，东丹王对于本地的事务可以全权管理。他可以自己建立年号和国号，而且有权直接和外国交往。对于宰相以下的官员可以自己任免。在耶律倍弃国走后，辽太宗耶律德光就在东丹国设立了中台省，派遣官吏到那里参与政务管理，从而加强了对东丹的控制。

辽朝实施的因俗而治的原则不仅缓和了契丹内部的矛盾，而且对于稳定辽朝的统治起到了重要的作用，为以后辽国的百年基业打下了基础。

耶律德光过世后，众将领因惧怕述律太后故伎重演，再次残杀异己，又同情东丹王耶律倍（字兀欲）的遭遇，故商议拥立随行军中的耶律倍长子耶律阮继承帝位。但当时还有两个人有继承皇位的资格，一个是耶律德光的弟弟耶律李胡，另一个则是耶律德光的长子耶律璟。由于述律太后常说要让耶律李胡继承皇位，而李胡所作所为不得人心。于是，众人当机立断，在耶律德光病死的第二天，在他的灵柩前，众将领和大臣一致拥立耶律阮即位，是为辽世宗。同时又册立了从后晋宫中得到的汉族宫女甄氏为皇后（她是辽朝唯一打破了萧氏为后传统的女人，也是唯一的汉族皇后，比耶律阮大了整整十岁）。

述律平获知耶律阮继位后大怒，让李胡率军去攻打耶律阮，结果李胡大败而归。述律太后不甘心，将跟随耶律阮的将臣家眷全部抓了起来，然后带着李胡率军在潢（huáng）河（今西拉木伦河）的横渡地区，隔河与耶律阮军对峙，准备和孙子决战。

在这关键时刻，契丹贵族大臣耶律屋质语重心长地对述律平说：“李胡和耶律阮都是太祖与太后您的子孙，国家并没有落入外人之手，您何必如此固执？我愿意代表太后前往议和。”

经过耶律屋质的调和，双方最后达成“横渡之约”，述律太后与李胡被迫承认耶律阮的皇位。

之后，述律平一直没有放弃扶立心爱的小儿子当皇帝的念头，她想利用自己的影响力再策动一次政变。然而，政变尚未发动，就被人告发了。耶律阮先下手为强，将祖母述律平和叔父耶律李胡同时扣押起来，强行送到祖州（今内蒙古自治区巴林左旗西南）软禁，禁止他们与外界联系。公元 953 年，75 岁的述律平去世，与耶律阿保机合葬于祖陵。

虽然耶律阮通过“横渡之约”顺利坐上了皇位，但辽国贵族集团并未全部顺服。从公元 948 年到 949 年，不断有贵族谋反。其中，耶律阮的妹妹阿不里联络阿保机同母幼弟明王耶律安端谋叛，被耶律屋质得到书信，报告了耶律阮，耶律阮将阿不里投入监狱后死去。安端的儿子耶律察割很狡猾，他假装揭发父亲的罪行，痛哭流涕，骗得了耶律阮的信任。结果，耶律阮只是将他的父亲耶律安端贬到外地统领部族军队。察割则留在了朝中，埋下了隐患。但这一切并没有逃过耶律屋质的眼睛，他劝耶律阮“察割不可信”，要采取提防措施。但是，耶律阮不以为然。

公元 951 年，应北汉皇帝刘崇的请求，耶律阮召集各部人马准备出兵攻打后周，援助北汉。各部首领们由于连年征战，损人伤财，不愿意南侵。耶律阮强令他们按期率众南下，自己统率本部人马到达归化州（今河北省张家口市宣化区）的祥古山，各部首领也带领人马赶到这里。一日，耶律阮祭祀父亲亡灵后，设宴招待群臣和各部首领，喝得大醉，被左右扶入内帐。深夜，耶律察割率领一班将领冲入内帐，耶律察割举刀砍死了沉睡中的耶律阮和他的母亲及皇后。耶律阮在位 5 年，年仅 34 岁，庙号世宗。

辽世宗耶律阮被害后，太宗长子耶律璟联合耶律屋质趁机镇压叛乱，夺取了帝位，成为辽国第 4 任皇帝。耶律璟（也称耶律述律，耶律明），在史家笔下，他是辽国有名的昏君和暴君，“荒耽于酒，畋（tián）猎无厌”“赏罚无章，朝政不视，而嗜杀不已”。耶律璟通过武力登上了皇位，但他明白宝座并不稳定。为了巩固自己的地位，耶律璟对异己力量进行了排斥。原来和辽世宗耶律阮关系亲近的大臣，或者罢官，或者不再重用。对于敢公开反对他，并进行谋叛的人，耶律璟毫不手软地铁腕镇压。其中，耶律李胡的长子谋反，牵涉到了李胡，李胡被拘，死于狱中。除了镇压之外，耶律璟还禁止大臣们随意议论朝政。许多大臣就是因为议论朝政而被贬官、罢官。

耶律璟稳定政权之后，开始享乐放纵。其经常晚上喝酒作乐到第二天清晨，然后白天睡觉，不理朝政。因此得了一个“睡王”的称号。他曾与大臣说：“朕醉中处理事务有误，尔等不应曲意听从。待朕酒醒之后，重新向我奏明。”耶律璟不仅嗜酒，还好游猎，且不分季节，全凭兴致。在游猎的时候还不忘喝酒，每次游猎喝酒都要长达数日方肯结束。据说，有一年的元宵节，耶律璟和近臣们装扮成平民百姓，到街头去瞅热闹。结果他闻到了一股酒香，顺着酒香，他找到了一家酒馆，一喝是味道极好的酒。这可把他乐坏了，在那里喝了 3 天 3 夜，这才恋恋不舍地回宫。

耶律璟性情暴虐，但《辽史》论他能“上不及大臣，下不及百姓”，曾多次下诏减免赋税，礼敬臣下。但他对近侍则极端残忍，常滥刑滥杀。在位后期，左右侍从稍有过错，就被他亲手杀死，弄得侍从们整天提心吊胆，大臣们对此是敢怒不敢言。

据说耶律璟杀人是听信了女巫的话。按《辽史》记载“初，女巫肖古上延年药方，当用男子胆和之。不数年，杀人甚多”。为了能够长生不老，耶律璟采用女巫的长寿药方，专杀青壮男人取胆做药引子。

《辽史》载：

公元 963 年，耶律璟杀养兽人海里、养鹿人弥里吉，及伤了獐的侍从。

公元 964 年，耶律璟支解 7 个养鹿人。

公元 965 年，近侍东儿因为送吃饭的刀、筷慢了，被耶律璟杀死；年底，又借口近侍喜哥私自回家，耶律璟杀掉了近侍的妻子。

公元 966 年初，耶律璟杀近侍白海和家童；入秋，又杀养狼人……

据史书记载，在不到两年的时间里，就有几百人被杀取胆。

耶律璟按女巫提供的药方，吃了近两年之后，身体不但没有强壮起来，反而越来越差。于是，他怀疑药方有假，盛怒之下，将女巫肖古“炮烙铁梳诛之”。

公元 969 年，耶律璟带着近臣到怀州（今内蒙古自治区赤峰市巴林右旗西北）大黑山狩猎，耶律璟在狩猎时喝了大量的酒。当时，他又准备杀人。可是，醉得实在太厉害，连刀都拿不稳。于是对近侍们说，第二天再收拾他们。说完，倒头大睡。近侍们知道，第二天必死无疑，一不做，二不休，几个人竟将酣睡中的耶律璟给杀了。

耶律璟在位 18 年，终年 39 岁，庙号穆宗。

此时，中原的后周政权已经进入北宋时期。

赵匡胤建立北宋政权后，面临的国内形势，依然是五代十国以来的武臣弄权局面。后周义成军节度使李筠，不甘居下，拒绝赵匡胤授予的高官职位，在公元 960 年，勾结北汉起兵反宋。赵匡胤御驾亲征，年中攻陷泽州（今山西晋城），李筠自焚。

李重进是后周太祖郭威的四姐福庆长公主的儿子，追随郭荣颇有战功，为后周名将。时驻扬州，任淮南节度使，是赵匡胤的心腹之患。李重进想联合南唐共同反宋，遭到拒绝。赵匡胤赐“丹书铁券”欲稳定李重进，并令其移镇青州（今山东济南一带）以便就近约束。李重进拒不执行，扣押宋使，后起兵反宋。被赵匡胤率军南征击败，李重进全家自焚而死。

公元 960 年年末，平定二李叛乱后的一天，赵匡胤问大臣赵普：“唐末以来几十年间，帝王换了八姓，争战无止，百姓涂地，其何故也？我要息天下之兵，建国家长久之计，有什么好的办法吗？”

赵普回道：“此非他故，藩镇权力太重，君弱臣强而已。只要稍夺其权，制其钱谷，收其精兵，天下自然就安定了。”

赵匡胤听罢，连声道：“不用再说了，朕全明白了。”

公元 961 年夏日的一个晚上，宋太祖赵匡胤留下几个追随自己多年，出生入死的重要将领，要叙叙兄弟情谊。酒酣耳热之际，他向将领们吐露了做皇帝的苦处：夜不能安，防范变乱，不像你们做臣子的高枕无忧呀。当将领们表示誓死效忠时，他又说：假如你们的部下为谋富贵把黄袍加在你们身上，你们身不由己又能怎么办呢？人生如白驹过隙，所重者不过多置钱财、田宅，为子孙免于贫乏而立长远家业；同时多买些美女歌姬伴酒相欢以终天年。我与你们结为亲家，你们衣锦还乡，大家没了猜忌不是很好吗？这一番话的意思大家都听明白了。于是，第二天纷纷声称身体不适，辞去军职，交出兵权，到地方做节度使去了。史称：杯酒释兵权。

“杯酒释兵权”并没有完全解决赵匡胤对赵氏皇权的忧虑，中唐以来藩镇弄权的隐患和对禁军将领的制约问题，是赵匡胤急需解决的问题。改变权力结构中的独立性，使之必须依附君权而运转。在君臣的齐心努力下，北宋这套相互制约的职权体制终于制定出来。其核心就是：“削弱相权”“罢黜支郡”“强干弱支”“内外相维”“三年一易”“设置通判”“差遣制度”等加强中央集权的措施，广泛进行政治、经济、军事改革，革除了五代弊政，使国家呈现出和平、安定的局面。

为适应皇权的需要，赵匡胤将国事分为政事、军务和财政三大体系，相互平行，分别由皇帝直接统辖，再另设御史台（负责纠察朝廷官吏、弹劾官员、肃正朝纲）等机构。地方权力集中到朝廷后，又进一步集中于皇帝。

其体系是：

中央设参知政事（副宰相）、枢密使（枢密院是管理军国要政的最高机构之一，枢密使的权力与宰相相当，由武将转文官担任）、三司使（掌全国钱谷出纳、均衡财政收支，为中央最高财政长官，又称“计相”），削弱和分割宰相的权力，实行军政、民政和财政的三权分立。在地方，派文臣担任各知州（各州长官，全称“权知某军州事”，简称知州）“权知”意为暂时主管，“军”指该地厢军，“州”指民政。并设通判（在州府的长官下掌管粮运、家田、水利和诉讼等事项，对州府的长官有监察的责任）与之相互牵制。同时规定，地方钱粮中属货币的部分要全部奉送到京，不准无故占留。没有了财路，节度使问题解决。

军制改革，解除禁军将领兵权，并调往外地充当节度使。继而再削弱节度使实权，使其徒有虚名。接着，将禁军的统领权一分为三，即殿前司、侍卫马军司和侍卫步军司。三司（又称：三衙）鼎足而立，都直接对皇帝负责。枢密院有调兵权但不直接统领军队。而统军的将帅却没有调兵权，使其互相牵制。实行更戍法（又称：出戍法），即以禁军分驻京师与外郡，内外轮换，定期回驻京师，但将领不随之调动，使“兵无常帅，帅无常师”，实行“守内虚外”“内外相制”的政策。宋初的军队分为禁军、厢兵、乡兵、蕃兵四种。禁军是中央军，宋朝军队的主力，赵匡胤即位后，从各方面加强禁军的实力。厢军是各州的镇兵，由地方长官控制。乡兵，按今天的话讲就是民兵。是按户籍丁壮比例抽选或募集当地人组成的地方民众武装。其平时不脱离生产，农闲集结训练，担负修城、运粮、捕盗或协同禁军守护边防等任务，也称团练。藩兵则是防守在边境的非汉族军队。形成天下精兵皆归枢密院调遣的禁军，地方藩镇没有精兵，但地方厢兵合则仍可制约禁军。这就形成了强干弱枝而内外上下相互制约之制。

赵匡胤“重文抑武”的基本国策，为后世的宋代皇帝所奉行，影响贯穿了整个宋代。但也有人认为，赵匡胤意在“抑武”并非实心“重文”，是用“文”达到抑“武”的目的。他曾对亲近大臣说：“五代藩镇残虐，民受其祸。我今选能干的儒臣百余人，分治大藩，即便都贪浊，也抵不上一个武人。”在赵匡胤看来，任用文士的危害远不及武将来得大，更不会像武将那样危及皇权的根本。此后在“重文抑武”的国策下，宋朝再也没发生过武将大规模的叛乱。

解决了五代以来的“君弱臣强”的问题，赵匡胤对影响国计民生的黄河，投入了很大的力量进行治理。黄河问题主要是水患。五代时期，黄河决堤、改道，淹没村庄农田，宋初也不断有水灾出现。赵匡胤在公元 962 年，令黄河沿岸修堤筑坝，并大量种树，用以防洪。每年的正月、二月、三月，为黄河堤坝例修期，赵匡胤下令相关官员要严格巡查，防患于未然。因此，素以黄害著称的黄河在他在位的 17 年中，没有出现严重的灾害。除了黄河之外，赵匡胤对运河、汴河、蔡河等主要河流也做了不少整治。这对于北宋初期的经济恢复和发展起到了重要的作用。

赵匡胤深知得民心者得天下。所以，他即位以后，实行休养生息的政策，减轻徭役，劝奖农桑，赋税专收，澄清吏治。这些举措不仅促进了北宋经济的发展，尽快医治战争创伤，而且迅速把北宋推向兵马强壮、国库充裕、社会繁荣的局面，出现了历史上享有盛名的“建隆（宋太祖赵匡胤开始使用的年号，也是宋朝的第一个年号）之治”。

北宋建立后，五代十国的分裂割据局面并没有结束。在北宋北面，有强大的辽和辽支持下的北汉。南面和西面分布着南唐、吴越、后蜀、南汉、南平（荆南）等较大的割据政权，及其他几个自行其是的军阀。赵匡胤根据当时的形势，针对南方是经济重心，各国力量较弱，而北方契丹建立的辽政权，实力又比较强大的现实，确定了继续执行后周世宗郭荣实施的“先南后北”“先易后难”一统天下的战略方针。

公元 962 年，赵匡胤部署好防卫西、北边境的兵力，以阻遏来自辽、北汉的南掠。然后选择南平、湖南为突破口，挥师南下，开始了统一战争。

南平、湖南地处长江中游，南北相邻，又东临南唐，西接后蜀，南靠南汉。占领南平、湖南，可割断江南诸国的相互联系，为各个击破创造条件。为此，赵匡胤决定寻机出兵南平、湖南。

南平

南平，又称荆南、北楚，为五代十国时期的十国之一，也是十国中最小的割据政权。南平都城为荆州，辖荆州、归州［今湖北省秭（zǐ）归］、峡州（今湖北省宜昌）3 州。

公元 907 年，高季兴被后梁皇帝朱温任用为荆南节度使。当时军阀混战，南平所辖的 8 州（一作 10 州）仅余江陵一城。高季兴到任时，城邑残毁，户口凋零。后经召集亡散军民，又收用一些文武官员，民渐复业，经济康复，势力逐渐壮大。

高季兴原名高季昌，字贻孙，陕州硖（xiá）石（今河南省三门峡东南）人。他幼年在汴州商人李七郎家为僮仆，朱温收李七郎为养子，改名朱友让，又喜欢聪明能干的高季兴，命朱友让收其为养子，也改姓朱。高季兴最初在军中为亲兵，逐渐提升为牙将，因为立有军功，后来担任颍州防御使，朱温让高季兴恢复高姓。高季兴到任南平后，借机发展，南平逐渐成为独立于各割据势力之间的地方政权。

南平虽然地狭兵弱，但据有南北的交通要冲。当时南汉、闽、楚皆向后梁称臣，而每年贡奉均需过道于南平。因此，高季兴便邀留使者，劫其财物。至南汉、闽、楚各称帝后，高氏对南北独立诸国，上表称臣，以获取赏赐和维持商贸往来，于是被诸国称为“高赖子”。

后唐灭亡后梁后，高季兴一时惊恐，主动示好。为避李存勖祖父李国昌之讳，将名字由“季昌”改为“季兴”，又亲自赴洛阳，拜见李存勖。在洛阳，高季兴险遭李存勖扣押。返回时行至许州，他对左右说：“此行有二失，来洛阳朝见，一失；主上纵我而去，二失。”于是倍道兼行，甚至连行李都丢弃不顾。等他过了襄州之境，李存勖果然后悔纵其归去，命襄州节度使派兵拦阻，但是已经来不及了。不久，李存勖封他为南平王，这便是荆南又被称为南平的原由。

后唐灭前蜀后，高季兴上表要求将前蜀之前占领的夔州、峡州等地还归南平管辖。后唐朝廷同意了他的请求，但要委派刺史。高季兴一边派兵占领了这些地方，一边拒绝朝廷委派刺史。明宗李嗣源闻之大怒，下旨削除高季兴官爵，出兵讨伐高季兴。不久，讨伐军攻取了夔州、忠州、万州。高季兴苦战保住剩下的荆州、归州、峡州 3 地，以此 3 州之地向南吴称臣，被册封为秦王。

公元 929 年初，高季兴因脚气病病故，终年 71 岁。长子高从诲继位后，上表向后唐请罪，并进献 3000 两白银赎罪，请求重修与后唐的臣属关系，得到李嗣源的准许。公元 930 年，后唐任命高从诲为荆南节度使，并追封高季兴为楚王。高从诲的子承父业，使南平的国策从这一时期趋于完善和定型，即以事“大”为核心，辅以交好四邻的原则。比其父显得更为理性和务实，也更加灵活和从容。这种政策的执行，大大缓解了长久以来笼罩在南平的战争阴云，带来了较长时期的和平稳定局面。公元934年，后唐闵帝李从厚封高从诲为南平王。

史载，高从诲“性明达，亲礼贤士”。有一先朝老臣，常常称呼高从诲为郎君，甚至到王府去谒见，可以骑着黄牛直到议事的大厅。但又有史评称其为人“亦明敏，多权诈”。高从诲效其父截留各国贡奉财物，向各方强邻上表称臣，以获取赏赐和边安。由是与其父高季兴同被称为“高赖子”。公元 948 年，高从诲病重去世，时年 58 岁。其三子高保融继位。史家评论高保融，性情迂钝，缺乏才智与能力。因此，事无大小，皆靠其弟高保勖（一作勗）决断。高保融在位时期，继续称臣于后周，并曾劝说南唐、后蜀向后周称臣。

公元 958 年，郭荣率军攻打南唐，高保融派遣百艘战船、3000 多名士兵顺长江东下协助后周攻打南唐，直抵鄂州（今湖北省武昌）。并派人携带书信前往南唐，劝其向后周称臣。后周击败南唐，迫其割地称臣后，郭荣诏令南平军队返回本国，并赐给高保融一万匹绢帛。

北宋建立后，高保融愈发恐惧，因此 1 年内 3 次向北宋进贡。同年高保融病逝。因其子高继冲年幼，故遗命其弟高保勖继位。

高保勖，字省躬，是高从诲的第十子。高保勖年少时多病，身材瘦弱，但为人聪敏，有治世之才。然而继位后，疏于国政，性情放纵，荒淫无度。史载，其白天召妓到王府，然后挑选强壮的军士，让他们随便调戏淫谑，然后自己和宠姬垂帘观赏作为娱乐。此外，高保勖喜欢营造亭台楼阁，耗费人力物力无数，致使军民不满。有官员直言相谏，但高保勖充耳不闻。公元962年，高保勖病逝，时年39岁。高保勖死后，高保融之子高继冲继位。

高保勖年幼时，父亲高从诲十分喜爱。每当高从诲因事而怒时，见到他怒气必消，诸事释然。因此百姓称高保勖为“万事休”。高保勖死后数月，南平便被北宋所灭，有人叹其绰号“万事休”为预兆。

湖南

楚王马希萼手下曾有一名能干的军校叫周行逢。周行逢出生于农家，是朗州武陵（今湖南省常德）人。年轻时游手好闲，曾因触犯律法受到了黥（qíng）刑，被发配到辰州开采铜矿。有人劝他想办法除去。周行逢说：“我听说汉代有个黥布，并不因此妨碍他成为英雄，我又有什么羞耻的呢？”周行逢后应募成为静江军（今广西桂林市）士。在军队中，周行逢与王逵（一作王进逵）、潘叔嗣、张文表等十人结为手足之谊。在十人中，周行逢主意最多。其后，王逵升任静江指挥使，周行逢为静江指挥副使。

公元947年，马希广继立楚王位，马希萼不服造反。公元950年，马希萼率军南下攻陷南楚都城潭州。但马希萼夺取王位后，不思治国，荒淫昏聩，为政无德，于是军心思变。不久，朗州将领王逵、周行逢领兵脱离马希萼，返回朗州割据。不久，马希萼之弟马希崇发动兵变，取代了马希萼。

南楚生乱，南唐皇帝李璟趁势出兵攻打南楚。公元951年，马希崇、马希萼相继投降。南楚灭亡。王逵、周行逢率部逃回朗州后，推举马殷长子之子当武平节度使（治湖南），后因其愚昧懦弱，难成大事，再改推辰州（今湖南怀化北部）刺史刘言为权武平留后（暂代武平节度使）。

公元952年，王逵与周行逢等诸将受命攻击已为南唐所占据的南楚故都潭州，南唐军大败，撤出湖南，南楚在南岭以北的故地被收复。只有郴州（今湖南省郴州市）、连州（今广东省连州市）落入南汉之手。

本来，潭州是武安节度使的府治以及南楚的都城所在地，这时刘言以潭州毁于战乱，请求后周将湖南地区的政治中心迁往朗州，并进纳贡赋，后周太祖郭威准许。公元953年，王逵被后周任命为武安节度使（府治在潭州），周行逢为武安行军司马，但均位在武平节度使、制置武安及静江等军事、同平章事的刘言之下，王逵因此心生不满。刘言为王逵所拥立，王逵不甘久居其下。刘言也明白，王逵是自己潜在的最大威胁，二人因此形成对立。

公元953年，王逵与周行逢联手翦除了刘言身边的诸多将领，并攻击朗州，朗州城陷，刘言被擒，不久王逵派潘叔嗣杀害了刘言，后周随即任命王逵为武平节度使。公元956年，后周世宗郭荣下诏任命武平节度使兼中书令王逵为南面行营都统，让他进攻南唐的鄂州。王逵领兵经过岳州（今湖南省岳阳），岳州团练使潘叔嗣准备了丰盛的酒食来慰劳，招待得殷勤恭敬。王逵手下的人贪得无厌，有不满足的将士向王逵说潘叔嗣的坏话，王逵不加细辨，忿怒于形，潘叔嗣因此心惧。

王逵军一走，潘叔嗣招集将士说：“我事奉令公尽己所能，如今反而听信谗言心疑发怒。待其军队返回，必要攻杀我，我不能坐而待毙，你们能与我一起西进吗？”众将士群情激奋，请求出击。潘叔嗣率领所部向西袭击朗州。王逵闻之，调回军队追赶，追到武陵城外，与潘叔嗣交战，王逵兵败身死。有人劝说潘叔嗣就此占据朗州，潘叔嗣拒绝："我不过是自救罢了，岂敢称尊。应该将朗州交归潭州太尉周行逢，难道他不会安排我督管武安吗！"于是返归岳州。

周行逢接管朗州。有人对周行逢说："应该把潭州交给潘叔嗣管理，以笼其心。"周行逢正色道："潘叔嗣杀害主帅，罪该灭族。可以宽恕的地方，只是取武陵而不占有，交给我罢了。若即为节度使，天下人将认为我与他同谋，我何以自明！让他暂且就任行军司马，逾年，再授予节度使不迟。"于是周行逢率部进入朗州，自称武平、武安留后，任命潘叔嗣为行军司马。潘叔嗣怨忿，称病不赴任。周行逢不满，对属下说："行军司马，我也做过，权位与节度使大致相当，潘叔嗣却不满意，难道想对我图谋不轨吗？"有人给周行逢献策："假意授潘叔嗣为武安节度使，让他来都府接受任命，这样他就任你处置了。"周行逢依从。

潘叔嗣要去朗州见周行逢，亲近的人以为不可，去之不祥。潘叔嗣自恃多年素以兄长事奉周行逢，相互亲善无恶，不予怀疑，如期启程。周行逢一面派使者半路迎接，又亲自出城到郊外慰劳，相叙甚欢。潘叔嗣入府谒见，刚入大厅，周行逢唤出卫士将其拘拿，执于堂下。周行逢斥责道："你初为小校并无大功，王逵起用你为团练使，你却反过来害他。我因往昔的情谊，不忍心杀你，任你为行军司马，你竟敢违令而不接受！"潘叔嗣此时方悟，昔情已绝，悔之已晚。他知难免一死，请求保全家族，周行逢将他斩首。

凭借"武陵（朗州，旧指湘西北地区）负江湖之险，带甲数万"，周行逢在公元956年后，基本控制了湖南。周行逢将首府由潭州移至朗州，这样常德在五代后期遂渐成为湖南的政治中心。周行逢起于贫贱，深知民间疾苦。鉴于马氏及刘言、王逵等不得民心，以至相继败灭的教训，周行逢掌权后能够关心百姓生计，严治军政，力改前任弊害。他免除苛税，惩办贪腐和霸虐，选择廉洁平正的官吏担任刺史、县令，下令开仓赈灾，救民无数，使久乱的湖南出现"奄（yǎn）有湖湘，兵强谷阜"的复兴局面。史家评其"励精为治，公而无私"。史载，周行逢的女婿欲借岳父的权力谋取官职，周行逢斥其不是为官之材，送以农具、耕牛，让他回家种地。

周行逢生活持俭菲薄，有的人劝他别太节俭，周行逢说："马氏父子穷奢极欲，不体恤百姓，如今他的子孙在向人要饭，还值得效法吗？"周行逢性格坚毅，出手果断。手下将吏如有恃功自大，骄横无法者，一律严惩，绝无宽宥姑息，不免惹人怨畏。有一将领联络十余名军校谋划叛乱，周行逢设宴派壮士将他们全部擒住，呵斥道："我穿布衣、吃粗粮，充实国库，正是为了你们，为何负心而谋反！今日宴会，是与你诀别之时！"立令杀之。

郎州地区多民族共居，民风彪悍。历经战乱，纲纪废弛，多蛮横不法之徒。周行逢执政初期，行法过严，百姓犯错不论大小全判死罪。夫人邓氏（一作严氏）劝道："不可严杀，如此将失去人心。"周行逢不耐烦："这是家外事，女人知道什么。"邓氏不高兴，一气之下回了乡下，周行逢派人去接，也不肯回。一次，邓氏穿着青色布裙带着佃户送租进城。周行逢前去看望她，想劝她回府，邓氏道："可还记得做乡官的时候，百姓租田后，常遭鞭笞，今天富贵了，岂能忘记卑微之时！”周行逢让群妾将邓氏送上轿子，邓氏不肯，并说：“公行法太严，杀伐太过，所以不想留下，一旦灾祸来临，田野之间容易逃命。”周行逢因此稍稍减轻了刑罚。

公元962年，周行逢得重疾。临终前，他把11岁的儿子周保权托付给亲近大臣，嘱咐道：“我从戎于村野，当时十人，几近诛尽，只有衡州（今湖南省衡阳）刺史张文表独存。我没有授予他行军司马，而常常心怀不满。我死后，张文表必叛。如果不能将其平定，则闭城坚守，归附于宋。”周行逢死后，周保权即位。张文表果然率兵叛乱，攻占了潭州。周保权一面向北宋求援，一面出兵讨伐。周保权的平叛军到了湖南益阳的平津亭，张文表出城迎战被击败，俘后被“脔而食之”。

按照赵匡胤的亲授方略，北宋援军行至襄州（今湖北省襄阳），派人向荆南节度使高继冲借道。高继冲遣使于荆门（今湖北省荆门）犒劳宋军。宋军主帅当晚设宴款待来使，另派数千轻骑兵直趋江陵（今湖北省荆州）。荆门距江陵仅百余里，高继冲闻有宋军到，仓惶出迎。宋军骑兵将领让其于城外等候主帅，自率军入江陵北门。等到高继冲陪宋军主帅进城，宋军已占据了城中各要冲。高继冲束手无策，只好奉表归顺。宋军兵不血刃，收得南平3州、17县。

南平归顺后，宋军马不停蹄，直取潭州，进围朗州。最终周保权抵抗失败，在一所寺庙中被俘，宋军尽取湖南14州。至此，荆湖之地尽归宋土，完成了赵匡胤的第一阶段目标。周保权后被押往北宋京城开封，赵匡胤释其罪，封为右千牛卫上将军，居住京师。于公元985年去世，享年33岁。

赵匡胤收获南平后，一度任命高继冲为荆南节度使。不久，又被改命为武宁节度使（约在今江苏、安徽一带）。公元973年，高继冲在武宁节度使任内去世，享年31岁。

北宋平定荆湖后，使北宋势力伸入长江以南，切断了后蜀与南唐之间的联系，为下一步入川灭蜀，创造了有利条件，赵匡胤随即部署攻蜀之策。后蜀皇帝孟昶闻讯，欲依托川陕险要地势，严兵拒守，同时遣使约北汉共同反宋。赵匡胤遂在公元964年秋末下令，分兵两路出击后蜀。北路：步骑兵3万出凤州（今陕西省凤县），沿嘉陵江南下；东路：步骑兵2万出归州［治今湖北秭（zǐ）归］，溯长江西进。两路分进合击，约期会攻成都。孟昶得知，派兵数万北上扼守利州（今四川省广元）、剑门（今四川省剑阁东北）等关隘。但至12月，宋北路军占领利州；公元965年年初，北路宋军又突破剑门险要，击败后蜀军，占领剑州。同时，东路宋军突破夔州，连克万州、开州（今四川省开县）、忠州（今四川省忠县）、遂州（今四川省遂宁）等地。两路直逼成都，孟昶举城投降，后蜀灭亡。从宋军伐蜀至孟昶投降仅二月余。孟昶投降北宋后，从成都押送到北宋京城开封，被授为检校太师兼中书令，封秦国公。7天后，孟昶去世，时年47岁。

荆湖、后蜀灭亡后，南唐、吴越臣服，只有南汉拒绝附宋。

南汉

南汉是五代十国中存在时间较为长久的割据政权之一。其疆域最盛时，东至今广东福建之交；北抵湖南郴州；西控广西大部；南逾海南岛。周边与闽、南唐、楚国和少数民族政权大理等相邻。

唐朝末年，封州（今广东省封开）刺史刘谦拥兵过万，战舰百余，称雄一方。

刘谦（又称刘知谦）的祖上为南迁的中原人（一说为河南上蔡县人，一说为江苏省徐州市人），父亲早年迁居福建，以经商为生。刘谦乱世从军，初在广州任牙将，因打击群盗和邀击黄巢有功，升封州刺史。

公元 894 年冬，刘谦病逝。临终告诫其子刘隐“今五岭盗贼方兴，吾有精甲犀械，尔勉建功，时哉不可失也”。刘隐果不负其父，一夕剪除叛乱，迅速稳定了局势，继任封州刺史。后逐步统一岭南（范围约为广西东部至广东东部和湖南、江西 5 省区交界处），进位清海军节度使（统辖岭南）。

公元 907 年，后梁封刘隐为大彭郡王，公元 909 年改封为南平王，次年又改封为南海王。对于刘隐的扩张和发展，邻居楚国显出不安。楚王马殷对岭南亦有企图，为了打压刘隐，他派出军队进攻岭南。马楚与刘隐激战十余次，夺取了岭南的昭、贺、梧、蒙、龚、富 6 州。岭南因离中原距离较远，唐末有许多文士、大臣避难移居此地，也有谪任岭南的地方官，因战乱和唐朝灭亡而留居此地，人才不少。刘隐从岭南的虚弱中看出人才的重要性。他选拔这些人中的优秀者作为辅佐，经营岭南。史称“抚纳流亡，爱啬（sè）用度，养士卒”，一时人才济济，使境内肃然安定，为南汉的建国，从军事、政治、经济以至人才等各方面都作了充分的准备。

公元 911 年春，刘隐病逝，时年 38 岁。其弟刘岩继任其官职。

刘岩初名又称刘陟（zhì）、刘纻（zhù），是刘谦的第 3 子。刘隐死后，刘岩袭封南海王。据说，刘岩的母亲段氏生下了他时，刘谦已任封州刺史。刘谦的正妻韦氏素来嫉妒段氏，听说刘岩出生后十分恼怒，意图杀死刘岩。韦氏将要动手时，看到刘岩的模样十分惊奇，知道并非平凡之人。3 天后，韦氏杀掉了段氏，将刘岩亲自抚养。刘岩成人后，身高 7 尺（约 1.7 米），垂手过膝，并且擅长骑射。

刘岩掌握权利后，首先控制住岭南，然后与马楚争夺容桂之地，攻占了容州、邕州地区（今广西壮族自治区西部、南部及广东省部分）。

在公元 913 年，刘岩娶了马殷的女儿，双方有了 15 年的和平。

刘岩凭借父兄在岭南的基业，公元 917 年在番禺称帝，改番禺为兴王府，国号“大越”。次年，刘岩改国号“汉”，史称：南汉。并将自己的姓名更名为刘龑（yǎn，“龑”为刘岩自造字，意为飞龙在天）。当时的广西地区被一分为二分割，大致以西江（珠江流域内最大的水系）为界。北部属于马楚，包括桂林、柳州等地；南汉则占有西江以南的地区。另外，南汉控制了整个海南岛，设琼州、崖州等 5 个州。但在当时，马楚的军事实力要强于南汉，对于马楚的咄咄逼人之势，南汉只能被动采取守势。刘龑在小心防范马楚的同时，在西南方向，刘龑发动了攻势。公元 930 年，刘龑出动军队出击交趾。

公元 621 年，唐朝在越南设置了交州总管府；公元 624 年改称安南都督府；公元 679 年又改为安南都护府，从此交州便正式被称作安南。安南都护府治所在现在的河内，由交州刺史充任都护。其辖境，北抵今云南南盘江，南抵越南河静、广平省界，东有广西那坡、靖西和龙州、宁明、防城、东兴部分地区，西界在越南红河黑水之间。

南诏强大起来后，云南南盘江以南地区渐为所有。公元 861 年，安南都护府府治被南诏攻陷，但未几被唐军收复。公元 863 年，南诏再攻交趾，唐军退守岭南。公元 866 年年中，唐军回师交州，取得重大胜利，南诏军失败退走，唐军平定安南。唐朝在安南都护府设置静海军节度使，由节度使兼领都护，辖安南都护府 13 州。由此，交趾成为唐末藩镇之一，并逐渐走向了同内地藩镇同样的割据道路。

曲承裕出身于安南鸿州（今越南海阳省宁江县）的豪族世家，越南史称之为“曲先主”。公元 905 年，原静海节度使被流放到海南岛。而曲承裕以他“宽和爱人”的好名声及地方豪族身份，受到当地人的支持，自任静海节度使，统治安南。此时，中国内地藩镇割据，晚唐朝廷政局混乱，被迫承认曲承裕静海节度使之职，并加封同平章事。虽然曲承裕名义上还是唐朝的官员，实际上曲承裕已经建立起自主的政权，越南学者称其为“民族独立的奠基人之一”。曲承裕任职不久，便在公元 907 年 6 月去世，其子曲颢（hào）继位。

曲颢（又称曲承颢）继位时适逢朱温篡唐，曲颢被后梁封为“安南都护，充节度使”。与曲颢执政的同时，中国岭南一带被南汉所据，双方你争我夺，互成水火。据越南的编年体通史《大越史记全书》所载，“时，隐据番禺，交州人曲承颢据州治，称节度使，志在相图”。但由于双方势均力敌，曲颢意欲调整与南汉的关系。在公元 917 年，刘龑称帝时，遣子曲承美为“欢好使”到广州，以探虚实。同年，曲颢去世，由儿子曲承美袭位。越南有史家评曲颢：“曲中主克承先业，绰有祖风，运筹决胜，出人意表，与北朝诸国而抗衡，为我越之令主，定府籍管甲之职，制度稍立。”

曲承美，越南史称之为“曲后主”，越南古代史籍《越史略》则把曲承美写成“曲全美”，是“颢弟也”。《旧五代史》则称曲承美为“曲美”。曲承美继承父位，并于公元 919 年“遣使求节钺”，请求后梁册封，后梁准之。

南汉皇帝刘龑对于后梁承认曲承美的官位，心生不满。据清人所著《南汉书》所载，对交趾怀有觊觎之心的刘龑“屡欲并吞交管，而虑道远，兵力不继，因使诏之。承美坚不肯内附，对人指高祖为‘伪朝’，高祖闻，益怒”。最终刘龑兴兵进攻交趾。

《新五代史》记载了双方交战的结果：“（大有）三年（公元 930 年）……擒曲承美等。承美至南海，龑登义凤楼受俘，谓承美曰：‘公常以我为伪廷，今反面缚，何也？’承美顿首伏罪，乃赦之。”《大越史记全书》则将此战事记为公元 923 年。曲承美被俘，标志着曲氏家族对交趾统治的终结。刘龑虽然占据了交趾，但没有完全控制交趾。曲氏原部将杨廷艺奋起反击，连败南汉驻军和援军，自任静海节度使，夺取了交趾的统治权。

杨廷艺，也有史籍作杨延艺，越南史籍也称其为“杨正公”，交趾爱州（今越南清化）人。杨廷艺取得军事上的胜利后，深恐南汉再次派大军来攻，为了稳固政权，只好臣服南汉，服从南汉的诏谕。刘龑也知趣见好就收，双方战事宣告结束。而在内部方面，杨廷艺积极与本地的富豪结好，并把女儿嫁给“世为贵族”的亲信将领吴权。

然而，公元937年春，杨廷艺的另一将领矫公羡突叛，发动兵变杀杨廷艺。杨廷艺被杀，吴权愤而起兵进攻矫公羡。矫公羡感到恐惧，遂遣使带重礼向南汉求救。此举正中刘龑之意“欲因其乱而取之”，于是任命其九子刘洪操（也有写作刘弘操）为静海军节度使，封交王，率水军出征交趾。刘龑自己则屯兵海门（今广西壮族自治区博白县），为刘洪操的后应。

刘洪操依仗水军兵多舰大从下龙湾（在越南北方广宁省）匆匆进入白藤江（白藤江是下龙湾通往河内的门户）。此时，吴权已经攻破大罗城（今越南河内），杀死了矫公羡。在得知南汉水军即将到达白藤江之后，命令士兵砍伐树木，制造成尖利的木桩，并在木桩尖顶端包上锋利的铁皮。吴权军将这些木桩插在白藤江入海处险要的江心里，同时在河岸一带设下伏兵。

白藤江江水因涨潮而上升，淹没了这些木桩。吴权当即命令水军驾驶小船向南汉水军挑战。南汉水军仗势向前，吴军佯败而退。当双方水军战至吴军的埋伏地点时，佯退的吴军返回死战。不久以后，江水退潮，江水下面的木桩全部暴露了出来。南汉水军的大船许多被刺穿了底部，相继纷纷沉没，不少士兵也溺水身亡。吴权的伏兵四起，驾小船袭击南汉水军，与之展开白刃战。南汉军大败，损失过半，主帅刘洪操阵亡。在得知刘洪操阵亡后，刘龑恸哭不已，率残部撤回。此战后，南汉放弃了收复交州的欲望。吴权击败南汉军后，在公元939年春，废除了来自中国王朝（时为南汉）的节度使一职，自称为王，但是并未建立国号与使用年号，史称：吴朝。越南史家称吴权为前吴王或吴先主。由是，越南结束了一千多年的北属时期，开始了独立政权的时代。

刘龑在位时期，依靠士人理政，尽任士人为诸州刺史，创造了岭南“刺史无武人”的文治局面，避免了武官据地弄权之患。他接受大臣建议，兴学校，倡教育，行贡举。在南汉建立次年，就举行科举考试，录取进士、明经十余人。以后，科举取士“岁以为常”。这些措施刺激了岭南文化事业的发展，使南汉在音乐、历法等领域，都有一些建树。如陈拙，字陈用拙，少习礼乐“尤精音律”。在刘龑时期曾担任吏部郎中、知制诰。著有《大唐正声琴籍》十卷、《琴谱》九卷、《琴法数勾剔谱》等。2003年11月，中国古琴艺术被联合国教科文组织列为人类口述和非物质遗产代表作，陈拙之名被载入其中。据说陈拙练琴要量一升豆子，每练一曲取一豆，直至数百粒豆子取完，方才结束练习，这在中国古琴史上传为佳话。作为五代时期的古琴家，陈拙对古琴的发展作出了不可磨灭的贡献。司天监周杰精于历算，他发现《大衍历》中的记述与现存算法有出入，故著《极衍》24篇以补正。

刘龑出自富商之家，具有重商思想。因此，在他统治时期，鼓励岭南发展经济和贸易。当时，“岭北商贾至南海者”他“多召之”，并“与岭北诸藩岁时交聘”。这样做除了推行睦邻政策这一政治因素外，籍此进行商贸往来，互通有无，也是一个不容忽视的因素。南汉的商贸活动，最令人瞩目的，还是在于对外贸易方面。广州地处南海，以其优越的地理环境，很早就成为中国对外贸易的一个重要窗口。五代时期，虽然内地战乱不止，经济残破，对外贸易已大大萎缩，但广州在南汉统治下，对外贸易规模虽不及盛唐之时，却也持续不衰。这与刘龑在位时，着意招徕海商，“笼海商得法”有密切关系。其结果，使南汉获得丰厚的利益，史称“内足自富，外足抗中国（中原王朝）”。

刘龑也好佛，营造了大量的佛教建筑。他不仅在皇宫内建有皇家寺庙，为对应天上二十八宿之数，还在广州城的4个方位各建有7间佛寺，史称：南汉28寺。现广州越秀区的大佛寺，其前身就是28寺之一的新藏寺。

刘龑建国后，马皇后（马殷的女儿）已死。当时，马楚国势较强，在与南汉争夺岭南西道（今广西、海南，以及广东、越南的部分地区）时发生对抗，两国关系陷入紧张。刘龑采纳大臣的建议，主动派出使臣出使马楚，重修旧好，两国握手言和。南汉与其他邻国也是使者往来频繁，关系十分友好，极少发生争战。刘龑“讲信修睦，以通邻好”的外交政策得以境安。

但是，古籍评刘龑仍以荒淫残暴之君论，如《旧五代史》：“陟性虽聪辩，然好行苛虐，至有炮烙、刳剔、截舌、灌鼻之刑，一方之民，若据炉炭。”《新五代史》也不客气：“龑性聪悟而苛酷。”谓其广聚珠宝珍玩，大兴土木。刘龑造昭阳殿时，以金为顶，以银铺地，广饰珍珠、水晶、琥珀。为课敛重税，镇压民众的反抗。

刘龑在公元942年去世，时年54岁，庙号高祖。其子刘玢继位，是为南汉殇帝。

刘玢（bīn），原名刘洪度（亦作刘弘度，继位后改名），是刘龑第3子。刘玢本无治世之才。当年刘龑让其募集宿卫兵1000人，刘玢所募集的都是些市井无赖子弟，而刘玢却和他们很是亲近。有大臣向刘龑进谏说，作为皇位继承人，应该亲近行为端正之人，不应亲昵成群的小人。但刘龑最终还是没有约束刘玢。其实刘龑明白，3子刘洪度、4子刘洪熙都骄横任性，不成大器，唯5子刘洪昌孝顺谨慎，有智慧有胆识。便谋划派刘洪度镇戍邕州、刘洪熙镇戍容州，而立刘洪昌为太子。诏命将要下达时，有大臣谏道：立太子应该立长子，如果违背了这一古制必然要导致混乱。刘龑于是打消了立刘洪昌为太子的想法。

刘玢继位后，果然骄横奢侈，荒淫无度、政事废弛。还在治丧期间，他就歌舞宴饮，狎妓淫乐。时常让宫中男人和女人脱光衣服而加以观赏取乐。

刘玢任用弟弟刘洪熙辅佐朝政。刘洪熙想要谋取帝位，便千方百计投刘玢之所好。知刘玢爱看武术搏击，便找5个身强力壮的武士在府中习练搏击，刘玢听说后很是高兴。公元943年的一天，刘玢在宫中宴饮观赏搏击大醉。刘洪熙便与5弟刘洪昌、10弟刘洪杲（gǎo）等人发动政变，将刘玢弑杀而死，其时年24岁，谥号为殇皇帝。政变后的第二天早上，百官不敢进入宫廷。于是，越王刘洪昌带领诸弟来到内宫，迎接刘洪熙即皇帝位。刘洪熙即位后，改名为刘晟（shèng），史称：南汉中宗。

刘晟掌控权力后开始以兄弟为目标“清君侧”。刘晟先封刘洪昌为兵马元帅，总管政事；刘洪杲为副元帅。后来刘洪杲多次要求领兵讨伐叛逆，又暗中劝刘晟杀掉几个拥戴有功将领，以除非议。这引起了刘晟对他的疑虑。他派人半夜召见刘洪杲进宫，这个反常举动，使刘洪杲明白自己成了4哥眼里的一粒沙子，难免一死。就请来人稍等，他到佛像前说：“洪杲一念之差，投生皇家，今日难以生还！愿后代投胎民间，免遭屠害。”挥泪与家人诀别，然后赴召，当即被杀。

刘洪杲死后，其他弟弟成了刘晟心病。其中，刘洪昌最有才干，刘晟十分忌恨。公元944年夏，刘晟委派刘洪昌去拜祭刘隐的德陵。刘晟暗中疏通盗匪在路上杀死了刘洪昌。8弟镇守邕州，口碑不错，据说有人看见凤凰在邕州显现。刘晟心忌，毒死了8弟。第二年，又杀掉了7弟。公元947年，刘晟没了耐心，加速对幸存的弟弟们展开杀灭。在一天时间里，竟然有8个弟弟同时被杀。关于他们被杀的理由和过程，史书里没有记载。6年之后，12弟和18弟又相继被杀。这样刘晟一共有18个兄弟。其中，大哥、二哥因病早逝，9弟刘洪操在交州战死。其余的15个弟弟尽数被其杀害。在世界帝王史上也是创造了“奇迹”。

公元948年，刘晟派人到马楚求婚，马楚没有答应。当时，马希广刚即位，马希萼在武陵反叛，马楚大乱。刘晟趁火打劫遣兵攻打贺州，攻破贺州后，又连攻桂、连、宜、严、梧、蒙6州，全部攻下后，抢掠全州而回。这么一来，广西的北部尽归南汉所有。尤其拿下桂州，不但广州的安全无虞，西江北岸地区也无忧了。公元951年冬，刘晟又出兵袭击郴州，南汉兵击败南唐兵，夺取湘南重镇郴州，占有马楚岭南之地。自此，南汉北有五岭为天险，中有西江、东江为屏障，刘晟很是得意。

此时南汉疆域达到极盛，坐拥48州，人称“小南强”。有意思的是，现在广东省与福建省、江西省的边界，在南汉初年就已成形，一千多年来基本没什么大的变化。

刘晟得志之后，用严刑峻法统治臣民。在诛灭弟弟、侄子后，将侄女收入后宫。他派舰队入海，掠夺商人金帛充实宫殿，据说刘晟有宫殿上百座。又任用宦官、宫女为政，使南汉国力开始由盛转衰。

公元958年秋，刘晟去世，终年39岁。庙号中宗，子刘鋹（chǎng）继位。

刘鋹，原名刘继兴，继位后改名刘鋹，是刘晟的长子，时年17岁，史称：南汉后主。刘鋹庸懦无能，不思治国，把政事都委任给宦官。刘鋹认为群臣都有家室，会为了顾及子孙而不肯尽忠。宦官因为性能力的丧失，其野心也会相对有限。因此，只信任宦官，臣属必须自宫后才会被擢用，包括科举被录取的学子。此政策招致军队中的将领也多现阉人，这些阉人将领大都熟读兵书，弓马娴熟。以至于南汉宦官一度高达2万人之多。刘鋹后期宠爱一名波斯女子，常与之淫戏于后宫，称她“媚猪”，而自称“萧闲大夫”，不理朝政。而将朝政交给一名女巫，国政迅即昏暗，国势衰落。

此时，中原王朝从后周始国力越来越强大。尤其是赵匡胤建宋之后，平荆南、湖南及攻灭后蜀，国之财力、物力、军力大为充实，加之南唐、吴越臣服，为取南汉创造了有利条件。赵匡胤先后两次指使南唐后主李煜致书刘鋹，劝其臣服，交出从马楚所夺湖南14州。刘鋹不从，并出言不逊，为宋出兵提供了理由，赵匡胤遂决定攻取南汉。

公元970年，宋军从潭州（今湖南省长沙）出发进攻南汉。南汉久无大战“兵不识旗鼓，人主不知存亡”导致南汉在战争开始之后才有反应，战前准备几乎没有。宋军从容攻占白霞（今广西壮族自治区钟山西），进围贺州（今广西壮族自治区贺县东南）。刘鋹闻贺州被围，忙派援军万人乘船北上救援。宋军侦知后，佯退20里设伏。南汉援军匆忙登岸，遭到宋军伏击，伤亡过半，主将被杀，贺州守将降。宋军在占领昭、桂（今广西壮族自治区平乐、桂林）二州后，转而向东，攻占连州（今广东省连县），直通韶州（今广东省韶关）。南汉遣军10万，列阵于莲花峰（今广东省韶关东南），以大象为前锋向宋军冲击。宋军用强弩射杀大象，大象中箭回奔，结果南汉军反遭其害。宋军乘势猛攻，斩杀数万人，夺取了韶州。次年初，宋军连克雄州、英州（今广东省南雄、英德），节节进逼。面临宋军的兵临城下，刘鋹挑选十几艘船，满载金银财宝及嫔妃，准备入海逃亡。还没出宫，宦官与卫兵就盗取船舶逃走，刘鋹只好投降，南汉灭亡。赵匡胤没杀刘鋹，后被封为彭城郡公、卫国公。刘鋹在公元980年去世，宋追封为南越王。

南唐

宋灭南汉后，南唐后主李煜（yù）表面上更加谦恭臣服以求自保，暗中却加紧备战以防宋军的进攻。公元961年6月，李璟病逝，太子李从嘉在金陵登基，更名为李煜。世称南唐后主，李后主。史家论李璟作为君主，生活奢侈，政治腐败，百姓民不聊生。然其秉性庸懦，嗜好文学，“时时作为歌诗，皆出入风骚”，具有较高的文学艺术修养。

在五代十国这个动荡的年代里，唐诗已经走完了它灿烂辉煌的历程，词在这个时代里开始得到发展。而推动这个发展，奠定词在有宋一朝的繁荣，后人评李璟、李煜父子功不可没。由他们开始，转变了五代的词风，并直接影响到词的巅峰时代——宋词各种流派的发展。

中国近代文学书籍《词史》论：“言辞者必首数三李，谓唐之太白，南唐之二主与宋之易安（李清照）也。”

《摊破浣溪沙·手卷真珠上玉钩》

李璟

手卷真珠上玉钩，
依前春恨锁重楼。
风里落花谁是主？
思悠悠。

青鸟不传云外信，
丁香空结雨中愁。
回首绿波三楚暮，
接天流。

《摊破浣溪沙·菡萏香销翠叶残》

李璟

菡萏香销翠叶残，（菡萏hàn dàn，古人称未开的荷花）
西风愁起绿波间。

还与韶光共憔悴，
不堪看。

细雨梦回鸡塞远，
小楼吹彻玉笙寒。
多少泪珠何限恨，（何限恨 一作：无限恨）
倚栏干。（栏，通：阑）

李煜继位后，接受现实，寄希望于向宋纳贡称臣以保全基业。在位期间，沿用北宋年号，除了岁贡外，每逢宋廷用兵或有重大活动，也送厚礼以示支持和祝贺，并多次派遣使者陈述臣服之意。每次会见北宋使者都换龙袍为紫袍（官服），变更李璟臣服后周时，只除帝号，其他礼仪不变的旧制。

宋灭南汉后，屯兵汉阳（湖北省武汉市）。李煜非常恐惧，忙去除唐号，改称“江南国主”。并遣其弟赴宋朝贡，但赵匡胤未放其弟回归。同年，有人密陈，宋军于荆南建造战舰千艘，请求派人秘密焚毁。李煜惧怕惹祸，没有批复。时南唐被战云笼罩，李煜忧心忡忡。

公元972年年初，李煜下令自贬南唐仪制：“诏”改称“教”；中书、门下省改为左、右内史府，尚书省改为司会府，御史台改为司宪府，翰林改为文馆，枢密院改为光政院；降诸“王”为“公”，以示对宋廷的尊崇。

公元974年，李煜上表求放其弟还国，赵匡胤不允，并诏李煜去开封。李煜托病不从，回复“臣侍奉大朝，希望得以保全宗庙，想不到竟会这样，事既至此，唯死而已”。赵匡胤闻信放弃掩饰，出师水陆大军，发起灭南唐之战。

入秋，宋军攻下池州，李煜下令停止沿用北宋年号，改为干支纪年。吴越乘机进犯常州、润州，李煜遣使质问，晓以唇亡齿寒之理，吴越王钱弘俶不答，转送李煜书信至宋廷。宋军攻陷安徽芜湖和当涂后，沿采石矶（位于安徽省马鞍山西南）搭建浮桥，渡江南进。

当宋军用大船和竹筏搭建浮桥渡江时，消息传到金陵。李煜忙问策于大臣，有一个大臣回答说：“自古以来，未闻有长江上可以搭桥的事情。”李煜放下心来：“我也认为这是不可能的事。”

宋军渡过长江，很快打到金陵（今江苏省南京）城下。由于宦官和弄臣阻隔战败消息，宋屯兵金陵城南十里，李煜竟不知情。一天，他登城一看，只见城外宋军旌旗遍野，才知道大事不好。他连忙派江南名士徐铉去宋京，说服宋朝退兵。

徐铉到了开封，有人对宋太祖说：“徐铉学识渊博，口才极好，不好对付。”

赵匡胤不以为然：“我自有办法。”

第二天，徐铉朝见赵匡胤，大声说：“李煜无罪，陛下师出无名。”

赵匡胤让他摆理由，徐铉道：“李煜以小国侍奉大国，似儿子侍奉父亲一般，没有什么过失，大宋为什么要讨伐他呢？”

赵匡胤反问：“你说像父子一般，难道父子可以分成两家吗？”

徐铉无言以对。过了一个月，徐铉奉李煜之命，又去见宋太祖赵匡胤，恳求退兵。赵匡胤按剑怒喝："无须多言！江南无罪，但天下一家，我的卧榻之侧，岂容他人鼾睡？"

徐铉不敢再言，只得回去复命。

李煜求和不成，急调驻守湖口（今江西省九江）的15万大军驰援金陵。援军到了皖口（位于今安徽省安庆西南），遭宋兵夹攻。南唐军本想火攻宋军，不料风向一转，大火反烧向自己，援军主帅急得投火而死，南唐最后一支主力军覆没了。公元975年，宋师攻克金陵关城，吴越军下常州。接着宋军与吴越军会师，尽围金陵。至年底，金陵失守，李煜奉表投降，南唐灭亡。

公元976年年初，李煜被俘送到京师，宋太祖赵匡胤封其为违命侯，拜左（一说右）千牛卫将军。同年，宋太宗即位，改封李煜为陇西公。

公元978年的七夕，李煜死于开封，时年42岁。北宋追封李煜为吴王，世称南唐后主、李后主，葬于洛阳北邙山。史家一致认为，李煜作为一国之君是失败的。但是作为一个词人、艺术家他是成功的。正是因为失败的帝王经历造就了他在词作上的非凡成就，使之在中国古代文学历史上占据了很重要的地位，后人有"千古词帝"之誉。李煜继承了晚唐以来花间派词人的传统，但他的词摆脱了花间词派词人充满脂粉气的狭艳境界，开始感慨现实生活中的人生悲凉，使词从花前月下红楼勾栏的消闲工具，变为士人抒情言志的文学载体。李煜词语言明快、形象生动、用情真挚，风格鲜明，其亡国后词作更是题材广阔，含意深沉，在晚唐五代词中别树一帜，对后世词坛影响深远。中国近代著名学者王国维在其著作《人间词话》里认为："词至李后主而眼界始大，感慨遂深，遂变伶工之词而为士大夫之词。"具有上承晚唐、下开两宋、承前启后、继往开来的重要地位，开创了词的新时代，为词这种艺术形式的发展做出了巨大的贡献。

李煜的词，存世共有30余首，后人将李煜的词在内容上分为三个时期：第一时期是描绘豪华奢侈，风花雪月的宫廷生活，风格绮丽柔靡，但在人物、场景、情感上有生动的艺术描写；第二时期是对国家面临覆亡所体现出的极度忧虑心情和沉重的哀愁；第三时期是亡国之后，感受到的亡国之痛，哀婉凄凉，意境深远，极富艺术感染力。这是李煜词成就最高的时候，但时间不长他便撒手西去了。

第一时期

《玉楼春》

晚妆初了明肌雪，
春殿嫔娥鱼贯列。
笙箫吹断水云间，
重按《霓裳》歌遍彻。

临风谁更飘香屑？
醉拍阑干情未切。

归时休放烛花红，
待踏马蹄清夜月。

《浣溪沙》
红日已高三丈透，
金炉次第添香兽，
红锦地衣随步皱。

佳人舞点金钗溜，
酒恶时拈花蕊嗅，
别殿遥闻箫鼓奏。

后人评：李煜继位后也实施过一些减轻赋税、免除徭役，放宽刑罚，与民生息的抚民政策。但在强邻觊觎，虎视眈眈面前，其不思进取，强国备战，而是歌舞丝竹，纵情欢愉听任国家的衰弱。如果李煜能像后周世宗郭荣那样勤俭治国，励精图治，以南唐之富有不会只抵抗一年就落个家破国亡的惨痛结局。

第二时期

面对国家危局，李煜草做准备，但没有人才，没有良策，只是借酒浇愁，抒发胸臆。其中较具代表性的是《清平乐》《相见欢》：

《清平乐》
别来春半，
触目柔肠断。
砌下落梅如雪乱，
拂了一身还满。

雁来音信无凭，
路遥归梦难成。
离恨恰如春草，
更行更远还生。

《相见欢》
无言独上西楼，
月如钩，
寂寞梧桐深院锁清秋。

剪不断，

理还乱，
是离愁，
别是一番滋味在心头。

第三时期

南唐亡国后，李煜作为俘虏被押送到了北宋京城开封。赵匡胤没有杀他，而是把他养了起来。李煜的生活从此发生了天翻地覆的变化，虽然吃喝不愁，但失去了帝王之尊和奢靡自由，再加上亡国之耻，使李煜有了抽筋断骨般痛彻。这种痛彻，李煜融入词中，便诞生了词史上最为感人，成就也最高的作品。这方面有三首词最具代表性：

《虞美人》

春花秋月何时了，
往事知多少！
小楼昨夜又东风，
故国不堪回首月明中。

雕栏玉砌应犹在，
只是朱颜改。
问君能有几多愁？
恰似一江春水向东流。

《浪淘沙令》

帘外雨潺潺，
春意阑珊，
罗衾（qīn）不耐五更寒。
梦里不知身是客，
一晌贪欢！

独自莫凭阑，
无限江山，
别时容易见时难。
流水落花春去也，
天上人间！

作了宋囚，李煜的词作达到了最高境界。少了雕饰，多了乡情，浑然天成。在词句中，其情感与现实，灵魂与艺术融为了一体。但那首千古传唱的《虞美人》也成为他的绝命词。据说，李煜在七夕的晚上，因为心情郁闷，就让歌伎演唱《虞美人》。宋太宗知道后非常恼怒，尤其看到词中有“小楼昨夜又东风”“故国不堪回首月明中”“一江春水向东流”等词句，更是生气，认为李煜贪恋皇权，思念故国，其心不平。于是，赐毒药当晚命人杀死了他。李煜死时年仅42岁。

李煜先后册封过两个皇后，因是姓周的姐妹俩，故史称：大周后和小周后。

大周后，名娥皇。在文史记载中，多情而贤慧，且“有国色”。周娥皇19岁时与李煜成婚，比李煜大一岁。据南宋文人陆游所著《南唐书》中载：娥皇精通书史，善音律，尤工琵琶。二人情趣相投，才子佳人，恩爱有加。

一次饮宴，酒到半酣的大周后邀李煜起舞，李煜要她先给自己新谱一曲才可以。大周后并不推辞，随口吟唱，挥笔而就，写成《邀醉舞破》，又创作乐谱《恨来迟破》，在南唐颇为流行。大周后还修复了著名的《霓裳羽衣曲》。《霓裳羽衣曲》原是从西凉（今甘肃省武威）传入的曲，经过唐玄宗李隆基的修改，成为规模盛大、气势恢宏的大型舞曲。安史之乱之后，《霓裳羽衣曲》失传，到五代十国时只保存了残破不全的曲谱。李煜得到残谱后与大周后一起“变易讹谬，去繁定缺”，使旧曲新生，“繁手新音，清越可听”。对于两人温柔缱绻的爱情生活，李煜写有很多词来描绘，如《一斛珠》：

《一斛珠》

晓妆初过，
沈檀轻注些儿个。（沈檀：沉檀）
向人微露丁香颗，
一曲清歌，
暂引樱桃破。

罗袖裛（yì）残殷色可。（裛，用香熏）
杯深旋被香醪涴（wò），（涴，弄脏）
绣床斜凭娇无那（nuò），（那，同娜）
烂嚼红茸，（红茸，有作红绒，指刺绣用的红色丝线）
笑向檀郎唾。

然而，在二人的婚姻走到第十年的时候，大周后得了重病。就在这时候，她和李煜最钟爱的4岁小儿子，也得急病死去了。大周后知道了这个消息，十分伤心，病得更加厉害了。

大周后病重的时候，她的妹妹前往宫中探视。妹妹比姐姐小15岁，含苞欲放，娇艳美丽。李煜一见，不由地动起心来，于是两人堕入了爱河。为了避免刺激病中的大周后，他们只能偷偷地相见，李煜曾有《菩萨蛮》一词，描绘了相见的情形。

《菩萨蛮》

花明月暗笼轻雾，
今宵好向郎边去。
刬（chǎn）袜步香阶，（刬袜，只穿着袜子着地）
手提金缕鞋。

画堂南畔见，
一向偎人颤。
奴为出来难，
教君恣意怜。

李煜被幽禁在开封后，李煜在痛苦郁闷中接连写下《望江南》《子夜歌》《相见欢》等名词。

《乌夜啼·相见欢》
林花谢了春红，
太匆匆。
无奈朝来寒雨晚来风。

胭脂泪，
相留醉，
几时重。
自是人生长恨水长东。

李煜被毒死后，小周后不久也死去。李煜精书法、工绘画、通音律、善词文，多才多艺，唯不是有作为的国君，最后落得国破家亡人亡。北宋政治家、文学家、史学家欧阳修评："煜性骄侈，好声色，又喜浮图，为高谈，不恤政事。"南宋文学家、史学家陆游评："后主天资纯孝……专以爱民为急，蠲（juān）赋息役，以裕民力。尊事中原，不惮卑屈，境内赖以少安者十有五年……然酷好浮屠，崇塔庙，度僧尼不可胜算。罢朝辄（zhé）造佛屋，易服膜拜，以故颇废政事……故虽仁爱足以感其遗民，而卒不能保社稷云。"

二人同时指出，李煜酷嗜佛事，但崇佛无度是他亡国的因素之一。李煜在宫中修建永慕宫，在林苑建静德僧寺，又在钟山设寺。李煜又用朝廷的银粮募人为僧，金陵的僧人曾多达万人。即使在南唐风雨飘摇，国库空虚之际，李煜仍不遗余力地建寺尊佛。平时退朝后，李煜常和皇后换上僧人的衣服，诵读经书。僧人犯了罪，不依法制裁，而是让他诵经，然后赦免。赵匡胤听说后，就精选了一名口齿伶俐聪明善辩的少年僧人，南渡去见李煜，和他讨论人生和佛典，李煜以为是难得的真佛出世，称其为"小长老"。从此李煜就很少注重治国安邦之策，而是专注诵经拜佛。宋兵围金陵，李煜诏"小长老"商议据守之事。"小长老"沉着登城"摇旗退敌"，宋兵果然退却。李煜大喜，命兵士诵《救苦观音菩萨经》，声若江涛。后金陵将破，李煜又诏"小长老"退敌，"小长老"托病不出，李煜这才明白被骗，鸩杀了"小长老"。据说赵匡胤曾叹：李煜若以作诗词功夫治国家，岂能为我所俘！

毛泽东曾评："南唐李后主虽多才多艺，但不抓政治，终于亡国。"

南唐虽偏安于淮河以南，却是五代十国时期经济、文化、科技水平最为发达的国家，对后世宋朝的经济发展打下了坚实的基础。南唐最盛时期坐拥 35 个州，地跨今江西、安徽、江苏、福建、湖北和湖南等省的一部分。

一般史家认为，五代是继唐朝的正统朝代，而十国不是。赵匡胤通过发动陈桥驿兵变夺取了后周政权，建立了宋朝，至此五代结束，但十国还有残存。北宋接管了后周的版图，地缘局势是北有强族，南有割据，具体来说，北方有北汉和辽，南方有南唐、吴越、后蜀、南汉、荆南、湖南地区等。这些割据政权，有的称帝，有的称王，有的称节度使，各据一方，拥兵自重。赵匡胤采取“先南后北、先易后难”的战略，逐步消除了荆南、湖南、后蜀、南汉、南唐，中国南方走向统一。

正当赵匡胤踌躇满志指点江山之时，年仅 50 岁的他突然暴毙，其弟赵光义次日宣布即位。

赵匡胤的历史贡献和成就在于基本恢复了当时中国南方地区的统一，结束了自唐末五代以来长达 70 余年的藩镇割据战乱不休的局面。为北宋的社会进步，经济的发展，文化的繁荣创造了有利的条件，是中国历史上一个承前启后的重要人物。这也是后人谓之于“唐宗宋祖”，将他与开拓大唐盛世的唐太宗李世民相提并论的重要根据。

欧洲——

◆ 1988 年，德国考古学家在亚琛大教堂（又称巴拉丁教堂）内的一座金色圣物箱里，发现了一具遗骨。在进行 26 年研究后，苏黎世大学的一位解剖学家宣布：“我们现在可以说，所有的可能性都指向，它就是查理大帝的遗骨。”通过研究这具遗骨，科学家绘出了查理大帝的身形体态：高 1.84 米，体重 78 公斤，偏瘦。这在当时，算是高个头了。据说，扑克牌中的红桃 K 原型就是查理大帝。依照查理大帝的一位近臣所做的传记描述，查理大帝在公元 814 年死于胸痛和高烧，疑患肺炎。

后人总结查理大帝的人生，做得最多的就是两件事：结婚和打仗。他一共结了 5 次婚，另有侍妾 5 名，前后生了十多个子女。同时，他一辈子东征西讨（法兰克人在他的 45 年的统治期间，进行了 54 次出征），几乎占领了整个欧洲大陆。在查理大帝所经历的战争中对莱茵河与易北河之间的萨克森人的战争最为持久、最为残酷，持续了 30 多年（从公元 772—804 年），其间进行了 18 次战役。当时萨克森人的社会发展水平尚处于氏族社会末期，也未接受基督教。战争的结果是法兰克帝国征服了萨克森部落这个德国境内最后一个异教徒种族，完成了萨克森部落的封建化过程，用武力促进萨克森人迈向文明。查理大帝把萨克森并入西欧，西欧得到统一，为西欧以后的历史划定了基调。

为了统治庞大复杂的王国，查理大帝试图建立罗马帝国式的中央政权和国家机构。他在亚琛（又译作阿亨，位于德国西部）建立了永久性首都，称为新罗马。国家机构以皇帝的宫廷为中心，高级官员、宫廷大臣大都集中在宫廷里。查理每年召集两次御前会议（或称顾问会议），由最有权势的大贵族参加，商议国家要事和将要颁布的法令，皇帝的敕令至高无上通行全国。

查理大帝将全国划分为若干个郡，即伯爵辖区。9 世纪初王国共有 98 个伯爵辖区。每郡设一伯爵，由国王任命。主要负责维持秩序，主持法庭，征收赋税，召集并统率本区军队等事务。伯爵一般选自地方贵族，他得到辖区内一块采邑及王室税款的一部分作为报酬。到查理大帝统治末期，皇帝让伯爵的儿子继承父业已很普遍。后来这个官职及与官职相联系的土地就成为世袭的了。为了防止伯爵坐大，形成割据一方的势力，查理不许伯爵们为扩充自己的权力而得到另外的伯爵辖区。他还常常把伯爵们带到自己身边，参加法庭事务和从事战争，并设副伯爵职位，在伯爵不在时代理伯爵工作。

为了有效地监督和控制伯爵，查理派出巡按使（也称密使）负责对某一地区的监察之责。巡按使有自己的法庭，有权根据法律罢免伯爵，并负责监督财政、司法和教会行政，是中央王朝与地方政府的重要纽带。在边疆地区，设马尔克，马尔克的首长为侯爵。

这些机构制度的建立，表明查理的帝国已不再像墨洛温时期那样，由亲兵和廷臣奉国王之命执行最简单的行政司法任务，或像加洛林王朝初期，只有原始性的行政机构，而是初步形成了系统的统治机构。

查理大帝时代的发展势头似乎在把西欧引向罗马式的专制集权国家，但对于还处在半开化状态的法兰克人来说，事实上并不存在这种发展的社会基础。查理大帝的王国可以说是军事征服的产物，缺乏必要的社会共识和文化共识。王国包括数十个部落和部族，他们社会发展水平参差不齐，语言各异，各部落和各地区传统的习惯法仍然使用。自然经济占统治地位，交通和传递信息的手段十分落后，帝国中央与地方以及各地方之间联系比较薄弱。其次，法兰克王国是以封建性的私人纽带联系起来的，这种联系非常脆弱。所以，这些不同部落和部族在加洛林王朝统治下实现的联合必然是暂时的。查理大帝死后不久，帝国便瓦解了。

法兰克王国虽然地域庞大，但它没有常备军、没有足够的职业官吏体系，统治者及其官吏的统治管理经验和责任心都比较差。国家统治机器完全靠贵族对皇帝的私人效忠运转着，而这种效忠又是以不断从扩张战争中分得土地和赏赐为条件的，整个王国就是一座由附庸和贵族层层联结形成的金字塔。当扩张达到极限，战争掠夺物愈加不易的时候，附庸的效忠就会减退，金字塔便要坍塌。“法兰克帝国是由采邑和保护权集合而成的一个又广大又复杂的国家。”一旦皇帝死去，之前所有效忠和附庸契约都立刻失效，必须与继承者予以续订。这必然带来恐慌和混乱。

在这种封建制度下，贵族势力以不可阻遏的势头在成长。贵族对他的领地的关心，往往胜过对王国的关心。他们以各种手段，不断攫取权力，扩充地盘。在加洛林帝国时代，贵族权力的扩张主要体现在豁免权的获得和伯爵职位的世袭权利上。它终于使大贵族在自己领地上完全行使国家职权，建立了国中之国，中央政权完全被架空了。

后世的人们评价查理大帝的影响：因为教皇利奥三世在罗马为查理加冕为“罗马的皇帝”，承认了法兰克帝国为罗马帝国的继承者，恢复了罗马帝国；重新统一了西欧，保卫了西欧，使其免受外来威胁；制定了法国、德国和意大利大概的边界；促进了基督教的发展；被后世尊称为“欧洲之父”。

查理大帝临死之前，3 个儿子先后去世，四子路易接管了查理死之后的整个帝国。查理一生都不肯把自己的女儿们嫁出去，这一点令世人感到费解和猜测。

路易 3 岁时被父亲立为阿基坦（也作亚魁当，在法国西南部）的国王，早早离开了查理大帝身边。在路易长大以后，查理很看重这个儿子，多次带着他出兵征战，路易也取得了各种征战不小的胜绩。不过受父亲的辉煌影响，很少有人注意到路易的功绩。路易和父亲的关系一直比较融洽。路易笃信基督教，在他统治阿基坦的日子里，他对教会十分尊重，修缮及新建了许多修道院。因为他对于基督教的虔诚，得了一个绰号叫作“虔诚者路易”（或称路易一世）。

公元 814 年，查理大帝病逝，结束了长达 47 年的统治生涯，虔诚者路易继承了皇位。他很快稳定了国内的局面，将查理大帝的财产按遗嘱做了分配（其中四分之三的财产捐给了教会）；与帝国境内各地的掌权贵族、外国使者见面，耐心友善地交流，尤其重视与拜占庭的关系，重新确认了父亲生前与拜占庭签订的和平条约。显然，路易十分清醒。他明白父亲交给他的国家表面宏大，内部是各有心机，百孔千疮；外部维京人和穆斯林人都在虎视眈眈。要想让这个王国平稳地存在下去，他需要做出一些变革。他试图通过教会改革教规统一帝国信仰，巩固王权对教会的控制；实行军事变革，弥补兵源不足的缺陷，以提高军队战斗力；他终结了父亲所热衷无比的对外扩张；他想改革法兰克部族传统且弊端重重的王位继承制度，确立嫡长子继承制。避免国家分裂。然而，幼子查理的出生打断了改革进程，并引发了儿子们的叛乱，使得这个帝国大厦摇摇欲坠。

加洛林王朝与墨洛温王朝一样，袭用法兰克人传统的继承制度，把帝国视为家族的领地。当老国王或皇帝死后，由儿子们平分。加洛林帝国的崛起和兴盛，存在一种幸运。因为加洛林王朝初期几代帝王中，都只有一个生命较长的继承人，所以使帝国免遭割裂。虔诚者路易是第一个试图建立一种新的继承方法，以防止国家分裂的加洛林王朝皇帝，但他的儿子们并不买账。

据说公元817年，在一次教堂礼拜仪式后，正当虔诚者路易穿过走廊时，走廊突然坍塌，导致路易受伤，许多朝廷重臣重伤或死亡。受到惊吓的路易开始考虑皇位的继承问题。

他在颁布的《皇帝敕令》中，作出了身后帝国的安排。作为长子的洛泰尔（又译罗退尔），是帝国唯一的继承者，同时也是皇帝头衔的继承者，当时他被加冕为“共治皇帝”。另外两个儿子丕平和路易（绰号日耳曼人路易，亦称路德维希二世）分别安排为阿基坦国王和巴伐利亚国王，他们必须效忠并臣服于洛泰尔。还有一个人叫伯纳德，是虔诚者路易兄弟的私生子，被确立为意大利国王。

按理说作为侄子，还是个私生子，伯纳德对虔诚者路易的安排应该满足。然而伯纳德却在一些人的纵容下进行叛乱。面对伯纳德的不忠，虔诚者路易很愤怒。他迅速组织军队前往意大利，地方军队也在阿尔卑斯集结。面对强大的帝国军队，伯纳德的叛乱迅速崩溃，伯纳德向虔诚者路易投降并忏悔，叛乱者被处以刺瞎双眼的惩罚。伯纳德被刺瞎眼睛后，不久就离开了人世。意大利王国被虔诚者路易收回。

公元 818 年，虔诚者路易的皇后去世了。次年 2 月，来自巴伐利亚的伯爵小姐朱迪斯（也译尤迪丝、茱蒂丝）与虔诚者路易再结良缘。传说朱迪斯艳丽惊人，虔诚者路易对她一见倾心，并在之后的日子里宠爱有加。朱迪斯生了一个儿子，就是后来赫赫有名的秃头查理（也称查理二世）。爱屋及乌，虔诚者路易对秃头查理非常疼爱，因而打算在王国中给他安排一席之地。不过，这就势必要打破之前已经带来重重矛盾的新继承法了，而此时的洛泰尔、丕平、日耳曼路易也渐渐长大了。

为了让洛泰尔接受在他未来的领地中划分出一块给同父异母的弟弟秃头查理，虔诚者路易把洛泰尔召回到身边，百般做工作，还让洛泰尔做了秃头查理的教父，最终洛泰尔同意了父亲费尽心思的安排。不过到了公元 829 年，矛盾还是激化了。本来洛泰尔同意分地给同父异母的弟弟就非常勉强，虔诚者路易又将一块领地未经协商强行授予秃头查理，同时还撤掉了洛泰尔在宫廷中的亲信，换成了虔诚者路易自己的人，同时把洛泰尔打发回了意大利。洛泰尔愤懑不平，举兵反叛，将矛头指向了继母皇后和御前大臣，理由乃似于中国的“清君侧”。大哥反了，早对父皇的继承法怀恨在心的丕平和日耳曼路易也闻风而动。虔诚者路易被打个措手不及，很快就被丕平的军队俘获了。虔诚者路易被迫屈服，皇后被囚禁在修道院，御前大臣逃亡，洛泰尔就此撤兵。

然而虔诚者路易并没有真正地回心转意，他开始背着洛泰尔给丕平和日耳曼人路易更多的利益，以望获得他们的支持。在丕平和日耳曼人路易的默认下，虔诚者路易突然清算洛泰尔的叛乱罪行，导致洛泰尔刚刚获得的成果尽失，被遣送回意大利，虔诚者路易再次掌权。不过争斗远没有结束，仅仅过了两年，几个不安分的儿子们又纷纷发动了叛乱，这次就连教皇也被洛泰尔用利益争取在身边，虔诚者路易在叛乱中孤立无援，最终被送进了修道院，他费尽心思图谋的不再分裂的帝国策略在战乱中化为泡影。可是，在这一次叛乱中胜利的洛泰尔并没有给他同盟的弟弟丕平和日耳曼人路易带来多大的好处，当这两个次子发现跟着洛泰尔反对父皇反而受到更多的打压时，他们再次联合起来反对大哥，支持被罢黜的父亲。这样，虔诚者路易又一次坐上皇位。

可能是出于血肉亲情，这次虔诚者路易再次原谅了闹事的儿子们，虽然接下来又发生了几次骚动（因为在各自领地上有着相对独立的权力），虔诚者路易都作了相应的防范。公元 838 年 5 月，虔诚者路易对于帝国做了最后的安排，即著名的“路易分土”：仅仅将巴伐利亚划分给近些年最不安分的日耳曼路易，剩下的帝国一分为二，洛泰尔得到了意大利和帝国东部；秃头查理得到了阿基坦王位（丕平这时候已经去世）。

公元 840 年，疲惫的虔诚者路易离开了人世，洛泰尔继承了神圣罗马皇帝的头衔，接手了整个法兰克王国。但此时的秃头查理和日耳曼路易割据一方，对皇帝哥哥爱搭不理。因此，洛泰尔若想确保对法兰克王国全境的统治，就必须消除这两个军事威胁。于是，他决定先进攻秃头查理，但秃头查理与日耳曼路易组成了联军。

于是，公元841年6月25日，双方在丰特努瓦（比利时西南部）一带相遇，并展开激战。这一战是中世纪欧洲规模最大的单日战役之一，双方兵力都在 15 万人以上。经过一天的激战，双方伤亡 4 万余人，代价极为惨重。洛泰尔军不支，率先撤退。法兰克王国全面的内战已经不可遏制。

在公元 842 年，日耳曼人路易和秃头查理在斯特拉斯堡（今法国东北部城市）共同立下盟誓，即著名的“斯特拉斯堡誓言”。

值得注意的是，《斯特拉斯堡誓言》分别是用罗曼语和条顿语写成的。罗曼语族产生最初的法语（古高卢－罗曼语，罗曼语族，又称拉丁语族）；条顿语为最初的一种德语（古高地德语，也属日耳曼语）。为了使双方在场的部众都能听懂誓约，宣读誓言时都没有使用对大家来说已经变得陌生的拉丁文，而是各以对方的语言宣誓。秃头查理使用了罗曼语口语，日尔曼路易用古高地德语口语。由此可见，当时两个国家民族语言开始形成了。

有历史学者认为，《斯特拉斯堡誓言》证明，公元 842 年的加洛林王朝已经开始分裂为独立的原始国家，发展各自的语言和风俗。不过誓言中只提供了法语和德语作为独立语言发展的证据。

《斯特拉斯堡誓言》提出了东西结盟，彻底战胜洛泰尔的主张。对于统治法兰克王国中部的洛泰尔而言，这是致命的——从此他将同时受到东西两方面的夹击。

战争持续到公元 843 年，在三方均无力再战的情况下，洛泰尔和日耳曼路易、秃头查理缔结了三分王国的《凡尔登条约》。在这份条约中，王国被瓜分为 3 部分，即秃头查理得到西法兰克王国（王国西南部地区）、洛泰尔统有中法兰克王国（从北海穿过法兰克中部到意大利的狭长地带）和日耳曼人路易获得东法兰克王国（王国莱茵河以东的地区）。而罗马皇帝称号仍归洛泰尔，但他对他的两个弟弟不具有任何约束的权力。自此法、意、德三国大致格局由此奠定。

公元 855 年，洛泰尔去世。他的王国像他父亲一样，被儿子们分成了三份，长子得到罗马皇帝的称号和意大利王国。另外两个儿子一个得到了洛林王国（也称洛泰尔尼亚或罗泰凌吉亚），另一个得到了普罗旺斯（勃艮第）王国（这个王国包含了上下勃艮第地区）。

问题是洛泰尔的三个儿子分别在公元 864 年、公元 869 年和公元 875 年去世，他们都没有留下王国继承人，洛泰尔一系绝嗣。于是，秃头查理和日耳曼人路易在公元 870 年签署了《墨尔森条约》（也译《麦尔森条约》《梅尔森条约》《梅森条约》，因条约在荷兰的墨尔森签署而得名），瓜分了中法兰克王国的大部分。《墨尔森条约》给中法兰克王国留下的那一小部分，成了现代意大利的雏形；东西两个法兰克王国则分别奠定了德国和法兰西王国的国家基础。

这时，秃头查理和日耳曼人路易都对帝位以及意大利和普罗旺斯两个王国垂涎三尺。但是，当日耳曼人路易尚未动作时，秃头查理却迅速夺取了普罗旺斯并进入意大利。然后他又在罗马被加冕为皇帝。后因国内发生叛乱，他不得不返回了西法兰克王国，留下了亲信鲍索（也译波索、博索）在意大利和普罗旺斯担任总督。

文化相对落后的日耳曼民族，虽然在罗马帝国故土上凭借战争手段取得了政治统治权，但是罗马的文化传统在此时还有着深刻的烙印。比如罗马人的命名法在当时新兴的日耳曼国家贵族阶层中仍然很流行。名字组成的 3 个部分依次为个人名、氏族名和家族名，这种名字通行于罗马共和国晚期和帝国时代。个人名是由父母选择的；氏族名源自于部族，往往和地理特征有关；家族名出现得较晚，用以区分同一氏族内不同的家庭，像凯撒、西塞罗等其实都是家族名。

然而，罗马命名法随着各日耳曼王国统治的日益巩固，日耳曼的起名方式开始占据上风，这可能和当时欧洲社会对统治者的模仿有关。日耳曼人一般只有一个姓，出生或洗礼的时候取名。日耳曼名字和罗马名的内涵完全不同，从意义上来说主要分为3类，第一是铭记祖先，第二是追求美德，第三就是寻求上帝的保护。比如常见的日耳曼名弗雷德雷克就是“基督教会铲除异教”的意思。

但是日耳曼式姓名流行时间也未能持续多久，这些传统日耳曼名字被圣徒或圣经人物的名字所取代，这些名字往往来自希伯来语、希腊语和拉丁语。姓名的基督教化和中世纪西欧社会全面基督教化是同步的。今天欧洲人中最常见的彼得、约翰、雅克、玛丽等名字都来源于基督教。而且基督教名字在不同民族和地方还产生了不同的变体，如尼古拉（Nicolas）就有十几个地方化的名字和简写。据统计12—14世纪欧洲最受欢迎的名字是约翰，根据一位法国历史人类学者的分析，这一方面和圣经中有两个以约翰为名的重要人物——施洗者约翰和《约翰福音》作者使徒约翰有关，另一方面，当时天主教会的首脑罗马教宗也特别爱用约翰，从5世纪到11世纪，以约翰为名的罗马教皇有19个之多，这引发了西欧贵族和民众的仿效。

虽然来自基督教的名字非常普遍，但欧洲人越来越愿意给自己起一个别名。别名一开始是社会地位的象征，为贵族和教士阶层所垄断，前者大多以封地和采邑为别名，后者则以宗教机构为别名。欧洲中世纪一位史学家认为，别名被当时欧洲贵族阶层所采用，跟封建制度的巩固有关，贵族在封地扎下根来，开始以封地来界定自己的身份。随后，别名逐渐扩展到平民阶层，甚至世代传承，这是欧洲经济发展带来的城乡人口增加、城市人口流动的结果。当时平民大多只有姓没有名，给自己取别名有利于区别于他人，这反映了欧洲人个人意识的兴起。不过平民起别名和贵族不尽相同，往往按照职业、家族关系和身体特征来命名，比如史密斯意为铁匠，肖特指身材矮小，菲茨威廉意为威廉之子，后来这些别名转化成平民的姓，传承至今。

和中国人起名常常带有父系家族的印记不同，中世纪欧洲人起名字的父权色彩要暗淡了许多。婴儿的名字有时从父亲家族挑选，有时从母亲家族挑选，有时一个家庭的不同孩子分别从父母双方家族得名。有研究表明，如果婴儿父母中母亲家庭成员的地位较高或者能带给新家庭更多的财产，那么就采用母亲家庭的名字。另一些名字则是来自于教父或教母的名字，这往往暗示教父和教母社会地位高于婴儿父母，也意味着家庭之间建立起的社会联系。

如果母亲家族的姓名带有高贵的元素，即使国王都会为了王子舍弃父系家族的命名权。法国加佩王朝的第三位国王，11世纪中叶在位的亨利一世就做出了这样的选择。他的长子、未来的继位者腓力一世的名字就来自母亲基辅罗斯公主安娜的家族。“腓力”这个词源自希腊语，是古马其顿王室常用的名字，亚历山大大帝的父亲名字就是腓力。安娜公主的外祖母据说是拜占庭帝国皇帝罗曼诺斯二世的女儿。按照后人考证，安娜的外祖母其实另有其人，而且即使这个血缘谱系成立，无论是安娜还是腓力王子和拜占庭皇室的血脉联系也是非常疏远。但从当时欧洲王室的等级观念来看，以巴黎伯爵的身份获得法国王位的加佩王朝是无法和拜占庭皇室相比拟的，给王子取个希腊化的名字不但可以彰显加佩王室和拜占庭皇室之间的联系，还可以让臣民联想到古马其顿王国的辉煌历史，对巩固统治很有利。这个有特殊含义的名字很快风靡西欧贵族圈，仅法国和西班牙就各有6位以腓力为名的国王。

尽管欧洲国王有从基督教文化和古典文化中获取名字的个例，但整体来看，中世纪的西欧国王最偏爱反映日耳曼传统，具有象征含义的姓名。比如，从中世纪到法国大革命，法国历史上有16位以路易为名的国王、9位以查理为名的国王。为何法国王室如此偏重“路易”和“查理”？这是因为在中世纪，法国王室需要不断强化自身的合法性，而王室家族的历史具有相当重要的影响，和现实政治极易相连。给王子取特定的名字，可以和某位先王建立起联系，这有利于王室的现实利益。比如，中世纪的加佩王朝爱用“路易”为名，也是希望构建出从墨洛温王朝到加佩王朝的历史连续性，这些都有利于彰显王权的合法性。

法国国王又频用“查理”为名，同样是为了向先王致敬，加洛林王朝的奠基者查理·马特、加冕为罗马皇帝的查理大帝以及西法兰克王国首任君主秃头查理都为“查理”增添了光荣。因此，每当法国遭遇重大危机时，带有军事强人意味的“查理”就成了命名首选，比如百年战争时期名为“查理”的法国国王特别多。

法国以外的中世纪欧洲王室也青睐具有特殊含义的姓名。比如说英国王位基本上由“乔治”“爱德华”“亨利”轮流继承，事实上，乔治来源于古罗马时代的基督教殉道者。

乔治原是古罗马军队中的一名骑兵军官，出生于巴勒斯坦的一个信仰基督教的贵族家庭里。他的父亲出生于安纳托利亚半岛的卡帕多西亚，在那里担任罗马军队军官。他的母亲，或是希腊人。14岁时，乔治失去了父亲，几年后，母亲也死去了。

失去双亲的乔治找到皇帝戴克里先，提出要做一个职业军人。戴克里先见到乔治后十分高兴，因为乔治的父亲是他最得力的军官之一。

乔治20多岁，被晋升为骑兵官长。公元303年，戴克里先颁布了一项法令，法令要求清除军队中的基督徒士兵和军官，其他的士兵要按时祭拜罗马神。但是乔治公开反对这项和他的信仰不符的法令，无所畏惧的勇气使他开始对抗皇帝戴克里先的旨意。他宣布自己是个虔诚的基督徒，崇拜耶稣基督。戴克里先试图收买乔治，为了让他信仰罗马神，可以提供土地，金钱和奴隶。但是，乔治拒绝了。

戴克里先别无选择，为了贯彻法令，乔治被施以酷刑，最后在公元303年4月23日被斩首于尼科米底亚的城墙（在今土耳其的伊兹密特）下，公元494年被教皇封为圣徒——圣乔治。

据说很久以前在欧洲某地（一说利比亚）有一条恶龙在水源旁筑了巢，那里的人们每天都要给恶龙献祭两头绵羊，当绵羊献祭完之后，就必须让一个少女来代替。民众通过抽签选择献祭的少女。有一天，选到了公主。国王乞求公民，希望选择别人来代替公主，但没有用。公主被送到龙巢附近时，圣乔治正好骑着马到了这个地方。他凭借着信仰勇敢地与恶龙搏斗，最终将恶龙斩杀救了公主，恶龙的血渐渐形成十字形。圣乔治也由此成为保护弱者、抗击侵略者、信仰高尚的保护神。

但英国国王叫“乔治”的传统始于18世纪初，“爱德华”和“亨利”才是中世纪和近代英国国王的最爱，共有14位英王选择这两个名字。这两个名字最早都来自于古日耳曼语言，“爱德华”意为“财富或繁荣的守护者”，“亨利”意为“强有力的男人”，都符合民众对国王的期许。特别是亨利，不仅在中世纪的英格兰，在整个欧洲都受到国王的特别青睐。据统计，除了8位英国国王外，有7位神圣罗马帝国皇帝、4位法国国王、4位卡斯蒂利亚国王以“亨利”为名，还有众多的西欧大封建主和贵族以此为名。这其中一方面和当时西欧封建割据、战争频繁的社会环境及贵族精英崇尚武力、推崇强力君主的心态有关；另外和东法兰克国王亨利一世有关，他在位期间击退匈牙利人的进犯，侵略斯拉夫人，奠定了神圣罗马帝国第一个王朝——萨克森王朝的基础。

由于欧洲贵族中名字相同的比较多，在名字后面加上数字就利于区分了，表明他们是该国历代国王中第几个叫这个名字的。也因为这样，一个国王常常有几个名字，如西班牙国王查理，他同时也是神圣罗马帝国的皇帝，但他在西班牙叫查理一世，是西班牙历史上第一个叫查理的国王；但他在神圣罗马帝国却被称为查理五世，因为他是该帝国历史上第五个叫查理的皇帝。

欧洲人的姓和中国人是一样的，加上姓就可以更好的区分不同的人，姓一般表示一个人的血统。如英国有一个查理一世，西班牙也有查理一世，但他俩一个姓斯图亚特，一个则是哈布斯堡属于两个不同的家族。欧洲的一些著名家族，如法国的波旁家族，普鲁士的霍亨索伦家族，奥地利的哈布斯堡家族，意大利的美第奇家族等。这些家族的名号一般是他们的姓或者是世袭的封地。如波旁、霍亨索伦、美第奇都是姓，而哈布斯堡则是此家族的最初领地。同样卢森堡家族表示此家族的人世代都是卢森堡伯爵，享有卢森堡这个世袭领地。

同样，各国王朝的称呼也一般是国王的姓。如英国的都铎王朝就表示这个时期的英国国王都姓都铎，都来自同一个家族；但也有特殊的，如英国历史上有一个金雀花王朝，其得名原因是因为这个家族的祖先——法国的安茹公爵喜欢在耳边别一朵金雀花，后来他的后代继承了英国王位，于是就把这个家族统治英国的时期称为金雀花王朝。同样，法国的瓦卢瓦（也译瓦鲁阿、华洛亚）王朝是因为其祖先受封为瓦卢瓦伯爵。

一个大贵族可能有几个儿子，但只有长子能继承他的称号和领地，长子代代传下来就形成了这个家族的直系；其他几个儿子虽然不能获得父亲的头衔，但多少也能分得一些财产，也有可能最后成为一个大贵族，这样他和他的后代就成为了这个家族支系。为了与直系加以区分，他们一般会给自己的家族起一个新名字。比如，法国的卡佩家族、瓦卢瓦家族、波旁家族实际上都属于卡佩家族，只不过瓦卢瓦家族、波旁家族都是卡佩家族的支系，他们的祖先都是卡佩家族中的次子，而“瓦卢瓦”“波旁”是他们祖先最初的封地名称，为了纪念祖先，此家族的人也就把“瓦卢瓦”“波旁”作为他们的姓。

◆公元 876 年，日耳曼人路易首先去世，他的三个儿子路易、卡洛曼（也译卡罗曼）和胖子查理将其王国三分：路易获得萨克森王国、卡洛曼获得巴伐利亚王国、胖子查理获得士瓦本公国（也称阿勒曼尼亚公国）。

第二年秃头查理去世，其子路易二世（绰号“口吃者”）继位。口吃者路易也许因为自幼口吃，不受父亲喜欢，内心自卑，因此是个对权力没有欲望的人。他放弃皇帝头衔，这使得由加洛林王朝领有的“罗马人的皇帝”位置，开始出现第一次空缺。而东法兰克军队占领北意大利后，日耳曼人路易的儿子卡洛曼取得意大利国王，而口吃者路易名义上继承了除普罗旺斯外的全部西法兰克领土。

公元 879 年，西法兰克国王口吃者路易病死。以总督身份治理普罗旺斯的鲍索希望其长子路易三世继承王位。但得到的结果却是路易三世和其弟卡洛曼二世同时继位西法兰克国王，当年的 9 月两人一起由桑斯大主教加冕，正式称号均为“法兰克人的国王”。于是鲍索决定独立，他被普罗旺斯贵族推举为普罗旺斯国王。

鲍索的家族可以算为外戚，他的姨妈嫁给了洛林国王洛泰尔二世。鲍索由于受到秃头查理的重用，公元 872 年他被任命为王位继承人口吃者路易的宫廷总管。口吃者路易当时的身份是阿基坦国王，但权力事实上掌握在总管鲍索手中。公元 875 年，他随秃头查理进军意大利，秃头查理返回西法兰克后，他被任命为意大利和普罗旺斯总督。当秃头查理病死后，鲍索决定在普罗旺斯自立。他趁口吃者路易刚刚继位权力未稳之际，迫使其承认他在普罗旺斯的特权，然后又不断讨好罗马教皇。最后在公元 878 年娶了前任普罗旺斯和意大利国王路易二世（洛泰尔的长子）的女儿为妻，这样鲍索就有了继承的理由，也成为加洛林王朝崩溃的推动者。

为了有效地对付鲍索的叛立和维京人（亦称北欧海盗）的入侵，路易三世和其弟卡洛曼二世被迫与他们的叔父、东法兰克的萨克森国王路易二世进行谈判，以使他在两人与鲍索的斗争中保持中立。于是公元 880 年年初，在西法兰克的利贝蒙相互签订了《利贝蒙条约》，该条约将《墨尔森条约》中划分给西法兰克的洛林土地割让给东法兰克，成为洛林王国，以换取东法兰克的支持（由此德、法两国为了洛林展开了长期的争夺）。

鲍索在普罗旺斯独立后，西法兰克政局尚未稳定，他的反叛没有遇到大的阻碍。《利贝蒙条约》签订后，两位西法兰克国王就和东法兰克的胖子查理一起率领大军杀向普罗旺斯。在这支队伍中有一个特殊的人，那就是鲍索的兄弟理查。理查判断鲍索的反叛肯定会失败，他要获取利益，于是就跟着三位国王一起过来了。鲍索顽强抵抗了一阵，后来还是支撑不住了。看着鲍索被击败，三位国王留下理查继续清剿，就回国了（此时维京人入侵）。理查占领了大部分普罗旺斯王国，甚至抓到了鲍索的妻子和儿子。由于他们是理查的兄嫂和侄子，所以理查只是把他们关了起来。战后，理查成为事实上的普罗旺斯总督并获得了普罗旺斯以北的欧坦。因此，他又被叫作“欧坦的理查”。

很快东西法兰克又发生巨大的变化，西法兰克两位共治国王和东法兰克两位国王卡洛曼（巴伐利亚王国）、路易（萨克森王国），在公元 880—884 年相继去世。

其中西法兰克国王卡洛曼二世生前未结婚，所以没有子嗣，而他的哥哥路易三世先他而去，弟弟查理（即后来的西法兰克国王查理三世，绰号糊涂查理）年龄又太小，西法兰克贵族便邀请他们的叔父、法兰克罗马皇帝兼东法兰克国王胖子查理来西法兰克做摄政王。胖子查理很高兴地接受了邀请，从而身兼东、西两个法兰克王国的国王，加上已经获得的意大利国王、洛林国王等头衔，他在形式上再次统一了久已分裂的法兰克帝国延续着加洛林王朝。

公元 887 年至 889 年是法兰克帝国的多事之年，在这两年里发生了 5 件大事，导致加洛林王朝的崩溃。

第一件事是胖子查理被自己的侄子——克恩滕公爵阿努尔夫废黜。

阿努尔夫（又译阿努夫）是皇帝胖子查理的兄长巴伐利亚国王卡洛曼的私生子，他从父亲那里继承了克恩滕公国（也称卡林西亚公国，在今天的奥地利），但在卡洛曼去世时剥夺了他对巴伐利亚的继承权，阿努尔夫只好尽力维持和巩固克恩滕公国的领地和疆界。公元 887 年 11 月在法兰克福，东法兰克的贵族们发动了对胖子查理的起义。阿努尔夫被选为东法兰克国王，胖子查理没有抵抗就投降了。但是西法兰克、勃艮地和意大利拒绝承认阿努尔夫，各自选举新国王，加洛林王朝自此瓦解。

此时，中国唐朝已进入晚唐时期，唐僖宗李儇（xuān）刚刚将黄巢起义平复。

第二件事是西法兰克贵族推举巴黎伯爵厄德为国王。

公元 885 年，从丹麦来的 3 万多维京人乘 700 多艘战船突然出现在塞纳河上。他们沿大西洋海岸向东劫掠，最终目标是位于河流上游的最富裕地区——巴黎，但他们必须先攻占二座横跨在塞纳河上的木桥和桥头堡。

维京人从公元 8 世纪到 11 世纪一直侵扰欧洲沿海和不列颠岛屿，其足迹遍及欧洲大陆，欧洲这一时期被称为“维京时期”。维京人来自挪威、瑞典和丹麦，多是航海能手。向西他们发现了冰岛和格陵兰岛，并最终到达北美洲；向东他们一度到达了里海。开始维京人只是在西欧大陆沿海抢掠，后对其他欧洲国家进行有组织的入侵并逐渐定居。

维京人侵袭巴黎之前，胖子查理将巴黎周围的大部分兵力都带往南方，巴黎城内只有 200 多名骑士和数量稀少的士兵把守。然而巴黎市民自告奋勇，配合骑士和士兵利用新建的城防设施与勇武的维京人战斗。负责留守巴黎的大主教和纽斯特里亚地区的伯爵厄德（亦译奥多）断然拒绝了维京人要求开城投降的建议和过境请求。纵使维京人以庞大的兵力相要挟，巴黎人也寸步不让。

最终，维京人通过水路与陆地部队发起了多次进攻，却在巴黎军民面前止步不前。不得已，维京人放弃了迅速东进的计划，转而在巴黎城周围挖掘壕沟、构筑工事和营地，进行了长达 11 个月之久的围困。其间，暴涨的河水冲垮了塞纳河上的木桥，维京人冲过巴黎防线，杀入塞纳河上游。此时胖子查理发挥了骑兵部队的机动性优势，从南方迅速返回，双方在巴黎城下展开了数次交锋。让人感慨的是，装备优良的法兰克骑兵部队，居然无法冲破维京人的包围圈。缺乏强力将领统一指挥的法兰克骑兵以各自采邑为编队，不能协同作战，根本无法摧毁维京人坚固的步兵防线。

此时，军事才能平平的胖子查理焦急却无可奈何，让心急如焚的巴黎人在残败不堪的城头上，眼睁睁地看着期盼已久的皇帝无计可施，大失所望。

随着更多的法兰克援军的赶到，维京人不得不同意后撤。在此之前，焦虑的胖子查理和对方签订了一个不光彩的和约：只要维京人解除围攻，他就会向对方支付一笔贡金，并允许对方自由地前往勃艮第。维京人欣然接受了这个提议，在收下白银之后向南杀向桑斯城。他们在那里又进行了一场 6 个月的围城战，但仍以失败告终。

胖子查理的懦弱和无能，在巴黎保卫战中被暴露和放大，被不满的贵族利用。公元 887 年 11 月，他被侄子阿努尔夫废黜；次年的 2 月，西法兰克的贵族们推举厄德为他们的国王。

同年胖子查理离开了这个纷扰的世界。胖子查理的垮台标志着统一的法兰克国家的历史性结束，帝国彻底分裂：东法兰克和洛林归属阿努尔夫；西法兰克归巴黎伯爵厄德；上勃艮第由鲁道夫一世继承；下勃艮第（普罗旺斯）归瞎子路易。

厄德的父亲是法兰西公爵即巴黎伯爵罗贝尔和他第二位夫人的儿子，此家族应该来自于东法兰克王国。后来罗贝尔从东法兰克国王日耳曼人路易处投奔西法兰克国王秃头查理，受封巴黎伯爵。秃头查理让罗贝尔管理西北海岸的安茹（法国西北部地区）和屠棱（在法国中部）等地。但是公元 866 年，在抵御诺曼人的战斗中罗贝尔阵亡了。罗贝尔死后，厄德继承了巴黎伯爵的称号。秃头查理去世后，胖子查理前来摄政。厄德受到胖子查理的信任，被任命为卢瓦尔地区的管理人，这样厄德就成为纽斯特利亚（今天法国中部）地区最有权势的人。

由于胖子查理在后来的巴黎保卫战中的表现很差招致西法兰克人的鄙视。公元 888 年 2 月，当胖子查理被他的侄子推翻后不久，西法兰克人也赶走了摄政王胖子查理。在部分贵族的支持下，颇有作为的厄德成为西法兰克国王。

第三件事是鲍索的儿子路易被加冕为普罗旺斯国王。

根据查理大帝三个孙子签订的凡尔登条约，长孙洛泰尔得到了中法兰克王国和皇帝头衔。洛泰尔的领土大致包括现在的低地地区（荷兰、比利时、卢森堡）及法国的洛林大区，这两个地区后来统称为洛泰尔林吉亚，也就是后来的洛林公国；另外两部分为勃艮第王国和意大利（伦巴第）王国。洛泰尔死后，他的三个儿子继承了他的三片土地。长子路易二世获得了意大利和皇帝称号；次子洛泰尔二世获得了洛泰尔林吉亚王国；幼子查理获得了勃艮第王国。

老三查理死后，两位兄长瓜分了他的领土：路易二世获得了普罗旺斯，洛泰尔二世获得了上勃艮第（罗讷河上游被称为上勃艮第，罗讷河下游被称为下勃艮第；下勃艮第最重要的地区为普罗旺斯，因此下勃艮第常常被称为普罗旺斯）。

公元 869 年，老二洛泰尔二世辞世。于是两位王叔，西法兰克的秃头查理和东法兰克的日耳曼人路易在《墨尔森条约》中瓜分了洛泰尔林吉亚。此时的上勃艮第半归西法兰克，半归东法兰克。

公元 875 年，老大路易二世死去。秃头查理抢先占有普罗旺斯（下勃艮第），然后又进入意大利加冕为帝。这时半个上勃艮第和整个下勃艮第都归属秃头查理。但是不久，雄心勃勃的秃头查理就去世了，其子口吃者路易继位。但是口吃者路易寿命短暂，在公元 879 年又死去了，才 33 岁。西法兰克王国由两位王子路易三世和卡洛曼二世继承。

公元 888 年，加洛林王朝正式崩溃。是年，出身于老韦尔夫家族的欧塞尔伯爵鲁道夫被上勃艮第贵族选举为国王，于是上勃艮第王国（统治中心在今瑞士西部，也包括今法国和意大利的一部分领土）建立了起来。

韦尔夫家族起源于德国，是德国的传统贵族世家，在意大利他们被称为圭尔夫家族。此时这个家族在士瓦本（又名施瓦本，在德国西南部地区）和勃艮第拥有辽阔的领地。

在同一年，欧坦的理查扶植鲍索的儿子路易复辟普罗旺斯王国（主要在今法国东南部）。同时，理查本身也获得了勃艮第西北部贵族的承认而建立勃艮第公国（包括现在的勃艮第大区）。于是，两个勃艮第王国和一个勃艮第公国建立起来了。两个勃艮第王国属于独立的王国，但是勃艮第公国则名义上是西法兰克王国的封臣。

第四件事是意大利的费留利藩侯贝伦加尔自立为意大利国王。

贝伦加尔（亦称贝伦加里奥）是虔诚者路易的外孙，他的母亲是虔诚者路易和后妻所生的女儿。当他的大哥在公元 874 年去世之后，他便继承了在意大利的费留利侯爵领地（在意大利东北部）。就在他的领地，他与意大利另一强势贵族苏柏家族的女儿结了婚，因此，他在意大利成为举足轻重的人物。

当公元 875 年，罗马皇帝兼意大利国王路易二世去世之后，秃头查理趁机入侵了意大利半岛并被加冕为罗马皇帝和意大利国王。日耳曼人路易先后派儿子胖子查理和卡洛曼率领军队（包括贝伦加尔带领的意大利军队）翻越阿尔卑斯山去夺取意大利王国。但是，在公元 877 年秃头查理去世之前，他们没能达到目的。贝伦加尔的领地临近卡洛曼的巴伐利亚，这就增进了他们之间的合作。

公元 887 年，胖子查理被废黜时，贝伦加尔被推举（一说是自立）来代替胖子查理的统治成为了意大利国王。但同属意大利实权贵族的斯波莱托公爵（在意大利南部）居伊（亦称圭多、盖伊，其祖母是查理大帝的孙女）三世，试图夺取西法兰克国王的王位，失败后转过头与贝伦加尔争夺意大利王位。

第五件事是斯波莱托藩侯居伊三世加冕为意大利敌对国王。

费留利领地在意大利东北部，是用来防卫中欧游牧民族的，在地理上费留利靠近东法兰克王国的巴伐利亚，因此，贝伦加尔比较亲近德意志。当年日耳曼人路易的儿子卡洛曼进攻意大利的时候，贝伦加尔就带领费留利的军队为先导。而斯波莱托公爵居伊的祖先却来自法国，他的祖父是法国的南特伯爵。由于斯波莱托位于意大利南方，是抵御阿拉伯人和拜占庭人的前沿，所以设立了这一公爵领地。居伊三世先获得了意大利卡美日诺领地，在兄长和侄子都死去后他又获得了斯波莱托公爵领地，因此他的称号变为斯波莱托和卡美日诺公爵。但是他在公元 883 年被胖子查理指控为叛国，于是他回到了斯波莱托并和阿拉伯人立约，胖子查理派贝伦加尔去进攻他。这是两人的第一次交锋。

第一次交锋贝伦加尔击败了居伊三世，居伊三世设法和胖子查理达成了谅解，并且继续进攻南意大利的阿拉伯人。公元887年，胖子查理丢掉了皇位，居伊三世便欲谋求一个王位。他首先想到了西法兰克王位，因为兰斯大主教是他的亲戚，于是他和贝伦加尔达成了协议，贝伦加尔将获得意大利王位，条件是贝伦加尔支持自己获得西法兰克王位。于是他去了西法兰克，在兰斯（位于法国东北部）被兰斯大主教加冕。但是，西法兰克人却选择了巴黎的厄德，于是居伊三世垂头丧气地回到了意大利，开始谋求失去的意大利王位。

公元888年夏天，居伊三世带着从斯波莱托和伦巴第（位于意大利半岛北部，与瑞士接壤）召集到的大量军队进攻贝伦加尔。但是贝伦加尔再次击败了他，不过贝伦加尔也无力扩大战果，于是二人达成为期6个月的休战。在休战期间，基本稳定了东法兰克局势的阿努尔夫也想收获意大利。贝伦加尔不辞辛苦和阿努尔夫会谈，说服了阿努尔夫把军队撤回，贝伦加尔作为意大利国王还将是东法兰克王国的封臣。会谈气氛是和睦的，阿努尔夫还留在费留利过了圣诞节。东法兰克王国成为贝伦加尔的支持者。

公元889年年初，休战结束，居伊三世在特雷比亚（意大利北部）一战击败了贝伦加尔，但贝伦加尔还保有费留利。居伊三世在武力中也加冕成为意大利国王，控制着西北部地区。

仅仅二年，加洛林王室在5个地区中的4个地区丢掉了王位。在这批独立成为国王的人中有3个可以和加洛林王室攀上亲戚（普罗旺斯的路易外祖父是洛泰尔长子路易二世；贝伦加尔的外祖父是虔诚者路易；居伊三世的祖母是洛泰尔的女儿），他们都有一定的继承理由。因为洛泰尔一支没有留下任何男嗣，而这些亲戚就可以靠女性来继承王位。只是巴黎伯爵厄德和欧塞尔伯爵鲁道夫两位可以说是民选国王。

公元893年，阿努尔夫派自己的私生子带着军队来到意大利，他们和贝伦加尔的军队共同作战，但是战局进展不理想。于是在第二年，阿努尔夫亲自来到意大利，促使军队振作起来，很快占领了米兰和帕维亚（在米兰南部）。不久，居伊三世在紧张和不安中病死，他的儿子兰伯特（也译朗贝尔、兰贝特）作为继承人躲到了罗马。为了稳定后方，阿努尔夫回到了东法兰克王国，战事暂时平息。公元896年，阿努尔夫回到了意大利。这次他的军队顺利击败了兰伯特，夺取了罗马，释放了被囚禁的教皇，甚至攻占了斯波莱托，然后在罗马被教皇加冕为罗马皇帝和意大利国王。

阿努尔夫没有在意大利久留。他在进军斯波莱托时身患重疾（一说中风），便退回东法兰克。为了防控素怀异志的贝伦加尔，他把费留利领地交给了另外一个贵族。这就使躲在南方的兰伯特获得了东山再起的机会。兰伯特迅速控制了大部分意大利，而贝伦加尔也迅速夺回了自己的费留利领地。贝伦加尔和兰伯特达成了和解，他们瓜分了意大利。贝伦加尔获得意大利的东北部，剩下的地区归兰伯特所有。作为合作的保证，兰伯特将会迎娶贝伦加尔的女儿吉塞拉。之后，兰伯特去了罗马，被教皇司提反（亦译史蒂芬）六世加冕为共治皇帝。

在这期间，罗马教会发生一起恐怖又不可思议的事件。

公元891年10月初福尔摩苏斯当选为罗马教皇。在此之前，他在葡萄牙波尔图（一说在保加利亚）担任主教。此时的欧洲政治一片混乱，罗马教皇的选举被意大利的贵族和东法兰克国王所操控。

福尔摩苏斯的前任教皇曾经被迫为斯波莱托的公爵居伊三世加冕为神圣罗马帝国的皇帝。公元 893 年，成为新教皇的福尔摩苏斯又给居伊的儿子兰伯特加冕。然而福尔摩苏斯后来后悔了，于是向东法兰克国王阿努尔夫寻求帮助，请他进军意大利，推翻兰伯特。有教皇的请求，阿努尔夫喜出望外。从公元 894 年开始，阿努尔夫两次出兵意大利，最终攻占了罗马。阿努尔夫的到来，使福尔摩苏斯有了底气，他宣布废黜兰伯特，并于公元 896 年 2 月在圣彼得大教堂为阿努尔夫加冕，阿努尔夫成为新的“罗马人皇帝”。

不久福尔摩苏斯逝世，新上任的教皇即位仅仅 15 天也去世了，随后司提反（也译斯蒂芬）六世继任教皇。司提反六世出身于斯波莱托贵族。教皇终于是自己人了，被福尔摩苏斯废黜的兰伯特，要开始为自己复仇了。而对于司提反六世来说，他对福尔摩苏斯的主张和他的为人很是不满，在福尔摩苏斯当选为教皇时，他就非常反对，现在自己大权在握，他正想做点什么。于是，在兰伯特的指使下罗马教廷出现了骇人听闻的一幕。

公元 897 年 1 月的一天，由司提反六世下令掘开福尔摩苏斯的墓葬，将已死亡九个月的福尔摩苏斯尸骨抬出，穿上教皇礼服，放置在拉特朗圣若望大殿（天主教罗马教区的主教座堂）的教皇宝座上，然后对其进行审判。主持宣判的司提反六世不停地向福尔摩苏斯的尸体大声质问，一位 18 岁的助祭执事站在尸体旁代替死者回复各项指责。最后，司提反六世宣布：福尔摩苏斯被判犯有伪证罪和其他罪行；其生前的功绩和神职人员的任免全部被判无效；撤销其所颁布的所有谕令；遗体右手的三根手指头（教皇做祈福仪式时常用的三根指头）被切掉；尸体游街示众，最后投尸于台伯河。这次审判史称“僵尸审判”或“僵尸会议”。

几个月后，司提反六世在暴乱中被废，后被勒死于狱中。随后的新教皇为福尔摩苏斯恢复了名誉。

公元 898 年，兰伯特与贝伦加尔再次爆发战争。贝伦加尔先胜后败，然后被俘。但是就在贝伦加尔被俘后的几天内，兰伯特被人刺杀，这件事使贝伦加尔成为意大利唯一的国王。

然而，贝伦加尔好运不长，马扎尔（也译马札尔）人入侵了意大利。贝伦加尔组织起了一支相当大的军队去抵御马扎尔人，但却一败涂地。意大利人在这次溃败中损失了多达 2 万人的士兵和几十名主教。这场战役使贝伦加尔在意大利贵族中的声誉降至最低。

马扎尔人经专家考证疑为匈牙利人的祖先。当年有“上帝之鞭”之称的阿提拉率领大军横扫欧亚，却在公元 453 年初突然死亡。对其之死有两种说法。一说他在迎娶一个日耳曼少女的婚宴后，在睡梦中鼻腔血管破裂，血液倒流引致窒息而死。这血管破裂可能是由于阿提拉饮酒过多而引起。另一种说法是，阿提拉被他的妻子用刀杀死。有学者根据详细的文献分析，提出了阿提拉第一种死亡论是传教士受到当时拜占庭皇帝的政治压力下篡改的，所以对其可信性存疑。

作为匈人的首领，阿提拉死后，他的帝国完全瓦解并开始从欧洲历史中淡出。然而，作为令人恐惧的征服者，也留下了阿提拉帝国是匈人还是匈奴人或二者为同一民族的巨大争议。

匈人就是西迁的匈奴人，这一论断首先是由欧洲人提出的。18 世纪一名法国学者在其论述匈奴人的著作中首次提出了这一观点。一位英国历史学家在著名的《罗马帝国衰亡史》中采用了这一说法，从而影响了整个学术界，有德国学者支持这种观念。后来有苏联考古学家在中亚塔拉斯河谷上游发现 4 具古人尸骨，其中两具为蒙古人种（也称蒙古利亚人，即黄种人）的主人，另外两具为帕米尔与费尔干纳地区（与中国新疆接壤）具有欧洲人种特质的奴隶，随后日本学者补充了对墓葬随葬品的考古研究，匈人就是匈奴人这一观点几乎成为了定论。

在 19 世纪，这一说法传入中国，引起了中国学者的注意，中华人民共和国成立后，中国学术界对此话题在蒙古西迁路径方面做了诸多研究，进一步补充了北匈奴人西迁变为匈人的过程问题，西方学者也多有人赞成，从而成为中国学术界的主流论断。

但是，随着理论讨论的深入和考古发掘的进展，质疑声开始出现。20 世纪 40 年代，原苏联学者首先对塔拉斯河谷墓地考古的结论提出疑问，指出该地发现的四具尸骨在人种上并无太大差异，均为混有蒙古人种血统的欧洲人种，而且墓葬的年代分期也有错误。1945 年，奥地利有学者发表论文指出，匈人与匈奴人之间在人种、文化上的多种差异。到 20 世纪六七十年代，法国有历史学家又系统地阐述了匈人和匈奴人同族论在证据和逻辑上的缺失。其指出，在人种上除了都属于蒙古人种这样一个大类之外，根据遗骨研究来看匈人和匈奴人之间的关系并不紧密，很难支持同族论说法。美国某知名学者在《剑桥早期内陆亚洲史》中，进一步表明匈人与匈奴同族论没有压倒性的证据可以证明。由此，西方在匈人和匈奴人是否同族的问题上开始趋向于分化。

而近几十年来，有中国学者从匈奴与匈人名称的语言学考察开始，系统地反驳了以往关于二者同族的证据。根据最新考古表明，匈人有蒙古人种、欧罗巴人种和二者的混血，发音含有突厥语族、波斯语系等，并不是单一种族。其结论是，匈人更像是马扎尔人的祖先。

总之，目前没有明确的史料可以证实匈人和匈奴人有直接的关系，不过二者之间存有一定的文化相似性却是很多中外学者的共同意见。比如在文化上，马扎尔人与东亚文化圈在某些方面相近。例如，匈牙利人名命名方式是前姓后名，最后是身份。这和东亚民族（中国人、日本人及韩国人等）习俗相同，但并不能说明匈牙利人与东亚民族有实质性的联系。

从罗马帝国的史料来看，阿提拉的匈人体貌特征似乎更接近欧罗巴人种而不是蒙古人种，而且欧洲人也没有把匈人的入侵说成是黄种人所为。所以匈人虽然很有可能是中国古代史书上“北匈奴人”的后裔，但是，目前没有充足的证据证明这一种观点。

◆败给马扎尔人，使很多意大利贵族质疑贝伦加尔保卫意大利的能力，但是他们又没有办法推翻贝伦加尔，于是他们请来了普罗旺斯国王路易（博索的儿子）。路易本身也觊觎意大利王位，而且有充分的理由继承王位，因为他的外公是前意大利国王路易二世（洛泰尔长子）。要论起辈分来，贝伦加尔是路易的长辈，贝伦加尔的母亲是路易母亲的亲姑妈。可能是路易在普罗旺斯的日子过于平淡，除了对付海盗之外没有什么大事可做，这对一个年仅20出头的有志青年来说难以忍受。于是，在公元901年，路易带领军队越过阿尔卑斯山。贝伦加尔见普罗旺斯军队斗志旺盛，便退避到了维罗纳（意大利北部），任凭路易攻克帕维亚和罗马。路易分别在帕维亚和罗马加冕为国王和皇帝，于是年轻的路易继外公路易二世之后成为神圣罗马帝国皇帝路易三世。但是第二年，在路易的归途中，贝伦加尔以逸待劳击败并俘虏了路易，贝伦加尔对这位远亲小辈很大度，路易在发誓不再回到意大利之后就和他的随从一起被释放了。

公元905年，不服输的路易无视上次的誓言再次率军入侵意大利，但再一次被贝伦加尔击败，这次贝伦加尔就没有那么客气了，他刺瞎了路易的双眼，使路易为自己的食言付出了代价，后世称其为瞎子路易，瞎子路易回到了普罗旺斯，在黑暗中又度过了20年。

贝伦加尔巩固了自己的统治，意大利也迎来了近20年的无内战时代。他赠送土地给主教们，这使他得到主教和教皇的拥护而受到贵族们日益强烈的憎恨。公元915年，他被教皇加冕为神圣罗马帝国皇帝。此时，中国正处于五代十国时期。

早些时候，为了笼络扼守意大利和普罗旺斯隘道的伊夫雷亚藩侯阿达尔贝特，贝伦加尔把女儿嫁给了阿达尔贝特。不幸的是，这个女儿在公元913年早逝，留下了一个儿子贝伦加尔（后世称为贝伦加尔二世）。阿达尔贝特对贝伦加尔一世的统治政策也不满意，在一批意大利贵族的纵容下，公元917年招来了普罗旺斯贵族雨果（也译于格）入侵意大利。这个雨果是普罗旺斯王国内最大的和最有权势的贵族（属于博索家族，据说是洛林国王洛泰尔二世的私生女之子）之一。在瞎子路易失明后，他成为国王瞎子路易的首席顾问和摄政，还娶了瞎子路易的妹妹，王国的首都也被迁到了雨果的家乡阿尔勒（也译阿尔），是普罗旺斯的实际统治者，他所缺少的只剩下一顶王冠了。

公元917年，雨果率领的普罗旺斯军队一气推进到帕维亚。贝伦加尔一世用坚壁清野的战术使雨果的目标落败，普罗旺斯军队被迫返回。公元921年，不甘放弃的意大利贵族邀请上勃艮第国王鲁道夫二世（鲁道夫一世的儿子）进入意大利。这次贝伦加尔一世彻底被意大利贵族抛弃了，连他的外孙贝伦加尔二世也在劝诱下起来反对自己的外祖父。得到贝伦加尔一世很多好处的帕维亚主教甚至向鲁道夫二世献出了该城。公元923年，贝伦加尔一世被彻底击败，不久被人刺杀，鲁道夫二世加冕为意大利新的国王。

但是，贝伦加尔一世的支持者们不愿意被鲁道夫二世统治，于是他们请来了普罗旺斯的雨果。公元925年，雨果再次带着普罗旺斯军队来到了意大利，在贝伦加尔派贵族的支持下把鲁道夫二世赶回了勃艮第，于是雨果被加冕为意大利国王。

在雨果不在普罗旺斯期间，深居简出的瞎子国王路易趁机把雨果的封地维埃纳伯国给了自己的儿子查理康斯坦丁。但是公元928年，在瞎子路易死去后，雨果和查理康斯坦丁都到了王都阿尔勒以期得到普罗旺斯的王位。但是两人都未能如愿以偿，雨果索性把普罗旺斯并入意大利王国，但是他在普罗旺斯的统治只局限于南部。倔强的查理康斯坦丁和支持他的贵族们不承认雨果的统治。

公元932年，雨果没收了贵族兰伯特的托斯坎那领地（在意大利中部），把这个领地给了胞弟鲍索（也称鲍索）。这引起了兰伯特的愤懑，他的支持者们再次请来觊觎意大利的上勃艮第国王鲁道夫二世。面对眼前的局势雨果做出妥协，决定和鲁道夫二世讲和。他把自己无法控制的普罗旺斯王国给了鲁道夫二世，以换取鲁道夫二世放弃对意大利的要求。同时，鲁道夫的女儿阿德莱德嫁给了雨果的儿子兼继承人洛泰尔（也称洛泰尔）。公元933年，勃艮第王国（上勃艮第）与普罗旺斯王国（下勃艮第）合并，结束了自鲍索称王以来的分裂局面。这时王国的首都从上勃艮第迁到了普罗旺斯王国的首都阿尔勒。于是，这个王国也被人叫作阿尔勒王国（也称阿尔王国、阿勒拉特王国）。但是，雨果仍然保有普罗旺斯伯国（普罗旺斯地区的东北部和南部）。

上下勃艮第两个王国合并后不久，在公元937年，鲁道夫二世去世，其子康拉德继位。

雨果在稳住了意大利王国的局后，专心对付马扎尔人以及从普罗旺斯过来的海盗侵袭。到了公元940年，他又做了一个轻率的决定，没收了桀骜不驯的贝伦加尔二世在伊夫雷亚（在意大利西北部）的领地，侯爵贝伦加尔二世逃离意大利来到德意志王国寻求奥托国王的庇护。

◆《凡尔登条约》的形成，确定了东法兰克王国疆域为今天的德国中西部、奥地利、瑞士及阿尔萨斯（法国东北部地区）。日耳曼人路易与秃头查理签署的《墨尔森条约》，瓜分了中法兰克王国领土，使得东法兰克王国领土得以扩张，并确立了今天德国疆域的雏形。

9世纪末，虽然东法兰克王国保存了卡洛林王朝的统治，但是当地的文化、经济及政治相对落后。萨克森、法兰克尼亚、巴伐利亚及士瓦本等公国的相继崛起，以及来自马扎尔人、诺曼人的入侵，使得东法兰克的卡洛林王朝王权衰弱。

公元899年，东法兰克国王阿努尔夫病逝，其唯一合法婚生的儿子路易继位。因其继位时年仅6岁，故史称孩童路易（或童子路易）。由于他年少，因此权力落入美因兹大主教的手上。他们支持康拉德成为法兰克尼亚公国（位于德国中部）公爵。据传说法兰克人正是发源于这个地区，或者说法兰克尼亚人正是留在故乡的法兰克人。因此，康拉德家族与加洛林家族有着深厚的渊源，可能存在着血统关系。

公元900年，马扎尔人大举进犯东法兰克，他们洗劫了巴伐利亚；次年，又摧毁了卡林西亚。接着在公元906年、907年、908年和909年马扎尔人连续劫掠了萨克森、图林根和亚琛。公元910年，17岁的孩童路易鼓起勇气决定对马扎尔人进行一次严厉打击，这既是为了惩罚入侵者，也是想通过建立武功收取自己的权力。他组织了一支军队，在奥格斯堡（德国中南部）附近的莱希费尔德严阵以待。但是双方连续几个小时的激战，孩童路易的军队被打败了，伤亡惨重。孩童路易受到惊吓，战后退隐到一座修道院中，不到一年的时间就死在那里。孩童路易无子，东法兰克王国的加洛林王朝绝嗣。

此时东法兰克王国内有5大公国，分别是巴伐利亚，士瓦本，法兰克尼亚，洛林及萨克森。为了能抵抗当时马扎尔人的入侵，5大公国的公爵们和科隆大主教联合，决定不再从卡洛林家族中寻找王位继承人，而是从本地的 5 大公国中选举产生，由此，德意志王国从东法兰克王国中蜕变而出，并开始了自己独立发展的历史。

由于康拉德家族与加洛林家族存在的密切关系，东法兰克王国的公爵们便公选出了第一位非加洛林王朝的君主——康拉德一世。从这时起，东法兰克王国被看作为德意志国家，康拉德一世也被看作第一任德意志国王。德国史学家一般把公元 911 年康拉德当选国王视为东法兰克王国的彻底崩溃和新的德意志王国史的开端。此时，中国五代十国中的后梁、南吴、吴越、闽国、前蜀已先后建立。

然而，康拉德一世在掌握德意志王国权力的过程中并不顺利，其实际影响力非常有限，甚至不如萨克森、士瓦本和巴伐利亚几个公爵。其中以萨克森公国最为强大，萨克森公爵亨利因此经常发动叛乱。公元 915 年，亨利击败康拉德一世。同时康拉德一世和马札尔人的作战也失利了。公元 918 年，康拉德一世在遗憾中去世，死前劝说弟弟埃贝哈德放弃了王位要求，并大度地推荐亨利为王位继承人。作为妥协，亨利在第二年成为德意志国王后，允许法兰克尼亚新公爵埃贝哈德完全自治，以换取他放弃对王位的要求，由此开创了德国历史上的萨克森王朝（又称利乌多尔芬格王朝）。据说在公元 912 年，亨利当选公爵时正在专心致志地捕鸟，故得外号“捕鸟者”。因捕鸟者亨利在加冕时拒绝举行宗教仪式，因而在宗教意义上，捕鸟者亨利不是一位合法的德意志国王，所以他又拥有一个绰号“无柄之剑”。

捕鸟者亨利执政初期的处境与康拉德一世基本相同。由于大公国势力的影响，它们并不完全认同亨利的统治，尤其是巴伐利亚和士瓦本公国，时常发动叛乱。士瓦本位于德意志的西南部、莱茵河上游，很早就被法兰克人征服，实力较强；巴伐利亚则是德意志王国的东南部边疆，是抵御马扎尔人的前沿阵地，巴伐利亚人也一向桀骜不驯，巴伐利亚公爵以雷根斯堡为中心，一度称王。此前康拉德一世没能征服这两个公国，因而国王头衔有名无实。亨利即位后，为了加强王室的中央权力，控制住各公国，击败马扎尔人地入侵，捕鸟者亨利着手建立起一支训练有素的军队，以保证心中目标的实现。

公元 921 年，捕鸟者亨利在教会势力和中小领主的支持下进军巴伐利亚，用武力迫使巴伐利亚公爵俯首称臣，放弃了国王的头衔与之和解。士瓦本公爵在屈服于捕鸟者亨利的武力后去世，亨利任命了一个法兰克尼亚的贵族去那里担任新的公爵。在此后的统治中，亨利给予德意志其他公爵足够的自治权，重建了德意志王国的基本统一。

当年在部分贵族的支持下，没有任何加洛林血统却颇为能干的巴黎伯爵厄德，被推选为西法兰克国王。与此同时，部分对厄德不满的贵族推出了口吃者路易的私生子（一说遗腹子）糊涂查理（也称憨直者查理、傻瓜查理）与之对抗。在厄德死后的公元 896 年，糊涂查理登上了王位，被称为查理三世。厄德的弟弟罗贝尔不服，但缺乏足够的支持，于是选择了蛰伏待机，没有立即谋取王位。作为回报，他得以保留自己的爵位和财产。

公元 920 年，糊涂查理同洛林的大贵族吉塞尔伯特之间产生矛盾并导致公开战争，这使得捕鸟者亨利有了干涉洛林事务的借口。其在洛林事务上公然站到吉塞尔伯特一边的态度，使糊涂查理极为愤怒，他出兵进击德意志。西法兰克军队一直打到费德尔斯海姆（德国西南部），但不久就撤退了。

公元 921 年 11 月，捕鸟者亨利和糊涂查理在波恩附近的莱茵河中的船上会晤，双方缔结了《波恩条约》。通过这一条约，糊涂查理承认了捕鸟者亨利是洛林的统治者，同时确认了非加洛林王室的亨利的合法地位，从而保证了德意志国家的独立性。

次年，糊涂查理的统治以及其与德意志的和解，并没有完全得到西法兰克贵族们的认可，罗贝尔的机会到了。他在吉塞尔伯特的支持下被推举为对立国王，并在即位的第二年与捕鸟者亨利签订了与《波恩条约》相同的友好条约，以获取德意志的中立。

公元923年，糊涂查理与罗贝尔在苏瓦松地区（法国东北部埃纳河畔）展开了一场大战，糊涂查理溃败而去，罗贝尔战死。后来罗贝尔一方设计，以谈判讲和为由将糊涂查理擒住囚禁起来。拥护罗贝尔的贵族推选罗贝尔的女婿鲁道夫为国王，而洛林贵族吉塞尔伯特则受到了冷遇。糊涂查理于公元 929 年在囚禁中死去。心里憋闷的洛林公爵吉塞尔伯特联合特里尔（位于德国，靠近卢森堡边境）大主教召引捕鸟者亨利进军洛林。然而，当德意志军队进占洛林一部分地区后，吉塞尔伯特又后悔了。公元 925 年，吉塞尔伯特试图摆脱捕鸟者亨利的控制重新示好西法兰克国王鲁道夫时，捕鸟者亨利毅然占领了整个洛林。为了稳定并入德意志的洛林，捕鸟者亨利继续让吉塞尔伯特担任公爵，又将一个女儿嫁给了他。

收获了洛林之后，捕鸟者亨利与入侵德意志的马扎尔人开战。初战亨利失利，但马扎尔人一个首领被亨利俘获。在战争中，捕鸟者亨利看到了德意志军队与马扎尔军队的作战差距和防御漏洞，便以释放战俘和交纳高额贡金换取了和平。在和平期间，捕鸟者亨利加强了边疆地区建造防御性城堡，同时训练了一批新式骑兵。

公元 926 年 11 月，被赶出意大利的上勃根第国王鲁道夫二世试图和德意志建立良好关系，他把“圣矛”转让给了捕鸟者亨利。圣矛被人们认为是君士坦丁大帝用过的矛，饰有真十字架上的钉子，传说用它作战就有获胜的希望。这样做，说明鲁道夫二世承认了德意志王国对上勃根第王国的宗主权。作为回报，捕鸟者亨利不但给予鲁道夫二世以金银宝物，还把巴塞尔（在今天的瑞士）周围地区让给了上勃艮第。不过上勃艮第转归德意志只有形式上的意义，上勃艮第依然保持实际上的独立。

公元 928 年，捕鸟者亨利率领军队向易北河以东的斯拉夫人地区进攻，占领了斯拉夫人的要塞勃兰登堡，使波希米亚（也译波西米亚）的捷克人畏附。由此，德意志开始向易北河以东地区扩张，持续了数个世纪，极大地改变了中东欧的地缘关系。

◆波希米亚地区（包括布拉格在内的捷克共和国中西部地区）在古罗马时期为凯尔特人的一支——波希人（也译波伊人）的聚居地。约在公元前 1 世纪，日耳曼人占据了此地，并把这个名字保留了下来。公元 6 世纪，从东部迁来的斯拉夫人建起波希米亚王国并繁衍出波希米亚文化。

在波希米亚地区形成的最早国家是7世纪法兰克商人萨莫（也译萨摩）建立的萨莫王国。不过在学界，有人认为它当时可能还未形成国家，只是以萨莫为首的部落联盟。其只存在了

35 年左右，萨莫死后王国或联盟遂即瓦解了。另一种说法是萨莫王国为历史上第一个斯拉夫人国家。

斯拉夫人在罗马帝国时期与日耳曼人、凯尔特人一起被罗马人视为欧洲的三大蛮族，也是现今生活在欧洲的主要民族之一，主要分布于东欧。关于斯拉夫人的起源，最早的文字记载见于 1 世纪末和 2 世纪初的古罗马文献，提到在维斯瓦河一带居住着维内德人，据考证，维内德人即古代斯拉夫人。

古代斯拉夫人 1—2 世纪曾分布在西起奥得河、东抵第聂伯河、南至喀尔巴阡山、北濒波罗的海的广大地区。现今波兰境内的维斯瓦河河谷，被认为是斯拉夫人的故乡。后来，由于南斯拉夫人同拜占庭联系密切，多见于史料记载，所以“斯拉夫人”或“斯拉文人”就成为各斯拉夫民族的统称。

4—6 世纪，斯拉夫部族开始出现部落联盟。由于民族大迁徙的冲击，逐渐分化为 3 大支系，并出现不同的名称：西支称维内德人（也译维涅德人，又称西斯拉夫人）；东支称安特人（又称东斯拉夫人）；南支称斯洛文尼亚人（又称南斯拉夫人）。其主要分布地区：

中欧地区为西斯拉夫人［今天的波兰、捷克、斯洛伐克，（德国的萨克森与勃兰登堡两州）］。

东欧地区为东斯拉夫人（今天的俄罗斯、乌克兰、白俄罗斯）。

东南欧—巴尔干半岛地区为南斯拉夫人（今天的斯洛文尼亚、克罗地亚、塞尔维亚、保加利亚、波黑、马其顿、黑山）。

6 世纪，斯拉夫人开始侵占拜占庭帝国的巴尔干地区。之后，在公元 830 年左右，西斯拉夫人在多瑙河中游和易北河上游建立了最早的封建制国家——摩拉维亚王国。鼎盛时期摩拉维亚王国曾有着相当辽阔的疆域。

摩拉维亚王国强盛时控制了波希米亚并与东法兰克王国抗衡。公元 863 年，摩拉维亚国王请拜占庭帝国派出传教士西里尔（也译基里尔）和其兄美多德（也译梅福迪）前来传授基督教教义。据说为了方便传教，西里尔以希腊字母为基础创造出西里尔字母（也称基立尔字母、基里尔字母、斯拉夫字母、格拉戈尔字母或格拉哥里字母），作为斯拉夫语的书写体系。

西里尔文字经发展成为基督教派的一支东正教的教文文字，因而普及东正教国家。前苏联时期，不少国家和地区使用西里尔文。随着前苏联的解体，西里尔文字的地位也迅速下降，目前存在于部分斯拉夫民族以及部分中亚民族中，包括俄罗斯语、乌克兰语、卢森尼亚语、白俄罗斯语、保加利亚语、塞尔维亚语、马其顿语等。

摩拉维亚王国约于公元 907 年灭亡。在摩拉维亚王国走向衰弱的时候，居住在波希米亚中部的捷克部落，9 世纪 80 年代在普舍美斯（亦称普舍米塞、霍什米索、普热米斯尔）家族的领导下，以布拉格为中心建立起国家，史称：布拉格公国或称捷克公国。

关于捷克公国的起源有一个传说，当时波希米亚国王有一个小女儿叫莉布丝，因生来就有预知能力而得以继承父亲的王位。一日，莉布丝宣布：“我看见了一座伟大的城市，它的辉煌照耀了星空。”后带领国民修建了一座城市——布拉格。由于有大臣不满国家被一个女人所统治，便极力催促莉布丝早日选择一个能干的男贵族完婚，莉布丝拒绝了。一天夜里，莉布丝做了个梦，梦中预示她爱上了一位穿着麻布鞋正在锄地的农民（一说正在树下的铁桌上吃饭的农民）。于是，莉布丝派人在路口放马，根据马的前进方向寻找梦中情人。人们跟着马到达了今捷克乌斯季州境内的一个村庄，真的找到了与女国王梦中相符的农民，这位农民名叫普舍美斯（又称培密索尔）。普舍美斯在大臣们的要求下回到了王宫与莉布丝成婚，并成为新的国王。普舍美斯在登基之时，把穿过的麻布鞋脱下珍藏起来，同时命令臣下随身带一双麻布鞋上朝，要求他们不要忘记农民永远是国家的立国之本。而麻布鞋也被视为普舍美斯王朝的圣物，在新王登基加冕之时展示麻布鞋已成为波希米亚王国的传统。普舍美斯与莉布丝婚后育有三子，其后代建立起捷克公国普舍美斯王朝。史界认为，普舍美斯王朝是捷克形成国家后的第一个王朝，从诞生之日起，它便在摩拉维亚、东法兰克和马札尔人的夹缝中苦心经营，并在 9 世纪晚期短暂地臣服于东法兰克国王阿努尔夫。

布拉格在普舍美斯王朝的统治下，很快成为欧洲南北商路上一个重要的贸易重镇。这里有来自北欧斯堪的纳维亚半岛、波罗的海的海产品、琥珀；有来自东欧大草原的皮毛、牲畜；有来自西欧的葡萄酒、蜂蜜、玻璃制品；有来自南欧意大利半岛的香料、饰品等，繁荣的商旅交易，让布拉格成为当时欧洲的商贸集聚中心之一。

摩拉维亚王国瓦解后，捷克公国逐步扩大疆域，普舍美斯王朝开始控制波希米亚及附近地区。至公元 921 年，捷克公国出现了一位影响捷克国家历史的圣者——圣瓦茨拉夫。

公元 921 年，瓦茨拉夫（又译文塞斯劳斯）的父亲在一次抵抗马扎尔人的战役中死去，瓦茨拉夫便继承了父亲的爵位，当时他只有 13 岁。瓦茨拉夫是由基督徒的祖母养大，对他的信仰有着深远的影响。瓦茨拉夫继位后，由祖母摄政。瓦茨拉夫的母亲并不是基督徒，她不甘心儿子及王朝被旁人控制。遂于公元 921 年 9 月，授意两位贵族谋杀了瓦茨拉夫的祖母。从此，母亲成为摄政直至瓦茨拉夫于公元 924 年亲政为止。在祖母的影响下，瓦茨拉夫成为极为虔诚、谦卑的基督徒，也是一个非常博学和聪明的青年公爵。母亲摄政时，曾试图让他放弃信仰基督教，引起他的反感，在其亲政后，立即放逐了自己的母亲。

瓦茨拉夫的父亲生前曾与巴伐利亚公国联盟，共同对抗萨克森公爵捕鸟者亨利。公元 921 年，巴伐利亚公国与萨克森公国和解。转过头在公元 929 年，捕鸟者亨利借口瓦茨拉夫与马札尔人结盟对抗德意志，率领萨克森、巴伐利亚联军突袭布拉格，逼使瓦茨拉夫承认德意志国家的宗主权，称臣纳贡。

除了国事上的失意，不幸的瓦茨拉夫还有一个素有异志的弟弟。公元 935 年 9 月 28 日，瓦茨拉夫的弟弟博列斯拉夫（又译波列斯拉夫）邀请哥哥来家中赴宴，路上却安排了杀手行刺。瓦茨拉夫在袭击发生后曾跑到附近的教堂躲避，但受到贿赂的教士却将教堂的大门关闭。于是瓦茨拉夫在教堂外被杀死，博列斯拉夫继承了哥哥的爵位。

因瓦茨拉夫生前在国内积极推广基督教，曾在布拉格城堡主持建造了一座早期罗马式圆形建筑的教堂（今天圣维特大教堂的前身），对民众的谦逊、善良、智慧，使捷克人民深深怀念。他的被杀被教宗定义为殉道，并追封为圣人。其逝世日 9 月 28 日，被后人定为捷克法定假日圣瓦茨拉夫节，也是捷克的“国家意识纪念日”。在捷克人的传说中，瓦茨拉夫死后成为了波希米亚的保护神。

通过谋杀哥哥继位的博列斯拉夫被后人冠以“残忍者”称号，其实他对捷克民族的贡献还是很大的。在其统治期间，波希米亚领土扩大至上西里西亚（今波兰南部卡托维兹地区）和小波兰地区，布拉格成为欧洲重要的贸易城市。他将女儿嫁给了波兰国王梅什科一世，建立了波希米亚—波兰联盟，使捷克公国的实力和地区影响力迅速提升。之后又加入德意志联军击败了马扎尔人。

◆收取洛林、获得“圣矛”、逼服斯拉夫人，这一系列政绩加重了捕鸟者亨利及其萨克森王朝在德意志王国说话的分量。随后，捕鸟者亨利要求修改法兰克王国延续了几百年的诸子均分的继承制度。因为这项继承制度，法兰克王国不断陷入到分裂和内乱之中，捕鸟者亨利显然不希望自己的王国也是如此，于是做出了这项重大的改革。

公元 929 年，在宫廷会议上，捕鸟者亨利宣布建立单独继承制度，在获得贵族们的同意之后，捕鸟者亨利确定自己的次子奥托立为王储，王位唯一的继承人。

感觉时机成熟了，成竹在胸的捕鸟者亨利决定向侵略者马扎尔人开战。公元 932 年，德意志王国以挑战的姿态停止向马札尔人支付贡金。第二年春，马扎尔人军队报复性入侵德意志。早有准备的德意志各部族组成的军队分成两支，一支在萨克森南部抗击向西挺进的马札尔人军队并将其击溃；同时，捕鸟者亨利率领的另一支军队迎击进逼图林根南部的马扎尔人，在决战中德意志人再次获胜。

受到胜利鼓舞的捕鸟者亨利再接再厉，再次出动军队占领石勒湾与爱德尔河（又译艾德尔河）之间的地区，建立石勒苏益格边区，扼守易北河口，控制了北海与波罗的海之间的贸易枢纽，迫使丹麦人纳贡，解决了查理大帝最后的遗憾，并为基督教在北欧的传播提供了路径。

在公元 811 年的时候，法兰克与丹麦在多年战争中未能分出胜负。不得已，查理大帝最后与对方签订了一份和约。条约规定，双方以爱德河为界，北边属于丹麦，南边属于法兰克。也就是说，现属德国的石勒苏益格地区，曾属于丹麦。

石勒苏益格地区地处中北欧、欧洲与西亚商路的交汇点，是波罗的海通往北海的陆路要道，手工业发达，为当时重要的贸易市场，公元 10 世纪中期被丹麦人占据。丹麦人为了抵挡法兰克人的侵犯，修筑起一座从北海延伸到波罗的海的围墙，即丹尼维尔克防御工事。该防御工事是穿过石勒苏益格地峡（地峡，连接两块较大陆地或较大陆地与半岛间的狭窄地带），将日德兰半岛与欧洲大陆其他地区隔开的一条防御线。由于丹尼维尔克防御工事遗址保存完好，考古资料丰富，成为解读维京时期或维京时代欧洲经济、社会和历史发展的重要遗产，2018 年 6 月被列入《世界遗产名录》。

关于“Viking”（维京人或维金人）一词的来源，大致有三种说法。一种说法认为，

“Viking”源于古代北欧语“Vik”，是峡湾的意思。而“Viking”指在峡湾中从事某种活动，因此有“海上劫掠”“海上冒险”的意涵。第二种说法是专指居于现在挪威东南部的奥斯陆峡湾的北欧人，因为奥斯陆峡湾的另一个名字为“Viken”。第三种说法认为是来源于古英语“wíc”，意思是“进行贸易的城市”。从这些争议中似乎可以看出，中世纪维京人最重要的两个历史属性：亦盗亦商。在今天，“Viking”一词更多指代公元800—1050年这一时期生活在斯堪的纳维亚半岛的北欧人及其文化。

在8世纪之前，欧洲史学家们对于斯堪的纳维亚半岛（半岛有今天的挪威、瑞典两国以及芬兰北端的一小部分）所知甚少。公元793年，第一支维京船队悄然抵达英国北海岸林第斯法恩修道院，将其洗劫一空。此事件标志着维京人登上欧洲历史舞台和维京时代的到来。

维京人属于北日耳曼族。维京时代应是日耳曼民族的第二次大迁徙，这次大迁徙再次引发了不同文化之间的交流和碰撞。北至冰岛、格陵兰岛、北美大陆边缘地带，南至北非，东到俄罗斯和拜占庭，无一不留下维京人的足迹。

维京人的尚武传统和嫡长子继承制，让没有继承权的维京男子需要另谋生路。于是海外探险、劫掠、征服成为其获得地位和财富的主要方式。

来自挪威、丹麦和瑞典三地的北欧人是“维京时代”维京人的主角。他们凭借出色的造船和航海技术，纵横四方，进行海外殖民、海外贸易、海外劫掠和征服活动。三地的势力范围和重点各有不同，总体来说：不列颠北部诸岛、格陵兰岛和北美大陆边缘，大致为挪威人的势力范围；丹麦的势力主要在英格兰东海岸、弗里西亚（北欧海岸外的3组群岛），并和挪威人一起深入欧洲大陆腹地（法国、西班牙、意大利沿海地区）。瑞典则是横跨波罗的海，向东扩张，影响至东欧平原（现代俄罗斯）和拜占庭帝国。

维京人在早期的海盗活动中，多采用忽来忽往的游击战术。但是，从9世纪开始，维京人开始组织大规模登陆侵袭，建立殖民据点，直至拓土立国。维京人通过海上征服、商贸往来以及殖民活动，重塑了欧洲文明历史。在诺曼底、不列颠和基辅，维京人建立起强大政权，这便是现代英国和俄罗斯的雏形。

维京人入侵法兰克王国是维京人对欧洲大陆最早的军事行动。其开始于公元841年，随后长驱直入，于公元845年攻陷巴黎。与此同时，沿途又袭击了法国南部、西班牙和意大利的众多港口和城镇。公元911年，一群维京人在首领罗伦（也译罗洛）的带领下再次围攻了西法兰克的巴黎和沙特尔（在巴黎西南），西法兰克国王糊涂查理在沙特尔好不容易击败维京人后，决定与罗伦谈判并签订了《埃普特河畔圣克莱尔条约》，封给他一部分沿海土地建立起诺曼底公国。在诺曼底公国维京人逐渐与当地人通婚，讲法语，信仰基督教，安居乐业，最终完全融入西欧的基督教社会。

丹麦人对不列颠的征服始于公元793年。在公元9世纪40年代以前，丹麦人的主要目标是英格兰和爱尔兰的修道院和沿海城镇，从公元851年起，转为大规模军事侵袭，并建立永久殖民地，输送大批移民。到了公元880年，丹麦人已经控制了不列颠的大部分地区（除了西南部的威塞克斯王国），约克（位于英格兰东北部）是当时丹麦人的势力中心。

◆与加速加洛林王朝的崩溃不同，丹麦人对不列颠的入侵反而促进了英格兰的民族融合和国家统一。有史学者这样感叹：“一部 8~11 世纪的英国史同北欧海盗史交织一体，北欧人的海外侵袭是在英国揭开序页，又是在英国落下帷幕的。”在维京时代之初，英格兰主要有 5 个政权：诺森布里亚、墨西亚（又译默西亚、麦西亚）、东盎格利亚（又称东英吉利）、肯特和威塞克斯（又称西撒克逊、韦塞克斯）。从公元 850 年开始，丹麦人仅用了 20 年左右的时间便横扫英格兰，除了威塞克斯之外，其他盎格鲁 撒克逊（也译萨克森）小王国均沦为丹麦人的附庸。

到公元 9 世纪末，威塞克斯王国，在阿尔弗雷德国王的领导下，有效阻止了丹麦人的入侵，双方停战议和，签订条约。

阿尔弗雷德（也译作阿佛列、艾尔弗雷德）年轻时曾在秃头查理的宫廷里生活过一年，然后随父亲返回了英格兰。公元 871 年 8 月，阿尔弗雷德继任威塞克斯国王，同时也背负起了抵御丹麦人的重任。当时整个盎格鲁 撒克逊民族正处在低谷期，几乎所有的英格兰小国均陷入丹麦人手，只有威塞克斯依然在坚持抵抗。经历几次惨痛的失败后，在公元 878 年 5 月，阿尔弗雷德重振旗鼓，带领国人向丹麦人反击，在爱丁顿（亦称埃丁顿、伊盛丹尼）大败丹麦人，并将丹麦人围困在要塞中 14 天，最后粮草断绝饥饿难耐的丹麦人只好放下武器投降。翌年，阿尔弗雷德与丹麦人首领在萨默塞特郡威德摩尔达成和约即《威德摩尔和约》。和约的签订使英格兰南部免遭丹麦人的践踏，也使丹麦人得到一块合法的土地。

按照《威德摩尔和约》的约定，丹麦人将正式控制英格兰北部的大片地区和东部一带，即从泰晤士河口到爱尔兰海，斜跨英格兰，这一块地区被称为“丹麦法区（简称丹法区）”。在丹麦法区里，丹麦人将自己的语言、文化，特别是司法传统引至该地区，它也成为维京人在斯堪的纳维亚以外开拓的殖民地中最宽广和富饶的一块地区。在协议中，丹麦首领接受基督教的洗礼，还让阿尔弗雷德作他的教父，这预示着“丹麦法区”的丹麦人将和当地人在宗教信仰上融为一体。同时，阿尔弗雷德还获得对邻国麦西亚的统治权。

爱丁顿一战的胜利和《威德摩尔和约》的签订，并没有让阿尔弗雷德感到丝毫的轻松，他深知这场胜利只是暂时回击了入侵者，好战的丹麦人，不会因为一时的失利而停止野蛮的侵掠。他们依旧掌控着大半个英格兰，绝不会给予永久的和平。威塞克斯王国必须为下一场战争而未雨绸缪。因此，阿尔弗雷德在王国内开展了一系列改革。

1. 建立军镇。针对维京人善用大量的长船，利用其优势的机动性在短时间内快速移动，造成英格兰城镇不断遇袭而报警时间滞后。因此，阿尔弗雷德决定要建立大规模的城寨防御体系，以对抗维京人的快速移动。威塞克斯对所建立的军镇进行防御设施强化：城墙下的壕沟拓宽加深，城墙内增加一层木栅栏，修建了更多的塔楼和瞭望台。这样一来，可以造成维京人对单个城镇的进攻困难，从而被迫在一个地方停留时间加长。在强化单个军镇的防御能力之余，阿尔弗雷德还将一些重要军镇之间的道路进行修整，加强军镇之间的交通和消息传达的速度。一旦某个军镇出现战事，临近军镇就会派兵支援。阿尔弗雷德还下令在主要河流上都增设桥梁，并对桥梁本身进行工事化改造。这就使桥梁不仅有联通两岸的功能，也可以帮助守军截断维京长船溯河而上。

2. 兵役制度。要想战胜维京人的入侵，王国就必须建立适宜的兵役制度，要有常备军。阿尔弗雷德的改革从强化土地税收制度开始，对已有内容进行了扩充。地方上的土地持有者，不光要缴纳相应的税金，还要在战争时期为王国军队输送相应的士兵人数。平日提供的防卫城市守军人数，也要依据土地的数量的多少和富庶程度来计算。也就是说，贵族、富人原本的经济义务被扩展为经济＋士兵兵役制度。在这项制度下，每一位成年男性佃农都要额外肩负三个义务：参战、守卫城市以及修建防卫设施，拒绝服兵役的人将会受到惩罚。

在和平时期，每个军镇征召的士兵被分为两部分，一部分负责日常耕种，另一部分负责警戒和防卫，两部分之间会进行定期轮换。所以，军镇在军事功能之外，也将经济生产纳入其中。阿尔弗雷德的兵役赋税一体化政策，在短时间内可以让王国聚集更多的战争资源，国王也可以直观了解每一个军镇的具体人口数量和防卫能力。

3. 在陆地军镇建设基本完成后，阿尔弗雷德从公元 882 年起开始建立海军。为了对维京长船形成的优势，威塞克斯人开始打造新式战船。这些战船船体大，船舷也比普通长船高。因为当时的海战更多的是通过接舷战的方式来决出胜负，大体量的船只就能搭载更多的士兵，在接舷战中就会更有优势。而且大船也能更好地抵抗风浪，可以用更多的划桨手加快行船速度，船上存放的兵器与补给品也能更多。这些都是威塞克斯王国海军比维京人海盗船所拥有的优势，英格兰人第一次拥有了自己的海军。

经过改革，威塞克斯人发现，王国的面貌焕然一新，国力有了突飞猛进的增长。这时的王国已经在扩张领土、主张王权方面具备了足够的实力。果然，阿尔弗雷德将自己的势力扩展到了英格兰的北部和东部。公元 886 年，当他占领了伦敦，一切不接受丹麦统治的英格兰人都拥戴他为国王，之后不久，不列颠南部以及西南部的大部分地区也收归他的治下。

阿尔弗雷德不光是个成功的国王，还是个学识渊博的学者，非常支持学术事业。在当时的英格兰，作为了解古典文化的桥梁，拉丁文和拉丁语几乎无人能识、能说。对此，阿尔弗雷德自修拉丁文，并决定把拉丁文著作翻译成盎格鲁·撒克逊语，自己也参与其中。

据说，阿尔弗雷德组织学者编写了《盎格鲁·撒克逊编年史》。这部《编年史》内容从凯撒征服不列颠开始，直到公元 892 年；后由许多修道院修士续写到公元 1154 年。这部编年史用古英文写成，是英国弥足珍贵的历史文献资料。阿尔弗雷德还颁布了《阿尔弗雷德法典》，这部法典将各盎格鲁·撒克逊王国法律加以整理汇编，其后来成为英国习惯法的基础。也有学者认为它是英国司法制度的基础，“长期以来，这部法典确认的典章制度是英国司法制度的基础。一般认为，后来所谓的普通法肇基于此。”应该说《阿尔弗雷德法典》推动了英格兰向封建社会的发展。

在阿尔弗雷德统治期间，英格兰在军事、外交、科学、文学、宗教等方面都有所发展。阿尔弗雷德在公元 899 年 10 月病逝，被后人尊称为“英国国父”。

阿尔弗雷德去世后，其子爱德华继位。由于爱德华是英国历史上众多同名国王的第一人，故被称为“长者爱德华”或“爱德华先主”。长者爱德华即继承父亲的王位，似乎也继承了父亲的英勇和智慧。他继位后不久，一个堂兄弟不服长者爱德华的统治，称王反叛。其被爱德华平叛军队打败后逃往诺曼底，后又到诺森伯兰（在英格兰最北部）再次组建起叛乱军队，并与丹麦人结盟。丹麦法区的丹麦人趁机起兵响应，附从叛乱。爱德华依靠父辈建立起的雄厚基业，集结军队痛击叛军，为镇服东盎格利亚的丹麦人，爱德华举兵劫掠了这一地区。最终爱德华平定了叛军，这个堂兄弟也被击毙。随后，爱德华率军东征西讨，南征北战，击败了丹麦人，收复英格兰大部分地区（包括东盎格利亚和米德兰的丹麦法区）；讨伐诺森伯兰，使其臣服；后收复了威尔士（位于英格兰西部）和苏格兰（位于英格兰北部），再次成为全不列颠岛的霸主。公元 924 年长者爱德华离世，其子埃塞尔斯坦（也译艾特尔斯坦）继承王位。

埃塞尔斯坦是长者爱德华和他的第一任妻子的儿子（有传闻认为她曾经是长者爱德华的情妇），关于他生活方面的资料非常匮乏。埃塞尔斯坦从小在墨西亚的姑姑、姑父的宫中长大并接受的教育。他的姑父在公元 911 年去世，7 年后姑姑也去世了。据记载，公元 925 年埃塞尔斯坦将土地特权赐给了格洛斯特的圣奥斯瓦德修道院，而他的姑姑和姑父正是葬于该修道院。埃塞尔斯坦的姑姑和姑父去世后，长者爱德华就控制了墨西亚。公元 925 年，埃塞尔斯坦成为墨西亚国王，占据了墨西亚。

埃塞尔斯坦不想仅仅守业。他将妹妹嫁给了统治诺森布里亚王国的丹麦人首领，两国结盟。婚礼后次年丹麦人首领去世，埃塞尔斯坦抓住机会迅速占有了他的王国。丹麦人首领的一个表弟企图率领军队从都柏林出发重新夺取王位，被埃塞尔斯坦轻松击溃，他占领了首府约克，迫使当地的丹麦人向他屈服。之后，又在西部和西南部打击威尔士人。

埃塞尔斯坦的扩张意图在其他不列颠王国中激起了反感。公元 937 年，由诺森布里亚的丹麦人、部分盎格鲁·撒克逊贵族（他们中有 5 个小国国王）和苏格兰人组成的联军，向英格兰中部地区挺进，想颠覆埃塞尔斯坦的统治。埃塞尔斯坦毫无畏惧率领军队在苏格兰邓弗里郡西南的布鲁南堡与联军决战。经过两天激战，据说联军中的 5 个国王和 7 个爱尔兰伯爵阵亡，埃塞尔斯坦取得决定性胜利。从而确立了埃塞尔斯坦可以在整个英格兰发号施令的地位。史学家们认为，埃塞尔斯坦应算是具有实际统治权的第一位英格兰国王（不是法律上第一个，但事实上却是第一个）。

继祖父颁布《阿尔弗雷德法典》，埃塞尔斯坦在公元 930 年也推出了《埃塞尔斯坦法典》这是盎格鲁·撒克逊民族法律发展中的又一个阶段，它反映了英格兰王国封建化的显著进展。

在不列颠岛，盎格鲁人、撒克逊人、朱特人以及稍后的丹麦人等民族部落，在中世纪初阶级形态的形成还很微弱，正处于原始社会解体向阶级社会过渡的阶段。相应地在 6—11 世纪，不列颠岛社会封建关系的发展要比高卢、西班牙和意大利来得缓慢。另外，当时不列颠岛既有被征服民族和征服者之间的民族斗争，也有征服者和新入侵者之间的民族斗争，这导致了盎格鲁·撒克逊民族国家形态较早地形成。由于奴隶制度的短暂，因此，这些国家的最古老的法律，所反映的还是氏族制度解体向国家形制发展的过程。

威塞克斯王国最早有历史记载的法典是《伊尼法典》。据专家推断，该法典的实施应是在公元688—725年，正处在不列颠岛的“7王国时期”［或称“7国时代”，指居住在英格兰的盎格鲁·撒克逊部落国，由肯特、萨塞克斯（南撒克逊）、韦塞克斯（西撒克逊）、埃塞克斯（东撒克逊）、诺森布里亚、东盎格利亚和默西亚7个小王国组成］，是盎格鲁·撒克逊人习惯法（依据某种社会权威确立的、具有强制性和习惯性的行为规范的总和）之一。而“7王国时期”属于早期的部落国家或部落联盟，法典里保留了大量氏族制及部落联盟时遗留的古老习俗，因而较全面地反映了盎格鲁·撒克逊人从氏族制向封建制转变过程中的社会情况。

至公元9世纪末，封建关系的发展以及反对丹麦人入侵的斗争，导致9世纪盎格鲁·撒克逊人在威塞克斯主盟下的团结。在阿尔弗雷德带领威塞克斯王国对丹麦人取得了一系列胜利，创立了常备军，封建化过程取得了显著进展。这种时代变化伴随着日益增长的阶级分化，盎格鲁·撒克逊人需要改变法律标准，对已经陈旧了的法律作出适时的修改。《阿尔弗雷德法典》大约编成于公元893年，它把往昔的肯特、墨西亚和威塞克斯等王国的法律做了综合和增减，其中某些条文删弃，有些做了修补。《阿尔弗雷德法典》反映了盎格鲁·撒克逊封建关系的发展，它巩固了领主对依附于他们的平民的统治权，而且使领主从属于国王。而《埃塞尔斯坦法典》更是将“人必有主”成为一条法律基本原则，使盎格鲁·撒克逊人的平民人身依附成为普遍趋势。

基督教传入不列颠岛后，把欧洲大陆的教会法观念带进了英格兰，在教会成文法的影响下，盎格鲁·撒克逊人的习惯法也开始出现变化。教会法尽管在当时没有从根本上改变盎格鲁·撒克逊人习惯法的判例习惯，但改变了盎格鲁·撒克逊人司法技术和社会习俗。如教会反对奴隶制，促使了盎格鲁·撒克逊人奴隶制度的最终解体；教会法反对血亲复仇制，盎格鲁·撒克逊人就逐步采用金钱补偿制。同时在不列颠岛，王国与教会之间形成相互利用、相互支持的形态。此前，不列颠岛盎格鲁·撒克逊人的立法功能是由国王和王国贤人议会实现的。贤人议会权力广泛，由古代盎格鲁·撒克逊人的民众大会演变而来，是一种由国王主持召开的、会期不定、人数不等的高层会议，与会者多是国王的谋臣、族长、贵族、将领、地方长官等。贤人议会可以选举国王和废黜国王；受理各种诉讼案件；制定法律；参与和决定国家重大政策。但是，《埃塞尔斯坦法典》大主教、主教参与了协商和制定颁行。

法学家们根据世界各国法律基本特征划分出5大法系：欧洲大陆法系、英美法系、伊斯兰法系、印度法系、中华法系（也有的法学家分为资本主义法系和社会主义法系）。

其中的英美法系又称“普通法系”“英国法系”“判例法系”“海洋法系”。它是以英国源于盎格鲁·撒克逊人习惯法的普通法为基础，逐渐形成并进一步发展起来的法律体系。它产生于英国，后扩大到曾经是英国殖民地、附属国的许多国家和地区，包括美国、加拿大、印度、巴基斯坦、孟加拉、马来西亚、新加坡、韩国以及非洲的个别国家和地区。

普通法是判例之法，而非制定之法。是在地方习惯法的基础上，归纳总结而形成的一套适用于当地整个社会的法律体系。通俗地讲，这种法系根据人们日常生活中形成的约定俗成进行判别谁是谁非，用平民组成陪审团，即便没有明文规定，只要不符合陪审团判别是非的理念、标准就是违法。这样可以避免不良分子钻法律的空子，可以解决容易产生争议和纠纷的案件，也有利于人们遵守社会公德。

后人做了一个历史性概况：阿尔弗雷德的伟大成就为带领威塞克斯王国重新崛起的国王；“长者爱德华”的伟大成就是重新凝聚盎格鲁·撒克逊人的国王；埃塞尔斯坦是统一整个英格兰的国王，整个英格兰都纳入了他的治下，并迫使威尔士国王和苏格兰国王承认他的权力。他没有辜负父亲和祖父，并且超越了他们。

埃塞尔斯坦死于公元 939 年（一说死于公元 940 年），他 17 岁的同父异母兄弟埃德蒙继位。此时，德意志国王捕鸟者亨利已于公元 936 年 7 月在行宫逝世，其 24 岁的长子奥托继承了萨克森公爵和德意志王国的王位。此时在中国，五代十国中的后唐将领石敬瑭反，在契丹人的帮助下灭亡后唐建立后晋。称帝后，石敬瑭割让幽云十六州给契丹人，由此契丹兵南下中原。

◆奥托（又译鄂图）继承萨克森公爵、德意志国王的时候，国王的权威还没有达到不可侵犯、至高无上的地位。他的王国内忧外患，他的王位险象环生。

奥托继位的次年，奥托的异母兄弟就发动了叛乱，随之巴伐利亚、法兰克尼亚、洛林等地的贵族也都揭竿而起，都希望在这一场混战中获得好处。然而这些叛乱者没有想到，奥托比他的父亲来得更加彻底，他要建立强有力的中央集权统治。在干净利索地镇压叛乱之后（异母兄弟自杀），公元937年，奥托一改公爵世袭制为国王任命制，并将公爵的宗教权剥夺。同时改造了德意志王国的基督教教会，以加强皇家意志，使其神职人员受到他个人的控制；奥托明令教区为采邑（终身享有的土地，但是不能世袭），主教享有采邑内的一切世俗权力（行政和司法权），这使得主教们成为支撑奥托王权的坚实支柱。那些盘踞一方、不安分的公爵们由此感受到来自新国王的手段和魄力。为了防止再有叛乱发生，奥托把各公国的公爵都换成了自己的亲信或亲属，洛林公爵是他女婿，士瓦本公爵是他的儿子，巴伐利亚归他弟弟，萨克森和法兰克尼亚由他亲自领导。进而德意志王国内实力最强的几个公国均被奥托以征服或者联姻的方式所掌控，公爵们都需要对他宣誓效忠，奥托初步建立起强大的王权。

奥托的整个布局看似完整无缺。可是到了公元 953 年，他的儿子和女婿因为对权力分配的不满，联合大主教起兵反对自己的父王。看到祸起萧墙，奥托痛定思痛决心用更有效的手段控制各个公国。平定叛乱之后，公元954年，奥托开始插手各个公国内部，除了任命公爵，各公国内政都要掌握在奥托安插的亲信手中。自此，在德意志王国再也没有人敢对奥托至高无上的权力提出挑战。

摆平了内忧，奥托开始对付外患。奥托先制服了波希米亚王国，促其称臣纳贡。但对德意志王国而言，当时威胁最大的还是来自东边的马扎尔人。公元 955 年，马扎尔万余骑兵侵入巴伐利亚和士瓦本，包围了奥格斯堡（巴伐利亚重镇）。奥托闻之亲率由王室、巴伐利亚、士瓦本、波希米亚等组成的联军，于 8 月 10 日同凶勇的马扎尔人开战，史称：奥格斯堡战役（也称作莱希费尔德战役）。

在初战获胜后，为彻底打垮马扎尔人，奥托把军队部署在距奥格斯堡约 6 千米的莱西河右岸。次日马扎尔人企图渡河遭到联军地阻击，并击退了马扎尔人的迂回部队。随后奥托指挥联军发起进攻，经激战于第三天将马扎尔人彻底击败。此战几乎完全歼灭了马扎尔人的主力骑兵，无力再战，彻底阻止了马扎尔人的西进企图。奥托也因此战奠定了在德意志、在欧洲的名望。被尊称为“伟大的奥托”“祖国之父”。

马扎尔人在奥格斯堡战役失败后，开始转向在喀尔巴阡（又称潘诺尼亚）盆地的农牧定居生活，逐步皈依基督教，建立了匈牙利王国，不再对外族构成实质威胁。喀尔巴阡盆地地处欧洲中部，四周被阿尔卑斯山脉、喀尔巴阡山脉和迪纳拉山脉环绕。多瑙河从盆地中部穿过，将盆地分为东西两部分，东半部被称为匈牙利平原。马扎尔人成为匈牙利人之后吸收了原住民族的许多文化因素，形成了有别于欧洲其他国家和民族的匈牙利特有的语言和文化。

奥托对德意志历史有重大影响得另一项行动是他进军意大利。

意大利国王雨果没收伊夫雷亚边区导致藩侯贝伦加尔二世逃离意大利，使很多意大利贵族们对雨果产生疑虑。公元 945 年，养精蓄锐后的贝伦加尔二世在向奥托宣誓效忠之后，辞别德意志回到了意大利，此时他的势力大增，雨果无法遏阻。但贝伦加尔慑于雨果和其子洛泰尔的影响力而不敢自己加冕为王。雨果也被迫退回普罗旺斯，不久去世。他的儿子洛泰尔继续以国王的身份执政意大利，但是王国实际控制权已转移到贝伦加尔二世手中。

公元 950 年，洛泰尔去世（一说被毒杀），贝伦加尔二世成为意大利最强势的贵族，并自立为国王。他囚禁并强迫洛泰尔的妻子阿德莱德（亦称阿德尔海德、阿德尔莱德）嫁给他，他看重阿德莱德不仅仅是意大利国王的遗孀，她还是勃艮第国王鲁道夫二世的女儿。

但阿德莱德对贝伦加尔二世不感兴趣，她很快逃脱囚禁并向德意志国王奥托求援。奥托不失时机，带领强悍的德意志军队进入了意大利。为避锋芒，贝伦加尔二世放弃了首都帕维亚。奥托进入意大利后迅速和阿德莱德成婚，为顺应形势很多意大利权贵也归顺了奥托。奥托随即向罗马派出一个使团，就教皇为奥托加冕称帝问题进行了谈判，教皇权衡再三没有合作。但奥托获得了“伦巴第国王”的尊号。

由于当时国内政局并不稳固，公元952年奥托回到了德国。贝伦加尔二世在向奥托称臣，另将维罗纳、阿奎莱亚及伊斯特里亚地区割让给德意志王国（并入巴伐利亚公国）的条件下，继续统治四分五裂的意大利王国，

公元 959 年，贝伦加尔二世与教皇约翰十二世发生冲突，在后者请求下，公元 961 年奥托再次越过阿尔卑斯山南下意大利。约翰（又称若望）十二世是罗马教会第 131 任教皇。他在公元 955 年继位，当时 18 岁。这个刚刚步入成年的青年，在掌握了教会权力后纵情声色，把教皇的住所拉特兰宫变成了淫窟。甚至将教堂珍藏的供品、礼品、贵重的财物、圣物挥霍在大批的情妇身上，令罗马人十分厌恶和愤怒。贝伦加尔二世意图利用罗马人对约翰十二世的不满情绪削弱教皇势力。

公元 959 年，贝伦加尔二世起兵进攻罗马。约翰十二世无力抵抗只得派出使团向奥托求

救，承诺在罗马为奥托称帝加冕。公元 961 年，德意志军队赶走了贝伦加尔二世后，浩浩荡荡进入无人抵抗的帕维亚，奥托又从帕维亚出发向罗马进军。次年 2 月，奥托在教皇、教士和罗马市民的隆重迎接下进入罗马城，由教皇约翰十二世在众人的欢呼声中给他涂油加冕为“罗马皇帝”。这也是第一位来自德意志的罗马皇帝，奥托历史性地将罗马皇帝与德意志国王结合在了一起，由此德意志王国的势力辐射到意大利北部和中部（南部为拜占庭所统治）。

加冕之后，教皇率罗马贵族对新皇帝奥托宣誓效忠。11 天后，皇帝奥托与教皇约翰十二世缔结协定，史称“奥托特权协议”。协议里调整了皇帝与教皇之间的关系，确定并扩大罗马教皇的世俗权力；同时皇帝在必要的情况下可建立其他主教管区，有权任免主教、修道院院长等。

很快约翰十二世就对缔结的《奥托特权协议》后悔了。他试图同贝伦加尔、拜占庭甚至匈牙利人抛弃前嫌联合起来对抗奥托，废除奥托的皇位，并在罗马公开高调接待贝伦加尔二世的儿子阿达尔贝特。约翰十二世的不安分，出尔反尔的表现，促使恼怒的奥托带领军队在公元 963 年从德意志返回意大利，约翰十二世和阿达尔贝特自知不能敌，逃出了罗马。

回到罗马的奥托立即修改了特权书中关于选举教皇的一节，要求教皇的选举和授受圣职必须得到皇帝的同意，11 月，奥托在罗马主持召开了一次宗教会议，斥责并废黜了教皇约翰十二世，选举了一个普通教徒为教皇称利奥八世。由皇帝废立教皇，毫无悬念地阐明了“皇帝和教皇，谁的权力更大”的问题，再次拉开了皇权与教权之间长达千年的博弈。

至年底，命运不佳的贝伦加尔二世兵败被抓。奥托恐其东山再起，将贝伦加尔及其妻子送往巴伐利亚看押，这也标志着意大利短暂独立的结束（贝伦加尔二世在公元 966 年死于德意志）。收拾好局面后奥托回到了德意志。

奥托离开意大利后，约翰十二世带其支持者立刻返回罗马。公元 964 年，约翰召集宗教会议，在支持者们的支持下罢黜了利奥八世，迫使他出走德意志，投奔奥托。

或许利奥八世资历太浅无法服众，或是意大利人讨厌外族皇帝强加给他们的新教皇。此刻罗马人表现出对新教皇不接受、不支持、不合作。约翰十二世利用罗马人的这股情绪，对曾经和他作对的主教们进行打击报复。其中一人的舌头、鼻子和手指被割掉，另一个人受到鞭刑，第三个人的双手被砍下。此后，约翰十二世的命运结局也不乐观，据说他不久猝死在情妇的怀中（一说被情妇的丈夫打死）。

约翰十二世突然去世，罗马人立即选举出自己的教皇——本尼迪克（又称本笃）五世。但是奥托不同意，他认为这是罗马人对皇帝的背叛。公元 964 年 6 月，奥托率领德意志军队第三次进入意大利围攻抵抗的罗马人，逼罗马人投降。奥托处死了反叛的首领，恢复了利奥八世的权力，把对立的教皇本尼迪克五世遣送到汉堡。一年后，利奥八世去世，奥托又扶立约翰十三世为新教皇。

到此时，奥托对自己创立的功业似乎并不满足。他现在已经是罗马皇帝了，那么就有责任重现昔日罗马帝国的辉煌。当时的意大利王国，只是统治着意大利中北部的土地，意大利南部被拜占庭和阿拉伯人占有。对奥托来说，意大利的经济地位与罗马教会的宗教地位一样重要，奥托准备挥师南下，收获意大利南部。

公元967年年初，奥托首先争取到南意大利卡普亚（也称卡普阿，是古罗马斯巴达克奴隶起义的发生地）伯国和贝内文托公国、萨莱诺公国的归顺。

同年3月，拜占庭王朝派出一个使节团同奥托谈判组成联盟共同反击阿拉伯人，同时要求奥托放弃卡普亚和贝内文托。奥托慨然同意结盟并希望通过联姻加强联盟，但拒绝放弃染指南意大利，双方的冲突不可避免地爆发了。

拜占庭首先发难，不承认奥托拥有罗马皇帝称号的权力，把领土要求扩大到罗马和贝内文托。德意志军队则向拜占庭占据的阿普利亚（又称普利亚，在意大利南部）和卡拉布里亚（又称布鲁提亚半岛，在意大利南部）进军。

此时的拜占庭帝国，虽然不复往日的风光，但实力尚存。此前刚刚击败阿拉伯人，将整个安纳托利亚半岛和叙利亚北部地区收入囊中；征服克里特岛（位于希腊的南端）；恢复了对于东地中海的绝对控制权。

拜占廷与德意志的两强相争，虽互有胜负，但奥托似乎收获更多一些。奥托通过战争，压缩了阿拉伯人和拜占庭人在意大利南部的势力范围；并为儿子奥托二世迎娶了一位拜占庭公主（拜占庭皇帝的侄女），这项联姻带来了拜占庭皇帝对奥托“罗马皇帝”的承认。据此，双方议和，德意志放弃阿普利亚，但保留了卡普亚和贝内文托；拜占庭军队退回意大利南部。

公元973年的复活节，奥托在奎德琳堡（位于德国中部）召开宫廷大会，参加者除了本国的主教、贵族之外，还有来自罗马、拜占庭、俄罗斯、匈牙利、保加利亚、波希米亚、丹麦甚至非洲的使团。奥托和德意志王国的声望达到巅峰。同年的5月7日，奥托病逝，终年65岁。其子奥托二世继承了他的王位。

此时，中国的宋朝已经建立，宋太祖赵匡胤开始了先南后北的统一战争，已先后灭亡了南平、湖南、后蜀、南汉，并为攻取南唐做准备。

拜占庭——

◆拜占庭帝国进入马其顿王朝，便迎来了被史学界称为的第二个“黄金时期”。

从利奥三世在君士坦丁堡保卫战中击败阿拉伯人开始，拜占庭帝国一步步走向战略反击。随着阿拉伯帝国阿拔斯王朝的衰退，到公元900年前后，拜占庭帝国收回了意大利南部的巴里、拿波里，爱琴海的诸城，以及安纳托利亚的一些海岛。而到巴西尔一世时期，拜占庭在安纳托利亚半岛的统治也得到稳定，势力一直伸展到小亚美尼亚（今土耳其的一部分）地区。然而帝国并不强壮，依然愁于阿拉伯海军的侵扰，以及北方一位强邻——保加利亚第一王国，崛起的巨大压力。

有专家考证，保加利亚人主体应该是东欧地区的斯拉夫人。因为史籍记载的非常不完整，所以他们的起源并不是很清楚，争议很多。根据考古，有证据表明保加利亚人属于西斯拉夫语族中欧洲人种的欧诺古尔族，并于公元635年建立了大保加利亚汗国。

有理论认为，欧诺古尔人属于突厥人的一支，是在公元5—8世纪生活于欧亚平原（北高加索，往东至俄罗斯顿河）的游牧民族。部分学者认为保加利亚人（或保加尔人）起源于欧诺古尔人中的一个族群；另有一部分学者则认为，欧诺古尔人与保加利亚人无关，也一直没能建立起国家。

综合各方理论，保加利亚人的历史脉络大致是这样：在公元2世纪前后，一部分保加尔人迁移到了里海与黑海之间草原地区。在这里他们定居下来，开始进入了阶级社会，形成部落联盟。不久以后，由于罗马与波斯的战争，亚美尼亚人渗透进来，保加尔人在公元4世纪中期渐渐与亚美尼亚人融合了。在4世纪左右，匈人进入中亚及多瑙河流域，保加尔人被最先征服，于是这些保加尔人被迫跟随匈人的铁骑一起西进。在西进的过程中，有一部分保加尔人挣脱了匈人的控制，迁徙到了乌克兰顿涅茨克附近以及库班河（俄罗斯西南部河流）谷，这里原本是斯拉夫人的居住地，有斯拉夫人三个部落。在这里，保加尔人以屈身为奴的姿态和斯拉夫人和平生活到6世纪中期。在此过程中，接受了斯拉夫人的农耕文化。到6世纪中期，斯拉夫诸部落的保加尔人被来自匈牙利的阿瓦尔人控制，随着阿瓦尔人进入了今天的保加利亚地区。至此，保加尔人的民族主流迁徙结束。

据说阿瓦尔人是曾经称雄蒙古草原、声震中亚的游牧民族柔然人的后裔。但中外史学界对这种渊源尚未形成定论，还有待进一步考证（有一些东方学者认为，是回鹘人的两个部落）。有拜占庭历史学家提出真假阿瓦尔人说，假阿瓦尔人疑似阿提拉死后溃散的部分匈人部落。

阿瓦尔人原居高加索、里海沿岸地区，后来介入日耳曼人的部落战争。6世纪下半叶以匈牙利平原为中心建立了王国，6世纪末达到极盛时期。其势力范围南起亚得里亚海，北至波希尼亚，东临喀尔巴阡，西及阿尔卑斯，征服了众多斯拉夫部落。有史家指出，很有可能是阿瓦尔人把鲜卑人马镫的使用发明传入了欧洲。7世纪初，阿瓦尔人参加反拜占庭战争，公元626年几乎占领君士坦丁堡。7世纪后半叶，王国发生内乱开始衰落。公元805年，被法兰克帝国查理大帝征服。现代阿瓦尔人是俄罗斯联邦的少数民族，主要居住在俄罗斯达吉斯坦自治共和国，部分分布在阿塞拜疆共和国和北奥塞梯共和国。

科拉夫特（又译克拉夫特、库勃腊特）是保加利亚历史上一个立国英雄。他曾于公元619年随部落酋长一起拜访君士坦丁堡，并在那里接受了基督教洗礼，拜占庭皇帝希拉克略一世成为了他们的教父。自此以后，保加尔人开始与拜占庭人通婚，并获得了拜占庭王朝大量的财物支持。拜占庭皇帝想策反保加尔人，分化他们与阿瓦尔人的关系，从而通过保加尔人来消抵阿瓦尔人的进攻，进而减小自身的压力。果然，科夫拉特没有让拜占庭人失望，他不久继位为酋长，经过了周密筹划，在公元635年发动了反阿瓦尔人的起义，一举成功。为此，拜占庭王朝授予他罗马贵族称号，并在巴尔干半岛正式建立起“大保加利亚汗国（又称老大保加利亚汗国）”。但不幸的是在科拉夫特死后，可萨人侵入这里，迅速灭亡了大保加利亚汗国，同时保加尔人发生了分裂。

可萨（又称哈扎尔、卡扎尔）人，可萨汗国又译为卡赞王国或库曼王国。史家溯源，疑其为《旧唐书》和《新唐书》中所称的突厥可萨部。有苏联史学家认为，可萨人是西突厥部落中的一支，与回鹘中的葛萨部有关。经过南征北战，开疆拓土，进入巴尔干半岛的可萨人族种多杂，其中也包括了斯拉夫人。可萨汗国是中世纪唯一一个以犹太教为国教的汗国，也是当时唐朝长安城犹太商人的主要来源地。

据说在8世纪中期，可萨人的某位可汗产生了放弃祖先信仰，改宗其他流行宗教的想法。于是他邀请来当时基督教、伊斯兰教和犹太教的名家进行集中探讨，于是发生了历史上的“可萨大辩论”。只是辩论的结果莫衷一是，三教名家都说自己说服了可汗，让其皈依了自己的宗教。但据信可汗做了如下推理：基督教、伊斯兰教均源自犹太教，都以亚伯拉罕为始祖；三教共同信仰犹太教的真神——上帝；都发源于中东地区，以希伯来圣经为根基，以耶路撒冷为圣地。于是干脆信奉了犹太教，使犹太教在可萨汗国发扬光大。

公元7世纪末，可萨人征服了克里米亚的哥特人，定居到了名义上属于拜占庭领土的克里米亚半岛（又称克里木半岛，现由俄罗斯实际控制），来到克里米亚的可萨人成为拜占庭的朋友和屏障，屡屡帮助拜占庭帝国度过危机。公元704年，拜占庭皇帝查士丁尼二世被国内叛乱推翻，流亡到了克里米亚。当时的可萨可汗将妹妹嫁给了查士丁尼二世。而此后的君士坦丁五世则于公元732年娶可萨可汗的女儿为妻，他们的儿子拜占庭皇帝利奥四世，在历史上被称为“可萨人利奥”。这样的联姻，使拜占庭王朝和可萨汗国之间结成了稳定的政治和军事联盟。此后在拜占庭和阿拉伯人的多次战争中，拜占庭帝国都得到了可萨军队的帮助。

至公元9世纪初，可萨汗国达到了极盛时期，其疆域东起今西哈萨克斯坦地区，向西包括了南俄罗斯草原，里海一度成为了可萨汗国的内湖（当地迄今有许多民族称里海为可萨海），尽收阿塞拜疆和克里米亚。由此，可萨汗国成为丝绸之路北道上的一个重要驿站。最后在11世纪受到罗斯人、拜占庭帝国和佩切涅格人的联合攻击下覆亡。

大保加利亚汗国被可萨汗国攻灭后，促使保加尔人和欧诺古尔人发生了分裂。

科拉夫特大概有5个儿子，至少分裂为5个部分：一部分占领了亚速海及邻近区域，但不久后就被新来的可萨人灭亡；一部分西迁到了多瑙河附近，在此地建立国家，后来被阿瓦尔人吸纳；第三部分也西迁，到达了意大利，后逐渐和伦巴第人融合；第四部分东迁，进入伏尔加河流域，融入突厥人或蒙古人部落中，史称伏尔加保加利亚（又称伏尔加卡马河保加利亚）；其第五部分留在了本土，由领袖阿斯巴鲁赫（也译伊斯佩里赫、阿斯帕鲁赫）领导。这个部落迅速强大起来，在阿斯巴鲁赫带领下，他们征服并联合了当地由7个斯拉夫部落组成的7部落联盟。并在公元680年左右建立起王国组织，史称保加利亚第一王国（亦称第一保加利亚王国），定都普利斯卡（位于今保加利亚东北部），阿斯巴鲁赫即王位（一说阿斯巴鲁赫的兄弟库伯带领的一支，在马其顿、科索沃一带也建立了独立的国家）。第二年，保加利亚第一王国在多瑙河南岸击败了傲慢的拜占庭军队，拜占庭皇帝君士坦丁四世被迫承认了这个新兴国家。为息事宁人，君士坦丁四世将多瑙河以南与巴尔干山脉之间的土地割让给了保加利亚第一王国，同时每年交付贡金。

保加利亚的建国是一个具有历史意义的重大事件，它促使保加利亚民族从此确立。

为了巩固自己的王国，阿斯巴鲁赫把强悍的斯拉夫各部落迁移到了王国的西部和南部，以抵御阿瓦尔人与拜占庭人的进攻，这部分部落后来成为南斯拉夫各国的雏形。保加利亚人则分散居住，维护王国的稳定。

当时在第一王国中斯拉夫人多于保加尔人。在后来的发展中，保加尔人渐渐被斯拉夫人同化，并吸取、发展出一种南斯拉夫语族的保加利亚语。在公元1000年左右，他们融合到南斯拉夫民族中。除了沿用古保加利亚人的名称，今天的保加利亚人在文化方面却保留了斯拉夫人的特征。为今天的保加利亚人奠定了基础。而保加利亚第一王国也被部分学者称为西保加利亚王国，以区别于当时东迁，进入伏尔加河流域的保加尔人。

公元688年，拜占庭趁阿斯巴鲁赫年老多病停止支付年贡。两年后，击败保加利亚军队。

公元702年，阿斯巴鲁赫去世。

阿斯巴鲁赫去世后，贵族特尔维尔（又译帖尔维尔、特维尔）继承了王位。他上台后第一件事就是与可萨汗国签订和约，摒弃前嫌，以后不再互相侵犯，互相承认对方的利益。由于这个政策，保加利亚王国北部边境自此平静。安顿好北方，保加利亚人可以全身心地对付拜占庭人了，就在这个时候，拜占庭人恰好送来了机会。

公元685年，拜占庭帝国皇帝君士坦丁四世去世，他的长子年仅16岁的查士丁尼继承皇位，史称：查士丁尼二世。查士丁尼二世继位之初，东方边境安稳，阿拉伯人愿意交纳贡品与拜占庭和平相处。这样，查士丁尼就可以把精力放在巴尔干半岛上。可能是年少心高，公元688年，他下令对斯拉夫人居住的色雷斯和马其顿地区大规模用兵。斯拉夫人臣服后，将他们大批地驱向安纳托利亚半岛一些被战争破坏的地区，试图以此恢复当地的生产。史学家们认为，这项移民措施虽然过于简单粗暴，但在斯拉夫民族的发展及接受基督教文明等方面起到了很大的推动作用。查士丁尼二世的移民策略不仅强加于斯拉夫人，同时还强加于居住在叙利亚边境的马尔代特人身上。他把一部分马尔代特人也移民到希腊和安纳托利亚半岛。还把一大批塞浦路斯人迁到基齐库斯（亦译库齐库斯，现土耳其巴勒克埃西尔省内）附近，建立新城。他将新城命名为查士丁尼城。查士丁尼二世的移民政策虽然是出于拜占庭国家利益的考虑，却给这些地区的民众造成巨大的灾难，大批居民不愿离开故土家园，在迁徙中纷纷逃亡。其后，在公元692年，拜占庭再次与阿拉伯人发生战争，年轻的查士丁尼二世率军亲征。此刻，得罪斯拉夫人的政策后果凸显出来，阿拉伯人成功地贿赂了斯拉夫人，斯拉夫士兵阵前叛变，成为阿拉伯军队的重要力量，查士丁尼二世侥幸得以逃脱。

在宗教方面，查士丁尼二世采取了与罗马教皇对立的政策，甚至派人到罗马城欲拘捕教皇到拜占庭受审。这一藐视教会的做法激怒了罗马人和西方基督教会，罗马民众站出来保护教皇，查士丁尼二世的目的没有达到。

同阿拉伯人的作战失败后，查士丁尼二世怀疑征服民族的忠诚度，只好倚重本国士兵。由于很多拜占庭士兵出征前是农民，是有土地的，查士丁尼为了提高他们的出征热情，开始利用各种手段反对那些想要兼并土地的贵族势力和新兴地主，从而导致国内的贵族势力和封建势力跟他离心离德。虽然查士丁尼二世的土地政策在一定程度上保护了拜占庭农民的利益，但是他的税收政策却非常苛刻，令百姓不满。加上其生活奢靡，大兴土木增强劳役，身边的宠臣更是为非作歹，欺压百姓，百姓恨之入骨。

由于查士丁尼二世年轻气盛，刚愎自用，暴躁易怒，用人不良，施政又无方，使自己四面树敌。为了巩固帝位，他利用宠臣对心怀不满的人一概采取无情的镇压态度，监牢里人满为患。曾经在征服亚美利亚战争中立下赫赫战功的莱昂提图斯（又译列昂提乌斯）也因“图谋不轨”的罪名，在狱中苦熬 3 年。他对查士丁尼二世极度不满，发誓要寻机报复。

由于军事上的需要，查士丁尼二世重新起用莱昂提图斯，这对莱昂提图斯来说是复仇的好机会。公元 695 年，他在希腊起兵，打出造反的大旗，民众纷纷响应，大军攻下君士坦丁堡，迫使查士丁尼二世宣布退位。

莱昂提图斯要让查士丁尼二世得到终身屈辱。在上万民众的眼前查士丁尼二世被割掉了鼻子，然后，将其发配到黑海北岸的克里米亚半岛上进行关押。但是，莱昂提图斯当了 3 年皇帝之后就被军人推翻，而且也被割掉了鼻子，打入修道院。这次登上皇位的是提比略三世。

提比略三世原是一名拜占庭雇用的日耳曼海军军官，原名阿西玛尔（又译阿普西玛），后就任基比拉奥特军区（在安纳托利亚西南海岸，是拜占庭最重要的海军军区）的统帅。他参加了公元 698 年拜占庭海军与阿拉伯海军在迦太基的战争。但拜占庭海军战败，撤退到了克里特岛时舰队发生叛乱，最高指挥官被杀，叛乱士兵推举阿西玛尔作为继任者。由此，阿西玛尔改名叫提比略（史称：提比略三世），他率领舰队回到君士坦丁堡，并指挥军队攻城。

提比略三世的反叛得到了城内一部分军人和皇家禁卫军的支持，他们打开了城门，拥戴他为皇帝。提比略三世站稳脚跟后，“即以其人之道，还治其人之身”下令割掉废帝莱昂提图斯的鼻子，将其放逐到修道院。

趁着局势混乱，查士丁尼二世设法逃出了监禁地，逃到可萨汗国。可萨人热情接待了他，可萨汗还将自己的妹妹嫁给了他。这引起了提比略三世的警觉和忧虑，他派了特使去见可萨汗，要求把查士丁尼二世押送回君士坦丁堡。可萨汗有些犹豫不决，查士丁尼二世得到这一消息，大吃一惊。他没有跟新婚的妻子告别，就飞快地逃离了可萨汗国。

历经重重艰险之后，查士丁尼二世忐忑不安地来到黑海北岸的保加利亚王国，寻求帮助。见到查士丁尼二世，国王特尔维尔喜出望外，慨然允诺出兵帮助查士丁尼恢复皇位。

公元 705 年秋天，特尔维尔亲率一支大军护送查士丁尼二世回国。在君士坦丁堡城下，保加利亚大军一面详攻，一面在查士丁尼二世的指点下，挑选数百名精兵，乘夜色利用一条引水渡槽顺着水流潜入城中，出其不意地向守军发起突然攻击，一举攻取了君士坦丁堡。

查士丁尼二世复辟后，为了酬报特尔维尔，许诺今后将每年向保加利亚王国缴纳贡品，并赠予特尔维尔“凯撒”称号。这个头衔表明，拜占庭承认了保加利亚第一王国的合法性以及与拜占庭帝国处于一种平等的地位。查士丁尼二世也成为拜占庭历史上第一个把“凯撒”的称号赐给外国君主的皇帝。

特尔维尔劫掠了君士坦丁堡附近的村庄和查士丁尼二世赠与的财宝满载而归，拜占庭无与伦比的奢华与惊人的财富留给他深刻的印象。

随后，查士丁尼二世开始清理自己的政敌。他首先派人抓捕莱昂提图斯和提比略三世，把他们和他们的追随者当众处死，悬尸示众。对于曾经帮助莱昂提图斯登基、为他加冕的君士坦丁堡牧首（教皇），查士丁尼二世下令挖出他的双眼。

帝国内的大规模复仇行动，并没有使查士丁尼二世的内心仇恨得到平复，他不顾阿拉伯人持续不断地入侵，执意要惩罚当年帮助教皇、使他威信扫地的拉文那（又译为拉韦纳、腊万纳、拉文纳、拉温拿，意大利北部城市，距亚得里亚海 10 千米）人。他派出一支军队攻进了拉文那，在大肆抢劫一番之后，把大批当年支持教皇的教民押回君士坦丁堡处死。

位于克里米亚半岛西南部的克尔松是他 10 年流放的地方。在这里，他经历了人生最屈辱、最灰暗的时刻。复位以后，查士丁尼二世对克尔松人进行了无情的报复。他派出军队到克尔松烧杀抢掠，无恶不作。克尔松人忍无可忍奋起反抗，发动了抵抗起义。一部分厌恶查士丁尼二世残暴政策的拜占庭军队将士也加入了起义军。

克尔松人的起义得到了可萨汗国的支持，他们不想放过这个入侵克里米亚半岛的机会。

公元 711 年，起义军选出了亚美尼亚人瓦尔达内・菲利皮科斯为首领，组建起一支庞大的舰队驶抵君士坦丁堡城下。城内军民自动打开城门，迎接起义军进城。混乱之中，查士丁尼二世被他的一名随从杀死，头颅被砍下送到罗马和拉文纳示众。其幼子同时被杀，瓦尔达内・菲利皮科斯成为新皇帝（一年后被推翻）。

特尔维尔听到查士丁尼二世被杀的消息非常高兴，他觉出这又是一个千载难逢的机会。于是，借口为好友报仇挥师南下，进攻君士坦丁堡。而南方的阿拉伯人也趁火打劫，向拜占庭发起进攻。为了避免两线作战，公元 716 年新上台的皇帝狄奥多西（又译塞奥多西）三世与特尔维尔订立和约，把色雷斯北部平原划归保加利亚王国所有，同时同意纳贡通商。塞奥多西三世在位仅一年就被利奥三世夺取皇位，揭开拜占庭帝国伊苏里亚王朝的序幕。

利奥三世即位之初就与阿拉伯人开战。经过仔细的权衡，特尔维尔决定站在拜占庭人一边。公开说是为了保证和约的履行，实质是为了攫取更多的利益。公元 717 年，特尔维尔派出援军开赴拜占庭，帮助拜占庭军队击败了阿拉伯大军。在这次战争中，保加利亚人得到了近 5 万平方千米的土地，拜占庭帝国多瑙河防线大量富庶地区被保加利亚王国占据，罗多彼山脉成为当时保加利亚王国与拜占庭帝国的天然疆界，保加利亚人还获得了大量的战利品。由此，保加利亚人控制整个巴尔干半岛的梦想就要实现。同时，保加利亚人从农耕文明开始步入工商文明。有生之年为自己的民族完成了这些大业，特尔维尔于公元718年病逝。此时，中国正处在唐朝鼎盛时期——唐玄宗李隆基开元盛世阶段。

特尔维尔死后，保加利亚第一王国在与拜占庭帝国的战争中遭受一系列屈辱的失败，也使保加利亚王国陷入沉痛的内乱之中。

进入 9 世纪后，马扎尔人到达现今匈牙利地区，促使保加利亚人向南寻找空间。于是，保加利亚第一王国出现 3 个强人，再次崛起。

克鲁姆王朝，保加利亚历史上的第五个王朝，因为建立者克鲁姆而得名。

克鲁姆，公元 803 年至 814 年在位。统治期间进一步巩固保加尔人与斯拉夫人的融合，并颁布一部旨在确立封建制度的法典。公元 805 年出兵击败阿瓦尔人，夺取了蒂萨河（发源于乌克兰和罗马尼亚，在塞尔维亚和黑山境内汇入多瑙河）与德涅斯特河（流经乌克兰和摩尔多瓦，最后注入黑海的德涅斯特湾）之间原阿瓦尔人的居住地。公元 809 年，他夺取了拜占庭城市塞尔提卡（又译塞尔迪卡，即今保加利亚首都索非亚）。

此时，拜占庭王朝刚刚经历过一场政变，女皇伊琳娜被推翻，财政大臣尼基弗鲁斯被拥立为帝。新官上任三把火，要强的尼基弗鲁斯在稳住了东线的阿拉伯人后，于公元 807 年发动了针对保加尔人的战争。在双方你来我往的争战中，公元 811 年的普利斯卡战役（或称瓦比特萨关战役）最终决出了胜负。公元 811 年 7 月，拜占廷军队兵分三路向普利斯卡进军。在战争的早期阶段，强势的拜占庭大军顺风顺水进军十分顺利，未遭到过强的抵抗。3 天后，拜占庭大军便抵达普利斯卡城下，为避锋芒克鲁姆退入巴尔干山区，提出议和。据说他在写给尼基弗鲁斯的信中恳求：

“阁下既然已经占领我方首都、赢得此战胜利，只求阁下能在满载而归时勿扰我的臣民。”但被胜利中的尼基弗鲁斯拒绝，纵兵在普利斯卡城内大肆烧杀。正当拜占庭士兵在普利斯卡尽情抢掠时，克鲁姆已经完成了伏击拜占庭军队的战役部署。当满载而归的拜占庭军队打算穿越瓦比特萨（在巴尔干山脉东部）山口回国时，他们的灾难来临了。7 月底，拜占庭全军进入瓦比特萨山口，但拜占庭人很快惊恐地发现，前方出口和后方退路已经被保加利亚人堵塞。尼基弗鲁斯得知全军被困后，下令安营扎寨以求对策。克鲁姆没有给尼基弗鲁斯求生的机会，保加利亚人趁夜色对士气低落的拜占庭全军发起突击。他们将包围圈一步步收紧，对尼基弗鲁斯的卫队发起强攻，精锐的皇家卫队被悉数歼灭，尼基弗鲁斯被杀，拜占庭军队覆没。

普利斯卡战役是拜占庭帝国发展历史中输得最惨烈的战役之一，9 万大军损失殆尽。保加利亚人从此在巴尔干半岛站稳了脚跟，帝国版图得以扩大。克鲁姆在胜利后大举洗劫了色雷斯，占领亚得里亚堡（今土耳其西部城市，靠近希腊与保加利亚）。并一度围攻君士坦丁堡。只是由于克鲁姆在公元 814 年突然中风而死（一说受伤而死），拜占庭帝国才逃过一劫。

克鲁姆死后，王位由其子奥穆尔塔格（也译奥莫尔塔格）继承。此时保加利亚第一王国的版图，已经包括今保加利亚全境以及罗马尼亚和匈牙利的一部分。

奥穆尔塔格在位时间不长，仅 7 年。即位后继续与拜占庭进行战争，但在公元 817 年战败，只好与拜占庭签订 30 年和约，两国仍以巴尔干山脉为界。后致力于向西北扩张，征服蒂莫克河（流经塞尔维亚东部和保加利亚西部，为多瑙河支流）流域的斯拉夫人部落，将边界推进至蒂萨河（多瑙河中游左岸支流）。

没有海军，这是保加利亚人的硬伤。因此，拜占庭帝国海军在海上也从未被保加利亚人挑战过。保加利亚人源于游牧民族，发展于农耕，缺乏航海意识和航海技术。或许是生产技术水平的原因，偌大的王国没有制造过自己的钱币，而情愿使用拜占庭货币。这似乎注定了保加利亚人无法拥有一支大规模的海上力量。没有海军，保加利亚人就不能沿着黑海海岸实施扩张，只得向西北或者西南去抢夺阿瓦尔人衰败后留下的土地。

进入 9 世纪中期，保加利亚第一王国再次迎来重要的发展时刻。

鲍里斯（又称鲍里斯·米海尔、鲍里斯·米哈伊尔、伯里斯），他最重要的历史贡献，是为保加利亚民族注入了文化活力。

此前的保加利亚人刚刚完成斯拉夫化，他们虽然定居在巴尔干半岛并不断扩张，但其社会文明仍然相当落后，没有民族文字，一些学者将当时的斯拉夫人定居区称为“文化真空”地带。在与拜占庭人长期接触、对抗、拼杀过程中，保加利亚人感受到了拜占庭人先进文化和社会文明的优越性，因而迫切希望引进外来文化，以适应建立强大民族的需要。

当时的东法兰克王国，为了染指意大利半岛欲与称雄巴尔干半岛的保加利亚人结盟，停止了双方的冲突以牵制拜占庭帝国。这显然危害了拜占庭帝国的利益，借助击败阿拉伯人的威势，拜占庭迅速做出反应。拜占庭帝国陆军出现在保加利亚王国的边境上，海军则在保加利亚近海游弋，形成随时要开打的态势。此时，保加利亚国内发生饥荒，军事上遭遇接连失利。因此，被迫废除与法兰克人达成的协议，同时向君士坦丁堡派出使节。

此前，米海尔三世支持了对大摩拉维亚公国的传教活动。在这次传教的过程中用来书写斯拉夫语的格拉哥里字母被发明。米海尔三世通过使节转达鲍里斯，明确表示要求保加利亚王国接受拜占庭传教士。此时，拜占庭帝国毁坏圣像运动已经结束，教会礼拜活动恢复正常，基督教也开始逐渐渗入保加利亚。然而，以君士坦丁堡为中心和以罗马为中心的东西方教会的分裂也趋于激烈，显然米海尔三世不希望鲍里斯在法兰克人的影响下去追随罗马教会。

据信初时鲍里斯对基督教的认识是模糊的，对信奉拜占庭教会还是罗马教会陷于摇摆不定之中。他在公元 865 年，致信当时的罗马教皇尼古拉一世（也称尼各老一世，尼阁一世），提出了历史上著名的“鲍里斯疑惑”。在这封保存于梵蒂冈档案室的信件中，鲍里斯提出了 106 个关于保加利亚人接受基督教后会产生的问题，可以看出当时斯拉夫人对接受基督教文化的疑虑。

鲍里斯在信中涉及的问题极为广泛，例如：基督教世界总共有多少真正的教区主教？罗马教皇之下谁是第二位的大主教？在教堂里举行基督教圣事时使用的圣油是否只能从君士坦丁堡生产？哪些牲畜和飞禽基督教徒是可以宰吃的？斋戒期过后的早晨何时吃饭？礼拜三和礼拜五是否可以洗澡？礼拜日是否可以性交房事？礼拜日和斋戒期人们是否可以劳作？一年中的斋戒期共有几天？女人是否必须带头巾方可进教堂？基督教国家是如何对待基督教内部不同教派的？如何对待异教偶像崇拜？强制推行基督教信仰是否正确？如果一个基督教国家撤销与另一个基督教国家订立的和约该如何处理？基督教国家是否可以与非基督教国家签约？等等。

鲍里斯提出的这些问题有着深刻的历史背景和现实紧迫性。他即将推行的宗教改革是自上而下的强制政策，所面临的困境和危险是显而易见的，但他又势在必行。然而令鲍里斯失望的是，教皇不仅未能认真地解释他提出的问题，罗马传教士的一些所作所为又暴露了他们欲控制保加利亚王国的企图。于是，鲍里斯坚定了亲拜占庭的宗教方针。

公元 865 年，鲍里斯宣布基督教为保加利亚王国的国教，以统一宗教思想。鲍里斯率先接受洗礼，认拜占庭皇帝米海尔三世为教父，将米海尔的名字作为本人的姓氏（即鲍里斯·米海尔），将自己的国王（或可汗）称号降为“大公”，并支持拜占庭传教士在保加利亚王国传播基督教。为了争取保加利亚教会的独立，他在国内教会设立了大主教一职。鲍里斯还创建了学校，在学校中引入了西里尔文字（另有一说法是西里尔文字是在保加利亚创立）。一时保加利亚第一王国成为了斯拉夫文字和斯拉夫民族文化的传播中心。

鲍里斯的做法引起国内保守贵族的不满，出现了欲恢复旧有信仰的贵族叛乱，但这些动荡并没有动摇他推行基督教的决心。鲍里斯果断地对所有叛乱予以坚决地镇压，将策动起义的 52 名反叛者及其子女下令处死。据说，他后来对这次无情的判决心生悔意，并将杀戮行为归罪于宫廷中的传教士。但是，在新旧文明的社会变革中，鲍里斯采取的强硬措施无疑强化了王国的中央集权，扫清了旧文化的障碍，最终引导保加利亚民族走上了拓展基督教文明发展的道路，鲍里斯也被后人尊称为保加利亚文化的奠基者。

公元 889 年，他将大公位让给了长子，自己隐居于修道院，后对长子不满，又重新掌权将之罢黜，另立三子西蒙（又称西缅、西美昂）继位。此后返回修道院直至公元907年去世。

完成了中央集权和宗教改革的保加利亚第一王国迎来了自己的极盛时代。

西蒙从小被送到拜占庭生活、学习，据说是作为人质。这个经历使他很早就受到基督教文化的熏陶，对拜占庭文化充满了认同感，从而对征服拜占庭人，确立保加利亚王国在巴尔干半岛的霸主地位充满了渴望和冲动。

因此，西蒙继位的第二年便挑起了与拜占庭的战争，并取得胜利。拜占庭心有不甘，同马扎尔人结盟，企图从南北二面夹攻保加利亚，但被西蒙击破，拜占庭军队几乎全军覆没，皇帝利奥六世不得不在公元 897 年求和，俯首向西蒙交纳贡金，并割让 30 座城市。

公元 904 年，西蒙借助阿拉伯海军攻击拜占庭的机会，占领了希腊重镇塞萨洛尼基迫使拜占庭帝国以割让土地的形式交换塞萨洛尼基，籍此获得了亚得里亚海的出海口。公元 913 年，西蒙又借着利奥六世去世的机会，攻打君士坦丁堡，用威势从拜占庭大主教尼古拉一世那里取得了“凯撒”的称号（保加利亚人和俄罗斯人称呼沙皇）。

随着拜占庭国内外局势的逐步扭转，它与保加利亚的关系又开始剑拔弩张。公元 916 年下半年，双方军队开赴边境，准备新一轮的决战。双方都希望强邻阿拉伯人站到自己一边出手相助，但阿拉伯人似乎更乐意坐山观虎斗。公元 917 年，拜占庭军队选择主动出击，在色雷斯的安基阿卢斯（今保加利亚波摩莱）地区，两军展开了决战，史称：安基阿卢斯战役（也称阿黑洛河战役）。

显然，在战役过程中西蒙属于知己知彼的统帅，面对人数优势于自己的拜占庭军队，他巧妙地变化了战术，从而给对手带来了巨大的灾难，取得以少胜多的胜利。当天晚上，保加利亚军队便攻克了边境重镇莫森布里亚（也称墨森布里亚，今保加利亚内塞伯尔）。

拜占庭大主教尼古拉一世得知战役结果后，立即写信给西蒙。他在信中承认拜占庭发动战争缺乏正当理由。但他也恳求西蒙，基于同一信仰，保加利亚大军能否到此为止，不要继续深入到拜占庭腹地。但沉浸在胜利喜悦中的西蒙没有给尼古拉一世这个面子，他还是乘胜追击来到君士坦丁堡城下。

在君士坦丁堡附近，两军夜间交战，结果拜占庭军队又一次溃败。但是，西蒙没有攻城，他知道自己的军队并不具备攻打君士坦丁堡城的能力。由于占据黑海以北草原的佩切聂格人（突厥族群的一部分）受到拜占庭的鼓动，出兵袭击保加利亚，使西蒙腹背受敌，西蒙被迫班师。

安基阿卢斯战役的历史意义，无疑是保加利亚取代拜占庭帝国成为巴尔干半岛以致在东南欧地区的绝对霸权，直到西蒙离开这个世界之后的一段时间，保加利亚王国依然让拜占庭帝国为之畏惧。

西蒙在公元 919—924 年又先后 4 次进逼君士坦丁堡，但君士坦丁堡这座中世纪最牢固的堡垒，只能使没有大规模海军的保加利亚人望城兴叹。公元 924 年，西蒙和拜占庭皇帝罗曼诺斯签订了和约。第二年，西蒙在自己的领土上自封为“罗马人和保加利亚人的皇帝”（也称“全体保加利亚人和希腊人的皇帝”），罗曼诺斯表面上提出抗议，实际上也只能默许这位皇帝的存在。公元 924 年，保加利亚王国还灭亡了与拜占庭帝国结盟的塞尔维亚。

除了战争之外，西蒙耗费了毕生精力的另一件“作品”是营建新都普雷斯拉夫城。

普雷斯拉夫（也称普列斯拉夫）城位于普利斯卡城南，距前都城普利斯卡仅 30 千米。该地最早是克鲁姆建立的一座训练骑兵的军营，在鲍里斯时期得到扩建。在公元 893 年，西蒙将其建为都城，据说持续建造了 28 年。考古发掘表明，这是一座集希腊风格和斯拉夫风格为一体的城市。内城为贵族区，皇宫为一长方形宝殿，用两排圆柱分成 3 条廊道。外城南耸立着一座圆形的“金色教堂”，其以建筑艺术的富丽堂皇而远近闻名，使得这座都城成为巴尔干半岛的宗教和文化之都。考古人员发现，当时保加利亚人在手工业方面取得了很大的进步，有了金工、石工、铁工还有制陶，其中有一种彩陶可能是欧洲最早生产的彩陶，且西里尔文字在王国已然盛行。

西蒙在位的前 30 年几乎都是在与拜占庭帝国的战争中度过，尽管没有完成到君士坦丁堡称帝的梦想，但在军事上明显压制了拜占庭这个老大帝国，并称雄整个巴尔干半岛，成为当时的欧洲强国。而普雷斯拉夫城市的繁荣和辉煌，也向世人宣告保加利亚人已走向封建文明。

西蒙统治的鼎盛时期，保加利亚第一王国版图拓展到最大：西至亚得里亚海，南抵爱琴海，包括今天的保加利亚、塞尔维亚和巴尔干半岛的大部分。

到了西蒙晚年，北方的马扎尔人开始不断入侵保加利亚王国。由于和拜占庭帝国进行多年的战争，消耗了大量国力，使保加利亚王国难以有效地阻止马扎儿人的进攻。公元927年，西蒙在忧虑中去世。

此时，中国正处在纷乱的五代十国时期。

利奥六世是拜占庭帝国马其顿王朝的第二任皇帝，他的父亲是巴西尔一世（一说是米海尔三世）。由于当年皇帝米海尔三世把情人送给还是大臣的巴西尔一世做妻子，二人很快就有了儿子利奥；另外，米海尔还把巴西尔立为共帝，这样的安排对日后利奥的继位极为有利。据此，人们怀疑利奥其实是皇帝米海尔三世的血脉。据说，巴西尔与儿子利奥的关系一直不睦。公元 886 年，巴西尔一世在打猎时意外身亡，他的死被怀疑是一起谋杀，而人们猜测利奥很可能是参与者。

利奥六世继位不久，拜占庭人的对头西蒙也继位了。当上皇帝的利奥六世性情不同于他的父亲，他的执政智慧史评不高。在他的统治下，拜占庭对外战争败多胜少，内政外交多困。但是，利奥六世热衷于学问，因一生好学得绰号“智者”。由他主持编纂的《战术》一书受到西方史学家的肯定。

《战术》约成书于 9 世纪末至 10 世纪初，是保存相对完好的拜占庭帝国军事典籍，书中描述了当时拜占庭帝国在军事上需要面对的种种问题。

利奥六世并不是一个成熟的政治家和军事家。在他主政期间，阿拉伯人夺取了西西里岛，并洗劫了帝国的港口城市塞萨洛尼基（又译萨洛尼卡、塞萨洛尼卡、萨罗尼加，今希腊北部城市）；拜占庭军队被保加利亚人击败，丢失了多瑙河以南的大片土地，被迫纳贡；拜占庭还受到了基辅罗斯人的侵袭，使基辅罗斯人获取了贸易上的优惠待遇。不过利奥六世并非一无是处，在他的领导下，拜占庭海军成功摧毁了阿拉伯人在爱琴海上的舰队。因此，利奥六世在主编《战术》时，高度依赖前人的理论和将领的经验。或是“久病成良医”，利奥六世在《战术》中勾勒出同时代战争的各种细节，要求指挥官们胆大心细恪尽职守，其论述，给后世的研究者们提供了可贵的历史资料。

除《战术》一书之外，利奥六世还写有多篇涉及教会和拜占庭社会问题的文章，以及诗歌、演说词、军事论文等。完成了巴西尔一世未颁布或未完成的希腊语法典，该法典经过利奥六世重新编排后扩充为 60 卷，予以颁行，史称《巴西尔法典》又称《巴西尔六十卷》，它是了解和研究拜占庭法学的阶梯。

巴西尔一世出身草莽，利奥六世书生意气，但他们在拜占庭帝国结束了圣像破坏运动之后，将拜占庭帝国艺术、文化引入了第二次全盛时期，史学界誉之为“马其顿文艺复兴时期”（或称“马其顿文化繁荣”），这个时期一直持续到 11 世纪，贯穿马其顿王朝始终。公元 912 年，利奥六世出兵试图收复克里特岛，在被阿拉伯人击败后郁郁而终。他的弟弟亚历山大三世和儿子君士坦丁七世相继登位。

亚历山大三世是巴西尔一世的第三子。公元 879 年，他与兄长利奥六世为共治皇帝，但在利奥去世以前，他并不过问朝政。利奥六世死后，他立利奥 6 岁的儿子君士坦丁七世为共治皇帝。但他不完全接受兄长的施政政策，撤换了利奥的顾问，起用被利奥贬黜的贵族。他拒绝执行利奥六世与保加利亚人签订的条约交纳岁贡，并且遣返了前来要求延续和约的保加利亚使者，从而再次引发拜占庭和保加利亚之间的战争。但据说因患睾丸癌（一说饮酒过度），亚历山大三世没有看到战争的无情爆发，就在公元 913 年去世了。

君士坦丁七世的母亲佐伊（又译佐约、邹伊、佐娅）是利奥六世的第四任妻子，并且是未婚先孕生下君士坦丁。这桩婚姻和诞下的皇子一开始并没有得到教会的认可和祝福，按照当时的教规，利奥六世结婚的次数过多，君士坦丁七世算是私生子。为此，利奥六世一怒之下驱逐了当时的君士坦丁堡教会牧首（当时君士坦丁堡主教的官方名称是：大主教、新罗马及普世牧首）尼古拉一世，以示儿子出生于皇宫紫室（皇宫产房）的正统性和尊贵性。亚历山大三世去世时，君士坦丁七世年仅7岁，是第一个拥有“生于紫室者”绰号的拜占庭皇帝。由于皇帝年幼，亚历山大去世前成立了 7 人摄政委员会，其中起决策作用的就是重新担任牧首的尼古拉一世。

此时，西蒙借口拜占庭毁约，再次兴兵入侵。保加利亚军队先取阿尔巴尼亚，之后进军塞萨洛尼基城。西蒙还动用阿拉伯与保加利亚的混编舰队，将马尔马拉海（又译马摩拉海，世界上最小的海，黑海与地中海之间的唯一通道）封锁，自己亲率 6 万大军在公元 913 年 8 月直抵君士坦丁堡城下。

西蒙深知无法攻破君士坦丁堡厚重的城墙，便索性扎下营盘，围而不攻，等待拜占庭发生内变。他知道，每逢拜占庭新皇帝即位，都会伴随着惊人的宫廷阴谋。到那时，他会得到更多的机会。不过就在这时，牧首尼古拉传信愿意同西蒙议和。议和的结果是：拜占庭教会承认西蒙为“保加利亚人的皇帝”，他的两个儿子为共治皇帝；西蒙的女儿将嫁给君士坦丁七世为妻，这就意味着他有机会成为拜占庭帝国的共治皇帝；拜占庭恢复向保加利亚王国纳贡。见好就收，西蒙志得意满地撤军，保加利亚与拜占庭之间的战事就此告一段落。

西蒙的大军走了，但拜占庭内部的强硬派十分不满，他们发动宫廷政变，推出太后佐伊摄政，重新掌权的太后佐伊开始发难。她认为尼古拉与西蒙的和平条约有损拜占庭的荣誉，立即解除了他的摄政职务，并将其驱逐出君士坦丁堡。

公元919年，摄政职务被海军将领罗曼诺斯·利卡潘努斯（也译罗曼努斯·利卡潘努斯、罗曼努斯·雷卡平）所取得。夺取权力后，罗曼诺斯立即将皇太后及其亲信清除朝政。同年将女儿嫁给小皇帝君士坦丁七世为妻，这样使得统治合理化，罗曼诺斯成为共治皇帝。

为了巩固所得到的权力，公元 921 年罗曼诺斯将长子任命为共治皇帝；公元 924 年再次任命另外两个儿子为共治皇帝。面对权倾朝野的罗曼诺斯父子，君士坦丁七世很明智，选择惰于朝政，淡泊权力，像他的父亲，埋头于学问。公元 931 年，罗曼诺斯的长子去世，正当罗曼诺斯权衡余下两个儿子谁能接长子位置的时候，二人在公元 944 年突然发动宫廷政变，将父亲囚禁。

罗曼诺斯两个儿子显然高估了自己的势力，错判了形势。他们的政变促使民心倒向君士坦丁七世，父皇的支持者也离他们而去。在他们尚未明确下一步行动的时候，已经熬到 39 岁的君士坦丁七世在旧贵族的支持下果断采取行动，于公元 945 年 1 月，将罗曼诺斯两个儿子逮捕并流放，收回了权力。君士坦丁七世掌权后没有召回岳父，罗曼诺斯在流放地做了一名修士，后死于修道院，两个儿子也在流放地暴死。

在很多史学家眼里，君士坦丁七世是位贡献极大的作家和学者。他研究和撰写了关于拜占庭宫廷礼仪的书籍《典仪论》(也称《论拜占庭宫廷礼仪》)，以及涉及拜占庭帝国统治政策和外交政策的《帝国行政伦》。

据说《帝国行政伦》这本书是君士坦丁七世写给儿子的，书中讲述了10世纪拜占庭帝国所推行的内外政策。其中对拜占庭帝国周围的诸多民族，如佩彻涅格人、罗斯人、保加利亚人、马扎尔人（书中称他们为突厥人）、萨拉森人、亚美尼亚人的描述，给现代学者提供了了解10世纪东欧、外高加索乃至东地中海地区历史发展的珍贵资料，以及拜占庭帝国统治者对这些异族势力的心态和对策。他还参与选编了一部编年史（从前人史籍中选择），又为他的祖父巴西尔一世精心撰写了一部传记。这些书籍内容浩繁，包含了很多历史、地理、政治、民族等丰富的历史信息，价值很高，深深吸引了后世的史学家们。美国一位史学家在《拜占庭简史》中，描述君士坦丁七世还是一位书籍、艺术品爱好者，优秀的画家。

君士坦丁七世在位期间，拜占庭的文化发展进入到一个黄金时期。专家们认为，拜占庭文化在中世纪得到繁荣发展的主要因素有三个：

1. 古希腊和古罗马文化在拜占庭帝国的碰撞与融合。

2. 基督教文化和东方文化在拜占庭帝国的碰撞与融合。

3. 拜占庭帝国的希腊化时代的促进作用。

这三个因素互相交叉又互相融合，最终形成中世纪拜占庭帝国特有的文化。

拜占庭的历代皇后都有着或多或少参与国家统治的传统，皇后与皇帝的地位相差无几。在父亲罗曼诺斯的精心安排下，少女海伦娜成为君士坦丁七世的妻子。据史料记载，当时的君士坦丁七世距离14岁还差几个月，海伦娜的年龄很可能比君士坦丁要小一点。因为，他们直到公元930年才有孩子。掌握权力后，君士坦丁七世把很多重要国事交给身边信任的大臣、将军以及皇后海伦娜。海伦娜很支持丈夫从事自己喜欢的学术研究，君士坦丁可能也信服海伦娜操控国家事务的判断力，据信夫妻双方默契和融洽，从而促成了君士坦丁七世在学术上的成就。君士坦丁和海伦娜共育有7个孩子，海伦娜去世于公元961年。

君士坦丁七世于公元959年11月去世，其子罗曼诺斯（沿用了外公的名字）二世继位。君士坦丁七世对政治婚姻不敏感，他允许儿子选择自己的姻缘，于是罗曼诺斯二世爱上了一位酒店主（一说是税务官）的女儿，并在婚后将她改名塞奥法诺（又称菲芳娜）。在君士坦丁七世和他的儿子罗曼诺斯二世统治时期，拜占庭出现了一位勇武的将军——尼斯福鲁斯·福卡斯（亦译尼基弗鲁斯·福卡斯）。在尼斯福鲁斯带领下，帝国海军收回了被阿拉伯人占据的克里特岛、塞浦路斯等地，再度获得了爱琴海的控制权；又一度收复了阿勒颇（叙利亚西北部城市），打开了拜占庭帝国向东方推进的大门。

尼斯福鲁斯·福卡斯来自于卡帕多细亚（在土耳其东南部）的福卡斯（又称杜卡斯）家族，其家族为拜占庭帝国军人世家，并先后出现几位著名将领，包括祖父、父亲、兄长，皆为领军统帅，其母家族也是土耳其贵族。尼斯福鲁斯年轻时从军，在公元945年被君士坦丁七世任命为安纳托利亚（土耳其小亚细亚半岛）军区将军，后被提拔为东部前线最高指挥官。在与阿拉伯人的战争中，虽在公元 954 年遭遇惨痛失败，但在公元 957 年之后，他率军在叙利亚展开一系列攻势，收复失地，从而获得了“萨拉森人（阿拉伯人）的白色死神”的称誉。据说，尼斯福鲁斯还根据自己的实战经验编著了两本军事著作。

皇后塞奥法诺美丽而富有心机，在她的指使下，罗曼诺斯二世很快促使母亲海伦娜隐退，5 个姐妹进入修道院。公元 963 年 3 月的中旬，年仅 26 岁的罗曼诺斯二世出人意料地死去。其死因，历史记载不明确，因此就有了两种说法：一是纵欲和饮酒过度而亡；二是怀疑塞奥法诺毒死了他。罗曼诺斯二世在死前就已加冕其子巴西尔二世和君士坦丁八世为共治皇帝。但当时他们只有 5 岁和 3 岁，于是皇后塞奥法诺名正言顺成为摄政。

此时，拜占庭朝内再次发生宫廷斗争。满载盛誉的尼斯福鲁斯被军队推举为皇帝，在皇后以及大牧首的支持下，他带领军队向君士坦丁堡挺进。在推翻了朝廷宦官（在古罗马和拜占庭都存在有阉人）政治后，尼斯福鲁斯在罗曼诺斯的两个幼子面前被加冕为皇帝，并不顾大牧首的反对与皇后塞奥法诺举行了盛大婚礼，取得成为拜占庭帝国皇帝的合法性，即尼斯福鲁斯二世。

可能尼斯福鲁斯二世有些老迈（已近 50 岁），缺乏情趣，或其外甥约翰·齐米斯西斯年轻有为更具魅力，塞奥法诺与约翰产生了地下情。

据记载，约翰相貌英俊，风流倜傥因而很讨女人的喜欢。年轻的约翰一直跟随舅舅尼斯福鲁斯二世从军作战，据信约翰在血雨腥风的作战中充分展示出他的军事才华，25 岁前已被任命为军区独当一面的统兵将领。后约翰和舅舅在东部战线兵分两路，分别进攻美索不达米亚和叙利亚。在战争过程中，约翰指挥的亚美尼亚部队作为尼斯福鲁斯的侧翼表现出色，其以特有的军事才干赢得了很高的声誉，深得麾下将士们的爱戴。

可能皇后与外甥的地下情被尼斯福鲁斯二世有所成察觉，不久约翰被解除了职务。为了不被进一步惩罚，在公元 969 年年末的一个夜晚，约翰带人潜入皇宫，在皇后的帮助下躲过卫队的搜查，于当晚谋杀了皇帝舅舅，并自立为皇帝，史称约翰一世。为赢得君士坦丁牧首的支持，约翰一世流放了参与阴谋的皇后塞奥法诺，废除了尼斯福鲁斯二世颁布的限制教会财富的法令。其后，出兵击败了尼斯福鲁斯二世的追随者，并将他们流放。公元 970 年 11 月，约翰娶君士坦丁七世之女塞奥多拉为皇后，确立了与马其顿王朝正统皇室的联系，进一步巩固了皇位的合法性。

公元 970 年，基辅罗斯大公斯维亚托斯拉夫率军进犯拜占庭帝国的色雷斯地区，并对帝国提出领土要求，约翰一世派军在留莱布尔尬兹（位于土耳其西北部）之战（又称吕莱布尔加兹战役、阿卡狄奥波利斯战役）中击败了罗斯人。

东欧——

◆第聂伯河是欧洲第四大河，源出于俄罗斯瓦尔代丘陵，向南流经白俄罗斯、乌克兰，注入黑海。它的一条支流名为罗斯河，据说俄罗斯人和白俄罗斯人的名称就源于这条河。第聂伯河哺育和发展了东斯拉夫人，是东斯拉夫人赖以生息繁衍和崛起发展的摇篮。

东斯拉夫人主要聚居在欧洲东部和东南部，少数居住地跨越亚洲北部的西伯利亚和远东太平洋沿岸地区。现在的俄罗斯民族是东斯拉夫人中最庞大的一支，其次为乌克兰人和白俄罗斯人。

东斯拉夫人最早是以游牧、渔业、养蜂为生，社会发展较慢，6 世纪之前他们还处在氏族公社阶段。血缘相近的氏族结合成部落，选举出的酋长为首领，部落中的一切重大决定由部落会议决定。随着氏族制度逐渐解体，家庭成为独立的生产单位。若干大家族按地域关系结合成农村公社。公社内的森林、牧场、水源、荒地等为全社公有，耕地则按家庭分配使用，成为家庭的私有财产，贫富分化开始形成。部落酋长往往利用职权取得较多较好的土地；能干善战的武士在战争中获得大量财宝，他们把俘虏变为家奴，由此富足起来。酋长、武士和部落管理人共同形成部落贵族。富裕的酋长逐渐形成权威掌握了部落权力，职位由选举变为世袭。势力强大的部落征服邻近弱小部落，形成部落联盟。

据成书于 12 世纪被认为是俄罗斯最早的历史著作《往年纪事》记载，东斯拉夫人共有 30 多个部落。在公元 8 世纪以前各部落还处于彼此分散的状态。

8—9 世纪的东斯拉夫人主要有三个群体：

北部群体：当时东斯拉夫人的北部部落群已经臣服瓦良格人（即维京人）。

东部群体：当时他们还处于父系氏族社会，还没有脱离原始人群的流浪生活。

西南群体：由第聂伯河右岸的东斯拉夫人组成，他们是东斯拉夫人的核心，经济和文化最为发达，中心在基辅（今乌克兰首都），后来成为基辅罗斯国家的首都。

在这个时期，东斯拉夫人在农业方面有了明显的进步，当时的炼铁技术已经提高，铁制工具得到广泛应用，使大面积的农业耕作成为可能。同时，手工业也有了很大的发展，如金属饰品加工、陶器制造、纺织、木材加工、皮革制作等，并逐渐走向了专业化。农业和手工业的发展促进了贸易的活跃，许多部落、部落联盟的中心逐渐演变成为商业中心。由此出现了东斯拉夫人最初的城市，如诺夫哥罗德（俄罗斯西北部城市）、斯摩棱斯克（在俄罗斯首都莫斯科西南）、基辅等。当时有两条重要的对外贸易路线：一条从伏尔加河经里海同东方各国联系，另一条是连接波罗的海和黑海的水路，称为“从瓦良格人到希腊人之路”。不过东斯拉夫人各群体间的经济发展并不平衡，据专家考证，北部和东部各部落群在 6—7 世纪以前还不知道犁耕农业而盛行“伐林农业”，到了 8—9 世纪，才开始向犁耕农业过渡，畜牧业逐渐发展起来。但在寒温带的森林，打猎和捕鱼仍占相当重要的地位。

到 9 世纪中叶，东斯拉夫人各部落完成了漫长的原始公社阶段，开始进入阶级社会，由部落联盟向国家转化的经济和政治前提已经具备。

8 世纪末 9 世纪初，在今天的俄罗斯和乌克兰境内出现了三个初级国家组织：以乌克兰基辅为中心的库雅巴公国、俄罗斯诺夫哥罗德地区的诺夫哥罗德公国和俄罗斯中部梁赞（又译里亚赞）地区的梁赞公国。各公国之间经常发生冲突，攻攻打打不息。

据《往年纪事》记载，在驱逐了瓦良格人之后，东斯拉夫各公国间争斗不休，彼此打得精疲力竭，公元 862 年，他们一起商议，去北欧把瓦良格人请回来，用他们的文明恢复东斯拉夫人之间的秩序与和平。使者来到斯堪的纳维亚半岛，请求瓦良格人前去教化他们。

于是，北欧人推选出留里克三兄弟带领一支武士队伍前往诺夫哥罗德（位于俄罗斯西北部）、别洛焦尔斯克（位于俄罗斯沃洛格达州）和伊兹博尔斯克（位于俄罗斯圣彼得堡西南）建立公国，成为王公。然而随着两个弟弟的相继去世，留里克大权独揽，开始了留里克王朝对俄罗斯长达 700 年的统治。但也有历史学家认为，留里克是通过武力占领的诺夫哥罗德或是被诺夫哥罗德人请来的雇佣兵，后夺取了政权。

留里克建立新王朝后，推行“巡行索贡制”，每年秋末冬初，留里克便率领亲兵到周边民众家中征收毛皮、农作物、手工业品、蜂蜜等贡物，然后对外贸易。另有一些史料记载，诺夫哥罗德人对他的统治行径颇感不满，认为受到了欺骗和欺压。他们组织了一次针对留里克的叛乱计划，结果被留里克及时平息，大批诺夫哥罗德人遭到屠杀。

公元 879 年，留里克去世。临终时，他将公国委托给了亲信奥列格（可能是姐夫或妹夫），以换取他对自己年幼儿子伊戈尔的保护。

在奥列格统治时期，诺夫哥罗德公国开始四处征战，征服了包括斯摩棱斯克在内的诸多城镇，逐渐控制了第聂伯河沿岸的大小东斯拉夫部落。大约在公元 882 年，奥列格攻克了基辅，杀死了那里的统治者（也是瓦良格人）。后以基辅为都城，建立起以东斯拉夫人为主体的大公国（大公为世袭，掌握国家最高权力），史称：基辅罗斯。

公元 907 年和 911 年，奥列格率领东斯拉夫人先后两次攻击拜占庭帝国（公元 907 年这一次攻击，在拜占庭的编年史中未有记载，有史学家认为可能是一次传说）。公元 911 年，奥列格的大军抵近君士坦丁堡。拜占庭帝国皇帝利奥六世与奥列格议和，双方签订了有利于基辅罗斯的贸易条约，利奥六世还同意支付贡金。东斯拉夫人的这次军事行动，使之与当时世界上高度发达的基督教文明国家——拜占庭产生了联系，这种联系推动了基辅罗斯的社会发展，并在以后对俄罗斯的政治和文化留下了许多深远的影响。

公元 912 年，据说奥列格被突然出现的毒蛇咬伤去世，留里克的儿子伊戈尔即位。

伊戈尔延续了奥列格的扩张意识。他在即位的第二年就率兵远征里海沿岸地区，抵达巴库（今阿塞拜疆共和国首都）。在扩张行动中，基辅罗斯曾与佩切涅格人发生冲突，后与之缔结和约。

对拜占庭帝国，伊戈尔同样具有强烈的好奇心，先后两次出兵远征拜占庭帝国。第一次在公元 941 年，但基辅罗斯人的舰队遭到迎头痛击，被拜占庭人用希腊火烧毁。事隔 3 年后，做了准备的伊戈尔再次发兵征讨拜占庭欲讨说法。这一次伊戈尔与罗曼诺斯一世订立了新的和约，两国结为军事同盟，同时伊戈尔还收获了大量黄金、贵重纺织品和其他财物。

公元 945 年，伊戈尔率领卫队进行索贡巡行时，企图征取双倍的贡赋，结果被忍无可忍的民众奋起反抗杀死，史家认为他过于贪婪。10 世纪中叶以后，随着基辅罗斯封建生产关系的发展，以实物税为主的租税制逐渐取代了巡行索贡制。

一般认为伊戈尔是俄罗斯第一个王朝留里克王朝的实际创建者。

伊戈尔死后，其子斯维亚托斯拉夫继承了基辅罗斯大公位。因其年幼，而由母亲奥丽加摄政。从族系来看，奥丽加也属于瓦良格人。

伊戈尔与拜占庭帝国签订和约后，双方之间在贸易和军事上的联系日趋紧密，一部分尚武的罗斯人来到拜占庭，作为雇佣兵帮助拜占庭帝国作战。此时，拜占庭文化和基督教文化开始对东斯拉夫人社会发展产生重大影响，奥丽加率先皈依拜占庭基督教。为了强化与拜占庭帝国的联系，奥丽加还亲自访问君士坦丁堡，接受了洗礼。奥丽加的皈依推动了罗斯人的基督教化进程。然而令奥丽加始料未及的是，她的儿子斯维亚托斯拉夫拒绝成为一名基督徒，仍然崇尚东斯拉夫人传统的多神教。斯维亚托斯拉夫虽然对基督教十分抵触，但对拜占庭帝国聚合的上千年文化和国力威望心生敬仰，决心要使基辅罗斯成为与拜占庭帝国并驾齐驱的强大国家，由此继续推行扩张行动。

史料对于斯维亚托斯拉夫的少年生活缺乏记载，或许曾被父亲安排到诺夫哥罗德当过一阵藩王。公元 957 年，15 岁左右的斯维亚托斯拉夫开始亲政。他将国内事务交给母亲管理，自己开始征战生涯。斯维亚托斯拉夫统帅的基辅罗斯大军首先击败了居住在伏尔加河流域的保加尔人，控制了北高加索，打通了通往东方的道路。公元 967 年，基辅罗斯的扩张行动，引起了拜占庭皇帝尼斯福鲁斯二世的注意。为了消除保加利亚人的威胁，尼斯福鲁斯二世向斯维亚托斯拉夫交付重金，请他进攻保加利亚第一王国，以此期望鹬蚌相争，两败俱伤。渴望向东南发展的斯维亚托斯拉夫，慨然应允，迅速出兵联合拜占庭击败了保加利亚军队，并很快攻占了保加利亚王国的首都普雷斯拉夫城及其东部地区，将领土扩张到多瑙河口。公元 968 年，基辅罗斯又将衰落中的可萨汗国击垮，随后拜占庭帝国和阿拉伯人趁机出兵，将可萨汗国推向灭亡。其故地被基辅罗斯、拜占庭、阿拉伯人和佩切聂格人瓜分。经过不懈的征伐，斯维亚托斯拉夫统一了东斯拉夫各部落，将基辅罗斯公国打造成年轻气盛、国土阔大、包含多民族的联合体，其疆域自伏尔加河延伸至多瑙河畔。

有学者论证，可萨汗国亡国后其主体民族哈扎尔人散居在东斯拉夫人的土地上，最后成为了东欧犹太人的重要来源；还有一部分人沿丝绸之路，进入中国北宋王朝的开封，成为了后世河南犹太教社群的起源。

当强大的基辅罗斯公国与拜占庭比邻而居的时候，拜占庭人恐惧起来。尤其当基辅罗斯军队击败保加利亚人，占据其都城后，斯维亚托斯拉夫显露出控制巴尔干地区的雄心时，尼斯福鲁斯二世才意识到引狼入室的失策，基辅罗斯已成帝国的巨大威胁。于是他在公元 968 年成功促使佩切涅格人夹击基辅罗斯，将奥丽加和斯维亚托斯拉夫的三个幼儿围困在基辅城内，斯维亚托斯拉夫被迫率师回国，解救基辅之围。击退佩切涅格人之后，斯维亚托斯拉夫对拜占庭朝廷的背信弃义大为恼火，决心讨伐。但其母亲奥丽加于次年辞世，他只得暂时搁置远征拜占庭的计划。

母亲的丧事办完后，斯维亚托斯拉夫分水陆二路杀回保加利亚，并打算迁都于普雷斯拉夫。他曾对自己的母亲说过，我不欣赏基辅，而想住在多瑙河畔的普雷斯拉夫，那才是我的王国中心。这使拜占庭人如鲠在喉，在这种情况下，拜占庭帝国新任皇帝约翰一世在一番外交努力失败后，决心动用武力与之对抗。

公元 970 年，基辅罗斯召集佩切涅格骑兵和保加利亚骑兵组成联军进犯色雷斯地区。约翰一世派兵在距君士坦丁堡以西 80 千米处的留莱布尔尬兹发动伏击战，以少胜多，击败基辅罗斯联军。

在留莱布尔尬兹战败之后，不甘放弃的斯维亚托斯拉夫稍事休整后，于次年亲率 6 万大军再次南下。

约翰一世为全力应对与基辅罗斯的战事，先解后顾之忧。他在稳定国内政局后，又与德意志国王、神圣罗马帝国皇帝奥托一世缓和关系，并表示愿意将自己的侄女（有史学家认为是罗曼诺斯二世的女儿）嫁给奥托一世的儿子。两头抚平后，约翰一世集结 4 万大军（一说 3 万）也亲自出征。

斯维亚托斯拉夫再次结盟保加利亚人和马扎尔人，使远征初期取得了巨大进展，大军越过了巴尔干山脉，占领了菲力波波利城（今保加利亚的普罗夫迪夫），进抵多瑙河边重镇多罗斯托隆（今保加利亚西里斯特拉），并准备进军君士坦丁堡。

为了有效反击罗斯大军，约翰一世制定并实施了一个极为大胆的计划：派出一支舰队大张旗鼓地沿多瑙河进军，作出进攻的姿态以吸引斯维亚托斯拉夫的注意。他则亲自率领步骑军主力，翻越保加利亚山区出其不意地迂回到敌军后方。在收复普雷斯拉夫后，拜占庭军队迅速赶到多罗斯托隆与罗斯人决战。

由于拜占庭准备充足，战略和装备技术运用得当，双方在多罗斯托隆展开的决战中拜占庭军队占据了绝对优势，基辅罗斯军队被围困城中达 3 个月之久。然而，拜占庭军队也一时无法彻底消灭罗斯人的军队，双方处于僵持状态。最后斯维亚托斯拉夫与约翰一世进行谈判，签署条约。条约主要内容有，基辅罗斯放弃巴尔干半岛和南克里米亚地区；不得侵犯拜占庭帝国的领地；派雇佣军对付拜占庭帝国的敌人；拜占庭帝国与基辅罗斯人保持正常的贸易通商。最后，约翰一世答应给围困中的罗斯人提供食物，允许他们返回基辅。

公元 972 年，很可能是拜占庭人的通风报信，基辅罗斯人在回国的途中，遭到佩切涅格人的伏击，斯维亚托斯拉夫阵亡。据《往年记事》记载，斯维亚托斯拉夫的头颅被佩切涅格人割下来做成了酒具。

此时在中国，赵匡胤建立大宋王朝并迈开统一全国的步伐，五代十国尚余吴越、闽南、南唐和北汉。

约翰一世率胜利之师返回君士坦丁堡，他将保加利亚东部领土并入拜占庭帝国，使拜占庭帝国的边境自 7 世纪初之后再度扩张至多瑙河下游地区。

借战胜罗斯人的威势，约翰一世发动了对阿拉伯人的三次东征：

第一次在公元 972 年，约翰一世率军远征巴勒斯坦，取得了一系列具有战略意义的攻城略地，但他的将军在进攻摩苏尔（又称哈德巴，位于伊拉克）时兵败被俘。

第二次在公元 974 年，约翰一世率军大败摩苏尔人并迫使摩苏尔首领称臣纳贡。在这次东征中，约翰一世把拜占庭帝国的势力扩张到叙利亚。

公元975年，约翰一世又发起第三次东征，拜占庭帝国军队一口气夺取了大马士革（位于叙利亚）、凯萨里亚（位于以色列）、贝鲁特（位于黎巴嫩）、的黎波里（位于利比亚）等地区。在攻取耶路撒冷前，约翰一世突感身体不适，下令撤军。在第二年的1月，回到君士坦丁堡的约翰一世卒于皇宫。有人认为约翰一世是死于伤寒，但更多的人相信是宫廷阴谋的毒杀。此时，中国宋朝开国皇帝赵匡胤突然去世（也有谋杀一说），其弟赵光义继位，即为宋太宗。

约翰一世去世后，已有18岁的共治皇帝巴西尔二世决心亲政。由此引发了拜占庭帝国大规模持续的叛乱。为了平定这些叛乱，公元988年，巴西尔二世与基辅罗斯大公弗拉基米尔一世结成联盟，并将自己的妹妹嫁给了弗拉基米尔一世，罗斯军人成为拜占庭帝国强大的雇佣兵来源。有了雇佣军的支持，凭藉智慧和意志，巴西尔二世力挽狂澜平息二场声势浩大的叛乱，到31岁时才将帝国权力稳稳地握在手中，开始成为一个影响历史的拜占庭皇帝。

平定两次惊心动魄的叛乱，威胁帝权的军事贵族势力受到严重打击，但巴西尔二世对于贵族势力仍然心存余悸。当时大贵族、大地主土地兼并活动越演越烈，作为军队和税收基石的自由农民的经济状况日益恶化，服徭役和交税赋的人数不断减少，帝国经济基础受到蚕食，巴西尔清醒地意识到这一点。他掌权后立即出台遏制豪强的政策。公元996年，他严令大封建主必须将侵占的村社农民土地悉数归还。公元1001年又颁布“代缴法”，规定“富余者”必须在缴纳赋税方面为“贫弱者”负责，如果“贫弱者”无力缴付，则由“富余者”代缴。这意味着大贵族、大地主将为他们贫寒的农奴赋税负责，这样既保证了帝国的赋税收入，又削弱了大贵族、大地主们惊人的财富积累。虽然此类法令遭到富人们的强烈不满，但巴西尔二世仍将其毫不犹豫地推行下去。但史家们认为，巴西尔二世的努力并未能遏制拜占庭帝国富者愈富，贫者愈贫的趋势。

在安定国内局势后，巴西尔二世将注意力转向威胁帝国安全的外部势力。此时，阿拉伯人在拜占庭的东部地区一直进行着拉锯战。尼斯福鲁斯二世和约翰一世在位时期从穆斯林手中夺取的领土，因拜占庭的长期内战无暇他顾致使得而复失。阿勒颇被阿拉伯军队围困，安条克（位于叙利亚和土耳其交界处）也受到了威胁。公元995年，巴西尔二世出动军队前往支援，成功解除了阿勒颇之围，占领奥龙特斯河（又译欧朗提斯河，地中海东岸河流）河谷地带。由于兵力不足，巴西尔二世没有急切收复耶路撒冷，他的胜利使拜占庭帝国恢复了在叙利亚地区的统治。

◆西蒙去世后，他的次子彼得成为保加利亚沙皇，史称：彼得一世。彼得继位的时候，年龄只有15岁，但他在位时间长达42年，直到公元969年，这是一段保加利亚第一王国急剧衰落、分裂的时期。

史家认为，彼得为人“软弱放纵”。他继位后与拜占庭讲和，并与罗曼诺斯一世长子的女儿结婚。由于失去了往日的威势，周边附庸小国脱离保加利亚王朝的控制纷纷转向，塞尔维亚人和克罗地亚人成为拜占庭帝国的盟友，拜占庭帝国自此巩固了在巴尔干半岛南斯拉夫人地区的影响力。

塞尔维亚人和克罗地亚人都是南斯拉夫人的一支。此时，首领察斯拉夫·卡罗尼米洛维奇借机独立，以“塞尔维亚”之名建立王国，得到拜占庭的认可。

克罗地亚位于巴尔干半岛的西北，亚得里亚海东岸。从公元前罗马帝国开始，克罗地亚地区相继受到匈人、东哥特人、拜占庭帝国以及保加利亚的征服。在反抗外族侵略、欺凌的过程中，著名部落首领托米斯拉夫在公元925年统一克罗地亚，成为第一位国王。在托米斯拉夫领导下，克罗地亚王国在陆地和海上建立起强大的军事力量。他们冲出山区，从保加利亚人手中夺取了潘诺尼亚平原（欧洲中心地带，分属今天的匈牙利、罗马尼亚、塞尔维亚、捷克、斯洛伐克及奥地利），为克罗地亚的扩张行动开辟了道路。但同时也使新崛起的克罗地亚人同强劲的马扎尔人兵锋相接，迫使克罗地亚人向沿海扩张。

马扎尔人在公元10世纪迁居到多瑙河流域中部之后，开始四处征侵。他们冲击德国、意大利、保加利亚和拜占庭帝国。在进军亚得里亚海的道路上，克罗地亚成为他们的劲敌。于是他们进击克罗地亚，却没能取胜。相反，不屈的托米斯拉夫率领克罗地亚人把马扎尔人赶到了多瑙河对岸，将克罗地亚北部的萨瓦河流域和南部的达尔马提亚诸城邦和岛屿并入克罗地亚王国，使克罗地亚王国成为当时这一地区最为强大的国家。

失去了西蒙的强势统治，保加利亚第一王国蓄积的内外矛盾开始显现。一方面塞尔维亚人和克罗地亚人的离弃，使保加利亚失去了盟友和屏障，日益孤立，马扎尔人、拜占庭帝国可以肆无忌惮地侵掠，这些侵掠战争不可避免地削弱了保加利亚王国的国力。另一方面保加利亚人内部的纷争和分化也是造成国力日渐衰落的重要因素。

随着封建制度的确立和边疆战争的严峻，保加利亚军事贵族和地方封建主的独立性加强了。教会开始追逐财富，教士们关心的是如何发财致富而不再是教区内教徒的心灵安宁和对教义的诠释。由于彼得的“软弱放纵”，导致王权松弛，土地所有者的社会权力和经济能力步步增长，教会拥有的土地和财富在大规模扩展。当少数人膨胀般富裕起来的时候，穷人的境况则越来越差。在这种情况下，保加利亚第一王国外临民族矛盾的强大压力，内临阶级矛盾的日趋尖锐，王国从政治到文化的崩溃不可避免地出现了。

宗教争议开启了保加利亚社会分裂的公开化。彼得继位不久，一个名叫鲍格米勒（亦称波各米勒、波高美尔）的基督教新教派在保加利亚兴起，据说其名源于该教派的发起人。

鲍格米勒派与正统基督教相异，反对官方教会宣扬的上帝创世完美无缺的教义，提出二元论的创世说。他们认为：上帝有两子，长子撒旦和次子耶稣；撒旦以“恶”为伍，耶稣则传播着“善”。撒旦创造了世界包括人类，同时把罪恶也带给了人类，唯有人的灵魂是由上帝创造的。善与恶不断斗争，上帝派耶稣来到人间，让人类在斗争中认清撒旦，用“善”去战胜“恶”，并告诉人类如何拯救迷失的灵魂。

鲍格米勒派相信，所有肉体方面愉悦的满足都是人类邪恶的一面。因此，提倡禁欲生活，要求清贫、独身、戒酒和素食。信徒们清静寡欲的生活与官方教士鲜衣美食之间，形成鲜明的对比。因而他们认为教会和上层教士都属于撒旦的仆人，这些人贪婪成性，经常联合封建主一起压迫和剥削广大贫民信徒。所以他们拒绝参加宗教仪式和教会活动，要求没收教会财产，分给贫苦信众；主张废除教阶（神职人员的等级制度），恢复早期基督教公社的友善平等。鲍格米勒派认为压迫与盘剥是恶的产物，人应该生活在一个共同体内，在那里，财富共有，人与人之间没有差别，所有的人平等地参加生产劳动。他们反对地主、贵族、官僚甚至国王，号召人们拒绝履行王国义务，不向王朝权力屈服，消灭一切压迫与盘剥。显而易见，这些主张完全符合保加利亚农民和底层民众的普遍诉求，因而迅速传播，形成大众化运动。

鲍格米勒派的教义和掀起的运动显然不符合保加利亚统治阶层和教会的利益，于是沙皇彼得一世联合基督教会对鲍格米勒派进行残酷迫害却无法将其彻底消灭。

公元 969 年下半年，斯维亚托斯拉夫指挥基辅罗斯联军击溃保加利亚 3 万大军，占领东部大片领土，彼得一世受惊中风，在朝野压力下退位。保加利亚西部贵族，来自科米托普里家族的执政官尼古拉的 4 个儿子立即宣布自治，脱离了保加利亚第一王国。此时，彼得一世在拜占庭作为人质的长子鲍里斯回国继位，史称：鲍里斯二世。

在斯维亚托斯拉夫的裹胁下，鲍里斯二世被迫与基辅罗斯人结盟进攻拜占庭。公元 971 年，拜占庭军队击退基辅罗斯军队，鲍里斯二世被俘退位，被拘押于君士坦丁堡，总主教区亦被取消，拜占庭帝国取代基辅罗斯兼并了保加利亚东部。

公元 976 年，带领保加利亚西部自治的 4 兄弟宣布起义，独立建国，史称：西保加利亚王国。同年，拜占庭皇帝约翰一世去世，西保加利亚王国乘机扩张领土。在扩张战争中，4 兄弟中的老大和老二先后在与拜占庭人的作战中阵亡，老三在公元 986 年（一说于约公元 987 年或 988 年）被指控叛国，与家人一起被四弟萨穆伊尔（也译萨穆埃尔、下令处死（仅一子幸免），萨穆伊尔遂掌握王国全部权力。

此时，中国的北宋王朝在公元 979 年收降北汉，五代十国最后一个割据政权灭亡。

公元 986 年，萨穆伊尔通过伏击大胜拜占庭军队，巴西尔二世仅以身免。在公元 995 年，萨穆伊尔又趁拜占庭与阿拉伯人作战之机，挥师突袭塞萨洛尼基（希腊北部），俘虏其指挥官，甚至在此年进军至伯罗奔尼撒半岛（希腊南部）。经过不懈征战，至公元 996 年西保加利亚王国已控有全部马其顿、保加利亚、帖萨里亚（亦称塞萨利或塞萨利亚，位于希腊的中部）、阿尔巴尼亚，并臣服了塞尔维亚、波斯尼亚和黑塞哥维那（简称波黑）等地，重新确立保加利亚大主教为总主教，萨穆伊尔也由其加冕为沙皇，史称：保加利亚第一王国科米托普里（又译康摩托普利）王朝。

但此后十余年间，保加利亚王国在与拜占庭帝国的战争中再少有胜绩。平定内乱，击退阿拉伯人的巴西尔二世，经过数年的休整后，于公元 1014 年夏，亲率大军兵征保加利亚。

双方在马其顿的克雷西昂（又译科雷迪翁）的山口进行了一场历史性决战，保加利亚王国大败。或因爱将阵亡，愤怒的巴西尔命令将大批俘虏（拜占庭方称有 1.4 万人，而保加利亚人则称有八千人）的双眼刺瞎，每一百人只留一个独眼人带队，返回保加利亚。而经历惨败的萨穆伊尔惊闻回国俘虏们的惨状，当即昏厥，两日后抱恨离世。由此巴西尔二世也留下了“保加利亚人屠夫”之名。

公元1018年，巴西尔二世再次大举入侵保加利亚，保加利亚第一王国就此亡国。拜占庭兼并了保加利亚的所有领土达168年之久。公元1025年，巴西尔二世准备出兵收复西西里的前夕，患病逝世，终年67岁。巴西尔二世一生征战，恢复了拜占庭帝国除了埃及和西西里以外的所有领土。他从未结婚，也没有孩子，死后要求葬在他的士兵训练营地。巴西尔二世死后，其弟君士坦丁八世继位，拜占庭帝国也逐渐走向衰落。

在中国，公元1004年，辽国出兵30万南下入侵北宋，一直打到澶州（今河南省濮阳清丰县），直逼开封城。后辽宋双方签订“澶渊之盟”（因澶州在宋朝亦称澶渊郡，故史称澶渊之盟），规定了两国的疆界，宋辽维持了近120年的和平局面。

南欧——

◆伊比利亚半岛（又称比利牛斯半岛），是欧洲第二大半岛（与亚平宁半岛、巴尔干半岛并称为南欧三大半岛），其东部、东南部面临地中海，西边紧靠大西洋，北拥比斯开湾，南隔直布罗陀海峡与非洲相望，比利牛斯山脉横卧在半岛的东北地区。

今天的半岛大部分为西班牙领土，西南角一部分为葡萄牙领土，还包括有安道尔公国及直布罗陀海港城市，比利牛斯山以北为法国。

根据考古发现，80万年前，就有人类居住在伊比利亚半岛，学界推测可能是非洲人在追捕猎物时穿越直布罗陀海峡或来自欧洲其他地区的猎人越过比利牛斯山脉来到这里并定居下来，被称为伊比利亚人。这些先人主要定居在地中海沿岸地区，并在那里创造了引人注目的旧石器时代文化，人们在西班牙北部的阿尔达米拉洞穴发现了最早的人类岩画。

阿尔达米拉洞窟长约1000米，宽阔且深邃曲折。洞内有古人烧烤食物和生火取暖的石灶，灶底余烬痕迹尚清晰可辨。150多幅壁画集中在长约18米、宽约9米的入口处。壁画大多为彩色，主要是赭红和黑色，也有些许黄色和紫色。岩画内容主要为动物画像，如羊、牛、猛犸、猪、鹿、马等，其形象有站、卧、跑、叫等多种姿态，十分逼真。还有一些古人的手形和一些至今没能破译的符号。据专家考证，这些岩画时间距今已近2万年，为典型的“马格德林文化”（欧洲的旧石器时代晚期文化，因发现于法国拉马德莱纳岩棚而得名），是旧石器时代晚期人类文化最具代表性的艺术遗存。1985年，阿尔塔米拉洞窟岩画被列入联合国教科文组织的人类遗产名录。

大约公元前3000年起，外来民族开始向伊比利亚半岛大规模迁徙，公元前1200年，来自中北欧的凯尔特人从北部进入半岛，并且散居到整个半岛。公元前1100年，腓尼基人来到半岛，创建了加的斯城（也称加迪尔或加地尔，意为“被墙围绕的城市”），是腓尼基人与当地人进行贸易的一个基地。而希腊人则进入加泰罗尼亚（今西班牙东北部）沿海地区。

古罗马人和腓尼基人发起布匿战争期间，迦太基人趁机占据大部分半岛，并临近地中海建立了著名城市卡塔赫纳（位于西班牙穆尔西亚）。公元前218年，罗马军队大举入侵伊比利亚半岛。但在征服战争中，罗马人遇到顽强的抵抗。公元前19年，罗马人才彻底征服整个半岛。此后的数百年里，伊比利亚半岛成为罗马帝国的行省。

罗马帝国行省分为两类：元老院管辖的行省和元首（皇帝）管辖的行省。前者由元老院任命总督管理，总督没有兵权；后者由元首指派总督管理，总督有权指挥境内驻军。

而罗马帝国将伊比利亚半岛划分为三部分：东北部的塔拉哥纳西班牙行省（今西班牙的大部分，元首行省）；南部的贝提卡西班牙行省（元老院行省，欧洲最南部）；西南部的路西塔尼亚西班牙行省（亦译卢西坦尼亚，相当于今天的葡萄牙及西班牙西部的一部分，元首行省）。

罗马人的统治对伊比利亚的经济、文化产生了深远的影响，半岛被彻底“拉丁化”。期间出现了许多新的城镇，如梅里达、瓦伦西亚、巴达霍斯、萨拉曼卡、托莱多、萨拉戈萨等。修建了许多道路、市政设施、公共浴室、斗兽场、剧场、桥梁等。半岛同时成为重要的国际贸易地区，半岛所产的矿物、葡萄酒、橄榄油等销往世界各地。总体来看，罗马人统治时期给伊比利亚半岛带来了拉丁文字、罗马法律、管理体制、基督教信仰和社会的发展。后来图拉真、哈德良和狄奥多西一世三位罗马皇帝都出生于伊比利亚。

公元 5 世纪，随着罗马帝国的衰亡，日耳曼民族中的西哥特人、苏维汇人、汪达尔人和异族阿兰人跨过比利牛斯山脉相继侵入伊比利亚半岛。最后，深受罗马文化影响的西哥特人击败他族，最终控制了伊比利亚半岛的大部分，西哥特王国将首都迁至托莱多。

西哥特人曾在公元 410 年洗劫了罗马。并于公元 418 年，以西罗马帝国同盟者的身份，在今天的法国西南部城市图卢兹（也译土鲁斯）建立了第一个日耳曼人王国。鼎盛时期王国疆土包括了西班牙和高卢地区的大部分领土。公元 507 年，西哥特人在与风头正劲的法兰克人争夺高卢地区时，被法兰克军队在武耶（今法国普瓦提埃以西）战役中击败，西哥特人退缩到伊比利亚半岛，王国开始衰落。

此时的西哥特人已进入封建制社会。西哥特的封建制度是在瓦解的罗马奴隶制和解体的日耳曼氏族公社的基础上产生的。在伊比利亚半岛，西哥特人夺取了部分罗马人的耕地、森林以及奴隶、隶农和工具。在罗马私有制的影响下，西哥特人的马尔克公社（中世纪西欧日耳曼人的一种村社组织，主要特征是共同的地缘关系代替血缘关系成为主要联系纽带，耕地已成为私有财产，森林、牧场仍归公有财产）瓦解，部分公社成员沦为依附农、隶农和债务奴隶，而他们也成为西哥特军队中士兵的主要来源。西哥特国王通过对占有土地的分封，使贵族、将军和基督教神职人员成为伊比利亚半岛上新的封建地主、采邑主，从而在西班牙建立起西哥特王国的封建体系。大地主、采邑主再把获得的土地依次授给他的部属和亲兵，形成封建等级土地所有制和牢固的人身依附关系。在封地内，地主、领主拥有独立的经营管理权、司法权和私人武装，国王也有权要求所分封的地主贵族为朝廷提供服务，宣誓效忠，从而形成双向权利、义务的“准契约关系”。

在行政体制上，西哥特王国行政机构仍沿用罗马旧制，每年要举行一次王朝高官与贵族会议，商定王国重大事项。王国军队的征战调动，往往也要受到封建贵族议会的限制，使得西哥特王朝难以中央集权，统治体系相对松散。所以西哥特王朝的封建化，实际上意味着国王对全国土地的所有权被分解为无数地主、贵族的土地实际占有权，国家分解为众多独立的地方政治实体，封建法规又使他们拥有了必要时对抗国王的权力。在封建化过程中半岛教会也得到了封地，从而教会也成为一种独立的力量。

公元 654 年，西哥特王朝颁布实施新法典《西哥特法典》，该法典共 12 卷，用拉丁文撰写。内容包括了西哥特历代国王的法令，融合了罗马法和日耳曼习惯法。既适用于罗马人，也适用于西哥特人，成为中世纪西班牙法律的基础。

在宗教上，西哥特人在公元598年确定罗马基督教为国教，结束了王国内部的教派纷争，统一了王国宗教信仰。同时王朝贵族深受罗马文化的影响，其官方语言普遍为西班牙的拉丁方言。

公元 710 年，西哥特朝廷内部发生争夺王位的内乱，从而开启了摩尔人入侵伊比利亚半岛的历史。

有学者认为，摩尔人主体是柏柏尔人，但柏柏尔人的起源学界尚无定论。一般认为，柏柏尔人不是单一的民族，是众多在文化和经济生活中相似的部落族人的统称，属欧罗巴人种地中海类型。摩尔人是柏柏尔人和非洲黑人结合的后裔，主要分布在毛里塔尼亚、西撒哈拉、摩洛哥、马里、塞内加尔和冈比亚，使用阿拉伯语的哈桑方言（又称毛里塔尼亚方言）。

此时，穆斯林在非洲北部发展很快，已经深入到的黎波里等地。哈里发穆阿维叶派出一支远征军，一直深入到突尼斯。公元670年，穆阿维叶任命的北非总督在突尼斯建凯鲁万城，这座城市后来被誉为伊斯兰教第四大圣地。公元 698 年，穆斯林军队通过武力把拜占庭人从迦太基和其他北非城市中赶出，从而结束了拜占庭王朝在北非的统治。当地的摩尔人曾进行抵抗，但终归失败。抵抗失败后，摩尔人皈依了伊斯兰教，开始追随穆斯林为信仰而战。

公元 708 年，阿拉伯帝国名将穆萨·伊本·努赛尔成为北非总督（埃米尔）。他一方面加强从埃及至大西洋广大北非地区阿拉伯帝国的统治；另一方面招募摩尔人扩充军队，增强军力，为征服隔海相望的伊比利亚半岛做准备。

7 世纪末 8 世纪初，当阿拉伯人到达北非时，西哥特王朝正陷入混乱时期。

与其他进入封建制度的日耳曼人王朝不同，西哥特人从未将王位完全世袭化，而是延续在贵族中选举产生的传统，这就导致了西哥特王国的王位争夺异常激烈和动荡，内战频发。据记载，在 32 位国王中至少有 10 位是被谋篡者杀死的。而希望王权支持的教会，有时也与贵族联手参与王位的竞争。

公元 710 年，西哥特国王维提扎（也译威蒂萨）去世，贵族们受利益驱使，拉帮结派分别推举维提扎的儿子与另外一位大贵族罗德里戈（也译罗德里克）为王，两方各不相让，发动内战，最后罗德里戈控制住国土的大部分。

此时，穆萨·伊本·努赛尔（也译穆萨·伊本·努塞尔）接到了来自西哥特休达地区（西班牙在北非的属地，在直布罗陀海峡附近的地中海沿岸，与摩洛哥接壤）贵族的一封求助信。据说，这个贵族的女儿曾被罗德里戈欺辱，他欲复仇。

穆萨顺水推舟，立即派遣他的摩尔人助手塔里格·伊本·齐雅德（也译塔里克·伊本·齐亚德）带领主要由摩尔人组成的军队，在休达贵族的帮助下，渡过直布罗陀海峡，进攻西哥特王国。

率军登陆后的塔立格下令焚烧战船，以示自绝后路、志在必得的决心。面对有备而来的摩尔人，西哥特国王罗德里戈只好统军迎战。公元 711 年 7 月，两军在半岛詹达湖岸边的瓜达莱特（也称巴尔白特）河口相遇，西哥特军队一触即溃，御驾亲征的罗德里戈在退却时失踪了（一说溺水身亡）。

不过，作为最终的胜利者塔里格和他的上司穆萨并未获得应有的荣耀和奖赏。塔里格在半岛取得的成就，让穆萨感到了某种不安。他到达到西班牙后，将塔里格鞭挞并带上锁链囚禁。理由是，已下令军队停止前进，但塔立格却不服从命令，执意进军。后来塔里格被带到大马士革，据说晚境凄凉。同样的遭遇也落到了穆萨身上。穆萨被哈里发召回叙利亚的大马士革，以不向朝廷请示为罪名，加以惩罚。不仅让他在烈日下暴晒，还没收了他的财产，剥夺了他的职权。据说后来在希贾兹（又称汉志，位于沙特阿拉伯西部）的一个偏僻的乡村做乞丐。

经过 7 年的征战，阿拉伯人基本征服了伊比利亚半岛。他们曾乘胜跨越比利牛斯山试图攻入法兰克人所控制的高卢，但在公元 732 年，被法兰克王国的宫相查理 · 马特在图尔战役中击败，从而回过头在伊比利亚半岛开始了为期近 800 年的伊斯兰统治。

阿拉伯人对西班牙异教徒的统治没有采取高压和血腥的政策，他们不强迫基督徒和犹太人改变宗教信仰，但需要交纳特殊的赋税。阿拉伯人同时给西班牙人带来了东方的先进生产技术，建立图书馆和大学，吸引着来自欧亚各地、各民族、各类宗教学者，使之成为当时欧洲和地中海周边地区的主要文化教育中心，科尔多瓦一度成为当时欧洲最大、最繁荣的城市之一。

约从公元 718 年开始，伊斯兰教创始人穆罕默德的叔父阿拔斯的后裔（属哈希姆家族）就着手推翻伍麦叶王朝、控制阿拉伯帝国的准备。他们通过宣传鼓动，获得很多穆斯林尤其是伊拉克穆斯林、伊斯兰教什叶派及呼罗珊的波斯人的支持，结合成联盟，以哈希姆家族（穆罕默德来自哈希姆家族）为领袖。

其实哈希姆家族和伍麦叶家族同属伊斯兰教兴起前的古莱什部落。该部落由 3 个家族组成，其中伍麦叶家族是哈希姆家族祖先的同胞兄弟发展而来。

从公元 746 年起开始起事，哈希姆家族首领阿布 · 阿拔斯 · 萨法赫在公元 750 年的大杰河（底格里斯河支流）一役中，击溃伍麦叶王朝的军队，伍麦叶王朝被阿拔斯（也称阿巴斯）王朝所取代。

在伊斯兰帝国改朝换代过程中，伍麦叶家族成员包括哈里发在内尽遭杀戮，只有阿卜杜 · 拉赫曼化装逃出。据说，夺取权力后，阿布 · 阿拔斯 · 萨法赫设下宴席，邀请伍麦叶家族成员 80 多人共享晚宴。在宴会期间，阿布 · 阿拔斯发布指令，埋伏中的刀斧手冲出，将赴宴的伍麦叶家族成员全部处死。

阿卜杜 · 拉赫曼全名叫阿卜杜 · 拉赫曼 · 伊本 · 穆阿维叶。他的祖父是伍麦叶王朝的第十任哈里发，他的祖母是柏柏尔人。阿卜杜 · 拉赫曼（也称阿卜杜勒 · 拉赫曼）自幼在大马士革宫廷受到良好的教育。从大马士革逃出后，阿卜杜·拉赫曼途经巴勒斯坦和埃及，历经艰辛，于公元755年到达北非的休达，受到摩尔人的庇护。

为了重振伍麦叶王室，经过周密策划，阿卜杜·拉赫曼先派随从渡海到伊比利亚半岛，拉拢伍麦叶王朝时期旧部，并和也门阿拉伯人进行联系，取得半岛摩尔人的支持，很快形成一股势力。公元755年末，阿卜杜·拉赫曼判断时机成熟，亲率由摩尔人组成的卫队，在格拉纳达南部海岸登陆。因前期收买工作做好，附近诸诚守军开门献城。在伍麦叶王朝时代，穆斯林军队已征服西班牙三分之二的土地。阿卜杜·拉赫曼利用当地穆斯林贵族与摩尔人贵族的矛盾，占领塞维利亚（位于伊比利亚半岛南部），在伊比利亚半岛站住了脚。

公元756年年初，阿卜杜·拉赫曼率军从塞维利亚出发，同年5月与阿拨斯王朝驻西班牙总督优素福决战于瓜达尔基维尔河畔（西班牙第5条长河），优素福败逃。阿卜杜·拉赫曼攻入科尔多瓦（又称哥多华），以科尔多瓦为都城，自称埃米尔（原意为“受命的人”“掌权者”，意译为国王、大公、总督等），建立后伍麦叶王朝（又称西班牙埃米尔公国、西萨拉森帝国），史称：阿卜杜·拉赫曼一世。

虽然阿卜杜·拉赫曼一世建立了自己的王朝，但王朝仅仅控制了南部有限的城市和地区，北方不在掌握之中，一片混乱。各地阿拉伯部落和摩尔部落也在互相争战，抢夺地盘。一些投奔而来的伍麦叶贵族，心怀不轨试图夺取权力，甚至都城科尔多瓦爆发过大规模骚乱。阿卜杜·拉赫曼一世采取多种步骤镇压叛乱，不断将割据地区并入管辖领地，逐步收拢权力。公元778年，在击败了阿拔斯王朝的远征军后，阿卜杜·拉赫曼一世开始对北方残留的阿拔斯王朝势力用兵。面对后伍麦叶王朝的平叛大军，阿拔斯王朝半岛势力结成同盟，向如日中天的法兰克王国派出使节求援。

查理大帝认为，这是法兰克势力扩展到伊比利亚半岛的绝好时机。于是，法兰克军队立即越过比利牛斯山脉向南进军。当法兰克军队围攻萨拉戈萨（位于西班牙东北部）的时候。法兰克王国新征服的萨克森（位于今德国东部）地区爆发叛乱，查理大帝急忙撤军回国平叛。但在回国的路上，法兰克人一路抢掠激起民愤。公元778年8月中，法兰克军队的后卫正在穿过比利牛斯山口时突然遭到当地土著人和摩尔人的报复性袭击，法兰克后卫军队被全歼，查理大帝随军作战的侄子（一说是外甥）也被杀。

击退了阿拨斯王朝的军事进攻和法兰克军队的入侵，阿卜杜·拉赫曼一世又攻陷托莱多城，平定萨拉戈萨地区，基本消灭了优素福的残余势力，进而控制了西班牙全境。待局势稳定后，他试图把半岛分散的伊斯兰教力量联合在一起，并着手国内的经济和文化建设。他对科尔多瓦、托莱多等多座重要城市进行了全面整修和治理；并在科尔多瓦开凿了运河，修建引水桥将清水引入科尔多瓦城内；还在城郊开辟果园与菜地，移植各类果蔬；鼓励商业贸易，自铸统一银币；在各地建立宗教学校，传播逊尼派教义和教法，推广阿拉伯语言；他在西哥特天主教堂的基础上，开始兴建科尔多瓦清真寺，这是一座规模庞大的清真寺，拥有1253根壮观的石柱，可同时容纳2万多人，一度成为阿拉伯帝国西部的伊斯兰教圣地。阿卜杜·拉赫曼一世也被史学家誉为“古莱什部落之鹰”。

公元788年，阿卜杜·拉赫曼一世去世，部分的穆斯林贵族和基督教徒趁机发动暴乱，一些省区的头领宣布独立，王朝处于内乱和分裂割据的局面。公元912年，阿卜杜·拉赫曼三世临危继任埃米尔。

阿卜杜·拉赫曼三世为第七任埃米尔阿卜杜拉之孙，其母可能是基督教女奴，其父在宫廷斗争中被杀。阿卜杜·拉赫曼三世头脑清醒，素有大志，精于谋略。他在平乱的过程中顺势加强中央集权，实行雇佣兵制。在不长的时间里逐一收复了丧失的省区，使王朝局势得到稳定，随后他把统一的目光放在了半岛的边缘山区。

当后伍麦叶王朝的摩尔人军队攻占伊比利亚半岛的时候，西哥特王国的贵族和基督教徒蜂拥逃往半岛的北方。那里连绵不断的群山和崎岖的海岸线成为躲避穆斯林大军的藏身之所。随着王国政权被穆斯林人摧毁，偏安一隅的西哥特贵族们划地为王，保持着一定程度的自治，同时也向占据半岛中心的伊斯兰王朝俯首称臣，缴纳贡赋。而平民基督徒则涌入周边乡村，使那些原本贫瘠的自治地区，逐渐有了经济活力。在完成了对伊比利亚半岛征服之后，穆斯林统治者的目光更多地投向比利牛斯山北面的富饶地区，从而放松了对半岛边缘地区的控制。正是这些被穆斯林忽略的角落，出现了一位西班牙基督教历史上的雄主——阿斯图里亚斯的佩拉约（亦称佩拉吉乌斯）。

佩拉约出身于西哥特贵族，据认为他的父亲曾是加利亚艾西亚（位于伊比利亚半岛西北部，今加利西亚）的公爵，后被杀害。有史籍提出，佩拉约是西哥特一个国王的孙子。

关于佩拉约的生涯事迹，主要记载在两部9世纪晚期的拉丁语史书。一部是《阿尔贝丹西亚编年史》，另一部是《阿方索三世编年史》。

生活在阿斯图里亚斯的佩拉约，曾经受到穆斯林官员的器重，被委任以官职，这种经历有利于佩拉约培育自己的势力，但也受到了穆斯林官员的歧视和欺压。据说莱昂（位于西班牙西北部）的穆斯林统治者听说佩拉约的妹妹是有名的大美人，就想搞到手。他委托一个摩尔人将领去拘留佩拉约，谋划以哥哥换取妹妹。不过，图谋没有得逞。此举激起了佩拉约的忿恨，促使他在阿斯图里亚斯地区树起了反抗的大旗。

穆斯林统治者意图将佩拉约的起义扼杀在摇篮里，他们派出讨伐军。而讨伐军中还有附庸于穆斯林政权的基督教塞维利亚地区的主教，显然统治者希望利用这个主教达到劝降和分裂北方基督徒反叛者的目的。面对气势汹汹的讨伐军，能够追随佩拉约进行战斗的人数很少，据说只有198人。佩拉约没有放弃，他率领这部分人退到了阿斯图里亚斯的深山中，一个叫作科法敦加（也译科瓦东加）的地方，这里有一条山谷是理想的伏击地点。

公元722年（一说在公元718年或719年），穆斯林军队追到了科法敦加后，可能认为佩拉约的队伍是乌合之众，没有放在眼里，他们傲慢地发起进攻。但战斗的结果是佩拉约的起义军取得了决定性胜利。这次胜利使伊比利亚北部的基督徒们得到鼓舞，他们纷纷加入起义军。佩拉约一鼓作气率起义军攻克了阿斯图里亚斯重镇普罗阿萨城，杀死了莱昂的穆斯林领主。佩拉约的攻城略地对于伊比利亚的基督徒来说影响巨大，在起义军胜利的鼓舞下，佩拉约获得了阿斯图里亚斯当地基督教贵族和豪强的支持，被推举为阿斯图里亚斯反抗穆斯林统治的领袖和国王，阿斯图里亚斯成为伊比利亚半岛第一个摆脱穆斯林统治的基督教独立王国。为了平息从阿斯图里亚斯掀起的反叛风暴，强大的穆斯林军队数次征剿，并将佩拉约的起义军驱赶到山区深处。但等到征剿主力撤走，佩拉约就下山来夺回自己的领地，继续打击穆斯林驻军。这种你来我往的游击战，反而扩大了佩拉约的影响力。

佩拉约约在公元 737 年他去世，他的儿子法维拉继承了他的王国。法维拉的历史作为记载很少，只说他建立了一所教堂，并在狩猎中被一只熊所害。他有子女，但没能继承王位，王位由他的妹夫阿方索继承，史称：阿方索一世。

有一些史家认为，阿方索是坎塔布里亚地区巴斯克人部族的头领（也有认为是西哥特贵族）。坎塔布里亚是阿斯图里亚斯的东邻，而巴斯克人信奉基督教。当年，佩拉约欲与巴斯克人结盟，就将女儿嫁给阿方索为妻。巴斯克人，西南欧民族。一些西方学者的研究表明，巴斯克人不属于印欧人种，在血缘上与欧洲人没有丝毫联系。有些人类学家认为，古埃及人、古腓尼基人、古印第安人、爱斯基摩人等二十几个民族都有可能是他们的祖先。不过，考古证实，巴斯克人是欧洲最古老的民族，在巴斯克人居住地区，考古学家发现了旧石器时代晚期巴斯克人种的头盖骨。巴斯克人素以勇武著称。据说公元 778 年，在比利牛斯山口歼灭法兰克人后卫军的主力就是巴斯克人武装。

阿方索继位之后，继续进行岳父的基督教复兴之战。公元 740 年，他占据半岛西北角的加利西亚；公元 754 年，收服莱昂地区；势力最远到达半岛北部拉里奥哈。战争的影响，形成了一个位于杜罗河（横贯西班牙和葡萄牙的河流）与阿斯图里亚斯山区之间的空荡区域，成为半岛基督徒独立王国与穆斯林政权之间荒无人烟的一道缓冲带。

在阿方索的影响下，伊比利亚半岛北部和东北部又先后出现纳瓦尔、阿拉贡和卡斯提尔（又译卡斯蒂利亚）等独立王国，加入收复基督教失地的斗争。公元 757 年，阿方索一世去世，王位传位给他的长子弗鲁埃拉（或称弗洛伊拉，一说是弟弟）一世。据说弗鲁埃拉兴建了奥维耶多城，后成为阿斯图里亚斯王国的都城。他在位期间统治阶层内部发生内讧，他被暗杀，他的堂弟（一说是儿子）成为继任国王。

此时弗鲁埃拉的儿子，史称阿方索二世诞生并成长。阿方索二世约在公元 759 生于奥维耶多城，父亲去世后，由姑姑照顾长大。根据习俗，他曾在修道院学习一段时间。在姑父希罗（也称西罗）统治期间，他成为宫廷总管。希罗去世时，希罗的支持者推选他成为国王，但王国的多数贵族却拥护他的叔叔马乌雷加托（也称莫雷加多、毛里加托，阿方索一世与一个摩尔女俘所生之子）继承了王位。为求安全，阿方索二世逃往巴斯克人所在地，寻求母亲族人的庇护。

马乌雷加托在公元 789 年去世，王位由贝尔穆多（阿方索二世的兄长，一说是堂叔）一世继承。贝尔穆多一世可能在教会干过执事或是僧侣。贝尔穆多一世执政不久即与后伍麦叶王朝新任埃米尔希沙姆一世发生战争，希沙姆一世是阿卜杜·拉赫曼一世的儿子。公元 791 年，希沙姆一世为了镇压半岛日益发展的基督教抵抗势力，派出军队进攻阿斯图里亚斯，双方军队战于布比亚河畔（也称抱比亚河），贝尔穆多一世指挥的阿斯图里亚斯军遭受惨败，因此导致军中对贝尔穆多一世极为不满和失望。在这种情况下，为避免王朝发生阴谋，贝尔穆多一世宣布将王位让与兄弟阿方索二世。阿方索二世是临危受命，不过他很清醒。抗敌失败，军队士气低落，而穆斯林军队正步步进逼。为避敌兵锋，阿方索二世将首都迁至他的出生地奥维耶多。

公元 794 年，希沙姆一世再次举兵，试图击溃阿斯图里亚斯等基督教诸独立势力，打通比利牛斯山脉。于是，他出动两路大军：一路进攻阿拉瓦（也称阿尔瓦，位于西班牙巴斯克自治区）；另一路则直接进攻阿斯图里亚斯。进攻阿拉瓦这一路，遭到强烈的抵抗。而进攻阿斯图里亚斯这一路进展顺利，一路杀到了奥维耶多的城下。

战局出现这种状态，似是阿方索二世的刻意布局。他没有像贝尔穆多一世那样妄图能够御敌于国门之外，他在暗中集结精锐部队，并与巴斯克人互相支持，在消磨掉穆斯林人的气焰后，寻其回撤之路设置战场，准备对敌施以致命一击。就在阿方索二世大抵完成了预想部署的时候，在阿斯图里亚斯境内，希沙姆一世的两路大军会合，抢掠一番后准备撤退回国。

阿方索二世选定的伏击地点是临近格拉多城的拉梅萨山谷，这里是穆斯林军队南撤时的必经之路。于是当穆斯林军队满载掠夺的财物走进山谷时，阿方索二世指挥各路伏兵奋勇杀出，将惊慌失措的穆斯林军队完全击溃。有人估算，后伍麦叶军队损失超过 7 万人，其中有一路指挥官也在混战中被杀，史称：卢托斯战役。卢托斯战役的胜利对阿斯图里亚斯王国意义重大，一方面稳定了国内的紧张局势，另一方面树立了阿方索二世在半岛基督徒中的威信。

尽管阿斯图里亚斯人在拉梅萨山谷之战中重创了穆斯林军队，但仍没有力量去展开足够的攻势。经过数十年的经营，后伍麦叶王朝统治势力在西班牙已经基本稳定，活跃于阿斯图里亚斯的基督教力量仅限于自保，难以南进向安达卢斯（穆斯林在伊比利亚半岛控制的地区，也泛指半岛上的穆斯林文明）继续扩张领地。在这种情况下，为了保护王国得之不易的胜利成果，阿方索二世必须为自己寻找一个足够可靠的盟友。于是，他选择了与强邻法兰克王国结盟。为此，他于公元 796 年、797 年和 798 年连续三次向法兰克派出使节表达善意，希望得到法兰克王国的支持，并鼓励加洛林教会的势力在阿斯图里亚斯扩展。阿方索二世的努力没有白费，他取得了法兰克王朝和教皇承认的国王地位。同时，在获得法兰克军事支持的情况下，阿方索二世在后伍麦叶王朝不间断的军事攻势之下出其不意地进行了一次反攻。公元 798 年阿斯图里亚斯军队南下攻入安达卢斯，洗劫了里斯本。

公元 814 年，阿方索二世突然宣布在加利西亚（又称加里西亚）的孔波斯特拉古城（今西班牙圣地亚哥德孔波斯特拉古城）发现了圣徒雅各的陵墓，这一发现立刻轰动了整个基督教世界。

据说耶稣的十二门徒之一雅各曾在伊比利亚半岛传教 7 年，死后遗骨葬在西班牙。公元 813 年，有人偶然发现了雅各这个墓地。阿方索二世立刻在此建立了一座小教堂，并将此地取名圣地亚哥・德・孔波斯特拉。此后，在中世纪有数以百万计的基督教信徒跟随着他们的主教不畏艰辛穿越法国来参拜圣地亚哥的雅各墓地和教堂。这条路线后成为举世闻名的基督教徒的朝圣大道，也称为“圣地亚哥之路”。其在整个中世纪晚期宗教文化的发展中扮演着重要的角色，沿途大量式样独特的各类建筑物，为中世纪宗教势力的强大影响提供了一个珍贵的见证。1985 年，圣地亚哥·德·孔波斯特拉古城被列为世界文化遗产；同时，西班牙境内和法国境内的通往圣地亚哥的路线，分别于 1993 年和 1998 年被列为两项单独的世界文化遗产。

阿方索二世在做好政治结盟和树立基督教圣地后，其在国内的地位更加牢固。于是，对后伍麦叶王朝展开了数次卓有成效的军事行动，使加利西亚、莱昂及卡斯提尔地区得以屏护。阿方索二世于公元 842 年去世，享年 83 岁。有史籍誉其 52 年的统治为：纯洁地、素净地、完美无瑕地、虔诚地以及辉煌地。

阿方索二世无嗣，其去世后，贝尔穆多一世这一系再次掌握权力，贝尔穆多一世之子拉米罗一世继承了王位。从史料透露的情况看，这次继承并非平稳过渡，有贵族为争夺王权付出代价。所以，拉米罗一世在掌握统治权后，便废止了传统的王位推选制度。

拉米罗一世在位 8 年政绩不祥，史籍记述他要同时抵抗来自维京人及穆斯林人的攻击。然而，在他执政时期的建筑，却成为了阿斯图里亚斯建筑最为突出的代表，甚至建筑界有一个专有名词“拉米罗式建筑”，而阿斯图里亚斯建筑在时间上也依此划分出了“前拉米罗时期”“拉米罗时期”“后拉米罗时期”。

在阿斯图里亚斯，令人关注的拉米罗式建筑，专家们认为属于前罗曼式建筑，为阿斯图里亚斯王国的历史瑰宝。

罗曼式建筑（又称罗马式建筑、罗马风建筑、似罗马建筑等）为欧洲中世纪一种以半圆拱为特征的建筑风格，并从 12 世纪开始逐渐过渡到以尖拱为特征的哥特式（或译哥德式、歌德式）建筑。罗曼式建筑兼有西罗马和拜占庭建筑的特色，并因其线条简单、明快，造型厚重、敦实，半圆形的拱券、拱形的穹顶，巨大的塔楼以及富于装饰而知名，是教会权威的化身。并且常常采用规则对称的平面，所以在与随后的哥特式建筑比较时，总会有一种相对质朴的形象。罗曼式建筑风格多见于欧洲基督教流行地区的修道院和教堂。

前罗曼式建筑是指欧洲历史上从 6 世纪到 8 世纪末的建筑风格，其特点是日耳曼风格与经典地中海风格、基督教风格的融合，并导致了 11 世纪罗曼式风格的产生。

拉米罗一世有许多重要的建设，其中纳兰科（也称纳朗科、那朗科）的圣玛利亚教堂、利约的圣米盖尔教堂和莱娜的圣克里斯蒂娜教堂，1985 年，被联合国教科文组织以“阿斯图里亚斯王国时期的教堂”之名一并列入世界遗产。这三座教堂都建于拉米罗一世执政时期，都位于奥维耶多，都明显受到西哥特式和阿拉伯式建筑的影响。其首次系统地使用筒形拱顶，并以圆柱取代方柱支撑拱顶。因为缺乏经济力，阿斯图里亚斯王国教堂的规模都不大，但由于三座教堂非常著名，对中世纪伊比利亚半岛教堂建筑产生了重要的影响。

拉米罗一世死于公元 850 年。其后，其子奥多诺（也称奥多尼奥）一世继位。

此时中国唐朝平定“安史之乱”已有八十余年，唐宣宗李忱继承皇位，开始励精图治，使唐朝国势有所起色，呈现“中兴”的局面，兴起于中国西藏地区的吐蕃王朝崩溃。

奥多诺一世是其父王废止了传统的王位推选制度后，阿斯图里亚斯王国第一位非推举而取得王位的国王。奥多诺一世继位后，首先镇压了反对他的巴斯克人。在公元859年，奥多诺一世在今阿尔瓦伊达地区击败穆斯林人，并抢掠了这座城市。他在位期间，积极进行北方山区的基督教移民。

奥多诺一世在公元866年去世，由他的长子继承王位，史称：阿方索三世。阿方索三世即位后，将都城从奥维耶多迁到了莱昂，由此，阿斯图里亚斯王国被称为莱昂王国。阿方索三世对后伍麦叶王朝采取攻势，他大力支持半岛内穆斯林的反对派，用武力将基督教势力推进到了杜罗河和萨莫拉（西班牙西北部）一带。随着基督教王国的日益复兴，阿方索三世开始自称“皇帝”，在后世的史料中他也是最早被冠为“西班牙皇帝”的君王。

阿方索三世在公元868年和878年分别征服了波多（又译波尔图，在今葡萄牙北部）及科英布拉（位于葡萄牙中部）两座城市。在大约公元869年，他与巴斯克人在公元842年建立的王朝——潘普洛纳王国（位于西班牙东北部）组成了一个同盟，据说阿方索三世还将他的一个妹妹嫁给了潘普洛纳的王子。

据信阿方索三世下令编纂过三部拉丁语史书来讲述阿斯图里亚斯王国的历史，《阿方索三世编年史》。现存有其两种版本:《罗腾西斯编年史》及《赛巴斯提安编年史》。两种版本在数个关键段落的内容不同。

阿方索三世可能是在公元910年去世于萨莫拉，享年44岁。在他去世的前一年，阿方索三世的三个儿子搞起内乱，迫使其将王国三分。长子加西亚一世成为莱昂国王；次子奥多诺二世统治加利西亚；而幼子弗鲁埃拉二世掌握阿斯图里亚斯。然而加西亚一世（公元914年）死后无嗣，莱昂转移到了奥多诺二世手中。而奥多诺二世（公元924年）离世后儿子又因年幼无法继位，因此，小儿子弗鲁埃拉二世最终又合并王国，统一了父王死前的江山。一年后弗鲁埃拉去世，统一后的王国陷入近一个世纪王室内乱斗争。

公元920年，阿卜杜·拉赫曼三世率后伍麦叶王朝大军北征，向阿方索三世的儿子莱昂王国的国王奥多诺二世的联军进行攻击，攻占了圣埃斯特班要塞（位于西班牙西南部）；公元924年，后伍麦叶王朝大军又摧毁了潘普洛纳王国首都潘普洛纳；公元928年，阿卜杜·拉赫曼指挥大军进一步清剿西哥特王朝在波巴斯特罗要塞的残存势力，俘虏王室成员和大批贵族。公元929年1月，阿卜杜·拉赫曼三世宣布称哈里发，从此，史学家们又称该王朝为“科尔多瓦哈里发帝国”。随后他向南部的法蒂玛王朝发动军事攻势，在公元931年，攻占休达，将领土扩张到北非的提阿雷特（位于今阿尔及利亚）。公元932年，阿卜杜·拉赫曼三世攻占托莱多城，平定了长期反对王朝的叛乱城市。阿卜杜·拉赫曼三世重视帝国海军建设，使帝国海军称雄西地中海，以优势舰队抑制了法蒂玛王朝海军对半岛沿岸的袭击。

后伍麦叶王朝大力倡导科学文化教育事业，在各主要城市创办各种学校、图书馆、书店、天文台、医院，阿拉伯语得到传播和使用，促进了阿拉伯伊斯兰文化的发展。在10世纪时据史家估计，首都科尔多瓦有居民11万余户，人口50余万。王朝在此创办免费学校27所、图书馆70座、清真寺700座、公共澡堂300个。其中，阿卜杜·拉赫曼三世在科尔多瓦清真寺创办的科尔多瓦大学，吸引着东西方的穆斯林及信奉基督教的学生来此学习。这所大学的图书馆藏有 40 余万册图书，许多书籍都是珍本。王朝聘请和鼓励不同信仰的东西方学者从事自然科学和宗教学术研究，并不反对将伊斯兰文化与希腊文化相结合，使王朝在伊斯兰教义学、教法学、哲学、天文学、医学、数学、语言学、史学和文学等领域取得大量成就，涌现出许多著名的学者。宽松的宗教政策，活跃的商贸经济，使伊斯兰科学文化通过科尔多瓦和托莱多两城传到西欧，促进了欧洲“文艺复兴运动”的兴起。也有史学者认为，是安达卢西亚学者将印度数字引入欧洲并被欧洲人接受，欧洲人随即称其为阿拉伯数字并大量推广。

《剑桥插图伊斯兰史》是这样描述阿拉伯人统治下的科尔多瓦：在这座城市里，人们生活轻松惬意。他们拥有流淌的河水，干净的街道，是一个知识文化中心。

科尔多瓦的手工艺也十分发达，水晶饰品的生产主要是面向本地市场，而珠宝和象牙雕刻则广泛出口到其他国家。作为一个来自沙漠的游牧民族，阿拉伯人却将征服两河流域、埃及与波斯等地后学到的农耕技术加上先进的农业栽培方法，一并传给了西班牙人，使得原来贫瘠的伊比利亚半岛变得富庶起来。因此，有道是“农业是阿拉伯人赠送给西班牙的永恒礼物之一”。迄今，有多达三分之一的西班牙词汇与阿拉伯语极为相似。

阿卜杜·拉赫曼三世执政长达 49 年，在公元 961 年 10 月逝世。

北非——

因伍麦叶王朝和伊比利亚半岛的科尔多瓦哈里发王国旗帜和服色尚白，所以中国史籍称之为“白衣大食”；阿拔斯王朝因为旗帜、服色尚黑，被称为“黑衣大食”；10 世纪初，在北非又崛起一个新的伊斯兰王朝——法蒂玛王朝，西欧将其称作“萨拉森帝国”，由于服色和旗帜尚绿中国史籍称之为绿衣大食。

阿拔斯王朝建立后，什叶派屡遭镇压和迫害，一部分人集体迁往北非。

据历史文献载，8 世纪中叶，什叶派第六代伊玛目（意为领袖、祈祷主持人）最初指定其长子伊斯玛仪为继任伊玛目，后因伊斯玛仪有酗酒恶习被废除继承权，改立次子。什叶派的多数人支持这个变更，但有少数人认为，即使伊斯玛仪酗酒，也与其继承伊玛目的权利无关，因为伊玛目是安拉任命的，遂引起什叶派内部的分歧。

什叶派虽承认哈里发与伊玛目的同义性，但十分强调伊玛目的宗教性。他们认为伊玛目作为最高教长是安拉指定的，由阿里及法蒂玛的后裔世袭，无须得到公众拥戴，也不能废黜，是教法的直接阐述人，也是真主与人类之间的中间人。伊玛目有时是可见的，有时是隐遁起来的，但隐遁并不妨碍他履行职责。隐遁的伊玛目将在适当时候以“马赫迪”的身份重现于世，恢复真正的伊斯兰教并开创末日来临前最后一个公正的时代和社会。

公元 760 年，伊斯玛仪逝世后，少数伊斯玛仪追随者拒不承认新的第七代伊玛目，认为伊斯玛仪并没有死，他将作为“隐遁伊玛目”在某一时刻重新临世。而另一部分人虽接受他去世的事实，却认为伊玛目的权位已通过伊斯玛仪传给他的儿子穆罕默德·塔木。

公元 765 年，第六代伊玛目去世，什叶派分裂。伊斯玛仪的追随者形成了伊斯玛仪派。

该派只承认可见的伊玛目世系从阿里至伊斯玛仪只有 7 位，故又称七伊玛目派。

伊斯玛仪派的骨干成员多为波斯和伊拉克籍的什叶派学者和传教师，政治上反对阿拔斯王朝的统治，宗教上反对逊尼派的教义主张。由于阿拔斯王朝对什叶派的镇压和迫害，该派初以伊拉克的库法为基地，进行秘密传教活动。从 9 世纪开始，阿拔斯王朝内部各类矛盾激化，地方封建主或总督称雄割据，相互征讨。同时各地农民起义、民族起义也是此起彼伏。伊斯玛仪派的传教活动便趁机发展，逐渐走向公开活动。

波斯籍的总传教师阿卜杜拉·本·麦蒙（也译阿卜杜拉·伊本·麦蒙·盖达哈）是伊斯玛仪派思想体系和组织体系的奠基人。他初在伊拉克的巴士拉设立该派的传教总部，后又迁至叙利亚北部的赛莱米叶，领导各地的组织活动。麦蒙宣称，伊斯玛仪作为伊玛目已经“隐遁”，不久他将临世治理混乱的人间；在其暂时隐遁期间，由属于高品级的成员代理伊玛目领导传教活动。麦蒙和他的继任者向各地秘密派遣传教师，传播该派的教义，发展该派组织，以期夺取阿拔斯王朝的政权。

从公元 877 年起，伊斯玛仪派在库法、哈拉夫（叙利亚北部）、赖伊（今伊朗腊季）、阿布丹（今伊朗西南端的港口城市）、法尔斯（位于伊朗南部）先后布道并建立秘密组织。又过了几年，伊斯玛仪派在也门马斯瓦山建立据点，并得到当地部落的支持。随着传教士的不懈努力，使波斯呼罗珊、内沙布尔（伊朗东北部城市）等地区成了伊斯玛仪派新的传教中心。到 10 世纪中叶，伊斯玛仪派在各地的势力不断壮大，为它以后建立政权打下了基础。

9 世纪末，该派的传教士哈姆丹·卡尔马特在库法创建卡尔马特支派。该支派既不遵守伊斯兰教法，也不主张宗教功课，不设清真寺，不礼拜，不封斋，不朝觐，男女均不包头，故被逊尼派斥为“叛教者”。卡尔马特派将逊尼派和其他非本派的穆斯林都视为“异端”，无辜加以杀害，有史学家称其为“极端主义派”。卡尔马特派在教义上同伊斯玛仪派基本相同，承认 7 位可见伊玛目和伊斯玛仪隐遁和复临的信条；认为安拉本身没有形象，除了独一性外，也不具有任何属性，现象世界是由安拉流出的;《古兰经》有表义和隐义之分，隐义只有经过伊玛目的秘传才能领悟。但该派又受到其他宗教思想的影响。

公元 890 年，卡尔马特派在伊拉克南部发动起义，带动众多农民、奴隶和贫苦的阿拉伯人参加，起义军多次击败阿拨斯王朝军队，其势力逐渐波及叙利亚、阿拉伯半岛、波斯和中亚一些地区。公元 899 年，卡尔马特派在巴林及波斯湾沿岸建立了卡尔马特国家（也称卡尔马特共和国）首都艾哈萨（今沙特阿拉伯胡富夫）。

公元 902 年起，在突尼斯的伊斯玛仪派发动起义，于公元 909 年 3 月攻占首都拉卡达城（今突尼斯凯鲁万），推翻了艾格莱卜王朝。新领袖赛义德·伊本·侯赛因被推举为哈里发。赛义德自称是先知穆罕默德的女儿法蒂玛的子孙，伊斯玛仪的后裔，号称伊玛目欧拜杜拉·马赫迪，故史称：法蒂玛王朝。

赛义德即哈里发位后东征西战，将法蒂玛王朝的版图扩张至阿尔及利亚、摩洛哥、利比亚及西西里岛，为法蒂玛王朝的扩张奠定了基础。公元 934 年赛义德死后，其继任者仍奉行向外扩张政策。公元 968 年，法蒂玛王朝 10 万大军东征埃及。次年，占领埃及逊尼派突厥人建立的伊赫什德王朝首都弗斯塔特，原属伊赫什德王朝的领土叙利亚、巴勒斯坦和希贾兹，随之纳入法蒂玛王朝版图。并在弗斯塔特北郊营建新都开罗，王朝统治中心遂转到埃及。到第五代哈里发统治时期（公元975—996年）国势极盛，成为横跨亚非两大洲的强大伊斯兰国家，同巴格达的阿拔斯王朝和西班牙后伍麦叶王朝形成鼎足之势。此时，中国中原地区进入北宋王朝。

中亚——

公元6—8世纪，欧亚大陆上有4个大帝国正处于兴盛期，分别是拜占庭帝国、法兰克帝国、伊斯兰帝国和中国的唐朝。

伊斯兰帝国经过扩张战争，其向西占领了整个北非和西班牙，控制了地中海南岸地区；向东则占有了整个西亚和大半个中亚，成为横跨欧亚非三大洲的大帝国。伊斯兰帝国的扩张政策，使之严重影响了唐朝在中亚的存在。

8世纪初，伊斯兰帝国军队征服了印度次大陆的西北地区——马克兰（巴基斯坦与伊朗交接处的海岸带）、信德（亦译辛德，巴基斯坦东南部）与木尔坦（巴基斯坦东部城市），以及大片中亚地区。公元715年，阿拉伯人联合吐蕃进攻中亚国家拔汗那（今吉尔吉斯斯坦费尔干纳地区，汉代称大宛 yuān），被唐军击败。但唐军随后在怛（dá）逻斯战役中被穆斯林军队击败。

隋唐时期，地处中亚锡尔河以南至阿姆河流域活跃着昭武九国，九国为：康国、石国、米国、安国、曹国、何国、火寻国、戊地国、史国。也称“昭武九姓”，因“皆氏昭武”。

康国为昭武九国之首，也是九国的宗主。西汉时称康居国，据认为，其祖先是月氏（yuè zhī）人。月氏原住在祁连山北昭武城（今甘肃省临泽县），后被匈奴欺压，向西迁徙，成为隋唐时期的康国。唐太宗时，康居国王曾遣使来求内附。公元658年，唐高宗置康居都督府，任命康居国王为都督，其他8国也就相随内附唐朝。

昭武九国之地水草茂盛，土壤肥沃，物产丰富。其特有的马种成为唐军骑兵的上等军马，其出产的粟麦、葡萄、酒、骆驼、牛、羊和麝香、獐皮、金、银、瑟瑟（一种碧玉宝石珠）等，与周边国家贸易。昭武九国“人皆深眼，多须髯”，但一直有汉人杂处。玄奘在《大唐西域记》里记有“千泉西行百四五十里至呾（dá）罗斯城（怛罗斯城），城周八、九里。诸国商胡杂居也。土宜气序，大同素叶。南行十余里，有小孤城，三百余户，本中国人也。昔为突厥所掠，后遂鸠集同国，共保此城，于中宅居。衣裳去就，遂同突厥，言辞仪范，犹存本国。”

昭武人善歌舞，他们将兼容了印度婆罗门文化元素、中亚本族文化元素、伊斯兰文化元素以及希腊文化元素的西域歌舞带进了唐朝，令大唐朝廷上下如痴如醉。其中，最著名的有胡腾舞、胡旋舞、柘（zhè）技舞三种。

史家一般把唐代的乐舞分为软舞和健舞两大类。健舞多从西域诸国传入，带有游牧民族豪放健朗的性格特征，在唐诗中多有生动的记录。如胡旋舞，唐籍《通典》载“舞急转如风，俗谓之胡旋”。《旧唐书》记载为康国乐。史料载，胡旋舞从西域传入中原后，成为当时最受人们喜爱的舞蹈之一，唐玄宗的宠妃杨贵妃、宠臣胡人安禄山最擅长跳胡旋舞。据说杨贵妃跳的胡旋舞姿态多变，令玄宗为之倾倒。唐代大诗人白居易在诗作《胡旋女》中描摹了胡旋舞的舞姿和跳舞人的神态。

胡旋女，胡旋女。心应弦，手应鼓。
弦鼓一声双袖举，回雪飘飖转蓬舞。
左旋右转不知疲，千匝万周无已时。
人间物类无可比，奔车轮缓旋风迟。
曲终再拜谢天子，天子为之微启齿。
胡旋女，出康居，徒劳东来万里余。
中原自有胡旋者，斗妙争能尔不如。
天宝季年时欲变，臣妾人人学圜转。
中有太真外禄山，二人最道能胡旋。
梨花园中册作妃，金鸡障下养为儿。
禄山胡旋迷君眼，兵过黄河疑未反。
贵妃胡旋惑君心，死弃马嵬念更深。
从兹地轴天维转，五十年来制不禁。
胡旋女，莫空舞，数唱此歌悟明主。

在新疆龟兹和敦煌的石窟壁画中，有大量的旋转舞女形象。她们全身彩带飘逸，裙摆旋为弧形，十分美丽。与白居易诗中描绘得有所不同的是，壁画中舞女的脚下，画有圆形的地毯。而在《新唐书》中则记载："胡旋舞，舞者立球上，旋转如风。"唐籍《乐府杂录》中也说："胡旋舞居一小圆球于以舞，纵横腾掷两足终不离球上，其妙如此。"看来胡旋舞舞技多种，而能在圆球上舞蹈的人技艺更加高超。

与胡旋舞男女都可以跳不同，来自石国的胡腾舞主要是男子独舞。舞蹈雄健刚毅，又奔放洒脱。跳舞的人通常是在一块圆形或方形的小地毯上跳跃腾踏，变化身姿，但双脚不离地毯。唐朝有诗人在观看胡腾舞的表演后，写下了诗歌《胡腾儿》：

胡腾身是凉州儿，肌肤如玉鼻如锥。
桐布轻衫前后卷，葡萄长带一边垂。
帐前跪作本音语，拾襟搅袖为君舞。
安西旧牧收泪看，洛下词人抄曲与。
扬眉动目踏花毡，红汗交流珠帽偏。
醉却东倾又西倒，双靴柔弱满灯前。
环行急蹴皆应节，反手叉腰如却月。
丝桐忽奏一曲终，呜呜画角城头发。
胡腾儿，胡腾儿，胡乡路断知不知？

从这首诗歌中我们可以看到：

1. 跳舞者来自凉州（今甘肃省武威），外貌特征是白皮肤、高鼻梁的中亚人；他身着布衫，系长带，戴珠帽，穿软靴。

2. 舞蹈的特点是：扬眉转目，踏步腾跳，一会左右倾倒似醉酒，一会反手叉腰弓身如月。因为动作激烈，而使舞者汗流浃背。

3. 在舞蹈表演前，舞者一般用胡语致辞。

从舞姿上看，“胡腾舞”和“胡旋舞”有着很大的区别，一个是重“腾”——在急促的踢踏中腾跳；一个是重“旋”——在舞中飞旋。

同样出自石国的柘枝舞，则为女子独舞，以鼓相伴，婀娜俏丽。石国又名柘枝国（今乌兹别克斯坦共和国首都塔什干市），故该舞冠其国之名。

跳柘枝舞时，舞女身穿鲜艳的民族服装，头戴胡帽，帽上有铜铃；舞蹈开场以击鼓三声为号，随后以鼓声为节奏。柘枝舞动作明快，舞姿多样，旋转快捷，刚健与轻盈兼而有之，同时，注重眉目传神，眼睛富于表情。唐朝诗人刘禹锡在其诗中赞道：

胡服何葳蕤（wēi ruí），仙仙登绮墀（chí）。
神飙猎红蕖（qú），龙烛映金枝。
垂带覆纤腰，安钿（diàn）当妩眉。
翘袖中繁鼓，倾眸溯华榱（cuī）。
燕秦有旧曲，淮南多冶词。
欲见倾城处，君看赴节时。
山鸡临清镜，石燕赴遥津。
何如上客会，长袖入华裀。
体轻似无骨，观者皆耸神。
曲尽回身处，层波犹注人。

唐诗中对《柘枝舞》的描述，与今天流行于新疆的《手鼓舞》有许多近似之处。《柘枝舞》在唐地广泛流传后，出现了专门表演此舞的柘枝伎（以跳柘枝舞为业的女艺人），并由独舞发展成双人舞，后又有两个女童先藏在莲花中，再出来起舞的软舞《屈柘枝》。其表演形式和舞蹈风格均已有很大的变化。西域乐舞的大量传入，为中原的音乐舞蹈注入了新的内容活力，并发展成为丰富多彩的华夏文化的一部分，促进了汉民族与周边各民族文化之间的交流和融合。

受到汉唐文化影响的昭武九国，其时又面临着突厥、波斯、天竺、吐蕃以及伊斯兰等国的巨大威胁。为此，他们在政治和经济上投靠庞大的唐帝国，以求得军事庇护和经济贸易。因为中亚的特殊地理位置，使得他们成为了当时欧亚先进文化技术的中转地。但是昭武诸国与唐王朝百年的亲近关系，由于发生于唐玄宗时期的恒罗斯战役而结束。

据史料载，战争是因唐朝名将高仙芝的贪婪而起。高仙芝，高句丽人。史记：其姿容俊美，善骑射，骁勇果敢。幼时随父入唐。后官至安西副都护、四镇都知兵马使等职，封密云郡公。

唐玄宗开元年间，唐朝国力空前强盛，史称“开元盛世”。这一时期，唐朝在西域的经营主要是依托安西都护府和北庭都护府所辖各军镇，对西域各国、各部落进行监控。安西都护府辖控范围极盛时包括今中国新疆、哈萨克斯坦东部及东南部、吉尔吉斯斯坦的大部分、塔吉克斯坦东部、阿富汗大部、伊朗东北部、土库曼斯坦东部和乌兹别克斯坦大部分地区。安西都护府的根据地是安西四军镇，四军镇初时是：龟兹（qiū cí 今新疆库车），焉耆（yān qí，今新疆焉耆西南），于阗（yú tián，今新疆和田西南）、疏勒（今新疆喀什）4 城。唐高宗时期四军镇改为：碎叶（今吉尔吉斯斯坦托克马克市附近）、龟兹、于阗、疏勒 4 城。唐玄宗时期四军镇又成为龟兹、于阗、焉耆、疏勒。武则天时期，分安西都护府另置北庭都护府，负责管理天山北路、热海（今吉尔吉斯斯坦的伊塞克湖，世界最深的高山大湖）以西的西突厥故地。大致天山以南至葱岭（帕米尔高原，是昆仑山、喀喇昆仑山、兴都库什山和天山的交会中心）以东、阿姆河流域的辽阔地带为安西都护府管辖；天山以北包括阿尔泰山和巴尔喀什湖（世界第四长湖，位于哈萨克斯坦）以西，咸海（世界第四大湖）以东，和巴里坤湖（位于新疆巴里坤县西北）周围地区归北庭都护府管辖。北庭都护府隶属于安西都护府辖制，其目的，抵制吐蕃对丝绸之路的侵掠。

吐蕃崛起后同唐朝多次较量，争夺的重点在安西四镇及北庭一带。后来双方争夺的热点逐渐转移到葱岭以南地区。

葱岭上有两个国家，即小勃律（今克什米尔西北部）和大勃律（今克什米尔中部一带，都城巴勒提斯坦）。小勃律是吐蕃通往安西四镇的交通要道，原依附于唐。公元 740 年，吐蕃赞普和亲小勃律，把姐姐嫁给小勃律王为妻。于是，小勃律国归附于吐蕃，吐蕃进而控制了西北各国“故西北二十余国皆臣吐蕃”，中断了对唐朝的朝贡，唐朝数次派兵征讨，因地势险要，加之吐蕃援助，皆无功而返。

公元 747 年 3 月，唐玄宗下诏命高仙芝率军万人，征讨小勃律。鉴于前任的失败教训，高仙芝在出征前做了充分的准备。一切准备就绪后，便率部从安西出发，一路西行。经 20 余日跋涉，到达特勒满川（今塔吉克斯坦霍罗格一带）。随后，高仙芝兵分三路，从南、北、东三个方向会攻吐蕃在中亚的要塞连云堡（今阿富汗瓦罕走廊核心地带），灭敌近万。随后长驱直入，兵临王都孽多城（今巴基斯坦控制下的克什米尔吉尔吉特），小勃律王只得携吐蕃公主出降。唐玄宗没有杀小勃律王夫妇，而是封为右威卫将军留置长安，并改小勃律国号为归仁，置归仁军守卫，纳入唐朝版图。

公元 749 年，吐火罗叶护（地位仅次于可汗）上表唐朝廷，告朅（qiè）师国（今巴基斯坦奇特拉尔）亲附吐蕃，阻遏粮运，小勃律归仁军受困，其欲发兵击朅师国，请求唐朝发安西兵助战。次年春，高仙芝再次率师破朅师国，掳其王。唐朝廷另册封原王兄为国王。

在中国史学界一般认为吐火罗国即唐之前的大夏国。大夏又译作“睹货罗”“吐火罗斯坦”，“大夏”即是巴克特里亚的汉译。

“巴克特里亚”是古希腊人对现今兴都库什山以北的阿富汗东北部地区的称呼，又称“中亚希腊王国”。

公元前 330 年冬，马其顿王国国王亚历山大大帝灭亡波斯阿契美尼德王朝后，开始向中亚地区进军。公元前 329 年，亚历山大大帝带领希腊和马其顿人组成的远征军进攻据守在巴克特里亚的波斯王朝残余，迅速占领巴克特里亚的首府巴克特拉（位于今阿富汗北部）。亚历山大意犹未尽，又指挥远征军攻陷索格狄亚那（后来的康居国）首府马拉坎达（今乌兹别克斯坦撒马尔罕）。后远征军连克 7 城，城破后将成年男子杀尽，妇孺则沦为奴隶。

之后，亚历山大在巴克特里亚和索格狄亚那各地筑城，迁移希腊人和马其顿人安置其中。为平息当地人的愤怒和反抗，亚历山大拉拢和怀柔各地上层贵族，任命他们为郡守，尊重当地制度和习俗。这种安抚政策引起当地贵族的分裂，反抗也渐趋平息。公元前 327 年，亚历山大娶巴克特里亚一个贵族的女儿罗克珊妮（也译罗克珊娜）为妻。据说，这是亚历山大的第一个正式婚姻。罗克珊妮年仅 16 岁，当时的画家曾画下了婚礼盛况。不过，随军的诸将领反对当时已经建立起庞大帝国的亚历山大娶一个小部落头领的女儿为后。平定了巴克特里亚和索格狄亚那地区，公元前 326 年，亚历山大开始挥师东征印度。

亚历山大对中亚地区的征服战争，给当地民族造成巨大的伤害，社会财富被劫夺，人口遭到大量的屠杀。但是，由于亚历山大的殖民政策，也给中亚带来了希腊文化，相应地促进了东西文化的交流和融合，也有利于东西方贸易的开展。他兴建的城市，后来也都成了中亚著名的商贸中心。

公元前 323 年，年轻的亚历山大大帝病逝后，庞大的马其顿帝国分解为三个主要的希腊化帝国。其中，部将塞琉古创建的塞琉古帝国版图最大，西起安纳托利亚半岛、叙利亚、美索不达米亚（西亚两河流域），东至中亚的阿富汗、中国新疆和帕米尔高原的西部印度河流域的广大地区。因以叙利亚为统治中心，又称叙利亚王国，都城安条克。占据中亚后，塞琉古进一步将大批希腊人和马其顿人移居此地。

公元前 255 年，塞琉古王朝的巴克特里亚总督趁安息人反叛塞琉古王朝之机，也宣告独立。但不久王国生变，公元前 230 年左右，索格狄亚那总督发动叛乱，占有巴克特里亚后称王。并在公元前 208 年，击败来犯的塞琉古帝国军队，迫使其承认巴克特里亚王国的存在。

公元前200年，王子德米特里即位后，利用孔雀王朝的内乱开始入侵印度次大陆西北部、北部。有古罗马历史学家认为，这场南征行动可能深入到东印度，当时希腊人远征到恒河和孔雀王朝的首都华氏城，将中亚地区的喀布尔、印度河流域上游的犍陀罗（或称乾陀罗、犍陀卫、健驮逻等，位于今巴基斯坦东北部及阿富汗东部）和旁遮普（位于巴基斯坦东部）等地纳入了王国的版图，史称：希腊－印度王朝（或称印度－希腊王朝）。

米南德一世是希腊－印度王朝最著名的君主之一，中国史籍称之为弥南王。他大力推崇佛教，与孔雀王朝的阿育王、贵霜王朝的伽腻色伽（jiā nì sè jiā）一世并称为佛教的三大护法王。米南德一世约在公元前 155 年到公元前 130 年期间统治希腊－印度王国，他也是史籍记载中希腊－印度王朝第一个皈依佛教的君主，绰号“救世主”。

根据有关记载，米南德一世最后死于军营中。从出土的文物分析，其逝世后王国陷入动乱和内战，最后印度次大陆西北部的部分与王国在中亚内陆的部分发生分裂，形成许多松散的且不同王朝的希腊化小国。约在公元前130年，巴克特里亚王国被来自中国西北部地区的游牧民族大月氏人和部分塞种人所征服。公元3世纪以后，再次被萨珊王朝的波斯人占领。8世纪后，巴克特里亚地区进入突厥化和伊斯兰化时期。

经过两个多世纪的统治，由希腊移民创建的巴克特里亚王国的政治、经济、文化等，都来自于古老的希腊文明。但是，由于这种文明不断受到印度和波斯文化的影响与渗透，从而形成了一种以希腊文化为基调的“混合”文化。这种混合文化，对中亚古代文明的发展影响甚深，对中亚周边各文明区也有程度不同的影响。

虽然在印度的希腊化诸国有兴都库什山脉相隔而幸免被游牧民族征伐，但米南德一世逝世后的一连串内战，进一步削弱了希腊人的实力，使许多区域渐渐被印度人夺回。又因巴克特里亚被游牧民族入侵，使希腊化诸国断绝了与欧洲的联系，使之再没有历史文献记载有关在印度的希腊诸国的史迹，现代史学对这之后的历史认知，主要靠考古发掘。

公元前138年，中国西汉使者张骞出使西域，公元前128年，至阿姆河时，将巴克特里亚称之为“大夏”，后来的西方史家和阿拉伯人则称之为“吐火罗斯坦”。大夏人在巴克特里亚脱离希腊人统治后不久，就被西迁而来的大月氏人征服。

经过这两次成功的征战，高仙芝为自己赢得了极大的声誉，被对手视为“山地之王”。但他有一个极大的弱点就是贪婪，这个弱点在他处理民族关系时贻害无穷。

当时伊斯兰帝国不断向东扩张，中亚的安国、火寻、戊地、石国、吐火罗等国都向强大的阿拉伯人屈服，唐与伊斯兰帝国在争夺西域的控制地位时发生了冲突。由于唐朝在西域实施了有效的对策，暂时遏制了伊斯兰向东继续扩张的势头。但是唐玄宗时期，由于其好大喜功，致使边疆将帅经常不顾大局，作威作福，挑起战争事端，导致边疆出现不稳定的局面。时任安西四镇节度使的高仙芝也不例外。

当时中亚的石国地处丝绸之路要冲，四方商贾汇集，农业发达，盛产宝石，富甲一方。高仙芝垂涎于石国的财富，又想创建新的军功讨好唐玄宗。于公元750年，借口石国国王“无蕃臣礼”，领兵讨伐。其实石国与唐朝关系还是不错的，比较恭顺，一直朝贡不断。曾被唐玄宗册封为怀化王，并赐予恩宠和免罪的丹书铁券。所以当高仙芝率军前来问罪时，石国国王愿与高仙芝谈和。高仙芝假意与石国谈判，然后趁其不备，出兵突袭，俘虏石国国王及其部众，随后纵兵杀掠。据说此次行动，高仙芝获石国“瑟瑟十馀斛（hú），黄金五六橐（tuó）驼，其馀口马杂货称是，皆入其家”。并强纳一公主为妾。高仙芝从石国回军的途中，又称突骑施汗国反叛，攻打了突骑施（属西突厥，归属于北庭都护府管辖），俘虏其可汗。

与石国一样，突骑施也是当时西域各国中与唐朝关系较为亲密的国家之一。石国与突骑施的突然被攻击，引起当地民众的反抗，唐军因此大肆镇压，被害者除二国民众外，还有在石国做贸易的昭武九姓的商人。于是，高仙芝报功时又多了一项“破九国胡”。公元751正月，高仙芝入朝，献其所俘获的突骑施可汗、石国国王，皆被唐玄宗处死。高仙芝加授开府仪同三司（散官的最高官阶，从一品）。但时间不长，唐玄宗了解了高仙芝西征的底细，虽没有治他的罪，但对高仙芝也没有再加赏赐。

侥幸出逃的石国王子对唐王朝愤怒至极，他向伊斯兰帝国的阿拔斯王朝求救。听说伊斯兰援军要攻取安西四镇，高仙芝决定先发制人，组织军队主动进攻伊斯兰联军。鉴于唐王朝和高仙芝在西域的影响力，想顺势占利的葛逻禄（亦称葛罗禄、卡尔鲁克，属西突厥族）王族及拔汗那贵族都派出武装参加了高仙芝的联军，高仙芝率领联军长途奔袭 700 余里，在怛逻斯与伊斯兰联军遭遇。怛罗斯城是石国的第二大城寨，《新唐书·石国传》记“怛罗斯城，石国常分兵以镇之”。于是，一场历史上著名的战役——怛逻斯战役打响了。

双方激战 5 日，未见胜负。在双方相持的重要时刻，葛罗禄部众眼见敌方人多势众突然叛变，与伊斯兰联军联合夹击唐军，高仙芝无力支撑大败，乘夜逃跑。这次战役，唐联军“士卒死亡略尽，所余才千余人”。

此役使唐王朝在中亚（阿姆河与锡尔河流域）地区的发展受挫，政治势力退至葱岭以东。中亚的西域各国，开始了面对伊斯兰，并逐渐经历伊斯兰化的过程。

公元 756 年，安史之乱爆发，高仙芝以副元帅之职率军出征讨叛失利，退守潼关，为监军宦官诬陷杀害。在叛军中，首领安禄山原为康国人，后改姓安；将领史思明则出自史国。

东北亚——

9 世纪初，“安史之乱”以后的大唐王朝日益衰败，立国已经 900 余年的新罗王朝同样陷入了危机之中。

关于新罗的国号早期存在不同的汉字记载，如徐罗伐、徐耶伐、徐那伐、新罗、斯罗、薛罗、斯卢、新卢等，在日本史料中记有新良、志罗纪等。据《三国史记》记载，“新罗”一词出现于公元 307 年，从考古获得的史料来看，“新罗”一词最早出现于公元 414 年的《好太王碑》中。而关于“新罗”的词义，专家众说纷纭。有观点认为是“新国”之意，有观点认为是“东方（或东土、东国）”之意，有观点认为是“首邑”“上邑”之意。还有学者考证，在古韩语中“伐”为“原野”之意，徐罗伐即“东土之原”。

新罗还有一个别称为“鸡林”，此名源于一个传说。据《三国史记》记载，徐罗伐一国王夜间听到庆州（位于今韩国）西部的树林中有奇怪的鸡叫声，于是天明派大臣前去查看。大臣在林中发现一个挂在树上的金匣子，匣子上面还有一只白羽公鸡在不停地鸣叫。国王打开匣子后，发现匣中躺着一个小男孩。见小男孩活泼伶俐，国王十分喜爱，便将其收养。由于男孩来自金匣子，故而国王定其为金姓，即韩国庆州金氏始祖金阏（yān）智。发现金匣子的树林也被改名为鸡林，《三国史记》记载“改始林名鸡林，因以为国号”。后来唐朝在新罗设置鸡林州都督府，作为对新罗进行羁縻统治的机构。

金阏智的后裔多为新罗高官，包括武烈王金春秋。庆州金氏也是朝鲜半岛中金姓人口最繁盛的一支。根据韩国在 2000 年的人口统计，全国有 170 万人口属于庆州金氏，占全国金姓人中的 10%，全国人口的 2%。

灭亡高句丽和百济后，唐朝在百济故地设立熊津州都督府，在高句丽故地设安东都护府，在新罗设置鸡林州都督府，试图抛开同盟国新罗全面控制朝鲜半岛，这引起了新罗人的不满，爆发了近 7 年的唐罗战争。后因唐朝又深陷与吐蕃的战争中无力东顾，而新罗文武王也采取灵活的外交政策，遣使入唐谢罪。唐朝便默认新罗对朝鲜半岛浿（pèi）江（大同江）以南地区的控制，于公元676年将安东都护府撤到辽东。至此，朝鲜半岛首次出现统一的国家政权，新罗此后的阶段也被称为“统一新罗时代”。

新罗统一朝鲜半岛中南部后，与唐朝保持宗藩关系，吸取盛唐文化，使社会经济取得长足发展。公元681年，文武王金法敏病逝，神文王金政明立。他即位之初，利用岳父谋反未遂之机清除了一批先朝异己，从而确立了自己的权威，随即实施了一系列改革。

为加强中央集权先后设立或扩充了掌管监察的司政府，掌管司法的左右理方府，掌管官吏俸禄的左右司禄府以及掌管土木工程的例作府等管理机构。

军事方面，神文王对军事体系进行了改组。新罗原来负责国都和地方要地防卫的“六停”被以“九誓幢（chuáng）”和“十停”为中心的军队编制所取代。驻扎京城的九誓幢由绿衿誓幢、紫衿誓幢、白衿誓幢、绯衿誓幢、黄衿誓燑、黑衿誓幢、碧衿誓幢、赤衿誓幢和青衿晢幢9部构成，是直属于国王的京师防卫部队。每个誓幢穿着不同颜色的衣服，士卒除新罗人外，也有高句丽、百济和靺鞨人（新罗人三誓幢、高句丽人三誓幢、百济人二誓幢、靺鞨人一誓幢）。十停是戍守京城以外各州枢纽要塞的地方军团，以骑兵为主。此外，国境边塞还设有保卫边境的“五洲誓”和“三边守”。

公元685年，新罗“始备九州”完善地方行政管理制度。将全国分成9个州，州下设郡、县、乡、部曲；在要地设有国原、北原、金官、西原、南原5个小京。每个州置有1~2名监督所属地方官吏的外司正官，国王会随时派密使到地方巡视政务。同时朝廷推行了鼓励贵族迁往9州和5小京的政策，旨在削弱京城贵族势力，加强王权对地方的控制。

新罗在统一三国以后，原以骨品制为基础的官僚制度试图废止，原本只授予6部门阀贵族的官位开始授予被重用的知识分子、有功武官和地方贵族。新罗在统一三国前官员实行食邑制。食邑制是给予官吏在一定区域范围内的农户田租、贡赋、徭役支配权的制度，其按户数而不是土地面积授予。神文王在公元687年，开始实行禄邑制。禄邑制是根据官吏的职位高低授予一定地区收租权的制度。由于地方权贵与中央集权的经济利益矛盾，禄邑制在仅实施两年后就被禄俸制所取代。

神文王金政明执政的第二年，就效仿唐朝建立起国学教育机构。国学以15~30岁的贵族富家子弟为招生对象，一般学期为9年，主要教授儒家典籍和算学等。学生毕业后被授予十品或十一品的官职，以培养治国人才，渐消世袭门阀。

早期新罗国人的语言非常复杂，土著辰韩人使用辰韩语，北部普遍使用扶余语，西部和南部则有弁韩语、倭语、马韩语等，这些语言以后逐步融合，最终形成统一的新罗语（亦称古朝鲜语）。神文王时代的学者薛聪以新罗语解读儒家9经，借三国统一之势统一三国吏读体系，使之系统化、规范化，对朝鲜半岛的文化发展作出了贡献。

1956年朝鲜科学院历史研究所编著的《朝鲜通史》认为，从古代文献的记载中可以看出，朝鲜半岛各部落的语言在三国形成前就有很多共同性，三国形成后共同性进一步增加，三国发展中则日益显著。于是得出结论，三国语言有着共同性，即同一性。

有学者认为现代朝鲜语的发音和高句丽语地名的发音很像，高句丽语与朝鲜语、蒙古语、满语和日语的“始祖语起源相同，只是后来分化才变成了互不相同的语言”。虽然可能存在互相借用现象，有人根据半岛史籍《三国史记》地名中与日语相同的词语推断，这是半岛产生国家之前居住在大陆和半岛上居民的共同母语。在韩国和日本有很多人赞同现代朝鲜语是单一语言，从而认为三国语言都源自同一种母语。

但也有学者分析了半岛三国语言之间及他们同日语之间的关系，认为古代朝鲜语可以分为以高句丽语为代表的北方扶余语系统和以新罗语为代表的南方韩语系统。一部分高句丽语与中古朝鲜语没有关系，在形成语言的断层上，表现出这些词汇大部分和古代日本语言有对应关系。同时认为，形成百济语的土著语言是韩语族，而上层贵族阶级的语言是北方的高句丽语，现代朝鲜和韩国语主要继承了新罗语。中国主流学者基本上都持这种观点。

中国学者认为新罗和高句丽的语言不同，高句丽族和新罗族在种族、语言上是根本不同的两个民族。原因有二：一是从语言上看，古时文献上保留的新罗官名、地名和人名同高句丽完全不同；二是从种族上看，高句丽起源于扶余族，新罗起源于辰韩族，二者在起源上不同，也决定了语言的不同。有学者考证，在三国时代高句丽、百济、新罗，彼此间语言不通，需要翻译。在新罗统一以前，三国语音甚至语言都有各自的特点。中国有学者提出高句丽语是现代朝鲜语的底层语言，而新罗语为上层语言。即高句丽同新罗在种族和语言两方面都是迥然不同的。现代的朝鲜民族及朝鲜语是在统一新罗之后逐渐形成的，古民族和古语都会成为现代民族和现代语言的底层，但这只是融合的结果。

有中国学者认为：古代朝鲜语绝不只是指统一朝鲜半岛后的新罗语，而应该包括统一前的高句丽、百济、新罗的语音、词汇、语法等各个方面，而其也在不断地发展和变化中。因半岛历史资料有限且都是用汉字所记，而汉字在古代朝鲜语中被用来既表音又表意，所以想弄明白当时的正确发音存在着极大的困难。有韩国学者提出综合意见，因为中世纪朝鲜语是以新罗语为基干而形成的，这就意味着，现代朝鲜语的框架在古代朝鲜语中就已经确定了；这也意味着，如果以新罗语之后的朝鲜语为标准，称朝鲜语是单一语言的话，就不会存在丝毫的错误了。

神文王曾于公元 689 年试图迁都达句伐（今韩国大邱），以试图摆脱金城盘根错节的旧贵族势力的牵制，但未能如愿。神文王迁都计划的失败，反映了当时新罗王权尽管得到了加强，却依然不能完全凌驾于贵族之上，为后来新罗统治阶层惨烈的内讧埋下了伏笔。

神文王金政明在位 12 年，于公元 692 年去世。随即 6 岁的太子金理洪（也称金理恭）即位，史称：孝昭王。金理洪在位 11 年去世，当时大唐女皇武则天专门为其举哀。因为金理洪没有儿子，就由他的弟弟金隆基（后改名为金兴光）在公元 702 年继位，史称：圣德王。

圣德王时期新罗在政治、经济、文化等各方面都发展到了鼎盛阶段，与唐朝的交流也达到高峰。

公元 765 年，8 岁的惠恭王金干运（也称金乾运）即位后，太后摄政。此时王权势弱，新罗王朝统治内部的矛盾开始浮出，贵族势力蠢蠢欲动开始挑战王权。在惠恭王即位的当年，新罗朝廷就发生了官吏大恭和其弟大廉的叛乱，二人纠合反叛势力包围王宫达 33 天。全国各地有近百名贵族响应叛乱，持续达 3 年之久。虽然叛乱后被讨平，大恭、大廉被诛九族，但拉开了新罗后期大小内乱的序幕。

公元 775 年，又有大臣、贵族相继叛乱，虽被镇压，但朝廷政治没有改善。公元 780 年再次发生宫廷之乱，惠恭王和王妃在兵乱中丧命，年仅 23 岁，在位 16 年。叛乱平息后，率兵平叛的大贵族、上大等金良相继位，是为宣德王。宣德王是奈勿尼师今（又称奈勿麻立干）的 10 世孙，他的即位标志着金春秋一系王统的断绝。

新罗早期对君主称作“尼师今”（也作尔叱今、尼叱今、齿叱今、慈充或齿理），意思是“牙齿留下的痕迹”。传说新罗早期一国王去世，太子欲将王位让给德高望重的姐夫，但姐夫不接受，说：“听闻圣者和智者牙齿很密。”就让太子咬一下糕点，果然牙印很密，于是大家拥戴太子坐了王位。“尼师今”称呼用了三百余年，延续在新罗第 3 代至第 16 代君主。姓氏有朴，金，昔三家，后改为“麻立干”，意为大君长。

宣德王即位，为缓和与贵族的关系，不得不“封叛乱共谋者伊餐金敬信为上大等”。也是从此时开始，新罗王权削弱到了极点。

宣德王在位6年，死时无子嗣，群臣欲立王族人金周元。史载“因大雨河水暴涨不得渡，议者曰：人君大位，有关天命，非人谋所及。今日暴雨，天其不欲立周元乎！于是上大等金敬信被拥为王，立之而雨止，国人皆呼万岁”。金敬信在位 15 年，谥元圣，是为元圣王。

公元 822 年 3 月，金周元之子金宪昌在熊川州（今韩国忠清南道扶余郡）割据，建立“长安国”，多地贵族武装势力纷纷响应。但很快叛乱被新罗朝廷大军赶往镇压，各州叛乱皆被平息。金宪昌见败局已定遂自缢（一说在古墓中被擒获诛），其子金梵文逃脱。

“金宪昌之乱”虽被朝廷平定，但其影响促使新罗王权更加衰微，地方豪强趋向自立。

公元 825 年年初，金宪昌之子金梵文与他人联合密谋重树“长安国”并立都于平壤，但被当地都督迅速剿灭，史称“梵文之乱”，金梵文被杀。其后，从公元 836 年起，新罗再次发生王位之争，在短短的 3 年内就历经了 3 位国王的更迭：僖康王（被逼自缢）、闵哀王（叛乱被杀）、神武王（僖康王从弟，在位 3 月余薨）。在朝廷内乱的过程中，地方豪强势力迅速成长，极具影响力的代表人物是清海镇大使张保皋（gāo）。

张保皋（新罗名弓福或弓巴），出身于穷困的渔家。有韩国和中国学者考证认为，张保皋出生在今韩国的莞岛。

8 世纪末，新罗政治经济走向衰退，大量新罗人迁移到唐。同一时期的唐朝，为讨伐藩镇，唐朝廷需要大量兵员。在这样的社会背景下，17 岁的张保皋和好友结伴渡海来到赤山浦（今山东荣成石岛），不久辗转南下到扬州。张保皋和友人到扬州时，适逢镇海节度使造反。唐军募兵镇压反叛，张保皋和友人应募编入了徐州武宁军中。张保皋先后参加了平定镇海、淮西镇和淄青镇的叛乱，因其英勇善战，在公元 819 年时成为武宁军中的一名军官。

张保皋随唐军转战十几年，见到“遍中国以新罗人为奴婢”，特别是在山东一带，情况尤为严重。当时在新罗沿海一带，海盗活动猖獗，经常抢掠人口卖到唐朝为奴。这一现象，让张保皋忿然不平，决心回国荡平海盗，禁绝买卖人口现象。

回新罗之前，张保皋辞官来到赤山浦。赤山浦东南两面濒临黄海，西北两面与大陆相接，是当时朝鲜半岛和日本列岛经黄海与中国大陆往返交流的重要口岸。当时赤山浦一带居住了很多新罗人，形成众多的新罗村、新罗坊，亦存有大量的新罗买卖人口。此时，新罗人已信奉佛教，经常拜佛求福。张保皋为做好回国起事的准备，征得唐朝廷的同意，在赤山浦修建禅院。据说禅院落成后，首批僧人读诵《法华经》，故取名为“赤山法华院”。该寺院在新罗人中引起反响，成为新罗人往来唐罗的驿站和思乡念祖的精神依托。公元839年6月，日本佛教天台宗山门派创始人圆仁法师一行入唐求法，曾先后3次客居赤山法华院达两年零9个月。在当地官吏和僧侣们的帮助下，他对当时唐朝的政治、文化、经济、宗教等方面有了详尽的了解和研究。归国后，编著了《入唐求法巡礼行记》一书，在书中对赤山法华院做了详细的描写。由于对赤山法华院印象太深，圆仁法师责其弟子在日本京都比叡（ruì，别称天台山）山延历寺中以赤山为名修建了“赤山禅院”。唐武宗李炎执政时期，灭佛兴道之风兴起，致使法华院被毁，后在1990年5月重建。

公元824年，张保皋完成了在唐境的准备工作回到新罗。张保皋一回国，便奏请兴德王金秀宗（或称金秀升，后改名金景徽）：“愿得镇清海、新罗海路之要，使贼不得掠人西去。”自荐为清海军镇大使，兴德王准请。张保皋回到家乡莞岛，招募万名岛民组建起一支军队坐镇清海镇。

学者认为，新罗地方豪族势力的兴起与新罗后期各地军镇的建立有着直接的联系。新罗设置军镇的初衷是为了扼守战略要冲以戍国边，前期军镇主要设在北部边境以防御渤海国。但是随着海盗的兴起及其对海上贸易的威胁日益严峻，新罗王朝开始在沿海地区建立起一系列的要塞——军镇。张保皋镇守的清海镇与官城镇（位于今朝鲜南阳）和穴口镇（位于今韩国江华岛）是其中最为重要的3镇。这些镇将所掌握的武装大都是以其家族成员为核心招募的私兵，他们在所控制的区域广筑城池，因此他们也被称为“城主”。这些城主和镇将有些起于草莽（如张保皋）；有些出身于贵族；有些原是身份较低的官吏；更多的则是地方上的豪门望族或封建地主。他们极力扩充自己的势力，逐渐代替了由朝廷委派的地方官，成为新罗后期的主要割据势力。

当时唐朝至新罗、日本海上交通线主要有3条：一是自楚州（今江苏淮安）出淮河北上，沿胶东半岛渡过黄海到达朝鲜半岛至日本；二是由江苏扬州、连云港、太仓及浙江宁波横渡东海至朝鲜半岛、日本、琉球（今日本冲绳）；三是自胶东半岛北端登州（今山东蓬莱）为起点，经庙岛群岛（亦称长山列岛）北行至辽东半岛，然后东行至鸭绿江口，再沿朝鲜半岛南行，进入高句丽、百济、新罗到达日本。这条航线为史上著名的“循海岸水行”的黄金通道，被史学家称为“东方海上丝绸之路”。

张保皋领有军队后，即向海盗发起了进击，很快荡平了多股海盗势力，掠卖人口的现象基本杜绝。张保皋在新罗声名鹊起，势力也因此壮大。清除海盗后，张保皋顺势组建庞大的商船队，在新罗与中、日三国之间，进行海运和商业贸易。形成了以清海镇为大本营，以赤山浦、登州、莱州（今山东莱州）、泗州（今安徽泗县）、楚州、扬州、明州（今浙江宁波）、泉州（今福建泉州）和日本九州为基地，以海军为支撑的海运贸易集团，控制了往来于黄海和中国海的货物贸易，人称“海上王”。至此，东亚的贸易活动也逐渐由以唐朝为中心的朝贡贸易转变为民间贸易为主，使东亚的贸易格局发生了改变。

张保皋势力壮大后，看到王权式微，开始拥兵自重。因其独占新罗海洋贸易，这极大损害了新罗朝廷和贵族豪强的经济利益。

公元 838 年，贵族金明逼杀僖康王登上王位，即闵哀王。僖康王从弟金佑徵为报“杀君父之仇”避祸清海镇求助。干涉朝政，政商结合，张保皋求之不得。他举兵 5000 与其他贵族联兵击破闵哀王的军队，闵哀王兵败被杀，金佑徵顺利登基，即神武王。张保皋护佐有功封为感义军使，赐食邑 2000 户。神武王在位仅 3 个月病死，其子金庆膺继王位，即文圣王。文圣王又拜张保皋为“ 镇海将军，兼赐章服”。此后，为了进一步巩固权位，张保皋欲立女儿为文圣王之妃（一说文圣王欲纳为妃），朝中贵族大臣以其出身低贱，强力阻谏，立妃之议未能成功，从而双方产生嫌隙。据朝鲜半岛古籍《三国史记》载，公元 846 年春“清海弓福怨王不纳女，据镇叛。朝廷将讨之，则恐有不测之患”。文圣王和贵族们虽然想消灭张保皋势力，但深虑朝廷实力不足。此时，武州一贵族假意投靠张保皋，在一次饮宴中将其刺杀。史称“弓福之乱”。但在半岛古籍《三国遗事》中记载，张保皋是“欲谋乱”而未反。公元 851 年，清海镇被废除。

张保皋荡除海盗，开拓了东亚海上丝绸之路，促进了中韩日三国之间经济文化的交流，使新罗航海技术得到发展。因此，在韩国被视为民族英雄，也得到了中日两国政府和人民的尊重。为了纪念张保皋，韩国政府和民间成立了各种张保皋研究会和事业会，对张保皋进行深入的学术研究和事迹宣扬，举办各类张保皋祝祭活动。1993 年，韩国海军以张保皋名字命名的潜艇下水服役。韩国还多次向中、日派遣有关张保皋史迹的考察团。赤山法华院由荣成市政府重建后，时任全国政协副主席、中国佛教协会会长赵朴初先生题字“大雄宝殿”。韩国社团捐资建立了张保皋纪念塔。塔身镶嵌着韩国原总统金泳三题写的“张保皋纪念塔”六个铜质大字。

公元857年，文圣王金庆膺病故，临终前传下遗诏，由自己的叔父金谊靖（也译金祐靖、金佑靖）继位，史称：宪安王。宪安王没有儿子，据《三国遗事》载，在一次宴会中，他发现僖康王之孙、“国仙”（花郎道总头领）金膺廉年已弱冠（20 岁），容貌俊秀，很是喜欢。便问道：“身为国仙，优游四方，见何异事？”金膺廉从容答道：“臣见有美行者，三。”文圣王好奇：“请闻其说。”孙金膺答：“有人为人上者而撝（huī，谦抑）谦，坐于人下，其一也；有人豪富，而衣俭易，其二也；有人本贵势，而不用其威者，三也。”宪安王见金膺廉谈吐不俗是为人才，就想招他为女婿。于是他对金膺廉说：“我有两个女儿，你可择一为妻。”

金膺廉一听按住心中的惊喜，以需禀告父母为由告退。

父母闻之大悦，说：“大公主的容貌不如二公主美，就娶二公主吧。”

金膺廉又去问一个高僧，高僧说：“若能娶到姐姐有三个好处。”

于是，金膺廉回复国王信使说："不敢自作主张，大王叫我娶哪个我就娶哪个！"

宪安王便将大公主嫁给了他。第二年（公元 861 年）的正月，宪安王病逝。由女婿金膺廉继位，称为景文王。景文王登基后就把宪安王美貌的二女儿娶为次妃。

一日，景文王招当年的高僧进宫，问道："大师当时劝朕娶姐姐，言有三个好处，请问是哪三个好处啊？"

高僧回道："国王和王妃最关心长女的婚事，娶长女可令国王和王妃欢心，此为一好；国王年迈无子，陛下成为长女婿就可以顺理继承王位，此为二好；继承王位就可以把心仪的妹妹收为次妃，此为三好。"

景文王闻言哈哈大笑，赐金 130 两。张保皋势力瓦解后，新罗内乱稍息。

公元 874 年，新罗人崔致远在唐朝科举考试中高中金榜，一时惊动新罗朝廷。

崔致远，字孤云，是朝鲜半岛历史上第一个留下了个人文集的学者和诗人。他 12 岁入唐朝读书，进入国子监学习，18 岁宾贡进士及第。"宾贡"是唐朝对来自国外的留唐人士参与科举考试的称呼，古人有"贡士三等，王城曰土贡，郡邑曰乡贡，他国人曰宾贡"一说。其外国学子如登科及第，考取了功名，被称作"宾贡进士"。"宾贡进士"是古代中国科举考试的重要组成部分，为中外文化交流起到了推动作用。据朝鲜半岛古籍《东文选》中有文章称，从公元 821 年唐穆宗李恒时代起至唐亡，新罗宾贡及第者有 58 人，而崔致远是新罗历届留学生中成就最高的一位。

做了宾贡进士的崔致远，没有衣锦还乡，荣归故里，而是选择了留在大唐发展。他被唐朝任命为溧（lì）水（今南京市溧水区）县尉，后到扬州任职。当时镇守扬州的，是晚唐著名诗人、淮南节度使高骈（pián）。此时，黄巢起义军正呈燎原之势，兵指长安，朝廷催促高骈出兵讨伐。崔致远随即奉命起草讨伐黄巢的《檄（xí）黄巢书》。据说，黄巢读了檄文，吃惊地从椅子上站了起来。檄文中"不惟天下之人皆思显戮，抑亦地中之鬼已议阴诛"等词句令人动容。一时间，崔致远声名鹊起，其才华也得到了高骈的进一步赏识。高骈授予他都统巡官的职务，让他成为自己的高级参谋，参与军政要务。随着崔致远的不断被重用，引起了高骈幕府中其他幕僚的不满，他们纷纷以"夷不治华"为借口，向高骈提出异议，排挤崔致远。

黄巢起义加剧了安史之乱以来唐朝统治阶层的分崩离析，促使晚唐政治生态的进一步腐化。作为晚唐名将的高骈，晚年后拥兵自重，割据一方，又迷信方术，昏庸无志。使深受儒家思想影响、有着宏远抱负的崔致远深感失望，再加上同僚相倾，崔致远渐生回国之意。

少小离国的崔致远，当年的懵懂少年，16 年后已近而立之年。

公元 884 年，新罗王遣使来到扬州，崔致远的堂弟同时到达，特意来接崔致远回国。而崔致远回新罗的请求也得到唐朝廷的批准，赐三品官职并担任唐朝从淮南入新罗的使官兼送唐皇的诏书和国信。临行前，高骈派人赐礼送行。崔致远深情地给高骈寄诗一首：

自古虽夸昼锦行，长卿翁子占虚名。

既传国信兼家信，不独家荣国亦荣。

万里始成归去计，一心先算却来程。

望中遥想深恩处，三朵仙山目畔横。

崔致远衣锦还乡了。作为唐朝的三品回访使者，崔致远既传“家信”，又传“国书”，故谓此行不唯“家荣”，也属“国荣”。这一年，他28岁。诗中的后四句，表达了对高骈知遇之恩的感激和对第二故乡唐朝的留恋。

此时在新罗景文王已经去世，其长子金晸（zhěng）掌政，是为宪康王。

回国伊始，崔致远整理其在唐时所著诗赋文章及各类表奏集28卷，其中有在溧水任上所著《中山覆篑（kuì）集》一部5卷和在淮南担任高骈幕府期间所作的公私文集与诗作《桂苑笔耕集》一部20卷，呈献给宪康王。宪康王大喜，立即封他为侍读兼翰林学士、守兵部侍郎知瑞书监等朝廷重要职务，希望他的才干能够改变新罗的颓势。其诗赋文章也很快在新罗流传开来。但当时新罗朝政危机四伏，社会矛盾突出，导致民变时有发生。崔致远积极向宪康王建言献策，意图变革新罗弊政，这必然引起朝野上下利益既得者的不满。“左列钟铭右谤书，人间随处有乘除。”随着崔致远秉公履职，毁谤之声也越来越盛。

公元886年7月，宪康王金晸去世，其二弟金晃继位，史称：定康王。定康王在位不满一年去世。临终留下遗诏，要群臣拥戴他的妹妹金曼（亦称金坦）继位，还用历史上善德、真德女王的例子作为例证。于是，金曼成为新罗历史上第三位女王，史称：真圣王。

公元893年秋至第二年春，崔致远奉真圣女王之命，以贺正使（代表国王送祝礼的使节）的身份再度入唐。在赴唐路上，发生一件事，使崔致远留下一首诗《旅游唐城有先王乐官将西归夜吹数曲恋恩悲泣以诗赠之》：

人事盛还衰，浮生实可悲。

谁知天上曲，来向海边吹。

水殿看花处，风棂（líng）对月时。

攀髯今已矣，与尔双泪垂。

据说，宪康王酷爱唐朝宫廷音乐，在他的王宫里养有许多来自唐朝的乐官，宪康王去世后，新罗宫廷混乱，这些乐官就被遣散了。崔致远入唐时恰巧在渡口碰见一个从新罗王宫中出来的唐人乐官，两人在海边的月夜下回忆起在新罗宫廷中的往事，不由潸然泪下，乐工情不自禁吹起宪康王喜爱的乐曲，崔致远也写下了这首诗相赠。

看到晚唐日益败坏废弛的朝纲，联系到如今百孔千疮的新罗，崔致远心情沉痛。回国后，他立即向真圣王进时务策十余条。虽未得到完全施行，却凝结了崔致远对国事的焦愁。真圣王感其心诚，授爵阿餐（新罗第6等爵位）。但其后屡遭诬陷，外放为富城郡守。从此，再未回到中央政府，最后率家隐居伽耶山。

归隐后，崔致远以伽耶山海印寺为主要修身养性之地。一边在谈佛论道中结交高僧；另一边在吟诗作赋中撰写了大量文章，对后世影响极大。他在诗中感慨道：“狂奔叠石吼重峦，人语难分咫尺间。常恐是非声到耳，故教流水尽笼山。”遗憾的是，崔致远一生的创作只有《桂苑笔耕》20卷和收在《东文选》等书中的少量诗歌传世，其余俱佚失。

有学者考证，崔致远在唐的16年间创作有万余作品，其中诗歌有300多首，其余都是散文和应用文。扬州5年淮南幕府时期，是崔致远文学创作趋于成熟的阶段，《桂苑笔耕集》便记录了这一时期崔致远为高骈代撰的各类章表书檄及其诗文，对于今天的人们研究晚唐政治、军事、外交，特别是黄巢起义时期的历史，有着珍贵的文献价值。崔致远文风博雅，文学造诣极高，中国古籍《新唐书》中有其传，《全唐诗》及中国清末刊行的《唐宋百名家集》和《唐人五十家小集》中都收有他的作品。崔致远的诗歌体裁多样，有七言、五言；有绝句、律诗；也有古体诗，但以七言律诗和绝句为最多。他的诗擅以现实生活为基础进行自然抒发，认为诗人不应该过于施展想象，自由发挥。他曾在《谢高秘书示长歌书》中批评李白的诗作是“唯夸散诞之词”。

崔致远的创作实践，为丰富朝鲜半岛的汉文学作出了巨大的贡献，被朝鲜半岛史学界誉为岛内汉文学的奠基人，有“东国儒宗”“东国文学之祖”的称誉。死后被追谥为文昌侯，供奉文庙，尊为“百世之师”。江苏省扬州市建有崔致远纪念馆。

据说真圣女王常与一王室贵族私通，造成本已昏乱的宫廷更加阴晦，在她统治期间，新罗出现了“诸州郡不输贡赋，府库虚空，国用穷乏”的局面，女王便派人到地方催税，结果在公元889年激起沙伐（也称沙弗）州（今韩国尚州）民变。继而，新罗全境爆发了大规模的农民起义，地方豪族也纷纷借机割据，新罗王朝统治秩序迅速崩溃，朝鲜半岛随之再度陷入分裂状态。

公元892年，西南海防军裨（pí）将甄萱（xuān，本姓李，后以甄为氏）发动兵变，获得响应，迅即攻陷西南地区各州县。西南地区原为百济故土，甄萱利用该地民众不满新罗统治情绪，于公元900年立都完山（韩国全州），自立为百济王，史称：后百济。立国后，甄萱派出使者出使唐朝，唐朝授甄萱为检校太保的职称。

此时，另一个割据军阀弓裔建立了后高句丽，定都开城，与甄萱的后百济形成对峙。

关于弓裔的身世众说纷纭，一说他是宪安王的庶子，一说他是景文王的庶子，还有一说认为他是贱民出身。“弓”姓，据说来源于他出身卑贱的母亲。“弓”字是新罗后期贱民常用的代替姓氏的字，因为在新罗贱民没有资格拥有正式的姓氏，所以常用“弓”字代替姓氏的作用。如新罗海上王张保皋的贱名为弓福。

弓裔早年出家为僧，法名善宗。弓裔可能是一只眼盲，据说在弓裔出生时，出现凶兆，产屋出现一道白光，像长虹一样直冲天际。天文官大惊，上奏宪安王说此婴必给国家带来祸灾，不可留。宪安王便派人到其母所在的住所，将弓裔夺到手后，丢到楼下，但被乳母接住。可是弓裔的一只眼睛不幸弄瞎了，所以弓裔后来以“眇僧”闻名于世。

公元891年，弓裔参加了竹州农民起义军，次年转投北原起义军，成为领兵将领，率军攻城略地。公元897年，弓裔割据自立，先据枫川原（今韩国铁原郡洪元里），后移据松岳（今朝鲜开城），随后渐渐壮大，于公元901年，在松岳建都称王，誓言要复兴高句丽，定国号“高丽”，史称：后高句丽。

由此，后高句丽、后百济与新罗朝廷不断发生争战，朝鲜半岛局势失控，统一新罗时代结束，开始了朝鲜半岛的“后三国时代”。

面对烽烟四起的新罗，应对乏术的真圣女王于公元 897 年 6 月被迫禅位给宪康王的庶子金峣（yáo），本人则在 12 月去世，在位 11 年。孝恭王金峣在位 16 年，也无力改变新罗四分五裂，烽火连天的局面，死后无嗣，国人于公元 912 年，立宪康王女婿朴景辉为王，是为神德王。

弓裔在公元 904 年，改国号为摩震；公元 911 年，又改国号为泰封，中国史籍《资治通鉴》中作“大封国”。在史书记载中，弓裔统治残虐，为人多疑嗜杀。他对新罗积怨甚深，下令国人称呼新罗为“灭都”，对俘获的新罗人一律杀掉。对领兵将相多有猜忌，疑惧他们谋反，据说曾有一天杀掉上百人的记录。弓裔在即位后自称是转世的弥勒佛，并称长子为青光菩萨，小儿子为神光菩萨。他曾经自著“佛经”20 余卷，有僧人质疑为“邪说怪谈”，弓裔立即将其抓捕，用铁锥活活打死。弓裔的残暴和好疑，搞得文武官员人人自危，众叛亲离，他对得力将领王建的猜疑，最终导致兵变被杀。

据史家研究，王建家族应是开城附近礼成港的富商，后逐渐成为开城地方颇有势力的豪强（有人认为是归化的华人后裔，但缺少实据）。公元 896 年，王建的父亲携家归附了弓裔。此后，王建善战累任松岳城主、铁原太守，高丽在西南海域的水军也归其统领，并于公元 913 年被任命为侍中。公元 918 年，王建手下众将领获知王建被疑，性命堪忧，遂举兵哗变驱逐了弓裔，拥戴王建为王。弓裔在逃亡路上被杀。掌握权力后，王建同样自称为高句丽的后继者，国号继续为高丽，并实施与新罗联盟，攻击百济的策略。

公元 920 年，王建首先向时为新罗景明王的朴升英发出善意，派出使节。同年，甄萱攻陷新罗西部的大耶城，景明王向王建求援，王建随之发起长达 16 年的统一战争。

战争初期双方互有胜负形成对峙。百济遣使日本，希望得到日本的武力支持，但日本回绝了。于是甄萱又入贡后唐称藩，庄宗李存勖授甄萱为检校太尉、兼侍中、百济王。

公元 926 年，后百济大举进攻新罗，新罗急向高丽求救，王建亲自率军驰援。然而甄萱领兵突袭新罗都城，二年前继位的景哀王朴魏膺正与妃嫔在宫中游玩，结果俱被擒获。

甄萱占据百济都城后，逼景哀王自杀，强占王后，又立新罗王族子弟金傅为敬顺王。随后虏王族大臣宫妃及金银珍宝而还。王建率精兵 5000 人欲截击甄萱，结果大败，全军覆没，王建在众将拼死保护下逃出，甄萱乘胜攻取高丽一些城池。

甄萱虽然取胜，但也代价沉重，于是甄萱主动向王建提出休战，王建同意，双方开始整军备战。第二年 5 月甄萱派兵突袭高丽的康州，双方战端重开，互有攻取。

公元 930 年年初，甄萱与王建再战于古昌郡（今韩国庆尚北道安东市）北的瓶山。甄萱大败，死亡逾 8000。古昌之战后，后百济东海岸有百余城归顺高丽，后百济由此势衰。

公元 933 年，王建遣使入后唐，被册封为高丽国王。同年，王建废自立年号，采用后唐所赐的年号，获得名义上的正统。翌年，高丽大军南下征运州（今韩国洪城），消灭后百济军 3000 余人。于是，后百济熊津以北 30 余城闻风而降。

公元 935 年 3 月，后百济宫廷发生内乱。甄萱子女众多，其中儿子甄金刚最受甄萱宠爱。

甄萱欲将王位传给金刚，引起另外3个儿子神剑、良剑、龙剑的不满。当时良剑为康州都督、龙剑为武州都督，只有神剑一人在甄萱身边。神剑联合良剑、龙剑将甄萱囚禁在金山寺，并派人杀死了金刚，自称百济王。甄萱被囚禁了3个月后设法逃脱，来到高丽的锦城，派人求见王建。王建大喜，派人接其来京，厚礼以待。甄萱年长王建10岁，尊为“尚父”（可尊敬的父辈），安置于南宫，赐杨州（今韩国首尔市）为食邑。同年十月，新罗敬顺王金傅率后宫及百官归降高丽“香车、宝马，连亘三十余里，道路填咽，观者如堵”。王建喜出望外出郊迎接，封金傅为“政承”，位在太子之上；同时改“新罗”为庆州作为金傅的食邑；又将长女乐浪公主嫁与金傅为妻。

公元936年6月，甄萱请求王建出兵讨伐叛乱的儿子，他的女婿将做内应。王建欣然同意，亲率大军南征。神剑兄弟也不示弱，领军抵抗。但在一利川（今韩国龟尾市）的决战中，后百济军队士气低落大败溃逃，高丽军追至黄山郡（今韩国论山市）时，神剑被迫率众投降，后百济灭亡。

王建认为甄神剑是被两个弟弟所胁迫，所以将良剑、龙剑流放，赐神剑官爵。不久良剑、龙剑被杀，一说神剑也同时遇害。看到自己一手创建的后百济最终在自己手中覆灭，国破家亡，甄萱在忿懑中发疽而卒。

统一半岛之后，王建立即面临两大问题：对内如何解决前朝弊政，巩固王氏高丽的统治；对外如何面对强邻——契丹。

显然，王建的统一仅仅标志着半岛割据战争的暂时结束，但割据势力并没有彻底消除。地方上的城主和他们的城寨依然保持着独立和半独立的形态，这一点和后三国时期并无显著区别。王建所缔造的高丽王朝依然是一种地方豪强的联合体，缺乏强有力的中央集权，王权尚不稳固。

早在王建登位之初，就有许多豪族前来归附，据半岛古籍《高丽史》记载：“是时，新罗以东沿海州郡、部落皆来降。自溟州至兴礼府、总百十余城。”这些豪族的归附无疑加强了王建一统江山的实力，因而在他坐稳王位之后，这些豪族集团的利益是不能不考虑的。此外，那些跟随王建出生入死的将领们，他们在征战中形成的部属集团利益也是受到朝廷默认的，王建的统治还得靠他们支撑。

为了安抚地方的豪族，让他们支持王朝的统治体系，王建采取一项独特的措施：和地方豪族连姻。当时具有代表性的豪族有黄州皇甫氏、忠州刘氏、贞州柳氏、平州朴氏和庾氏、广州王氏以及前朝新罗的庆州金氏、崔氏等，王建一气娶了29位妃子与半岛上20多个大族建立了姻亲关系。对于那些效忠自己的豪族，王建赐给他们“王”姓，建立同姓家族关系，使地方势力与王室势力能够有缘地结合在一起。如果说娶女为妃和赐姓政策是为了笼络地方豪族，那么经营西京和实行“其人制”则是为了防范和抑制地方豪族。

高丽王朝建立后，派堂弟王式廉经营西京平壤，建立安水、兴德等军镇，开拓了高丽的北部疆域，同时威慑开京（今朝鲜开城）的豪族势力。

公元918年，王建刚刚掌握高丽王权，就意识到平壤对高丽的重要性“平壤古都，荒废虽久，基址尚存，而荆棘滋茂……宜徙民实之，以固藩屏，为百世之利”，于是“量徙盐、白、黄、海、凤诸州民以实之，为大都护府”，开启了高丽对平壤地区的经营。公元926年，王建将平壤定为“西京”。

而所谓“其人制”，是让各地的豪族、领军将领将子弟送至都城开京居住、宿卫宫禁，以确保他们对中央的服从和输诚。而这些豪族、将领的子弟，可以通过科举考试、从军等途径成为新的贵族。其实质就是以留在开京的子弟作为人质，以牵制地方豪族和领军将领的势力。

同时按照地方豪族对新王朝的贡献、他们势力范围的大小、多寡，将全国大小豪族的领地相应地设置成府、州、县。执掌这些府、州、县的官员则来自这些豪族。这样一来他们就融入了高丽王朝的统治系统中（高丽的地方政权设置参照新罗和唐朝，包括道、府、州、郡、县五级，王建时期府、州、郡、县设置仅仅是一个开端）。尽管王建想方设法笼络地方豪族和领军将领，然而他们仍然不愿安分守己。王建死后两年，高丽就爆发了“王规之乱”，差点颠覆王氏王朝，这场叛乱宣告了王建怀柔策略的失败。

如果说在对待地方豪族和领兵将领的问题上，王建采取了怀柔和施恩的策略，那么在半岛的北部，他则采取积极进取的态度。

公元926年，契丹辽国灭亡渤海国。公元928年，辽太宗耶律德光将渤海国民大量内迁至辽东，一时间繁盛的渤海国土变得地广人稀，辽国对原渤海地区特别是对朝鲜半岛北部女真族地区控制力减弱。高丽乘机对这里的渤海人和原渤海人统治下的女真人进行招容或驱赶，加速扩张势力，与女真人展开对半岛北部地区的争夺。

从唐初开始，发端于中国东北地区的靺鞨族开始登上历史舞台。其中，靺鞨粟末部和靺鞨黑水部影响尤甚。粟末部创建了渤海国；而黑水部则成为在中国历史留下浓墨重彩的女真族的祖先。

五代时期，契丹人称黑水靺鞨人为女真，从此，女真这一名称代替了靺鞨人。

女真族，在中国古籍中又称作朱里真、女贞、女直，今称满族。女真人勇猛能战，有“女真不满万，满万不可敌”之说，所以契丹灭了渤海国之后，便把控制女真人定为国策，分而治之。

五代时期女真族分布范围较广：南起鸭绿江、长白山一带，北至黑龙江中游，东抵日本海。辽王朝攻灭渤海国之后把一部分女真人驱至辽东半岛，编入辽国户籍，这些人被称为“合苏馆”（又作曷苏馆、哈斯罕、合苏衮等），也称作“熟女真”（系籍女真、系辽女真、系案女真、回跋或回霸等）。相对应，没有编入辽国户籍的女真人，则被称为“生女真”，其主体主要活动于混同江（松花江及黑龙江下游）流域至长白山一带即所谓“白山黑水”。后来建立了金朝的完颜部，就是生女真的一支，也是黑水靺鞨的直系后裔。

辽王朝为了有效统治熟女真，对渤海移民“因俗而制”，实施女真人治理女真人的方针，为归附的熟女真人首领和贵族特别设置一些王府，建立了以大王府管理形式的自治区域。根据史籍《辽史》记载，辽籍女真地区的大王府有：北女直国大王府（辖开原、铁岭、四平一带）、回跋部大王府（辖开原东北辉发河流域）、女直国顺化王府（辖开原东南海龙、柳河一带）、乙典女真部（辖开原西南法库、彰武一带）、黄龙府女真部大王府（辖开原西北农安一带），其他还有曷苏馆路女直国大王府（辖辽阳、盖州一带）、南女直国大王府（辖在辽东半岛南端）、鸭绿江女直大王府（辖鸭绿江东西地区）、长白山女直国大王府（辖长白山到朝鲜半岛北部）等。

据专家研究认为，在辽代松花江流域的女真族概有“不相统属”的72部落，人口超过10万户。其中，北方的黑水靺鞨在渤海国消亡后乘虚南下，进入长白山和图们江一带，与留居当地的渤海人融合，从而形成了30部生女真。他们处在王建灭新罗而建的高丽与契丹两个强大势力之间，叛服不定。

此时的生女真正处于氏族社会末期，开始向阶级社会过渡。他们掌握了冶铁技术，在渔猎采集的同时从事农业生产，出现了私有财产，阶级分化显现。生女真长期没有本族文字，通常还是用结绳、刻木之类原始的方法记事。他们既不懂汉文，也不懂契丹文，可能通晓契丹语。部落没有天文和历法，以“青草几度”来判断岁月，草青一次当作一年，人们以此记忆自己的年龄。女真人善骑射有“骑上下崖如飞，渡江河不用舟楫，俘马而渡”一说。随着生产的发展和对外争战的需要，生女真人逐渐由松散的氏族群落发展出以氏代姓“远近相服”的若干部落，而生女真部落中最强大的部落为完颜部，其又分出12部，以部为氏。完颜部初居牡丹江上游地区，后徙至按出虎水（又译阿触胡、阿术浒、阿禄祖，今黑龙江省阿什河）流域。

随着女真族的南迁和高丽国的北拓，双方在鸭绿江南岸，清川江以北地区对接。这一带本是渤海国的故土，当地的渤海遗民或改为女真，与外来的黑水靺鞨人融为一体；或投入高丽，成为高丽国的归化民。由于高丽向北扩张势力，而女真也不时侵掠高丽边境，因而双方的争战一直不断，女真据有的鸭绿江下游江东的领地逐渐被高丽占据。另一方面高丽是比较发达的封建王国，在政治、经济、文化、生产技术等方面均比女真人先进，对尚未完全脱离氏族社会的女真人颇有吸引力。高丽对女真采取攻取与安抚并用的政策，设法招抚女真，因此女真与高丽之间的和平交往与边境贸易也一直不断。

渤海国的消亡，使高丽与契丹的关系迅速紧张起来，契丹人的野心使王建不能不有所防范。在这种背景下，高丽开始主动地吸纳失国的渤海遗民。从公元928年起，渤海人便源源不断地涌入了高丽境内。其中公元934年，渤海末代国王大諲撰（da yin quan）之子大光显，在原渤海国西京鸭绿府起义，收复了南京南海府（今朝鲜咸镜道）建立了短暂的后渤海国。但随即被辽军攻灭，大光显率部民数万越过了鸭绿江，逃亡高丽。大光显受到王建的欢迎，赐名王继，居白州（今朝鲜黄海南道白川郡）。大光显族人据说一直保持着大姓，在13世纪改为太姓，4年后又有渤海人三千余户投高丽，前后约有30万渤海人进入高丽。

在唐灭高句丽的战争中，平壤被唐军攻破以后，便逐渐荒废。王建为配合“北进战略”

有效防御女真族的侵扰，将平壤改称为西京，派遣从弟王式廉长期驻守。对于西京的经营，王建采取放权支持。王式廉的权力极大，他只对王建本人负责，其属下官员的任免完全由王式廉自行决定，以提高北进效率，使高丽与辽国的边界迅速由大同江推至清川江。

辽国与高丽的交往，史载始于公元 922 年：是年春二月，契丹来送骆驼、马及毡。高丽也遣使辽国。然而随着渤海国的溃灭，让高丽深深感到契丹的威胁难以自安，为了防备辽人南侵，同时威慑居住在鸭绿江沿岸的女真人，高丽编成光军 30 万。同时，移民屯垦，将大量的人口从半岛的南部迁往北部。到公元 930 年，高丽王朝修建了通德镇（今平安南道平原郡）、兴德镇（今平安南道殷山郡）、永清镇（今永柔）、朝阳镇（今平安南道价川）、安北府（今平安南道安州）等军镇城塞。到王建统治末期，高丽的疆域已大大超过了统一新罗时期。

公元 943 年，王建去世，庙号太祖，长子王武继位，是为惠宗（一作太宗）。17 年后，赵匡胤通过“陈桥驿兵变”建立宋朝。

二、祖先的心索

◆唐朝后期，因为安史之乱、藩镇割据与黄巢起义的因素，使得北方战乱不息，人口流移南方，经济凋敝。到五代十国时期，五代政权交迭频繁，北方战火始终未能平息，由此北方经济、文化难以发展，人口持续锐减。直至后周后期才逐渐恢复，但经济、文化总体实力始终不如南方。而南方则相对安定，吸收大量来自北方的难民，难民带来了大量的劳动力、知识分子及先进的耕织制造技术，加速了南方经济、文化的发展。

五代十国期间，由于南方被割据十国，各国为了提升经济实力莫不重视生产发展，出现了若干个以城市为中心的经济区域，如前蜀、后蜀是农业、工商业发达地区，仓廪殷实；两淮之地重视农桑、茶叶、水利与商业贸易，其中吴越、闽国与南汉的贸易最为兴盛；湖广通过茶商到黄河流域、华北一带，交换食盐、布料和战马，这些区域彼此互通有无；南方诸国对外贸易也很兴旺，东自高丽、新罗、日本，西至大食（阿拉伯帝国），南及占城、三佛齐国（位于马来群岛），都有商业往来。明州、福州、泉州、广州都是外贸重要港口。吴越、南吴和南唐从海外输入“猛火油”（石油）使用，还从海道再输往契丹，商业十分兴盛。这使得十国的经济远胜于侧重武力的五代，南方至此已替代北方成为中国的经济、文化中心，而此后这一局面再也没有被逆转。

五代十国之间的无休止混战，虽然严重破坏了社会经济，但社会生产仍未中断。即使在华北地区，后梁建国初和后唐明宗在位时，都曾分别采取某些恢复生产的措施。后周时，手工业如纺织、造纸、制茶、晒煮盐等生产也有所发展。

雕版印刷术五代十国时期在民间更为流行，其中以江南和巴蜀两地比较发达。不仅民间书肆出售有印制的佛经和日用各书，而且士大夫阶层所读的儒家经典也用雕版印刷发行，导致“蜀中文学复盛”。后唐开始官方大规模采用雕版印制《诗经》《书经》《礼记》等九经。从此，刻本“九经”广为流传。

澄（chéng）心堂纸是五代十国时期在南唐徽州地区所产的一种名纸。因其卓越的品质被誉为中国古代造纸史上最好的纸之一。史籍上多有“浆白如玉，光而不滑，轻如毫毛，收而不折”“肤卵如膜，坚洁如玉，细薄光润，冠于一时”的美誉来描述它的精美。

从唐代开始，徽州成为文房四宝生产的重要基地，除歙（shè）砚、徽墨被推为天下之冠外，澄心堂纸更是受到文人墨客的珍爱。南唐后主李煜视这种纸为珍宝，并特辟一座便殿“澄心堂”来贮藏它，还特设局令承御监制这种纸，命名为“澄心堂”纸，供宫中长期使用。澄心堂纸质量极高，但传世极少。

据说“澄心堂纸”的制作工艺极其复杂，融合了当时所有高品质纸的加工技术，包括砑（yà）光、加矾、施胶、涂粉、洒金、捶纸、砑花、染色等工艺。而且造纸工人必须在冬天用冰水抄纸，以保证水质的纯净。唐朝在造纸过程中各类加工技术的相继出现，为“澄心堂纸”的问世奠定了技术基础。

在水利方面，五代十国也有很高的发展。在五代十国时期，受战争影响河患增加，治河规模和次数都较前代为多。尤其是南方十国要发展经济，沿海堤防和河道工程得到积极整治和建设。在五代十国时期已有遥堤（距河岸较远处用以防范特大洪水的堤）出现，还使用“帚工”来堵口、护堤、护岸。其是将薪柴、竹木、软草等夹以土石捆扎成帚捆，然后连接起来，具有很好的抗水冲击作用。这种方法后在宋朝成熟并被普遍推广使用。

古代农书

中国最早的农书是西汉的《氾（fán）胜之书》，然后是东汉中叶崔寔（shí）的《四民月令》。两书都已佚失，仅见于后世引用，尤其北魏贾思勰（xié）《齐民要术》征引最多。

《氾胜之书》是成书于西汉晚期的一部重要农学著作。书中总结了中国黄河中游地区的农业耕作原则、作物栽培技术和种子选育方法等农业生产知识，对促进中国北方农业生产的发展，产生了深远影响，由此而闻名于世。

氾胜之本姓凡，汉成帝时人，因居氾水（今山东曹县与定陶之间），而改姓氾。曾任劝农使者和轻车使者，在都城长安附近（今陕西关中地区）指导农业生产，后升任为御史。

《四民月令》现存三千多字。四民古指士、农、工、商，此概念在中国的春秋时期已出现；月令则是一种古文体。文章按照一年 12 个月的时令，记述人们进行的各类生产活动、亲朋交往、礼仪祭祀、朝廷诏令等，并把它们归纳在五行相生的系统中。现存《礼记》中有一篇《月令》之外，还有《逸周书》中的一篇《月令》，但后者已佚失。

《四民月令》讲述了东汉晚期中国北方农庄主或地主一年十二个月的时令农事活动和经

营活动。逐月记述了该庄园的谷类和瓜菜的种植、养蚕纺织、酱菜腌制等农事活动，反映了东汉洛阳地区农业生产和农业技术的发展状况。最先记录了中国"别稻"（即水稻移栽）和树木的压条繁殖方法，还有利用价格的涨落，进行粮食、丝绵和丝织品等的买卖活动。因此，极有研究价值。有学者认为，《四民月令》掺有崔寔本人的生活体验。崔寔曾任五原太守，议郎、尚书等职。

有德国学者在20世纪60年代把《四民月令》译成德文，在汉堡出版。日本亦将中国学者所著《四民月令校注》，于1987年在日本出版。

从《氾胜之书》到《齐民要术》，两书之间相隔500多年，其间只有《四民月令》一部农业生产书籍，能反映当时的农业发展状况。尽管有关技术记述很简略，而且散佚不全，但它仍为当时中国的农业生产研究提供了重要线索。

从6世纪中叶的《齐民要术》到10世纪的五代十国初期，一部《四时纂要》的农书出现，填补4个世纪的中国北方农业的发展空白。对中国农业生产技术和社会经济发展的研究，起到了承上启下的作用。

《四时纂（zuǎn）要》也采用了"月令"的形式，按月编排农民每月应作的事宜，其中以农业为主体，记录了许多当时的中国农业生产技术。

《四时纂要》共699条，除占候、择吉、禳（ráng）灾等事条外，约可分为五类：

①农业生产，包括粮食、油料、纤维作物、蔬菜、染料作物及其采制、蚕桑、果树、竹木、茶、牧养、兽医方剂、养鱼、养蜂等；

②农副产品加工和制造，包括沤麻、动植物纤维织造和染色、酿造、制饧（xíng，指糖块）、制乳、油脂加工、淀粉加工、动物胶、食物腌藏和贮存等；

③器物修造，包括生产工具、武器、油衣及漆器，皮毛衣物、书画、笔墨、日杂器用、修葺墙屋等；

④货殖经营，包括农副产品买卖、高利贷等；

⑤医药卫生，包括药用植物栽培和收集，药剂、药物保藏，润肤等。

该书农业生产技术的内容所占比重最大，涉及农、林、牧、副、渔各个方面。其资料虽多采自《氾胜之书》《四民月令》《齐民要术》等书，但也有不少属于史籍初见的记载，如首次记载茶树、棉花、香菇和薯蓣（yù，山药）等作物的栽培技术以及人工养蜂；酿造技术方面，该书首次记载的干制黄酱法及酱油的加热减菌处理法，是中国酿造工艺发展史上的一项重要资料；有关药用作物的栽培技术也是最早见之于该书。

这是自《齐民要术》以后4个世纪中仅见的一部记载详备的农书，也是研究唐至五代农业技术发展史和社会经济史的珍贵资料。

《四时纂要》的作者，史家认为是韩鄂，其籍贯、生卒年代不详。史籍上有韩鄂和韩谔两个名字，农史研究者大多认为韩谔和韩鄂为同一个人。关于《四时纂要》的成书时间，有唐末、五代初、五代末三种说法。

汉传佛教

汉传佛教宗派多来自于印度，但唯独天台宗、华严宗与禅宗，是由中国独立发展出来的3个本土佛教宗派。其中又以禅宗最具特色。禅宗是在中国流传久远并且产生深远影响的佛教派别。其又称宗门，始于菩提达摩，盛于六祖惠能，至五代十国之后成为汉传佛教的主流，也是汉传佛教最主要的象征之一。其核心思想为“不立文字，教外别传；直指人心，见性成佛”。

菩提达摩，简称达摩或达磨，意译为觉法。关于达摩的籍贯以及他的种姓，禅宗诸书也传说不一。据成书于南北朝时期的《洛阳伽蓝记》称，达摩为“波斯国胡人也”；唐籍《开元释教录》也谓“西域沙门达摩者，波斯国人也”。而唐籍《续高僧传》则谓“南天竺婆罗门种”。但在敦煌发现的古籍《历代法宝记》却载达摩为“南天竺国王第三子，幼而出家，早禀师氏于言下悟，阐化南天，大作佛事”。此书中未载是那一国王名。而到了北宋籍《景德传灯录》记载有“菩提达摩，南天竺国香至王第三子也，姓刹帝利”。“香至”似国王之名，或国名不能确定。可也是北宋籍的《传法正宗记》中则明确指出，“菩提达磨尊者，南天竺国人也，姓刹帝利，初名……父曰香至，盖其国之王，达磨即王之第三子也”。

达摩来到中国后，依次传法于二祖慧可、三祖僧璨、四祖道信、五祖弘忍，此即称为“东土五祖”。后来道信、弘忍的禅法，又被称为“东山法门”（因五祖弘忍禅师传法的五祖寺在今湖北省黄梅县之冯茂山，又名东山）。禅宗到“东山法门”时，才真正得到发扬光大。

五祖弘忍门下，出现了惠能与神秀两位大弟子，于是禅宗又分化为惠能的南宗和神秀的北宗这两大基本派别。北宗禅主张渐悟，而南宗禅主张顿悟。渐悟要“渐修”，慢慢来，一步一步来；顿悟，就是顿然领悟，一句话就能悟彻了。这就是南宗和北宗的“南顿北渐”之分。南宗在中唐以后渐兴。安史之乱以后，北方战乱频仍，盛极一时的神秀北宗逐渐趋于衰落，但仍绵延发展了百年之久。至唐武宗李炎灭法，北宗禅完全衰落下去。而惠能南宗一系则逐渐在全国得到了极大的发展。惠能被视为禅宗正脉，是达摩以来“以心传心”的第六代祖师，世人称为“六祖”。

惠能，俗姓卢，今广东省新兴县人。据传惠能早年家境贫寒以卖柴为生奉养母亲。一次，在卖柴回家的路上听到有人诵念《金刚经》开悟，而产生学习佛法的心愿。他北上湖北东山参谒五祖弘忍，以一首“菩提本无树，明镜亦非台。本来无一物，何处惹尘埃”法偈（jì，一种似于诗的有韵文辞，通常以四句为一偈）得到五祖的认可，夜授《金刚经》，密传禅宗衣钵信物，为第六代祖。惠能主张不立文字，教外别传，直指人心，见性成佛。他的禅学思想的主要特点是“识心见性”和“顿悟成佛”。前者是他的心性本体论，说明“心”“性”是众生成佛的依据；后者是他的宗教修行方法论，提出宗教修行的原则和方法。他用通俗简易的修持方法，形成了影响久远的南宗禅，成为中国禅宗的主流。

毛泽东评价惠能和尚：不识字，很有学问，在广东传经，主张一切皆空。这是彻底的唯心论，但他突出了主观能动性。

六祖以后，南宗得到了极大的发展。惠能门下形成了荷泽神会、青原行思和南岳怀让 3 大系统。禅宗在唐末五代时期，青原系和南岳系下又进一步演化出“五家七宗”（又称五派七流），从而禅宗在中国形成了很大的规模。

“五家七宗”即临济宗、曹洞宗、沩（wéi）仰宗、云门宗、法眼宗五家，加上由临济宗分出的黄龙派和杨岐派，合称为七宗。“五家七宗”的思想，一般来说相差并不大，都属于南宗，只是由于传授的方法的不同，门庭设施不同，特别由于接引学者的方式上各有其特色，形成不同的门风。

五家宗风虽然不同，但其之差别只是表现形式的不同，传授的方法的不同。门庭设施的不同，在本质上，五家皆直接继承惠能南宗顿悟禅而来，而“事理圆融”就是五家禅门共通的宗旨。

由于时代的变化，部分禅宗派别的教化方法没有做到适应时代的变通，导致这些宗派在行成不久就衰落了。其中沩仰、法眼二宗在宋元时代相继衰微，临济、曹洞与云门三宗则延续至今。尤以临济宗的杨岐派门庭繁茂，于宋代以后几乎囊括了临济宗的全部道场，至今仍是中国汉地佛教的主流。

史学

五代十国时期，史学取得了重要的成绩，《旧唐书》是在这一时期撰成的最重要的史学著作。唐代原有编撰的前朝国史和历朝实录，但由于安史之乱和藩镇战争，历朝实录多有亡佚，特别是武宗以后 60 年的实录未能流传下来，这使得唐史的修撰遇到困难。五代时，首先重视了搜集唐史料的工作。后梁末帝朱友贞下诏征集唐代的家传以及公私章疏；后唐明宗李嗣源设三川搜访图籍使到成都一带搜寻唐实录，并明令保护唐人碑碣，这就为《旧唐书》的编撰做好基础。公元 941 年，后晋高祖石敬瑭命修唐史，由当时的宰相负责监修。至公元945年，全书修成，历时仅4年多。《唐书》共220卷（今本均为200卷），包括《本纪》20卷、《志》30 卷、《列传》150 卷。《旧唐书》原名《唐书》，北宋所编著《新唐书》问世后，才改称《旧唐书》。尽管历来认为《旧唐书》有不少缺点，主要是对原始材料缺乏加工，唐宪宗以前多照抄国史、实录，而唐穆宗以后编纂杂说、传记，但也因此保存了大量唐代的原始资料，受到后世史学家的重视。

此外，有《开元天宝遗事》记载唐玄宗时的朝野逸事，《唐摭言》详述唐代贡举制度，《中朝故事》记载唐末 4 朝的旧闻，《金华子》记叙唐末朝野故事，《北梦琐言》记载唐及五代土人逸事等。这些五代十国时期的撰著都有不同程度的史料价值。

词与绘画

五代十国是词的重要发展时期。后蜀和南唐词人较多，水平也较高，从而成为两个中心：西蜀有韦庄、欧阳炯等人，他们的作品后来收入《花间集》；南唐有冯延巳、中主李璟、后主李煜等人，李璟父子的作品，后人集刻为《南唐二主词》，李煜是这一时期的代表人物。

晚唐五代的词大都是描写统治阶层、士大夫、地主阶级风花雪月的享乐生活，题材庸俗，境界狭窄，风格柔靡。花间派的作品就是这种风格的代表。李煜前期的作品也是如此，但他在国亡被俘以后写的词，或慨叹命运，或怀恋往昔，形象鲜明，语言生动，把伤感、痛悔之情表现得很深挚，在内容和意境两方面都有创新，为北宋词的发展开拓了新的领域。

五代时期的绘画艺术，继承了唐代的传统并出现了新的变化，达到了新的水平。

五代十国是中国历史上一个战乱频繁的时期。中原和北方地区，因为唐末的军阀混战经济和文化受到重创。而在南方十国中的前后蜀和南唐，却因为社会相对安定经济发展，吸引了朝廷画师和各地画家，避乱南下，多集聚于两地，从而推动了两地绘画艺术的发展，成为唐末至宋初的两个绘画艺术中心。

五代绘画继承了唐代的传统并出现了新的变化，尤其在山水画和花鸟画方面的变化最为显著。五代时期，山水画已趋向成熟，变化也很大，从选材到技法，都有了一个飞跃。水墨大写意的画法开始出现，作为中国山水画重要技法之一的“皴（cūn）法”在此时得到了很大的发展。墨法应用日渐丰富，涌现出一大批杰出的山水画家，荆浩、关仝（tóng，又作关同、关穜）、董源、巨然的出现，成为山水画的里程碑。从艺术风格来划分，五代时期的山水画可分为南北两派。北派的代表画家有荆浩、关仝等，开创了大山大水全景式构图，善于描绘气势雄伟景物高深的山水；南派以董源、巨然为代表，擅长于表现柔美秀丽的江南景色，笔墨秀润、气格清雅、意境幽深。中国山水画到了五代开始了革命性发展，由此作为中国绘画艺术的一种有独特的表现样式，也有了稳固的地位。

五代时期的花鸟画，摆脱了晚唐作为装饰艺术的要求，写实风格得到进一步发扬。细致的观察和准确的表现，使这一时期的画家们在技法上有着各种创造和突破。出现了以黄筌为代表的精细派和以徐熙为代表的野逸派。据史料记载，徐熙画花是用墨写其枝叶蕊萼，然后敷色创没（mò）骨法（一说其孙徐崇嗣创没骨画法），其多取材于水鸟野卉，故得名野逸派；黄筌父子则创勾勒法，画花妙在赋色，用笔极纤细，但以轻色染成而不见墨迹，使“写实”的艺术技巧又推进了一大步，其多描绘宫廷苑囿中的珍禽奇花，故时人有“黄家富贵，徐熙野逸，徐黄异体”之说。

从五代开始，自然景物（花鸟、山水等）才被有意识地作为独立的描写对象，成为中国绘画艺术中独立的画科、独立的表现题材。画家们开始有意识地把描摹人物形象的艺术原则——“气韵生动”，移用到了山水、花鸟画领域。荆浩在他的著作《笔法记》（又名《山水受笔法》《画山水录》）和《山水节要》中，提出了山水画者“代去杂欲”的养德说，“气、韵、思、景、笔、墨”的六要说，“明物象之深”“搜妙创真”的师法自然说，有形之病与无形之病的二病说（有形之病，布局失宜，形象不准，或时节不当，或结构欠妥，这类缺陷是不可改图的；无形之病，气韵俱泯，物象全乖，笔墨虽行，类同死物，此类缺陷是不可删修的），“筋、肉、骨、力”4势说，“神、妙、奇、巧”的4品说。荆浩把画者对艺术的追求理性化为气质俱佳、六要齐全、二病毫无、四势齐备、四品兼具，且现天成之妙。表达了五代画师对艺术真谛的认识，为中国画的后续发展奠定了基础。

画院画家的兴起是五代时期的突出现象，后蜀帝孟昶创立的翰林图画院是中国历史上最早出现的画院。之后，南唐也设立了画院。

画院的画家，时时聚会，探讨绘画中的各类题材问题和技术问题。画院画家的主要工作是图绘帝王贵族的肖像和宫廷生活，也奉诏画一些皇家寺庙的宗教壁画或宫廷建筑物内部的装饰。画院的画家有较高的社会地位和“翰林待诏”的官职，从而有较好的生活保障。这对画家们专心艺术实践和艺术探索起到了鼓励和支持得作用。而且生活方面具有手工业劳动者的特点，所以保持了画家与广大社会的联系和画家的一定程度的独立思考的可能。

顾闳中也为南唐画院画家，其作品《韩熙载夜宴图》是中国美术史上极为重要的人物绘画作品，世人评价代表了中国古代工笔重彩的最高水平。

此画描绘得是一次完整的夜宴过程，即琵琶演奏、观舞、宴间休息、清吹、欢送宾客 5 段场景，每一段场景采用一扇屏风为界，将画卷分为 5 个故事情节。使总的主题得到了多方面的补充和深入。作品造型准确精微，线条工细流畅，色彩绚丽秀雅，构图富有想象力。不同物象的笔墨运用又富有变化，尤其敷色更见丰富、和谐，仕女的素妆艳服与男宾的青黑色衣衫形成鲜明对照。

画家在创作中既集中地阐明了主题，同时加入细节，使整幅画更加生动有趣。画中刻画了韩熙载这个人个性化的外貌，又反复展现每一个人的神态。除了面貌姿容外，还突出了每一个人富有表情的手，使画作在艺术技巧上获得了极大的成功。

关于这幅画的创作背景，历史上有两种说法。一是说韩熙载出自豪门，才能超群，入南唐后官至中书侍郎。然而，此时南唐政治江河日下，非其所望，自己又势单力薄，回天乏术，因而“耻为之相，故以声色晦之”。后主李煜很倚重韩熙载，却闻其“放意杯酒间，竭其材，致娱乐殆百数以自污”。于是命顾闳中夜至韩熙载府第，探其究竟，记下其行乐的场面，借以图画劝戒韩熙载。另一种说法是韩熙载出身北方望族，唐朝末年登进士第，其父因事被诛，韩熙载逃入南唐，深受南唐中主李璟的宠信。后主李煜继位后，一方面向北周屈辱求和，另一方面又对北方来的官员百般猜疑。在这种环境之中，韩熙载有意造成放浪不羁，醉生梦死，无所以求的假态保护自己。但李煜对他还是不放心，就命画院待诏顾闳中到韩熙载家里去看个虚实。韩熙载明白他们的来意，就假戏真做安排了豪华的夜宴。顾闳中凭借着敏锐的观察力和惊人的记忆力，把夜宴全过程默记在心，回去后挥笔作画呈现给李煜，李后主看了此画后，就暂时放过了韩熙载等人。

《韩熙载夜宴图》现存宋摹本，绢本设色，现藏于北京故宫博物院。

◆拜占庭帝国处在亚欧非三洲的交界地，是连接东西方的桥梁，也曾是历史上古希腊文化最昌盛的地区。亚历山大大帝时代使东地中海沿岸和西亚广大区域内的各个民族经历了“希腊化”的历史，促使古典希腊文化深深地影响着当地各民族文化。因此，在文化融合和文化发展上，继承东罗马帝国的拜占庭各统治者需要做到拉丁文化的贯通古今、融汇差异。

在 6 世纪中叶前查士丁尼一世时代，拜占庭文化已开始显露出它的特点，即希腊与罗马文化的纠缠。这个时期君士坦丁堡特有的包容与贯通，促进了文学、史学、建筑、艺术的发展，使它逐渐超越罗马成为闻名于世的贸易和文化中心。此时，作为历史学家和文学家的普罗柯比（又译普洛科皮乌斯，普罗科庇乌斯、普罗可比）是这个时代拜占庭文化的代表者。

普罗柯比生于凯撒里亚（在今以色列），早年做律师，后被任命为查士丁尼一世的得力战将贝利撒留（又称贝利萨留斯、贝利萨留）的顾问和秘书，随同贝利撒留的军队转战于非洲、意大利和东方各主要战场，亲自参加了对波斯人、汪达尔人和东哥特人的战争，后供职于查士丁尼一世的宫廷。

普罗柯比学识渊博，通晓多种语言，擅长古典风格的写作。他留下了三部重要著作:《战史》(或称《战争史》)、《秘史》、《建筑》(或称《建筑史》)。

《战史》记述了查士丁尼一世为重振罗马帝国雄风，收复昔日罗马帝国疆土而发动的波斯战争、汪达尔战争和哥特战争，而且比较全面地记录了征战地区的风土人情。

《秘史》(又译为《未发表的记事》或《轶闻》)，全书用希腊文撰写，于公元 550 年（一说于公元 559 年至 560 年）写成。揭示了查士丁尼、皇后狄奥多拉及将军贝利撒留夫妻等人的私生活秘闻及宫廷的奢靡生活，同时也涉及了拜占庭帝国政治的许多方面。大力抨击当时的统治制度，跟作者在《战争》和《建筑》里恭维查士丁尼君臣的态度截然不同。关于撰写此书的动机，据普罗柯比的自述“揭露整个罗马帝国真正发生的事件，作为对以前完成的呆板的编年正史的补充”，能使后世“少一些犯罪的冲动”。该书写成后曾秘密流传，后被带到罗马教廷书库，到 17 世纪初才公开出版。书中具有相当高的史料价值，被译成多国文字。

由于《秘史》的笔触与普罗柯比先前写的《战争》观点反差太大，后世曾有人对《秘史》的真正作者有所怀疑，但经学者们考证并非伪作。

《建筑》共 6 卷。按照地理位置记载了查士丁尼在拜占庭各地实施的建筑工程。这些建筑工程以教堂、避难所、城防要塞和城市饮水设施为主。由于作者熟悉帝国公共事务，能够接触到有关皇家档案，并且很多记载都是其亲身经历的事件，因此这部著作在世界建筑史中占有很高的地位，是了解查士丁尼一世时代拜占庭社会发展、文化发展最重要的原始资料之一。该书在第二章重点讲述了索菲亚大教堂的重建背景及其建造过程。

拜占庭的早期教堂建筑主要继承罗马风格。基督教发展初期因为处于非法地位，信徒们只能在私人宅邸内举行宗教仪式，这种早期的秘密宗教场所被称为“民古教堂”。后来为了逃避官方的打压，信徒们的集会又转移到一种公共地下墓窟，这种墓窟也用于合葬基督徒。在墓窟的天顶和墙壁上画满了各种圣经题材的壁画，因此它成为早期基督教艺术的形式，这种形式主要流行于罗马城区。像闻名于世的是天顶壁画《善良的牧人》，就是早期基督教艺术最常见的题材。在造型手法上还继承着古典的传统，线条简明流畅，形象准确而逼真。

基督教合法化之后，它的集会和仪式便回到了街区，皇帝们为了利用基督教维护统治，也开始兴建正式的基督教堂。但基督教没有自己的建筑传统，只好借用罗马现成的建筑形式，这样就出现了两种教堂形式——巴西利卡式和集中式。当时罗马有一种常见的公共建筑，平面呈长方形，中廊较宽，两旁有列柱分隔出过廊。这种建筑容量大，平时供市民集会使用，称为“巴西里卡”。罗马基督教徒把这种样式照搬过来，在一端加上教坛，并饰以宗教题材绘画，为以后的西方基督教堂的样式定了基调。集中式建筑则源于巴西利卡式，中央为穹顶结构，呈中心辐射的空间特点。这两种建筑形式在日后得到了不断的完善和创新。

拜占庭帝国到了中后期，希腊十字式平面取代了圆形、多边形形式，成为教堂布局的主要模式。穹顶被沿用下来，成为内部空间布局和外部形象的主要因素。教堂绘画多取材于《圣经》，其形式和人物表情处理都须遵循具有神学意义的传统模式。索菲亚大教堂是拜占庭教堂艺术中最辉煌的成就之一。索菲亚教堂建于公元532—537年，是在“尼卡暴动”中被烧毁的教堂废墟上重建的。索菲亚大教堂平面采用了集中式的造型，而空间则创建了巨型的圆顶，属于以穹隆覆盖的巴西利卡式布局，但舍弃了支撑的柱子。教堂内部空间饰有金底的彩色玻璃镶嵌画；装饰地板、墙壁、廊柱是五颜六色的大理石；柱头、拱门、飞檐等处以雕花装饰；圆顶的边缘有40具吊灯；教坛上镶有象牙、银和玉石；大主教的宝座以纯银制成。总体给人以气势恢宏，金碧辉煌的震撼。

索菲亚教堂一直是拜占庭帝国的主教堂，后15世纪土耳其人征服君士坦丁堡，索菲亚大教堂随即被改造成阿亚索菲亚清真寺。

拜占庭的主要疆域正是古希腊文化发达的中心地区，昔日罗马帝国的锋芒也在这里留下了痕迹。因此，在拜占庭的艺术中可以明显看到古希腊、罗马帝国传统文化的强大影响。而且早期基督教艺术在东罗马人与西罗马人之间也没有显著的不同，两个地区对早期基督教艺术都有贡献。从君士坦丁大帝开始，罗马帝国的政治中心和经济中心开始向东迁移，这种迁移也涉及到文化。至查士丁尼时期（公元527—563年），君士坦丁堡不但在政治上超过了罗马，而且也成为基督教艺术的中心。

拜占庭帝国的基督教文化是政教合一的产物，它既为宗教服务也为皇权服务。在拜占庭，皇帝充当着教会领袖，他不仅拥有世俗权力，也象征神圣的意志。因此，皇帝有权干涉教会，不让教会利用神祇（qí）过分地显示自己的力量，反偶像运动就是这种斗争的结果。这一时期（马其顿文艺复兴时期）体现这种精神、意志的拜占庭艺术形象总是威严庄重、心生敬畏。其严格程式化的艺术形式经提炼和简化，强化人物精神的表现。

因此，写实艺术受到轻视，线条和色彩所表现出来的抽象意义受到重视。艺术品不再是美学欣赏和情感的表达，而是用来启发思想，促进思索。目的是激发人的宗教灵感，使人们通过有形的艺术，去寻找其深层隐藏的无形“真理”。

在这样的艺术原则指导下，拜占庭艺术品都笼罩在阴郁的基督教气氛和朦胧的神秘色彩中。拜占庭艺术的这些特点背离了古典艺术的原则。但是，由于它是在古典艺术的基础上发展而来，因此，还继承某些古典艺术的传统，如注意营造庄严神圣的氛围、利用古代艺术的表现手法和技术等。

镶嵌画在拜占庭艺术中占有特殊的地位，这种以小彩色玻璃和石子镶嵌而成的建筑装饰画，成为教堂内部装饰的主要形式。它最早出现在公元前3000年苏美尔人的艺术中，当时使用的是小块石膏，在古希腊和古罗马则使用大理石。拜占庭镶嵌画以玻璃为主要材料，这是因为它能反射出强烈的光彩，排列在一起形成一片闪光的彩帘，达到一种虚无缥缈，壮丽华贵的效果。这时期最著名的镶嵌画在意大利的拉文纳（6—8 世纪是拜占庭帝国统治意大利的中心）的圣维他尔教堂。

拜占庭艺术以其东西方融合性与欧洲艺术分立而自成体系，并在约 1000 年的发展中始终保持着自己的独立性。西方美术史一般认为，拜占庭艺术在 1000 多年的发展中经历了几次大的风格变化：公元 330 年—5 世纪为早期；6—8 世纪为第一盛期；9—12 世纪为第二盛期；13 世纪—1453 年为第三盛期。其中，第二盛期即所谓马其顿文艺复兴时期。不过这个时期的艺术，并非效仿希腊、罗马的古典样式，而是更多地关心圣像破坏之前的风格和艺术。

拜占廷文学进入到第二盛期的时候，文史作品和代表性作家不断涌现。在利奥六世父子的带动下，以弗条斯（公元 827—891 年）为代表的拜占庭文化人以极大的热情发动起文学复兴运动。

弗条斯出生贵族之家，自幼好学，青年时期即为朝廷重臣，多次出使阿拉伯帝国，48 岁时以非神职人员身份担任君士坦丁堡大牧首。弗条斯的任职开始得到了罗马教皇的认可，但随后又撤销了对弗条斯任职的承认。教皇前后不一的态度表面上是纠缠弗条斯的资格问题，但实质上是与伊利里亚（巴尔干半岛西北部）和意大利南部教区的管辖权相关。教皇当年同意弗条斯的任职是有条件的，要求拜占庭皇帝恢复罗马教会对伊利里亚地区和西西里地区教会司法管辖权，这个要求得到了拜占庭的同意。但事后，拜占庭爽约了，恼怒的教皇不仅拒绝承认弗条斯的牧首职位，还绝罚（对神职人员和教徒的重大处分）了弗条斯。弗条斯没有向罗马教皇屈服，他抗议教皇对君士坦丁堡教会事务的干涉，并把争论转移到教义领域，公开指责罗马教会的“和子说”（即“圣灵是由天父和圣子而出”）为异端。并在公元 867 年的君士坦丁堡宗教会议上正式绝罚教皇尼古拉一世，“弗条斯分裂”成为东、西方教会最终分裂的前奏。

弗条斯一生著作颇丰，他积极从事古希腊文史作品的传授活动。为了便于学生学习，他编纂了古代文献常用词汇《词典》和应阅读的古代文献《书目》。在《书目》中弗条斯概括介绍了他那个时代以前所有著名的自然科学和社会科学的主要著作以及大量古典作家的经典作品。他的不懈努力使已经衰落的拜占庭文学重新受到人们的重视。

拜占庭人在保护古希腊、古罗马文化遗产免遭灭亡方面发挥了重要作用。同时，拜占庭文化又对周边其他民族文化产生了深刻的影响，推动了不同民族文化间的交流。直接促进斯拉夫民族的基督教文明，加速斯拉夫各民族国家的发展，并形成之后以东正教为核心的东欧世界，对中古晚期的西欧提供了有利于未来发展的文化因素。拜占庭在学术、艺术等文化领域留下的宝贵遗产，通过各种传播渠道影响着世界文化发展。

◆西方学者将公元 5 世纪后期到 15 世纪中期称为中世纪，他们将欧洲历史划分为三个时代：古典时代、中世纪、近现代。中世纪是其中的一个中间时期。一般认为，中世纪始于公元 476 年西罗马帝国的灭亡，终于公元 1453 年东罗马帝国的灭亡。这一时期欧洲表现出来的特点是政教合一，基督教神学占据统治地位。科学共产主义理论创始人之一恩格斯曾指出，中世纪的欧洲“科学只是教会恭顺的婢女，它不得超越宗教所规定的界限”。被认为是欧洲历史上的“黑暗时期”。当时西欧人对古希腊科学家的学说是避而不谈，地球是球形的主张也被列为异端，而圣经神话却成了宇宙体系的依据。此时，阿拉伯人充当了古亚洲天文学与近代欧洲天文学的桥梁。它在阿拉伯的沃野上吸足了历史的养分，再折回欧洲，成为近代天文学的直接源头。

从公元 9 世纪起，阿拉伯人在巴格达、大马士革、开罗、科尔多瓦等地建立了当时世界一流的天文台，并研制了相当精密的天文观测仪器，如象限仪、浑仪、日晷（guǐ）、星盘、地球仪等，形成了许多重要的天文观测和研究中心。

阿拉伯天文学一开始深受印度和波斯的影响，主要是编制星表，并且学会使用了三角法。古希腊科学家托勒密的《天文学大成》译出后，促使阿拉伯天文学加速发展。历史上的阿拉伯天文学，是指公元 7 世纪伊斯兰教兴起至 15 世纪左右伊斯兰教影响下各地区的天文学。在这段时间里阿拉伯天文学大体形成了三个学派，即巴格达学派、开罗学派和西阿拉伯学派。

公元829年，阿拔斯王朝在巴格达建立天文台，由此汇集众多信奉伊斯兰教的天文学家，从而形成巴格达学派。

巴格达学派对古希腊的托勒密学说既有推广又有修正。如天文学家法干尼著有《天文学基础》一书，对托勒密学说作了简明扼要，又通俗易懂的介绍。出生波斯的数学家、天文学家、星占家贾法尔·阿布·马舍尔著有《星占学巨引》，在欧洲传播甚广。他还提出过一种行星运动模型，被认为是日心运动模型。

阿尔·巴塔尼的成就，无疑是巴格达学派的领军人物。他发现春分点对于地球近日点的相对移动，将托勒密所确定的位置做了改动，对托勒密体系进行了完善。

比巴塔尼稍晚的阿卜杜勒·拉赫曼·苏菲（也称阿尔苏飞）修正了托勒密体系的星表，并加入自己对星星亮度和星等的计算。其所著《恒星之书》（又称《论恒星星座》《恒星图象》《恒星录》）一书，被认为是伊斯兰观测天文学的杰作之一。在书中他确定了 48 颗恒星的位置并绘有精美的星图，标有恒星的黄经、黄纬及星等的星表；关于恒星亮度的早期论述和天文术语。现行国际通用的许多星名都是从这本书中来的。

苏菲在公元 964 年留下了最早对仙女座星系（M31）观察的记录，并形容仙女座星系为“朦胧斑点”“小云”，这些都是人类第一次从地球上观察到的银河外星系。此外，他提到了大小麦哲伦星云。

国际天文学会为纪念苏菲所做出的贡献，用他的名字命名了月球表面的一处环形山。

塔比·伊本·库拉，是 9 世纪末阿拉伯著名的数学家、天文学家、物理学家、医学家和哲学家，生于美索不达米亚。据说库拉早年从事货币兑换业务，后来得到一大笔遗产，使之可以去巴格达从事喜欢的科学研究，在数学和天文学方面很有成就。

库拉的数学研究对积分学、球面三角学、解析几何、非欧几何等学科的发展产生过影响。他用代数方法解三次方程，又作出了相应的几何解释；他发现了一种求亲和数［又称相亲数、友爱数、友好数，指两个正整数中，彼此的全部约数之和（本身除外）与另一方相等］的法则；他还研究了正弦和正弦定理，考虑了幻方（一种将数字安排在正方形格子中，使每行、列和对角线上的数字和都相等的方法），为中国以外最早讨论幻方的人。

据信库拉精通希腊语和叙利亚语，翻译了不少古希腊数学家的著作；撰写过一些关于欧几里得的《几何原本》和托勒密的《天文集》的评注。在他的天文学著作中，试图修改托勒密天文学理论，论述了日晷、太阳的不规则视运动、月球的视运动以及新月的可见性，解释了岁差等天文现象。他还是著名的内科医生，撰写了关于古希腊名医盖仑的著作和大量医药论文，讨论了血液循环、胚胎学，以及各种疾病的治疗及药物等。

在巴格达，通过哈利发近臣的帮助，库拉被任命为宫廷天文学家，后卒于巴格达。

阿布·瓦法是巴格达天文学派最后一位著名人物。他曾在巴格达天文台任职，并在当地建造了一座观测天体的象限仪，对黄赤交角和分至点进行过观测，据说是提出"月球出差"（由于太阳引力引起的月球轨道运动的摄动）的第一位天文学家，为托勒密的《天文学大成》编写过简编版。

阿布·瓦法之后到阿拔斯王朝灭亡，巴格达学派再没有出现重要成果。